幼兒特殊教育

YOUNG CHILDREN WITH SPECIAL NEEDS

Stephen R. Hooper
北卡羅萊納大學教堂山分校醫學院
Warren Umansky
喬治亞州 **Augusta** 兒童專科醫院
主編

楊碧珠　譯

FOURTH EDITION

Young Children with Special Needs

STEPHEN R. HOOPER

University of North Carolina School of Medicine

Chapel Hill, North Carolina

WARREN UMANSKY

Children's Clinic

Augusta, Georgia

目錄

第四部分 後記

（正文頁邊數字係原文書頁碼，供索引檢索之用）

作者群簡介

Carole W. Dennis 職能科學博士
紐約州伊薩卡（Ithaca）學院職能治療系（所）助理教授

Tashawna Duncan
佛羅里達大學教育心理學系（所）學校心理學課程

Susan R. Easterbrooks 教育博士
喬治亞州立大學教育心理與特殊教育系（所）副教授

Kathryn Wolff Heller 哲學博士
喬治亞州立大學教育心理與特殊教育系（所）副教授

Jennifer Hiemenz 哲學博士
北卡羅萊納大學教堂山分校醫學院精神病理學系（所）
發展與學習臨床研究中心助理教授

Joan Lieber 哲學博士
馬里蘭大學公園分校特殊教育系（所）教授

Carrie Mills
北卡羅萊納大學教堂山分校教育學院

Jean Ann Patz 職能科學碩士
馬里蘭州陶森大學職能治療與職能科學系（所）兼任教師

Rebecca Edmondson Pretzel 哲學博士
北卡羅萊納大學教堂山分校醫學院精神病理學系（所）
發展與學習臨床研究中心助理教授

Mary E. Rugg
喬治亞大學人類發展與障礙中心

Kathleen A. Schlough
紐約州伊薩卡學院職能治療系（所）

Tina M. Smith 哲學博士
佛羅里達大學教育心理學系（所）學校心理學課程副教授及主任

Zolinda Stoneman 哲學博士
喬治亞大學人類發展與障礙中心主任

譯者簡介

楊碧珠

學歷：德明商專企業管理科（五專部）畢業
美國德州達拉斯浸信會大學企業管理所碩士
美國紐約大學特殊教育所碩士
國立彰化師範大學特殊教育所博士班研究生

經歷：嘉義基督教醫院星愛兒童發展中心（自閉症童日間病房）特教老師
嘉義市晨光啟能發展中心特教老師
稻江科技暨管理學院幼兒教育系、諮商心理系兼任講師
吳鳳技術學院幼兒保育系兼任講師

序

特殊需求幼兒的早期療育三十多年來已展現了輝煌歷史。當我們與家庭合作幫助弱勢兒童時，人道關懷即從教育專家、人類服務（human services）專家和政府身上顯露出來。透過政府規範和法規制定以建立我們承諾要達成的任務（commitment），我們已塑造了具開創性的社會協議。

這個領域本身吸引了樂觀和富創造力的人們，他們堅信及早且持續給予嬰兒、學齡前兒童及其家庭專業協助將能獲致重大效益。而父母和各專業間人員的合作是早期療育成效的基礎。

在早期療育中「需要是發明之母（mother of invention）」。此領域已形塑了實證為本的研究、實務應用、值得推薦的專業實務運作等三者間最好的整合效果。我們係以下述二者而聞名，亦即對於評量和療育方案間的難題所設計的有效解決方案，及對於該領域之研究。

然而幫助有著複雜及長期性需求的兒童，是一種所費不貲的命題，且該命題測試（test）著對「最佳實務操作（best practice）」的主張。近來在政策制定者和研究者間，經常地測試我們的使命。出於人道關懷本能的思維，迄今已遍及政府和健康照護的財政改革中。因此，為保障對於弱勢的年輕世代之投資，我們必須有所警覺並倡導它。

大學在培育各專業間莘莘學子之際，同時亦抱持著使命和專業。相關書籍很難比 Umansky 和 Hooper 在前一版《幼兒特殊教育》（編按：本書為原文書第四版）所蘊含的學術意涵更能符合上述大學教育的使命與專業之需求。現今第四版的《幼兒特殊教育》延續了長期以來卓越的著作宗旨，呈現出經由權威研究而建構的實務知識。在第四版隨著它原有的貢獻、涵蓋兒童之全面性發展、強調家庭與專家間的夥伴關係，及對於評量、療育和科技層面的權威論述，因而強化其內容的分量。適時的佐以談及孩童和家庭的「個案極短篇」，讓每章的內容能有效地印證於「最佳實務操作」。而當以實務案例呈現相關複雜的訊息時，則流露出該領域未來是滿懷希望的（It exudes the optimism of the field）。本書將是新進或資深專家的最佳資源。

Stephen J. Bagnato, NCSP 教育博士

匹茲堡大學醫學院 UCLID 中心小兒科和心理學教授暨幼兒夥伴關係所所長

暨匹茲堡兒童醫院發展心理暨跨領域訓練中心主任 http://www.uclid.org

譯者序

碩士念畢回國數年，忝任幼保系兼任教職，每為尋覓適切「特教導論」教科書而多方比較，若分為「國內專著」與「國外譯書」二者觀之，國內專著之學術論述多依我國法規明定，由資優與障礙類別分項出發，章節分明，敘理清楚，許多內容都極豐富而有規律；而國外譯書想法活潑，較少予以明確答案，惟缺乏對國內實務與法規運作的相關介紹。譯者個人有時會採用國外譯書為教科書，惟擇選國外譯書亦有猶豫，有些年份較久，有些或因翻譯時間倉促而有脫誤，所以不禁突發奇想，不如自己也來譯它一本，然而，付諸實行才陷入大吃苦頭之窘境。一來我是特殊教育後輩，二來更從未有過譯書經驗及筆譯專業訓練，算是翻譯新兵，如今回想，我顯然是過於大膽了。

想到翻譯初始，我對為何要翻譯，其實頗為心猿意馬，我既想翻譯好學術專著，又試想為年輕大學生提供認真譯著的初學用書，當然也想藉此加強英文，甚至還在猜測能否靠譯書賺錢。現在，行至完稿，深覺翻譯是困難的大工程不說，更體會想靠譯書為生，恐怕只有「一簞食、一瓢飲、居陋巷」的份；至於學術價值也勢必是在期刊論文、專著、研討會論文之後，而特教書籍也不太可能被列入國科會的經典譯著，所以翻譯在學術性之受漠視，實不問可知；至於英文加強，靠著翻譯多認識了幾個冷僻的特教或醫學專有名詞，似乎也毋須透過譯書而為之。因此在「一個人譯一整本」的譯書過程，我只剩下「做一天和尚，撞『好』一天鐘」的念頭，以及「希望能替『英文不好的學生』或『特教、幼教初學者』提供一本譯筆或許可被接受的國外譯書」的理念，就是這兩個想法，透過持續的時間花費，讓我終於在一年八個月期間翻譯完畢（此外還花了半年多去校對）。

這樣的念頭也直接導引了我的翻譯策略，因為我的目標不是為了給英文佳且學養深厚的大學教授看，所以我會寧願採取囉唆一點也無妨的文字翻譯，也會使用較多的標點符號去斷句。過程中我是先求盡可能符合原作意旨，也就是先追求正確，次求通順，末才是其他。進一步說，可能在文句中感覺有些累贅冗長，甚至也不夠流暢，但這也可能是在我不任意更動原作者內文情況下如實翻譯的結果。我為求翻譯能夠建立基本素養，所以特地上網蒐尋拜讀相關翻譯及出版界先進的心血作為借鑒（比如我細讀過「老貓」前輩的網站文章等），也思考了過去其他譯者可能犯的錯，包括：

1. 對於國內通用的特定譯詞，卻偏偏譯為它名。
2. 漏譯一句、一行，甚或是一整段。
3. 同樣用詞，在書籍的前後章節，卻譯法不一。
4. 文句不通順，令人難以索解句意。
5. 英文語法中的主詞、受詞等以關係代名詞出現時，未能區辨這個「它」究為何指。
6. 英文標點符號有時與中文語法亦不相同。
7. 英文名稱各自不一，但其中文譯名卻可能相仿，甚至相同，而導致難以辨別名詞間細微差別的困擾（這點是我起初沒想到，在翻譯後段才發覺到的問題）。

因此譯書進行中，對於不確定譯法的詞句，我皆未故意跳過，且我對每一個專有名詞，只要是不確定意思的，都去查網路或書籍，看看國內一般對此是怎麼翻譯的，務求與國內通用語意趨於一致。遇有國內本身亦有不同譯名者，我也會思考該如何採擷，例如第九章（溝通）中的子標題 " Autism Spectrum Disorder " 一詞，學者有譯為「自閉症候群」或「自閉症光譜」或「自閉症光譜疾患」，譯者則譯為「泛自閉症疾患」。其次，對於某些生理學、復健醫學或心理學等專業的用字，其實已經超出我所學所知之範疇，為求正確，我會特別去查尋專屬於該領域的專業辭典，例如第二章論及「懷孕期間的有毒物質使用」中，在「菸草」段落中提及「唇顎裂」（cleft lip and cleft palates），其包括唇裂及顎裂兩種（cleft palate 於第一章中「誰是特殊需求幼兒」段落中，標題為「說話和語言異常」中亦提及該名詞），經查證後知悉「唇顎裂」與「顎裂」意涵並非完全相同。最後在翻譯的同時，我也會兼顧語意是否通順易懂，遇有某些難理解的用語，會特別將其查證後，把對該名詞的進一步說明，以腳註方式予以註記，這些均散見於書中，讀者可自行翻閱，不再一一贅述。

譯書甫畢，隨即展開校對，我自己先進行了三次校對，然後才交稿，展開屬於出版社它們自己的例行性校對，有關我所擬訂的三次校對如後。在第一次校對，我是採中英文逐字、逐句、逐段交互比對修正，把所有錯譯、漏譯皆抓出來，翻譯的正確性是唯一目的（其他則係順帶看到時，才會修改）。

在第二校，我仍是中英文對照著看，有四個重點：

1. 力求語句通順（特別是要合於國語表達的語法），期待用字淺近、口語化，易讀易懂。
2. 針對關係代名詞類的「他（她）」予以具體指明為何人或何物，比如具體稱其為文中故事裡出現的「小明」，以便讀者理解句意。
3. 同一英文專有名詞在不同章節出現的譯名一致性（如察覺專有名詞仍有疑問，才會再回去查原文）。
4. 對於有數個相異的英文名詞，但這些名詞的中文譯名卻很類似，甚至可能被譯為相同之中文名稱的這種字，只要它英文名詞是不一樣的，我也會思索，以譯出適當卻不一樣的中文名詞，例如障礙（disability）和損傷（impairment）。

三校則是做最後的 overview，純粹做中文的文句潤飾，此階段有三個重點，第一個是做全文的標點符號的觀察，看採用的標點符號類別是否適當？置放之位置是否妥貼？是否少或多加了標點。務須說明者還有我觀察到中、英文語法不同，所以英文短短一句常就是一個句號，此與中文標點用法顯著不同，為求段落一氣呵成，我乃逐句判斷，特意針對語意連貫之各句子，將其中句號得宜修改為逗號者予以適度更動。第二個重點是把文句中的贅字、冗句適度的精簡。第三則是在不違原意下，用了少許成語或較瑰麗詞藻，只有針對「個案極短篇」類的生命故事，才採用較多。

而這整個翻譯以及自我一、二、三次校對的過程跑一遍，比我想像的還更花時間得多。其實，整個翻譯與校對所得的版稅，與我實際所付出的心力完全不能去類比，能夠讓我持續下去的動力，在於我期望自己能達到翻譯一本錯誤較少、平易近人的特教導論書，我對閱讀國外譯書的基本價值觀是，並非每個人都要從事學術研究，亦非人人在初學特教時英文都會很好，但是卻每個人都可以有個「選擇機會」，亦即在國外特教之教科書譯本當中有一些可閱讀的書得以選擇，正因如此，所以我是鞭策自己要以「學術研究」的心態去從事本書「不算學術研究」之翻譯，縱使不被列入學術作品，我也無怨無悔，就是這樣單純的心境轉折，才會支撐我心甘情願多花時間去做翻譯的諸般笨功夫，本書當然不能說提供了如何如何的譯本，但確實是為讀者在這諸多特教譯本中多提供了一項選擇，而這就是我所期盼的，這是譯者在譯本書的心情故事。我也為本書的翻譯特別申請了依媚兒，讀者閱讀後對本書或譯者有任何修正意見（例如該添上哪些譯者腳註），歡迎回覆給我，我將由衷的感激，也會不定期收信，伊媚兒帳號如下：jkljkl@kimo.com〔帳號全為英文字母〕。

回到這本學術性頗高的著作，其原文書已出到第四版，為十五個學者合寫之大堆頭的書，涵蓋特殊教育、教育心理、醫學、職能治療等領域學者，其編排依循孩子各領域發展，在評量、教學技巧、涉入方案等皆有涉及，我認為它非常適合充作當前一般大學幼保系（幼教系）在講授「特殊兒童教育導論」的教科書，其寫作雖出自美國人之手，與國內一般特教法分類及標準不盡吻合，書本的寫作途徑亦非由此出發，但對於幼教領域的學生而言，可能反而最適合，因為幼教系在談及生理、心理、語言乃至社會等「各種幼兒發展」上有其循序漸進的論述，故此書如此安排，對於幼教系學生可能最有親切感，也較能夠吸收，所以我認為這本書對幼教系是有賣點的。

至於對特教系新生而言，似乎不會優先考慮此書，但現今特教系在大一之始，即會開設人體生理學、心理學等基礎課程，所以使得學生們有相關基本概念支撐可以去讀本書，在日起有功中可能更能掌握其脈絡，更輕鬆的理解，省去硬記、硬背的苦痛，因為這就是人體在各方面發展的脈絡次序，在哪個身體機能應該是如何？具有哪些功能？而若缺損了何部分時，導致它產生了那些不便？於是該提供何種教育措施？怎樣的教學方法？順此循序漸進的學習感覺去出發，特教的學習興味就如此的飄散出來了！

其次，本書譯本因有某些考量，而微幅刪減原著篇幅，茲將刪減表列於下，以供查考：

原著篇章名稱	說明
Discover the Companion Website Accompanying This Book（p.xiv～xv） Educator Learning Center: An Invaluable Online Resource（p. xvi）	此係正文前的說明，內容大略是「讀者可參考本書之專用討論網址」，已刪三頁，含原著之頁碼該討論 xiv、xv、xvi，惟為便於讀者查考，茲列該討論網址如下：www.prenhall.com/hooper。
第一部分、基礎概念	
一、特殊需求幼兒簡介	
二、發展過程和影響發展因素	
三、與家庭之夥伴關係 （Partnerships with families）	本章屬特殊親職教育等部分，全章刪除。（原書頁碼：p.90～117）
第二部分、評量和療育的原則	
四、幼兒的評量	
五、療育	
六、評量與療育的科技【本章原共六節，如下：㈠科技的種類、㈡評量的考量、㈢擴大性溝通（Augmentative communication）、㈣電腦操作、㈤早期學習的電腦軟體（Software for early learning）、㈥遊戲和科技】	本章刪第三節（原著之頁碼：p.203～207）、第五節（原著之頁碼：p.211～216），共刪兩節。
第三部分、發展領域	
七、粗大動作發展	
八、精細動作、口腔動作和自我照顧發展	
九、認知發展	
十、溝通（Communication）	本章原共分九節，現共刪其中兩節，即刪去原著之第六節、「不同文化及語言背景之兒童（Children from culturally and linguistically diverse backgrounds）」（原書頁碼：p. 394），與第七節、「口語與語言評估（Speech and language assessment）」（原書頁碼：p394～395）。
十一、社交和情緒發展	
第四部分、後記	
十二、相關議題和未來方向	
【特別說明】 個案極短篇	另第四版新增「個案極短篇」，共含八個案例，並分布於四個章節，經酌量後刪除兩案例，分別為： 刪第一章的第四個案例（Vignette 1.4，p.30～31），其內容是談【特教老師對家長的不同障礙孩子做建議】。 第八章的第一個案例（Vignette 8.1，p.286～287），其內容是談【自閉症童的實際故事】。

翻譯的歷程中我獲得求知的喜悅，也經驗些生命的刻痕，未來我期待能持續投身特教與社工，貢獻綿力。文末，蒙心理出版社不棄，將如此鉅著之翻譯重任賜予一介學生，令我誠惶誠恐卻又不勝感激。林敬堯總編輯往返信件的詢問與叮嚀，備極辛勞，復感受其治事之負責謹嚴。也要謝謝高碧嶸編輯的費心居中連繫，還有出版社的校對者，盡心又專業，我亦深為感謝。一直以來持續關心我的柏原老師，不但在統計有卓越專長，更在我最需要的時候不斷無私付出，總令我心中無比感念。與我友好的美晴、群豪大哥、月瑛姐、得文、彭大哥、怡婷、麗玉、陳校長，謝謝您們的長久關心。

還要深深感謝彰化師範大學特教所的老師，惠芬老師的溫婉令人印象深刻，所授「特教思潮」亦帶給我許多啟發；宏熾老師治學認真嚴謹，令我欽佩；瓊華老師學術思維縝密，且在特教之英文字彙上譯法與詮釋的獨到造詣，令人心儀；台傑教務長擅從宏觀面分析特教，且非常關心學生，常給學生積極正向的鼓勵；梅芝老師思考敏銳，對問題的剖析具有穿透力；怡慧老師個性爽朗，親和力高，且教學認真；夏梅老師學有所長又虛懷若谷，他們帶給我許多學習上的啟迪與精進。也要感謝我那一干博士班同學金花、怡慧、士軒、惠菁，對我譯書進度的持續關注，以及有幸同窗生涯的幸福歲月。另要感謝聖心教養院之劉院長、納修女、倪修女、秀慧、洪姐、麗君、惠貞、羅芃、孟宜等，以及感謝嘉基、晨光那些曾共事的同事、家長與孩子們，這些同事與長官，包含了嘉基的侯主任、劉醫師、亞如、婉玲、雅慧，以及晨光的芋倩。

謝謝外子，有他一路相依相伴真好。也感謝我的姐姐、妹妹、大哥、二哥多年相互的照顧體恤，也謝謝阿亮與我的英文翻譯討論，謝謝小叔、大姑、小姑，最後，最是感謝生我劬勞的父母，他們雖然學歷不高，但他們的女兒始終以能作為他們的子女為榮，特別是我母親楊林美容女士，長年張開羽翼佑護著我以及全家人，對於這點，我銘刻在心，永誌不忘，謹以本書敬獻給我的父母，願喜樂永隨其左右。

前言

從《幼兒特殊教育》第一版出版迄今已近二十五年，在本書第一版時，特殊幼兒的領域才剛發軔，在第三版的序言中，我們已陳述這點，如今在第四版中，我們再次重申前旨。從該觀點中我們瞭解到一個重要的論點，亦即幼兒特殊教育的發展是非比尋常的。從一開始由少數實驗性的人員團隊之培訓方案，至今已發展出許許多多的不同方案——甚至從 1998 年的第三版迄今，亦有許多新進的方案快速發展。在美國各州，少數學齡前兒童的示範早期療育方案，現已成長為數千個方案，且在美國各州對於符合接受早期療育資格的兒童，從出生起，其接受早期療育的權益即受法律保障。從最初少數的實驗性課程和自製的教材，現則已發展為提供身心障礙幼兒暨其家庭服務的事業。

這樣的成長是史無前例的，且也持續地發展中——即使面對財務困難的時期亦然。在部分州政府和聯邦政府、大學培訓方案和地方團體等，皆投身於幼兒特殊教育，而這樣的情形，將可能使特殊需求幼兒得到較好的服務和以實證為本的療育方案、有較佳訓練的相關專業人員、對於特殊需求幼兒有較多瞭解和參與的家庭和社區，及較多有利於孩子的公共政策。我們必須對於特殊需求的幼兒及其家庭更為尊重，而最終地，這些特殊需求幼兒群體將為我們整體社會提供有價值的貢獻。

第四版的《幼兒特殊教育》與第三版有部分雷同。第四版繼續以發展理論的面向來鋪陳。在本書後半段的大部分章節，皆依上述面向來建構，且所有的作者已完成這傑出的工作，以持續該發展面向。我們也繼續強調在幼兒特殊教育中一些重要的內容領域，如：歷史基礎、基礎成長和發展、家庭、評量和療育方案，及科技應用。成功的早期療育核心，為合格的專業人員瞭解兒童、家庭，及其評量和療育的工具，且他們亦能靈活及熟練地運用那些知識。本書的許多章節提供讀者關於特殊幼兒領域和影響幼兒發展因素的相關介紹，且我們致力於提供讀者最新的資訊和讓讀者嘗試超越於事實之外思考。在第四版中，我們也再三強調，對於兒童如何發展及其如何產生障礙，應具備較廣且較深的認識。在用語上，我們維持一致性〔例如：我們用早期療育從業人員（early interventionist），代表不同之提供早期療育服務的專業者，其特別包括幼兒特殊教育工作者〕，且我們給予幼教老師或特教老師一個明確的工作方向；這是一種知識—內容—應用取向（knowledge-content-application），我們相信該取向較合乎邏輯性，且有益於學生逐步學習。

第四版《幼兒特殊教育》與第三版相較也有迥異之處。內容上，增加一些教學輔助意見，便於使用者閱讀之參考。特別是各章皆以該章特定議題之大綱作開頭，並以問題和討論收尾。此外，每章列出了一些推薦資源，可提供額外的閱讀、研究和計畫。所有章節也皆添加了學習指引技巧，包括：個案極短篇、在每頁的外緣留白處作重點說明、知識寶盒，則強調了與該章節直接或間接相關的議題，此外，關鍵字並以粗體標示等。這些新增的學習指引之特色，將使得教導或學習本書更為容易。

在第三與第四版的內容編排上也有些微差異。基於同儕們意見交換，我們將全書劃分為四個部分，此與前版亦有些許歧異。大部分的章節被重新排列，以強調這些是對早期療育從業人員最重要的資訊，及儘可能提供讀者較寬廣的面向。在哲學意涵上，我們視發展為評量和診斷的基礎；且其也是建構療育方案的根本。瞭解兒童發展的早期療育從業人員能更有自信，且對於兒童和父母的需求予以支持。

明確地說，**第一部分**包括三章，係探索幼兒特殊教育的基本議題。第一章〈特殊需求幼兒簡介〉，主要藉由聚焦於特殊教育的分類和支持早期療育的研究，以提供特殊教育歷史的概述。第二章〈發展過程和影響發展的因素〉，包含其定義的議題，詳細說明了成長與發展，並提供現今以研究為本的方向，以針對影響發展的因素作討論。第三章〈與家庭之夥伴關係〉[1]，繼續強調兒童早期家庭的重要性，而在論及兒童計畫性療育方案時尤然。

第二部分涵蓋三章，係論及評量和療育的原則。第三章〈幼兒的評量：標準、階段和取向〉針對評量過程和評估特殊需求幼兒的必要程序，提供最先進的討論。然而，第四章〈療育〉繼續針對幼兒特殊教育的計畫性治療之當前視角的完善規劃，提供以實證為本的討論。對於多元文化和療育方案的討論亦相當值得關注。第五章〈評量與療育的科技〉已被徹底修正，同時現在對於科技運用於評

---

1 譯者註，原文書第三章＜與家庭的夥伴關係＞在本翻譯版中業已刪除，而由原文書中第四章＜幼兒的評量：標準、階段和取向＞遞補為本翻譯版的第三章，後續章節亦以此類推。

量和處置上，已有較清楚的聚焦。特別是我們討論了不同種類的科技運用，也論述了這些科技運用對於絕大多數發展領域的重要性。從本書前一版（第三版）出版以來，科技運用種類的擴展，清楚反應出幼兒特殊教育領域的進步。

第三部分共有五章，描述了本書的核心內容——發展領域。第六章〈粗大動作發展〉和第七章〈精細動作、口腔動作和自我照顧發展〉提供了兩個動作層面非常詳細的介紹。這些章節呈現了一些在第三版時被結合成獨立一章的內容，但在第四版中，這些內容被更進一步細分，以提供這些關鍵領域更廣闊的內容範圍。第八章〈認知發展〉和第九章〈溝通〉已更新，以回應在每個發展領域中的當前文獻。第十章〈社交和情緒發展〉也同時被更易，以呼應現今的研究，但增加對於同儕、友誼和社會性遊戲的焦點。這些後續的議題，反應了當前幼兒的研究趨勢，而這些特殊需求幼兒之研究發現的應用才正開始被瞭解。

最後一個部分，**第四部分**，包括第十一章〈相關議題和未來方向〉。這章我們評論了一些在其他章節中較關鍵且令人爭議的議題，並延伸了在第三版中所提出的議題。我們希望這些論點成為讀者反思和進一步研究的基礎。雖然可能不是一般的後記，但我們也增加了一個個案研究，以提供可討論許多焦點和議題的臨床架構。

在第四版的修正中，若非反應了早期療育從業人員所論及特定議題的重要性和治療師們對於較全面性知識的需求，就是這些修正內容反應了我們對於早期療育從業人員應知道之相關資訊的看法。但是，熟稔相關資訊，將帶來工作上的熟練，故在各章節間的額外敘述（redundancy information）皆有其意義，因為它反應出從一發展領域到另一領域在論述中本質性的重複，且這些重複將有助於學習。

感謝我們的作者群，他們用知識、判斷和努力工作以形成全面、切題又言簡意賅的內容。我們也希望向幫我們審閱原稿的專家群申致謝忱：Millersville 大學的 Barbara A. Beakley；Bellarmine 大學的 Maureen R. Norris；Washburn 大學的 Michael A. Rettig。特別感謝我們的編輯 Allyson Sharp，編輯助理 Penny Burleson 及 Merrill/Prentice Hall 的製作編輯 Linda Bayma。我們皆戮力於推出對特殊需求幼兒工作者和期望更瞭解特殊需求幼兒之人士有所助益的版本。

Stephen R. Hooper

Warren Umansky

第一部分
基礎概念

第一章
特殊需求幼兒簡介

第二章
發展過程和影響發展的因素

1

特殊需求幼兒簡介

Warren Umansky

章節大綱

- 特殊需求幼兒教育的原理
- 早期療育從業人員
- 特殊需求幼兒和他們的家庭
- 家庭與社區

3 **亞力士和瑪姬**

亞力士和瑪姬在三十五歲左右結婚，不久之後，他們試著實現他們共同的人生目標——生孩子。婚後數年瑪姬終於有喜了，在雀躍中夾雜著憂慮，他們不是已期待這孩子很久了嗎？他們了解父母愈年長，所懷的孩子出現問題的機率愈高，他們的家族病史會摧毀他們將有一個一般發展（typical）孩子的期望嗎？畢竟瑪姬的哥哥患有唐氏症，而她的兩個外甥也被診斷為注意力缺陷過動症，此外，瑪姬一位年長的叔叔也患有輕度的腦性麻痺。亞力士的家族也有類似問題，他妹妹的小兒子患有自閉症，而亞力士父親的一個耳朵罹患先天性失聰。瑪姬和亞力士認為，或許他們根本就不應該生孩子。

瑪姬健康良好，且在懷孕期間她非常注意自己的健康，他們也計劃作產前檢查，以幫助他們發現任何可疑的問題。雖然亞力士和瑪姬非常期望有一個健康和完美的小孩，但他們也知道這樣的期望不一定保證實現。亞力士夫婦很期待第一次的超音波檢查，以幫助他們瞭解胎兒在子宮內的情形。當瑪姬第一次感到胎兒在肚子裡的動作時，他們亦希望可持續感受胎動。若從超音波中看到健康孩子的影像，及感覺到孩子的動作，他們會覺得較心安。他們試著抱持樂觀，認為他們將會有一完美的孩子和快樂的家庭生活；然而，他們也知道，若有需要，在社區中提供瑪姬自閉症外甥的早期療育服務，亦可提供服務予亞力士夫婦，但他們希望他們將不需要該服務。

4 愈來愈多的證據顯示，早期療育對部分伴隨著障礙的嬰幼兒和學齡前兒童會產生極正面的效果。部分因為如同特殊兒童委員會（Council for Exceptional Children）、聯合腦性麻痺協會（United Cerebral Palsy Association）和美國自閉症學社（Autism Society of America）、美國癲癇基金會（Epilepsy Foundation of America）等專業和倡導性組織的影響力，使決策者對於障礙兒童和障礙兒童的高風險群有較多關注。此外，機構提供療育計畫的經驗，即如同前述短篇故事的社區資源，也顯示了（contribute to）早期療育的急迫需要。該項經驗指出，早期療育可節省兒童長期所需之不同和昂貴服務的計畫費用。

早期療育的目標在於預防或減少環境和生物因素對孩子的負面影響。

然而不是每個人都認為早期教育（education）是成功的或必

要的。幼兒特殊教育的宗旨顯然是具雄心壯志的（ambitious）：及早進行療育方案，以預防或減緩有害之生物或環境對兒童發展和學習產生的負面影響。不論是支持者和懷疑者，大範圍的早期教育成果皆為其提供從事早期教育之動力來源。

早期教育的想法並非一蹴可及；相反地，它是逐漸形成的，且同時在很多方面屬於領先的地位（on many fronts）。例如Harlow（1974）所作的猴子實驗[1]和Denenberg及其同事（Denenberg, 1981; Denenberg et al., 1981）所作小老鼠和兔子的實驗，皆顯示出早期經驗與動物後續行為和發展有關。在充斥視覺刺激之複雜環境中生長的老鼠與缺乏刺激（impoverished）環境中生長的老鼠之大腦不同（Rosenzweig et al., 1969）。多數心理學的實證研究也支持早期經驗對發展有重大影響的論述（Haddad & Garralda, 1992; Lizardi, Klein, Ouimette, & Riso, 1995）。豐富的經驗可維持及促進發展，而辱罵和被剝奪的經驗則會使發展遲緩或造成異常發展。

幼兒特殊教育基礎的來源之一為動物研究。

醫學研究也進一步提供早期經驗對發展影響的證據。貧窮環境對孩子發展的影響至為重大，但可透過早期療育來緩和（Brooks-Gunn & Duncan, 1997; Devaney, Ellwood, & Love, 1997）。營養對大腦生長和心智發展（Leibowitz, 1991; Read, 1982）亦很重要。營養不良的孩子通常發展較緩慢，且當他們長大後可能出現學習和行為缺陷（Galler, Ramsey, Solimano, & Lowell, 1983a; Galler, Ramsey, Solimano, Lowell, & Mason, 1983b; Ricciuti, 1993）。懷孕期間的營養不良對於孩子後續發展也產生負面衝擊（Morgane, Austin, Borzino, & Tonkiss, 1993）；然而，許多營養不良所造成的負面結果可透過感官刺激來改善。一些研究（Winick, Meyer, & Harris, 1975; Yatkin, McLaren, Kanawati, & Sabbach, 1971）指出，以個別方式加強社會刺激，可使嚴重營養不良孩子的發展速度和智力得到一定程度的改善。

營養不良的孩子若接受完整的早期療育服務，可達到一般性發展的範圍。

在理論和實務上皆重視早期經驗。佛洛依德（Freud, 1965）、艾瑞克森（Erikson, 1963）、皮亞傑（Piaget）和 Inhelder（1969）

---

[1] 譯者註，此實驗為給剛出生的猴子兩個代理媽媽，一個是猴媽媽樣子的絨毛娃娃，一個為鐵絲網的盒子以供應奶水，Harlow 發現猴寶寶多跑向絨毛娃娃處以尋求慰藉，該實驗證明動物從出生起即需要被愛與溫暖的感覺。

5 的研究皆描繪疊磚塊（building-block）的概念，其將發展視為不同階段的結構打造。結構中較低階段的優勢和整體狀況——即孩子早年發展，往往是後續階段穩定發展的關鍵要素。相同的，本章為特殊需求幼兒教育提供邏輯性和支持性取向的基礎。後續章節則著重於特殊需求幼兒的特徵，及提供他們（和他們的家庭）高品質服務的過程，以使幼兒的發展和獨立性達到最佳狀態。

特殊需求幼兒教育的原理

累積幼兒特殊教育方案的支持，需專業人員提出清楚且積極的論辯，以證明該方案的效益。

特別是在經濟不景氣和能源有限的時代，計畫之維持和成長常需仰賴某種提倡者的論述，因為他們能夠提出最具邏輯性和強而有力的論述，這些論述為特殊需求幼兒教育爭取了資源，而在全國各地實行之特殊需求兒童服務計畫，已成為上述論點的第一手證據。

立法

直到最近半世紀，障礙兒童的教育才成為地方和州的主要關切。聯邦政府致力於一些特殊需求兒童相關事務。聯邦政府為特殊教育所做的第一項工作係在1864年於華盛頓特區成立的Gallaudet啟聰學院，直到1930年前，聯邦政府才開始正視（directly address）特殊教育的議題，並於教育部（Office of Education）下屬的「健康、教育和福利部門」（Department of Health, Education, and Welfare）成立了「特殊兒童和青年處」（Section on Exceptional Children and Youth）。幼兒的需求同時也涵蓋於該部門中的兒童局（the Children's Bureau）。

直到1960年代，聯邦政府於特殊教育所扮演的角色一直是有限的。其透過下列方式支持特殊需求兒童：⑴提供州和地方代理機構所需的資金，⑵提供各特殊教育相關領域的研究經費，⑶傳播資訊，⑷提供州和地方團體諮詢服務，⑸專人訓練特殊教育相關的專業人員（Kirk & Gallagher, 1983）。1965年議會通過了《中小學教育法案》（Elementary and Secondary Education Act；簡稱ESEA），成為聯邦政府支持教育的重要轉捩點。該法案和其修正案如下：(1)提供學校大筆經費作為三到二十一歲之教育不利（educationally disadvantaged）和障礙學生的服務，(2)創立了殘障教育局（Bureau of Education for the Handicapped），(3)透過補助相關研究和示範計畫以改善特殊教育服務。

1968 年的《殘障兒童早期教育協助法案》（Handicapped Children's Early Education Assistance Act of 1968）開啟了聯邦對於認同早期教育重要性的先河。該法案的宗旨在於支持全國性的示範計畫，讓它們提供實務操作的模範和分享相關資訊。該法案成立了「殘障兒童早期教育計畫」（Handicapped Children's Early Education Program；簡稱 HCEEP），以管理和提供技術性支持予為期三年的示範計畫，稱之「首要機會方案」（First Chance projects）。經過數年，該法案也資助了外展服務計畫和「技術協助與發展系統」（Technical Assistance and Development System；簡稱 TADS）以輔助「首要機會方案」。此外，一直被稱為 *NECTAS* 的「**國家幼兒技術性輔助中心**」（**National Early Childhood Technical Assistance Center；簡稱 NECTAC**），直到 2002 年重新改組後才正式更名為 NECTAC。該中心仍致力於技術性輔助、出版、其他支持活動，且持續位於北卡羅萊納大學教堂山分校中，HCEEP 現更名為「障礙兒童早期教育計畫」（Early Education Program for Children with Disabilities；簡稱 EEPCD），且該中心仍繼續資助其計畫。

「國家幼兒技術性輔助中心」對 6
特殊幼兒教育領域提供豐富資源。

從 1968 年起，數千個示範計畫在本書寫成的過去幾年仍然獲得資助。許多先前的示範計畫亦得到資金，它們用這些資金幫助其他區域的代理機構執行特殊需求幼兒服務的示範計畫。兩項示範方案的大型研究已評量了方案是否達成預期目標。縱使被批評缺乏嚴格的研究過程，Battelle 中心報告（1976）顯示，在兒童發展方面所得之成效超越所預期，且兒童也得到從未得到過的療育方案。在上述研究之後，Littlejohn 和 Associates（1982）追蹤該計畫和曾參加「首要機會方案」系統的兒童，研究者發現，當聯邦資金到期之時，仍有 84%的計畫持續地服務兒童。參與該計畫方案的兒童對於該方案皆表贊同。1968 年開始制訂相關法律，且法律明文認可兒童早期發展的重要性，此外在該方面的法規也很有效及審慎地執行。幼兒計畫和計畫所產生的利益持續地成長，也印證了立法的邏輯性。

其他聯邦立法也已意識到早期療育的需求。1974 年《經濟機會與社區夥伴關係法案》（Economic Opportunity and Community Partnership Act of 1974）和後續該法案的修正案，乃要求每一州的「啟蒙方案」（Head Start programs）至少應服務 10%的障礙兒童。此外，十四個「資源取得方案」（Resource Access Projects）得到資助，據以提供訓練和技術的協助，以改善「啟蒙方案」對於障礙兒童的服務。在 2000 年和 2001 年超過 858,000 個兒童和其家庭接受「啟蒙方案」的協助，而這些兒童中有超過 10%是障礙兒童。在同一時間，「早期啟蒙方案」服務了 45,000 個三歲以下的兒童和他們的家庭。

1974 年，《殘障者教育法案修正案》（Amendments to the Education of the Handicapped Act）要求州政府在不違抗法令下，擬訂計畫以鑑定和服務從出生到二十一歲的所有障礙人士。相同的哲學觀和相似的年齡範圍也包括在《94-142 公法》中，即 1975 年的《全體殘障兒童教育法案》（Education for All Handicapped Children Act of 1975）（很可惜，因為州法令所規定的入學年齡較高，故只有少數幾州能落實該法案的修正案）。此外，州政府首先必須服務沒有上學的學齡兒童，其次是沒有得到適當安置的重度障礙兒童，最後才是學齡前兒童。因此，有些州通過地方立法以服務特殊需求幼兒。例如：德州法令制定了出生到兒童階段的特殊需求服務方案。加州提供州資金給學校系統，以幫助學齡前障礙兒童。維吉尼亞州全州性地提供給教導學齡前障礙兒童的老師技術上之協助，並補助學校系統中大部分老師的薪資。《94-142 公法》被視為激發州政府提供特殊需求兒童高品質教育的主要法案之一。該原始法令的修正案已更進一步地擴展及改善了特殊需求兒童的服務。

7 《94-142 公法》規定了各年齡層障礙兒童和一些特別針對學齡前兒童的服務。以下為該原始法案的一些規定（Kirk & Gallagher, 1983）：

1. 公立學校機構必須確認，所有對特殊教育和相關服務有所需

求的兒童皆能被鑑定出及接受評估。

2. 父母享有許多程序保障，以確保每位障礙兒童皆享有免費及適當的教育。這些保障讓父母有權從事下列事項：
   (1)查閱孩子的教育檔案。
   (2)讓孩子接受獨立的評估。
   (3)在學校開始實行特殊教育安置程序前，必須有書面通知。
   (4)在公正的公聽會官員質疑安置和計畫的決定前，可要求召開公聽會。
3. 孩子必須接受全面性的多專業教育評量。在評量中必須考量孩子不同種類的智能、社會、文化的狀態。而上述評量過程至少每三年必須重複一次。
4. 為每位特殊教育的兒童撰寫個別化教育計畫（Individual education plan；簡稱IEP）。IEP內容應由學校人員和父母共同完成。IEP必須每年至少檢討一次。
5. 障礙兒童需儘可能地與其他非障礙的同儕一起受教育。只有兒童的障礙本質或嚴重程度不適合兒童接受一般教育時，才可考量安置於特殊班級或被隔離的學校。

《94-142 公法》也提供州政府「學齡前起始補助款」（Preschool Incentive Grants），以鑑定有特殊教育服務需求的學齡前兒童。除給予所有障礙兒童的補助外，該法令也使州政府取得聯邦補助款，此筆款項的核撥標準是依三到五歲幼兒數量認定，而每位幼兒最多三百美元計算。事實上，在該法令第一次實行時，每位障礙兒童並沒有取得那麼多的補助款；剛開始，州政府取得每位三到五歲且接受特殊教育服務的兒童一百美元的聯邦補助款。

在過去二十五年間，立法活動質疑聯邦政府對於特殊需求幼兒的承諾。1986 年議會通過了**《99-457 公法》**，使特殊需求幼兒服務邁進一大步。除在該法令（學齡前起始補助款）中標題 B（Title B）的 Section 619 所規定對於從三歲起之學齡前障礙幼兒的持續服務外，標題 H（Title H）提供各州補助，以服務從出生即有特殊需求或障礙危險群的孩子。《99-457 公法》強調了在從出生到兩歲孩子的服務中，家庭扮演了逐漸重要的角色，且提出

《99-457 公法》成為服務伴隨障礙之嬰兒、學步兒、學齡前兒童的重要轉捩點。

了個別化家庭服務計畫（individualized family service plan；簡稱IFSP），IFSP相當於IEP，但必須顧慮到與孩子有關的家庭需求。各州政府有五年時間可實行全面性、協調性的服務和資源整合系統，該系統包括了重視嬰兒和學步兒的服務。各州政府在採用該系統時，必須依法定的時間表備妥十四項要件，即州政府在第五
8 年的資金補助開始前，嬰兒和學步兒的全面服務措施已準備妥當。在1993～1994學年之前，所有州政府必須確認該全部服務措施的落實。經由法令（《105-17公法》）的後續修正案，目前在《99-457公法》中有十六項法定要件。這些要件列述在知識寶盒1.1中。

知識寶盒 1.1　《99-457 公法》（Part C）*的十六項最低標準要件

1. 在執行該計畫方案時使用「發展遲緩」（developmentally delayed）的定義。
2. 針對所有符合資格的兒童，建立提供適當服務的時間表。
3. 執行全面性多領域的評估以決定兒童和其家庭的需求。
4. 發展個別化家庭服務計畫和提供個案管理服務。
5. 具有完整的兩個系統，一為發現疑似障礙兒童（child find）系統，另一為轉介系統。
6. 公共的預警計畫（A public awareness program）。
7. 由中心進行引導之服務、專家、研究、示範等方案。
8. 具有完整的人員發展系統。
9. 經政府委託或建立之主要代理機構中的單一直線權責（a single line of authority）。
10. 與地方服務提供者之訂定契約的政策或規劃安排的政策。
11. 適時償還補助款的程序。
12. 程序保障。
13. 人員標準的政策和程序。
14. 早期療育方案的資料收集系統。
15. 州代理機構間的協調委員會。
16. 確認早期療育服務儘可能在自然情境下提供的政策。

---

* http://www.nectac.org/partc/componen.asp

在 1991 年，議會就像《個別障礙者教育法案》（Individuals with Disabilities Education Act；簡稱 IDEA）的規定一樣，重新分派特殊教育方案的補助款。該項法令的修正使得州政府對於三至五歲兒童的服務成為義務性，而非選擇性地提供服務。後續的法案（authorization）增加對每一障礙兒童的州政府補助款。1997 年《個別障礙者教育法案修正案》（即 105-17 公法）更進一步增加了服務的款項。圖 1.1 顯示了從 1977 年到 1998 年之二十年間補助的款項，及符合個別障礙者教育法案中 Part B 所需服務的兒童數量。在 Part H 到 Part C 之間，個別障礙者教育法案的修正案也將服務擴展到嬰兒和學步兒的服務。

融合是讓障礙兒童參與一般性發展兒童的活動。

在法律的特定用字中，已形成了經早期療育專家提倡多年的**融合（inclusiveness）**哲學。根據Odom等人（2000）的說法，「融合（inclusion）是一種障礙幼兒和一般發展幼兒在同一教室和……社區情境中參與活動」（p. 1）。融合之目的在於讓障礙兒童接觸一般情境、活動、其他孩子，也讓一般發展兒童有機會和障礙兒童互動。《個別障礙者教育法案》也提倡**自然情境（natural environments）**原則，其認為兒童應在自然情境下接受早期療育服務——例如：在家中或兒童照護中心接受早期療育服務。隨著接受早期療育服務之兒童人數逐漸增加，該療育方案急需發展新的服務傳送模式。

自然情境讓特殊幼兒於一般同齡兒童的一般性情境下接受服務。 10

接受早期療育服務方案的兒童人數和花費在該服務上的費用皆甚是可觀。在 2000～2001 學年間，約有 600,000 個三至五歲的障礙幼兒接受《個別障礙者教育法案》（Section 619 中 Part B 的規定）所支持的幼兒方案。表 1.1 顯示了在 1991 年至 2002 年之間於《個別障礙者教育法案》中 Part C 所服務之兩歲前之嬰兒和學步兒的人數和補助款分配情形。在後續的年度中（2000～2001 年），超過 230,000 名嬰兒和學步兒、其家庭接受早期療育的服務。該數據比 1998 年本書上一版（編按：本書中文版為原文書第四版）發行時，增加了 80,000 名嬰兒和學步兒、家庭。這些兒童在不同的安置情境中接受服務（參考表 1.2）。

9 關鍵字：

美元（以百萬為單位）：在 Section 619 法案下分配與各州的經費。

兒童（以千人為單位）：在每一聯邦會計年度的 12 月 1 日接受 FAPE。

$ 每位兒童：每位兒童於 Section 619 法案下所分配到的補助款。

聯邦會計年度：例如在 1986 年的會計年度，共有 261,000 位兒童於 1985 年 12 月 1 日接受服務。

聯邦會計年度	'77	'86	'87	'88	'89	'90	'91	'92	'93	'94	'95	'96	'97	'98	'99	'00	'01	'02
美元（以百萬為單位）	12	28	180	201	247	251	292	320	326	339	360	360	360	374	374	390	390	390
兒童（以千人為單位）	197	261	265	288	323	352	369	398	430	479	528	549	562	572	573	587	599	619
$每位兒童	63	110	679	697	769	713	797	803	750	707	683	656	641	654	653	664	650	630

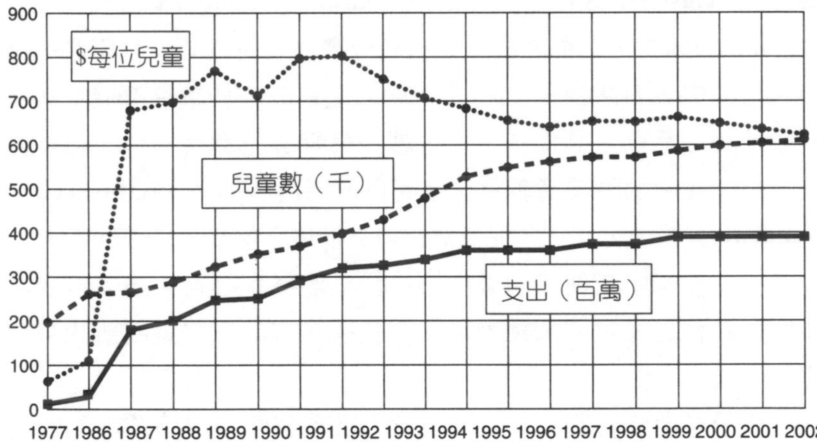

圖 1.1 1997～2002 年個別障礙者教育法案 Part B, Section 619（學齡前方案）中接受服務的兒童數、所有補助款和每位兒童所得的平均款項

Reproduced with permission of the National Early Childhood Technical Assistance Center from Danaher, J., Kraus, R., Hipps, C., & Armijo, C. (Eds.) (2003). *Section 619* profile (12th ed.). Chapel Hill: The University of North Carolina, FPG Child Development Institute, National Early Childhood Technical Assistance Center.

《個別障礙者教育法案》提供了其他間接造福特殊需求幼兒和其家庭的方案計畫。例如：該法案持續為示範服務方案（先前稱之為「首要機會方案」）、成功示範方案的複製〔稱之為**外展服務**（outreach）〕、研究方案和示範性個人訓練方案、研究機

表 1.1　個別障礙者教育法案中嬰兒和學步兒方案（Part C）的簡介

會計年度	補助款（以百萬美元為單位）	接受服務的兒童人數
1991	117	194,363
1992	175	166,634
1993	213	143,392
1994	253	154,065
1995	316	165,253
1996	316	177,634
1997	316	186,859
1998	350	197,376
1999	370	186,819
2000	375	205,769
2001	383.6	230,853
2002	417	247,433

資料來源：Reproduced with permission of the National Early Childhood Technical Assistance Center from Danaher, J. (Ed.) (2003). *Part C updates*. Chapel Hill; The University of North Carolina, FPG Child Development Institute, National Early Childhood Technical Assistance Center.

表 1.2
在 1998 年 12 月 1 日時，於個別障礙者教育法案之 Part C 中，11
在不同安置情境下接受服務的嬰幼兒人數

安置情境	接受服務之兒童人數
發展遲緩方案	30,248
家庭	108,778
醫院（住院兒童）	1,446
服務提供者的所在地	21,813
一般發展方案	6,746
住宿型機構	233
其他	3,722

資料來源：From the *Twenty-Third Annual Report to Congress on the Implementation of the Individual with Disabilities Education Act (IDEA),* by the U.S. Department of Education, 2001, Washington, DC: U.S. Government Printing Office.

構、其他研究活動和技術的支援等提供資金。在 2000～2001 學年間《個別障礙者教育法案》資助下列活動：三十九種模式的示範方案，其中包括六個「發現疑似障礙兒童」方案、三十五個外展服務方案、五十一個研究方案、七個研究機構及其從事的研究、一個全國性技術支援中心。

最後，《個別障礙者教育法案》提供個人訓練計畫資金予州政府，且言明，每州必須有全面性個人發展系統（Comprehensive System of Personnel Development；簡稱 CSPD）計畫以儲備人力。在 2000～2001 年間，《個別障礙者教育法案》亦資助了九十一個訓練方案。《個別障礙者教育法案》鼓勵接受示範計畫和延伸服務訓練之人員與州政府之代理機構一同針對早期療育方案的業務從事協同工作。該法案授權給每州，讓各州有權自行指定代理機構，以監督嬰兒和學步兒（Part C）方案在各州的實行情況。各州負責的代理機構羅列於表 1.3。其他有關特殊需求幼兒的聯邦法案，提供特殊需求幼兒更多早期教育的機會。

1973 年的《復健法案》中 Section 504 要求在學校中為障礙兒童提供「合理安置」。

1973 年《復健法案》（Rehabilitation Act of 1973）的 Section 504 禁止接受聯邦政府補助之各州、地方政府的方案或活動歧視障礙。1977 年所增加的法案中更言明了 Section 504 適用於公立學校和其他接受聯邦補助的教育、醫療和社會服務之機構或活動。這些代理機構，其中也包括學校，必須確保障礙兒童享有相關服務或福利。然而，縱使法律確保障礙兒童能參與學校方案，但卻未要求學校提供費用較高或延伸性的服務。相反地，法律規定應「合理安置」（reasonable accommodations）。合理安置包括：提供特殊協助、課程調整、醫療追蹤、諮商、使用輔助性科技或行為管理計畫等。在 Section 504 之下，縱使孩子未得到《個別障礙者教育法案》所規定的服務，但仍可接受如：語言治療、職能治療或物理治療等相關服務。此外，學校並未得到上述服務的補助金。

1990 年《美國障礙者法案》提出，公立學校必須為障礙學生提供包括修正性課程和適應性科技等無障礙空間（accessible accommodations）。

1990 年《美國障礙者法案》（Americans with Disabilities Act of 1990；簡稱 ADA）如同 Section 504 一般，是反歧視的法案。縱使該法案主要針對就業情境，但其中兩項規定與學生有關。其首先要求無宗派的（nonsectarian）私立學校，其中也包括學齡前學校。此外，《美國障礙者法案》要求公立學校對障礙學生進行安置。該安置包括設備使用的便利性（accessibility to facilities）、課程調整，和輔助科技的使用。該法案並未針對上述安置服務提供補助。

表 1.3 12

個別障礙者教育法案中 Part C（嬰兒和學步兒方案）的主要州立負責代理機構

州別／管轄區域	代理機構
阿拉巴馬州	復健服務
阿拉斯加州	健康和社會服務
美屬薩摩亞	健康
亞利桑納州	經濟安全
阿肯色州	人類服務／發展遲緩
加利福尼亞州	發展服務
科羅拉多州	教育
北馬里亞納群島	教育
康乃狄克州	心智遲緩
德拉瓦州	健康和社會服務
哥倫比亞特區	人類服務
佛羅里達州	健康（兒童醫療服務）
喬治亞州	人類資源／健康部門
關島	教育
夏威夷州	健康
愛達荷州	健康與福利／發展障礙
伊利諾州	人類服務
印地安納州	家庭與社會服務
愛荷華州	教育
堪薩斯州	健康與環境
肯塔基州	人類資源／心智健康—心智遲緩
路易斯安納州	教育
緬因州	教育
馬里蘭州	教育
麻薩諸塞州	公共健康
密西根州	教育
明尼蘇達州	教育
密西西比州	健康
密蘇里州	教育
蒙大拿州	公共健康與人類服務

（續）

表 1.3（續）

州別／管轄區域	代理機構
內布拉斯加州	教育／健康與人類服務
內華達州	人類資源
新罕布夏州	健康與人類服務
紐澤西州	健康與老年服務
新墨西哥州	健康／發展遲緩
紐約州	健康
北卡羅萊納州	公共健康
北達科他州	人類服務
俄亥俄州	健康
奧克拉荷馬州	教育
奧勒岡州	教育
帛琉	教育
賓夕法尼亞州	公共福利
波多黎各	健康
羅德島州	健康
南卡羅萊納州	健康和環境控制
南達科他州	教育
田納西州	教育
德克薩斯州	幼兒療育機構間委員會
猶他州	健康
佛蒙特州	教育與人類服務
維京群島	健康
維吉尼亞州	心智健康／心智遲緩／藥物濫用服務
華盛頓州	社會和健康服務
西維吉尼亞州	健康與人類服務
威斯康辛州	健康與社會服務
懷俄明州	健康

資料來源：National Early Childhood Technical Assistance System (NECTAS), Chapel Hill, NC. Retrieved from http://www.nectac.org/partc/ext ptclead.asp

透過立法職權，美國兒童和家庭健康與人類服務管理部門（U.S. Department of Health and Human Service's Administration for Children and Families）、發展障礙行政管理部（Administration on Developmental Disabilities）也針對一些早期療育活動提供特別基金。基金是透過州立發展障礙委員會來分配，而該委員會支持如同訓練方案和研習營等不同兒童發展活動。在美國有六十一所「障礙教育、 13
研究和服務之卓越發展大學中心」（University Centers for Excellence in Developmental Disabilities Education, Research, and Service；簡稱 UCEDDs），該中心提供各領域間的訓練、示範服務、科技輔助，及新生兒資訊和相關宣傳活動。最後「國家重點計畫」（Projects of National Significance；簡稱 PNS）每年接受補助，以致力於發展障礙之必要需求的相關研究。在國家重點計畫中，包括在兒童照護情境中，發展訓練性和持續性的障礙兒童融合方案。

回顧對早期療育有重大影響的法案。若無這些立法的話，則幼兒特殊教育的地位如何？

顯然地，現已有明確證據支持政府介入幼兒療育方案。縱然政府最初的行動是針對倡議團體（advocacy group）、障礙家庭成員或朋友之立法壓力所作的回應，但聯邦和州政府的立法和規範性活動目前已反應出早期教育已逐漸被接受。

實證

造成兒童損傷的原因可能在出生前即已形成。父母的基因庫（pool）和產前照護的狀況皆會影響懷孕的結果。如同我們將在第二章中論及，研究文獻持續鑑定出影響懷孕狀況和兒童後續健康和正常發展（well-being）的特定因素。在母親營養和孩子教養態度方面的研究已有了樂觀的進展（Badger, 1981; Ginsburg et al., 2002; Ramey & Bryant, 1982）。此外，「人類基因組計畫」（Human Genome Project）針對產前鑑定，甚至處理許多基因產生的異常狀況提供一線曙光。「人類基因計畫」是為期十五年的聯邦政府資助計畫，其目標在於確認人類每一基因的功用。該計畫的研究發現已對於預防和治療廣泛性疾病和異常提供了革命性的改變。

當孩子出生時即伴隨著障礙，此時當然必須考量許多不同因 14
素。許多證據顯示，孩子的缺陷情形可被治癒或減輕。

早期療育的研究聚焦於兩個主要的兒童團體：一為因環境因

素所導致的發展缺陷（deficits）之兒童團體；另一為因生物因素所形成障礙（disabled）之兒童團體。上述二兒童團體中的兒童形成了公立學校中特殊教育方案的主要對象。必須考量的問題：若及早鑑定出這些障礙兒童，且讓他們接受服務，是否能減少這些兒童對特殊教育安置的需求？或至少能否稍減兒童障礙的程度？雖然很多實證顯示早期療育服務對於環境不利的兒童（children at environmental risk）有所助益（Ramey & Ramey, 1994），但愈來愈多的研究發現，早期療育對於生物因素所造成的損傷情形亦能有所改善。然研究本身充斥著研究過程的問題如：樣本過小、缺乏對照組、療育時間短、對於療育的過程缺乏適當定義等（Gallagher, 1991）。縱使考量上述因素，針對生物因素所造成的損傷，早期療育對於維持或加速兒童發展亦有所幫助（Blair, Ramey, & Hardin, 1995; Boyce, Smith, Immel, & Casto, 1993; Fewell & Oelwein, 1991）。

縱使研究存在著程序問題，實證仍傾向支持早期療育有利於不同的特殊需求幼兒。

有些早期療育的要素可能會產生較大的影響（Shonkoff, Hauser, Krauss, & Upshur, 1992）。例如：在早期療育的方案中，檢視在不同團體中發展障礙嬰兒、學步兒和學齡前兒童之兒童與家庭互動的影響（Keogh, Garnier, Bernheimer, & Gallimore, 2000），和生物特徵（Hauser-Cram, Warfield, Shonkoff, & Kraus, 2001）。一般而言，在嬰兒和學步兒時期，障礙兒童的生物特徵是發展良窳的最好預測。而被完整早期療育方案所影響的家庭因素，在兒童學齡前階段對於兒童發展亦影響深遠。

最早有關環境不利兒童之重要研究為 Skeels（1966）的經典研究。一群在機構的兒童被移到一所孤兒院安置，在院中兒童們獲得較資深院民的個別關照（attention）；而另一對照組為留在機構中，且未獲得個別關照的兒童。當過一段時間後，留在機構中的兒童在平均智力上有下降的情形，而安置在孤兒院的兒童之平均智力上則有上升的情況，而該群兒童智力增加顯然是受到較好關照的結果所致。

如 Bloom（1964）和 Hunt（1961）等優秀學者強調兒童早期的敏感性本質（sensitive nature）時，早期教育影響的研究發展又再大步向前。最近，Shore（1997）整理出早期經驗對於大腦發展影響的諸多證據。服務低收入家庭之學齡前兒童的聯邦基金，提供研究者從不同面向去發掘他們的早期療育相關理論之適用情形。在 1970 年代中期，有一群人集結了這些示範模型方案，以篩檢他 15
們所服務之兒童的進展狀況。「縱向研究協會」（The Consortium for Longitudinal Studies）」（1978）以該篩檢結果發表了數個報告（Lazar & Darlington, 1982）。而密西根州「培瑞學前方案」（Perry Preschool Project）」（Schweinhart & Weikart, 1980）和田納西州的「DARCEE 方案」（Gray, Ramsey, & Klaus, 1982）也各自單獨地作成了縱向結果的報告。「縱向研究協會」和「培瑞學前方案」報告指出，兒童接受早期療育與否，有下列之差異結果：

1. 接受早期療育之兒童群體在入學後，其安置在特殊教育和留級的情形比未接受早期療育者少了許多。
2. 接受早期療育之兒童能有較佳的學業成績，且較能完成學業。
3. 接受早期療育之兒童在校外較無偏異行為（delinquent behavior）或觸犯法律。

上述是屬於早期療育較為保守的結果，但仍顯示了其對於人類的助益。換言之，若兒童接受早期療育，則他們會較具生產力，且在校內外表現也較佳。早期療育另一層面的益處也同樣具有意義：障礙的學齡前兒童在愈小年紀接受早期療育服務，則可能獲得重大的經濟效益。在早期療育的成本效益研究中顯示，學校很快地可透過節省特殊服務的支出和留級的費用，使早期療育支出得到回饋。從小孩子一直到十八歲這段期間所花費的費用，會隨療育服務何時開始執行而依比例減少（Wood, 1981）。社會成本可以持續節省，不只是在校外節省成本，甚至孩子離開學校後，也會減低社會成本的付出。若兒童有早期療育服務的需求，其也可接受該服務，則這些人長大後，比有早期療育需求，卻未接受該服務的兒童，較不會以坐牢、領取福利金、失業救助金等方式造成公共基金的支出。這些人離開學校後也較容易獲得支薪的工作，並有能力負擔稅款（Weber, Foster, & Weikart, 1978），且他們較可能完成高中學業及避免觸犯法律（Oden, Schweinhart, & Weikart, 2000）。

「縱向研究協會」的會員 Palmer（1983）針對上述結果的解

釋和產生提出警告。另一成員 Gray（1983）的療育方案之執行，著重在例如極度貧窮等有多種嚴重問題的家庭，其也回應表示，她個人所執行之計畫，並未與一些其他計畫的正面（enthusiastic）結果相符。Gray 也注意到，與在一個貧困環境中執行療育方案的時間作比較，「我們方案計畫的全部付出時間，占據了參與該方案兒童其從出生到十八歲之間的清醒時間的萬分之六十七」（p. 128）。

數個現今的縱向研究針對早期療育影響提出其他洞察。例如：
16 在回顧低收入和教育不足家庭之兒童的三個研究結果時，Ramey 和 Ramey（1994）提出以下結論：

> 母親的智力是兒童智力發展的重要因素，特別是當這些兒童沒有受到深入的早期療育服務時。但幸運的是，若媽媽的智能較低，而孩子接受高品質的早期療育服務，且孩子對於該服務的反應不錯時，則可大幅降低在早期療育期間孩子發生智能障礙的可能性。（p. 1066）

另一研究則以一大群生活貧困的孩子為對象（Bradley, Whiteside, Mundfrom, & Casey, 1994）。「嬰兒健康和發展計畫」（Infant Health and Development Program）發現，在三歲時，某些家庭因素和早期療育方案的參與，使得參與早期療育方案的兒童和未參與的兒童，在處理環境需求〔「適應性」（resiliency）〕產生差異。後者（指未參與早期療育方案的嬰幼兒）在預後（prognosis）發展較差。針對體重過輕的新生兒所作之早期療育的研究發現，接受早期療育的兒童，比未接受療育的兒童，顯著地有較高的智商（Brooks-Gunn, McCarton, Casey, & McCormick, 1994）。

回顧一下支持早期療育的實證研究。我們還需要做些什麼額外研究以證明早期特殊幼兒教育方案的有效性？

這些實證研究的結論顯示，早期療育對於個人或經濟層面皆有正面影響。我們需要針對伴隨著先天性損傷（biological impairment）兒童作更多有系統的研究，但有效證據仍建議，應提出實行早期療育之正當理由（justification）。當然，我們必須盱衡預期結果與療育的深度和時間長短間的關係，且也必須清楚地描繪出療育取向（Currie, 2000; Ramey & Ramey, 1998）。

道德的考量

有特殊需求的人終其一生易傾向依賴他人。該種依賴可能造成龐大的經濟負擔與大量的資源需求。例如：每年維持一個障礙人士在州立機構中生活的費用會超過五萬美元。在社區中，障礙成人常需要特殊的住家設備、運輸工具、醫療服務、庇護就業（sheltered employment）或工作訓練、食物和服裝的補助，及其他支援系統。個體持續地仰賴他人，且無法突破該種依賴，則凸顯了 Sameroff（1979）所提出之「潛意識認為自己學習能力不足」（learned incompetence）的重要性。持續性依賴可能來自於大眾對於障礙人士的負面態度。當大眾的金錢花費在少數人口所需的昂貴服務時，處於經濟壓力下的社會則常會尋求代罪羔羊。當資源被傳送到障礙人士，但該資源除了維持基本生計外，已無法提供更多支持時，則問題就變得更複雜了。當然，實證研究顯示，對於年齡較長的學齡兒童和障礙成人，療育效果則有限。

道德是一個管理行為之倫理性原則的系統。

對於早期療育之道德性爭議，涵蓋三個議題：⑴藉由強化獨立性，防止兒童成為潛意識地認為自己學習能力不足，⑵透過減 17 少兒童長期對密集性和昂貴資源的需求，以降低社會持續性負擔，⑶藉由宣揚早期療育方案降低障礙人士對於大眾支持之依賴的成效，改變大眾對於障礙人士的態度。

立法機關每隔幾年便會重新修訂特殊教育法。從而倡議者必須具備專業知識，且提供支持幼兒特殊教育的理論。

幼兒特殊教育支持的道德考量應與發展實證研究同樣重要。推動《美國障礙者法案》和重新將注意力置於美國年輕人未來的力量，成為支持特殊需求幼兒之教育機會的動力。然而上述趨勢可能很快會改變，因為議會和州政府將以常態性為基礎，重新考慮經費和預算的優先順序。早期療育從業人員在這些倡議過程中（advocacy process）扮演著重要和具挑戰性的角色，同時也適切地達成高專業品質服務的遞送（delivery）。早療從業人員也需要早期療育的倡議性論文、新聞記者的報導，及了解早療前線戰役之握有實權的官員，而該項挑戰激烈，但其結果明確（tangible），且對於個人和社會有重大貢獻。

早期療育從業人員

教師的角色

提供特殊需求幼兒和家庭服務的專業人員之稱呼繁多，且包括許多不同專業，他們可能是：老師、社工人員、心理師、諮商師和公共關係人員。這些角色並非設計而來，但卻是因需求（necessity）而產生。早期療育從業人員可能在公立學校班級、非學校機構所運作的中心式方案、臨床環境、承接諮詢業務（consulting capacity），或在家裡等情境下工作，他們與其他人一起工作，少數則具有豐富經驗，這些專業人員成為父母、教育同僚和社區機構人事的資源。

> 早期療育從業人員如同教師般，必須能清楚地表達早期療育所使用策略的基礎。

教師有數個主要工作，教師們可能以中心式理論性計畫或以一般多樣性思考（請參閱第四章所論述之不同方案模型）為基礎，成為方案計畫和執行的最後負責人。不論如何，教師也應能證明兒童使用之特定方案的合理性。

幼兒方案執行常需確認許多影響發展和學習的相關因素。確定家庭環境和成員在該過程中的重要性，這通常使得早期療育方案成為在家教育（homebound）模式，但誠如我們所知，仍有許多方法可對幼兒形成重大影響。

早期療育從業人員的角色涵蓋高度多樣性，且具特定人格特質的需求：快速思考、能隨機應變、具社交技巧、相關學識及完
18 成目標的內在動力。如同下列個案極短篇所述，學校系統之專業人員一天的行程表反映了該工作的獨特性。

個案極短篇 1.1

早期療育從業人員一天的行程

早上我來的第一件事是與我的輔助性專業人員（paraprofessional）肯恩瀏覽當天的行事曆。肯恩是我最好的夥伴，少了他我則無法完成許多事！我們

帶領兩個團體，每個團體各有六位父母，而他們的孩子每星期到學校三次。其中一團體星期一、三、五到學校；另一團體則二、四、五到學校。星期五顯得有些令人手忙腳亂（hairy），但這天確實可讓孩子們與家長們互動。

所以，我和我的「輔助性專業人員」一早便開始安排如何帶領晨間團體。團體時間從上午九點到十一點半，且我們的注意力皆置於該團體上。從十一點半到十二點，我們討論今天所發生的事，並做簡短筆記，且將新的資料歸入孩子的檔案夾中。如此，可幫助我們隨時了解孩子的進步情形，而我們也因此覺得自己引起一些改變。這些家長對於孩子的進步也感到高興。

我們通常帶著紙袋午餐（brown-bag lunch），到區內其中一家機構用餐，或與一群個案福利工作者（welfare caseworkers）、公衛護士、學校心理師或任何有空的人一起出去午餐。午餐聚會使我們了解其他機構的狀況，且也幫助機構更加認識我們。許多我們的孩子使用社區裡的其他資源，且對於能拿起電話說：「嗨！尼克，我非常喜歡昨天的午餐。順帶一提，我想瓊斯小姐對於湯尼的支架還是有些疑問。我希望你今天能打電話給她。」這樣的方式很有效！在鎮裡的其他同事也會和我們一樣使用這種方式連繫。昨天瑪莎因為知道肯恩去訪問我們都認識的一個家庭，所以打電話給我。瑪莎希望肯恩能幫忙提醒這個家庭他們下週在整形外科診所已有約診。我很樂意當傳話筒。有時這比各專業人員直接與各個家庭聯絡更有效率。有些家庭甚至接受五個以上機構的服務。你能想像這些人時常往返你的家嗎？

我和肯恩在下午各有兩個家庭訪問的行程。其中一個行程是為了訪視計畫方案的新個案。其他時間則必須繼續依照我們的課程，與孩子和家庭一起進行療育。

今天訪視完那些服務新個案的相關人員後，我就回學校。有時特殊教育組長負責相關專業人員的安排，但我必須負責這個個案的專業人員安排。當剛開始作人員安排時，我感到有點害怕。現在我已經可以完全上手了，目前只是讓父母和其他人員一起討論孩子的需求。清楚且確定的是，每個人都對孩子非常關心及期望他們能做到最好。且我認為，部分尚未對於學齡前兒童服務有太多想法的同事，現亦已成為計畫的積極倡議者！

今天比平常較忙一些，我今晚對教會團體演講。該團體已服務鄰近輟學 19
或已畢業但沒有工作的孩子，我認為他們可以成為我們教室中的志工。或許在經過訓練後，他們可在附近的兒童照護中心找到工作。計畫方案需要好的人員，且我們確定可運用一些受過訓練的人員來服務孩子。

無疑的，這是一大挑戰，但我們喜愛挑戰。我和肯恩喜歡與孩子一起工作，當然，與家長和其他社區人員工作的機會，讓我們覺得我們正在執行最有效率的工作，我們強調兒童的所有需求，並幫助改變社區的態度。

在社區公共醫療機構中負責嬰兒和學步兒計畫方案的早期療育從業人員，也有個人的看法，其看法則如下述個案極短篇 1.2。

個案極短篇 1.2

對嬰兒和學步兒方案的看法

有時我對兒童和家庭的第一次訪視是在孩子剛出生於醫院時。當一個明顯障礙被確定後，醫生或社工會打電話給我們，並展開親職教育和對未來作預防準備的過程。當我自己有小孩後，讓我更知道如何與家長接觸。我理解他們數個月以來建構一個擁有健康孩子的快樂期望，他們的期望有時使他們不能去接受孩子、愛孩子，這樣複雜的結果源自於早期醫療療育（例如：新生兒加護病房、科技設備和有限的身體接觸）可能衝擊到親子關係。我們討論過這些議題。我們討論過當小嬰兒回家時，如何幫助家庭，及開始討論其他家庭和社區的有效支援系統。

教師的資格能力

如同上述，一個未受訓練者的工作表現往往不會太好。早期療育從業人員所扮演的複雜角色，需要嚴謹的訓練和對於專業責任持續地釐清（Buysse & Wesley, 1993）。具備某些最低門檻（minimum entry-level）的技術和知識對於適當地執行工作有其必要。經驗和深入的知識與技術，使得老師有信心和能力應付所遇到的挑戰。

20 教師的複雜角色至少有四個面向的雙向細目表（matrix）：

1. 孩子的年齡範圍可能從新生兒到五歲，甚至更大。
2. 所在的情境可能是醫院、家庭、診所、學齡前特殊班級、親職團體，或包括有障礙與無障礙孩子的融合環境。

3. 參與療育方案者可能是孩子、父母與其他家庭成員、社區機構的人員、醫療專業人員、有著不同文化和背景的其他人。
4. 工作內容可能為評量、療育方案、諮商和教育、評估、報告撰寫、個案管理，或專業人員的統整與協調。

縱使各專業人員在不同技術和知識之重要性的排列上沒有共識（Hanson & Lovett, 1992），但在邏輯上，對於早期療育從業人員的能力資格，仍如同下列個案極短篇 1.3 中一位老師所描述的幾個要求。

個案極短篇 1.3

早期療育從業人員的資格需求

我不敢相信我必須要做和我覺得該做的事。如此讓我喜歡工作，且能盡力完成它們。我認為這正如同 Weikart（1981）所述，不論採用何種方式，只要該方式能與孩子的學習情形相配合，則該方式就比其他方式為佳。當然，早期療育從業人員必須瞭解兒童的過去和未來發展，及對孩子超越期待的表現予以讚賞！

我認為我知道自己在做什麼。當我每次以我的專業與孩子、父母、同僚互動時，我知道我想達到的目標，也擁有完整計畫。同時我也會隨時準備一些替代方案。以備不時之需！

我也發現能說數種不同術語（languages）很重要。對父母或志工說話時應避免使用專業術語。專業術語很容易讓他們難以了解。同時，不同專業也有不同術語。我已經學了許多有關職能治療、語言治療、物理治療、醫學，和我孩子所有身體上和健康上問題等的相關術語。我必須如此做以讓我的同事們可以信任我。他們也學了我的術語。我喜歡不斷地學習工作上的任何面向。如此也能預防我對工作的倦怠感。

孩子的篩檢和評估對我而言相當容易，因為在我的大學訓練課程中我已經做過多次了。我很快地學習一些測驗工具，因此施測時我能將較多注意力放在孩子和父母身上，而非研讀測驗手冊。學校心理師對幼童的施測上較無經驗，所以我們通常一起工作。但縱使你知道你在做什麼，對幼童進行測驗 21

仍非易事。我希望確定我們所做的每件事皆能得到正確的施測結果，因此一起工作對我們而言，是絕佳的選擇。

在工作上最令我感到驚愕的（blew me away），是深夜裡接到某個個案母親的來電。我與她變得很親近——這是因為經常到她家，並分享她的情緒起伏。她的孩子已因呼吸困難而住院。其後這孩子剛過世，而我竟是他的媽媽第一個想通知的人。我尚未準備好去面對這一切，且對於我無法多做些什麼而感到沮喪異常。但或許此時當我陪在這位媽媽旁邊並傾聽她的心聲，即已足夠。我現在至少知道如何完善地處理這種情形——知道該說什麼、該做什麼。我已經針對該種情況的處理閱讀一些書，並與別人討論。

當與障礙兒童的父母一起工作時，尺度很難拿捏。你想保持客觀，卻又必須給他們支持，並讓他們積極地支持他們的孩子。我必須學習更多，且正在努力中。

從由教室所進行之方案的進步中我得到了許多安慰。很多事情必須要執行，以便讓父母覺得與我和其他人一起工作很愉快，且我認為父母們現已能自己引導方案的執行（定期輔以適當的指導）。我們所建立的固定作息表對於方案的執行很有幫助。我們很努力地希望成為父母的學習對象，且在父母與孩子互動時給予良好的回饋。我們的父母也較熟悉他們及孩子們所需的社區資源。例如：他們對於打電話給健康部門、醫生或諮商中心，也感覺較有自信。我期望我們已幫助父母們培養動員社區資源的能力。就如同我們嘗試教導每個兒童能獨立地作抉擇一樣，我們正試著讓父母們不用依賴我們。此非易事，有時我會幫父母打電話、處理孩子發脾氣、帶玩具到孩子的家，或幫父母做一些他們自己已經會做的事。我必須花時間去了解何時從不同的家庭抽離，且我依然會犯錯。但我現在已能很坦然地與父母討論我的錯誤，而他們也能諒解！

早期療育從業人員必須具備廣泛的知識基礎和多樣性的技能。為了建立良好基礎，教師們必須知道如何取得所需的資訊和建立技術的經驗。最重要的是，老師必須知道自己的限制。老師應儘可能地使用公立和大學的圖書館、教師中心、社區資源人員和網際網路。

在過去幾年，社區已開始對障礙兒童提供與非障礙同儕相同學習環境的方案。如此採用融合情境的改變，需要對服務幼兒方案的執行狀況進行篩檢。

「國家幼兒教育協會」（National Association for the Education of Young Children；簡稱 NAEYC）於 1991 年發表了一份聲明書，該聲明書於 1997 年進行修正並命名為《從出生到八歲的早期幼兒發展服務方案》（Developmentally Appropriate Practice in Early Childhood Programs Serving Children from Birth to Age 8）（Bredekamp, 1997）。該文件對於幼兒教育從業人員的哲學基礎和方案計畫方針，指引「特殊兒童委員會」[2] 下的**幼兒部門**（Division for Early Childhood；簡稱 DEC）出版了類似的文件，以提供給早期療育從業人員使用。《幼兒部門之早期療育／幼兒特殊教育的建議執行方案》（DEC Recommended Practices in Early Intervention/Early Childhood Special Education）（Sandall, McLean, & Smith, 2000）提供了早期療育從業人員如何評估個人哲學思想、知識和技能的良好指引。國家幼兒教育協會的「適性發展課程」（developmentally appropriate practices；簡稱 DAPs）與幼兒部門有許多相似之處。然而，哲學基礎的差異，使得在幼兒教育之發展取向與幼兒特殊教育之療育取向（remedical-prescriptive）的文獻上產生很大爭議（Fox, Hanline, Vail, & Galant, 1994; Odom & McEvoy, 1990）。但是，該差異並未形成各專業間共同創造孩子和家庭最佳利益的阻礙（Kilgo et al., 1999）。此外，在社區環境中，幼兒教育和幼兒特殊教育的改變面向，皆鼓勵將兩份文件的內容結合在一起： 22

「特殊兒童委員會」下的「幼兒部門」是早期療育從業人員的主要專業機構之一。

> 對於適性發展課程要件的分析發現，以幼兒特殊教育為服務基礎的發展服務方案，與教育一般發展兒童的重點並沒有不相容的情形。在課程方面，對於幼兒特殊教育而言非常重要之成人與孩子的互動和發展評估等，也與發展服務的範圍相符。此外，基於愈來愈多的實證研究，幼兒特殊教育的療育方案有朝向國家幼兒教育協會所執行之方案的趨勢，且在早期療育方面也漸遠離窄

---

[2] 譯者註，此「特殊兒童委員會」為民間機構，並為規模最大的國際性特教專業團體。

化、治療的取向。（Fox et al., 1994, p. 253）

幼兒教育和幼兒特殊教育的結合，反應在幼兒部門、「教師教育者協會」（Association of Teacher Educators）」、國家幼兒教育協會的合作聲明書中（1994），該文件命名為：《早期教育和早期療育的個人標準：幼兒特殊教育許可之指引》（*Personnel Standards for Early Education and Early Intervention: Guidelines for Licensure in Early Childhood Special Education*）（於 2000 年重申此意旨）。該文件提供專業人員服務特定族群之準備的架構，也提供專業人員最低資格限制的標準。早期療育從業人員的資格如下：

- 瞭解兒童的發展和障礙。
- 遵循理論性療育模型，並能證明該模型之合理性。
- 支持和回應兒童與家長的需求，但加強兒童和家長的獨立性。
- 快速適應新的和必要的環境。
- 管理和詮釋學齡前測驗工具。
- 與同事、兒童和父母進行有意義的互動。
- 定期並有系統地評估方案成效。
- 使用可得的資源來對兒童和其家庭的需求有所瞭解，並滿足其需求。
- 在不同環境中皆能有效地執行計畫。
- 適應家庭文化的差異。
- 鼓勵並接受來自於家庭或其他資源之發展或修正的建議。

23

特殊需求幼兒和他們的家庭

誰是特殊需求幼兒？

《個別障礙者教育法案》對於特殊需求幼兒的定義為心智遲緩（mental retardation）、聽覺損傷（包括失聰）（impairment）、說話或語言缺損、視覺損傷（包括失明）、嚴重情緒困擾、肢體損傷（orthopedic impairments）、自閉症、創傷性腦傷、身體病弱、特定學習障礙、盲聾，或多重障礙的孩子，其因上述損傷，而有特殊教育或相關服務之需求者〔34 C.F.R. Ch. 111, Section 300.7 (a) (1), p. 13〕。任何從出生到二十一歲的兒童，只要符合上述項目的特定標準，即符合接受服務的資格。對於嬰兒和學步兒，州政府可能會選擇以《個別障礙者教育法案》的 Part C 的標準提供服務，即若兒童因生物或環境因素成為任何特定障礙的危險群，則可接受服務。對於三歲以上的兒童，《個別障礙者教育法案》的Part B規定，州政府可服務「發展遲緩」（developmental delays）的兒童，該「發展遲緩」係利用客觀的生理、認知、社會情緒和適應力等發展測量所定義。個別障礙者教育法案於 1997 年的修正案將「發展遲緩」的適用年齡範圍延伸為九歲。

此為服務高風險群和發展遲緩幼兒的完整基本原理。縱使在一群相同生理年齡、性別，和種族的兒童中，發展的差異性仍很 24
可觀（Wolff, 1981）。有些孩子的差異情形非常明顯，所以很容易便能確定孩子的問題。這些孩子的狀況很明顯地符合《個別障礙者教育法案》的規範。然而，Behr 和 Gallagher（1981）提議，有些孩子的發展差異尚不足以構成某種障礙，但他們可能有特殊服務需求，故個別障礙者教育法案的規範應有較彈性的定義。如此，應會涵蓋三歲以下，「因出生過程的瑕疵、疾病過程（disease pro-

立法和研究已為障礙兒童提供早期療育服務的支持

cess）、創傷或因產前和／或產後的環境因素，以致往後童年時期可能發生知動缺陷（sensory motor deficit）和／或心智殘缺（handicap）的高風險群兒童」（p. 114）。

「發展遲緩」範疇的使用，使得無法符合傳統範疇標準的兒童也可接受服務。接受這些服務的兒童可減少或消除往後兒童時期對特殊服務的需求。

對於特殊需求幼兒有較彈性定義的好處，則特別是在於有些較嚴重的缺損可透過早期兒童服務來預防。特殊教育班級中的環境貧困兒童，相對於該種兒童在普通班級的人數，則被過度扭曲地描述（overrepresented）。在防止輕微發展遲緩成為嚴重缺損的許多不同高風險群上，已有許多成功的案例（Brooks-Gunn et al., 1994; Campbell & Ramey, 1994; Meyer-Probst, Teichmann, Hayes, & Rauh, 1991）。為了在明顯障礙出現前加強幼兒服務的提供，政府提供一些方法（vehicle），以預防孩子長大後發生更嚴重的缺損。

在本書中，我們從發展觀點來探討兒童的需求。一般性發展架構描述了兒童如何形成發展差異，及何種計畫性矯正方案可以有效地幫助兒童學習。我們也探討了特定形式的障礙如何影響兒童在各技能領域的發展。表 1.4 記述了障礙幼兒在《個別障礙者教育法案》規範下接受特殊教育服務的人數。其障礙類別如下。

表 1.4
在 2000～2001 學年度接受《個別障礙者教育法案》法規中 Part B 之服務的三歲至五歲兒童人數

障礙類別	兒童人數
自閉症	15,590
盲聾	208
創傷性腦傷	891
發展遲緩	149,535
特定學習障礙	20,022
說話／語言缺損	330,838
多重障礙	12,662
聽覺損傷	8,259
肢體損傷	10,685
身體病弱	13,355

資料來源：From the U.S. Department of Education, Office of Special Education Programs, Data Analysis System（DANS）.

心智遲緩（智能障礙） 25

心智遲緩定義中最被廣為使用的是由「美國心智遲緩協會」（American Association on Mental Retardation；簡稱AAMR）所擬定的：心智遲緩表示現階段功能有很大限制。其以顯著低於平均智力功能為特徵，並且同時存在兩個以上適應技能之功能限制（American Association on Mental Retardation, 2002）。

智力功能傳統上以智力測驗作測量。圖 1.2 顯示了在標準智力測驗的理論性分數之分布情形。縱使現今並未將心智遲緩作分級，但通常還是針對不同等級的遲緩作命名。測驗分數低於平均數一至二個標準差（70～85），該兒童則具邊緣性智力功能（borderline intellectual functioning）。測驗分數低於平均數一百的兩個標準差，即智力商數低於七十，則界定為心智遲緩。遲緩的等級列述如下：

輕度或可教育心智遲緩	55～69 IQ*
中度或可訓練心智遲緩	40～54 IQ
重度心智遲緩	25～39 IQ
極重度心智遲緩	25 以下 IQ

*IQ =（心智年齡／生理年齡）×100

AAMR 修改了**心智遲緩**的定義，以去除如上述依認知功能不
佳所制定的等級，並以「支持需求等級」（needed levels of support）
來區分心智遲緩（MacMillan, Sipperstein, & Gresham, 1996）。事實 26
上已有人提議以**智能障礙（intellectual disability）**來代替**心智遲
緩**。然而，依原始定義所作之分類仍持續存在至今，且較新的定
義仍被忽略。

> 個人必須在智力功能和適應行為上皆出現缺陷，才可被認定為心智遲緩或智能障礙。

適應行為指兒童處理生活需求的能力。該定義包括溝通技能、自我協助技能、社交技能，和心理性動作技能（psychomotor）等要素。且需求會隨情境而改變。因此，兒童可能出現適應性行為缺陷，且在某些情境上會被認為是心智遲緩，但在某些情境則不會。心智遲緩的形成是智力功能低於平均數，且適應行為有所缺陷。

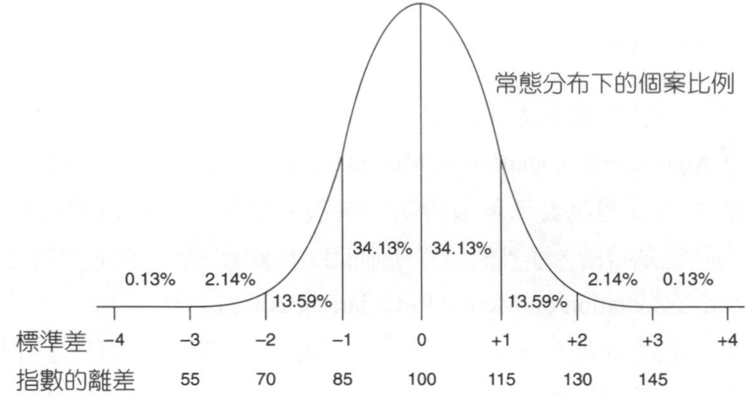

圖 1.2 IQ 分數的理論性分布

判定孩子是否伴隨心智遲緩，主要需視智力測驗所得之心智年齡。若孩子的心智遲緩情形愈嚴重，則孩子的心智年齡與生理年齡差距愈大。具相同生理年齡的兒童可能表現出不同特徵。心智年齡比生理年齡更能反應出孩子現階段的能力和對教育的需求。需注意的是，少數標準化智力測驗可適用於學齡前兒童，特別是嬰兒和學步兒，且這些測驗也有完整的統計方法。所以，這些孩子亦可使用其他策略或測量工具來測量智能。

聽覺損傷[3]

聽力喪失是以喪失的程度和種類作劃分（characterized）。聽

---

[3] 譯者註，【此處的說明極為重要】。有三個字，即 impairment、disability、disorder，常在譯名上莫衷一是，甚至三者皆譯為同一中文字詞，亦不乏其例，例如在聽覺上發生時，則三者可能皆被譯為「聽覺障礙」，而強行與我國特殊教育法的稱謂一致。
而在本書譯名的思考，以此處「聽覺」為例，依其不同用字，則對 hearing impairment，譯者係譯為「聽覺損傷」；對於 hearing disability，則譯為「聽覺障礙」；至於 hearing disorder 之譯名則分為二，其一為因其在醫學上對此字每有較制式用法而譯為「疾患」，故若文意係指陳醫學上意涵，則即譯為「某某疾患」；其二為若文意所呈現的是行為狀態，則改譯為「某某異常」。
除了此處的聽覺障礙等是做如此處理外，本書其後類此之譯名採擷，亦均做如此處理。同時，非獨對「聽覺」上是如此處理，對於其它類別（例如智能、視覺……），亦均做如此翻譯，此種情形貫串全書，在此統一說明，爾後不再贅述。
此外，讀者亦可發現，在本書中的相關章節裏，較少看到用 disability 一字，那是因為國外的整體觀點改變，漸不視其為「障礙」，以免使當事人有被貼上印記（標籤化）之可能，故而與我國現行譯名（不論是在學者著作上或特教法規上）有頗大出入。
最後，對很少出現之用詞 hearing loss，則譯為「聽力喪失」，併予敘明。

力是以強度（即：聲音大小）和頻率（即：聲音高低）作測量標準。擁有正常聽力的孩子可聽到頻率範圍約四十至四百赫茲（Hz）；零至二十五分貝（dB）如此小聲的聲音。一般交談說話的聲音強度約為五百至兩千赫茲的頻率及五十五分貝。聽力喪失超過四十分貝的兒童可能聽不到許多口語訊息；若聽力喪失超過九十分貝，則會嚴重地使孩子喪失聽覺能力。

聽力喪失可能出於傳導性（conductive）或知動神經性的（sensorineural）因素。傳導性聽力喪失是因聽覺神經連續受到聲波震動的干擾。知動神經性聽力喪失則因內耳或傳輸電波（electrical impulses）到大腦進行解讀的聽覺神經之損傷所造成。

感染、意外和藥物可能導致聽力喪失。

聽覺損傷可能是由產前或產後的感染、意外，或接觸到某些處方藥所造成。損傷的嚴重性應依聽力喪失的程度和受到損害的年齡而定。輕度聽力喪失的孩子仍完全可以從聽覺環境中獲得訊息。較嚴重的聽力喪失則需替代性溝通系統及對環境的修正（modification）。此外，若孩子學會語言前即喪失聽覺，其對環境修正的需求則比學會語言後才喪失聽覺的孩子還要大。失聰在《個別障礙者教育法案》中的定義是聽覺缺損嚴重，以致阻礙孩子透過聽覺處理語言訊息，且對孩子的教育成就有負面影響。本書第九章會對聽覺損傷作進一步探討。

說話和語言異常（disorders）

因幼兒發展速度不同，因此很難清楚地定義何謂異常及非異常。當然，有些結構性和功能性層面的情況顯然是非一般性的（atypical）[4]。例如：顎裂的孩子四歲時尚無語言，或其語言只限於 27
重複他人清楚的話，則其可被歸類為說話和語言異常。在某些時候沒有語言雖可能反應出異常，然而某些時候卻並非如此，在確認孩子是否為說話和語言異常時必須非常小心，特別是文化差異和環境扮演形塑孩子的說話和語言形態之重要角色時尤然。

語言必須以兒童所在環境和文化的脈絡來考量。

說話和語言的缺損常伴隨著其他障礙，事實上，該缺損情形

[4] 譯者註，即「與一般人不同」，以下類此概念亦皆作此譯，其係與「非典型」之概念作對比。

可能成為各種問題的徵兆。聽覺損傷、腦性麻痺、情緒困擾，或心智遲緩的孩子可能顯現非一般性的說話和語言。

能與他人進行功能性溝通是孩子獨立生活的要件。若孩子無法表達需求與想法，或與其他孩子或大人進行適當的口語互動，則將使孩子陷於非常不利的環境。因此，鑑定出問題後，必須儘速地小心處理說話和語言異常的問題。

視覺損傷

若經矯正後，孩子的優眼視力是低於 20/200，或視野侷限於二十度以內，則可被認為失明。若孩子視力低於 20/70，但高於 20/200，則其仍存有部分視力。具 20/200 視力者，表示當具有正常視力者能看到兩百呎外的東西時，而其只能看到二十呎外的東西。

在教育上，孩子依其潛能通常被區分為書面字體（print）閱讀者和點字閱讀者，視覺損傷的學齡前兒童，若其視力過低，以致無法閱讀任何較大書面字體的教材，則必須開始訓練孩子使用觸覺學習的能力，該能力係為後續之前點字閱讀（pre-braille）和點字閱讀技能之學習作準備。

大部分幼兒視力問題皆起因於產前因素，例如：德國麻疹的感染和某些遺傳因素可能造成孩子先天性失明，或需要特殊教育服務。

嚴重情緒困擾

情緒困擾可能包括不同種類的問題，而這些問題是以問題本身的發生頻率、嚴重程度和持續時間來定義。

造成幼兒嚴重情緒困擾的成因仍不明。部分專家認為是由環境因素所致，而其他則認為是由神經病理學或化學因素所引起。治療情緒困擾的策略通常反應負責療育方案成員的理論取向。有些方案可能會去調整兒童的飲食；有些則重新建構孩子的物理環境；而也有方案會嘗試讓孩子與其他人、事、物互動。然而，大部分情緒困擾涵蓋許多不同問題，有些是生物學基礎的；有些則是環境基礎的。當然，劃分情緒困擾類別的不同行為，亦具備多樣性，包括：焦慮、退縮、攻擊、衝動、極度恐懼等等。診斷則依據這些行為發生頻率、持續時間和嚴重程度，不過兒童精神病理學疾患（disorder）的診斷概念通常並沒有統一標準。

《個別障礙者教育法案》將嚴重情緒困擾定義為，持續一段時間出現以下所列一種以上行為，且對兒童教育成就有一定程度的負面影響： 28

- 無法學習，但其原因卻無法以智能、感官或健康等因素作解釋。
- 無法與同儕或老師建立或維持令人滿意的人際關係。
- 在正常情境中出現不適當的行為或感覺。
- 持續存在不快樂或沮喪的情緒。
- 出現與個人或學校問題有關的生理症狀或生理興趣（physical focus）之傾向。

肢體損傷

肢體損傷的範圍廣泛，以致很難定義一般性特徵。任何干擾健康或骨頭、關節或肌肉等正常功能之情形者，皆符合肢體損傷的範圍。如：脊柱裂、先天性足畸形、腦性麻痺等損傷可能於出生時即發生；其他如截肢等問題，可能於往後的兒童時期發生。

肢體損傷的成因，就如同該問題本身一般，具有著多樣性。有些是遺傳因素所致，有些是由母體感染或有毒物質的影響，特別是在懷孕的前三個月。其他缺損問題則可能源於出生時的損傷，或出生後的意外或疾病所引起。

部分肢體損傷的兒童只需調整性設備和進行訓練以配合環境需要即可。

許多肢體損傷的兒童並不需要特殊教育服務。在一般情境中，適應性設備可幫助一些兒童獨立地執行日常生活的功能。特殊教育人員可幫助兒童調整他們的缺損狀況及適應環境需求。

身體病弱

根據《個別障礙者教育法案》的定義，該類兒童因心臟狀況、肺炎、風濕熱、腎臟炎、氣喘、鐮狀細胞性貧血、血友病、癲癇、鉛中毒、白血病、糖尿病或其他情形所造成長期性或嚴重健康問題，而僅擁有有限的力氣、活力或警覺性，因而對孩子教育成就有負面影響。

自閉性疾患

根據法律規定，**自閉症**是嚴重影響口語和非口語溝通，及社會互動的發展性障礙，其症狀一般在三歲以前即很明顯，且對於兒童教育成就有負面影響。其他有關自閉症的特徵則為反覆性活動和刻板動作、拒絕環境或日常作息改變，且在感官經驗上有異乎尋常的反應。

創傷性腦傷

創傷性腦傷是因外力所造成的大腦傷害，其導致完全或部分
功能障礙或／和社會心理性損傷，因而對兒童教育成就有負面影
29 響。該定義雖然看來簡單，卻仍有許多議題圍繞於該障礙範疇
（如：腦傷的類別、腦傷的嚴重性及受到傷害的年齡）。事實上，
該特殊教育分類對於早期療育從業人員而言是一項挑戰，特別是
去了解從創傷性腦傷恢復的本質及特殊復健和療育技巧。

發展遲緩

大部分學齡前兒童皆在此範疇中接受服務。《個別障礙者教育法案》允許將出生至九歲的兒童列入該範疇。幼兒部門（2000）發表聲明表示支持該範疇的使用，並將發展遲緩定義為：

> 發展過程中出現嚴重遲緩（delay），而此並非指兒童輕微或暫時性的發展延擱（lagging）。發展遲緩是指發展過程嚴重地（significantly）受到影響，且若未接受特殊療育服務（special intervention）的話，孩子到學齡時的教育成就則易受影響。（p. 1）

該範疇的支持者相信，因發展的可塑性，不應太早將傳統標記（label）使用於幼兒身上。也就是說，因兒童發展會因環境改變和逐漸成熟而成形，及受基因因素所影響，因此兒童診斷也可能會發生錯誤。此外，有些兒童縱使沒有符合傳統障礙類別的診斷標準，但他們在早期也會出現普遍性的問題，若沒有機制使他

們在年紀小的時候具有符合接受適當服務的資格，則這些兒童將無法接受服務。隨時間流逝，但卻沒有提供適當服務予這些孩子，則這些潛在問題勢將愈趨嚴重。

在 2000～2001 學年間超過 149,000 位三至五歲的兒童，以發展遲緩名義接受服務。《個別障礙者教育法案》強制州政府擬定找出符合發展遲緩定義孩子的方法。兒童在下列兩種情形下則符合接受發展遲緩兒童的服務範疇：現階段具障礙性或成為高風險群的情形；或兒童透過根據完整資訊的臨床診斷（informed clinical opinion），認為其在未來是障礙者的高風險群。州政府必須建立成為高風險狀況的清單（如：唐氏症和失明者），且規劃出伴隨其他問題的兒童能使用**完整資訊的臨床診斷**之程序。透過上述程序，專家們使用所有有用資訊〔侵入性診斷報告（intake report）、進度報告、測驗結果、出院摘要等〕，以判定孩子的狀況，評估其若未接受早期療育服務，則入學時是否會出現障礙情形。兒童的狀況需定期審視，並且決定該童是否具接受傳統障礙類別服務的資格，及判斷該類別的服務是否對該童而言是最適切的。

家庭與社區

障礙兒童家庭所背負之壓力程度可從輕微到非常沉重。該衝擊對於所有家庭成員，包括：父母、手足和延伸性家庭成員皆有影響。

正確地了解障礙幼兒家庭的動力，對有經驗的專業人員而言仍是頗感困難。對等待孩子出生業已等了數個月的準父母，可能
會突然發現孩子並非如他們理想的期望。家庭所承受的壓力須視 30
現實狀況與父母基本期望相違背的情形而定（Dyson, 1993; Powers, 1993），而承受壓力的程度與孩子確切的障礙情況有關，當孩子伴隨極重度障礙時，家庭背負的壓力最大（Wallander & Noojin, 1995）。處理該兒童之多種不同需求，自然地使該家庭遠離正常的社區活動和互動（Ehrman, Aeschleman, & Svanum, 1995）。

試想，當父母用湯匙餵食時，孩子很快地用舌頭將食物吐出來，如此一來，便使得每個餵食時間皆成為一場戰鬥，或父母仍必須為四歲半的孩子換尿布，抑或父母仍必須對三歲的孩子隨時提高警覺，因此一個晚上只能睡兩個小時，其他時間則必須不停地忙著照料孩子。

31 《個別障礙者教育法案》規範了父母相關的活動。父母必須同意孩子接受個別測驗、必須受邀參與及主動參與方案計畫的人員配置、必須同意孩子的特殊教育方案和安置，及必須有權利去質疑和挑戰為孩子所作的決定。此外，家庭的需求則是IFSP的重點：

> 實證研究指出，家庭是促進和維持孩子發展最有效和經濟的系統……若無家庭的療育，則任何療育效果，至少於認知發展層面，一旦方案計畫結束時，便會很快地瓦解。反言之，父母以夥伴的角色參與方案，在方案運作時，父母參與則成為加強方案成效的持續系統，並有助於方案之維持。（Bronfenbrenner, 1974, p. 55）

32 ## 摘要

幼兒特殊教育方案的迅速增加，凸顯了其在社會和教育環境（event）的重要性。早期療育帶來的長期衝擊可在對於人類和財政資源（的花費上）顯露（demonstrated）出來。此外，早期療育提供防止或減少孩子產生缺陷和家庭背負壓力的機會。然而，早期療育的成效係立基於早期療育從業人員具備廣泛的能力資格。兒童、家庭和社區的多元化造成了許多問題和挑戰。教師若具有運用廣泛知識、與家庭和其他專業人員進行良好溝通、有效地使用可得資源和監控進步等能力，皆能使兒童從方案中獲得最佳利益。

孩子出生後的第一年，是建立往後學習基礎的最重要關鍵。特殊需求幼兒需要受過專業訓練人員的謹慎關注，以確保其發展儘可能與一般非障礙兒童相似。為達上述目標，可尋求滿足孩子生理和生物需求，及提供孩子豐富學習機會的環境。縱使法律和道德的先例已增加了許多可行方案，但只有具知識和技能的專業人員可確保服務品質的提升。

問題與討論

1. 描述政府參與特殊需求幼兒教育的情形。
2. 您受邀為立法委員會作報告，並為幼兒特殊教育方案籌募基金。請以該領域之實證研究作資金籌募之報告。
3. 一個成功的早期療育從業人員之特徵與需求條件為何？
4. 討論 IEP 和 IFSP 的異同。
5. 嬰兒、學步兒、學齡前兒童和五歲以上兒童的法定服務有何不同？
6. 「發展遲緩」範疇之使用，如何影響其他障礙類別之資格認定的過程？
7. 本書將於最近《個別障礙者教育法案》修正案審定前出版，對照與比較新舊版本的《個別障礙者教育法案》。新版本如何改變？[5]

推薦資源

網址

Division for Early Childhood (DEC)
http://www.dec-sped.org

Individuals with Disabilities Education Act (IDEA)
http://www.ideapractices.org/law/index.php

National Early Childhood Technical Assistance Center (NECTAC, formerly NECTAS)
http://www.ectac.org

U.S. Department of Education, Office of Special Education Programs
http://www.ed.gov/offices/OSERS/OSEP/index.html

出版品和其他媒體 33

DEC Recommended Practices in Early Intervention/Early Childhood Special Education—available at
http://www.dec-sped.org

DEC Recommended Practices in Program Assessment: Improving Practices for Young Children with Special Needs and Their Families—available at
http://www.dec-sped.org

DEC Recommended Practices Video: Selected Strategies for Teaching Young Children with Special Needs—available at
http://www.dec-sped.org

Journal of Early Intervention—subscribe at
http://www.dec-sped.org

Young Exceptional Children—subscribe at
http://www.dec-sped.org

The Young Exceptional Children Monograph Series: Natural Environments and Inclusion—available at
http://www.sopriswest.com

ZERO TO THREE—subscribe at
http://www.zerotothree.org

---

5 譯者註，此處所稱的新版《個別障礙者教育法案》修正案，實際上業已於 2004 年修訂畢。

參考文獻

American Association on Mental Retardation. (2002). *Mental retardation: Definition, classification, and systems of supports* (10th ed.). Washington, DC: Author.

Badger, E. (1981). Effects of a parent education program on teenage mothers and their offspring. In K. Scott, T. Field, & E. Robertson (Eds.), *Teenage parents and their offspring*. New York: Grune & Stratton.

34 Battelle Institute of Columbus, Ohio. (1976). *A summary of the evaluation of the Disabled Children's Early Education Program*. Columbus: Author.

Behr, S., & Gallagher, J. J. (1981). Alternative administrative strategies for young disabled children: A policy analysis. *Journal of the Division for Early Childhood, 2*, 113–122.

Blair, C., Ramey, C. T., & Hardin, J. M. (1995). Early intervention for low birth weight, premature infants: Participation and intellectual development. *American Journal on Mental Retardation, 99*, 542–554.

Bloom, B. (1964). *Stability and change in human characteristics*. New York: Wiley.

Boyce, G. C., Smith, T. B., Immel, N., & Casto, G. (1993). Early intervention with medically fragile infants: Investigating the age-at-start question. *Early Education and Development, 4*, 290–305.

Bradley, R. H., Whiteside, L., Mundfrom, D. J., & Casey, P. H. (1994). *Journal of Clinical Psychology, 23*, 425–434.

Bredekamp, S. (1997). *Developmentally appropriate practice in early childhood programs serving children from birth to age 8*. Washington, DC: National Association for the Education of Young Children.

Bronfenbrenner, U. (1974). *A report on longitudinal evaluations of preschool programs*. Vol. 2: *Is early intervention effective?* DHEW Publication No. (OHD) 76-30025. Washington, DC: U.S. Department of Health, Education, and Welfare.

Brooks-Gunn, J., & Duncan, G. J. (1997). The effects of poverty on children. *The Future of Children, 7*, 55–71.

Brooks-Gunn, J., McCarton, C. M., Casey, P. H., & McCormick, M. C. (1994). Early interventions in low birth weight premature infants: Results through age 5 years from the Infant Health and Development Program. *Journal of the American Medical Association, 272*, 1257–1262.

Buysse, V., & Wesley, P. W. (1993). The identity crisis in early childhood special education: A call for professional role clarification. *Topics in Early Childhood Special Education, 13*, 418–429.

Campbell, F. A., & Ramey, C. T. (1994). Effects of early intervention on intellectual and academic achievement: A follow-up study of children from low-income families. *Child Development, 65*, 684–698.

Consortium for Longitudinal Studies. (1978). *Lasting effects after preschool*. (Final report of HEW Grant 90c-1311.) Denver, CO: Education Commission of the States.

Currie, J. (2000). *Early childhood intervention program: What do we know?* Washington, DC: The Brookings Institution.

Danaher, J. (Ed.). (2002). *Part C updates*. Chapel Hill, NC: NECTAS and Office of Special Education Programs.

Denenberg, V. H. (1981). Hemispheric laterality in animals and the effects of early experience. *Behavioral and Brain Sciences, 4*, 1–49.

Denenberg, V. H., Zeidner, L., Rosen, G. D., Hofman, M., Garbanati, J. A., Sherman, G. F., & Yutzey, D. A. (1981). Stimulation in infancy facilitates interhemispheric communication in the rabbit. *Brain Research, 227*, 165–169.

Devaney, B. L., Ellwood, M. R., & Love, J. M. (1997). Programs that mitigate the effects of poverty on children. *The Future of Children, 7*, 88–112.

Division for Early Childhood, Association of Teacher Educators, & National Association for the Education of Young Children. (1994). *Personnel standards for early education and early intervention: Guidelines for licensure in early childhood special education*. Reston, VA: Authors.

Division for Early Childhood. (2000). *DEC position statement on developmental delay as an eligibility category*. Retrieved from http://www.dec-sped.org

Dyson, L. L. (1993). Response to the presence of a child with disabilities: Parental stress and family functioning over time. *American Journal on Mental Retardation, 98*, 207–218.

Ehrmann, L. C., Aeschleman, S. R., & Svanum, S. (1995). Parental reports of community activity patterns: A comparison between young children with disabilities and their nondisabled peers. *Research in Developmental Disabilities, 16*, 331–343.

Erikson, E. H. (1963). *Childhood and society*. New York: Norton.

Fewell, R. R., & Oelwein, P. L. (1991). Effective early intervention: Results from the Model Preschool Program for children with Down syndrome and other developmental delays. *Topics in Early Childhood Special Education, 11*, 56–68.

Fox, L., Hanline, M. F., Vail, C. O., & Galant, K. R. (1994). Developmentally appropriate practice: Applications for young children with disabilities. *Journal of Early Intervention, 18*, 243–254.

Freud, A. (1965). *Normality and pathology in childhood: Assessments of development*. New York: International Universities Press.

Gallagher, J. J. (1991). Longitudinal interventions: Virtues and limitations. *American Behavioral Scientist, 34*, 431–439.

Galler, J. R., Ramsey, F., Solimano, G., & Lowell, W. E. (1983a). The influence of early malnutrition on subsequent behavioral development, II: Classroom behavior. *Journal of the American Academy of Child & Adolescent Psychiatry, 22*, 16–22.

Galler, J. R., Ramsey, F., Solimano, G., Lowell, W. E, & Mason, E. (1983b). The influence of early malnutrition on subsequent behavioral development, I: Degree of impairment in intellectual performance. *Journal of the American Academy of Child & Adolescent Psychiatry, 22*, 8–15.

Ginsburg, K. R., Alexander, P. M., Hunt, J., Sullivan, M., Zhao, H., & Cnaan, A. (2002). Enhancing their likelihood for a positive future: The perspective of inner-city youth. *Pediatrics, 109*, 1136–1143.

Gray, S. W. (1983). Controversies or concurrences: A reply to Palmer. *Developmental Review, 3*, 125–129.

Gray, S. W., Ramsey, B. K., & Klaus, R. A. (1982). *From 3 to 20: The Early Training Project.* Baltimore: University Park Press.

Haddad, P. M., & Garralda, M. E. (1992). Hyperkinetic syndrome and disruptive early experiences. *British Journal of Psychiatry, 191*, 700–703.

Hanson, M. J., & Lovett, D. (1992). Personnel preparation for early interventionists: A cross-disciplinary survey. *Journal of Early Intervention, 16*, 123–135.

Harlow, H. F. (1974). Syndromes resulting from maternal deprivation. In J. H. Cullen (Ed.), *Experimental behavior: A basis for the study of mental disturbance.* New York: Wiley.

Hauser-Cram, Warfield, M. E., Shonkoff, J. P., & Kraus, M. W. (2001). Children with disabilities: A longitudinal study of child development and parent well-being. *Monographs of the Society for Research in Child Development, 66.*

Hunt, J. McV. (1961). *Intelligence and experience.* New York: Ronald Press.

Keogh, B., Garnier, H. E., Bernheimer, L. P., & Gallimore, R. (2000). Models of child-family interactions for children with developmental delays: Child-driven or transactional. *American Journal on Mental Retardation, 105*, 32–46.

Kilgo, J. L., Johnson, L., LaMontagne, M., Stayton, V., Cook, M., & Cooper, C. (1999). Importance of practices: A national study of general and special early childhood educators. *Journal of Early Intervention, 22*(4), 294–305.

Kirk, S. A., & Gallagher, J. J. (1983). *Educating exceptional children* (4th ed.). Boston: Houghton Mifflin.

Lazar, I., & Darlington, R. (1982). Lasting effect of early education. *Monographs of the Society for Research in Child Development, 47* (Serial No. 495).

Leibowitz, G. (1991). Organic and biophysical theories of behavior. *Journal of Development and Physical Disabilities, 3*, 210–243.

Littlejohn & Associates, Inc. (1982). *An analysis of the impact of the Disabled Children's Early Education Program.* Washington, DC: Author.

Lizardi, H., Klein, D. N., Ouimette, P. C., & Riso, L. P. (1995). Reports of the childhood home environment in early onset dysthymia and episodic major depression. *Journal of Abnormal Psychology, 104*, 132–139.

MacMillan, D. L., Sipperstein, G. N., & Gresham, F. M. (1996). A challenge to the viability of mild mental retardation as a diagnostic category. *Exceptional Children, 62*, 356–371.

Meyer-Probst, B., Teichmann, H. H., Hayes, A., & Rauh, H. (1991). Follow-up of a cohort of risk children from birth into adolescence: The Rostock Longitudinal Study. *International Journal of Disability, Development and Education, 38*, 225–246.

Morgane, P. J., Austin, L. R., Borzino, J. D., & Tonkiss, J. (1993). Prenatal malnutrition and development of the brain. *Current Directions in Psychological Science, 17*, 91–128.

Oden, S., Schweinhart, L. J., & Weikart, D. P. (2000). Into adulthood: A study of the effects of Head Start. Ypsilanti, MI: High/Scope Press.

Odom, S. L., & McEvoy, M. A. (1990). Mainstreaming at the preschool level: Potential barriers and tasks for the field. *Topics in Early Childhood Special Education, 10*, 48–61.

Odom, S. L., Peck, C. A., Hanson, M., Beckman, P. J., Kaiser, A. P., Lieber, J., et al. (2000). *Inclusion at the preschool level: An ecological systems analysis.* Olympia, WA: Office of State Superintendent of Public Instruction (Special Education, P.O. Box 47200, Olympia, WA 98504).

Palmer, F. (1983). The continuing controversy over the effects of early childhood intervention: A perspective and review of Gray, Ramsey, and Klaus's From 3 to 20: The Early Training Project. *Developmental Review, 3*, 115–124.

Piaget, J., & Inhelder, B. (1969). *The psychology of the child.* New York: Basic Books.

Powers, L. E. (1993). Disability and grief: From tragedy to challenge. In G. H. S. Singer & L. E. Powers (Eds.), *Family, disability, and empowerment: Active coping strategies for family interventions.* Baltimore: Brookes.

Ramey, C. T., & Bryant, D. M. (1982). Evidence involving prevention of developmental retardation during infancy. *Journal of the Division for Early Childhood, 5*, 73–78.

Ramey, C. T., & Ramey, L. R. (1994). Which children benefit the most from early intervention? *Pediatrics, 94*(2), 1064–1066.

Ramey, C. T., & Ramey, S. L. (1998). Early intervention and early experience. *American Psychologist, 53*(2), 109–120.

35

Read, S. (1982). Malnutrition and behavior. *Applied Research in Mental Retardation, 3*, 279–291.

Ricciuti, H. N. (1993). Nutrition and development.
36 *Current Directions in Psychological Science, 2*, 43–46.

Rosenzweig, M. R., Bennett, E. L., Diamond, M. C., Wu, Su-Yu, Slagle, R. W., & Saffron, E. (1969). Influence of environmental complexity and visual stimulation on development of occipital cortex in rats. *Brain Research, 14*, 427–445.

Sameroff, A. J. (1979). The etiology of cognitive competence: A systems perspective. In R. B. Kearsley & I. E. Sigel (Eds.), *Infants at risk: Assessment of cognitive functioning*. Hillsdale, NJ: Erlbaum.

Sandall, S., McLean, M., & Smith, B. (2000). DEC recommended practices in early intervention/early childhood special education. Reston, VA: Division for Early Childhood.

Schweinhart, L. J., & Weikart, D. P. (1980). *Young children grow up: The effects of the Perry Preschool Program on youths through age 15*. Ypsilanti, MI: High/Scope Educational Research Foundation.

Shonkoff, J. P., Hauser, C. P., Krauss, M. W., & Upshur, C. C. (1992). Development of infants with disabilities and their families: Implications for theory and service delivery. *Monographs of the Society for Research in Child Development* (Serial No. 230).

Shore, R. (1997). *Rethinking the brain: New insights into early development*. New York: Families and Work Institute.

Skeels, H. M. (1966). Adult status of children with contrasting early life experiences. *Monographs of the Society for Research in Child Development* (Serial No. 105).

U.S. Department of Education. (2001). *Twenty-third annual report to Congress on the implementation of the Individuals with Disabilities Education Act*. Washington, DC: Author.

Wallander, J. L., & Noojin, A. B. (1995). Mothers' reports of stressful experiences related to having a child with a physical disability. *Children's Health Care, 24*, 245–256.

Weber, C. U., Foster, P. W., & Weikart, D. P. (1978). *An economic analysis of the Ypsilanti Perry Preschool Project*. Ypsilanti, MI: High/Scope Educational Research Foundation.

Weikart, D. P. (1981). Effects of different curricula in early childhood intervention. *Educational Evaluation and Policy Analysis, 3*, 25–35.

Winick, M., Meyer, K. K., & Harris, R. (1975). Malnutrition and environmental enrichment by early adoption. *Science, 190*, 1173–1175.

Wolff, P. H. (1981). Normal variation in human maturation. In K. J. Connolly & H. F. R. Prechtl (Eds.), *Maturation and development: Biological and psychological perspectives* (Clinics in Developmental Medicine No. 77/78). Spastics International Medical Publications. Philadelphia: Lippincott.

Wood, M. M. (1981). Costs of intervention programs. In C. Garland, N. W. Stone, J. Swanson, & G. Woodruff (Eds.), *Early intervention for children with special needs and their families*. Monmouth, OR: WESTAR.

Yatkin, U. S., McLaren, D. S., Kanawati, A. A., & Sabbach, S. (1971). Undernutrition and mental development: A one-year follow up. In D. S. McLaren & N. J. Daghir (Eds.), *Proceedings of the 6th Symposium on Nutrition and Health in the Near East*. Beirut, Lebanon: American University.

2

發展過程和影響發展的因素

Stephen R. Hooper & Carrie L. Mills

章節大綱

- 定義性議題和過程
- 發展期間
- 影響發展的因素

39 **丹妮絲和納山尼爾**

納山尼爾是丹妮絲的第三個孩子，丹妮絲現年二十一歲，在過去四年間丹妮絲吸食古柯鹼成癮。雖然過去一年懷納山尼爾的期間，丹妮絲確實有使用某些藥物（substances），但在該期間丹妮絲已停止吸食任何毒品。身為一個單親媽媽，丹妮絲非常努力地維持其兼職工作及照顧三個孩子，雖然丹妮絲從WIC方案得到經濟補助，但她卻沒有得到任何有關孩子的補助，丹妮絲的家庭處於低社經地位，且他們只能負擔在老舊不堪的大樓中，住一間只有一個臥房的簡陋公寓。她的前兩個孩子在早期發展中已出現遲緩徵候，且目前在教室中也出現令人頭痛的行為問題。

因丹妮絲已對古柯鹼上癮，故她在懷納山尼爾時並未尋求醫療服務，她已日益擔心納山尼爾的發展遲滯不前——即使是將納山尼爾與她的其他兩個孩子比較時亦然。在納山尼爾二十三個月大時，他仍無法獨自站立或走路，且只會說一個字的話，因體認到納山尼爾的緩慢進步，丹妮絲到附近的兒童發展診所看門診。丹妮絲對於沒有足夠資源感到沮喪，亦對處境備感孤單，當她想到自己和她家庭的未來時，她徹底地被重拳擊垮。

40 一個對兒童有興趣的人，特別是對在教育和發展環境中從事兒童相關工作的人而言，必須具備完整的一般兒童發展和成長等相關知識。對於有志從事特殊需求幼兒工作的學生及已從事特殊需求幼兒臨床工作的專業人員而言，對一般兒童發展與成長相關知識的了解，提供滿足兒童許多需求的基礎。上述相關知識的獲得，不只能理解一般孩子如何發展，同時亦為兒童所有的特殊狀況和差異提供了基本的比較標準及適當地陳述孩子的需求，此外，這些知識基礎可促進對影響兒童發展進度之許多因素的認識，部分影響因素在本章一開始的故事中已敘述過。瞭解一般兒童發展包括了解變異（deviation）和差異及影響發展的因素，隨著對這些因素的瞭解，將引領早期療育從業人員的努力，以滿足特殊需求幼兒的需求。

本章針對發展的過程和原則提供概述。除討論定義性議題和從出生到學齡前的特定兒童發展階段外，亦強調阻礙兒童發展的危險因子。

定義性議題和過程

在嘗試定義發展時，需思考幾個問題：「特定行為或所有行為發展是否有確切時間表？」「行為要有多大的變化才稱得上發展？」「發展中是否包含任何成分？」人們如何將人類行為和該行為的發展概念化，是引導如何對「發展」這個名詞下定義的關鍵因素。

定義

發展基本上包括了系統性及累積性的變化。

在發展的本質上，發展包含了變化。該變化必須是累積和系統性的；然而，隨機變化在本質上並非發展。儘管**成長**的概念表示新要素的增加，或因出現新細胞而產生新的技能或要素，然而**發展**表示精煉、改良，及透過已存在細胞的精巧改進而擴展本身已存在的技能（Schuster, 1992）。更確切地說，在改變可以稱之為「發展」前，改變必須符合下列三個要件：

不同於透過新技能習得的成長，發展包括精巧的改良、改善和擴展已存在的技能。

1. 改變必須有順序——並非行為的隨機變動。
2. 改變必須是持續修正行為的結果。
3. 改變必須增強個人的行為功能。

所以當特定行為的改變符合上述三個標準時，發展便產生了。

發展可能是質性或量化的。例如：身高、體重、創造力、活動的層級和字彙等的增加是量化的改變，亦即它們可直接測量。而複雜生理和心理的成熟與統合的進展則屬於質性的改變；換句話說，雖然該種變化較難取得確切測量結果，但其改變仍是可見的。當孩子的鞋子不再合腳、當他們跑得更快且跳得更高、當他們更能善用語言，以幫助掌握周遭環境，且行為較有目的性，及因新友誼和社會互動的增加，使孩子對舊玩具和遊戲喪失興趣等等，我們看到了質與量此二者的改變。

記取這些定義的概念，以區分發展和成熟就變得很重要。隨時間流逝，技能和功能亦獲得精煉和改善，在概念上，成熟與發透過成長和發展的過程，個體的特徵和行為會展現出來或變得成熟。

展是相似的。然而，兩者在概念上也有歧異處，**成熟**指個人特徵和行為透過成長和發展的過程而顯現出來。成熟的概念則反應了細胞、組織和器官依照基因藍圖來分化（differentiation）的最終階段，根據該藍圖可促成全部或最理想之特定技能的發展（Schuster, 1992）。

個別差異

另一與發展有關的因素是個別差異的概念。孩子發展速度本就不一，且該速度快慢使得每個人發展各有不同（即個別差異），這些差異不是質的就是量的。在學齡前班級中的兒童們，其性情、人格特質、智能、成就和例如身高、體重等生理因素皆是值得注意的，且這些特質也反應出一範圍內的正常差異，有些孩子長得比較快，有些則較慢，況且也有種族、性別的發展性差異。例如在胎兒期，女孩比男孩更早成熟。又如在出生時，女孩的骨骼發展約比男孩快四週；而非裔美國人孩子的骨骼成熟度則比白人兒童快（Lowrey, 1986; Russell et al., 2001; Tanner, 1989）。

確認兒童間的個別差異，是決定兒童是否有特殊服務的需求和許多測驗過程的基礎。

個別差異的概念是兒童與其他人比較的基礎。且這些差異的存在形成了標準化教育和心理測驗的基本假設。理解個別差異可提供確認兒童間之正常差異和極度差異的基礎，並可藉此鑑定出特殊需求兒童。一般而言，熟悉個別差異的概念，可強化對不同發展程度的理解。

發展原則

大部分的發展原則可適用於所有兒童。

縱使兒童發展速度不同，使個體間差異因而存在，但兒童在某些領域的發展會比其他領域快，因此個體內在能力間的差異依然存在。姑且不論該情形，仍有些發展原則可適用於所有兒童。這些原則包括：

42

兒童有不同發展速度，如同個別兒童在不同發展領域有不同的發展速度。

- 發展是逐步的。發展是有秩序、有順序的（連續的），每個發展出的行為皆成為後續進階行為的基礎。
- 兒童們的發展速度不同，且單一兒童在自己身體的不同領域中也有不同發展速度。

一般性差異是幼童發展的原則

- 發展是個人功能更為明確或分化，並將這些明確的功能整合成較大的反應形態（response pattern）。嬰兒的驚嚇反射是該原則最好的例子。當嬰兒受到驚嚇時，他的身體緊縮，且手臂伸展開來。當年齡漸長時，該反射整合成較明確的行為模式，例如：學齡前兒童受到驚嚇時，只會緊縮肩膀和頸部的肌肉。
- 神經發展對於幼兒動作技能（physical skills）的習得至為重要。動作發展過程依從頭到腳（cephalocaudal）和軀幹到四肢（proximodistal）的方向來發展。**從頭到腳的發展**是從頭到身體較低部位之身體控制能力的發展。例如：嬰兒之頭、上軀幹和手臂的控制發展，會比下軀幹和腳的控制發展來得早。**軀幹到四肢的發展**是從身體中央部分（即：脊髓）逐步到身體末端或外圍部分的發展，在該發展中，粗大動作技能比精細動作技能先發展。這發展過程持續到整個幼兒時期，孩子先發展上軀幹的控制能力，接著發展手臂的控制，最後則是 43 手指的控制。根據該原則，每一發展的改變可增加技能的精進程度。

- 任何結構發展會依循順序性模式；然而發展有其特定時間，在該特定時間中，發展結構對於外在環境刺激最為敏感。在該**敏感期**或**關鍵期**中，特定情況或刺激對於特定結構的正常發展是必要的。因此，該期間也代表著發展結構最容易受到干擾的時期（Rice & Barone, 2000）。關鍵期的概念有許多理論上的爭議，特別是論及親子關係（parent-infant bonding）（Anisfeld et al., 1983）和語言發展時更是如此（Lenneberg, 1967）。

在敏感或關鍵期，孩子若要正常發展，必須在特定情境下接受特定刺激。

- 所有發展皆是緊密相關的。雖然，對於從事有關學生和兒童工作的實務工作者而言，以孩子的特定發展領域（例如：粗大動作）來討論發展是很方便的，但是，在其他領域的發展（如：社會情緒或溝通功能之發展）卻並未停止，且單一發展領域並非一定要與其他領域分開討論。從事學生或兒童相關工作的實務工作者必須確定不同領域發展間的相互關係，以便了解特定兒童的發展情形。
- 發展受遺傳和環境所影響。縱使許多該領域專家論辯遺傳和環境何者較重要，然而無可置疑的，二者對於兒童發展皆扮演著重要角色。孩子的基因遺傳（即遺傳）成為許多生理和人格特質的基礎，但社會、文化和家庭因素等差異（即環境）亦同時影響發展。

遺傳與環境因素皆影響孩子發展。

發展過程

遺傳代表了生物體與生俱來的特徵。

要了解發展，必須先解決下列基本問題：我們發展主要是因為我們從周遭事物學習而來（環境）？還是因為我們本就注定要以某種方式或形態成長（遺傳）？對於上述兩項因素的解釋形成了檢視現今兒童發展理論的有趣架構。

遺傳

盧梭相信孩子的成長和發展是天生就決定的。

遺傳是父母留傳予後代子孫之特徵的彙總。首先提出行為和發展主要是受遺傳或天性之論點的學者是十八世紀的盧梭（Jean Jacques Rousseau）。盧梭是法國哲學家，他相信孩子的成長和發展是本乎天性，周遭環境對於孩子發展的影響並不大。根據此觀點，天性引導著主要的成長和發展。Gesell（Gesell & Ilg, 1943）、Jensen（1980）和其他學者皆支持此哲學觀點。

環境

「**環境**是影響兒童發展的主要因素」，這樣的觀點可溯及十七世紀英國哲學家約翰洛克（John Locke）的著作洛克重述了許多亞里斯多德（Aristotle）描述嬰兒心智就像「**白板**」（**tabula rasa**）或「白紙」之學說，洛克相信，個人的所有經驗會將上述的白紙填滿。孩子被視為資訊的被動接收者，因此很容易被環境影響力所形塑。

洛克相信環境是影響成長和發展的主要因素。 44

華生（Watson, 1924）和許多其他理論家〔如：史金納（Skinner, 1961）〕已強烈地表示環境的重要性。華生在美國心理學界非常著名，且其堅信自然論辯（nature-nurture controversy）的培育哲學，他的中心思想原則呈現於他早期的著作中（Watson, 1924）：

> 給我一打體格良好、健康的嬰兒，且以我認可的特定環境來養育他們，我保證隨機抽取任一個孩子，且訓練成為我所選擇的以下任何一種專家——醫生、律師、技師、廚師，即使是乞丐和小偷，不論孩子的天賦及性向、潛能、能力、職業和祖先種族，一定可成為上述任何一種專家。（p. 104）

華生力主環境會影響兒童的論述，並輕描淡寫了生物因素對發展的影響，且其也非常強調洛克描述嬰兒心智如白板之學說。

遺傳和環境的相互作用

如同這些看似遺傳和環境相對立的情形，傳統的認知是認為，單以遺傳或單以環境皆無法獨自解釋孩子的一般性發展和成長。遺傳並未主導發展，而單靠環境的影響力也無法形成個人的人格、才華或生理能力。事實上，遺傳與環境的相互作用似乎已成為多方面之發展要素或面向的主要影響力。雖然遺傳和環境的交互作用說已為現今廣為接受的觀點，但到底二者交互作用的程度如何仍是個謎；然而，現今科學於基因學〔基因研究和基因的表現方式（expression）〕的研究發現，已提供了往後幾十年環境與遺傳交互作用之清楚研究方向，且這些研究方向是兼具深度和廣度的。觀察兒童行為和發展的工作應聚焦於描述影響任何特定兒童發展之哲學觀點的特定層面。知識寶盒 2.1 則討論了「人類基因組計畫」（Human Genome Project）。

發展期間

本部分探討兒童從受孕到幼年時期的發展，包括：產前期、新生兒期、嬰兒期、幼兒期和學齡前兒童時期。為配合本書的其他章節，雖然本章節也簡短介紹後續發展階段，但本節將焦點置

45 **知識寶盒 2.1　人類基因組計畫**

在 1986 年科學家們開始一項驚人的重要任務——繪製人類的基因組。主要受國家健康學會（National Institutes of Health）和能量研究處（Department of Energy）所指導，人類基因組計畫的主要目的是確定基因編碼（genetic code）或去氧核醣核酸（DNA；基因的基本成分）。縱使每個染色體由約 50,000～100,000 個基因所組成，科學家在 2001 年 2 月宣稱，他們已經繪製了人類基因組的草稿。該草稿的主要發現為，人類基因並沒有比一般雜草或一隻蟲多（即約 30,000～40,000 個）。在 2003 年 4 月，人類基因組繪製完成——比原計畫完成時間早了約兩年！

該成就給予醫學、社會和倫理等領域非常大的啟示；然而依舊存在一些挑戰。例如：有些疾病與同一基因有關，相反地，有些基因可能與一種疾病有關。此外，一些疾病則與許多基因的相互作用相關，然而，其他疾病需要特定環境條件或「引燃點」（triggers）來激發。即使存在這些挑戰，這些任務仍可能帶給健康醫療研究革命性的進步。我們的基因不只主導我們的身體外觀、認知和行為，同時也可能決定我們會罹患或可能會罹患的疾病（如：癌症、糖尿病、心臟病）。雖然有許多潛在的道德和法律議題考量，科學家仍相信，一旦能了解分子結構，他們必能設計出治療疾病的藥物，或透過基因治療來處理涵蓋於疾病過程中的基因。

於產前期和新生兒期。從最原始的開端——受孕，我們簡短回顧一些發展的主要生物基礎。

受孕

當精子使一個卵細胞或卵子受精時，即為**受孕**之始。該過程可在排卵後約十至二十四小時之間產生。排卵時期相當於從卵巢釋放出一個卵子，通常一個性成熟的女性，約每二十八至二十九天會排卵一次。一般而言，最可能受孕的時間為排卵前五至六天（Wilcox, Weinberg, & Baird, 1995），此為受精或受孕的時間，也是成長和發展的開始。

成長和發展始於受孕。

細胞分裂、染色體和基因

在精子和卵子結合後，受精卵便開始分裂。Levitan（1988）估計，一個細胞約經歷四十四個幾何分裂才能轉變成生理性獨立的嬰兒。約九個月時，單一細胞受精卵便形成一具有超過十五兆個細胞的系統。每一細胞皆有類似的基因組合，然而每一細胞有不同的特定功能（Levitan）。細胞分裂歷經兩個過程，每一過程皆使胚胎發展出不同功能，第一個過程是細胞**有絲分裂**（**mitosis**），在該過程中，一個細胞分成兩半，因而形成兩個新細胞。經持續的細胞分裂，而使得單一細胞進化成一複雜個體。身體的細胞有絲分裂在人的一生中持續進行；該過程形成了成長，也替換死亡和缺損的組織。

在胎兒九個月大時，單一細胞受精卵從單一細胞發展成十五兆個細胞的系統！

第二個細胞分裂過程為**減數分裂**（**meiosis**），此過程是一新細胞為整個有機體的繁殖作準備。減數分裂為一細胞分裂過程，其包括了兩個特殊性細胞，稱之為**配子**（**gametes**）。這些配子是卵子和精子，它們與染色體結構中的其他細胞不同。當例行性細胞形成時，細胞中包含了四十六個，即二十三對染色體。然而，當性細胞形成後，成對的染色體即分裂，因此後來的性細胞只有二十三個未成對的染色體。因為配子喪失了四十六個完整的染色體，故其生命週期比一般細胞的生命週期短。只有當精子使卵子受精時，配子才可取得完整的染色體，並藉以增長它們的生命週期（Vogel, 1986）。 46

染色體是存在於每個細胞核中像頭髮般的蛋白質粒子。每個染色體包含了以平衡狀態分布的數千個**基因**。每個基因持有編碼資訊，將這些資訊結合起來，便可創造出獨一無二的人類。因這些資訊精確的獨特組合，故可使用該資訊來探究基因重組治療之革命性處置，例如針對囊狀纖維化的基因異常處置即為適例（參見知識寶盒 2.1）。

顯性基因會顯示出其特徵，然而，隱性基因只有與另一明確編碼的隱性基因成對時，才會顯現出其特徵。

基因可能是**顯性**（**dominant**），會顯現出該基因的特徵；或**隱性**（**recessive**），隱性基因只有持有同樣編碼資訊的基因成對時才會表現出隱性的特徵。例如：兩個高個子的父母同時持有身高為矮個子的隱性基因，若決定孩子身高的基因來自於父母各一方之隱性基因的結合，則孩子就是矮個子。在該案例中，孩子就無法像父母一樣成為高個子，這就是「基因的基因型」（genetic genotype）例子。然而若一個或兩個高個子的基因遺傳給孩子，則孩子會顯現出顯性特徵，且孩子就會像父母一樣是高個子，此即為「基因的表現型」（genetic phenotype）例子。除細胞分裂過程外，染色體和基因皆會影響個人的遺傳，這些過程和架構為發展情況提供了一份藍圖。

個人遺傳為發展情況提供了一份藍圖。

染色體異常可導致出生時缺陷和自然流產。

縱使特定基因性危險因子的類型和遺傳機制將於本章後續討論，但染色體的改變也會導致不同出生時的缺陷和自然流產（spontaneous termination of the pregancy）。事實上，將近 25%～40%之間的受孕，在婦女知道自己已懷孕前就會自然流產！在婦女知道已懷孕後，仍有 15%～20%的婦女會自然流產。這些自然流產的情形，超過一半以上與基因或染色體異常有關，且這些流產一般皆發生於懷孕的前三個月（Fogel, 2001; O'Rahilly & Muller, 1992）。已出生嬰兒則有 0.6%伴隨**染色體異常**，而這些染色體異常的已出生嬰兒中又有 4%～12%會夭折。

產前的發展

產前指從授精到出生的期間。產前的時期可分為三個階段。第一階段為**胚種期**[1]（**germinal stage**），該時期的持續期間約為兩

[1] 譯者註，此時期在台灣譯名上非常不一致，另有稱為受精卵期、萌芽期、胚細胞期、胚芽期、胎芽期。

週。第二階段為**胚胎期**（**embryonic stage**），該期間約為懷孕第二至八週間。第三階段為**胎兒期**（**fetal stage**），該期間為懷孕第八週後一直到嬰兒出生為止。縱使每個婦女的排卵期間不同，且估算一個婦人的確切妊娠期也有少許困難，但每個嬰兒產前的發展順序則是一致。根據 Deiner（1997）的論述，一般估計預產期的方式為，從懷孕前最後一次月經週期的第一天往前數三個月，然後加上七天，其結果將約為受精後的兩百六十六天。

> 從懷孕前最後一次月經週期的第一天，往前數三個月，再加七天即為寶寶的預產期。

47

胚種期

由精子和卵子結合的細胞稱之為受精卵。在受精後的三十六小時內細胞開始進行有絲分裂，且單一細胞很快地分裂開來。在有絲分裂初期，受精卵慢慢地移到輸卵管並到達子宮。上述過程約需花費三至四天完成。一旦受精卵到達子宮就會變成一種充滿液體的組織（liquid-filled structure）稱之為**囊胚**（**blastocyst**），囊胚則會在子宮內漂浮約二十四至四十八小時，此時，有絲分裂仍持續進行著，且這些囊胚細胞開始在子宮的一邊堆積起來，形成了**胚胎盤**（**embryonic disk**），胎兒便從這群胚胎盤細胞開始發育。

當胚胎盤變厚則開始分裂成三層：外胚層（ectoderm）、內胚層（endoderm）和中胚層（mesoderm）。**外胚層**是胚胎盤中細胞的最上層，而其最終會變成表皮、指甲、頭髮、牙齒、感覺器官和中樞神經系統。細胞的裡層為**內胚層**，其最終發展成孩子的消化系統、呼吸系統和其他不同的內部器官。**中胚層**是三層中最後發展的，它將會發展成真皮肌肉和連結組織、骨骼和血液循環及生殖系統的一部分。囊胚的其餘部分則製造子宮內生存所需的產前結構，這些結構包括：保護和供給營養給發展中胎兒的**胎盤**（**placenta**）；連結胎盤和發展中胎兒的**臍帶**（**umbilical cord**）；在懷孕期間讓整個寶寶棲身（house）於其中的**羊水**（**amniotic sac**）。**囊胚**的最外層為**胎盤滋養葉層**（**trophoblast**），其最終會產生極微小的、像頭髮般的結構，稱之為**絨毛**（**villi**）。絨毛會一直附著在子宮壁上，一直到囊胚完全在子宮著床（implante）為止。當囊胚完全著床後，萌芽期即終止，胚胎期則開始。

> 寶寶最後由一群胚胎盤細胞所發展出來，胚胎盤提供了產前結構發展和出生後所有結構發展的基礎。

胚胎期

> 許多主要的出生時缺陷，於胚胎期發育時所發生。

該時期的發展劃分為二十三個階段，稱之為**卡內基階段**（**Carnegie Stages**）。在本章中我們無法詳細地一一解說這些階段（如欲詳細了解這些階段，請參閱 O'Rahilly & Muller, 1992）；值得注意的是，在胚胎期，胚胎（embryo）正快速成長。羊水、胎盤和臍帶皆已發展完成，而有絲分裂則使**胚胎**進化到如同於一個人類的縮小模型。在該期間，正在發展的胚胎對於有毒的物質和感染源非常敏感，幾乎所有出生時的缺陷，如手腳畸形、顎裂、失明、失聰等情形皆於該期間發生，另有少部分則於後續期間發生，但一般皆於懷孕前三個月發生（O'Rahilly & Muller, 1992）。事實上，如前述，當缺陷情形非常嚴重時，許多胚胎會自然流掉。產前手術現已可改善某些缺陷情形（參閱知識寶盒 2.2）。

> 約在懷孕的第八週或兩個月，胚胎約為 2.5～3.8 公分長、0.9 公克重。

在該階段結束前，約在懷孕第八週時，胚胎則有了心跳、開始發展骨架、大腦也快速發展。這個正在發展的小小人類此時約為 2.5～3.8 公分長、0.9 公克重，且其開始清楚地展現出明顯的人類特徵（Moore & Persaud, 1993）。例如：頭和大腦已清晰可見，頭顱大小約為胎兒長度的一半，且胎兒身體已長出了淺粉色的皮膚。

48 **知識寶盒 2.2　產前的手術**

一般產前照護可能包括：取得家庭和醫療史、檢視遺傳狀況、執行不同的醫療過程（如抽血和驗尿）、討論營養和生理需求及可能進行的遺傳學諮商。除了上述重要的產前照護外，目前有關胎兒手術的開創性工作也持續進行中。這些細緻的手術包括在胎兒的大腦插入兩支引流管（shunt）以便過多的液體可流出（因而減低大腦損傷）、尿道異常矯治、將腸子置回身體內部及治療疝氣。許多產前手術仍處於實驗階段，且牽涉許多道德考量；然而該手術對於成長和發展的正面影響是可期待的。

胎兒期

胎兒期始於第一個骨骼細胞的發展，該時期約在懷孕的第八週到第九週之間，骨骼細胞從發展中骨架的軟骨結構產生。胚胎現已成為**胎兒**。出生前時期的最後階段一直持續到孩子出生為止，而該期間也就是人類生命中器官生長最快的時間。胎兒的身高一直發展，直到長成正常胎兒的身高為止，且所有胎兒的內部系統和器官持續擴展它們的效能。懷孕第三個月後，胎兒的身長約為八公分，且開始顯現出人類的特徵。胎兒的肌肉組織正在發展，且準媽媽可能可以感覺到胎兒的移動。眼皮、牙齒、手指甲、腳指甲和外生殖器開始形成，且很容易辨認出胎兒的性別。在懷孕第四個月胎兒長高 2.5～5 公分，且身體上開始長出毛髮，稱為**胎毛**。這時會開始眨眼、嘴巴會開始張開、手也可以抓握。在懷孕第五個月，準媽媽通常會感覺到第一次胎動。眉毛和頭髮長出來了，皮膚也開始呈現人類的樣子。此時胎兒的身長約為二十五公分。懷孕六個月後，胎兒已可以睜開眼睛，舌頭上的味蕾也長出來了，且已具備功能性的呼吸系統；此時胎兒也可以製造哭聲。現階段的胎兒約重六百八十公克，且可能可以在子宮外生存。

懷孕的最後七個月稱為胎兒階段，在此階段寶寶成長最快速。

在懷孕三個月後，胎兒身長約八公分，且已長成人形。

在懷孕五個月左右，寶寶可能可以在子宮外的環境生存。

懷孕的最末三個月是胎兒進一步成長和發展時期。較大的結構性差異和輪廓清晰度（definition）是很明顯的。此時的胎兒是可自行生長發育的（viable）；也就是胎兒的呼吸系統和中樞神經系統已發展成可獨立地在子宮外的環境生存。這樣的成長一直持續到生產或孩子出生，一般約為懷孕第三十七至四十一週之間。圖 2.1 概述了產前時期孩子每個月的成長和發展情形。

出生過程

當生產時間接近時，母親身體中的鈣質流失。骨盆的鈣質流失現象更是明顯，以致於準媽媽的骨盆能夠儘量擴張，以容下胎兒。同時間，子宮和子宮頸周邊的肌肉變得較大，且富有彈性，如此才能讓胎兒在出生期間生活在子宮中。準備生產時，胎兒會在子宮中旋轉，如此在出生時寶寶的頭才會先出來。該旋轉是由於

49

第一個月（受精後第 1～4 週） 受精，快速成長 受精卵在子宮壁著床 源自於附屬構造（accessory structures）的個體差異 區隔三層細胞 基本身體形態長成 心血管系統開始運作 卵黃囊開始變小	第四個月（13～16 週） 很多自發性動作 出現摩洛反射（Moro reflex） 骨骼快速發展 產生胎便 女嬰發展出子宮 身體上長毛髮（胎毛） 體重：120 公克
第二個月（5～8 週） 頭顱和臉部特徵形成 快速的細胞分裂和成長 所有外在和內在的主要結構開始長成 外部生殖器產生，但性別仍無法判定 心臟功能可正常運作 四肢產生運動 卵黃囊納入胚胎中 體重：1 公克	第五個月（17～20 週） 開始更換新細胞，特別是皮膚細胞 「胎動」——媽媽可感覺胎兒移動 出現胎兒皮脂 長出眉毛和頭髮 骨骼變得較硬 出現強烈的抓握反射 永久性牙蕾長成 可用聽診器聽到胎兒的心跳 體重：360 公克
第三個月（9～12 週） 眼皮閉合，指甲床長成 開始出現牙齒和骨骼 腎臟開始發揮正常功能 出現一些類似呼吸的動作 開始吸食羊水 出現抓握、吸吮和回縮（withdrawal）等反射動作 可自由運動（媽媽尚未感覺到） 可辨別性別 體重：30 公克	第六個月（21～24 週） 已發展出孩子的雛形 可能可在子宮外生存（但可能性很低） 母親可能會感到強烈但規律的胎動，此為胎兒的打嗝 身體變得直挺 長出指甲 皮膚為紅色但有皺褶 有時活動有時睡覺 可能對外界聲音有反應 可能試著調整成舒服的姿勢 體重：720 公克

圖 2.1　產前時期寶寶每個月的發展概況

資料來源：Adapted from Schuster, C. S. (1992). In C.S. Schuster & S.S. Ashburn (Eds.), *The Process of Human Development: A Holistic Life-Span Approach* (3rd ed., pp. 68,70). Philadelphia: J.B. Lippincott Company. Adapted by permission.

50

第七個月（25～28 週）
呼吸和中樞神經系統發展成熟，因而若有良好的加護病房照顧，該時期出生的嬰兒可存活下來
眼皮張開
在子宮中開始呈現頭往下的姿勢
類似呼吸的活動
體重：1,200 公克

第八個月（29～32 週）
開始儲存脂肪和礦物質
男嬰的睪丸開始降落到陰囊中
母親可能感覺到不規律、突然的、較震動的胎動
胎毛開始從臉上消失
皮膚顏色開始變淡
可適應環境的聲音
呈現良好的反射發展
若出生，則存活率高
體重：2,000 公克

第九個月（33～36 週）
持續儲存脂肪
身體開始轉成頭朝下的姿勢（round out）
肝臟增加鐵質的儲存
肺部發展
因空間較密集，故多少會產生些活動
若出生，則存活率非常高
胎毛開始從身體上消失
頭髮變長
體重：2,000 公克

第十個月（37～40 週）
胎毛和胎兒皮脂開始消失
大量吸收母體的荷爾蒙
皮膚變得光滑、豐滿
頭顱和骨骼結實
繼續儲存脂肪和礦物質
準備出生
體重：3,200～3,400 公克

圖 2.1　（續）

母體的荷爾蒙所引發，其也是將要生產的首要跡象。若胎兒沒有旋轉，則生產時就會從腳先生出來。該種不當的生產方式稱之**臀位生產**（**breech delivery**），其發生率約為 3%～4%（Kauppila, 1975），但若係早產的話，則臀位生產發生率會提高（即若為二十九至三十二週的早產，其發生率為 14%）（Haughey, 1985）。臀位生產，特別是對於早產兒而言，易導致缺氧症（anoxia）（缺氧）、顱內出血（流血），和胎兒暫時性心跳緩慢（Schifrin, 1982）。一般而言，縱使臀位生產不是主要因素，但有些臀位生產還是與孩子的異常情形有關，其最常見的情形就是中樞神經系統異常（Mazor, Hagay, Leiberman, Biale, & Insler, 1985）。此外，約有一半的腦水

胎兒會在子宮內旋轉，如此才能在生產時從頭先出來，若沒有旋轉，則會產生臀位生產。

腫、脊髓脊膜膨出（myelomeningocele）、普瑞德威利症候群[2]（Prader-Willi syndrome）和三染色體症（trisomy）的發生皆與臀位生產有關（Westgren & Ingemarsson, 1988）。

其他可能影響孩子的因素包括：產道的壓力、生產時使用鉗子、母親的鎮靜狀態（sedation）。最後的鎮靜狀態是最重要的，因為孩子尚未成熟的肝臟和排泄系統無法排除體內母體所使用的藥物和麻醉劑。其可能導致嬰兒呈鎮靜狀態，進而孩子可能一開始對於環境刺激——包括他的父母，較沒有反應（Morgan, 1994; Murray, Dolby, Nation, & Thomas, 1981）。

剖腹生產可減少許多因生產異常而對母親和孩子造成的危險。

若陰道自然順產發生困難，則必須使用**剖腹生產（cesarean section; c-section）**。在該過程中母親的腹部和子宮必須以手術切割開，將孩子和胎盤取出，該程序為母親和孩子降低了許多有關異常生產的危險因子。其中一項需作剖腹生產的指標為**孕程過長（postmaturity）**。孕程過長指孩子妊娠過期（postterm）或超過四十一週。約有10%的孩子在懷孕超過四十一週後才出生（Coustan, 1995）。縱使大部分的孩子並未出現孕程過長的跡象，該情形應歸功於定期和仔細的產前檢查，一些孕程過長的孩子無法從胎盤
51 取得適當的營養和氧氣以滿足生產時的需要（Korones, 1986），因此可能發生腦傷或死亡的情形。

新生兒期

新生兒期——出生後的前四週，是人類生命的高風險時期。

新生兒期是從在子宮中轉移到獨立生存的時期。定義上的新生兒期約指在出生後的前四週，該時期可能是人類生命中最細微的時期。在美國，每年將近有四百萬新生兒出世，而約有1%的新生兒在出生後二十四小時內死亡、1%在第一週內死亡、且有 1%在第一年內死亡[3]。Behrman和Kliegman（1983）提及，嬰兒在出生後的前七天存在著死亡危機，該死亡危機發生的機率比往後六

---

2 譯者註，此病症在台灣，俗稱為小胖威利症。

3 譯者註，據查作者文義之直接翻譯，確實應如上述所示，但這並不合邏輯，依譯者推測其實際意義，應係指新生兒在出生第一年內死亡者共有3%，其中 1%是出生後一日內即死亡，另有 1%是在出生一日後，至滿第一週之期間內死亡，又另有1%係出生一週後至出生滿一年之期間內死亡。

十五年中任一時期發生死亡的機率皆大。出生後第一年的高死亡率的主要成因為嬰兒猝死症（sudden infant death syndrome；簡稱 SIDS）。有關該症狀的進一步討論請參閱知識寶盒 2.3。

新生兒的體重約在 2,500～4,300 公克之間，一般平均約在 3,200～3,400 公克之間。約 90%的新生兒身長約四十六至五十六公分，平均身長約為五十一公分（O'Rahilly & Muller, 1992）。寶寶的身材與許多不同因素有關，包括父母的身材、種族、性別、母體營養和母體的健康狀況。男寶寶通常比女寶寶高且重一點，且第一胎的寶寶通常比其弟弟妹妹輕一點（Lowrey, 1986）。新生兒的皮膚通常較白且薄。皮膚上通常有**胎毛**（一種淺色毛茸茸的體毛），或**胎兒皮脂**（一種可預防寶寶感染病菌的油性液體）。上述兩種物質在寶寶出生後不久即消失。

足月產的嬰兒平均體重約 3,400 公克，身高約五十一公分。

新生兒的骨骼系統尚未完全發展成熟，許多骨骼皆柔軟且可 52
塑性高。例如：頭頂的**囟門**是頭顱骨骼的間隙，其在生產時能讓頭顱的骨骼重疊，並讓大腦有成長空間。後囟門在出生後三個月會逐漸關閉，而前囟門會在十八個月大前關閉。

知識寶盒 2.3　嬰兒猝死症

每年將近四千名二至四個月大的嬰兒因「嬰兒猝死」（crib death）而死亡——其為嬰兒猝死症（infant death syndrome；簡稱 SIDS）。在已開發國家中，多數死亡發生於出生後第一年，其發生比率約為千分之 1～2.5 的新生兒。研究者和醫療專家仍試圖了解該症狀發生的原因，特別是針對發生在健康嬰兒的死亡情形。縱使有些跡象認為其與生理刺激和心肺控制能力發展遲緩有關，但隱含在該問題背後的切實機制仍屬未知。我們所了解的是早產兒發生嬰兒猝死症的機率約為足月生產嬰兒的五倍，且男孩發生的比率似乎比女孩高，此外，若母親吸菸、未婚和／或來自較貧困的環境，則該新生兒發生猝死的機會較高。另外，許多嬰兒猝死症的父母提及，在猝死發生前，孩子出現輕微感冒症狀。可預期的，父母在無預警下失去孩子，通常會感到很深的罪惡感和無盡悲痛。預防猝死方法如：儘量讓孩子仰睡、避免高燒，及避免過軟、鬆弛的床墊等，皆能減少嬰兒猝死症發生的機會（American Academy of Pediatrics, 2000）。

新生兒的呼吸系統必須適應含氣體的環境，其吸取氧氣的量是成人的兩倍（Hubbell & Webster, 1986），故呼吸會較快、較淺、不規律，且因腹部的運作量比肺部大，故腹部與肺部位不會同步工作。因呼吸系統尚未發展成熟，且對於子宮外環境之需求尚未熟悉，故新生兒可能會產生奇怪的呼吸和咳嗽聲。消化系統和循環系統也必須能夠獨立運作。因視網膜和視覺神經尚在發展中，故視覺系統尚未成熟；然而新生兒的視線可追視（visually following）移動的光源或標的。一般而言，新生兒的視力對於距離十九公分遠的事物看得最清楚。新生兒似乎最喜歡追視人的臉（Johnson, Dziurawiee, Ellis, & Morton,1991），且不論這些臉的年齡、性別或種族為何，似乎只要是成人覺得較具吸引力的臉，也就是新生兒們較喜歡的臉（Slater et al., 1998）。有趣的是，罹患神經發展疾患的新生兒並不具備上述特徵（例如自閉症兒）。

新生兒對於距離十九公分的事物看得最清楚，且他們似乎喜歡較有吸引力的臉。

新生兒對於聲音的大小（sound intensity）也有不同的生理反應，這些反應可從寶寶的心跳增加及動作，和寶寶會轉向聲音來源的定向反射（orienting reflex）等情形得知。其餘有關嗅覺、味覺和觸覺也已發展出來（Maurer & Maurer, 1988），例如：新生兒可分辨甜、酸和苦，也能分辨媽媽母奶的氣味（MacFarland, 1975）。新生兒的動作技能主要以原始反射和隨意的粗大動作為其特色，反射是新生兒與生俱來的自動（automatic）行為。在第六章和第七章將對反射和動作發展進一步討論；知識寶盒 2.4 討論了特殊發展需求之新生兒的加護設備。

嬰兒期

嬰兒期約指從孩子出生後第四週到滿兩歲之間的成長和發展，此時期嬰兒經歷了快速的生理成長。在出生第五個月時，嬰兒的體重是出生時的兩倍，到了滿週歲時，體重則為出生時的三倍，且在往後幾年，孩子每年約增加 2,300～2,700 公克（Lowrey, 1986）。在滿週歲時，嬰兒約長高二十五公分、滿兩歲時平均約再長高十三公分，第三年則長高七公分（Deiner, 1997）。除了體重和身高外，**頭圍**也是需定期測量的重要生理特徵，頭圍的改變非常重要，因為它象徵了大腦的發育。在出生後第一年，頭圍從

嬰兒期——從出生第四週到滿兩歲，該時期為生理快速成長的時期。

知識寶盒 2.4 新生兒加護病房

早產兒、出生時體重過輕和需醫療照護的嬰兒需要花費一段時間待在嚴密監控的環境中，在該環境中，嬰兒們接受複雜的醫療照護。新生兒加護病房為一特殊設置，其可因應需要醫療照護的嬰兒和其父母之需求。待在新生兒加護病房的時間長短需視包括嬰兒罹患疾病或其情況的嚴重性、在照護期間進步情形等因素來決定。即使嬰兒的死亡率已從 1915 年的 90%降到 1997 年約千分之 7.2〔Centers for Disease Control and Prevention（CDC）, 1999〕，但在工業國家中，美國仍為高嬰兒死亡率的國家之一。縱然死亡率因醫療科技進步而降低，但降低死亡率（即負面結果）已逐漸成為新生兒加護病房照護人員的主要關注點。

在美國和國外之新生兒加護病房的重大變革為，將發展照護整合入新生兒加護病房環境中。約在 1986 年，由 Heidelise Als 所發展出的訓練模式和訓練條款稱為「新生兒療育和發展照護評量方案」（Neonatal intervention and Developmental Care Assessment Program），其是以家庭為中心之發展照護改革的先驅者。該模式建議，必須將照護環境修改為與子宮內環境相似的情境，且刺激並鼓勵新生兒依照自己的時間表來發展，故對於光線、抱孩子方式、餵食等的調整，即是滿足新生兒特定發展需求的例子（Als, 1997）。

出生時的三十三至三十六公分增加到約四十三至四十六公分，且其大部分的發育是在出生後的前幾個月所產生。新生兒的胸圍和腰圍幾乎相同，但在嬰兒期，胸圍變得比腰圍大。乳齒約在出生 53
後六至八個月時長出，且持續地長到學步期，至二十顆乳齒皆長成為止。嬰兒的骨骼結構變硬，肌肉組織變得較重、較結實。一般而言，非裔美國人的孩子比白人的骨骼成長要快，且女孩的骨骼一般長得比男孩快（Lowrey, 1986; Tanner, 1989）。

頭圍的改變象徵著大腦成長。

非裔美國人和女童一般而言，比白人兒童和男童成長速度快。

另一嬰兒期的明顯特徵為原始反射消失，若更確切地說，則是許多原始反射已與孩子正在發展的神經系統整合在一起。當大腦皮質成熟，且開始控制較低層的中樞神經系統時，上述整合情形就產生了。達到上述控制情況，一部分需透過**腦部髓鞘包裹過程（myelinization）**來完成。髓素（myelin）是包裹和保護許多神

嬰兒從第一天出生便開始學習有關自己和他們周遭環境的事物

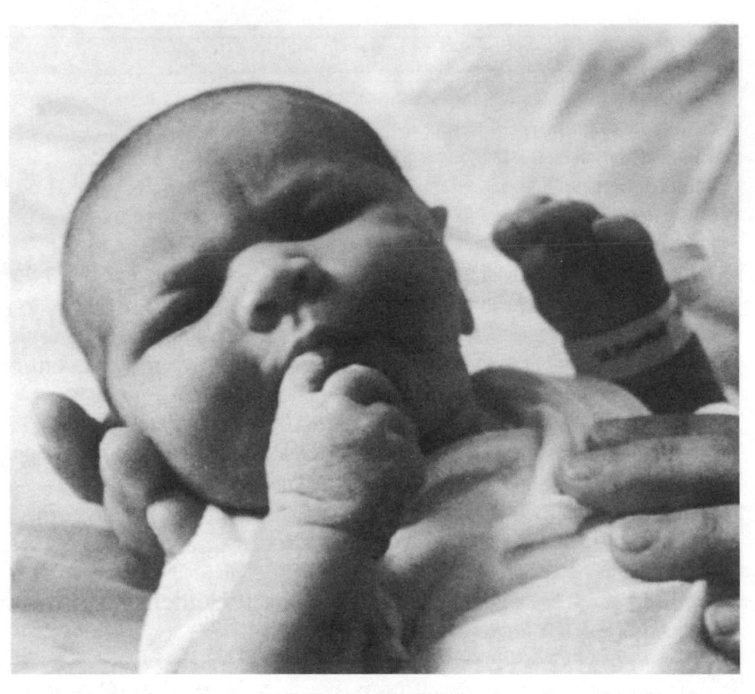

大腦髓鞘包裹過程為柔軟、白色、油脂性物質的髓素包裹和保護神經細胞的過程。

經細胞的柔軟、白色、油脂性物質。髓素也使神經訊息得以快速地從大腦傳輸到身體其他部位。腦部髓鞘包裹過程約從懷孕的第四個月即在子宮內展開，在懷孕第三十週前，某一些神經通路（如：腦幹）已完整地執行髓鞘包裹過程（Amand, Phil, & Hickey, 1987）；然而髓鞘包裹過程在出生時仍未全部完成（Willis & Widerstrom, 1986）。縱使該過程一直到成人後才會完成，但在出生後的六個月內，許多皮質纖維已受到髓素保護，因而能發展出更好的皮質控制，亦促進嬰兒達到許多成熟所需之發展里程碑（如：坐、抓握、走路），及不同認知和適應性技能等（Tanner, 1989）。

學步期

54

學步期——出生後第二年和第三年，是持續成長和發展的轉介期。

學步期通常包括孩子出生後第二年和第三年的發展。Strang（1969）將該時期稱之為「第一個青少年期」（the first adolescence）。就如同青少年期連結兒童到成人時期般，該時期為嬰兒期和幼兒期的轉介點。縱使除青少年時期外，學步期的成長速度比後續任何階段皆快，但學步期的特徵仍然是緩慢的生理發展。

學步期孩子的遊戲是較具探索性和自我引導性的

在孩子兩歲時，平均身高為八十一至八十九公分，體重約為十一至十四公斤。該時期的孩子能維持身體端正姿勢，且各領域發展也變得較精細。大腦成長在兩歲時約達成人的 4/5；三歲時大腦已比其他身體部位更趨近成熟（Black & Puckett, 1996; Lowrey, 1986）。

在三歲前，大腦比身體其他部位更接近成熟。

骨頭持續鈣化和變硬，手腕和腳踝的組織從軟骨長成了較硬的骨質，但學步期兒童的軟骨組織比例仍比硬質骨頭多，故可能因疾病或營養不良造成骨骼損傷。學步期兒童通常在兩歲時會長出所有乳齒。肌肉和脂肪組織在該時期發展得較慢，在該時期孩子的脂肪組織成長會減少，一直到三十個月大後才會開始增加。動作發展則有所改善，在沒有大人輔助下能平衡地走路、跳和爬的情形已頗為常見。小肌肉控制則顯現在孩子學習握鉛筆、蠟筆和畫筆的手指協調動作上。

學步兒開始在思考和語言技能、動作和情緒技能上產生協調性。

55

記憶和語言技巧在學步期有很大的進展，孩子學習對人、物和地方命名，並可在後續使用這些命名。在語言領域，孩子兩歲時只會單純的文字組合，三歲時已可使用句子表達。在學步期接近尾聲時，孩子的說話和動作更協調了。社會情緒發展從需大人協助的活動，發展為較獨立的社會情緒活動，而在遊戲方面，本質上會較具探索性和自我中心。學步期兒童亦出現自我協助和適應性行為，因此如廁訓練應在此時教導。一般而言，學步期兒童開始會整合性的思考、使用語言、動作和表達情緒，且學習使用口語來控制（control over）動作（Tinsley & Waters, 1982）。

學齡前階段

學齡前兒童會將例如：穿衣、如廁、語言使用等自我協助技巧整合到每天的行為中。

在學齡前階段結束前，孩子頭部的尺寸約為成人的90%，而大腦重量約為長大成人後的75%。

幾乎所有的學齡前發展活動形成了未來學習和社交挑戰的基礎。

如同本書第三部分的章節所述，**學齡前兒童**各方面持續精進地成長，而在生理結構和動作技能上尤然。例如穿衣、如廁和使用語言等自我協助的技能已變成每天的例行公事。縱使男孩通常比女孩重，且有較多肌肉組織，但性別差異仍不顯著。頭的大小約達成人尺寸的 90%，而在學齡前階段結束前，大腦重量約達成人的 75%（Lowrey, 1986; Tanner, 1989）。

學齡前的兒童較願意嘗試新遊戲、小把戲（tricks）[4]和引人注意的舉動，且兒童在活動或興趣方面的自信心也逐漸成長。學齡
56 前兒童對於周遭事物感興趣，好奇心強，且會詢問「為什麼？」的問題；說話和語言技能明顯地較符合文法，且亦能適當地使用語言技巧。社會情緒發展方面，如恐懼、想像和自我尊重等感覺出現時，兒童和兒童彼此間及兒童和成人間的互動會增加。許多學齡前的發展活動約在孩子六歲正式入學時，成為其社交和學習挑戰的基礎（Black & Puckett, 1996）。

影響發展的因素

縱使發展過程是相當獨特的一連串事件，但仍有許多因素會影響發展中的胚胎和後續幼兒發展的情形。有些因素在胚胎受精前即已存在，例如懷孕的年齡和順位即是；有些因素則可能在胚胎受精時或受精後到出生前的期間才產生，例如母體營養、懷孕

---

[4] 譯者註，此處的「小把戲」應係指，例如像是幼兒會躲在人背後，突然跳出來嚇人；或是由後蒙住大人眼睛，問道「猜猜我是誰」，皆屬之。

時使用藥物和母親所患的疾病等屬之；另外一些因素，如早產和出生時體重過輕，則在出生時才出現；還有其他因素，如長不大（failure to thrive）、兒童虐待或兒童忽略（neglect）會到出生後才出現。許多因素互為因果，例如母體懷孕時營養不良，則會產生嬰兒體重過低的情形；然而為便於討論這些因素，會將它們分開來思考。此外，需注意的是，本部分並非詳列所有對發展有負面影響的因素；而是希望列舉許多可能阻撓發展過程的因素。

懷孕的年齡與懷孕順位

懷孕的年齡與懷孕順位（即第幾胎懷孕）提供了胎兒發展狀況的相關線索。婦女懷孕的主要期間為二十至三十歲間。縱使現今有許多婦女一直到三十五歲左右或四十出頭時才懷孕（Martin et al., 2002），但研究顯示女性生育能力從三十出頭一直到三十五歲左右便開始下降（Auyeuna, Klein, Ratts, Odem, & Williams, 2001）。此外，雖然高齡懷孕的風險尚屬較低，但隨著年齡增加，懷孕的風險也會增加（Dildy et al., 1996），例如：母親懷孕的年齡愈長，孩子伴隨患唐氏症的風險愈高，二十歲懷孕的母親，孩子患唐氏症的機率約為萬分之一；母親三十五歲懷孕，孩子患唐氏症的機率約為千分之三；四十歲懷孕的母親，孩子患唐氏症的機率約為 1%（Eisenberg, Murkoff, & Hathaway, 1991）。此外，超過二十五歲懷孕的母親，其孩子患與染色體異常無關之先天畸形（如畸形足）的可能性暴增（Hollier, Leveno, Kelly, McIntire & Cunningham, 2000）。超過三十五歲懷孕的媽媽可能增加其罹患高血壓、糖尿病、心血管疾病、早產、產後出血等風險。一些年紀較長的媽媽因肌肉張力（muscle tone）和關節靈活度（flexibility）降低，可能導致生產困難，但對於在懷孕前及懷孕時一直維持良好身體狀況的婦女而言，可能不會出現上述問題。

當懷孕的年齡愈高時，未出生孩子所承受的風險愈高。

一般而言，超過三十五歲的婦女和青少女懷孕較具風險性。風險增加的原因可能包括有限的產前照護和營養及許多負面社會和情緒結果所致。此外，最近針對青少女的研究指出，智商較低是過早懷孕的主要因素（Shearer et al., 2002）。這些因素的結合可能增加小媽媽發生早產和生出體重過輕嬰兒的可能性。青少女和

青少女和超過三十五歲的婦女在懷孕期間存在著較大風險。 57

年紀過長的準媽媽容易罹患妊娠毒血症（Batshaw & Perret, 1992）。值得注意的是，在過去十年間，青少女懷孕的比率雖持續下降（Martin et al., 2002），但這些小媽媽的孩子仍較容易產生生理、情緒、認知等問題（Coley & Chase-Lansdale, 1998）。

暫不論母親懷孕的年齡，因包括懷孕和生育的母體系統尚未經過試驗（tested），故第一胎懷孕仍存在著額外風險。雖然許多風險與不良的產前照護有關（Blondel, Kaminsky, & Breart, 1980），但繼上一胎生育後而兩年內又再生育，或第三胎之後的生育仍負擔較高風險（Apgar & Beck, 1972; Holley, Rosenbaum, & Churchill, 1969）。

第一胎生產對於媽媽和孩子而言皆存在額外風險。

父親的因素

直到最近，才確認父親在繁殖過程中的責任除使卵子受精外，並未對孩子在子宮中發展情況有任何影響；然而此概念並非是對一父親角色的正確反應（reflection）。在上世紀時，我們發現父親的精子會決定孩子性別，且過去數十年的論述也提出，較年長父親的精子可能導致如唐氏症的出生時缺陷（Abroms & Bennett, 1981）。如同較年長媽媽的卵子般，較年長父親的精子會較長時間觸及環境中的危險因子或畸胎原（teratogens），且可能因而導致基因或染色體變異或損傷（Eisenberg et al., 1991），上述研究發現在最近受到質疑（Luetjens, Rolf, Gassner, Werny, & Nieschlag, 2002），但仍需要持續的研究作進一步佐證，特別是其運用於基因諮商（genetic counseling）（Hook, 1987）。此外，推論發現父親的精子可能是在受精期間傳遞如古柯鹼等藥物到卵子的管道（Yazigi, Odem, & Polakoski, 1991）。因此，除母親的懷孕年齡外，許多產科醫生現將父親的年齡和相關因素（如藥物濫用）考量作為發展的危險因子。

母親的營養

三十多年前，「食品和營養部」（Food and Nutrition Board）出版了一本指標性的報告：《母體於懷孕期間的營養》（*Maternal Nutrition During the Course of Pregnancy*）（National Research Council, Committee on Maternal Nutrition/Food and Nutrition Board, 1970），該報告檢視了營養，與懷孕期間和懷孕結果的關係。報告中也針對懷孕期間母體體重增加和營養攝取提出建議。其亦提議婦女應從青春期至懷孕期間注意自身飲食習慣（nutritional habits），因為這些習慣對婦女懷孕之準備有所裨益。攝取適當營養對於準媽媽和未出生的孩子極其重要。母親營養不良將使胎兒無法取得發展所需的營養，並使母體更為虛弱，故造成子宮內生長環境不佳，因而影響孩子發展（Herbert, Dodds, & Cefalo, 1993）。

良好的健康營養對於準媽媽和未出生的孩子而言皆很重要。 58

懷孕期間，母親與孩子透過從胎盤流過的血液交換許多物質，因此母親所攝取的食物將影響發展中的胎兒。懷孕期間，母親所攝取的營養，在質與量皆需增加，營養品質不足與母親所攝取之蛋白質、維他命和礦物質等營養素不均衡有關。攝取營養量的不足，則單純地指母親未攝取足夠卡路里。懷孕期間所攝取營養的評述指出，一般而言，婦女應攝取「每日建議攝取量」（recommended daily allowance；簡稱RDA）所建議之蛋白質、維他命B_1、核黃素、菸鹼酸和維他命A、B_{12}和C等營養素的分量。然而，準媽媽對於葉酸、鐵質、鈣質、鋅、鎂和維他命B_6、D、E等營養素攝取可能較不足，但是這並不代表婦女的飲食不足，而是許多每日建議攝取量的營養攝取之建議較為豐富。對於準媽媽而言，熱量約 2,700 大卡，且合理、平衡的飲食攝取，是將營養素遞送給孩子的理想方式，但仍有許多準媽媽服用維他命和礦物質的補給品。

例如有飲食限制、懷有多胞胎、非常年輕、使用藥物等的婦女、懷孕前營養不良或生理狀況不佳的婦女，則必須選擇補充額外的補給品。對於例行遵從飲食建議攝取量的婦女而言，鐵質和葉酸應是主要的營養補給，因二者的需求量並非單純地能直接由飲食中取得，每日建議攝取量建議，懷孕期間的鐵質攝取量是超過平常攝取量的兩倍以上。此外，若準媽媽葉酸攝取不足，可能引發**神經管缺陷**（即：發展大腦和脊髓的主要管狀結構閉合問題；Smithells et al., 1983）、唇顏裂（orofacial clefts）（Shaw, Lammer, Wasserman, & O'Malley, 1995）、出生時體重過輕（Scholl, Hediger, Schall, Khoo, & Fischer, 1996）。事實上，「美國公共醫療服務」（United States Public Health Service）現在建議，每個處於可能懷

鐵質和葉酸是懷孕期間需補充的主要營養。

懷孕期間缺乏葉酸，易引發各種發展問題，例如脊柱裂的神經管缺陷。

孕年齡的婦女，在可能受精的期間（the periconceptual period），也就是在受精前一個月至懷孕後的三個月之間，每天服用 0.4 毫克的葉酸（CDC, 1995）。此外，健康和人類服務部門（Department of Health and Human Services）和食品藥物管理局（the Food and Drug Administration；簡稱 FDA）宣布，美國的許多食物將添加葉酸，以預防孩子出生時的缺陷（FDA, 1996）。

數種其他的營養成分對於懷孕婦女的營養是很重要的，且許多營養成分對於孩子的大腦發展和後續的認知發展皆有所影響。例如近期研究認為維他命 B 群是重要的營養成分。維他命 B 群是細胞膜主要基本成分之一，其可幫助如控制記憶的神經傳導素（neurotransmissions）發揮功能。在老鼠懷孕第九個月時注射維他命 B 群所生出的小老鼠，比未注射維他命 B 群之老鼠媽媽所生的小老鼠，走迷宮的情形約優異四成左右（Zeisel, 2000）。縱使對上述研究的發現是否能套用在人類身上仍有待進階驗證，但該研究發現仍然建議應檢視處於懷孕年齡婦女的營養，因為受精期間的營
59 養缺失可能對胎兒產生正面或負面影響（House, 2000; King, 2000）。

懷孕期間的體重增加是胎兒成長的重要指標。

產前照護不佳和食物攝取不足皆會引發不良懷孕結果。在 1960 年代到 1980 年代間，醫生通常建議**懷孕期間的體重增加**約為十一公斤，而在 1960 年代前，醫生通常建議準媽媽體重的增加不要超過九公斤，現今最佳臨床實驗建議，懷孕婦女體重增加的範圍應以懷孕前的身高體重情形（weight-for-height）為基礎[5]。準媽媽體重增加標準的改變，與嬰兒出生時的平均體重增加及出生時體重過輕的情形減少有關（Institute of Medicine, National Academy of Sciences, 1990a; Susser, 1991），許多證據顯示，特別是在懷孕後六至九個月之間，體型變大的情形表示懷孕期間體重增加，這也是胎兒成長的重要指標，例如在懷孕最後三個月，若準媽媽未能攝取適當營養，可能會永久性地減少孩子大腦細胞數量，最高可達 40%，且即使往後改善營養攝取，但依舊無法增加胎兒大腦細胞數量（Winick, 1971）。胎兒營養不良亦增加其至成人時期發生如冠狀

不良的胎兒營養，易造成影響終身的發展階段問題。

[5] 譯者註，懷孕期間的體重增加，一般以十至十四公斤為佳，而孕前體重較輕的媽媽則於懷孕期間可多增加一些體重，但若孕前體重較重者則在增重上需有所節制。

動脈心臟疾病、中風和糖尿病等疾病的風險（Barker & Clark, 1997; Godfrey & Barker, 2000; Petry & Hales, 2000）。

一般而言，懷孕期間孕婦增加的體重過少會造成胎兒在子宮內成長遲緩，而該遲緩情形會對後續成長產生負面效果，且可能形成神經性行為問題（neurobehavioral problems），此外，亦會增加出生後嬰兒的死亡率。懷孕婦女的體重增加若少於十公斤，其足月出生嬰兒患有成長遲緩的情形比一般足月出生的嬰兒高出二至三倍（Luke, Dickinson, & Petrie, 1981）。相反地，懷孕期間體重增加過多，則會造成出生體重過重，第二產程過長、肩部難產[6]（即在生產過程中上臂與肩部無法連結在一起，因此肌肉和神經纖維缺損或被破壞）、剖腹產、出生創傷和窒息（Institute of Medicine, 1990）。

由美國農業部門（U.S. Department of Agriculture）所管理的**婦女、嬰兒和兒童的特殊食物補給方案（Special Supplemental Food Program for Women, Infants and Children；簡稱 WIC）**從 1974 年開始，對於提供食物予低收入的懷孕婦女已產生愈來愈大的衝擊（Rush, 1988）。除了食物和食物代用券外，婦女、嬰兒和兒童的特殊食物補給亦為符合州政府標準之營養不良的高風險（nutritional risk）孕婦和其幼兒提供教育、諮商和轉介等服務。該方案對於低社經地位孕婦和她們孩子的健康產生正面影響：出生時體重過輕的嬰兒降低了 25%，且出生時體重極度過輕的嬰兒也降低了 44%（U.S. General Accounting Office, 1992）。

婦女、嬰兒和兒童的特殊食物補給方案對於來自低社經地位的懷孕媽媽和她們的孩子產生正面效果。

懷孕期間接觸有毒物質

在兒童發展時期接觸不同有毒物質，可能產生極為有害的影響。Trask 和 Kososky（2000）已建構出神經毒素或畸胎原（teratogens）和二者（神經毒素和畸胎原）發展結果的概念性架構。**畸** 60
胎原存在於胎兒外部環境，且會引起後續結構性或功能性障礙的物質。畸胎原一般分為兩種類別，其一為經由接觸環境毒物，如

6　譯者註，生產時頭已出來，但肩部卡在恥骨上方拉不出來，其通常與胎兒過大有關。

如同一般原則，若愈早接觸有毒物質，愈可能對後續發展產生負面影響。

鉛或水銀（可參閱Stein, Schettler, Wallinga, & Valenti, 2002），另一類為經由有毒的物質，如酒精和菸草。研究指出，愈早接觸畸胎原，特別是在產前時期，則對兒童發展產生負面效果的可能性愈大。畸胎原除對孩子有直接影響外，畸胎原亦會間接影響母體的其他系統（Williams & Carta, 1997）。例如：吸菸和酒精的攝取可能阻礙血液循環中有用的重要營養物質，且進一步阻撓胎兒發展。嘗試量化畸胎原對孩子長期或短期的影響研究，會被可能經常發生的潛在負面影響力（如貧窮和營養不良等）所阻礙（Abel & Hannigan, 1995）。

懷孕期間的有毒物質使用

約在四十年前，準媽媽使用沙利竇邁，強烈地引發懷孕期間使用藥物之危險性的意識。

懷孕期間所使用的藥物是非常重要的關注焦點，現今估計懷孕期間使用藥物的比例約為 11%（Chasnoff, 1991），實際上數據可能更高，因為許多準媽媽並未告知她們有使用非法藥物。在1960年代早期，許多準媽媽服用一種德國製的鎮定劑——沙利竇邁（thalidomide）以控制懷孕時的噁心，因而導致許多寶寶出生時沒有手腳及畸形的情況，促使上述議題受到正視。約 20%服用沙利竇邁之準媽媽所生的寶寶具有出生缺陷。該意外事件嚴正地強調了懷孕期間服用藥物的危險性。縱使許多不同毒品〔如海洛因、大麻、麥色酸二乙醯胺（lysergic acid diethylamide, LSD）[7]等〕皆會產生有害效果，但仍很難證明這些物質對於個人的影響，因為許多使用非法藥物的人會同時使用不同藥物，更遑論同一種毒品本身即有不同形態（variants）。除在產前直接接觸有毒物質的負面影響外，嬰兒和兒童也會受到父母因使用有毒物質所產生之疾病的影響，且孩子未來可能也會產生濫用有毒物質的情形（Richter & Richter, 2001）。許多使用違禁藥品的婦女，常常使她們的孩子處於肇因於營養不良和缺乏產前適當照護所發生的危機中。

一般而言，毒品對胎兒的特定影響取決於至少以下兩因素：使用毒品的劑量與懷孕時使用毒品的時間。事實上，會使人上癮

[7] 譯者註，其為最強烈的中樞神經幻覺劑，目前台灣很少見，服用後會產生興奮、快感、幻覺、判斷力混淆，嚴重者會出現焦慮、恐慌、自殘、自殺等暴力行為，甚至抽搐、昏迷及死亡。

的毒品（如海洛因）可穿透胎盤屏障（placenta barrier），使孩子出生後成癮於特種物質。不幸地，有毒品成癮的嬰兒需歷經戒毒過程後所出現的症狀（withdrawal symptoms），而這些症狀就類似有毒癮的成人想要將毒戒掉的歷程一般。為了肚子裡的孩子，懷孕期間應避免因一時歡娛而使用任何毒品，該預防方法應擴及至非處方和處方的藥物使用，而所有用藥也必須經由準媽媽的醫生建議和檢視（參見 Shehata & Nelson-Piercy, 2001）。

使用成癮藥物，會造成孩子出生時也對該藥物上癮。

61

酒精

酒精在美國是婦女使用最頻繁的毒害物（drug），在美國約有 1%～2%的懷孕婦女有酒精濫用情形。依估計數據顯示，每年將近 40,000 個出生嬰兒受到產前酒精接觸（prenatal alcohol exposure）的影響（National Council on Alcoholism and Drug Dependence, 1990），因而，在美國，懷孕期間避免酒精的使用成為可預防出生時缺陷和發展障礙的要素（Weber, Floyd, Riley, & Snider, 2002）。許多有害的長期和短期影響和產前酒精使用有關，最持續明顯之嚴重酒精接觸的影響為，子宮內成長缺陷、出生時體重過輕、心臟缺陷、小頭症（microcephaly）（即：頭部和大腦過小）、胎兒過小（shortened fetal length）、後續的認知遲延（cognitive delays）（Abel, 1989）。認知遲延已被證明出，其影響幾乎跨越所有功能領域，包括：動作、知覺、注意力、語言、視覺空間能力、學習和記憶、問題解決和一般智力等（Streissguth & Kanter, 1997）。此外，某些大腦結構異常（如：胼胝體、基底核、小腦）也逐漸被提出（documented）[8]（Mattson & Riley, 1998）。

懷孕期間限制酒精攝取，是防止出生時缺陷和發展障礙的主要方法。

胎兒酒精症候群（fetal alcohol syndrome；簡稱 FAS）是由一群明顯特徵所形成，且該症候群發生於有酒癮媽媽的孩子。其特徵包括：⑴產前與產後的成長遲緩；⑵主要器官系統的異常，包括心臟和肝臟；⑶中樞神經系統異常，包括小頭症、心智遲緩或某些神經發展遲延；⑷明顯的臉部特徵，例如眼瞼的縫隙短、上

8　譯者註，此處語意之引申應指「特定大腦結構異常被證明出與酒精使用有關」，惟為忠於原著，故於文中未列出其引伸意。

唇薄、人中模糊且細長、發育不良的耳朵（minor ear anomalies）、下顎短小等（Shubert & Savage, 1994）。臉部特徵呈現於圖 2.2。值得注意的是，若母親在胎兒形成臉部特徵時（即懷孕後第二十天）沒有飲酒，則許多得到胎兒酒精症候群的胎兒，其症候群原應產生的臉部特徵便不會出現，此外，當孩子兩歲到十歲間，這些臉部特徵將最明顯。

在美國心智遲緩之主要著名的成因之一為胎兒酒精症候群。

在美國，一千個新生兒中就有約 0.5～2 個孩子患有胎兒酒精症候群（May & Gossage, 2001）。此發生率約為每千個出生嬰兒就約有一到三個孩子患有該症候群（Gardner, 1997），且統計數據顯示，約有超過數千個孩子會出現**胎兒酒精效應（fetal alcohol effects；簡稱 FAE）**；即孩子出現一些但非全部胎兒酒精症候群的特徵。醫學協會（The Institute of Medicine, 1990b）將因產前接觸酒精，而沒有產生形體上畸形的大腦功能不良稱之為「**與酒精相關的神經發展性異常**」（**alcohol-related neurodevelopmental disorder**）；該情形的個案數量至少為胎兒酒精症候群的十倍。Mattson、Schoenfeld和Riley（2001）以及其他一些學者普遍認為，罹患胎兒酒精效應的孩子可能會出現不同的不良適應行為、學習障礙、說話和語言問題、過動、注意力缺陷過動症。

除男性罹患的X染色體脆弱症（fragile X syndrome）外，胎兒
酒精症候群也是在美國造成心智遲緩的主要成因之一（Deiner,
1997）。現今研究亦指出，在發展中可能存在著一種劑量反應關
係（dose-response relationship）；換句話說，對發展有害的效應將
隨攝取酒精的量和頻率增加而增加（Day & Richardson, 1991; Sood
62 et al., 2001）。縱使在狂飲期間所喝的酒比習慣性飲酒所喝的酒量
還少，但狂飲似乎比習慣性飲酒的情形更有害（Maier & West,
2001）。縱使研究顯示在懷孕早期攝取中等量到高量的酒精會引
發最嚴重問題，但一般而言，在懷孕期間並沒有所謂酒精攝取的
安全標準量（National Clearinghouse for Alcohol and Drug Information,
1995）。若婦女每天攝取超過八十公克的酒精（十公克＝一瓶酒
或半品脫啤酒的量），則其為生出胎兒酒精症候群孩子的高風險
群。事實上，胎兒每天成長之形成可能包括了四十公克的酒精
（Shubert & Savage, 1994）。當血液中充滿了高劑量的酒精，而阻

懷孕期間並沒有酒精攝取的安全標準量。

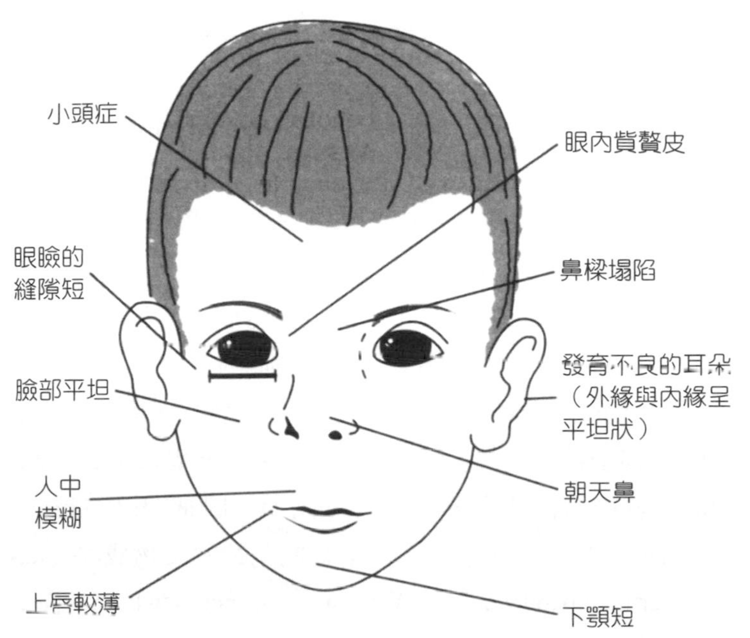

圖 2.2　胎兒酒精症候群兒童明顯的臉部特徵

資料來源：經 King County Medical Society, Seattle, WA.同意使用。

礙了從母體到胎兒之胺基酸和其他必要營養素的傳輸時，則產生損害的主要機制，會因此造成胎兒組織缺氧，後續大腦重量減輕，並可能形成大腦異常（Autti-Ramo & Granstrom, 1991）。最近研究證據顯示，若胎兒在子宮中接觸酒精，則該胎兒在往後生活中也會偏好酒精（Molina, Chotro, & Dominguez, 1995）。

菸草

因為媽媽抽菸，估計約一百萬名嬰兒為出生時體重過輕的高風險群（Floyd, Zahniser, Gunter, & Kendrick, 1991）。事實上，抽菸是最容易避免之出生時體重過輕的成因之一，在美國約20%～30%出生時體重過輕的個案是由媽媽抽菸所造成的（Chomitz, Cheung, & Lieberman, 1995; Ogunyemi, Hullett, Leeper, & Risk, 1998）。不幸地卻是研究報告顯示，美國約有13%～30%的懷孕婦女持續在整個懷孕過程中抽菸（Hoyert, Freedman, Strobino, & Guyer, 2001; Slotkin, 1998）。該問題的潛在衝擊為產生**胎兒菸草症候群（fetal tobacco syndrome；簡稱FTS）**（Nieburg, Marks, McLaren, & Remington, 1985）。該症候群是媽媽具有下列特徵所產生：(1)每天抽五支菸以上，(2)懷孕期間母親沒有高血壓的病史（no maternal history

吸菸為20%～30%出生時體重過輕嬰兒的成因。

被動吸菸或吸二手菸亦對於發展中胎兒產生負面影響。

of hypertension），(3)在懷孕期間寶寶有胎兒成長遲緩的情形，(4)沒有其他明確的寶寶子宮內成長遲緩成因。胎兒菸草症候群可能引發機制包括尼古丁導致血管收縮的特質（the vasoconstrictive properties of nicotine）。實際上尼古丁抑制了（binds to）胎兒血紅素，且導致胎兒所需的氧氣減少（Longo, 1976）。該影響也發生於被動吸菸（passive）或吸二手菸的媽媽個案上（Dollberg et al., 2000）。

懷孕期間抽菸也引發下列危機，包括自然流產、早產和死胎（Kleinman & Madans, 1985）。最近關注焦點則在於二手菸的影響，和菸害與智力、學業、社會情緒等發展之遲延的關係（Rush & Callahan, 1989）。產前接觸尼古丁會造成一般生理機能異常（dysregulation）和高風險群的精神疾病問題（Ernst, Moolchan, & Robinson, 2001），包括早發性行為異常和青少年時期開始的藥物成癮（adolescent-onset drug dependence）（Weissman, Warner, Wickramarante, & Kandel, 1999）、唇顎裂（Kallen, 1997）、對學齡前兒童行為產生嚴重的負面影響（Day, Richardson, Goldschmidt, & Cornelius, 2000）。嬰兒的母親若吸二手菸，則增加嬰兒出生時罹患下列疾病的危險：肺炎、支氣管炎、喉炎、中耳炎（即：長期性的耳朵感染；Floyd et al., 1991）、相關肺部問題（Milner, Marsh, Ingraham, Fox, & Susiva, 1999）。

抽菸似乎存在著強烈的「劑量—反應」關係。

如同酒精一樣，抽菸似乎亦存在強烈的「劑量—反應」關係；也就是婦女在懷孕期間抽愈多菸，則愈可能生出體重過輕的孩子（Cnattingius, 1997）。事實上，Cnattingius 指出，抽菸婦女生出體重過輕孩子的情形，比不抽菸婦女高出許多。更確切地說，每天抽不超過十支菸的婦女，生出體重過輕的孩子之機率比不抽菸婦女要高，但對於每天抽逾十支菸的婦女而言，其生出體重過輕孩子的比率又更高了。此外，Cnattingius 亦提出，年齡是影響上述機率的重要中介因子（mediating factor）。例如：青少女媽媽若抽菸，其生出較小嬰兒的風險是未抽菸青少女媽媽的兩倍，但超過四十歲的媽媽若抽菸，其生出較小嬰兒的風險約為超過四十歲未抽菸媽媽的 4.5 倍。並且，婦女在懷孕的前三個月即停止抽菸，則死胎和嬰兒死亡的風險會降到與未抽菸的媽媽相等，因而媽媽在懷孕十六週前是否戒菸重要之至（Wisborg, Kesmodel, Henriksen,

Olsen, & Secher, 2001）。除了這些研究發現外，只有約 25%的抽菸婦女於懷孕期間戒菸，且年齡較長的抽菸者可能比年紀輕抽菸者更難戒菸。但是，抽菸仍是最可預防的危險因子之一，且縱使在懷孕第七或第八個月時才戒菸，對於嬰兒的出生體重也可能有正面效應（Rush & Cassano, 1983）。

其他有毒物質

從 1980 年代中期開始，許多研究便篩檢了產前接觸古柯鹼對
於嬰兒發展的影響。早期報告提出，在懷孕期間吸食古柯鹼將導 *64*
致許多負面影響，而這些影響的範圍會從非常輕微的神經行為性異常（neurobehavioral differences）到嚴重的生理和神經構造缺陷，然而，最近的研究則較不具公信力，部分原因是因複雜的方法論議題（Zuckerman & Frank, 1994）。因為古柯鹼本身的不同形態、婦女使用古柯鹼時通常會使用其他毒品（包括菸草），與貧窮和營養不良等同時存在的環境因素等，而這些因素會導致較糟的懷孕結果，這使得古柯鹼的直接影響無法被證實。孩子在出生前即頻繁地接觸古柯鹼，將使孩子產生較不良的神經行為結果（Schuler & Nair, 1999）、嚴重認知缺陷、罹患發展遲緩的機會是其他孩子的兩倍（Singer et al., 2002）、產生動作功能不佳的風險將增加（Swanson, Streissguth, Sampson, & Olsen, 1999）。相反地，其他研究者則聲稱，產前接觸古柯鹼的效果是與接觸其他畸胎原的效果相似（Frank, Augustyn, Knight, Pell, & Zuckerman, 2001）。事實上有一個研究顯示，在產前接觸古柯鹼的學齡前樣本個案，其於四歲作測驗時，並未發現該個案具顯著的低智商指數（Hurt et al., 1997）。但是，其他的數個研究仍顯示接觸古柯鹼確實與生出體型較小的寶寶有關，其不是導致早產或子宮內成長遲緩，就是合併有上述早產和遲緩兩種情形（Datta-Bhutada, Johnson, & Rosen, 1998; Frank, Bresnahan, & Zuckerman, 1993; Richardson, Hamel, Goldschmidt, & Day, 1999; Robins & Mills, 1993）。

> 因為海洛因能快速地穿透胎盤，所以嬰兒也會上癮。

最近準媽媽吸食海洛因的情形亦受到關注。在懷孕期間吸食海洛因會降低胎兒出生的體重和身高（Little et al., 1990），並會產生其他出生前和出生後的併發症。海洛因能快速地穿透胎盤，因

此若準媽媽對海洛因上癮，則所生的嬰兒也會對海洛因上癮，該上癮結果使得新生兒出現一般在戒毒過程後才會出現的症狀，其症狀對中樞神經系統與自律神經系統皆產生影響（Strauss & Reynolds, 1983）。這些症狀通常包括發抖、刺激及反應度過高（hyperirritability）、尖叫（a high-pitched cry）、可能產生睡眠和飲食困擾等神經性調節困難。對於海洛因成癮的婦女，通常建議使用美沙酮治療法（Methadone maintenance）[9]並結合適當的產前照護。該種治療法已有效地減少因早產所產生的醫療併發症（Kaltenbach & Finnegan, 1987; Kandall, Doberczak, Jantunen, & Stein, 1999）。雖然在懷孕期間使用美沙酮可能對寶寶早期發展產生影響，但並未產生長期發展問題，或至少尚未被證實其對長期發展有影響。

縱使只有少數研究著眼於產前接觸大麻的影響，但近期代表性研究和縱向研究已指出，大麻會使認知功能的特定領域（如注意力）產生缺陷情形（Fried & Smith, 2001）。同樣地，懷孕期間濫用吸入劑（inhalant）的影響雖屬有限，但仍會對胎兒產生一些負面結果（Jones & Balster, 1998）。

母親的疾病

有些疾病會嚴重影響胎兒，但對準媽媽的影響卻不大。

某些疾病雖對準媽媽影響不大，卻可能會摧毀未出生的孩子。懷孕頭三個月，疾病和感染對胎兒影響最大，因該時期是孩子主要身體系統形成的時期，例如德國麻疹對媽媽的影響可能是輕微
65 的，甚至未被察覺；然而未出生的孩子可能會因此而產生心臟疾病或畸形、小頭症、遲緩、視覺和聽覺損傷或死亡。現已有德國麻疹疫苗可幫助青春期女性預防在懷孕期間罹患德國麻疹。其他於產前母體感染的疾病如：性病、弓蟲症（toxoplasmosis）、毒血症、皮卡症（pica）、水痘、腮腺炎、麻疹、猩紅熱、肺結核和尿道感染等，也可能造成孩子產生不同智力、動作、生理、感覺等差異或損傷。

---

9 譯者註，「美沙酮」亦有譯為「美沙冬」，原為止痛藥嗎啡的替代品，該治療法讓海洛因成癮者服用美沙酮以減輕對海洛因的依賴，早期該療法相當成功，但 1980 年代開始，歐洲出現反對聲浪，因美沙酮的成癮性可能比海洛因更高（故歐洲的看法與本書呈現研究觀點不盡相同）。

糖尿病

準媽媽罹患糖尿病機率約介於 1.5%～11.3%之間，且糖尿病對她們的嬰兒會產生負面影響（Magee, Walden, Benedetti, & Knopp, 1993），懷孕期間的糖尿病主要有兩種：**妊娠糖尿病（gestational diabetes mellitus；簡稱GDM）**與**妊娠前糖尿病（pregestational diabetes mellitus；簡稱 PGDM）**。妊娠糖尿病一般只有在懷孕期間才會發生，且不會被視為母體疾病；其通常在生產後六個星期就會痊癒（Ezra & Schenker, 1996）。妊娠糖尿病的發生率約為2%～6%的懷孕婦女（Sullivan, Henderson, & Davis, 1998）。相反地，妊娠前糖尿病則為一種母體疾病，並在受精時即對懷孕產生影響，特別是準媽媽沒有達到適當的血糖值控制（glycemic control）時（Kitzmiller et al., 1991），該影響可能會顯現在主要和次要的胎兒形成異常，且其主要異常的發生率約為 5%～13%間（Gotto & Goldman, 1994; Omori et al., 1994）。縱使這些異常情形幾乎涵蓋所有身體系統（Cousins, 1983），但特別是對於中樞神經系統的損害（disruption）；其發生機率約高出其他系統二至十九倍（Reece & Hobbins, 1986），且心臟異常情形的發生率，約高出其他系統四至七倍（Ferencz, Rubin, McCarter, & Clark, 1990）。最常見的中樞神經系統機能不良的情形為先天無腦畸形（anencephaly）（沒有大腦發展），其次則為脊柱裂（Reece & Hobbins, 1986）。

一般來說，糖尿病媽媽所生的嬰兒通常比未患糖尿病媽媽所生的嬰兒更大、較重、且較早出生；這些嬰兒在出生後較易產生血糖過低症（hypoglycemia）（低血糖）（Ezra & Schenker, 1996）。若妊娠前糖尿病控制不良的婦女較可能出現自然流產（Katz & Kuller, 1994）、子宮內成長遲緩（Van Assche, Holemans, & Aerts, 2001）、生產時併發症（Scholl, Sowers, Chen, & Lenders, 2001）。

> 糖尿病媽媽的寶寶通常比未罹患糖尿病媽媽的寶寶體型較大、較重、且較早出生。

糖尿病媽媽，不論本身即罹患糖尿病或只是在懷孕期間罹患糖尿病，皆會增加子女出現許多例如：注意力和動作缺陷（Ornoy, Ratzon, Greenbaum, Wolf, & Dulitzky, 2001）、過度肥胖（Silverman, Rizzo, Cho, & Metzger, 1998），和需住院治療（Aberg & Westbom, 2001）等不希望發生之狀況的風險。妊娠糖尿病或妊娠前糖尿病最嚴重的胎兒併發症之一為**巨嬰症**（macrosomia）（即「身體很大」或出生體重大於 4,000～4,500 公克），糖尿病媽媽發生該併發症的機率為未罹患糖尿病媽媽的十倍，因胎兒較難接生，故巨嬰症會導致如臂血管叢麻痺（brachial plexus palsy）和窒息等出生創傷。約 25%～30%糖尿病媽媽所生的孩子患有巨嬰症（Carrapato & Marcelino, 2001）。

許多病原因素會導致糖尿病媽媽所生的孩子出現認知異常的
66 情形。這些包括了新陳代謝異常，如高血糖症（hyperglycemia）（血糖過高）、血糖過低症（血糖過低）、高胰島素血症（hyper-insulinemia）（胰島素過高）；酮血症（hyperketonaemia）〔高量「尿酮」（一種醣為基礎的新陳代謝劑，其通常存在於血液和尿液中）累積〕和一般性基因易受損（genetic susceptibility）等。縱使這些病原因素的敘述超越本章的內容範圍，但在此需注意的是，胎兒發展的關鍵要素之一為葡萄糖，對胎兒而言，葡萄糖完全是經由母親的血液循環流向胎盤而攝取到的，因此，母親的新陳代謝系統對於胎兒的成長是重要決定因素。葡萄糖循環狀況若過高或過低，則迫使胎兒需調整這些狀況，因為胎兒需完全依賴這些循環，且這些狀況成為上述異常是否發生的決定因子（Aerts, Pijnenborg, Verhaeghe, Holemans, & Van Assche, 1996）。

母體感染

母親感染病毒可能會對於發展中的胎兒產生嚴重的有害效果。STORCH 這組字母縮寫描繪了引起胎兒類似畸形情況之不同母體感染。STORCH 代表了梅毒（syphilis）、弓蟲病（toxoplasmosis）和其他感染如：德國麻疹（rubella）、巨型細胞病毒（cytomegalo-virus）、單一疱疹病毒（herpes simplex virus）等。此外，尚有其他母體感染會傷害發展中的胎兒。

嬰兒感染人類免疫不全病毒在認知、生理和社會等領域上會發展較慢、抑制這些發展、甚至產生負面發展結果。

後天免疫系統不全症

嬰兒從母體得到的最嚴重情況之一，即為後天免疫系統不全症（acquired immunodeficiency syndrome；簡稱 AIDS[10]）。幼兒罹

10 譯者註，台灣一般對此稱作：愛滋病。

患後天免疫系統不全症主要是因為先天性（congenital）或懷孕期間母體將人類免疫不全病毒傳輸給胎兒或新生兒。後天免疫系統不全症影響了 20%～30%感染人類免疫不全病毒媽媽所生的嬰兒（Crocker, 1999; Grant, 1995），甚至有些數據認為影響情形高達65%（Deiner, 1997）。人類免疫不全病毒的傳輸可透過胎盤或在子宮內、生產期間，或經由餵母乳等方式產生（Deiner, 1997; Miotti et al., 1999）。人類免疫不全病毒的感染不只使認知、生理或社會等領域發展緩慢或抑制其發展（Chase et al., 2000; Macmillan et al., 2001），此外亦使得先前已習得的技能和已達到的學習目標變得退化（deterioration）（Crocker, 1999）。

除此之外，這些嬰兒的死亡率比較高，通常孩子若出現感染該病毒的症狀，其平均存活期間約為三十八個月。縱使大部分受到感染的嬰兒在出生時會顯得很健康，但感染症狀最快會在嬰兒八個月大時出現（Scott et al., 1989）。幼兒的潛伏期顯得比大人短許多（Rubinstein, 1986），且估計約有三分之一受到感染的孩子在嬰兒期即死亡，另外三分之一在上幼稚園前死亡，而最後的三分之一則在二十歲以前死亡（Grubman, Gross, Lerner-Weiss, & Hernandez, 1995）。最近的報告推估（Lindegren, Steinberg, & Byers, 2000），約 15%～20%感染人類免疫不全病毒的孩子在感染後的四年內，病情會快速惡化和死亡，但大部分孩子的病況發展速度是與大人類似的。

人類免疫不全病毒影響身體的免疫系統，因而使人無法對抗不同疾病。人類免疫不全病毒陽性孩子的主要死因源於易受感染的（compromised）免疫系統（Hammill & Murtagh, 1993）。即使一些孩子很幸運地不受病毒感染，但因為他們媽媽感染病毒及易產生焦慮和憂鬱症狀，使這些孩子仍需面對一個不確定的人生（Esposito et al., 1999）。

人類免疫不全病毒影響身體的免疫系統，使人無法抵抗各種疾病。 67

現今在世界各地有超過一百萬的孩子感染後天免疫系統不全症，除非能落實產前照護和其他可預防的方法，否則在未來三年內，又有另外一百萬個孩子將會受同樣感染（Wilfert & McKinney, 1998）。例如經由 AZT 等抗病毒藥物治療，能降低後天免疫系統不全症傳染給胎兒的機率達到 67%～75%，但卻依舊讓懷孕中胎兒處於出生時會出現缺陷的危機（Chadwick & Yogev, 1995; Conner et al., 1994）。

母親的情緒狀態

即使罹患憂鬱症媽媽的孩子比未罹患憂鬱症媽媽的孩子，出現憂鬱症或其他形態的精神病理學疾病的機率高出甚多（Beardslee, Versage, & Gladstone, 1998），但人們對於影響孩子發展軌跡（trajectory）和父母將身心特質傳輸（transmission）給孩子之可能性的通路，依舊了解有限（Cummings, Davies, & Campbell, 2000）。如同最近強調父母影響的研究，基因與環境因子的結合，特別是親子互動，可能導致孩子產生憂鬱疾患。該情形也如同初步研究發現指出，負面的產前環境，例如：讓胎兒接觸異常神經性內分泌作用（neuroendocrine functions）、皮質醇量（cortisol）增加、抑制血液流向胎兒等，將使孩子未來更可能罹患神經病理學疾病（Goodman & Gotlib, 1999），因此，母親的情緒狀況可能不會直接影響發展中的孩子，但荷爾蒙分泌會隨著媽媽的情緒而改變，特別是壓力和焦慮的情緒，如此則影響孩子出生前和出生後的發展（Glover, 1999）。這些荷爾蒙分泌最早在受精後八個月即與影響胎兒大腦的神經解剖學和生物化學的組織產生關聯。面臨生活壓力的媽媽會產生生理機能改變，該改變影響其後代未來行為和回應壓力的情形（Fifer, Monk, & Grose-Fifer, 2001）。事實上，甚至連嬰兒的身體健康，亦可能受母親的壓力影響，例如，新生兒也出現與母親壓力有關的消化系統潰瘍（Herrenkohl, 1988）。

根據初始研究，不利的產前狀況可能使孩子產生異常行為或心智健康問題。

壓力改變了神經系統，亦導致流入子宮的血液減少，結果使得供給胎兒的營養和氧氣也減少。壓力增加時，引發分泌的荷爾蒙之一為皮質醇。皮質醇會形成身體器官的畸胎原，特別是生殖系統器官（Schuster, 1992）。Herrenkohl（1988）強調，「產前壓力症候群」會導致男性的後代較為女性化及較無雄性特徵（demasculinization），且也可能使女性後代的生殖系統產生機能不佳的情形。更常見的是，極度焦慮和處於長期壓力下的婦女會出現生產困難，其通常會花上超過五個小時的生產時間，且與較無壓力的孕婦相較下，更易發生自然流產和早產。懷孕前三個月承受重大壓力的媽媽與面對較小壓力的媽媽相較下，前者所生的寶寶出現畸形的情形比後者多（Stott, 1971）。Dacosta、Dritsa、Larouche 68
和Brender（2000）等學者也發現，懷孕期間對於社會支持較不滿足的媽媽，承受了較大壓力，這些媽媽較易出現生產困難，且其孩子的出生體重較輕。對於低收入的婦女而言，社會支持與正面之懷孕結果的關係特別強烈（Hoffman & Hatch, 1996）。檢視母親其他生活形態的差異，可能為母體情緒狀況對胎兒的影響提供新觀點（Nathanielsz, 1995）。

血液互斥

在懷孕早期，所有孕婦皆進行血型（A、B、AB、O 型）和Rh因子（陽性或陰性）的檢查。若一個婦人的血型是Rh陽性（約85%的婦女皆為陽性），或假如婦人的血型和孩子爸爸的血型皆為 Rh 陰性，該情形則不需擔憂。但若媽媽是 Rh 陰性，而爸爸是Rh 陽性，則寶寶可能遺傳爸爸的陽性血型，若未好好處理該情形，便會在懷孕期間或生產時引發問題。若在懷孕期間，寶寶的血液進入媽媽Rh陰性的循環系統中，則媽媽的身體即產生抗體，以一種自然的保護性免疫反應消滅這個「外來物質」，該抗體會在媽媽的循環系統中攻擊寶寶的血液細胞，且抗體也能穿透胎盤並破壞胎兒Rh陽性的血液細胞。這些抗體在第一次懷孕期間可能不是問題，但他們會導致後續的新生兒出現嚴重的溶血性或Rh疾病。當母體產生高劑量抗體時，許多胎兒的紅血球細胞會被破壞，最後導致嚴重貧血，甚至胎兒死亡，若該情形未予以治療，則出生的孩子會產生如：嚴重黃疸等併發症，如此會導致孩子心智遲緩、聽覺損失，或腦性麻痺等。

注射丙種球蛋白或 RhoGam 可預防新生兒罹患溶血性疾病。

幸運的是，新生兒的溶血性疾病大部分可利用注射丙種球蛋白（gamma-globulin）或免疫球蛋白（RhoGam）作預防。免疫球蛋白扮演著預防媽媽的免疫系統對胎兒紅血球細胞作反應及產生抗體等角色。血液為 Rh 陰性的準媽媽，而她的孩子血型是 Rh 陽性時，在懷孕第二十八週，若媽媽的血液中沒有出現抗體，則需注射**免疫球蛋白**，而在出現生產、流產、墮胎、羊膜穿刺或懷孕期間出血等情形的七十二個小時內必須注射第二劑。若Rh陰性血型的媽媽在懷孕期間開始產生抗體，且其血液與胎兒的血液無法相容，則必須小心監控母體抗體情形。當血液不相容的情形嚴重時，雖然這較少見，但可能仍必須輸Rh陰性的血給胎兒。然而大部分情況下是不需要輸血，或者可以等到生產時才輸血。

基因異常

> 對於將近 3%～4%的新生兒而言，缺陷情形可在產前、出生時或出生後的前幾年檢驗出來。

雖然大部分的寶寶出生時都很健康並能正常發展，但約3%～4%的孩子在產前、出生時，或出生後幾年內即發現缺陷（National
69 Society of Genetic Counselors, 1989）。一些出生時的缺陷是遺傳的，一部分是因環境影響力所導致，而其他尚有歸因於環境與遺傳的互動。有基因異常病史的家庭可能會考慮進行基因諮商、基因測試，或二者皆為家庭計畫過程的一部分。對於將要結婚的夫妻而言，留意任何可能增加的基因異常風險是很重要的，所以他們會考量產前檢查的可能性。已有發展障礙孩子的父母與小兒科醫師可能會決定執行**染色體組型檢查**（karyotype）（即：染色體分析），或其他更精細的基因檢查，以診斷出現的問題。

透過遺傳因子所產生的異常有三類：正染色體遺傳（autosomal inheritance）、性聯遺傳（X-linked inheritance）和染色體缺陷。表2.1列出了這三種基因異常、成因、特徵和具基因異常個體的發展情形。

正染色體遺傳是一種自然過程，在該過程中，父母會將其特徵傳給孩子。兩種正染色體形態的遺傳包括：隱性正染色體形態（autosomal recessive pattern）和顯性正染色體形態（autosomal dominant pattern），其遺傳機率對男女而言都是一樣的。當父母雙方皆帶有隱性的缺陷基因，且將該基因傳給孩子時，**隱性正染色體疾患**才會產生；如同圖 2.3 所示，每一次受精後有 25%的風險會發生該疾患。不過，並非所有帶有隱性基因者皆出現該基因的臨床症狀。

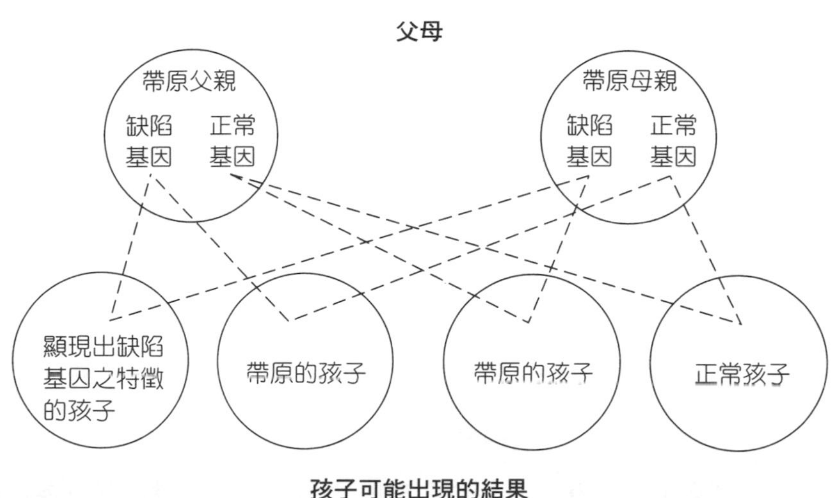

圖2.3　隱性正染色體疾患的形態

表 2.1　基因異常的案例 70

異常情形	成因／早期偵測	特徵	發展進程
正染色體遺傳			
囊性纖維化	隱性基因／產前檢查	分泌黏液、汗、眼淚和唾液等功能的腺體控制異常，且使得呼吸困難。出現咳嗽、循環性肺炎、食慾大、體型小，且指尖腫大等徵狀。	增加嚴重呼吸道感染的風險；未來基因治療的可能人選。
苯酮尿症	#12 染色體的隱性基因／產前的 DNA 分析和例行性新生兒篩檢可能可以偵測出	先天性新陳代謝異常；新生兒無法代謝苯基丙氨酸（phenylalanine），而該物質會存在牛奶中。若沒有針對該病症作處置，則孩子可能產生心智遲緩。	從嬰兒期開始則在飲食上限制苯基丙氨酸的攝取，如此可降低該病症對孩子的影響。
鐮刀型貧血	隱性基因／產前檢查和出生後的血液篩檢	因紅血球細胞的缺乏而引起疼痛、主要器官損壞及可能在兒童時期或成人早期死亡。	慢性疾病；常需醫療服務，但無法根治。

（續）

表 2.1 （續）

異常情形	成因／早期偵測	特徵	發展進程
泰沙氏症（Tay-Sachs disease）	隱性基因／產前檢查	漸進式的神經系統疾病，因缺乏某種酵素，使得有毒物質囤積於大腦，最後導致腦傷和死亡。	出生到六個月大時發展正常。在五歲前發生包括：痙攣、失明、心智遲緩和死亡等神經性惡化情形。
軟骨發育不全症（Achondroplasia）	顯性基因／產前檢查	體型短小顯得不相稱，頭大、四肢短、三叉指[11]、一般智能。	達到發展目標的時程可能較長；偶發性失聰。
馬凡氏症候群（Marfan's syndrome）	顯性基因／無法從產前檢查偵測出；通常靠生理檢查診斷出	身材高且瘦，關節過度變形（hypermobile joints）；像蜘蛛般的細長手指；脊髓彎曲、眼睛晶狀體脫位。	經常發生心臟和血管缺陷，因而易產生肺衰竭；伴隨注意力缺陷過動症和學習障礙。
神經纖維瘤	顯性基因；與#17 染色體有關／無法從產前檢查中偵測出；以生理檢查為診斷的基礎	在身上有許多淡咖啡色的斑（"café-au-lait" spots）；在身體上和皮膚上有小的神經腫瘤；有些患者的頭較大、脊柱側彎，或出現不同的骨頭缺損。	無法治療。症狀的異質性大（wide variability in expression）；可能伴隨輕度心智遲緩或學習障礙。
性聯遺傳			
色盲	性聯隱性基因	紅色—綠色色盲。	無法治療。
71 血友病	性聯隱性基因	血液中缺乏重要的凝血因子。	需要凝血因子停止血流不止的情形。經常住院和慢性疾病問題。無法治療。

（續）

[11] 譯者註，即拇指一個軸，第二指和第三指視作一個軸，第四指和第五指視為另一個軸，共三軸，有別於常人五指五個軸。

表 2.1　（續）

異常情形	成因／早期偵測	特徵	發展進程
杜顯氏肌肉萎縮症（Duchenne muscular dystrophy）	性聯隱性基因／產前檢查	在六至九歲之前皆能正常發展；然後肌肉開始無力且持續惡化。	為一種漸進式疾病，影響所有肌肉包括心臟和橫膈膜；通常在成人早期會死亡。
X 染色體脆弱症（Fragile X syndrome）	X 染色體易損處／產前及產後的染色體篩檢	此為最常見之男性心智遲緩的遺傳，且身體特徵為突出的下巴、大耳朵和睪丸。	孩子可能伴隨行為問題、過動，和一些類似自閉的情形。
染色體缺陷			
貓哭症候群（Cri du chat syndrome）	#5 染色體的前端缺損	小頭症、兩眼間距離過寬、下巴小、且高音的啼哭（像「貓叫」）；嚴重遲緩。	無法治療。
唐氏症	第二十一對染色體多一個／產前檢查	認知缺損、肌肉張力低、臉部特徵、身材短小、先天性心臟疾病。	發展進度緩慢。
克林菲特氏症候群（Klinefelter's syndrome）	多一個 X 染色體（即 47XXY[12]）／產前檢查	男孩因缺乏正常的睪酮分泌，故造成異常的性發展。孩子通常長得高瘦，有胸部，且生殖器小。智力接近正常。	心理和精神病理學的異常；少部分的患者伴隨心智遲緩、語言遲緩的情形；治療方式包括供給患者男性荷爾蒙。
特納氏症候群（Turner's syndrome）	少了一個 X 染色體（即 X0 或 45X）／產前檢查	該疾患只會發生於染色體短少，但仍能存活的孩子。患者皆為女性，身材非常矮小、蹼狀頸（webbed necks）、乳房間距大、沒有功能的排卵。患者通常有正常智力，但伴隨視知覺障礙。	大部分的女孩皆有學習障礙；以荷爾蒙作治療。
XYY 症候群	多一個 Y 染色體／產前檢查	患者身高通常較高，且有正常的性發展，但智力低下。衝動行為；嚴重痤瘡。	伴隨學習問題和學習障礙。無法治療。

[12] 正常人皆有二十三對（即四十六個）染色體，因此男生標示為 46XY；女生則為 46XX，其中 XY 或 XX 為性染色體，而該症狀患者比正常人多一 X 染色體，故標示為 47XXY。

正染色體遺傳形態的案例之一為苯酮尿症（phenylketonuria；簡稱 PKU）。苯酮尿症是與生俱來的遺傳性新陳代謝異常，因而嬰兒在出生時必須接受例行檢查，苯酮尿症的症狀為身體無法代
72 謝（process）所食用的食物，特別是含有苯基丙氨酸（phenylalanine）的蛋白質，且該尚未完整的新陳代謝過程產生了破壞神經發展的毒素。因為多餘物質會自由地透過胎盤從孩子傳輸給媽媽，因此胎兒在出生前並不會受該新陳代謝缺陷所影響（Ensher & Clark, 1994）。然而，在出生後若未經治療，孩子身體的組織累積了過量苯基丙氨酸，如此在一歲以前即會造成包括心智遲緩的中樞神經系統損害。早期確認苯酮尿症，在出生後的最初幾個星期內即可限制飲食中苯基丙氨酸的攝取（即降低身體內毒素的劑量）。縱使該種特殊飲食限制需要繼續追蹤，然而該飲食限制情形已被證明對預防負面效果確有其功效（Poustie & Rutherford, 2000）。

顯性正染色體疾患不同於隱性正染色體疾患，若個體帶有一個異常基因，則其就會產生顯性正染色體疾病，因此該疾病的遺傳風險增加到 50%。顯性正染色體疾患通常包括結構性異常（Batshaw & Perret, 1992）。該種遺傳形態則顯示於圖 2.4。顯性正染色體疾患的案例之一為神經纖維瘤。神經纖維瘤是最常見的基因疾患之一，約每三千個嬰兒出生就有一個孩子患有該疾患。該疾患最顯著的特徵之一為皮膚上出現大片黃褐色的斑點或「拿鐵咖啡斑點」。這些斑點通常在出生時就出現，且隨年齡增長而變大、變多、顏色變深。在任何年齡皆可能在皮膚下出現良性腫瘤，且其他腫瘤也可能出現，並破壞主要神經系統；例如：在聽覺神經的腫瘤會導致聽覺損傷或失聰。影響每個個案的嚴重程度差別會很大，其影響從相當輕微的問題到嚴重的學習和發展問題，程度輕重不一。現今仍沒有產前檢查能偵測出神經纖維瘤，該診斷必須透過生理檢查才可診測出。

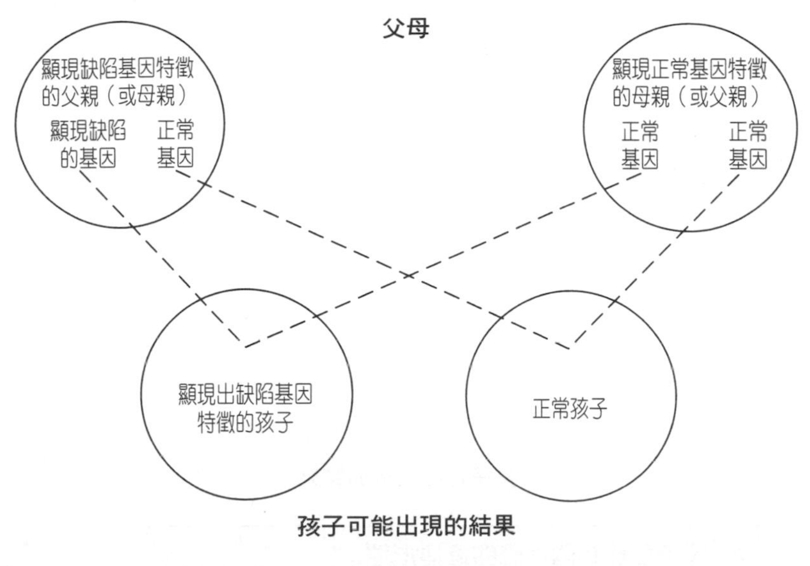

圖 2.4 顯性正染色體疾患的形態

第二種因基因遺傳所產生的異常為**性聯遺傳**（sex linked or X- 73
linked），因該異常包括了X染色體中的基因或女性基因。在該異常情形中，女性通常是疾患的帶原者，而男性則會顯現出缺陷基因的特徵——大部分是因為男性只有一個X染色體。性聯遺傳形態的變化則呈現於圖 2.5。X染色體脆弱症是性聯遺傳形態的例子。如同表 2.1 所示，X染色體脆弱症是導致男性遺傳性發展遲延的主因（Hagerman, 1999），X染色體脆弱症的男性患者約為 1/4,000，而女性則為 1/8,000。如同該疾患名稱，該異常情形之產生與根部斷裂的X染色體有關。該斷裂情形可能造成不同的生理（如：臉部瘦長、耳朵大、頭圍增大）、行為（如：注意力缺陷、自傷行為）、情緒（如：社會焦慮）等影響，和學習問題，而該學習問題的影響程度可從對兒童只有少許影響的輕度缺陷，嚴重到產生心智遲緩（Bailey et al., in press; Cohen, 1995; Hagerman, 1996）。雖然女性較不會有該缺損情形，但男女皆會受該疾患所影響（Hagerman, 1999）。

第三種基因遺傳異常是由**染色體畸形**（chromosomal malformations）所引起，在該異常中人類的二十三對染色體有增多或短少的情形，抑或染色體發生損壞。這些異常情形會引發出生時缺陷

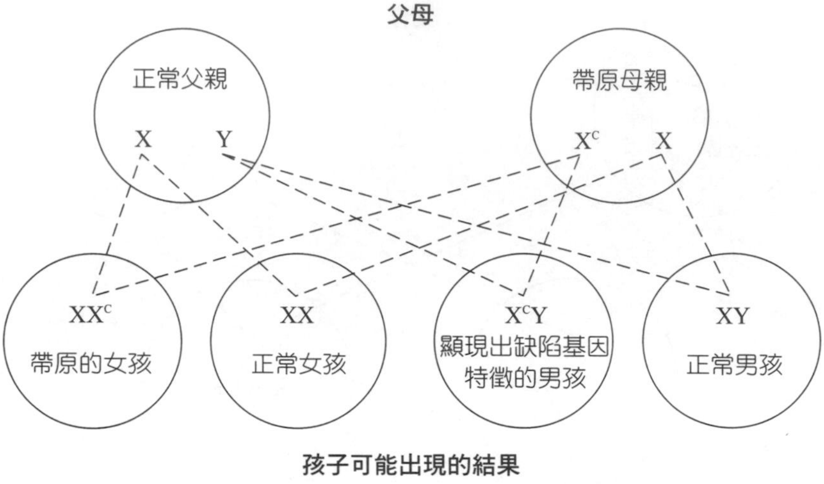

父母

正常父親

X　Y

帶原母親

X^c　X

XX^c

帶原的女孩

XX

正常女孩

X^{c}Y

顯現出缺陷基因特徵的男孩

XY

正常男孩

孩子可能出現的結果

圖 2.5　X 染色體相關疾患的遺傳形態

或死亡。而該種染色體異常（aberrations）的發生率約為 0.4%。正染色體異常（abnormality）通常導致心智遲緩，且產生明顯的生理特徵（Batshaw & Perret, 1992）。

唐氏症是該染色體異常的案例之一，其發生率為每七百至八百個活著出生的孩子約有一個罹患該病症。如前述，三十五歲以上的準媽媽產出唐氏症寶寶的機率會增加（Chan, McCaul, Keane, & Haan, 1998）。唐氏症的診斷通常以生理特徵的臨床觀察為主，後續並透過染色體核型篩檢作確認（Cohen, 1999）；然而，產前
74 檢查也可診斷出唐氏症。雖然大部分唐氏症患者只顯現出一些生理特徵，但特殊的生理特徵包括少數不同的異常情形〔如：鼻梁塌陷和顏面輪廓扁平（flat profile）〕。包括肌肉骨骼、血液、神經、內分泌和心臟系統異常等較嚴重的情形，也是常見的（McBrien, Mattheis, & Van Dyke, 1996）。雖然唐氏症孩子傾向全面性發展遲緩，但若施以適當的教育和家庭療育方案，唐氏症孩子仍可顯現出穩定的正面發展。

早產和出生時體重過輕

以歷史觀點而言，早產和出生時體重過輕的危險因子常被交互使用。當然這些因子是緊密相關的，早產通常是出生時體重過輕

當提供孩子豐富（nurturing）的環境和早期療育，唐氏症和其他伴隨基因異常的孩子也能有正面的發展和成長

的原因；然而，重要的是我們必須了解，早產兒出生時並不總是 75
會體重過輕，相對地，出生時體重過輕的嬰兒也非一定是早產兒。事實上，約 33%出生體重低於 2,500 公克的孩子，可能由於**胎盤不充足（placental insufficiency）**的影響，其在子宮中未達懷孕時程應有的成長標準。胎盤不充足減少了傳輸給胎兒的氧氣和營養素（Behrman, 1992）。

早產的定義為若母親懷孕少於三十七週就進行分娩則稱之（Korones, 1986）。在美國約有 11%～12%的新生兒是早產（March of Dimes Birth Defects Foundation, 1997），且該比率在緩慢地上升（Martin et al., 2002）。然而重要的是，我們必須了解雙胞胎、三胞胎或糖尿病媽媽所生的孩子使得該數值擴大了，因為在這些案例中，早產乃意料中的結果（Lin, Verp, & Sabbagha, 1993）。

早產兒指懷孕未滿三十七週就出生的寶寶。

懷孕逾三十七週才出生的孩子通常有較少問題且有較高的存活率，而在三十七週前出生的寶寶則會出現許多問題和風險，其中包括死亡率提高。現今，大部分六個月大的胎兒出生皆能活命，二十三週大的胎兒出生，存活率為 15%，而二十二週以下的胎兒出生後存活率就相當低了（Allen, Donohue, & Dusman, 1993）。一些因素如：不當的產前照護（Krueger & Scholl, 2000）和兩胎的生產間隔過短（Basso, Olsen, Knudsen, & Christensen, 1998）等，皆會造成早產。

許多早產兒會出現「不持續和微弱的反射動作和啼哭」、「窒息一段時間（即沒有呼吸）」、「出現失溫」的問題。早產兒在肺部成熟前，可能需要使用呼吸協助器材。早產兒的身體表面依舊有胎毛和胎兒皮脂覆蓋。腦出血或大腦血流不止亦常見於早產兒。醫療科技的改良增加了早產兒存活率；不過猶如出生時體重過低的寶寶一樣，這些早產兒的存活率增加，也使得這些孩子更易成為伴隨不同發展異常的患者。

胎兒出生體重為胎兒後續結果的重要預測指標之一。

許多專業人員認為，胎兒的出生體重是胎兒後續發展結果的重要預測指標之一（Pollack & Divon, 1992）。一般而言，因太早出生（即早產），或因為在子宮中成長速度過慢（胎兒未達該懷孕時程應有的成長標準），或因為產生了結合上述兩項因素等情形，則寶寶在出生時被認為過於嬌小，更確切地說，嬰兒出生時體重若低於 2,500 公克，則被認定為出生時體重過輕，現今約有8%的嬰兒出生時體重過輕，而約 62%體重過輕的嬰兒發生新生兒死亡（Hoyert et al., 2001）。出生時體重非常輕的嬰兒或出生時體重低於 1,500 公克的嬰兒比率約為 1%～2%（Guyer et al., 1998）。

過去十年間，出生時體重過輕嬰兒的存活率已大大提升了，其中出生時體重超過 1,000 公克的嬰兒，其存活率超過 90%，而出生體重 751～1,000 公克的嬰兒存活率則將近 86%（Lemons et al., 2001）。出生時體重 501～750 公克的嬰兒，現今約有 59%的存活機會（Finer, Horbar, & Carpenter, 1999）。出生時體重低於 500 公克的嬰兒，鮮少能存活下來；儘管如此，這些嬰兒仍有將近
76 11%～15%的存活率（Gould, Benitz, & Liu, 2000），且隨著新生兒科技和產前照護（如產前手術）的持續改良，該數據將持續增加。

孩子出生時體重若與 2,500 公克相距愈遠，則愈容易發生問題。

如同一般常理推斷，嬰兒出生的體重若與 2,500 公克的標準差距愈大，則該嬰兒可能產生愈多問題。若嬰兒出生體重愈接近 2,500 公克的標準，則嬰兒後續發展則愈佳。縱使與出生時體重正常的孩子相較，出生時體重較輕的孩子在許多發展領域上皆屬於正常範圍，但這些孩子的確較可能出現心智遲緩、腦性麻痺、盲

聾、心理動作問題、在校表現不佳（school failure）、低於正常標準的發展和相關健康問題等情況（Hack, Klein, & Taylor, 1995）。事實上，像是智商指數（IQ）等認知因素，與出生時的體重有著直接關係；也就是說，當出生時體重較輕時，IQ也會降低（Breslau et al., 1994）。此外，出生時體重低於2,500公克的學齡兒童，與他們出生時具正常體重的同儕相較，前者約比後者高出50%的孩子需接受某種形式的特殊教育（Lewit, Baker, Corman, & Shiono, 1995）。相對而言，其中一個追蹤出生時體重非常輕孩子一直長到成人階段的研究發現（Hack et al., 2002），雖然他們伴隨學習障礙和生理問題，但許多人仍能完成高中學業，且較少出現危險性行為（risky behaviors）（即他們較不會酗酒和吸毒、做出違法行為，或青少年懷孕）。

將近50%接受某種特殊教育的學齡兒童，其出生時體重低於2,500公克。

其他研究亦指出，早產和出生時體重過輕對孩子後續發展會產生衝擊。例如：早產、出生時體重非常輕（低於1,500公克），或兼具兩者的孩子，因肺部尚未發展成熟，故易產生慢性肺部疾病。事實上，慢性肺部疾病，特別是支氣管發育異常，對於出生時體重太輕的嬰兒而言是最常見的慢性病，這些孩子若能在新生兒期存活下來，則估計約有17%～54%的孩子會產生該病症（Marshall et al., 1999）。針對出生時即罹患肺部疾病的嬰兒所作之研究指出，該病症會增加孩子產生發展異常的危機，且該發展異常會比因出生時體重過輕所引發的發展異常更為嚴重（Farel, Hooper, Teplin, Henry, & Kraybill, 1998; O'Shea et al., 1996），事實上，若嬰兒對於呼吸器（mechanical oxygenation）的需求時間愈長，則孩子愈可能產生認知遲緩（Stephens, Richardson, & Lewin, 1997），並在兒童晚期和成人早期出現學習困難（Vohr et al., 1991）。使用人造表面活性劑（artificial surfactant）是一種在自然表面活性劑能形成前，促使氣體運輸到肺部的醫療設計，該設計已成為肺部未發展成熟嬰兒之例行性治療的一部分，且其可增加罹患呼吸窘迫症候群（respiratory distress syndrome；簡稱RDS）嬰兒的存活率（Fujiwara, 1996）；然而，有效研究仍提出，該設計無法降低慢性肺部疾病和其相關併發症的危險性（Ferrara et al., 1994; Schwartz, Luby, Scanlon, & Kellogg, 1994）。研究發現出生前類固醇（antenatal steroids）能有效降低呼吸窘迫症候群和相關疾患的發生和嚴重程度（Hagedorn, Gardner, & Abman, 2002）。

其他因早產和出生時體重過低所引發的問題包括將氧氣輸送給胎兒。**缺氧症（anoxia）**是因出生過程中缺乏氧氣所致，**氧氣不足（hypoxia）**則是因氧氣輸送量降低。這些情形可能會發生於
77 過長的產程、當過度壓力使大腦血管破裂（腦室內出血）時，或生產過程中臍帶纏繞。上述每種情況中，輸送給寶寶的氧氣會被阻斷，並引起大腦損傷。事實上，長期性氧氣不足成為至少60%出生後胎兒死亡的主因（Manning, Morrison, Lange, & Harman, 1982）。在許多情況下，氧氣不足和缺氧損害大腦中主管動作發展的區塊，因而會產生許多不同的動作疾患。這些疾患統稱為腦性麻痺，而機敏的讀者將會發現，本書中論及發展領域的章節將會對罹患該疾患的孩子作不同論述。縱使大部分罹患缺氧症或氧氣不足的孩子並未出現心智遲緩或中樞神經系統等問題，但相對於沒有罹患缺氧症或氧氣不足的孩子而言，這些孩子出現上述問題的危險性仍是較高的（Ensher & Clark, 1994; Mecham, 1996）。

> 出生後的胎兒會死亡，至少有60%是由於長期的氧氣不足。

發育不良

發育不良（failure to thrive；簡稱 FTT）是嬰幼兒時期慢性、潛在威脅生命的疾患。其影響約3%～5%一歲以下的嬰兒（Mitchell, Gorrell, & Greenberg, 1980），且所有住院嬰兒的3%皆是因該病症所造成（Dacey & Travers, 2002）。診斷發育不良的標準稱之為「相關因素的沼澤」（quagmire of factors）（Drotar, 1983），但一般而言，該名稱代表幼兒體重持續低於成長曲線圖中該年齡標準的第三個百分位數（Dacey & Travers, 2002）。

> 有3%的嬰兒住院是因發育不良之故。

過去，部分研究者（如：Homer & Ludwig, 1981）建議三種發育不良的病原學範疇：器質性的、非器質性的和混合性的。大部分的案例是混合性的，然而現今大部分的小兒科醫生並不以器質性與非器質性的作區分（Alexander, 1992）。暫不論病原學，發育不良嬰兒的共同特徵為攝取（intake）、維持（retention）和使用不足夠的卡路里。除醫療性的營養不良（medical malnutrition）外，許多發育不良的孩子生理成長不佳；動作、語言、認知技能遲緩；

且出現情緒性倦怠（emotional listlessness）（Homer & Ludwig, 1981）。

縱使針對適當發育不良的控制之研究較少，但研究仍顯示，孩子生理成長的預後情形優於認知成長（Berwick, 1980）。Sturm 和 Drotar（1989）根據針對五十九位發育不良嬰兒的縱向研究指出，約有 67%的個案在三歲時達到正常成長標準；然而該群體在智力功能則傾向落於臨界點。針對處遇的研究發現，愈早和愈嚴謹的療育方案，特別是父母參與和能考量不同病原因子的方案，發育不良的預後情況則愈佳（Spinner & Siegel, 1987）。

兒童虐待與忽視

除了醫學相關的因素會影響發展外，兒童虐待與忽視（neglect）對發展中的孩子亦產生重大影響。在 2001 年，美國約有三百萬疑似兒童虐待與忽視的案例發生，其中約一百萬的案例（33%）證實確實發生（U.S. Department of Health and Human Service, Admin- 78
istration on Children, Youth and Families, 2003）。約有 26%受虐和受忽視的個案是三歲以下的兒童（U.S. Department of Health and Human Services, 2003）。虐待可能有數種形式：身體虐待、性虐待和心理虐待。這些皆對於發展中的兒童造成重大且深遠的打擊（assault），兒童虐待是跨種族、族群和社經地位等群體，且其可能難以確認。研究者已找出許多兒童不當處置之危險相關因子，這些因子包括父母、孩子和家庭特質及社區和文化的特性（Belsky, 1993; Cicchetti & Toth, 1998）。除虐待的風險外，兒童虐待或忽視真實發生的情況可能是上述特點結合的交互作用，例如虐待兒童的父母其本身即只是一個孩子（Yehuda, Halligan, & Grossman, 2001）。

身體虐待或忽視可能是最易被發現的一種形式；其他形式可能顯現於孩子的內在（如退縮、沮喪、焦慮）或不適當的外在行為〔如：操行問題、性行為認知異常（sexual acting out）[13]〕。忽

---

13 譯者註，該異常可能包括對性極度需求、曝露性器官及偷窺等嗜好之異常性行為，有研究顯示該異常情形之發生可能與性虐待有關。

視指照顧者未能滿足孩子的情緒、身體或醫療等需求，而其很難用事實證明。

因為每個個案發生虐待的情形可能迥然不同，且因資料通常是由不知是否該通報的（hesitant）報告者（例如往返監獄的單親父母）回溯或推測所得，因而很難去斷定有害之發展結果和不同形式虐待間的直接因果關係。然而，兒童虐待和忽視會對孩子生理發展和心智健康產生長期和短期的負面影響。研究已證明這些孩子大腦結構異常，進而引發了認知功能不良（Beers & DeBellis, 2001; DeBellis, 2001）。

兒童虐待和忽視會引起許多長期和短期的負面結果——包括大腦的異常發展。

例如：在嬰兒時期的身體虐待會導致恐懼或其他畸形，和其他如心智遲緩、癲癇、腦性麻痺，或眼盲等因頭部創傷所引起的病症〔如：嬰兒搖晃症候群（shaken baby syndrome）〕。幼童忽視也使得孩子曝露於中毒、燒傷、割傷和類似形式的傷害危機中（Rosenberg & Krugman, 1991）。嬰兒時期的虐待和忽視同時造成情緒調節困難、依附行為（attachment）不佳、語言遲緩、同儕相處問題等（Cicchetti & Rogosch, 1994）。早期壓力影響神經傳導系統和大腦結構，因此改變孩子的發展，然而我們仍需要更多針對基因、環境和後續心智疾患發展之相互關係的研究（Heim & Nemeroff, 2001; Kaufman, Plotsky, Nemeroff, & Charney, 2000）。

兒童期的不當處遇可能導致兒童於兒童期或成人時期產生行為或精神問題。例如：創傷後壓力症候群、憂鬱、焦慮、人格異常、自我傷害行為、藥物濫用、飲食異常、人際互動困難和其他形式的精神疾患等狀況，亦可能與兒童虐待有關（Briere & Elliot, 1994; Rosenberg & Krugman, 1991）。此外，受虐兒童的學業表現通常較差，且產生學校適應不良（more difficulties at school）（Kinard, 1999）。的確，因為特殊需求兒童的需求和障礙本質，他們可能存在於受虐和受忽視的較高風險（Alexander & Sherbondy, 1996; Ammerman, Hersen, Van Hasselt, Lubetsky, & Sieck, 1994）。

79

摘要

一個人從受精卵到兒童期的發展是一種受遺傳和環境等過程影響的複雜表現。許多理論已針對這些過程如何互動提出解釋；然而，沒有單一理論能針對發展之相關事件的互動提供一個令人滿意的解釋。當然，孩子遺傳了許多父母的特徵，環境亦形塑了孩子的行為模式、學習方式和內容及發展速度，某些環境層面亦衝擊神經成長和發展。

發展階段可由數個里程碑作劃分，受精卵細胞分裂是懷孕初期最重要的事，後續的懷孕期間，主要器官系統發展得更細緻，以讓胎兒準備迎接新世界。懷孕期間，準媽媽的經歷將是影響懷孕過程的主因，例如準媽媽所攝取的食物和飲料、接觸有毒物質和疾病，及其他準媽媽的活動（如：吸菸）等，皆影響子宮內胎兒的生命——有些是正面，有些是負面的。一旦出生，孩子與環境的互動和父母對孩子照顧的品質等，皆成為影響孩子發展的主要關鍵因素。此外，觀察發展中兒童一段時間，則強化了各發展領域是相互關聯的概念，例如：如同本書後續章節所述，語言發展和認知技能在很多層面上皆是相對應的，且兩者皆受孩子的身體健康、社會情緒發展、家庭動力、學校、文化期待等所影響。沒有單一理論可整合孩子發展的所有因素，所以孩子的整體狀況更能提供本身發展之不同因素的瞭解。

在閱讀後續章節時，很重要的是，必須考量各發展領域如何相互影響。瞭解上述現象的複雜性，早期療育從業人員將準備去確認和致力於特殊需求幼兒所顯現出的許多需求。

問題與討論

1. 描述成長、發展和成熟的差異。若改變要成為發展時，則必須符合哪三個標準？
2. 針對本章中所陳述的五個發展階段，描述各階段通常會產生的三種改變或事件。
3. 討論影響五個發展時期的潛在因素，並確認哪些因素是正面的，哪些是負面的。
4. 營養如何影響發展中的胎兒？在考量擁有一個孩子時，為何婦女在懷孕前應思考營養和身體健康等議題？
5. 對於一個計劃懷孕的婦女而言，哪些問題必須考量？對於一個計劃成為父親的男人來說，有哪些問題必須考量？

80 推薦資源

網址

America's Children—Key National Indicators of Children's Well-Being: 2002
http://www.childstats.gov/americaschildren/

March of Dimes Birth Defects Foundation
http://www.modimes.org

National Clearinghouse on Child Abuse and Neglect Information
http://www.calib.com/nccanch/stats/index.cfm

Parenting Resources for the 21st Century
http://www.parentingresources.ncjrs.org

Women, Infants and Children Program, U.S. Department of Agriculture

http://www.fns.usda.gov/wic/

書籍

Fogel, A. (2001). *Infancy: Infant, family, and society* (4th ed.). Australia: Wadsworth Group.

Miller-Perrin, C. L., & Perrin, R. D. (1999). *Child maltreatment: An introduction.* Thousand Oaks, CA: Sage.

National Research Council and Institute of Medicine. (2000). *From neurons to neighborhoods: The science of early childhood development.* Washington, DC: National Academy Press.

參考文獻

Abel, E. L. (1989). *Fetal alcohol syndrome: Fetal alcohol effects.* New York: Plenum Press.

Abel, E. L., & Hannigan, J. H. (1995). Maternal risk factors in fetal alcohol syndrome: Provocative and permissive influences. *Neurotoxicology and Teratology, 17,* 445–462.

Aberg, A., & Westbom, L. (2001). Association between maternal pre-existing or gestational diabetes and health problems in children. *Acta Paediatrica, 90*(7), 746–750.

Abroms, K. I., & Bennett, J. W. (1981). Age dispersion of parents of Down and non-Down syndrome children. *American Journal of Mental Deficiency, 86,* 204–207.

Aerts, L., Pijnenborg, R., Verhaeghe, J., Holemans, K., & Van Assche, F. A. (1996). Fetal growth and development. In A. Dornhorst & D. R. Hadden (Eds.), *Diabetes and pregnancy: An international approach to diagnosis and management* (pp. 77–97). New York: Wiley.

Alexander, R. C. (1992). Failure to thrive. *APSAC Advisor, 5,* 1–13.

Alexander, R. C., & Sherbondy, A. L. (1996). Child abuse and developmental disabilities. In M. L. Wolraich (Ed.), *Disorders of development and learning: A practical guide to assessment and management* (2nd ed., pp. 164–184). Boston: Mosby.

Allen, M. C., Donohue, P. K., & Dusman, E. E. (1993). The limit of viability–neonatal outcome of infants born at 22 to 25 weeks' gestation. *New England Journal of Medicine, 329,* 1597–1601.

Als, H. (1997). Earliest intervention for preterm infants in the Newborn Intensive Care Unit. In M. J. Guralnick (Ed.), *The effectiveness of early intervention* (pp. 47–76). Baltimore: Brookes.

American Academy of Pediatrics. (2000). Changing concepts of Sudden Infant Death Syndrome: Implications for infant sleeping environment and sleep position. *Pediatrics, 105,* 650–656.

Amand, K. J. S., Phil, D., & Hickey, P. R. (1987). Pain and its effects in the human neonate and fetus. *New England Journal of Medicine, 317,* 1321–1329.

Ammerman, R. T., Hersen, M., Van Hasselt, V. B., Lubetsky, M. J., & Sieck, W. (1994). Maltreatment in psychiatrically hospitalized children and adolescents with developmental disabilities: Prevalence and correlates. *Journal of the American Academy of Child & Adolescent Psychiatry, 33,* 567–576.

Anisfeld, E., Curry, M. A., Hales, D. J., Kennell, J. H., Klaus, M. H., Lipper, E., et al. (1983). Maternal-infant bonding: A joint rebuttal. *Pediatrics, 72,* 569–572.

Apgar, V., & Beck, J. (1972). *Is my baby all right? A guide to birth defects.* New York: Trident Press.

Autti-Ramo, I., & Granstrom, M. (1991). The psychomotor development during the first year of life of infants exposed to intrauterine alcohol of various duration: Fetal alcohol exposure and devel- 81
opment. *Neuropediatrics, 22,* 59–64.

Auyeuna, A., Klein, M. E., Ratts, V. S., Odem, R. R., & Williams, D. B. (2001). Fertility treatment in the forty and older woman. *Journal of Assisted Reproduction and Genetics, 18,* 638–643.

Bailey, D. B., Roberts, J., Hooper, S. R., Hatton, D., Mirrett, P., Roberts, J. E., et al. (in press). Research on fragile X syndrome and autism: Implications for the study of genes, environments, and developmental language disorders. In S. Rice & S. Warren (Eds.), *Developmental language disorders: From phenotypes to etiologies*. Mahwah, NJ: Lawrence Erlbaum Publishing.

Barker, D. J., & Clark, P. M. (1997). Fetal undernutrition and disease in later life. *Review of Reproduction, 2*(2), 105–112.

Basso, O., Olsen, J., Knudsen, J. B., & Christensen, K. (1998). Low birth weight and preterm birth after short interpregnancy intervals. *American Journal of Obstetrics and Gynecology, 178*(2), 259–263.

Batshaw, M. L., & Perret, Y. M. (1992). *Children with disabilities.* Baltimore: Brookes.

Beardslee, W. R., Versage, E. M., & Gladstone, T. R. G. (1998). Children of affectively ill parents: A review of the past 10 years. *Journal of the American Academy of Child & Adolescent Psychiatry, 37*(11), 1134–1141.

Behrman, R. E. (1992). *Nelson textbook of pediatrics* (14th ed.). Philadelphia: W. B. Saunders.

Behrman, R. E., & Kliegman, J. M. (1983). Jaundice and hyperbilirubinemia in the newborn. In R. E. Behrman, V. C. Vaughan, & W. E. Nelson (Eds.), *Nelson textbook of pediatrics* (12th ed., pp. 378–381). Philadelphia: W. B. Saunders.

Belsky, J. (1993). Etiology of child maltreatment: A developmental-ecological analysis. *Psychological Bulletin, 114,* 413–434.

Berwick, D. (1980). Nonorganic failure to thrive. *Pediatric Review, 1,* 265.

Black, J. K., & Puckett, M. B. (1996). *The young child: Development from prebirth through age eight.* Upper Saddle River, NJ: Merrill/Prentice Hall.

Blondel, B., Kaminsky, M., & Breart, G. (1980). Antenatal care and maternal demographic and social characteristics: Evolution in France between 1972 and 1976. *Journal of Epidemiology and Community Health, 34,* 157–163.

Breslau, N., DelDotto, J. E., Brown, G. G., Kumar, S., Ezhuthachan, S., Hufnagle, K. G., et al. (1994). A gradient relationship between low birth weight and IQ at age 6 years. *Archives of Pediatric and Adolescent Medicine, 148*, 377–383.

Briere, J. N., & Elliott, D. M. (1994). Immediate and long-term impacts of child sexual abuse. *The Future of Children: Sexual Abuse of Children, 4*, 54–69.

Carrapato, M. R., & Marcelino, F. (2001). The infant of the diabetic mother: The critical developmental windows. *Early Pregnancy, 5*(1), 57–58.

Centers for Disease Control and Prevention. (1995, March). Prevention program for reducing risk for neural tube defects: South Carolina, 1992–1994. *Morbidity & Mortality Weekly Report, 44*(8), 141–142.

Chadwick, E. G., & Yogev, R. (1995). Pediatric AIDS. *Pediatric Clinics of North America, 42*(4), 969–992.

Chan, A., McCaul, K. A., Keane, R. J., & Haan, E. A. A. (1998). Effect of parity, gravidity, previous miscarriage, and age on risk of Down's syndrome: Population based study. *British Medical Journal, 317*(7163), 923–924.

Chase, C., Ware, J., Hittelman, J., Blasini, I., Smith, R., Llorente, A., et al. (2000). Early cognitive and motor development of infants born to women infected with human immunodeficiency virus. Women and Infants Transmission Study Group. *Pediatrics, 106*(2), E25.

Chasnoff, I. (1991). Drugs, alcohol, pregnancy, and the neonate—pay now or pay later. *Journal of the American Medical Association, 266*, 1567–1568.

Chomitz, V. R., Cheung, L. W., & Lieberman, E. (1995). The role of lifestyle in preventing low birth weight. *The Future of Children: Low Birth Weight, 5*, 121–138.

Cicchetti, D., & Rogosch, F. A. (1994). The toll of child maltreatment on the developing child. *Child and Adolescent Psychiatric Clinics of North America, 3*, 759–772.

Cicchetti, D., & Toth, S. L. (1998). Perspectives on research and practice in developmental psychology. In I. E. Sigel & K. A. Renninger (Eds.), *Handbook of child psychology*. Vol. 4: *Child psychology in practice* (5th ed., pp. 479–582). New York: Wiley.

Cnattingius, S. (1997). Maternal age modifies the effect of maternal smoking on intrauterine growth retardation but not on late fetal death and placental abruption. *American Journal of Epidemiology, 145*, 319–323.

Cohen, I. L. (1995). A theoretical analysis of the role of hyperarousal in the learning and behavior of
82 fragile-X males. *Mental Retardation and Developmental Disabilities Research Reviews, 1*, 286–291.

Cohen, W. I. (1999). Down syndrome: Care of the child and family. In M. D. Levine, W. B. Carey, & A. C. Crocker (Eds.), *Developmental-behavioral pediatrics* (3rd ed., pp. 240–248). Philadelphia: W. B. Saunders.

Coley, R. L., & Chase-Lansdale, P. L. (1998). Adolescent pregnancy and parenthood: Recent evidence and future directions. *American Psychologist, 53*, 152–166.

Conner, E. M., Sperling, R. S., Gelber, R., Kiselev, P., Scott, C., O'Sullivan, M. J., et al. (1994). Reduction of maternal-infant transmission of human immunodeficiency virus type 1 with zidovudine treatment. *New England Journal of Medicine, 331*, 1173.

Cousins, L. (1983). Congenital anomalies among infants of diabetic mothers: Etiology, prevention, prenatal diagnosis. *American Journal of Obstetrics and Gynecology, 147*, 333.

Coustan, D. R. (1995). Obstetric complications. In D. R. Coustan (Ed.), *Human reproduction: Growth and development* (pp. 431–455). Boston: Little Brown.

Crocker, A. C. (1999). Human immunodeficiency virus infection in children. In M. D. Levine, W. B. Carey, & A. C. Crocker (Eds.), *Developmental-behavioral pediatrics* (3rd ed., pp. 289–293). Philadelphia: W. B. Saunders.

Cummings, E. M., Davies, P. T., & Campbell, S. B. (2000). *Developmental psychopathology and family process: Theory, research and clinical implications*. New York: Guilford Press.

DaCosta, D., Dritsa, M., Larouche, L., & Brender, W. (2000). Psychosocial predictors of labor/delivery complications and infant birth weight: A prospective study. *Journal of Psychosomatic Obstetrics and Gynaecology, 21*(3), 137–148.

Dacey, J. S., & Travers, J. F. (2002). *Human development across the lifespan* (5th ed.). Boston: McGraw-Hill.

Datta-Bhutada, S., Johnson, H. L., & Rosen, T. S. (1998). Intrauterine cocaine and crack exposure: Neonatal outcome. *Journal of Perinatology, 18*(3), 183–188.

Day, N. L., & Richardson, G. A. (1991). Prenatal alcohol exposure: A continuum of effects. *Seminars in Perinatology, 15*, 271–279.

Day, N. L., Richardson, G. A., Goldschmidt, L., & Cornelius, M. D. (2000). Effects of prenatal tobacco exposure on preschoolers' behavior. *Journal of Developmental and Behavioral Pediatrics, 21*(3), 180–188.

DeBellis, M. D. (2001). Developmental traumatology: The psychobiological development of maltreated children and its implications for research, treatment, and policy. *Developmental Psychopathology, 13*, 539–564.

Deiner, P. L. (1997). *Infants and toddlers: Development and program planning*. Fort Worth, TX: Harcourt Brace.

Dildy, G. A., Jackson, G. M., Fowers, G. K., Oshiro, B. T., Varner, M. W., & Clark, S. L. (1996). Very advanced maternal age: Pregnancy after age 45. *American Journal of Obstetrics and Gynecology,*

173(3), 668–674.

Dollberg, S., Fainaru, O., Mimouni, F. B., Shenhav, M., Lessing, J. B., & Kupferminc, M. (2000). Effect of passive smoking in pregnancy on neonatal nucleated red blood cells. *Pediatrics, 106*(3), E34.

Drotar, D. (1983, August). *Outcome in failure to thrive: Implications for prevention.* Kennedy Center Lecture Series at Peabody College of Vanderbilt University, Nashville, TN.

Eisenberg, A., Murkoff, H. E., & Hathaway, S. E. (1991). *What to expect when you're expecting.* New York: Workman.

Ensher, G. L., & Clark, D. A. (1994). *Newborns at risk: Medical care and psychoeducational intervention* (2nd ed.). Gaithersburg, MD: Aspen.

Ernst, M., Moolchan, E. T., & Robinson, M. L. (2001). Behavioral and neural consequences of prenatal exposure to nicotine. *Journal of the American Academy of Child & Adolescent Psychiatry, 40*(6), 630–641.

Esposito, S., Musetti, L., Musetti, M. C., Tornaghi, R., Corbella, S., Massironi, E., et al. (1999). Behavioral and psychological disorders in uninfected children aged 6 to 11 years born to human immunodeficiency virus-seropositive mothers. *Journal of Developmental and Behavioral Pediatrics, 20*(6), 411–417.

Ezra, Y., & Schenker, J. G. (1996). The diabetic fetus. In F. A. Chervenak, & A. Kurjak (Eds.), *The fetus as a patient.* New York: Wiley.

Farel, A., Hooper, S. R., Teplin, S., Henry, M., & Kraybill, E. (1998). Very low birth weight infants at 7 years: An assessment of the health and neurodevelopmental risk conveyed by chronic lung disease. *Journal of Learning Disabilities, 31*(2), 118–126.

Ferencz, C., Rubin, J. S., McCarter, R. J., & Clark, E. B. (1990). Maternal diabetes and cardiovascular malformations: Predominance of double outlet right ventricle and truncus arteriosus. *Teratology, 41,* 319.

Ferrara, T. B., Hoekstra, R. E., Couser, R. J., Gaziano, E. P., Calvin, S. E., Payne, N. R., et al. (1994). Survival and follow-up of infants born at 23 to 26 weeks of gestational age: Effects of surfactant therapy. *Journal of Pediatrics, 124,* 119.

Fifer, W. P., Monk, C. E., & Grose-Fifer, J. (2001). Prenatal development and risk. In G. Bremner & A. Fogel, *Blackwell handbook of infant development* (pp. 503–542). Oxford, England: Blackwell.

Finer, N. N., Horbar, J. D., & Carpenter, J. H. (1999). Cardiopulmonary resuscitation in the very low birth weight infant: The Vermont Oxford Network experience. *Pediatrics, 104,* 428–434.

Floyd, R. L., Zahniser, C., Gunter, E. P., & Kendrick, J. S. (1991). Smoking during pregnancy: Prevalence, effects, and intervention strategies. *Birth, 18,* 48–53.

Fogel, A. (2001). *Infancy: Infant, family, and society* (4th ed.). Australia: Wadsworth Group.

Food and Drug Administration (1996, February 29). *Folic acid to fortify U.S. food products to prevent birth defects.* Press release.

Frank, D. A., Augustyn, M., Knight, W. G., Pell, T., & Zuckerman, B. (2001). Growth, development, and behavior in early childhood following prenatal cocaine exposure: A systematic review. *Journal of the American Medical Association, 285*(12), 1613–1625.

Frank, D. A., Bresnahan, K., & Zuckerman, B. (1993). Maternal cocaine use: Impact on child health and development. *Advances in Pediatrics, 40,* 65–99.

Fried, P. A., & Smith, A. M. (2001). A literature review of the consequences of prenatal marihuana exposure: An emerging theme of a deficiency in aspects of executive function. *Neurotoxicology and Teratology, 23*(1), 1–11.

Fujiwara, T. (1996). Surfactant therapy for neonatal respiratory distress syndrome. In F. A. Chervenak & A. Kurjak (Eds.), *The fetus as a patient.* New York: Parthenon.

Gardner, J. (1997). Fetal alcohol syndrome—Recognition and intervention. *American Journal of Maternal and Child Nursing, 22,* 318–322.

Gesell, A., & Ilg, S. (1943). *The infant and child: The culture of today.* New York: Harper Brothers.

Glover, V. (1999). Maternal stress or anxiety during pregnancy and the development of the baby. *Practicing Midwife, 2*(5), 20–22.

Godfrey, K. M., & Barker, D. J. (2000). Fetal nutrition and adult disease. *American Journal of Clinical Nutrition, 71*(Suppl. 5), 1344S–1345S.

Goodman, S. H., & Gotlib, I. H. (1999). Risk for psychopathology in the children of depressed mothers: A developmental model for understanding mechanisms of transmission. *Psychological Review, 106*(3), 458–490. 83

Gotto, M. P., & Goldman, A. S. (1994). Diabetic embryopathy. *Current Opinions in Pediatrics, 6,* 486.

Gould, J. B., Benitz, W. E., & Liu, H. (2000). Mortality and time to death in very low birth weight infants: California, 1987 and 1993. *Pediatrics, 105,* E37.

Grant, J. P. (1995). *The state of the world's children.* New York: Oxford University Press (in cooperation with UNICEF).

Grubman, S., Gross, E., Lerner-Weiss, N., & Hernandez, M. (1995). Older children and adolescents living with perinatally acquired human immunodeficiency virus infection. *Pediatrics, 95,* 657–663.

Guyer, B. MacDorman, M. F., Martin, J. A., Peters, K. D., & Strobino, D. M. (1998). Annual summary of vital statistics—1997. *Pediatrics, 102,* 1333.

Hack, M., Flannery, D. J., Schluchter, M., Cartar, L., Borawski, E., & Klein, N. (2002). Outcomes in young adulthood for very-low-birth-weight infants. *New England Journal of Medicine, 346,* 149–157.

Hack, M., Klein, N. K., & Taylor, H. G. (1995). Long-term developmental outcomes of low birth weight infants. *The Future of Children, 5,* 176–196.

Hagedorn, M. E., Gardner, S. L., & Abman, S. H. (2002). Respiratory diseases. In G. B. Merenstein & S. L. Gardner, *Handbook of neonatal intensive care* (5th ed., pp. 485–575). St. Louis, MO: Mosby.

Hagerman, R. J. (1996). Fragile-X syndrome. In M. L. Wolraich (Ed.), *Disorders of development and learning. A practical guide to assessment and management* (2nd ed.). Boston: Mosby.

Hagerman, R. J. (1999). Chromosomal disorders. In M. D. Levine, W. B. Carey, & A. C. Crocker (Eds.), *Developmental-behavioral pediatrics* (3rd ed., pp. 230–239). Philadelphia: W. B. Saunders.

Hammill, H. A., & Murtagh, C. (1993). AIDS during pregnancy. In R. A. Knuppel & J. E. Drukker (Eds.), *High-risk pregnancy. A team approach.* Philadelphia: W. B. Saunders.

Haughey, M. J. (1985). Fetal position during pregnancy. *American Journal of Obstetrics and Gynecology, 153,* 885–886.

84 Heim, C., & Nemeroff, C. B. (2001). The role of childhood trauma in the neurobiology of mood and anxiety disorders: Preclinical and clinical studies. *Biological Psychiatry, 49,* 1023–1039.

Herbert, W. N. P., Dodds, J. M., & Cefalo, R. C. (1993). Nutrition in pregnancy. In R. A. Knuppel & J. E. Drukker (Eds.), *High-risk pregnancy; A team approach* (2nd ed.). Philadelphia: W. B. Saunders.

Herrenkohl, L. R. (1988). The impact of prenatal stress on the developing fetus and child. In R. L. Cohen (Ed.), *Psychiatric consultation in childbirth settings: Parent- and child-oriented approaches.* New York: Plenum Medical Books.

Hoffman, S., & Hatch, M. C. (1996). Stress, social support, and pregnancy outcome: A reassessment based on research. *Paediatric and Perinatal Epidemiology, 10,* 380–405.

Holley, W. L., Rosenbaum, A. L., & Churchill, J. A. (1969). Effects of rapid succession of pregnancy. In *Perinatal factors affecting human development.* Pan-American Health Organization, Pan-American Sanitary Bureau, Regional Office of World Health Organization.

Hollier, L. M., Leveno, K. J., Kelly, M. A., McIntire, D. D., & Cunningham, F. G. (2000). Maternal age and malformations in singleton births. *Obstetrics and Gynecology, 96*(5), 701–706.

Homer, C., & Ludwig, S. (1981). Categorization of etiology of failure to thrive. *American Journal of the Disabled Child, 735,* 848.

Hook, E. B. (1987). Issues in analysis of data on paternal age and 47, +21: Implications for genetic counseling for Down syndrome. *Human Genetics, 77,* 303–306.

House, S. (2000). Stages in reproduction particularly vulnerable to xenobiotic hazards and nutritional deficits. *Nutrition and Health, 14*(3), 147–193.

Hoyert, D. L., Freedman, M. A., Strobino, D. M., & Guyer, B. (2001). Annual summary of vital statistics: 2000. *Pediatrics, 108*(6), 1241–1255.

Hubbell, K. M., & Webster, H. F. (1986). Respiratory management of the neonate. In N. S. Streeter (Ed.), *High-risk neonatal care.* Rockville, MD: Aspen.

Hurt, H., Malmud, E., Betancourt, L., Braitman, L. E., Brodsky, N. L., & Giannetta, J. (1997). Children with in utero cocaine exposure do not differ from control subjects on intelligence testing. *Archives of Pediatric and Adolescent Medicine, 151*(21), 1237–1241.

Institute of Medicine, National Academy of Sciences. (1990a). *Nutrition during pregnancy.* Washington, DC: National Academy Press.

Institute of Medicine. (1990b). Broadening the base of treatment of alcohol problems. Washington, D.C.: National Academy Press.

Jensen, A. R. (1980). *Bias in mental testing.* New York: Free Press.

Johnson, M. H., Dziurawiee, S., Ellis, H., & Morton, J. (1991). Newborns' preferential tracking of the face-like stimuli and its subsequent decline. *Cognition, 40,* 1–19.

Jones, H. E., & Balster, R. J. (1998). Inhalant abuse in pregnancy. *Obstetrical and Gynecological Clinics in North America, 25*(1), 153–167.

Kallen, K. (1997). Maternal smoking and orofacial clefts. *Cleft Palate and Craniofacial Journal, 34*(1), 11–16.

Kaltenbach, K., & Finnegan, L. P. (1987). Perinatal and developmental outcome of infants exposed to methadone in utero. *Neurotoxicology and Teratology, 9,* 311–313.

Kandall, S. R., Doberczak, T. M., Jantunen, M., & Stein, J. (1999). The methadone-maintained pregnancy. *Clinical Perinatology, 26*(1), 173–183.

Katz, V. L., & Kuller, J. A. (1994). Recurrent miscarriage. *American Journal of Perinatology, 11,* 386.

Kaufman, J., Plotsky, P. M., Nemeroff, C. B., & Charney, D. S. (2000). Effects of early adverse experiences on brain structure and function: Clinical implications. *Biological Psychiatry, 48,* 778–790.

Kauppila, O. (1975). The perinatal mortality in breech deliveries and observations on affecting factors: A retrospective study of 2227 cases. *Acta Obstetrica et Gynecologica Scandinavica, 39*(Suppl.), 1–79.

Kinard, E. M. (1999). Psychosocial resources and academic performance in abused children. *Children and Youth Services Review, 21*(5), 351–376.

King, J. C. (2000). Physiology of pregnancy and nutrient metabolism. *American Journal of Clinical Nutrition, 71*(Suppl. 5), 1218S–1225S.

Kitzmiller, J. L., Gavin, L. A., Gin, G. D., Jovanovic-Peterson, L., Main, E. K., & Zigrang, W. D. (1991). Preconception care of diabetes: Glycemic control prevents congenital anomalies. *Journal of the American Medical Association, 265,* 731.

Kleinman, J., & Madans, J. H. (1985). The effects of

maternal smoking, physical stature, and educational attainment on the incidence of low birth weight. *American Journal of Epidemiology, 121*, 832–855.

Korones, S. B. (1986). *High-risk newborn infants: The basis for intensive nursing care* (4th ed.). St. Louis, MO: Mosby.

Krueger, P. M., & Scholl, T. O. (2000). Adequacy of prenatal care and pregnancy outcome. *Journal of American Osteopathy Association, 100*(8), 485–492.

Lemons, J. A., Bauer, C. R., Oh, W., Korones, S. B., Papik, L., Stoll, B. J., et al. (2001). Very low birth weight outcomes of the National Institute of Child Health and Human Development neonatal research network, January 1995 through December 1996. NICHD Neonatal Research Network. *Pediatrics, 107*, E1.

Lenneberg, E. H. (1967). *Biological foundations of language.* New York: Wiley.

Levitan, M. (1988). *Textbook of human genetics* (3rd ed.). New York: Oxford University Press.

Lewit, E. M., Baker, L. S., Corman, H., & Shiono, P. H. (1995). The direct cost of low birth weight. *The Future of Children, 5*, 35–56.

Lin, C. L., Verp, M. S., & Sabbagha, R. E. (1993). *The high-risk fetus: Pathophysiology, diagnosis, and management.* New York: Springer-Verlag.

Lindegren, M. L., Steinberg, S., & Byers, R. H. (2000). HIV/AIDS in infants, children, and adolescents: Epidemiology of HIV/AIDS in children. *Pediatric Clinics of North America, 47*(1), 1–19.

Little, B. B., Snell, L. M., Klein, B. R., Gilstrap, L. C., Knoll, K. A., & Breckenridge, J. D. (1990). Maternal and fetal effects of heroin addiction during pregnancy. *Journal of Reproductive Medicine, 35*, 159–162.

Longo, L. D. (1976). Carbon monoxide: Effects on oxygenation of the fetus in utero. *Science, 194*, 523–525.

Lowrey, G. H. (1986). *Growth and development of children* (8th ed.). Chicago: Year Book Medical.

Luetjens, C. M., Rolf, C., Gassner, P., Werny, J. E., & Nieschlag, E. (2002). Sperm aneuploidy rates in younger and older men. *Human Reproduction, 17*, 1826–1832.

Luke, B., Dickinson, C., & Petrie, R. H. (1981). Intrauterine growth: Correlation of maternal nutritional status and rate of gestational weight gain. *European Journal of Obstetrics, Gynecology, and Reproductive Biology, 12*, 113–121.

MacFarland, A. (1975). Olfaction in the development of social preferences in the human neonate. *Ciba Foundation Symposium, 33.* New York: Elsevier.

Macmillan, C., Magder, L. S., Brouwers, P., Chase, C., Hittelman, J., Lasky, T., et al. (2001). Head growth and neurodevelopment of infants born to HIV-1-infected drug-using women. *Neurology, 57*(8), 1402–1411.

Magee, M. S., Walden, C. E., Benedetti, T. J., & Knopp, R. H. (1993). Influence of diagnostic criteria on the incidence of gestational diabetes and perinatal morbidity. *Journal of the American Medical Association, 269*, 609.

85

Maier, S. E., & West, J. R. (2001). Drinking patterns and alcohol-related birth defects. *Alcohol Research and Health, 25*(3), 168–174.

Manning, F. A., Morrison, I., Lange, I. R., & Harman, C. (1982). Antepartum determination of fetal health: Composite biophysical profile scoring. *Clinics in Perinatology, 9*, 285–296.

March of Dimes Birth Defects Foundation. (1997). *The March of Dimes StatBook: Statistics for monitoring maternal and infant health.* White Plains, NY: Author.

Marshall, D. D., Kotelchuck, M., Young, T. E., Bose, C. L., Kruyer, L., & O'Shea, T. M. (1999). Risk factors for chronic lung disease in the surfactant era: A North Carolina population-based study of very low birth weight infants. *Pediatrics, 104*, 1345–1350.

Martin, J. A., Hamilton, B. E., Ventura, S. J., Menocker, F., Park, M. M., & Sutton, P. D. (2002). Births: Final data for 2001. *National Vital Statistics Report, 51*, 1–102.

Mattson, S. N., & Riley, E. P. (1998). A review of the neurobehavioral deficits in children with fetal alcohol syndrome or prenatal exposure to alcohol. *Alcoholism: Clinical and Experimental Research, 22*, 279–294.

Mattson, S. N., Schoenfeld, A. M., & Riley, E. P. (2001). Teratogenic effects of alcohol on brain and behavior. *Alcohol Research and Health, 25*(3), 185–191.

Maurer, D., & Maurer, C. (1988). *The world of the newborn.* New York: Basic Books.

May, P. A., & Gossage, J. P. (2001). Estimating the prevalence of fetal alcohol syndrome. A summary. *Alcohol Research and Health, 25*(3), 159–167.

Mazor, M., Hagay, Z. J., Leiberman, J., Biale, Y., & Insler, V. (1985). Fetal abnormalities associated with breech delivery. *Journal of Reproductive Medicine, 30*, 884–886.

McBrien, D. M., Mattheis, P. J., & Van Dyke, D. C. (1996). Down syndrome. In M. L. Wolraich (Ed.), *Disorders of development and learning: A practical guide to assessment and management* (2nd ed., pp. 316–345). Boston: Mosby.

Mecham, M. J. (1996). *Cerebral palsy.* Austin, TX: PRO-ED. 86

Milner, A. D., Marsh, M. J., Ingraham, D. M., Fox, G. F., & Susiva, C. (1999). Effects of smoking in pregnancy on neonatal lung function [Fetal neonatal edition]. *Archives of Disease in Childhood, 80*(1), F8–14.

Miotti, P. G., Taha, T. E., Kumwenda, N. I., Broadhead, R., Mtimavalye, L. A., Va der Hoeven, L., et al. (1999). HIV transmission through breastfeeding: A study in Malawi. *Journal of the American Medical Association, 282*(8), 744–749.

Mitchell, W., Gorrell, R., & Greenberg, R. (1980). Failure to thrive: A study in a primary care setting. *Pediatrics, 65*, 971.

Molina, J., Chotro, M., & Dominguez, H. (1995). Fetal alcohol learning resulting from contamination of the prenatal environment. In J. P. LeCanuet, W. Fifer, N. Krasnegor, & W. Smotherman (Eds.), *Fetal development: A psychobiological perspective* (pp. 419–438). Hillsdale, NJ: Erlbaum.

Moore, K. L., & Persaud, T. V. N. (1993). *The developing human: Clinically oriented embryology.* Philadelphia: W. B. Saunders.

Morgan, B. (1994). Maternal anesthesia and analgesia in labor. In D. K. James, P. J. Steer, C. P. Weiner, & B. Gonik (Eds.), *High-risk pregnancy: Management options* (pp. 1101–1118). London: W. B. Saunders.

Murray, A. D., Dolby, R. M., Nation, R. L., & Thomas, D. B. (1981). Effects of epidural anesthesia on newborns and their mothers. *Child Development, 52*, 71.

Nathanielsz, P. W. (1995). The role of basic science in preventing low birth weight. *The Future of Children, 5*, 57–70.

National Clearinghouse for Alcohol and Drug Information. (1995). *Making the link: Alcohol, tobacco and other drugs & pregnancy and parenthood.* Washington, DC: Author.

National Council on Alcoholism and Drug Dependence. (1990). *NCADD fact sheet: Alcohol-related birth defects.* New York: Author.

National Research Council, Committee on Maternal
87 Nutrition/Food and Nutrition Board. (1970). *Maternal nutrition during the course of pregnancy: A summary report.* Washington, DC: U.S. Government Printing Office.

National Society of Genetic Counselors. (1989, November). *Prenatal genetic counseling fact sheet.* Wallingford, PA: Author.

Nieburg, O., Marks, J. S., McLaren, N. M., & Remington, P. L. (1985). The fetal tobacco syndrome. *Journal of the American Medical Association, 253*, 2998–2999.

Ogunyemi, D., Hullett, S., Leeper, J., & Risk, A. (1998). Prepregnancy body mass index, weight gain during pregnancy, and perinatal outcome in a rural black population. *Journal of Maternal and Fetal Medicine, 7*(4), 190–193.

Omori, Y., Minei, S., Testuo, T., Nemoto, K., Shimizu, M., & Sanaka, M. (1994). Current status of pregnancy in diabetic women. A comparison of pregnancy in IDDM and NIDDM mothers. *Diabetes Research and Clinical Practice, 24* (Suppl.), 273.

O'Rahilly, R., & Muller, F. (1992). *Human embryology and teratology.* New York: Wiley-Liss.

Ornoy, A., Ratzon, N., Greenbaum, C., Wolf, A., & Dulitzky, M. (2001). School-age children born to diabetic mothers and to mothers with gestational diabetes exhibit a high rate of inattention and fine and gross motor impairment. *Journal of Pediatric Endocrinology and Metabolism, 14* (Suppl. 1), 681–689.

O'Shea, T. M., Goldstein, D. J., deRegnier, R., Sheaffer, C. I., Roberts, D. D., & Dillard, R. G. (1996). Outcome at 4 to 5 years of age in children recovered from neonatal chronic lung disease. *Developmental Medicine and Child Neurology, 38*, 830–839.

Petry, C. J., & Hales, C. N. (2000). Long-term effects on offspring of intrauterine exposure to deficits in nutrition. *Human Reproduction Update, 6*(6), 578–586.

Pollack, R. N., & Divon, M. Y. (1992). Intrauterine growth retardation: Definition, classification, and etiology. *Clinical Obstetrics and Gynecology, 35*, 99–113.

Poustie, V. J., & Rutherford, P. (2000). Dietary interventions for phenylketonuria. *The Cochrane Library* (Issue 1). Oxford: Update Software.

Reece, E. A., & Hobbins, J. C. (1986). Diabetic embryopathy: Pathogenesis, prenatal diagnosis, and prevention. *Obstetrics and Gynecology Surveillance, 41*, 325.

Rice, D., & Barone, S. (2000). Critical periods of vulnerability for the developing nervous system: Evidence from human and animal models. *Environmental Health Perspectives, 108*(Suppl. 3), 511–533.

Richardson, G. A., Hamel, S. C., Goldschmidt, L., & Day, N. L. (1999). Growth of infants prenatally exposed to cocaine/crack: Comparison of a prenatal care and no prenatal care sample. *Pediatrics, 104*(2), E18.

Richter, L., & Richter, D. M. (2001). Exposure to parental tobacco and alcohol use: Effects on children's health and development. *American Journal of Orthopsychiatry, 71*(2), 182–203.

Robins, L. N., & Mills, J. L. (Eds.) (1993). Effects of in-utero exposure to street drugs. *Journal of Public Health, 83* (Suppl.), 8–32.

Rosenberg, D. A., & Krugman, R. D. (1991). Epidemiology and outcome of child abuse. *Annual Review of Medicine, 42*, 217–224.

Rubinstein, A. (1986). Pediatric AIDS. *Current Problems in Pediatrics, 16*, 361–409.

Rush, D. (1988). Evaluation of the Special Supplemental Food Program for Women, Infants, and Children. *American Journal of Clinical Nutrition Supplement, 48*, 512–519.

Rush, D., & Callahan, K. R. (1989). Exposure to passive cigarette smoking and child development. *Annals of New York Academy of Sciences, 562*, 74–100.

Rush, D., & Cassano, P. (1983). Relationship of cigarette smoking and social class to birth weight and perinatal mortality among all births in Britain, April 1970. *Journal of Epidemiology and Community*

Health, 37, 249–255.

Russell, D. L., Keil, M. F., Bonat, S. H., Uwaifo, G. L., Nicholson, J. C., McDuffie, J. R., et al. (2001). The relation between skeletal maturation and adiposity in African American and Caucasian children. *Journal of Pediatrics, 139,* 844–848.

Schifrin, B. S. (1982). The fetal monitoring polemic. *Clinics in Perinatology, 9,* 399–408.

Scholl, T. O., Hediger, M. L., Schall, J. I., Khoo, C., & Fischer, R. L. (1996). Dietary and serum folate: Their influence on the outcome of pregnancy. *American Journal of Clinical Nutrition, 63,* 520–525.

Scholl, T. O., Sowers, M., Chen, X., & Lenders, C. (2001). Maternal glucose concentration influences fetal growth, gestation, and pregnancy complications. *American Journal of Epidemiology, 154*(6), 514–520.

Schuler, M. E., & Nair, P. (1999). Brief report: Frequency of maternal cocaine use during pregnancy and infant neurobehavioral outcome. *Journal of Pediatric Psychology, 24*(6), 511–514.

Schuster, C. S. (1992). Antenatal development. In C. S. Schuster & S. S. Ashburn (Eds.), *The process of human development: A holistic life-span approach* (3rd ed.). Philadelphia: J. B. Lippincott.

Schwartz, R. M., Luby, A. M., Scanlon, J. W., & Kellogg, R. J. (1994). Effects of surfactant on morbidity, mortality, and resource use in newborn infants weighing 500 to 1,500 g. *New England Journal of Medicine, 330,* 1476–1489.

Scott, G. B., Hutto, C., Makuch, R. W., Mastrucci, M. T., O'Connor, T., Mitchell, C. D., et al. (1989). Survival in children with perinatally acquired human immunodeficiency virus type I infection. *New England Journal of Medicine, 321,* 1791–1796.

Shaw, G. M., Lammer, E. J., Wasserman, C. R., & O'Malley, C. D. (1995). Risks of orofacial clefts in children born to women using multivitamins containing folic acid periconceptionally. *Lancet, 346,* 393–396.

Shearer, D. L., Mulvihill, B. A., Klerman, L. V., Wallander, J. L., Houinga, M. E., & Redden, D. T. (2002). Association of early birth and low cognitive ability. *Perspectives on Sexual and Reproductive Health, 34,* 236–243.

Shehata, H. A., & Nelson-Piercy, C. (2001). Drugs in pregnancy. Drugs to avoid. *Best Practices in Research in Clinical Obstetrical Gynecology, 15*(6), 971–986.

Shubert, P. J., & Savage, B. (1994). Smoking, alcohol, and drug abuse. In D. K. James, P. J. Steer, C. P. Weiner, & B. Gonik (Eds.), *High-risk pregnancy: Management options.* Philadelphia: W. B. Saunders.

Silverman, B. L, Rizzo, T. A., Cho, N. H., & Metzger, B. E. (1998). Long-term effect of the intrauterine environment. The Northwestern University Diabetes in Pregnancy Center. *Diabetes Care, 21*(Suppl. 2), B142–149.

Singer, L. T., Arendt, R., Minnes, S., Farkas, K., Salvator, A., Kirchner, H. L., et al. (2002). Cognitive and motor outcomes of cocaine-exposed infants. *Journal of the American Medical Association, 287*(15), 1952–1960.

Skinner, B. F. (1961). *Cumulative record* (enlarged ed.). New York: Appleton-Century-Crofts.

Slater, A., von der Schulenbur, C., Brown, E., Badenoch, M., Butterworth, G., Parsons, S., et al. (1998). Newborn infants prefer attractive faces. *Infant Behavior and Development, 21*(2), 345–354.

Slotkin, T. A. (1998). Fetal nicotine or cocaine exposure: Which one is worse? *Journal of Pharmacological and Experimental Therapies, 285*(3), 931–945. 88

Smithells, R. W., Nevin, N. C., Seller, M. J., Sheppard, S., Harris, R., Read, A. P., et al. (1983). Further experience of vitamin supplementation for prevention of neural tube defect recurrences. *Lancet, 1,* 1027–1031.

Sood, B., Delaney-Black, V., Covington, C., Nordstrom-Klee, B., Ager, J., Templin, T., et al. (2001). Prenatal alcohol exposure and childhood behavior at age 6 and 7 years: I. Dose response effect. *Pediatrics, 108*(2), E34.

Spinner, M. R., & Siegel, L. (1987). Nonorganic failure to thrive. *Journal of Preventative Psychiatry, 3,* 279–287.

Stein, J., Schettler, T., Wallinga, D., & Valenti, M. (2002). In harm's way: Toxic threats to child development. *Developmental and Behavioral Pediatrics, 23*(1S), S13–S22.

Stephens, R. P., Richardson, A. C., & Lewin, J. S. (1997). Outcome of extremely low birth weight infants (500–999 grams) over a 12-year period. *Pediatrics, 99,* 619–622.

Stott, D. H. (1971). The child's hazards in utero. In J. G. Howells (Ed.), *Modern perspectives in international child psychiatry.* New York: Brunner/Mazel.

Strang, R. (1969). *An introduction to child study.* New York: Macmillan.

Strauss, M. E., & Reynolds, K. S. (1983). Psychological characteristics and development of narcotic-addicted infants. *Drug and Alcohol Dependence, 12,* 381–393.

Streissguth, A., & Kanter, J. (Eds.) (1997). *The challenge of fetal alcohol syndrome: Overcoming secondary disabilities.* Seattle: University of Washington Press.

Sturm, L., & Drotar, D. (1989). Prediction of weight-for-height following intervention in three-year-old children with early histories of nonorganic failure to thrive. *Child Abuse and Neglect, 13*, 19.

Sullivan, B. A., Henderson, S. T., & Davis, J. M. (1998). Gestational diabetes. *Journal of American Pharmacological Association, 38*(3), 372–373.

Susser, M. (1991). Maternal weight gain, infant birth weight, and diet: Causal sequences. *American Journal of Clinical Nutrition, 53*, 1384–1396.

Swanson, M. W., Streissguth, A. P., Sampson, P. D., & Olsen, H. C. (1999). Prenatal cocaine and neuromotor outcome at four months: Effect of duration of exposure. *Journal of Developmental and Behavioral Pediatrics, 20*(5), 325–334.

Tanner, J. M. (1989). *Fetus into man: Physical growth from conception to maturity* (Rev. ed.). Cambridge, MA: Harvard University Press.

89 Tinsley, V. S., & Waters, H. S. (1982). The development of verbal control over motor behavior: A replication and extension of Luria's findings. *Child Development, 53*, 746–753.

Trask, C. L., & Kosofsky, B. E. (2000). Developmental considerations of neurotoxic exposure. *Neurology Clinics, 18*(3), 541–562.

U.S. Department of Health and Human Services, Administration on Children, Youth and Families. (2003). *Child maltreatment 2001*. Washington, DC: U.S. Government Printing Office.

U.S. General Accounting Office. (1992). *Early intervention: Federal investments like WIC can produce savings*. Washington, DC: Author.

Van Assche, F. A., Holemans, K., & Aerts, L. (2001). Long-term consequences for offspring of diabetes during pregnancy. *British Medical Bulletin, 60*, 173–182.

Vogel, F. (1986). *Human genetics: Problems and approaches* (2nd ed.). New York: Springer-Verlag.

Vohr, B. R., Garcia-Coll, C. T., Labato, D., Ynis, K. A., O'Dea, C., & Oh, W. (1991). Neurodevelopmental and medical status of low-birthweight survivors of bronchopulmonary dysplasia at 10–12 years of age. *Developmental Medicine and Child Neurology, 33*, 690–697.

Watson, J. (1924). *Behaviorism*. New York: Norton.

Weber, M. K., Floyd, R. L., Riley, E. P., & Snider, D. E. (2002). National task force on fetal alcohol syndrome and fetal alcohol effect: Defining the national agenda for fetal alcohol syndrome and other prenatal alcohol-related effects. *Morbidity and Mortality Weekly Report, 51*(RR-14), 9–12.

Weissman, M. M., Warner, V., Wickramarante, P. J., & Kandel, D. B. (1999). Maternal smoking during pregnancy and psychopathology in offspring followed to adulthood. *Journal of the American Academy of Child & Adolescent Psychiatry, 38*(7), 892–899.

Westgren, L. M., & Ingemarsson, I. (1988). Breech delivery and mental handicap. *Baillieres Clinical Obstetrics & Gynecology, 2*, 187–194.

Wilcox, A. J., Weinberg, C. R., & Baird, D. D. (1995). Timing of sexual intercourse in relation to ovulation: Effects on the probability of conception, survival of the pregnancy, and sex of the baby. *New England Journal of Medicine, 333*(7), 1517–1521.

Wilfert, C. M., & McKinney, R. E. (1998). When children harbor HIV. *Scientific American, 279*, 94–95.

Williams, R. C., & Carta, J. J. (1997). Behavioral outcomes of young children with prenatal exposure to alcohol: Review and analysis of experimental literature. *Infants and Young Children, 8*, 16.

Willis, W. G., & Widerstrom, A. H. (1986). Structure and function in prenatal and postnatal neuropsychological development: A dynamic interaction. In G. W. Hynd, & J. Obrzut (Eds.), *Child neuropsychology* (Vol. 1). New York: Academic Press.

Winick, M. (1971). Cellular growth during early malnutrition. *Pediatrics, 47*, 969.

Wisborg, K., Kesmodel, U., Henriksen, T. B., Olsen, S. F., & Secher, N. J. (2001). Exposure to tobacco smoke in utero and the risk of stillbirth and death in the first year of life. *American Journal of Epidemiology, 154*(4), 322–327.

Yazigi, R. A., Odem, R. R., & Polakoski, K. L. (1991). Demonstration of specific binding of cocaine to human spermatozoa. *Journal of the American Medical Association, 266*, 1956–1959.

Yehuda, R., Halligan, S. L., & Grossman, R. (2001). Childhood trauma and risk for PTSD: Relationship to intergenerational effects of trauma, parental PTSD, and cortisol excretion. *Development and Psychopathology, 13*, 733–753.

Zeisel, S. H. (2000). Choline: Needed for normal development of memory. *Journal of the American College of Nutrition, 19*(Suppl. 5), 528S–531S.

Zuckerman, B., & Frank, D. A. (1994). Prenatal cocaine exposure: Nine years later. *Journal of Pediatrics, 124*, 731–733.

第二部分
評量和療育的原則

第三章
幼兒的評量：標準、階段和取向

第四章
療育

第五章
評量與療育的科技

3

幼兒的評量：標準、階段和取向

Rebecca Edmondson Pretzel & Jennifer Hiemenz

章節大綱

- 現今評量過程的標準
- 評量階段
- 團隊取向和類型
- 幼兒評量的考量

121

喬伊

因為喬伊要去上當地小學附設的學前課程，必須再重新評估，所以尼爾森太太和喬伊驅車前往發展中心，途中尼爾森太太望著她三十四個月大的兒子喬伊。尼爾森太太無法忘懷第一次帶十八個月大的喬伊作評估時的感受，那感受與此次迥然不同。當時她既緊張又害怕，且不知道她能期待什麼。尼爾森太太猶記得喬伊學會坐、走路和說話的時間比兩個哥哥還要晚。當喬伊九個月大時，她將疑慮告訴喬伊的小兒科醫師，醫師建議等喬伊一歲半時再看是否能趕上應有的發展進度。但喬伊一歲半還不會走路或說單字，於是小兒科醫師將喬伊轉介至發展中心作全面性的專業間評估。尼爾森太太在提供專業團隊相關訊息後常感到精疲力竭，但她知道自己非常了解她的孩子，且自己在評量過程中亦扮演舉足輕重的角色。雖然評量對尼爾森太太和喬伊來說是一大難題，但評量結果不只印證了喬伊在某些領域中有遲緩情況，且幫助尼爾森太太獲取喬伊所需的療育服務。透過推薦的中心式學前方案，喬伊已獲得語言、職能和相關的教育服務。喬伊的老師每隔四到六個月進行評量喬伊的技能狀況，以掌控喬伊發展進度，且大家對於喬伊的進步感到喜悅。縱使喬伊仍落後其他同齡的孩子，尼爾森太太仍對於喬伊喜歡教學活動又能持續進步而深感欣慰。當尼爾森太太與喬伊到達發展中心時，尼爾森太太有點緊張，因為她知道又會再次聽到喬伊的需求；不過她也知道專業團隊會看到喬伊的優點，且讚賞他的進步。

122 評量是一持續、目標導向和解決問題的過程。

評量是「一種設計來加強瞭解孩童的能力及資源和掌握可讓兒童發揮發展潛能的照顧和學習環境之過程。評量是系統性觀察與分析的持續性及合作性過程。該過程包括擬定問題、收集資訊、分享觀察結果和詮釋以形成新問題」（Greenspan & Meisels, 1996, p.11）。在幼兒教育領域中，更確切地說，評量是使用不同測量和技術的過程。評量依照詢問的問題、兒童和家庭所面對的挑戰及許多社會性、發展性和情境因素等，而成為多變的過程。Thurlow和 Ysseldyke（1979）從教育面向將評量定義為：「為決策決定之資料收集的過程。」以該定義看來，從最早期對發展的關切，到持續確認兒童進展和方案計畫的所有決策之決定過程，皆適用評量。

本章提供幼兒評量之複雜過程的簡介。除了規範幼兒評量的現今標準外，本章也討論了評量過程的不同階段，其包括了篩檢和在全面性評估中所考量的特定要素、不同評量取向及常用之評量技術和測量。本章亦強調評量—療育結合的重要性，特別在相關實務操作的現今標準中尤是。本章以特殊需求幼兒評量的特定考量議題作總結。縱使提供幼兒評量測量之全面性回顧逾越了本章範圍（許多該類測量將在後續章節中作論述），但本章著重於評量的標準和適用的特定取向。了解在本書論述之評量層面和兒童不同領域的發展，對於早期療育從業人員[1]（early interventionist）而言，比確認最新測驗更有助益。

早期療育從業人員必須了解可採用之不同評量標準和取向。

現今評量過程的標準

過去幾十年間，法令已針對特殊需求幼兒評量過程的評估作規範。特別是《全體障礙兒童教育法修正案》（Education for All Handicapped Children Act amendments; P.L. 99-457, 1986），後來更名為《個別障礙者教育法案》（P.L. 102-119, 1998），及先前《個

1 譯者註，有關“early interventionist”一詞，採用「早期療育從業人員」的譯名，係經譯者多次考量與修改始定案。
在翻譯初始，本譯為「早期療育教師」。但後來又依內文所提及內涵以考察，該名詞尚包括職能、物理等治療師，故譯者乃改為「早期療育治療師」。後因考量在本書英文序言（此係由 Hooper 所寫）提及「其應包括一般從事早療工作的教師」，故譯者又再改為「早期療育專業人員」。然而，其後在本書後半段又發現出現新名詞“early intervention professionals”（我是譯為「早期療育專業人員」，其包括從事早療相關研究的學者專家），兩者併觀之，恐怕會出現不同英文名詞，中文的翻譯卻呈現同一，亦有不妥，故為有所區隔，最後決定再改採「早期療育從業人員」而定案，以涵蓋本名詞所包括之直接為早療個案提供服務的各專業人員。
為便讀者瞭解歧異，特再略述如下，「早期療育從業人員」係指「『直接在第一線』接觸兒童及其家庭、從事早期療育服務的人員，包含特教老師、幼教老師、社工師與相關復健治療師等。」
至於「早期療育專業人員」的意涵較廣，除了包含前述的早療從業人員外，另亦含『間接』接觸早療學術研究的學者專家。
有關此概念貫串全書多處，爾後亦皆依此解釋，不再贅述。

別障礙者教育法案》再批准的版本（P.L. 105-17, 1997-1998）皆提供了鑑定、評量和處置特殊需求幼兒的重要指引。除上述法令外，一些專業組織也設定了幼兒領域的評量和處置標準。如美國聽語協會（American Speech-Language-Hearing Association；簡稱 ASHA, 1990）、國家幼兒教育協會（NAEYC, 1990；現已改名）、全國學校心理師協會（National Association of School Psychologists, 1999）和特殊兒童委員會幼兒部門（Division for Early Childhood of the Council for Exceptional Children, 1993, 2002）等，皆提供特殊需求幼兒評量和處置的相關辦法。例如國家幼兒教育協會（2002）提
123 供了評量操作方式如下：「從評量所得的資訊……應被用來改善實務操作和服務，且不應被用來分級、分類或讓幼兒處於不利的地位。」

此外，幼兒部門（Neisworth & Bagnato, 2000）也針對評量的操作，建議如下五項廣泛原則：

1. 專業人員與家庭合作計劃和執行評量。
2. 評量是個別化的，且適用於兒童和家庭。
3. 評量為療育計畫提供有用資訊。
4. 專業人員以尊重和有效的方式分享資訊。
5. 專業人員符合法律和程序要求且遵從建議操作指引。

Neisworth 和 Bagnato（1996）以他們對於持續評量之模型和操作的觀點來釐清這些原則，進而反應出四個主要評量標準：處置功效（treatment utility）、社會性效度（social validity）、集結評量（convergent assessment）和一致性效度（consensual validity）。雖然這些標準看起來相當合乎邏輯，但迄今它們似乎尚未能完全落實於幼兒評量情境中。

處置功效

處置功效指量表和其結果對療育計畫的有用性。

評量過程中，其中一主要考量要素為**處置功效**；此為測量或取向引導療育和教育計畫的效能（Bagnato, Neisworth, & Munson, 1997）。許多使用於學齡前和學齡兒童的傳統評量策略，產生很少對方案計畫和特定處置策略有用的資訊。雖然如正式認知測量

等傳統工具可能是兒童評估的要素，即作為診斷和建立合法性的工具，但這些工具應定期與其他較能達到處置功效的測量作評比。

社會性效度

第二個標準，**社會性效度**則代表評量的可見價值、接受度和適切性。論及該標準應考量幾個關鍵問題，如「在兒童和其家庭所提及的特定情境因素中，評量被視為有價值的嗎？」和「這些評量的方法為參與者所接受嗎？」。在一般性幼兒評量測量題目中，有些要求兒童執行一些較不常用（isolated）的技能，但這些工作在該童的日常生活功能中卻少有用處，例如：兒童是否能完成插孔遊戲板可能是重要標準（換言之，該童在該任務中是否達到與其他同齡兒童相同的水準？），但它（插孔遊戲）可能與該童在扣釦子、拉拉鍊和其他日常功能性活動產生困難有關。社會性效度考量也可能增加家庭和其他專業人員參與評量，處置和監控等過程的可能性。

社會性效度指測量方法的價值和適切性。

評量項目與兒童日常活動有關嗎？

124

集結評量

依照法定規範，處置計畫不應以單一評量程序為基礎，**集結評量**重點在於集合不同方法所收集之多樣性資源和狀況的資訊。評量過程需包含多樣性資源的考量比實際資訊蒐集的方法更為重要（McLean & Odom, 1993），而這些多樣性資源應包含父母、教師和其他專業人員。後續資訊彙整對於兒童的優勢和不同環境中的需求，提供了較全面且清楚的藍圖。因此，其提供較穩固基礎以作出診斷性和計畫性決定，且為兒童發展的監控建立多樣性機制。上述後者的益處是很重要的，且必須由家庭和其他人共同參與；在該過程中，集結評量鼓勵這些人員的參與，同時也認為該參與有其價值。

集結評量指資源來源豐富化的過程。

一致性效度

最後一項標準，**一致性效度**反應出每一評量決定皆需團隊成員的共識。這通常是說來容易，卻做來不易。雖然多專業團隊的宗旨是為達到兒童和家庭的最佳利益，但有時該宗旨會被團隊的

一致性效度為團隊成員合作建構評量計畫。

團體動力問題所影響。如同專業人員間因專業術語（即沒有共通的語言）而無法溝通順暢、沒有共通的評量工具〔即他們的「測量棒（標準）（measuring stick）」是不同的〕、缺乏明確領導、某專業領域以人數或力量勝過其他領域、較少合作關係等問題皆會發生。上述任何問題皆會干擾團隊使命——共同決定兒童的發展和教育需求，且依需求擬定適當療育計畫。雖然如幼兒服務規畫系統（System to Plan Early Childhood Service; 簡稱 SPECS; Bagnato & Neisworth, 1990）等一系列評量模式已建議重視一致性效度，但是尚未全面性地採用這些模式。

評量階段

縱使在每一階段的最終目標和短期目標不同，但評量策略仍是每階段之服務傳遞的重要要素。

如本章開頭的故事所述，評量是持續不斷的過程。在早期幼兒療育（early childhood intervention）中有四個主要的評量階段，它們在服務傳達前即發生，且貫穿整個服務流程。這些階段包括：(1)早期鑑定，(2)全面性評估，(3)方案計畫和執行，(4)方案評估。圖 3.1 說明了決策點格式中這些階段的情形。

階段 1：早期鑑定

早期幼兒療育的首要目標即儘早鑑定出符合服務資格的兒童。幼兒鑑定從受孕到正式上學的第一年間之任何階段皆可能發生，且其通常包括了引導特殊需求兒童鑑定的過程。早期鑑定由《個別障礙者教育法案》所規範，且通常是主管機關（the lead agency）的管轄權限，而主管機關常指公立學校。該過程包含兩個主要活動項目：發現可能兒童（Child Find）和篩檢。

126

發現可能兒童

發現可能兒童，是指採系統性方法找出可能符合幼兒服務資格的兒童。

聯邦立法規範早期療育方案執行全面性和協調性活動，以便及早鑑定兒童（Harbin, McWilliam, & Gallagher, 2000）。**發現可能兒童**是包括許多與嬰幼兒聯繫之代理機構共同執行的社區性活動，由此看來，發現可能兒童的主要功能為引起大眾的注意，以找出可能符合療育服務資格的兒童。

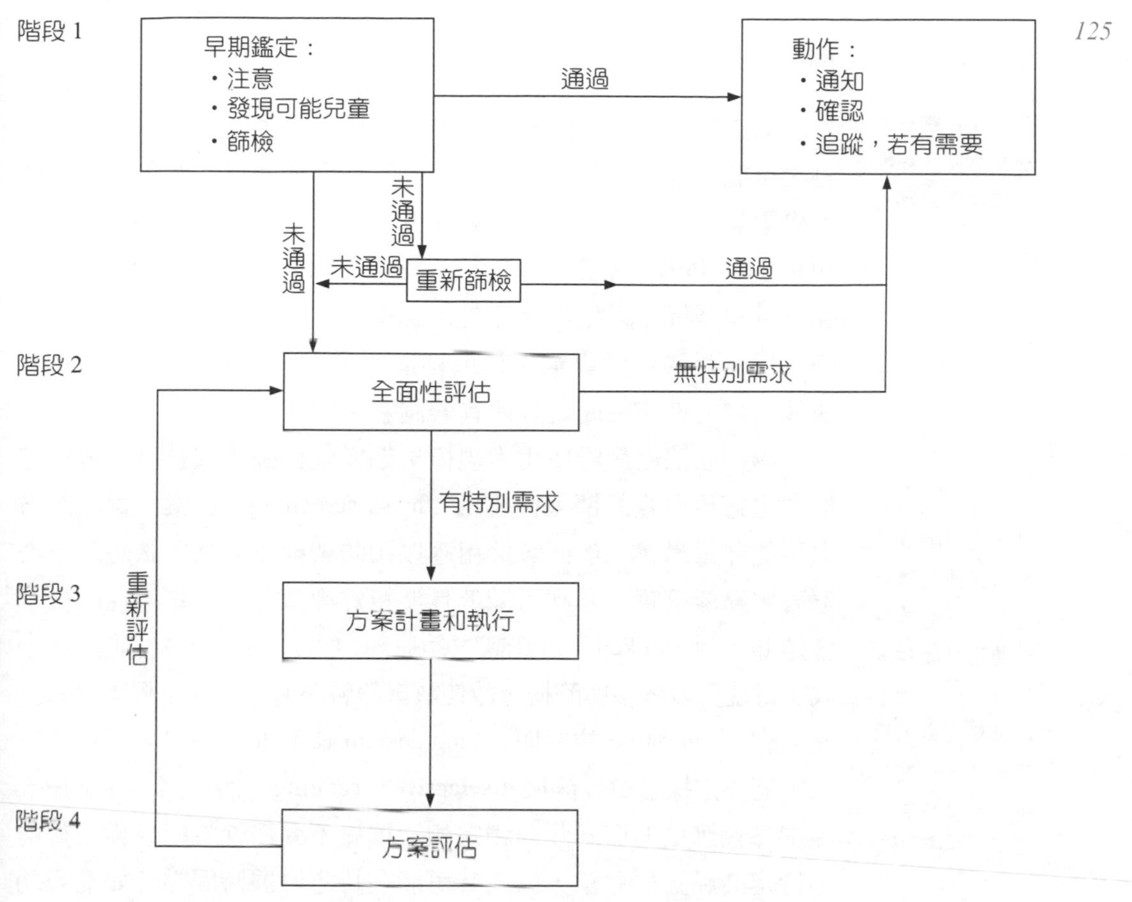

圖 3.1 評量過程的各階段

大眾的注意：注意（awareness）是早期鑑定的首要要素之一，其指利用不同方法（如：電視、廣播、宣傳手冊、報紙報導），提醒大眾和專業社群有關一般和非典型的幼兒發展。這包括以組織力量通知和影響大眾，特別是社區領導者和家庭，有關障礙兒童或可能發生障礙之高風險群兒童的計畫方案，其目的是發現有特殊服務需求的兒童，使家庭和社區皆能了解進入這些計畫方案的轉介程序。注意的力量不只促進對療育方案的支持，同時亦促使仔細檢視這些服務的品質。

篩檢

> 篩檢是篩選出需進行全面性評估之個案的過程。

第二個早期療育的主要活動為篩檢。除了增加大眾注意外，發現可能兒童的活動欲找出需接受正式**篩檢**過程的嬰兒、學步兒和學齡前兒童，以決定是否需要更全面性評估。如同 Lichtenstein 和 Ireton（1991）所言：「篩檢係指篩選出有顯著問題，且進一步瞭解這些需特殊關照和療育之高風險群的過程」（p. 487）。執行篩檢通常是讓不同專業人員或輔助專業人員（paraprofessionals）快速且輕易地使用簡短且便宜的測量。

> 擴大性篩檢費用應以預防架構為考量，試想若特殊需求兒童和其家庭在幼兒時期即被鑑定出，則可能減低長期的特殊教育花費。

聯邦立法已鼓勵使用大規模早期鑑定性篩檢或嘗試篩檢特定群體之每位兒童的**擴大性篩檢**（mass screening）方案。雖然該方案可能非常昂貴，然而該費用應以預防架構作考量，試想若早期療育服務能落實，其應可減低長期特殊教育花費。普遍性篩檢不會遺漏（overlooked）特殊需求幼兒人口；此外，因在特定人口中幾乎每位兒童皆參與篩檢，故使該篩檢較不會有（甚至根本沒有）污名化（stigma）[2] 的問題（Lichtenstein & Ireton, 1991）。有些方案可能決定採**選擇性篩檢（selective screening）**而非擴大性篩檢，採選擇性篩檢的取向傾向鎖定如：罹患不同慢性疾病或極度貧窮等特定高風險群兒童，抑或其可能在特定發展時間點（如進入幼稚園就讀前）作篩檢。

姑且不論篩檢取向的種類，幼兒服務（early childhood service）的基本前提為：早期鑑定和療育以減少兒童發展障礙的衝擊。

127 **篩檢測量的關鍵品質**：由於篩檢的重點在於決定哪些兒童需要進一步評估，因此，篩檢的關鍵問題在於：轉介兒童作全面性評估的決定是否正確。針對上述問題需考量下列重要概念：命中率（hit rate）、靈敏性（sensitivity）、明確性（specificity）、偽陽性（false positives）和偽陰性（false negative）。一般而言，**命中率**提供篩檢測量之整體正確性的評定標準，故其對於篩檢而言很重要。

> 命中率反應出篩檢測量的正確性。

---

[2] 譯者註，原作者用 stigma（恥辱、污名）之字，但依其上下文似較近於「被貼上標籤」（label）之意。

如圖 3.2 所示，篩檢決定一般有四種結果：兩種正確和兩種不正確的結果。當篩檢結果顯示兒童為醫療或發展問題的高風險群，且該童確實需要特殊服務，則轉介決定即是正確的，該情形則稱為**靈敏性**。事實上，好的篩檢工具或方案應能篩檢出至少 80%具有障礙問題的兒童（Glascoe, 1996）；相反的，當篩檢結果顯示兒童不具有醫療或發展問題，且該童確實沒有特別的障礙問題，則產生了正確的非轉介決定。該情形則稱為**明確性**。Glascoe（1996）聲稱，明確性的比例應至少高達 90%以避免過度轉介（overreferrals）。正確的結果顯示在圖 3.2 的第一區塊和第四區塊。

靈敏性指正確地鑑定出具有特殊服務需求的兒童。

明確性指正確地鑑定出無需特殊服務的兒童。

圖3.2 篩檢決定結果的類型

孩子是否確實出現問題

篩檢結果	出現	未出現
未通過	1 正確轉介 （靈敏性）	2 偽陽性 （過度轉介）
通過	3 偽陰性 （未被轉介）	4 正確的不轉介決定 （明確性）

有時候，孩子可能並未具有醫療或發展問題，但篩檢會顯示出需轉介的結果，該情形則稱為**偽陽性**，其會造成過度轉介，如圖 3.2 第二個區塊所顯示。此外，當兒童確實具有某些明顯的障礙問題，但篩檢結果並未顯現出該問題，則該錯誤結果稱為**偽陰性**，顯示在圖 3.2 的第三個區塊。偽陰性導致伴隨特定問題的兒童未被轉介（underreferral），且該情形可能造成這些未被轉介兒

偽陽性發生於當篩檢結果認為兒童不需特殊服務之時[3]。

偽陰性發生於篩檢沒有發現兒童的問題。

[3] 譯者註，此處似應改為「偽陽性發生於當篩檢結果認為『兒童需特殊服務』之時」。

童和其家庭持續地產生問題。偽陰性發生頻率提供了強調沒有顯現出障礙問題的兒童仍需持續作發展監測之強而有力的理論基礎。

128 很顯然地，執行有效篩檢應是社區的重大責任，亦是早期療育過程的一部分。選擇篩檢工具時，測量必須具足夠靈敏度和明確性外，亦有適當的信、效度。該二個議題（信、效度）將於本章的後段中論述。篩檢或發展性監測必須以經常性或定期性方式進行，且亦須包括不同專業人員的參與。

正式篩檢程序：其為早期鑑定過程的一部分，也與「發現可能兒童」相關，特殊需求幼兒可透過正式篩檢程序鑑定出。

懷孕期間和新生兒篩檢：像是小兒科醫生、新生兒科醫生（neonatologist）或產科醫生，通常是障礙的最早鑑定者，這些醫師早在母親懷孕的前幾週，透過產前診斷技術（如超音波）可察覺障礙發生的可能性。在某些情況下，早期鑑定程序可在嬰兒誕生前利用手術來改善問題（Bruner et al., 1999; Manning, Jennings, & Madsen, 2000; Vanderwall & Harrison, 1996），一些常見的產前檢查或診斷過程詳列於表 3.1，產前診斷現已是產科照護的例行工作，對高風險群的孕婦而言尤然。

產科醫生通常能判定嬰兒出生時發生障礙情形的潛在因素，這些因素包括：可能因胎兒被臍帶纏繞所引發的**缺氧症**（缺乏氧氣）；嬰兒的肺部在過長或難產的產程中可能吸入**胎便**（嬰兒所產生的廢棄物）；早產或出生時體重過輕（Taylor, Klein, & Hack, 2000; Taylor, Klein, Minich, & Hack, 2001）。

其他對於嬰幼兒發生異常的預測，可經由嬰兒出生時的例行檢查得知。該程序通常包括了檢驗血液和尿液，以判斷是否有如：苯酮尿症的新陳代謝異常，另外有測量新生兒心跳、呼吸狀態、肌肉張力和反射動作及肌膚顏色的《**亞培格量表**》（Apgar rating; Apgar, 1953）。若需進一步的新生兒行為測驗，則可使用如：《布列茲頓新生兒行為量表》（Brazelton Neonatal Behavioral Assessment Scale；簡稱NBAS；Brazelton, 1984）和其他神經學檢查（Chervenak & Kurjak, 1996; Mindes, Ireton, & Mardell-Czudnowski, 1996）。如

表 3.1　一般懷孕期間的檢查程序 129

檢查程序	程序／功用
尿液檢驗	在每一次產前檢查時，將特製棒子插入尿液樣本，以鑑定是否有妊娠糖尿病。低糖分指數表示血糖過低；而高指數則表示血糖過高，上述情形皆會影響胎兒發展。
血壓	在每次產前檢查中，以血壓劑和聽診器測量血壓，出現異常血壓可能產生如：妊娠併高血壓（母體本身有高血壓與極高尿蛋白和水腫的情形）。
血紅素檢驗	懷孕四個月時及若有必要時，則應定期作檢驗，其係從手臂或手指抽血作檢驗，其主要在測試血液中鐵質含量，若指數過低則表示有貧血。
羊膜穿刺	用空針筒從腹壁插入子宮以吸取羊水。該程序通常配合超音波同時進行，以防止傷害胎兒的臍帶和胎盤，其通常針對高風險群的懷孕者（如：高齡懷孕及已知有染色體異常的家族病史）在懷孕十三到十八週間進行。羊膜穿刺可診斷出神經管未閉合的缺陷，和例如唐氏症等的基因缺陷。它同時也可以知道胚胎的性別。
阿爾發胎兒蛋白質檢驗	在懷孕十四到十八週之間可從手指抽血，以判斷是否有神經管（Alpha-Fetoprotein Test）缺陷問題。高 AFP 值表示可能有神經管缺陷（如：「脊柱裂」和「先天無腦無脊髓」）；低 AFP 值表示增加唐氏症或其他染色體問題發生機會，指數若有異常，則需要進一步的 AFP 測試、超音波掃描和羊膜穿刺。
絨毛採樣	把針從陰道或腹部穿進去，然後進入子宮壁，到達胎盤的邊緣。取出絨毛（發展中胎盤的主要成分）樣本作檢驗。該程序通常在懷孕第九週到十二週間進行。它能診斷出染色體和基因異常（如：唐氏症）、泰沙氏症和其他先天性新陳代謝異常、囊纖維化的類型和地中海型貧血（如：鐮狀細胞貧血症）。
超音波（超音波掃描）	利用超音波掃描可看出胎兒在子宮內實際狀況，該程序可診斷胎兒外型缺陷、主要器官問題和其他身體異常。超音波通常在懷孕第十四到二十週間進行。

同 Brazelton 的《布列茲頓新生兒行為量表》，可讓小兒科醫生或其他經適當訓練的專業人員鑑定可能發生之新生兒中樞神經系統和感官能力的異常。根據 Bergen 和 Wright（1994）的論述，《布列茲頓新生兒行為量表》比《亞培格量表》更能準確地預測兒童後續發展結果，此外，《布列茲頓新生兒行為量表》提供父母觀

察和討論孩子狀況的機會，而非直接教導父母一般嬰兒的行為（Cardone & Gilkerson, 1989）。

幼兒篩檢：傳統上認為發展篩檢是內科醫師的工作，然而，在考量不同人員早期參與幼兒療育和服務傳遞下，許多醫療照護者（護理人員、小兒科和公衛護士、牙醫師）和其他專業人員亦皆參與「發現可能兒童」和相關篩檢活動。

大部分幼兒從小兒科醫生或其他主要照護者的兒童健檢（well-child visits）取得醫療照護。該系統讓醫療照護者在一段期間中，常有機會觀察兒童發展情形。若嬰幼兒出生時有難產紀錄、小兒疾病史（a history of pediatric illnesses）、家族有發展障礙史，則小兒科醫生認為該嬰幼兒可能產生障礙，往後若該童沒有在期望時間內達到主要發展里程碑（例如：走路或說話），則小兒科醫生或醫療照護者可能會判定孩子需要進一步檢查。當父母認為孩子有遲緩或障礙問題時，主要醫療照護者通常是重要的資源引導者。
130 根據統計，雖然已有將近 60%的小兒科醫生採用某些篩檢測驗或程序以診斷兒童的發展異常，但大部分醫生並未持續地使用這些測驗或程序，或他們大都依賴臨床診斷以判定異常的發生（Dobos, Dworkin, & Bernstein, 1994; Glascoe, 1996; Scott, Lingaraju, Kilgo, Kregel, & Lazzari, 1993），事實上，美國小兒科學會（American Academy of Pediatrics, 1986）早在十五年前已呼籲小兒科醫生應採用標準化篩檢程序以診斷兒童的發展問題，且認為在孩童出生到五歲間的十二次兒童健檢中，每次皆應執行該篩檢程序。

醫療照護者和其他參與兒童篩檢的專業人員可使用一些正式篩檢工具。兩種適用於嬰兒和學步兒的工具為：《貝萊嬰兒神經發展篩檢》（Bayley Infant Neurodevelopmental Screener）（Aylward, 1995）和《美國丹佛兒童發展評量》（Denver-II）（Frankenburg et al., 1990），兩者皆能評量特定兒童與其他同齡兒童相較下之粗大動作、語言、精細動作和個人社會互動技能（personal-social skill）的發展情形。

兒童照顧者和早期療育從業人員在特殊需求兒童的早期鑑定上也扮演著重要角色；這些人有獨一無二的機會，且通常是每天皆可觀察兒童。在其他專業人員主要僅關切兒童發展的特定層面之際，早期療育從業人員則可觀察兒童的全面性發展，因此能提供兒童發展的完整面向。如社會工作者等其他專業人員可透過提供兒童家庭的優勢及家庭和生態危險因子等相關資訊，為兒童篩檢過程提供協助。

兒童照顧者和早期療育從業人員幾乎每天皆與幼兒接觸，因此他們可在自然情境下觀察兒童的功能性能力。

不同專業人員偏好使用的篩檢工具，包括：《年齡與發展階段問卷：由父母填寫之《兒童發展監測系統第二版》（Ages and Stages Questionnaires: A parent-Completed, Child-Monitoring System；簡稱 ASQ）（Squires, Potter, & Bricker, 1999）；《貝特勒發展篩檢測驗》（Battelle Developmental Screening Text）（Newborg, Stock, Wnek, Guidubaldi, & Svinicki, 1988）；《評估學習的發展指標第三版》（Developmental Indicators for the Assessment of Learning—Third Edition）（Mardell-Czudnowski & Goldenberg, 1998）；《早期學習成就簡介》（Early Learning Accomplishment Profile）（Chapel Hill Training Outreach Project, 1995）；和《第一步》（FirstSTEP）（Miller, 1993）。

在障礙兒童的早期鑑定中，專業人員的參與確實頗有價值，但家長參與更為重要。事實上，如同第二章所論及，法令已規定在整個早期療育過程中，家庭應成為活躍的參與者，作為孩子最早、最主要的觀察者，父母擁有孩子各領域發展的第一手資料，若懷疑兒童伴隨障礙，則該童父母應是最先察覺問題的人，且後續也會尋求其他專業人員的相關建議。在專業人員懷疑兒童出現障礙的情況下，大部分父母扮演著確認或至少與專業人員討論孩子狀況的角色。

家庭參與在早期鑑定過程中非常重要。

階段 2：全面性評估

當兒童進入第二階段時，評量目的從可能需求和關切的早期鑑定轉換到決定兒童是否伴隨重大障礙問題。很顯然，全面性評估的首要宗旨是不同的；其可能包括：兒童具遲緩之證明、障礙的診斷或擬定享有療育或教育服務的法定資格。此外，該階段應釐清兒童可能出現問題的本質和程度，且必須與「階段 3：方案計畫和執行」有清楚連結。 131

聯邦法令規定，特殊嬰幼兒的評估應以團隊取向方式進行（特定取向將於本章後續論述）。團隊評估的重要前提是：評估必須是全面性的，其應包含重要發展領域，以提供作決定所需之重要資訊。大部分專業人員皆同意，某些發展領域必須以全方位評估作評量，因為各技能本身具相關性和整合性，且跨越不同領域。主要發展領域通常包括：認知、動作、溝通、社交／遊戲及自我照顧／生活適應。許多早期療育方案為證明兒童具接受特殊教育服務的合法資格和擬定兒童的 IEP 或 IFSP，故需取得兒童各個領域之功能現況的相關資訊，醫療和家庭相關資訊在此階段亦是非常重要的，且需將這些資訊與發展領域的相關資訊作結合。

我們必須瞭解和體認幼兒時期的發展是整合的，且各發展領域間會相互影響，此外發展係於家庭和社區的情境脈絡下產生。

發展領域

在全面性評估中，通常關注以下五個發展領域：認知、動作、溝通、社交／遊戲、自我照顧／生活適應等技能。

認知技能通常與心智和智力發展有關（參閱第八章）。在幼兒時期，這些技能包括如：物體恆存（object permanence）、模仿、因果關係、空間關係等概念。當孩子到達學齡前階段時，認知發展評量包括如：讀寫能力和初階數量概念等學前學業性（pre-academic）技能。

動作技能與肌肉、關節和四肢的運用有關。如同第六章（粗大動作發展）和第七章（精細動作、口腔動作和自我照顧發展）所述，動作技能評量通常分為兩部分：粗大動作和精細動作。粗大動作是如：走路、跑步、拋擲物品、跳躍等使用大肌肉的技能。精細動作則是如：使用剪刀、寫字、抓握和扣釦子等使用小肌肉和較細膩動作的技能。

溝通技能讓兒童可以傳達和接收訊息（參閱第九章）。兩種常被評量的溝通技能為：接收性語言和表達性語言。接收性語言指兒童理解傳達訊息的能力。表達性語言則是兒童溝通想法、感覺或意見的能力，同時兒童的口語能力和發出不同聲音與說出不同字彙的能力也應被評估。溝通不只涵蓋使用字彙，同時也包括手勢、圖片、臉部表情和擴大性溝通系統（augmentative devices）。

在自然情境下觀察兒童，因讓兒童在其自身所在之情境下展現自己的能力，故可減低評量過程的困難

社交和遊戲技能指兒童與同儕和大人互動、社會性環境的特定行為、玩玩具等能力。兒童的遊戲階段（即：操作性遊戲、象徵性遊戲、假扮性遊戲、建構性遊戲）能提供重要發展資訊，為透過遊戲了解兒童的認知、動作和溝通技能，通常會執行非正式
的遊戲評量，正如第十章所論及，上述這些技能對於兒童的社交 132
和情緒發展非常重要。

自我照顧和生活適應技能是兒童可獨立地執行與日常需求相關（如：如廁、餵食和穿衣等）之能力。瞭解幼兒日常照顧活動所需之協助，能提供決定安置及個別協助和支持的重要資訊。當以上所述的這些技能將於後面的章節陸續論述時，自我照顧技能則將於第七章闡述。

醫療議題

因為許多幼兒障礙和情況具有複雜特質，因此在評估過程中必須考量醫療相關議題。除了母親懷孕時的胎兒相關資訊（如產前檢查結果）外，健康檢查也可診斷出兒童障礙的本質。全面性（thorough）健康檢查也能作出診斷（如：X染色體脆弱症、神經纖維瘤、癲癇症）及篩選出可能發生障礙的徵兆。瞭解兒童的醫療健康狀況，能提供兒童在日間托育中心或幼稚園環境中所需之特別關注和協助。醫療因素會嚴重地衝擊孩子對於新技能的發展和習得，例如：患有傳染病、新陳代謝異常或慢性疾病的兒童，需「持續接受醫療觀測，同時也可能需要藥物治療」（medication），或是「要經常住院」，這些因素構成了不同服務情境。

133 **家庭議題**

《個別障礙者教育法案》規定，評量中除針對兒童作評量外，尚需包括其家庭優勢和需求評量。透過與家庭建立合作關係，專業人員可更了解兒童的優點、需求和資源，大部分父母比其他人更了解他們的孩子，父母也能提供孩子過去和現階段發展狀況。此外，與兒童父母晤談或請其父母填寫相關問卷，可獲得有關父母的教養技能和態度、對孩子的規範技巧，及父母對孩子發展之優勢和困難的瞭解情形。讓家庭融入評量過程中，可以引起家庭對兒童未來發展檢視與觀測的參與和合作。

階段 3：方案計畫和執行

全面性評估是「第三階段：方案計畫和執行」的前提與基礎。該評估提供有關兒童安置決定和發展 IEP 或 IFSP 所需的重要資訊，這些資訊後續發展成學前教師、相關服務人員、早期療育從業人員和家庭的行動計畫，即使較詳細的療育方案的相關資訊會在其他章節中得見，但在此仍必須注意的是，當療育方案開始後，評量就不會停止。教師或早期療育從業人員應針對羅列於 IEP 或 IFSP 中之兒童發展領域或行為目標的發展狀況，持續提供正式和非正式評量；此外應取得成長的其他層面、一般發展和發展指數的相關評量資訊。以評量面向而言，標準參照（criterion-referenced）類型之測量能達到有效的經常性追蹤和靈敏地掌握發展狀況（a developmentally sensitive fashion）。

階段 4：方案評估

該階段包括測量兒童進步情形和療育計畫或方案之執行成效

等兩者的評量程序。此階段宗旨在於：再次評估兒童的發展現況、監測由專業團隊和家庭成員所設計之IEP或IFSP中發展目標的進展，及調整與修改兒童的療育方案。在某些情況下，兒童發展將進步到符合其年齡水準，職是之故，該童無需再受到額外服務。

團隊取向和類型

在評量過程中有許多取向和技術；事實上，評量團隊可能會依所面臨問題的本質而選擇結合這些技術（Neisworth & Bagnato, 1996）。

團隊模型 134

《個別障礙者教育法案》和可接受的最佳實務操作標準（accepted standards of best practice）規定，評量策略應包括多元領域的專業人員及家庭。若考量發展障礙兒童可能面臨的不同問題，且暫不論聚集一（大）群專家本身所需的財務支出，團隊取向很顯然是收集評量資料的最佳方法。團隊應包括下列人員：心理師、社工師、早期療育從業人員、聽力檢查師、護理師、語言治療師[4]（speech and language pathologist）、營養師、職能治療師、物理治療師、小兒科醫師和父母，但並不僅限於所列出的這些人士。然而，團隊運作方式則可能不盡相同，現今至少有三種團隊運作方式：多專業（multidisciplinary）、專業間（interdisciplinary）、貫專業（transdisciplinary）。

---

4 譯者註，此處英文字義為speech and language pathologist，原應譯成「語言病理學家」，況且台灣稱「語言治療師」一般係用speech theraphist，簡稱為ST，惟依此處之上下文觀之，並考量台灣實際參與身心障礙專業服務團隊運作中，具備語言專業者，大多為語言治療師（少數會是耳鼻喉科醫師或小兒科醫師，至於語言相關類別學者參與者則罕有），爰乃將其譯為「語言治療師」，謹此說明。另以下尚有多處之同樣問題，亦係採同一譯法，於此一併提及，之後不再贅述。

多專業團隊

> 多專業團隊由不同領域的專業人員所組成，他們各自獨立地進行評量。

多專業團隊的起源以醫療模型為基礎，其為一群固定或挑選出的成員，針對轉介中心（the referral source）所陳述的問題提出看法（例如：某一轉介問題可能要求物理治療師出席，但某些問題並未有該要求）。姑且不論團隊的組成（team makeup），團隊的每一專業人員皆扮演著明確的特定角色及擁有具體責任範圍，評量的進行是各自獨立的，且各專業人員可能不會同時將結果回饋予家長或轉介中心；不過，專業人員無需與其他團隊成員討論個案，顯然地，該種評量過程會導致衝突的結果，故家庭或早期療育從業人員會接收到互相矛盾的資訊。縱使一特定專業人員負責呈現不同領域的發現結果，但仍需考量該專業人員是否能將全部資訊完整呈現，況且如此亦不免產生偏見（Fewell, 1983）。例如：當幼兒專家（early childhood professional）欲闡述遺傳學家或職能治療師的發現結果時，上述問題就會產生。

專業間團隊

> 在專業間團隊中，即使成員由不同專業領域人員組成，但他們彼此合作和溝通，以形成較整合性的過程(integrated process）。

專業間團隊是多專業團隊的變形。專業間和多專業團隊的評量所包含之專業人員和種類可能非常相似，且各領域也持續從事獨立評估；而其主要差異在於，專業間團隊進行持續性溝通，且成員間分享結果以發展出較整合性的計畫。雖然持續性溝通可改善提供衝突訊息給家庭和轉介中心的問題，但仍需考量團隊的某一成員必須負責和主導團隊會議的問題，此外，縱然專業人員有機會與其他成員討論個人的發現，但這並不保證成員間便能相互瞭解，或可於發現結果和建議方案上達到共識。

> 貫專業團隊成員藉由跨越專業領域的界限來計劃和提供整合性服務，以從事教學、學習和工作（Garland, McGonigel, Frank, & Buck, 1989）。

貫專業團隊

第三種不同的團隊模型是**貫專業團隊**。在該取向中，團隊成員定期聚會，分擔評量和療育責任，且家庭也總被列為團隊的一分子。該團隊的評量取向通常是**聯合評量（arena assessment）**，
135 藉由資料聚集（data-gathering）方式，專業團隊以和其他成員或主持者（facilitator）互動的方式進行兒童觀察。執行上述過程的方

式之一，是由單一專業人員（例如語言治療師）從事評量，而其他專業人員則進行觀察和以不同方式提供協助〔如：「教導」（coaching）和作筆記〕。而其基本前提是許多不同測驗程序的項目是重疊的或將會引導出類似行為，例如：語言治療師關切兒童是否能遵循口語指令，並作出所要求之動作，而職能治療師可能最注重兒童的精細動作能力。當使用貫專業取向時，專業人員毋需針對相同項目作重新評估，如此一來可省時省力，且能讓兒童有體力從事其他工作。Linder（1993）曾描述一種包含六要素（six-component）、且以貫專業遊戲為基礎（transdisciplinary play-based）的評量模型，便可藉以體現該團隊取向。

貫專業團隊評量，提供許多兒童所有主要發展領域相關的實務操作資訊予臨床醫師、早期療育從業人員和父母。使用貫專業評量模型的一個小缺點是，很少有評量工具能讓貫專業團隊成員們運用自如，且這些工具能合乎一些傳統單一專業（single-discipline）測量的信、效度標準。換句話說，在貫專業模型中使用「單一專業」評量工具時，因為相同評量項目在不同測量工具中有特定引導方式，因此標準化程序便難以維持。例如：《貝萊嬰兒發展量表第二版》（Bayley Scales of Infant Development-Second Edition）（Bayley, 1993）、《文蘭早期學習量表》（Mullen Scales of Early Learning）（Mullen, 1995）、《差異能力量表》（Differential Ability Scales）（Elliot, 1990），和《美國丹佛兒童發展評量》皆有疊積木（block-stacking）的評量項目，然而這些評量中，疊積木的細目、進行評量時的指導語（directions）和計分方式皆不相同。不過在貫專業評量中，因這些評量項目主要判斷兒童是否具疊積木的能力，因此，上述問題可能只有在測量特定項目的計分上才會出現困難。顯然地，觀察孩子的能力及這些能力如何與日常生活工作產生關聯，是與目標設定和方案計畫較相關的議題。

評量類型

為獲得幼兒的全面性資料，特別是遲緩或已被鑑定為身心障礙的幼兒，選擇多面向評量取向是特別重要的，該取向使用多樣化且通常是替代性測量、集結了多方面的資訊來源、檢視了數個發展和行為領域及實踐不同宗旨。

縱使本段落並非要仔細地回顧特定測驗和程序，但必須注意的是，早在十五年前，Neisworth和Bagnato（1988）已提供該種過程的系統性類型（organizational typology），以幫助幼兒專業人員作適當評量程序的選擇，而該類型迄今仍被使用。該測量類型包括：⑴常模參照（norm-referenced），⑵課程本位（curriculum-based），⑶障礙適應（adapitive-to-disability），⑷過程（process），⑸判斷本位（judgment-based），⑹生態性（ecological），⑺互動性（interactive），和⑻系統性觀察（systematic observation）。相同地，Benner（1992）也提出跨越不同情境之取向和技術，包括：正式／非正式、常模／效標參照（normative/criterion-referenced）、標準化／障礙適應（standardized/adaptive-to-disability）、直接／間
136 接、自然情境／臨床（naturalistic/clinical）和結果／過程（product/process）。上述兩種類型的使用，可作為組織和討論特定評量技術的架構。上述類型可幫助你決定後續章節討論之評量項目的測量種類為何。

正式／非正式評量

其聚焦於評量過程所收集的資料種類。正式評量中，主要收集資料策略為測驗者因特殊目的而採用的標準測驗（例如：篩檢、全面性評估或方案評估）。然後再執行特定評量計畫。

相對於正式評量的評量策略則屬較非正式的評量。專業人員或團隊成員常使用非標準化評量程序，而非標準化評量策略，例如：一群專業人員可能共同觀察某特定行為的發生頻率，且該觀察活動中蘊含系統性資料收集策略的清楚結構（參照「知識寶盒3.1」）。

常模／效標參照評量

常模評量將兒童的表現與其他同齡者作比較。

常模資料收集為最被廣為使用的幼兒評量策略，其主要強調兒童與其他同齡者比較的結果。雖然該種資料收集程序產生兒童之功能水準的量化資料（例如：發展商數和IQ指數），但該種資料對於特定療育方案的選擇較不具影響力。此外，縱然許多常模

知識寶盒 3.1　系統性資料收集

對團隊而言，在傳達服務的作決定階段要達到共識是很重要的，但也非常困難。

陳述影響團隊取向所有變項的團隊本位（team-based）關注點的方法之一，為將資料收集過程系統化，例如：「幼兒服務規劃系統」（System to Plan Early Childhood Services；簡稱 SPECS）（Bagnato & Neisworth, 1990）包含協助早期療育團隊於評量過程中取得已獲得共識的資料和程序。父母和專業人員各自評定兒童十九個發展和功能的面向，從該評定中，將界定出所關切或相互衝突的面向，且將討論評定差異，直到每一面向的評定皆達成共識為止。當達到共識後，兒童評量的剖析圖即能作成詳細記載，且能產生合適的選擇方案。

本位測驗（normative-based tests）具備優良心理測量的特質（如：信度），但對特定障礙兒童使用這些測驗時，仍需要非常小心，事實上，若能事先考量兒童的障礙狀況，該種取向的評量能增進對兒童能力的了解。

137

在幼兒評量中最被廣為使用之常模本位工具是《貝萊嬰兒發展量表第二版》（Bayley, 1993）。貝萊量表適用於一至四十二個月大的嬰幼兒，且該量表提供心智和動作發展檢索（index），該兩項檢索包含了如：模仿、視覺概念技能、語言、手眼協調、記憶、物體恆存等評量項目。此外，貝萊量表也提供了行為評定量表，測驗者可藉以評定兒童的社交和情緒特質。

另一方面，效標參照評量聚焦於嬰兒、學步兒或學齡前兒童可展現之特定技能。不同於常模參照評量，該種評量之資料收集策略對於兒童的 IEP 或 IFSP 能提供重要資訊。此外，這些策略亦可為非正式形態——縱使是由學齡前教師或早期療育從業人員所設計亦然，因而在持續的方案計畫和評估中，將會頻繁地使用這些策略。嘗試將該種資料收集策略運用於後續發展性課程（課程本位評量）和工作分析中，對於發展性方案計畫亦能有所助益。

效標參照評量可幫助鑑定兒童能或不能執行的特定工作，而非將該童能力與其他同儕作比較。

課程本位評量界定在特定課程中的重要技能、工作和行為。

課程本位評量為效標參照取向中，最具代表性的評量策略之一。該種評量可讓幼兒專業人員評估兒童能力現況，及根據特定方案目標監測兒童進步狀況，課程本位評量亦可讓教師記述兒童於課程中尚未精熟的技能，並可依此擬定課程計畫。課程本位評量的缺點在於技能評量是依特定課程而設計，且該評量可能無法適用於其他方案計畫中。

在效標參照評量的廣泛範圍中，《修訂版學習成果剖析圖》（Learning Accomplishment Profile-Revised；簡稱 LAP-R）（Sanford & Zelman, 1981）是常使用於特殊需求學齡前兒童的評量工具之一。LAP-R 專門評量出生到七十二個月大嬰幼兒的技能，其評估領域包括：認知、語言、精細和粗大動作、自我協助技能和個人社交技能（personal-social skills）。Bufkin和Bryde（1996）也曾將該評量工具和特定計畫性目標和遊戲活動結合。與LAP-R相似的評量工具包括：《早期篩檢調查表》（Early Screening Inventroy）》（Meisels & Wiske, 1987），其評量範圍包括：視覺動作／適應領域（visual-motor/adaptive domains）、語言和認知領域及動作和身體知覺（body awareness）；另一相似工具為《卡羅萊納課程：為特殊需求的嬰幼兒所設計》（The Carolina Curriculum for Infants and Toddlers with Special Needs）（Johnson-Martin, Jens, Attermeier, & Hacker, 1991）（中文版由心理出版社於 2008 年出版）。

標準化／障礙適應評量

該類評量與資料收集過程的標準化本質相關。若幼兒專業人員或團隊使用標準化評量，則資料收集時需採固定程序，事實上，一些測驗如許多智力測驗的測量〔如：《魏氏學齡前兒童智力量表（第三版）》（Wechsler Preschool and Primary Scale of Intelligence-Third Edition）》（Wechsler, 2002）、現已改版的《考夫曼兒童智力測驗》（Kaufman Assessment Battery for Children）（Kaufman & Kaufman, 1983）〕皆提供特定指導語（wording of directions）和提示予施測者遵循使用。標準化程序通常亦包括某種起始和結束點（starting and stopping points），從這些水準點可推斷兒童確實能完成〔**下限水準（basal level）**〕或無法完成〔**上限水**

準（ceiling level）〕的所有施測項目是高於或低於這些水準點。下限和上限水準之設計主要是為了減少測驗時間（即只執行必要 138 或合乎發展的施測項目），且在施測連續過程（performance continuum）中允許一些簡單的（下限項目）和較具挑戰性（上限項目）間之施測的變化性（variability）。雖然該取向可能顯得相當嚴格，且在探討嬰幼兒表現出之廣泛的（wide range）回應和行為尤係如此，但許多標準化評量策略是常模參照的；職是之故，施測者必須遵循標準化程序，以確保所得資料可依有效方式作詮釋。如同 Benner（1992）明確地聲稱，對一些特定障礙兒童採取該種資料收集策略可能產生無效結果（如：對腦性麻痺兒童執行精細動作協調或精細動作之速度評估）。

據此，障礙適應性資料收集策略使專業人員和幼兒團隊在收集兒童能力概況的資料上有較大彈性，例如：Benner（1992）提議修改評量所使用之物件和器材（materials）的性質，其修改建議包括：使用較大且顏色較鮮豔的評量器材、增加視覺對比效果、減少可選擇的答案數量、使用不再以單純的對或錯來評估兒童回應的多面向計分方式。相同地，Neisworth 和 Bagnato（1988）亦提出三種形式的適應取向：⑴施測者單純地因應需要，而修改施測項目和程序，⑵提供系統性引導大綱以修改測驗所使用的器材，⑶針對特定障礙設計測量。Bagnato 和其同僚（1997）亦討論了機動性（dynamic）修改，其中，可對兒童先行施測，再教導該施測技能，而後重新測驗，以估計兒童學習進展。Sattler（2001）針對標準化程序測驗限制提供許多建議，特別是針對年紀較長的學齡前兒童（如：減少時間限制和詢問探索性問題）。

直接和間接評量

根據 Benner（1992）的看法，直接／間接評量包括施測者和早期療育團隊如何收集有關兒童的資料。若使用直接評量策略，專業人員直接與兒童面對面。Benner 論及，該策略甚至可使用錄影方式去觀察兒童行為或將行為作編碼。直接的資料收集可能是最被廣為使用的，且其也應是每個幼兒評量的一部分。

間接資料收集策略包含透過其他評量技術以收集兒童相關資

訊，例如：訪談父母和其他照顧者（如：學齡前教師），可獲得一些兒童在不同情境中表現的指引。級別量表（rating scales）亦可作為間接資料收集之用。當間接與直接資料收集策略相結合時，評量過程對早期療育團隊而言是豐富的資料來源。此外，縱使間接資料收集策略持續以兒童本身為主，該策略也收集對兒童發展具重要性的相關資料（如：家庭資源和父母教養技巧）。《兒童發展調查表》（Child Development Inventories）（Ireton, 1992）符合上述模式，該調查表是由三種不同測量工具所組成之多面向父母評比系統，在測量中，父母以「是」或「不是」來回答他們孩
139 子的發展狀況，除取得兒童發展狀況的評估外，亦要求父母描述兒童的行為和情緒功能。

自然／臨床觀察

觀察資料是所有評量過程中重要的要素。事實上，許多適用於幼兒評量的測驗和程序大都以結構化方式收集兒童資料。有了上述基本概念，Benner（1992）提出一些使用觀察技術作為資料收集的策略。

聯邦立法提出，自然環境指對同齡之無障礙兒童而言的自然和正常情境。

觀察技術之一是自然觀察法（natural observation），自然觀察策略指收集兒童在例行活動中自然情境下的相關資料，該策略包括觀察兒童在情境下的全部行為，或可聚焦於某種特定行為（如：發脾氣、團體活動中的社會技能或美術活動中的精細動作技能），除非有好的理由將觀察限定於某特定行為——許多情形中，該方法是相當適宜的觀察法（如：必須聚焦於特定發展問題），同時必須注意包含其他環境或照顧者等相關層面，以降低詮釋觀察的偏見。Benner（1992）提出，自然觀察法是對兒童日常功能（day-to-day functioning）最具生態有效性（ecologically valid）的資料收集策略。實際上，許多這類評量策略和遊戲量表緊密結合，例如：《遊戲評量表》（Play Assessment Scale）（Fewell, 1991）和《象徵性遊戲量表》（Symbolic Play Scale）（Westby, 1991），且該評量策略亦對發展狀況的詮釋提供觀察指引（Fewell, 1993; Linder, 1993）。

如同 Neisworth 和 Bagnato（1988）所述，評量的互動式和生

態類型可能即屬上述的自然觀察法。在測量的互動式類型中，檢視了介於兒童和照顧者間的互惠和相容共存的關係〔the reciprocity between and compatibility of child and caregiver(s)〕。其常常探討的互動層面包括：讀取和回應彼此的提示（cues）、行為改變和管理及起始和維持互動。例如：《布列茲頓新生兒行為量表》（Brazelton, 1984）透過測量如：對刺激的反應（states of arousal）、習慣、對不同情況所作的調整（state regulation）和對環境的了解（orientation）等測量要素，以檢視新生兒的互動和組織行為。

相同地，生態評量技術檢驗了兒童生活中可能影響發展的因素，據此提供較完整之兒童發展優勢與需求的剖析圖。兒童的生態情境包括：家庭成員（family）、家庭環境（home），以及如：教室安排、教材教具（materials）、刺激發展的機會（available opportunities for stimulation）、同儕互動、社會責任、規範和社會性支持等教室特性。兩種可檢驗兒童環境的生態評量工具為：《環境測量的家庭觀察（第三版）》（Home Observation for Measurement of the Environment-Third Edition；簡稱 HOME）（Caldwell & Bradley, 2001）和《幼兒環境評估量表（修訂版）》（Early Childhood Environment Rating Scale-Revised Edition；簡稱 ECERS）（Harms, Clifford, & Cryer, 1998）。此外尚有關於父母壓力的特定測量〔《父母壓力檢索表》（Parenting Stress Index）（Abidin, 1986）〕、父母行為的測量〔《父母行為檢核表》（Parent Behavior Checklist）（Fox, 1993）〕及其他心理領域的測量（Glascoe, 1996）。

另一觀察技術為臨床觀察，該類型觀察是兒童在臨床情境下接受評估時所進行的觀察，例如：當小兒科醫生作檢查或兒童在兒童發展中心接受全面性評估。雖然技術純熟的評估者能摘錄出 140
（extract）可靠而有效的幼兒行為，但這些兒童的行為表現可能在診斷情境中顯得較受限制。最後，使用不同觀察方式可獲取兒童較確切之一般性技能的完整圖像。

例如：正式評估過程需包含對特定行為的系統性觀察。該觀察應是客觀、可測量，且係經過一段時間所收集而得。觀察可於兒童的自然情境、模擬或假扮性（staged）的情形下進行。系統性觀察並不包括對行為和判斷意見的詮釋，而是明顯行為的客觀和結構性測量（如：某童打其他兒童的次數，或在作業時段某童並未從事該作業的時間）。對於行為的正式評量，評量面向應涵蓋行為發生頻率、持續時間和強度。一般而言，應擬定資料單（data sheets）或編碼系統（coding system），讓檢驗者能觀察和記錄所關注之行為。

結果／過程導向評量

檔案評量提供了兒童一段期間的作品，其中可包括：藝術作品、日記寫作、錄音帶、相片和其他。

與常模／效標參照的二分法相似，結果／過程導向與評量過程中應收集的資訊有關。結果導向的資訊收集策略一般包含對兒童進行一組測驗和程序，該測驗和程序的目的是描述某童與其他同齡兒童的比較結果和建構計畫方案的發展和指導水準。如同《貝萊嬰兒發展量表》（Bayley, 1993）和一般學齡前的智力測量〔如：《魏氏學齡前兒童智力量表（第三版）》（Wechsler, 2002）〕，其皆是該類型的評量。同樣的，以成就為基礎，或可靠的評量（Meyer, 1992; Wiggins, 1989）和收集兒童一段時間的成品樣本之檔案資料收集策略等（Arter & Spanel, 1991; Meisels, 1993），皆屬於結果／過程導向評量的範圍。結果導向的資料收集策略是很重要的，該策略傾向在兒童的自然情境中進行。

過程導向資料收集策略包括了兒童如何與施測者和環境互動；該策略甚至包含了兒童通過和未通過之特定工作或項目。測量的皮亞傑類型（Piagetian types of measures）如：《阿幾里斯一杭特量表》（Uzgiris-Hunt Scales）（Uzgiris & Hunt, 1975），以及如Feuerstein（1979）、Vygostsky（1978）和Lidz（1987）等人所倡導之機動性評量程序，皆屬於過程導向的資料收集策略。在該種評量中，施測者觀察兒童所執行的工作和他們的工作情形。若兒童在執行工作中遇到困難，則可透過中介學習經驗（mediated learning experience）來教導兒童（Tzuriel & Klein, 1987），且後續再針對被教導的項目進行重新評估。該種**測驗－教導－測驗**（test-teach-test）的形式依評估者的需要可能會重複多次。

對許多伴隨嚴重障礙的兒童（如：視覺損傷或嚴重動作損傷）而言，傳統評量策略是不適當的，因此，替代性評量取向能掌握兒童發展需求和較不顯著的能力。過程評量嘗試透過間接和推論方式，找出兒童如：記憶和回憶、注意力及資訊處理等獨特能力，縱使它不是個理想的評量方法，但其他評量取向皆無法適用時， 141
過程評量則是替代方案。

幼兒評量的考量

評量特殊需求幼兒時必須考量一些要素，其包含了選擇聯結評量和療育方案的評量取向和工具、涵蓋兒童和環境變項的情境限制、家庭參與等。

評量的測量和方法之選擇

評量是由兒童發展和特定發展需求等相關問題所主導的過程。此外，在選擇測量和方法前，應清楚地擬定評量宗旨（Bagnato et al., 1997）。在上述該評量過程中，評量方法的選擇應由基本科學原則（如：信度和效度）、文化靈敏性（cultural sensitivity）和正向的一般常識等所引導，事實上，許多上述原則皆於美國教育研究學會（American Educational Research Association）、美國心理學會（American Psychological Association）和國家教育測量委員會（National Council on Measurement in Education）所編定之《教育和心理學測驗標準》（*Standards for Educational and Psychological Testing*）中有所論述（AERA, APA, & NCME, 1999）。

評量過程的第一步是定義評量宗旨或欲回答的問題。

這些規定如下：

- 測驗不能帶有種族和／或文化偏見。
- 測驗必須符合其欲達到的目標，且只能經由適當訓練的專業人員進行施測。
- 所使用之程序必須能陳述不同的教育和發展需求。
- 單一評量程序不能成為兒童處置計畫的唯一參考。
- 多專業團隊或經指定的專業團體必須參與評量過程，且該團體必須包括一精通該兒童之障礙類別的老師。
- 兒童測驗應包括與其可能發生障礙有關的所有教育和發展範圍。

信度表示一致性。

效度指該測驗測量了多少其本來就該測量的事物。

當為評量過程的任一部分（如：篩檢、診斷或計畫評估）選擇特定測量工具時，信度和效度皆是必須了解的重要科學概念。該測驗在可靠的情況下測量了其應測量的部分嗎？從幼兒取得可靠資訊是項挑戰，且該動作也是為施測者選擇具備適當信度的測驗。測驗需有適當**內容效度**（**content validity**）（該測驗是否反應了欲測量的內容？）；**共同效度**（**concurrent validity**）（每一技能領域中，該測驗是否與其他可接受的執行判斷標準相關？）；**預測效度**（**predictive validity**）（測驗所得分數與一些判斷未來成
142 功的標準有多少相關性？）；構念效度（construct validity）（該測驗是否符合其所引以為基礎的理論架構？）；及**辨別效度**（discriminant validity）〔次級測驗（subtest）是否測量不同和明確的技能？〕。縱使心理測量學議題的細節討論已超出本章內容，但幼兒專業人員在採用任何測驗作篩檢、診斷或方案評估之前，皆應先檢視測驗手冊中有關該議題的規定。

除評量工具的心理測量學基本層面外，評量應是無偏見的（nonbiased）和無歧視的（nondiscriminatory）。上述議題已於法院案例（1973 年「Diana 對州教育局之案例」；1979 年「Larry P. vs. Riles 之案例」）及後續在聯邦法案中皆陳述過；然而，幼兒專業人員對於這些議題應有保持高度敏感性的責任。無歧視評量指社會的多元文化本質和評量方法必須公平地對待每個兒童。我們必須注意，任何評量的本質都是有歧視的；評量包羅萬象的宗旨是用以區分需要和不需要特別服務的人，但若未考量文化差異，便成了**不公平**的劃分，考量文化差異應包括以孩子的母語或其他溝通方式進行測驗，並提供孩子熟悉的經驗。與無歧視評估緊密相關的是**無偏見**的概念，Duffey、Salvia、Tucker 和 Ysseldyke（1981）將無偏見評估定義為，如同出現「關於特定群體成員之決定、預測和推論之不斷發生的錯誤」（p. 427）。幼兒專業人員執行有偏見評量的案例之一為：專業人員對受測兒童作出過早判斷，特別是在非自然情境下進行施測。

評量過程應被視為潛在療育過程的第一步（Meisels & Fenichel, 1996）。

對於幼兒專業人員而言，具備清晰的一般常識（common sense）是很重要的！縱使這些常識似乎清楚易懂，但所選擇的測驗應能切實地回答轉介的相關問題。該測驗是否提供且／或促進

Neisworth和Bagnato（1996）所詳述之評量與處置的聯結？若答案為是，則如何提供且／或促進？此外，測驗內容對於兒童而言是否適切？施測的專業人員是否受過適切的施測和詮釋測驗結果訓練？再者，縱使這些常識相當基本，但若能考量到這些常識，仍可減低評量工具的誤用和濫用。

情境的考量

傳統幼兒評估被描述為……「在最短時間內、陌生情境下、與不認識的大人共處中，孩子所展現之陌生（strange）行為的一種科學」（Bronfenbrenner, 1979）。情境限制明顯地導致如 Bronfenbrenner 所述之評量過程的「陌生」（strangeness）。情境限制包括在評量過程中所產生的任何考量，最普通的限制之一為兒童拒絕執行所要求的工作，孩子可能感到恐懼、疲倦、需較長時間來適應測驗情境，或是在嬰兒的施測案例中，可能出現睡著的情形！其他孩子可能出現極度的行為困難，因而無法繼續該評量過程。特殊需求幼兒的評量中，觀察幼兒行為必須考量包括：可能 143
的視覺或聽覺損傷、動作缺損或語言缺損或差異等各種功能性缺損。測驗器材必須符合兒童的語言、體型（size）和能力，最好能使用兒童可適當並舒服地被支撐及適度地與測驗器材互動的座位系統（seating system）。當無法使用一般的回應形式時，則應利用其他溝通系統來收集這些資訊。例如：兒童可能使用擴大溝通設備或圖片、手勢，或眼球眨動（eyeblinks）等系統作回應。在這些情境中，幼兒專業人員必須熟悉不同資料收集方式，以期善加利用這些情境限制。

在評估過程開始，與兒童和其家庭建立和諧關係時，極重要的是需與兒童建立穩固的遊戲和工作夥伴關係，特別是與年齡較小的兒童一起工作時必須詢問：「兒童最喜歡什麼？」有些兒童特別容易被口語稱讚和成人的關注所激勵；這些兒童特別容易親近，且極力想討好別人。另一些兒童則喜歡較具體的增強——如：貼紙、點心或玩具等作為努力的回報。父母和其他熟悉的照顧者應成為「探索幼兒最佳表現」、「確認孩子是否表現出其能力水準」、「為取得較好效果故提出測驗項目應如何呈現之建議」等的夥伴。

有時因某些原因兒童無法完成正式測驗，例如：當施測者或團隊嘗試進行正式評量時，但兒童就是無法配合，此時可改用較非正式（如：觀察）、間接（如：父母量表或報告）和過程導向（如：遊戲）等的資料收集策略。若施測者對於兒童發展、行為引導和管理策略具深厚知識背景，則可從觀察兒童遊戲或其他自然觀察中得到有用資訊。若施測者持續要求兒童完成正式評量，換言之，則可能流失瞭解較多有關兒童日常生活之適應性技能等資訊的機會。取得兒童於自然環境中的表現資訊亦是有幫助的，其應包括取得兒童日間照顧中心或學齡前學校（preschool）、兒童照顧者或學齡前學校教師、治療師和家庭情境的相關資訊。

家庭與家長參與

如前述，評量過程中不應過分強調家庭的重要性。幼兒評量中最重要的層面是介於父母和專業人員的合作性工作夥伴關係。這種關係超越傳統的「和諧關係」（rapport），且應包括尊重、互惠原則（reciprocity）和彈性（Meisels & Atkins-Burnett, 2000）。在取得關於兒童、家庭，及居家和社區環境的相關資訊中，父母扮演極重要的角色。如同在本章開頭所提及，家庭成員必須把評量和療育方案，與他們對孩子的想法與期望，及現階段家庭價值和需求的概念和期望視為一致。論及建構評量過程時，在進行評量前必須瞭解家庭的想法（perspectives）和關注，其可導引出評量將在哪裡進行、哪種資料收集取向是較有用的及將使用什麼特定工具（如果有的話）等適當決定。與家庭一起合作擬定療育計畫，會提高計畫的接受度、可行性和成功結果。

144 當父母和其他照顧者積極地參與處置計畫和療育方案時，我們可期望孩子的結果將得到改善。

摘要

本章提供幼兒評量過程的概況。提供一些評量的相關定義並討論了現行評量標準。其中包括：處置功效、社會性效度、集結評量、一致性效度等，而這些議題可用於幼兒評量中以增加評量資訊的正確性和功效，並提供有效的和功能性療育計畫。不同評量階段皆強調早期鑑定應作詳細敘述，其中包括篩檢的相關議題和全面性評量的主要要素，此外要特別強調持續性評量過程，其在療育和方案評估階段尤為重要。

除這些評估面向外，本章亦依據 Benner（1992）、Neisworth 和 Bagnato（1988）所支持的一系列標準或形式，詳述了許多評量的取向。本章亦重視根據聯邦法令所擬定之評量的團隊取向，並且更特別強調貫專業團隊取向。縱使本章焦點不在於描述許多幼兒專業人員適用的評量工具，但本章列舉特定工具以闡明不同評量趨勢（strands）。本章亦闡述評量過程的議題如：測驗選擇、情境限制和家庭參與等。瞭解評量過程並具備基本兒童發展知識基礎，將使早期療育從業人員可用敏銳、周詳和有意義的方式來陳述特殊需求幼兒評量。

問題與討論

1. 請描述「幼兒評量之最佳實務操作」的現行標準。
2. 三種最普遍的團隊評量模式為何？請描述這三種模式的異同。
3. 正式、常模本位評量工具的優缺點為何？
4. 兒童拒絕回應評量過程的困難評量情境中，有什麼替代方式可取得相同資訊？
5. 評估—處置團隊如何讓評量中收集的資訊，在擬定和評估處置目標中發揮最大效用？

推薦資源 *145*

Bagnato, S. J., Neisworth, J. T., & Munson, S. M. (1997). *LINKing assessment and early intervention: An authentic curriculum-based approach.* Baltimore: Brookes.

Division for Early Childhood, Council for Exceptional Children. (2002). Assessment strategies. *Young Exceptional Children Monograph* (Series No. 4). Longmont, CO: Sopris West.

Sandall, S., McLean, M. E., & Smith, B. J. (Eds.). (2000). *DEC recommended practices in early intervention/early childhood special education.* Division for Early Childhood, Council for Exceptional Children. Longmont, CO: Sopris West.

Sattler, J. M. (2001). *Assessment of children: Cognitive applications* (4th ed.). La Mesa, CA: Sattler.

Sattler, J. M. (2002). *Assessment of children: Behavioral and clinical applications* (4th ed.). La Mesa, CA: Sattler.

參考文獻

Abidin, R. R. (1986). *Parenting Stress Index* (2nd ed.). Charlottesville, VA: Pediatric Psychology Press.

American Academy of Pediatrics. (1986). Committee on children with disabilities: Screening for developmental disabilities. *Pediatrics, 78*, 526–528.

American Educational Research Association, American Psychological Association, & National Council on Measurement in Education. (1985). *Standards for educational and psychological testing*. Washington, DC: Authors.

American Speech-Language-Hearing Association. (1990). *Guidelines for practices in early intervention*. Rockville, MD: Author.

Apgar, V. (1953). A proposal for a new method of evaluation of the newborn infant. *Current Research in*
146 *Anesthesia and Analgesia, 32*, 260–267.

Arter, J. A., & Spanel, V. (1991). *Using portfolios of student work in instruction and assessment*. Portland, OR: Northwest Regional Educational Laboratory.

Aylward, G. P. (1995). *Bayley Infant Neurodevelopmental Screener*. San Antonio, TX: Psychological Corporation.

Bagnato, S. J., & Neisworth, J. T. (1990). *System to Plan Early Childhood Services*. Circle Pines, MN: American Guidance Services.

Bagnato, S. J., Neisworth, J. T., & Munson, S. M. (1997). *LINKing assessment and early intervention: An authentic curriculum-based approach*. Baltimore: Brookes.

Bayley, N. (1993). *Bayley Scales of Infant Development* (2nd ed.). San Antonio, TX: Psychological Corporation.

Benner, S. M. (1992). *Assessing young children with special needs: An ecological perspective*. New York: Longman.

Bergen, D., & Wright, M. (1994). Medical assessment perspectives. In D. Bergen (Ed.), *Assessment methods for infants and toddlers: Transdisciplinary team approaches* (pp. 40–56). New York: Teachers College Press.

Brazelton, T. B. (1984). *Neonatal assessment scale* (2nd ed.). *Clinics in Developmental Medicine*, No. 88. Philadelphia: Lippincott.

Bronfenbrenner, U. (1979). *The ecology of human development: Experiments by nature and design*. Cambridge, MA: Harvard University Press.

Bruner, J. P., Tulipan, N., Paschall, R. L., Boehm, F. H., Walsh, W. F., Silva, S. R., et al. (1999). Fetal surgery for myelomeningocele and the incidence of shunt-dependent hydrocephalus. *Journal of the American Medical Association, 282*(19), 1819–1825.

Bufkin, L. J., & Bryde, S. M. (1996). Young children at their best: Linking play to assessment and intervention. *Teaching Exceptional Children, 29*, 50–53.

Caldwell, B. M., & Bradley, R. H. (2001). *HOME Inventory*. Little Rock: University of Arkansas.

Cardone, I., & Gilkerson, L. (1989). Family administrated neonatal activities: An innovative component of family-centered care. *ZERO TO THREE, X*(1), 23–28.

Chapel Hill Training Outreach Project. (1995). *Early Learning Accomplishment Profile*. Chapel Hill, NC: Author.

Chervenak, F. A., & Kurjak, A. (Eds.) (1996). *The fetus as a patient*. New York: Parthenon.

Diana v. Board of Education, No. C-70-37 RFP, Consent Decree (N. D. Cal. 1973).

Division for Early Childhood, Council for Exceptional Children. (2002). Assessment strategies. *Young Exceptional Children Monograph* (Series No. 4). Longmont, CO: Sopris West.

Division for Early Childhood Task Force on Recommended Practices. (Eds.). (1993). *Recommended practices in early intervention*. Reston, VA: Council for Exceptional Children.

Dobos, A. E., Dworkin, P. H., & Bernstein, B. (1994). Pediatricians' approaches to developmental problems: Has the gap been narrowed? *Journal of Developmental and Behavioral Pediatrics, 15*, 34–39.

Duffey, J., Salvia, J., Tucker, J., & Ysseldyke, J. (1981). Nonbiased assessment: A need for operationalism. *Exceptional Children, 47*, 427–434.

Elliott, C. (1990). *Differential Ability Scales*. San Antonio, TX: Psychological Corporation.

Feuerstein, R. (1979). *The dynamic assessment of retarded performers: The learning potential assessment device, theory, instrument, and techniques*. Baltimore: University Park Press.

Fewell, R. (1983). Assessing handicapped infants. In S. G. Garwood & R. R. Fewell (Eds.), *Educating handicapped infants: Issues in development and intervention* (pp. 257–297). Rockville, MD: Aspen.

Fewell, R. (1991). *Play assessment scale*. Miami, FL: University of Miami.

Fewell, R. (1993). Observing play: An appropriate process for learning and assessment. *Infants and Young Children, 5*, 35–43.

Fox, R. A. (1993). *Parenting Behavior Checklist*. Brandon, VT: Clinical Psychology Press.

Frankenburg, W. K., Dodds, J., Archer, P., Bresnick, B., Maschka, P., Edelman, N., et al. (1990). *Denver–II*. Denver, CO: Denver Developmental Materials.

Garland, C. G., McGonigel, J. J., Frank, A., & Buck, D.

(1989). *The transdisciplinary model of service delivery.* Lightfoot, VA: Child Development Resources.

Glascoe, F. P. (1996). Developmental screening. In M. L. Wolraich (Ed.), *Disorders of development and learning: A practical guide to assessment and management* (2nd ed., pp. 89–128). New York: Mosby.

Greenspan, S. I., & Meisels, S. J. (1996). Toward a new vision for the developmental assessment of infants and young children. In S. J. Meisels & E. Fenichel (Eds.), *New visions for the developmental assessment of infants and young children* (pp. 11–26). Washington, DC: ZERO TO THREE.

Harbin, G. L., McWilliam, R. A., & Gallagher, J. J. (2000). Services for young children with disabilities and their families. In J. P. Shonkoff & S. J. Meisels, (Eds.), *Handbook of early childhood intervention* (2nd ed.). New York: Cambridge University Press.

Harms, T., Clifford, R. M., & Cryer, D. (1998). *Early Childhood Environment Rating Scale.* New York: Teachers College Press.

Ireton, H. (1992). *Child Development Inventories.* Minneapolis, MN: Behavior Science Systems.

Johnson-Martin, N. M., Jens, K. G., Attermeier, S. M., & Hacker, B. J. (1991). *The Carolina curriculum for infants and toddlers with special needs* (2nd ed.). Baltimore: Brookes.

Kaufman, A., & Kaufman, N. (1983). *Kaufman Assessment Battery for Children.* Circle Pines, MN: American Guidance Service.

Larry P. v. Riles, 343 F. Supp. 1306, 502 F.2d 963 (N. D. Cal. 1979).

Lichtenstein, R., & Ireton, H. (1991). Preschool screening for developmental and educational problems. In B. Bracken (Ed.), *The psychoeducational assessment of preschool children* (2nd ed., pp. 486–513). Boston: Allyn & Bacon.

Lidz, C. (Ed.). (1987). *Dynamic assessment: An interactional approach to evaluating learning potential.* New York: Guilford Press.

Linder, T. (1993). *Transdisciplinary play-based assessment: A functional approach to working with young children* (Rev. ed.). Baltimore: Brookes.

Manning, S. M., Jennings, R., & Madsen, J. R. (2000). Pathophysiology, prevention, and potential treatment of neural tube defects. *Mental Retardation and Developmental Disabilities Research Reviews, 6,* 6–14.

Mardell-Czudnowski, C., & Goldenberg, D. S. (1998). *DIAL-3: Developmental Indicators for the Assessment of Learning– Third Edition.* Circle Pines, MN: American Guidance Service.

McLean, M., & Odom, S. (1993). Practices for young children with and without disabilities: A comparison of DEC and NAEYC identified practices. *Topics in Early Childhood Special Education, 13,* 274–292.

Meisels, S. J. (1993). Remaking classroom assessment with the work sampling system. *Young Children, 48,* 34–40.

Meisels, S. J., & Atkins-Burnett, S. (2000). The elements of early childhood assessment. In J. P. Shonkoff & S. J. Meisels (Eds.), *Handbook of early childhood intervention* (2nd ed.). New York: Cambridge University Press.

147

Meisels, S. J., & Fenichel, E. (1996). *New visions for the developmental assessment of infants and young children.* Washington, DC: ZERO TO THREE, National Center for Infants, Toddlers, and Families.

Meisels, S. J., & Wiske, M. S. (1987). *Early Screening Inventory.* New York: Teachers College Press.

Meyer, C. A. (1992). What's the difference between authentic and performance assessment? *Educational Leadership, 49,* 39–40.

Miller, L. J. (1993). *FirstSTEP Screening Test for Evaluating Preschoolers.* San Antonio, TX: Psychological Corporation.

Mindes, G., Ireton, H., & Mardell-Czudnowski, C. (1996). *Assessing young children.* Albany, NY: Delmar.

Mullen, E. (1995). *Mullen Scales of Early Learning, AGS Edition.* Circle Pines, MN: American Guidance Service.

National Association for the Education of Young Children. (1990). Position statement on school readiness. *Young Children, 46,* 21–23.

National Association for the Education of Young Children, National Association of Early Childhood Specialists in State Departments of Education. (2002). *Early learning standards: Creating the conditions for success* [joint position statement]. Retrieved December 13, 2002, from http://www.naeyc.org

National Association of School Psychologists. (1999). Position statement on early childhood assessment. Retrieved December 12, 2002, from http://www.nasponline.org

Neisworth, J. T., & Bagnato, S. J. (1988). Assessment in early childhood special education: A typology of dependent measures. In S. L. Odom & M. Karnes (Eds.), *Early intervention for infants and children with handicaps: An empirical base.* Baltimore: Brookes.

Neisworth, J. T., & Bagnato, S. J. (1996). Assessment for early intervention: Emerging themes and practices. In S. L. Odom & M. E. McLean (Eds.), *Early intervention/early childhood special education: Recommended practices.* Austin, TX: PRO-ED.

Neisworth, J. T., & Bagnato, S. J. (2000). Recommended practices in assessment. In S. Sandall, M. E. McLean, & B. J. Smith (Eds.), *DEC recommended practices in early intervention/early childhood special education* (pp. 17–28). Division for Early Childhood, Council for Exceptional Children. Longmont, CO: Sopris West.

Newborg, J., Stock, J. R., Wnek, L., Guidubaldi, J., & Svinicki, J. (1988). *Battelle Developmental Inventory.* Allen, TX: Developmental Learning Materials.

Sanford, A. R., & Zelman, J. G. (1981). *Learning Accomplishment Profile–Revised.* Winston-Salem,

NC: Kaplan School Supply.

Sattler, J. M. (2001). *Assessment of children: Cognitive applications* (4th ed.). La Mesa, CA: Sattler.

Scott, F. G., Lingaraju, S., Kilgo, J., Kregel, J., & Lazzari, A. (1993). A survey of pediatricians on early identification and early intervention services. *Journal of Early Intervention, 17*, 129–138.

Squires, J., Potter, L., & Bricker, D. (1999). *Ages & Stages Questionnaires (ASQ): A Parent-Completed, Child-Monitoring System, Second Edition.* Baltimore: Brookes.

Taylor, H. G., Klein, N., & Hack, M. (2000). School-age consequences of birth weight less than 750 g: A review and update. *Developmental Neuropsychology, 17*(3), 289–321.

Taylor, H. G., Klein, N., Minich, N. M., & Hack, M. (2001). Long-term family outcomes for children with very low birth weights. *Archives of Pediatric and Adolescent Medicine, 155*(2), 155–161.

Thurlow, M., & Ysseldyke, J. (1979). Current assessment and decision-making practices in model LD programs. *Learning Disability Quarterly, 2*, 15–24.

Tzuriel, D., & Klein, P. S. (1987). Assessing the young child: Children's analogical thinking modifiability. In C. S. Lidz (Ed.), *Dynamic assessment: An interactional approach to evaluating learning potential.* New York: Guilford Press.

Uzgiris, I. C., & Hunt, J. M. (Eds.). (1975). *Assessment in infancy: Ordinal scales of psychological development.* Urbana: University of Illinois Press.

Vanderwall, K. J., & Harrison, M. R. (1996). Fetal surgery. In F. A. Chervenak & A. Kurjak (Eds.), *The fetus as patient.* New York: Parthenon.

Vygotsky, L. S. (1978). *Mind in society: The development of higher psychological processes.* Cambridge, MA: Harvard University Press.

Wechsler, D. (2002). *Wechsler Preschool and Primary Scale of Intelligence* (3rd ed.). San Antonio, TX: Psychological Corporation.

Westby, C. (1991). A scale for assessing children's pretend play. In C. Schaefer, K. Gitlin, & A. Sandgrund (Eds.), *Play assessment and diagnosis.* New York: Wiley.

Wiggins, G. (1989). A true test: Toward more authentic and equitable assessment. *Phi Delta Kappan, 70*, 703–713.

4

療育

Tina M. Smith & Tashawna Duncan

章節大綱

- 療育的定義
- 以家庭為中心的療育
- 方案計畫

149 **潔西卡**

四歲的潔西卡在快樂學園（Happy Acre）兒童照護中心接受發展遲緩的早療服務。潔西卡是四個孩子中最年幼的，當潔西卡三歲時，她的父母察覺到她並未像她的兄弟姊妹般，在三歲時就早已會說話，因此小兒科醫師轉介潔西卡作評估。潔西卡的祖父母從波多黎各移民到美國，潔西卡的家人在家通常說西班牙語。現今，在《個別障礙者教育法案》的 Part B 規定下，潔西卡接受一位早期療育從業人員和一位語言治療師的服務。

潔西卡和她的哥哥（或姐姐）一起到快樂學園上課，快樂學園是一普通兒童照護中心。潔西卡的語言治療師，華金斯小姐每週到照護中心一次，為她作四十五分鐘的語言治療。治療時段中，華金斯小姐讓潔西卡與其他小朋友組成小團體，並進行加強語言的活動。潔西卡是該團體的主要焦點，因此活動設計以潔西卡的需求為基礎，其他孩子並未察覺到該情形，且很喜歡玩「華小姐的遊戲」。因為華金斯小姐很少在中心看到潔西卡的父母，因此華金斯小姐每週寫下潔西卡學習進展紀錄給潔西卡的父母。潔西卡的父母有時針對紀錄作回應，但華金斯小姐看不懂他們所寫的英文；有時華金斯小姐希望自己會說西班牙語。

潔西卡也在快樂學園接受特殊教育，但潔西卡並未察覺！早期療育從業人員，班克斯先生每週與潔西卡在兒童照護中心的帶班老師泰勒小姐碰面，他們討論潔西卡的進展和泰勒小姐所關心的議題，此外，班克斯先生幫助泰勒小姐修改課程，使潔西卡能以有效方式參與活動。當泰勒小姐有任何問題時，班克斯先生則是最好的諮詢師。班克斯先生試著把他每週來訪時間排在潔西卡父母接送潔西卡的時間。班克斯先生會說一點西班牙語，且已成功地與潔西卡父母建立了合作關係，他提供潔西卡父母有關潔西卡在家任何情形的諮詢，但潔西卡的父母總說他們沒有任何問題。

150 療育概念代表著我們從事兒童工作的中心和靈魂。廣義解釋上，療育包括幾乎所有專業人員與孩子和家庭的互動。本章主旨在於針對療育與幼兒的關係作討論。我們先提供療育的定義，並以歷史情境來探討近期早期療育的實務操作。後續，我們透過計劃、執行、評估幼兒療育的方式討論早期療育獨特之計畫性面向。

療育的定義

討論療育的最有效方式可能是先定義基本概念。針對專業人員而言，療育的功能性定義有三個宗旨。第一，區辨與療育相關卻有所不同的臨床和教育任務，例如：評估等。第二，定義提供了擬定個別化方案目標所需的架構。為促進任一研究領域的進展，至少在長期或短期目標上需有一些共識，依Yogi Berra所述，「當你不知道你正走向哪裡時，你必須非常小心，否則你將永遠無法到達目的地。」療育的功能性定義提供專業人員「如何到達目的地」的指引。最後，定義提供專業實務操作和研究等基礎之推論的洞察。

許多教育和心理學學者嘗試定義療育。Rhodes 和 Tracey（1972）將療育描述為任何欲治療孩子和環境間不協調（ill-fit）的直接動作。Suran 和 Rizzo（1979）提出，療育是促進孩子持續性健康發展的專業努力。部分研究者（Adelman & Taylor, 1994）強調在他們早期療育定義中的計畫性和非計畫性結果。最近，Hanson和Lynch（1998）廣義地將療育定義為：「整合障礙或發展障礙高風險群及其家庭之教育、醫療照護和服務等目標之全面性的服務總合。」

這些定義在某個程度上相互重疊，且每一定義皆成為瞭解療育的起點。然而，就某個層面而言，每個定義皆是不足的，例如Rhodes 和 Tracey 並未說明療育的結果。療育會有許多不同結果，有些是希望得到的、有些則是不希望出現的結果。縱使有強力的研究基礎可幫助釐清計畫性療育結果將為何，但一些非期待的結果還是會發生。依此觀點，Adelman和Taylor（1994）強調，出現之正面結果可能是非預期的，且不希望發生的結果亦會伴隨著計畫性結果出現。

如同 Hanson 和 Lynch 所提出的定義，僅考量問題或障礙的定義，也有其限制。療育不應主動地意味已出現嚴重問題，縱使療育通常是矯正（remediate）問題或需求情況，但療育也可用來建立和維持正向功能，例如：預防是避免問題發生的療育。若我們

採如此廣義地定義療育，則每個人在某些發展階段皆將需要某種
151 形式的療育。而最根本的問題為決定何時進行療育、誰將參與療育，及療育的範圍和種類為何。

最後，療育定義應解釋為，例如：學校和當地社區等超越個人和目前家庭之社會系統的環境影響。療育是在環境中落實，而非只是單純地適用於個人，值得注意的是，個人功能和發展總是在一特定情境下產生。為符合本章主旨，療育的定義是廣泛的，意指結果（正面和負面的、期望和不期望發生的）、療育方案所引發的情況（正面和負面的），及影響療育和被療育影響的多元系統（個人、家庭、學校和社區）。因此，我們將療育定義如下：

> 療育是一種直接、有目的之過程。它是刻意地運用資源，以發展、改善或改變個人、環境或個人與環境間的互動。療育通常會產生的本質是正面或負面之期望和非期望的結果。

以家庭為中心的療育

嬰兒和學步兒早期療育之重要假定為家庭是療育服務的單位。在考量家庭需求時，嬰兒和學步兒療育目標應包括超越特殊教育法中對年齡較大之兒童所制定的教育目標，例如，一個有三個孩子的家庭，其中一個孩子需要持續性的照顧及使用人工呼吸器，對父母而言，所面對的挑戰之一即為，如何給予其他兩個孩子所需的時間和照顧。對該家庭而言，其相關療育目標是為該特殊兒童提供喘息服務（respite services），如此父母能有時間陪伴其他的孩子。該需求不但能強調早期療育，且應為早期療育方案所重視。理想上，父母在孩子任何年齡的教育和發展上，皆應扮演著積極的角色。

在本章一開始的故事中，潔西卡在她剛過三歲生日即接受早期療育服務。根據多專業團隊評估，該團隊決定潔西卡可能需要接受語言訓練（language enrichment），該團隊的專家相信，潔西

卡應會在公立學校中學齡前障礙兒童的**自足式特殊班級**（**self-contained class**）中受益。潔西卡的父母希望她能留在目前所在的兒童照護中心；潔西卡的姐姐現安置在該照護中心，而她的兩個哥哥也曾經安置於該中心。專業人員指出，自足式特殊班級的老師是業經訓練的合格教師，且教師會提供深入的療育方案。潔西卡父母相信快樂學園的老師，並認為潔西卡與姐姐一齊就近接受療育有其意義，且潔西卡的老師是他們熟悉且值得信賴的，因此團隊同意提供諮詢式語言服務予快樂學園的人員。知識寶盒 4.1 道出家庭在療育過程中的重要角色。

多元文化和早期療育

因為美國是民族
大熔爐，所以尊 152
重文化信仰、價值和實務操作等的獨特性——鼓勵新移民到美國成為大「美國」一分子的同時，亦保留他們的文化認同，該信念在教育安置上至為重要。

以家庭為中心之療育方案日趨重要和與我們息息相關之原因，在於其於多元文化社會中提供服務。美國社會包含社群和個人之多元、動態和互動的樣貌，在 1970 年，美國有 12%低於五歲的幼兒不是白人。在 1984 年，美國出生嬰兒的父母有 36%是非白人或非英裔之美國人（Research and Policy Committee of the Committee for Economic Development, 1987）。在 1990 年代前，美國的多元化變得益趨明顯，例如 1990 年人口普查發現，美國公民所說的語言超過三百八十種（U.S. Bureau of the Census, 1990）。兒童防禦基金會

知識寶盒 4.1　家庭在早期療育的角色

在《99-457 公法》Part C 中的融合部分，議會認為家庭是兒童生活的整合面向，且療育服務是家庭的權利。縱使該法案和其後續修正法案皆清楚地要求家庭參與孩子的早期療育方案，但家庭參與的定義本身卻難以捉摸。Bailey（2001）確認了三項家庭和早期療育的主旨。首先，他指出個別化家庭參與方式的重要性，且應考量文化多元性、家庭資源和家庭偏好。第二個重要觀點為，期望家庭在計劃和實行兒童療育方案中成為積極和作決定的角色。最後亦可能是最重要的，Bailey 描述家庭是「最終的決定者和孩子的長期照護者」（p. 1）；因此，療育必須具備增進家庭為他們孩子倡導權益（advocating）之能力和信心的目標。

（Children's Defense Fund, 1989）預測在 2000 年以前，與 1985 年相較下，將會「多出兩百四十萬的西班牙裔兒童；多出一百七十萬的非裔美國兒童；其他種族的兒童將多出483,000人及多出66,000個非西班牙裔的白人兒童」（p. 116）。而針對 2030 年的預測結果更是變化劇烈，預計將會減少六百二十萬非西班牙裔的白人兒童，該預測也表示了將近一半的學齡兒童不是白人。當有色人種的兒童數增加時，我們可預測，需要早期療育服務的非英裔美國人的兒童人數將增加。然而，只有一些少數民族成為社會服務的專業人員，而大多數提供早期療育服務的專業人員卻是白人。

現今和預測之介於服務提供者和家庭的文化不協調，形成了教育專業人員的新挑戰，因為早期療育從業人員和家庭皆抱持著想幫助孩子的目標，所以深植於文化的潛在衝突便可能不幸地發生，因為人們從出生開始即受到文化影響（bathed in a culture），
153 故會產生這些潛在的文化誤解。Brown和Lenneberg（1965）發現，孩子可能早在五歲時即建立了文化認同。因為我們的原生文化是我們價值、態度和行為等根深柢固的一部分，因此，我們很容易錯誤地去詮釋第二種文化。在任何情況下，文化對於早期療育的衝擊是無庸置疑的。

縱使許多老師、健康照護專業人員和心理師常宣稱著「文化議題」，但對文化的定義卻並未達成共識，即使有許多**文化**的正式定義，但 Turnbul、Turnbull、Shank 和 Leal（2002）指出，許多不同因素形塑我們的文化觀點。然而，大部分專業人員不依賴教科書的定義。相反地，他們推論每個人對於所謂之**文化**皆有隱約的（implicit）理解；然而這些隱含定義常導致專業人員間及服務提供者和家庭間的意見分歧和誤解。Frisby（1992）發現，**文化**一詞對不同的人代表著不同的事情：

> 文化 A 代表著與人們可取得的科技或地理所在之相關服飾、生活形態、價值和傳統的差異。例如：一些人類學家在討論歐洲或美國社會時，認為這就是西方或現代文化。
>
> 文化 B 等同於種族和族群團體的人類成果。例如：

當學校慶祝黑人歷史月（Black History Month）時，學校行政人員和教師鼓勵學生去探索「黑人文化」的基本原則。

文化C代表著引導個人認同特定團體的一般態度、價值和信仰，例如：許多非裔美國社區領導者聚集了許多支持，因為他們能清楚地陳述在美國的「黑人經驗」。

文化D代表著個人所面臨的當下情境。例如：許多人類學家和政治人物支持「貧窮文化」和「學校文化」的觀點。

文化E與表面生活形態的選擇有關。例如：在1970年代晚期有「龐克文化」（punk culture），藉由他們的音樂、服飾和外表很容易辨識出這些文化的成員。教師和語言學家在將某種語言形式界定為「黑人英文」（Black English）時，便會使用該文化定義。

文化F等同於種族文化，這種文化的隱含定義是最膚淺和簡化的，該文化的定義無疑地亦是家庭和專業人員間產生誤解的主因，因此當論及某家庭具文化差異時，只是單純地指該家庭是不同種族嗎？

我族中心主義：其觀點為在不考量他人的背景下，強調自己的文化、民族信仰、態度和傳統，且常常認為他們自己及其文化才是「常態」。

早期療育從業人員的主要考量之一，應是如何提供有效和可信賴的服務，且該服務能對於擁有不同語言、文化和經驗的家庭之所需保持高度敏感。反偏見課程目標將於知識寶盒4.2中討論。

154

有效家庭參與的阻礙

縱使有立法規定和專業人員的努力，父母常常還是無可避免地被排除在早期療育計畫過程中，部分父母參與之困難源於過去提供服務的方式，傳統上，教育專業人員將療育聚焦於兒童。然而，隨著《個別障礙者教育法案》強調以家庭為中心的療育方式，專業人員看待自己和家庭的方式則產生了本質的轉變。Bailey、Buysse、Edmondson 和 Smith（1992）歸納了四項以家庭為中心之實務操作的推論，這些推論，根本地將療育焦點從個別兒童轉向整個家庭（p. 299）：

知識寶盒 4.2 反偏見課程

為讓兒童發展健全的自我認同，教育環境必須不只是接受，且亦尊重和肯定兒童的原生文化。逐漸地，學齡前學校檢視並修改課程，以消除某文化或團體對另一文化或團體的偏見，該過程稱之為反偏見課程。在該架構的目標是不論學生的種族、族群、宗教、性別、社經地位或障礙等，確保所有學生皆感受自己為教育環境所肯定與接受。檢視和評估環境各層面以防止偏見是很重要的，例如：在牆上的圖畫是否顯示了男女在非傳統上的性別角色（例如：女性消防隊員、男性護士），或不同角色的有色人種是否穿著傳統服飾？教室中的風俗（customs）也很重要，老師應仔細考量該班級所應關注的節日。

比膚淺的教室布置和風俗等考量更為重要的是，教師傳達接受和尊重差異性予兒童的方式。例如：兒童可繪製自畫像的美術活動則是形塑認同、尊重差異性的最佳機會，且其幫助兒童發掘自己的獨特性。不將兒童劃分為「黑人」或「白人」，教師可使用更精確的語言，例如：「查士丁的皮膚是淺褐色的，且有許多紅紅的雀斑，正好與他紅色的頭髮相配；約瑟的皮膚是淺棕色的，且他有著漂亮的深棕色頭髮和眼睛。」

1. 兒童和家庭是緊密地聯結的。不管有意或無意，兒童的療育始終影響家庭；如同家庭的療育和支持也總是影響兒童。
2. 家庭參與和支持的療育方案似乎比單純聚焦於兒童的療育方案更為有效。
3. 家庭成員必須能選擇他們於方案計畫、作決定和服務傳遞等的參與程度。
4. 專業人員必須先顧及家庭對目標和服務的首要考量，縱使這些家庭的優先考量與專業人員的考量相左亦然。

除了從以「兒童為中心」到「家庭為中心」之療育派典的轉移外，尚有三種家庭完全參與的阻礙：家庭、系統和專業阻礙（Bailey et al., 1992）。家庭阻礙包括了缺乏親職技能（如：父母
155 本身即伴隨發展障礙）、沒有足夠資源（如：因為孩子的照護需求，故父母沒有時間參與會議）及態度問題（如：缺乏信心或自

信）。當這些阻礙出現時，專業人員需負責協助家庭克服，如此才能獲得較完整和有意義的家庭參與。

系統阻礙中最可能令專業人員感到沮喪的，乃在於提供服務的科層體制和機構所產生的阻礙。系統阻礙包括：缺乏時間和資源、根深柢固的科層體制，使得政策改變速度緩慢，及僵化的行政運作。例如：當專業人員試著去遷就家庭時，通常所面臨的一大困難是必須在下班後或週末開會，如此需工作的父母才能出席會議。縱使系統阻礙必須在主管階層才有權處置（addressed），但父母和各階層專業人員必須將他們的考量讓政策制定者知道。

政策制定者包括對於管理療育服務之政策和程序的人（如：管理人、相關官員、負責監督方案計畫和募款的州和聯邦政府人員）。

專業阻礙是因缺乏知識或技能，或因早期療育從業人員的態度問題而產生阻礙。當專業人員沒有在**培訓**（**preservise**）課程或**在職**（**in-service**）訓練中準備充足以有效地服務家庭時，或當他們缺乏經驗時，知識阻礙便油然而生。專業態度阻礙可能比缺乏知識或技能更為麻煩，因為該阻礙包括了專業人員對家庭能為孩子需求作決定之能力的基本推論。有時候，社會服務專業人員以我族中心主義（ethnocentric）態度進行療育，他們用自己的文化和經驗來判定正常、可期待和優良等的測量標準。如同一個專業人員提及，「我們似乎有種看法，即我們知道什麼對孩子才是最好的」（Bailey et al., 1992, p. 304）。

職前教育為在取得證照或受僱為教育專業人員前，對個人提供訓練。

在職教育為在員工取得證照或受僱後，提供在職訓練和專業培育的機會。

方案計畫

《個別障礙者教育法案》所強調的原則之一為，包括障礙幼兒在內的所有孩子皆需要有意義的教育經驗，該原則在 1997 年和現今《個別障礙者教育法案》修正案[1]中更進一步地被強調。為確保特殊需求兒童享有該種經驗的品質和豐富性，教育方案必須以個別化長期和短期目標為基礎，《個別障礙者教育法案》要求寫下長期和短期目標，且必須為每個特殊需求兒童製作個別化服務計畫，該計畫則為兒童介入方案的藍圖。本段落描述了計畫過程和該過程的產物：IFSP 和 IEP。

1 譯者註，此應係指 2000 年《個別障礙者教育法案》的修正法案。

步驟 1：評量

156

多專業團隊包括至少兩個不同領域的專業人員（如：語言治療師、職能治療師、早期療育從業人員、心理師）。

計畫療育方案的第一步驟為確認優勢和需求。在大範圍內，該過程的成就及療育方案根本上即仰賴第一步驟的成功；也就是孩子的評量。在早期療育，評量總是透過多專業團隊評估和深入地評量孩子各個發展層面。法律已規定，評量至少應有兩個專業領域（如：心理學、特殊教育、普通教育和物理治療）的專業人員參與。

許多評量專家建議，貫專業團隊評估為確認幼兒之優勢和需求最周全和有效的方法。如同本書第三章所述，貫專業評量是由數個專業領域之專家所組成的團隊，其透過獨特地結合評量兒童所需之方法和過程來達到共識。在實務上，該合作性、貫專業取向減少了評量和療育服務的重複性，因評量聚焦於收集撰寫兒童之個人服務計畫所需的資料，例如：在貫專業模式中，不同領域的專業人員相互合作，以取得計劃兒童服務所需的資訊。

貫專業團隊如同多專業團隊，包含至少兩個不同領域的專業人員，但這些專業人員更加緊密合作，以分擔評量和療育活動。

貫專業模式與傳統的多專業模式評量不同，在多專業模式中，不同領域的專業人員獨立地執行自己的評量，且不會考量其他專業人員的評量結果，因為各發展領域（如：語言、認知和動作領域）的測驗活動本身即具重疊性，故評量中亦出現重疊，例如：心理師和語言治療師皆對孩子回答「什麼是乳牛？」的能力感興趣，當語言治療師可能評估孩子使用語言作自我表達的能力之同時，心理師則可能關注於孩子的認知成熟度。與其在多專業評量中，問孩子兩次同樣問題，不如在貫專業評量中，由其中一位專家主導該問題，且後續雙方可一起詮釋孩子的回答。

評量中多元文化的考量

來自不同文化的家庭，在現階段療育過程中面臨特別的挑戰。許多判定兒童發展和認知能力的測驗和程序受到家庭、教師和心理師批判，認為它們對於族群和少數群體有偏見，例如：反對IQ測驗的人士常辯稱，這些測驗只測量主流和西方文化認為重要的技能和能力，因此，這些測驗對於來自非西方或非主流文化的孩子而言極為不利。測驗偏見是一複雜議題，部分原因源於我們不能精確測量許多行為和心智過程，例如：在一些文化中，孩子是以在成人面前，特別是在陌生人面前表現得較有節制來顯示尊重對方，因此當他們受測時，這些孩子可能與施測者較少進行有意義的互動，在這樣的情形下，專業人員可能無法清楚得知這些孩子的潛能及需求。其他研究者亦發現，得知自己正接受測驗的孩子，比未察覺正式測驗之要求的孩子表現得較好，很明顯地，部分文化——特別是美國的主流文化，比其他文化在測驗情境上有較多經驗。簡單地說，孩子的文化經驗會大幅地影響測驗，因此，療育專業人員必須詢問一些困難但必要的問題。兒童是否曾因客觀地評估其真實需要或因部分社會服務專業人員的價值判斷，而 157
轉介到早期療育服務？篩檢和評量工具是否適合孩子的語言和文化背景呢？家庭是否參與評量過程，或被排除在外呢？是否有重新評量的機會呢？

縱使許多服務遞送系統仍採統一規格（onc-size-fits-all）的評量規則（protocol），但許多研究者和實務操作者仍提倡，評量設計必須能反應出家庭和孩子的獨特需求、關切，和優先考量（Sattler, 1992）。量身訂做（customizing）的評量，讓兒童家庭感到其文化差異在整個介入過程中皆受到認同與尊重，在潔西卡的案例中，因為她家人在家都說西班牙語，故在潔西卡的評量團隊中應有人精熟西班牙語，如此才能與她的父母會談並為潔西卡施測。潔西卡因語言問題而被轉介的事實，使得對會說其母語者的需求更加急迫。

步驟 2：個別化服務計畫

什麼是個別化服務計畫？

一旦確認了孩子的需求和家庭的優勢、關切和優先考量後，療育計畫即有詳細輪廓。對於三歲或三歲以上兒童所做的方案計畫稱為 IEP。嬰兒或學步兒的服務目標皆記述在 IFSP 中。縱使大部分三歲以上兒童依照 IEP 接受服務，但聯邦法規允許州政府對學齡前兒童使用 IFSP，或對在當年要轉銜進入學齡前方案的兩歲幼童使用 IEP。IEP 和 IFSP 係法定文件[2]，是《個別障礙者教育法案》所要求的，且法律對於兩者內容皆有清楚明定，《個別障礙者教育法案》所要求之IEP和IFSP的要素，記述在圖4.1和4.2；後續段落將簡短地比較和對照該二方案計畫（較詳細的IEP、IFSP討論和方案計畫的法規要求，請參閱第一章）。

IEP和IFSP的**相似點**：如同圖4.1和4.2所示，IEP和IFSP皆是提供孩子服務的特定長期和短期目標的記述。據此，兩種計畫皆需依照評估該服務的標準和程序，來擬定孩子將獲得的特定服務。IEP和IFSP皆清楚地記載服務起始及持續的時間。此外，縱使在用詞遣字上有所不同，但IEP和IFSP皆落實服務環境的合法性，強調必須在**最少限制環境**（**least restrictive environment；簡稱LRE**）下提供服務，當只有專業、一對一的服務才可滿足孩子的教育需求時，才將特殊需求兒童安置在特殊教室（classroom）或醫療場所（clinic）。1997年《個別障礙者教育法案修正案》中清楚地描述著上述規定，該法案要求，當孩子沒有在自然環境下接受服務時，必須提出正當理由。最後IEP和IFSP皆涵蓋了兒童下一個生活階段之轉銜的提供。

最少限制環境指讓特殊需求兒童的教育安置類似於一般同齡發展兒童的安置。

158 IEP與IFSP的**差別**：IEP與IFSP縱使有許多相似點，但仍有許多
重大歧異，有些差異看似微不足道，但對於服務提供方式仍隱含
重大意涵，例如：雖然兩者皆描述兒童現階段功能，但IEP只強
159 調兒童的教育表現，而IFSP則要求廣泛地記述兒童的整體性發展。該論述表示，IFSP著重家庭所考量的面向、資源和優先考量及兒童的五項特定功能領域：生理發展、認知發展、語言發展、社會心理發展和自我協助技能。因為IEP較不強調家庭面向，故只包括個別兒童的特徵。

---

[2] 譯者註，台灣2004年（民國93年）依修訂《特殊教育法》第27條：「各級學校應對每位身心障礙學生擬定個別化教育計畫。」（特教法施行細則第18、19條亦有規定。）另外，IFSP在國內並無法律規定，但社工界有針對特殊學齡前兒童製作並實施。

1. 孩子在下列領域中之能力現況的描述： 158
   a. 生理發展
   b. 認知發展
   c. 語言發展
   d. 社會心理發展
   e. 自我協助技能或適應行為
2. 描述家庭的資源、優先考量和關切。
3. 期望療育方案為家庭或孩子達到的效果。其應包括用來決定成功與否的標準、達到目標的時間表和是否需要修正或重新修改服務內容或結果的情形。
4. 特定服務——包括頻率、深度和方法——其用來傳遞早期療育服務。此外，應包含開始服務的確切時間和期望的服務持續時間。
5. 描述實行療育的地方，包括「自然環境」（即指相對於特殊醫療機構或學校情境的融合環境）。
6. 負責監督計畫實行和協調不同機構責任之服務協調人的姓名。
7. 服務開始和結束的日期。
8. 描述孩子從早期療育方案到學齡前方案（從 Title I 和 Title II）之成功轉銜所必要的服務。

圖 4.1　IFSP 的要素

資料來源：Data from *Birth to Five: Early Childhood Special Education*, by F. G. Bowe, 1995, New York; Delmar.

1. 描述兒童現階段的教育表現。
2. 年度長期和短期教學目標。
3. 提供予兒童的確切教育服務。
4. 兒童能參與普通班級或教育活動的範圍。
5. 服務的起始及持續時間。
6. 判定目標是否達成的客觀標準、評估程序和時間表。

圖 4.2　IEP 的要素

資料來源：Data from *Birth to Five: Early Childhood Speical Education*, by F. G. Bowe, 1995, New York: Delmar.

另一差別是與方案目標訂定方式有關。IEP 必須包含確切的短期目標，而IFSP的目標則是較一般性的，且包含期望結果但非明確之長、短期目標。與 IEP 相較下，IFSP 允許三歲以下幼兒的早期療育服務可在詳細方案細節設計完成前即開始執行。IFSP 每六個月評估一次短期目標，而非像 IEP 般，只要每年評估一次即可。這些規定顧及嬰幼兒的快速發展與及時療育的重要性。

家庭參與方案計畫：IEP 和 IFSP 的一項重要差異為，法律規定專業人員在為三歲以下兒童提供早期療育服務時（服務通常以 IFSP 為基礎），需顧及家庭的資源、優勢和優先考量點。提供服務方式隱含著本質差異，且反應出療育哲學的基礎差異。縱使法律容許 IEP 包含對父母的教導，但該教導並非強制性或被重視。然而，因為 IFSP 聚焦於家庭的資源、優勢和優先考量點，故應詳述以家庭優勢為基礎而設計的目標，以促使孩子功能達最佳化。

早期療育過程中，家庭角色無所不在，其強調了專業人員需要有效地與家庭成員一起工作。以建立家庭與專業人員間夥伴關係的第一步而言，Lynch 和 Hanson（1993）建議，療育專業人員應學習家庭所置身社區之不同團體的特定文化資訊，藉由文化協調者或社區指導員的協助，專業人員可學習及體認到家庭的形態、信仰和運作。這些資訊在描述家庭參與兒童療育之層面上很重要，這些參與層面是由個人偏好、缺乏的資訊或文化差異所形成的。事實上，美國主流觀點所認為較不需被重視（passive）的差異面向，但對另一些家庭和文化可能認為是深具影響力（active）、必須參與的（Lynch & Hanson, 1993）。然而，縱使家庭完全沒有參與計畫過程，但在下決定過程中，療育從業人員仍不可將家庭排除在外。為確保方案計畫會議中理想的父母參與狀況，Lynch 和 Hanson 提出了下列數個步驟。

- 維持家庭融入的定義，了解在許多家庭中，延伸性（extended）家庭成員和非法定的家庭成員（如：乾爸、乾媽）仍深入地參與兒童的照顧和相關決策決定。對家庭而言，讓一些對他們重要的人，包括牧師、朋友和親戚等一起參與會議是很重要的。
- 調整會議，以讓會議的進行步調符合家庭成員要求，對某些家庭而言，這可能代表著舉行預備會議，以讓家庭和貫專業團隊成員彼此認識。

160

- 許多家庭可能對美國式官僚制度感到壓迫感。在該情形下，療育從業人員必須先與家庭會面，且準備向貫專業團隊說明家庭的觀點。專業人員也應預想，並回答家庭可能沒想到要問的問題。
- 長短期目標和結果必須與家庭文化相符，且應反應出家庭本身所認為的需求和優先考量點。
- 確認對家庭有所助益的社區資源，特別是可理解家庭所說之語言、分享家庭特定經驗與文化等的資源（Lynch & Hanson, 1993）。

在潔西卡的案例中，潔西卡父母住在潔西卡外祖父母（潔西卡母親的父母）家的隔壁。因為潔西卡的外祖父母對於潔西卡的家庭生活具有重大影響，因此潔西卡父母邀請他們參與會議。經由參與會議，潔西卡的外祖父母從原先反對評估，到後來對於潔西卡的優勢和需求有較佳了解。根據潔西卡的母親所述，潔西卡的外祖母已較能支持且不排斥潔西卡母親的考量。

了解不同家庭對早期療育有不同看法，且他們的態度對家庭參與程度有直接影響是至為重要的。對某些家庭而言，早期療育的基本概念可能與他們原本的看法相異或難以令其接受，早期療育隱含的主要推論之一是家庭和孩子的狀況會有所改善。部分家庭，特別是新移民（those new to this country），可能會抗拒改變，且視療育方案為家庭團結的威脅。縱使在美國已生活好幾代的家庭，可能亦會將早期療育從業人員立意良善的服務視為干擾，若家庭成員中有非法（undocumented）移民者，他們對於服務提供者更可能深感畏懼。

通常，家庭對於療育方案的態度與其對障礙情形和成因的認知有直接關聯，Hanson、Lynch 和 Wayman（1990）發現，家庭對障礙的看法差異很大，有的家庭強調命運的角色，而有些則將責任歸咎於家庭成員，並因孩子的障礙問題責怪自己。例如：越南家庭可能將孩子的障礙視為命運的挑戰（stroke），且認為療育是無效的，因而拒絕療育方案（Green, 1982）。其他文化則可能視障礙為一種罪惡的懲罰，某些美國印地安文化即認為，孩子出生前，孩子自己即已決定要帶著障礙出生。透過瞭解和尊重文化差異，專業人員可避免誤解，並可與孩子最重要的資源——家庭，建立起正向夥伴關係。

誰負責寫個別化服務計畫？個別化服務計畫，包括 IFSP 和 IEP，應由孩子父母和至少兩個早期療育專業人員共同合作制定。除這些人員外，團隊成員應包括其他家庭成員（如：祖父母或兄弟姊妹）或由家庭委任的個人父母權益倡導者（parent advocate）、服務協調者、評鑑人員和早期療育從業人員。1997 年《個別障礙者
161 教育法案修正案》擴大 IEP 團隊成員範圍，該法案規定了特教老師和普通教師應參與，且若適當的話，「能解釋評估結果對教育有何意涵的人員」及「其他由父母或機構自行決定之專精於兒童需求的專業人員」亦可參與。例如：負責腦性麻痺兒童方案設計的團隊可能包括物理治療師，但若孩子的主要障礙問題為說話和語言，則團隊成員可能不會有物理治療師。許多專業領域提供早期療育服務且負責撰寫 IEP 和 IFSP。團隊成員包括了聽力學、教育、醫學、護理、營養、職能治療、物理治療、心理學、社會工作、特殊教育和說話—語言治療等專業人員，但不以上述人員為限。

什麼時候撰寫個別化服務計畫？IEP 或 IFSP 應在轉介孩子服務後四十五天內完成。一般而言，該計畫是在孩子父母和提供服務之專業人員的會議中完成。該第一次正式會議是非常重要的，其代表了孩子參與教育系統的開始，嚴格來說，這亦奠定後續父母和專業人員的互動方式。該會議的目標是讓父母和專業人員同意下年度（或者若是對三歲以下兒童，則指往後六個月）的服務計畫。當所有計畫團隊成員——最重要的是父母，簽署了該書面協議後，則便使其成為正式文件。

如何撰寫個別化服務計畫？很清楚地，個別化服務計畫是非常重要的文件，該文件決定了兒童所接受之服務的本質和程度，然而大部分情形中，忙碌的專業人員視 IEP 和 IFSP 只是完成紙上作業，當他們抱持著如此態度，他們便不會認真地撰寫服務計畫，

因而導致該文件效用不大，且未能仔細規劃服務方案。因為服務計畫的撰寫對有效療育具有重要意義，茲將撰寫實際運作的長、短期目標之策略敘述如下。

聯結評量和療育：服務計畫的長短期目標是根據評量所收集的資料所擬定，因此，撰寫服務計畫需從（貫專業）團隊的評估報告開始。當思考適當長期目標時，團隊不只應考量孩子需求或劣勢，同時亦需致力於擬定反應家庭資源和關注的文件。考量了每項目標後，即產生了以孩子和家庭優勢為基礎的療育策略。有效服務計畫包含了可使得團隊在療育（address）兒童缺陷時，得以確認孩子及其家庭的優勢與資源。

撰寫目標：目標是描述實務操作細節及孩子在六個月內（對IFSP而言）或一年內（對 IEP 而言）所期望達成的任務。目標代表著可觀察、逐漸達到目標的步驟，包括了自然情境和一般課程中的最大參與。縱使該程序看似淺顯易懂，但許多專業人員發現，撰寫合適、有所助益的目標仍是他們最艱鉅的任務之一。在許多層 162
面上，IEP 和 IFSP 目標相同；兩項文件擬定和選擇目標的基本順序也是一樣，其基本差異在於IFSP目標包括家庭和以孩子為中心的結果。透過詢問以下問題，專業人員將更能完成任何服務計畫的目標，且為孩子和家庭帶來正面改變。

1. **父母是否有意義地參與目標擬定？**為確保方案實行中理想的父母參與，IEP 和 IFSP 目標必須反應出家庭的優先考量和關切。若療育目標對家庭而言具有意義，則父母較願意參與早期療育方案。專業人員必須謹慎，不要將他們自己的價值觀和選擇投射在家庭上，且只針對家庭所關切的議題提出意見（Bailey, 1988）。此外，目標必須考量每一家庭成員的獨特優勢和限制。養育孩子是件複雜工作，且照顧特殊需求兒童的某些層面，對一些家庭而言可能格外困難，例如：許多低社經地位家庭因貧窮而面臨每日許多的生計困難，該情形可能導致無法達成部分個別化計畫的長期目標，而若家庭掙扎於滿足基本生存需求，則他們根本無法計畫未來。職是之故，個別化計畫應結合如：失業和缺乏足夠衣服和食物等家庭問題。

在服務計畫能鎖定家庭需求前，專業人員和家庭必須共同努力，以確認療育方案及優先處置任務，該過程在早期療育中稱為**家庭評量**，這是療育方案的成功之鑰，目前已發展出許多工具和技術以執行家庭需求和優先考量的評量。理想上，專業人員應使用一些方法，包括面談和問卷等來取得有關家庭需求和優先考量等資訊。

> 自足式班級的安置是提供特殊需求兒童教育或治療服務的特殊設計。

2. **目標是否具功能性和適齡？**長短期目標必須根植於兒童社會系統和環境中的功能性活動；即長短期目標必須是實用的。畢竟，早期療育的宗旨是強化兒童在家庭和環境情境中的功能。因此以療育目標而言，很重要的是，應僅包括可改善兒童在環境中之功能的活動。很清楚地，這表示會考量孩子所在的一般環境和孩子的特定特質。此外，若兒童的損傷限制其參與普通教育和社會情境的活動，則療育計畫必須以幫助孩子儘可能參與自然情境活動為主，因而顯示了確保孩子在自足式情境中仍會為了轉入普通班級而預作準備。

   功能性目標同時也是設計來幫助家庭，使其在照顧孩子上更得心應手，例如：在伴隨精細動作損傷女童的案例中，功能
163 性目標之一可能為加強自己穿衣的能力。另一方面，非功能性目標可能包括改善女童完成插洞板遊戲的時間。縱使第二項目標能增加孩子精細動作領域的經驗，但它與幫助孩子獨立作業的目標，充其量只具有很淺（remote）的關係。

3. **目標符合實際嗎？**在考量兒童的特定優勢和環境需求下，目標必須是可實現的。達成的目標透過改善照顧者自我效能的認知，進而增進孩子和家庭的自主，若因期望不切實際而無法達成，則家庭成員可能將其詮釋為失敗的證據。更糟的是，特殊需求兒童的家庭若一直認為孩子沒有進步，則該家庭可能會對社會服務感到失望且拒絕（isolate）服務，或過度地依賴社會服務。

   預防不切實際目標的方法之一為建立長期和短期目標。長期

目標考量了家庭成員對孩子的期望，且在後續數年皆使療育方案遵循家庭的優先考量點而執行。另一方面，短期目標則扮演著維持療育方案施行，及協助家庭和專業人員在可能需好幾年來實踐目標前，不會感到沮喪或被徹底擊垮。

將目標劃分為數個小部分的過程稱為**工作分析**。當家庭和療育從業人員確認了孩子能力現況與目標後，下一階段即是進行工作分析。在該階段中，確認了達成最終目標所需的技能。若有需要，則將這些技能劃分為更小的副技能（subskills），直到孩子可以執行該工作為止。為讓工作分析過程有意義（appreciation），思考你每天所做的一件簡單工作，例如：刷牙。然後想想這看似簡單之例行工作的每一步驟，首先，你必須找到並拿起牙膏，然後轉開蓋子，接著你可以拿起牙刷，然後用另一隻手擠牙膏等等。大部分的人只需使用最少的心智和生理能力即可完成該工作，但對於伴隨精細動作損傷的孩子而言，每個步驟皆需要高度的專注和深入練習。

4. *目標能涵蓋所有學習階段嗎？*學習新技能的過程，可以五階段說明：習得、精熟、維持、類化和適應（Haring, Whilte, & Liberty, 1980, in Wolery, 1989）。**習得**是學習的最基本階段，其表示孩子成功地完成一項技能的基本要求。**精熟**表示孩子能很順暢及快速地完成工作。維持和類化是相關的，其中**維持**表示孩子能在類似於訓練的情境中執行工作，而**類化**表示孩子能在不同於訓練的情境中執行工作。**適應**指達成目標的最高階段，因其反應了孩子修正技能以符合環境需求或狀況的能力。通常療育目標終止於習得階段，一旦孩子能正確地完成工作，則就認為達成該目標，然而，如此並未保證孩子能在
其他情境中運用該新技能或真正地改善孩子的日常功能。 164

步驟 3：執行療育方案

當擬定目標後，必須去執行。執行療育方案包括將目標和欲達成結果轉化成計畫性活動方案。如同服務計畫是服務傳遞的個別化藍圖，同樣地，每個孩子的執行過程都是獨一無二的。兩個

孩子可能有相同目標，但達成該目標所執行的服務卻不一樣，且其是以每個孩子的獨特狀況及提供服務方案的哲學和資源為基礎。

確定資源

執行的第一步驟是確定詳列於服務計畫的預定目標和結果。資源雖可能以不同方式呈現，但它卻是療育從業人員的執行（trade）工具。縱使法律規定，以孩子需求——並非機構資源，來引導所提供的服務，但其所代表的是，所提出之孩子需求可能會因可用資源而有所不同。

家庭資源：孩子最重要的資源是主要照顧者（Gutkin & Curtis, 1990）。因此執行療育方案時，必須考量主要照顧者的資源和優先考量點。例如：主要照顧者沒有可用的交通工具，除非孩子到達診所的問題能被提出解決，否則包括診所為基礎的治療則注定會失敗。此外，當家庭情況改變時，則需定期重新評量照顧者的資源，許多無預警事件可能干擾或增強家庭成員支持或參與孩子療育方案的能力。負面事件（如：生病、突然失業或車輛維修）可能突然改變家庭的優先考量點，且提供給孩子的服務也必須相應轉變。同樣的，正面事件（如：延伸性家庭成員搬到附近或工作升遷）亦可能使家庭承擔額外責任。

在確定家庭資源上，療育從業人員必須瞭解家庭發展階段和其對孩子特殊需求可能造成的衝擊（Turnbull & Turnbull, 1986）。研究生命週期理論學者指出，所有家庭皆會經歷一連串影響家庭功能和需求的發展過程。一般生活事件，例如：新生兒誕生或工作等皆深深地影響家庭的心理和物質資源。因此對專業人員而言，執行療育方案時，對家庭需求和資源的改變保持彈性和敏感是很重要的。

專業資源：為避免提供給孩子的服務成為零碎或獨立作業（in isolation），執行專業建議和處置的重要工作必須由一位服務協調員
165 執行整合。服務協調員的責任是與孩子主要照顧者一同整合療育服務。對伴隨多元需求兒童或承受多重壓力的家庭而言，服務協

調員顯得特別重要。

因為方案執行是療育過程中最積極（active）的要素；其亦是最能凸顯家庭文化差異的階段，任何專業人員與父母合作的相關誤會，皆會在執行過程中顯現出來，避免這些誤會的方法之一即為社區嚮導（community guides）的參與。社區嚮導是熟悉家庭文化標準（cultural norms）、態度、傳統和看法，且備受尊敬的人。社區嚮導會視家庭期望而定，以決定其是否會成為團隊的一員，社區嚮導可能是宗教領導者、口譯者、長者或商業領導者。他們提供療育從業人員社區規範和期望的洞察，且確保家庭的社區資源來源，並以有意義的方式運用這些資源。

規範表示文化團體成員共同遵從之適當行為的信仰。

再者，必須確認療育專業人員及其努力能與主要照顧者相互協調。基於孩子的需求，這些專業人力資源應包括：心理師、教師、語言治療師、物理與職能治療師、聽力檢查師、醫師、牙醫或社工師。在社區中，這些專業人員資源可能透過當地學校、日間照護方案、啟蒙方案（Head Start）、心智健康機構、政府機關或私立非營利組織等加以確定。為討論之便，則劃分為下列四項專業資源領域：醫療、健康照護（allied health）、心智健康及教育資源。

醫療專業人員：對很多障礙兒童而言，特別是重度或多重障礙者，他們的障礙問題與醫療狀況息息相關，且常常在出生時或出生後不久即被鑑定出來。在一些案例中，這些鑑定在產前可透過羊膜穿刺或其他醫療技術執行（相關資訊請參閱第三章），於是這些障礙孩子的家庭會馬上與醫療專業人員產生關聯。若孩子的問題在出生時即被鑑定出來，則孩子的第一個醫生將是專長於新生兒照護和處置的**新生兒醫師**。

然而對大部分兒童而言，主要健康照護提供者是**小兒科醫生**或小兒科醫護人員。根據孩子的特殊健康照護需求，孩子可能需要不同類別的醫療專家。一些常與障礙幼兒接觸的專業人員包括：**胸腔內科醫師**（呼吸系統）、**神經科醫師**（神經系統）、**整型外科醫師**（骨骼和肌肉系統）、**心臟病理學家**（心臟和循環系統）及**內分泌專家**（內分泌系統）。對伴隨多重醫療需求的孩子而言，小兒科醫生通常扮演著醫療服務協調者的角色。對於非醫療療育從業人員（如教師和心理師）而言，小兒科醫師則是重要資源，且應視其為擬定兒童療育計畫的工作夥伴。

護理師也是障礙兒童的重要專業資源，許多醫療狀況需要日夜不斷的照護或經常性的醫療過程。基於經濟考量和家庭維持正
166 常生活的需求，許多兒童，特別是早產兒，在離院後尚需持續性進行醫療療育方案，這些孩子可能接受以家庭為基礎的護理照顧。在許多情況下，護理師成為主要照護提供者之一，且因而成為療育方案的必要人員。

健康照護專業人員：在該領域中所涵蓋的專業治療師包括：**語言治療師**（SLPs）、**職能治療師**（OTs）和**物理治療師**（PTs）。如同這些名稱所代表的，語言治療師關注與溝通和口腔動作問題相關的異常。許多障礙幼童伴隨著語言治療師所關注之接收性或表達性語言困難。此外，語言治療師為擁有一般語言能力、但無法清楚說話而產生溝通困難的孩子提供服務。同時亦有專長於說話和進食之口腔動作結構的語言治療師，其為伴隨餵食困難或結構性畸形（如：顎裂）而影響進食和說話的孩子提供服務。物理和職能治療師有些相似，他們皆關注於動作能力，然而，一般而言，該二專業人員可作以下區分，物理治療師主要關切如：走路、坐和跳等大肌肉領域或粗大動作活動；而職能治療師通常專注於如：寫字和繫鞋帶等小肌肉領域或精細動作。職能治療師也負責協助日常生活工作，且與經特殊訓練的語言治療師同時關注餵食問題。

依孩子的特殊需求，孩子亦可能需要其他健康照護專家，例如：視覺損傷兒童可能會接受評量視覺喪失程度和發展衝擊之視覺專家的服務，以提供早期行動訓練和建議兒童使用特殊設備（Thomas, Correa, & Morsink, 1995）。同樣的，聽力檢查師和聾童教育專家為聽覺損傷兒童提供服務。

心智健康專業人員：障礙兒童的家庭因參與早期療育方案和不同形式的社會服務，應會與許多心智健康專業人員接觸。**心理師**通常會執行兒童初步評量，且負責評估孩子的認知能力。除療育的

IEPs和IFSPs是經由孩子父母和早期療育從業人員的合作共同擬定

評量階段外，心理師還可提供悲傷諮商服務或處理特定問題（如：兒童行為問題）。

社工師是為特殊需求兒童家庭提供服務的另一心智健康專業人員。社工師對於社會服務和機構的獨特理解，使得他們自然地成為服務協調員的人選，縱使社工師並不是被設計來作服務協調員的，但在幫助家庭取得社會服務的管道上，他們常扮演著重要角色。此外，如他們所受的訓練、興趣和工作責任使然，社工師可提供諮商、親職訓練和其他心智健康服務。

教育專業人員：早期療育中最常見的專業資源可能是幼兒教育從
業人員。兩種主要幼教從業人員為**幼教老師**及**特殊幼教老師**。孩 167
子主要接受幼教老師或特殊幼教老師的服務，大致上係視提供服
務情境而定。幼教老師通常在以教室為基礎的幼教情境中，教導
一般發展的學齡前幼兒。另一方面，特殊幼教老師專精於教導障
礙嬰幼兒。

除不同的工作情境外，幼教老師和特殊幼教老師傳統上仰賴不同教育哲學和實務運作（Bredekamp, 1993; Burton et al., 1992; Wolery & Wilburs, 1994）。幼教老師所接受的師資訓練課程通常以建構主義為基礎；而特殊幼教老師所接受的訓練課程通常以行為理論為基礎（Smith & Bredekamp, 1998; see also Wolery, Werts, & Holcombe, 1994; Wolery & Wilburs, 1994）。傳統上，幼兒教育和幼兒

特殊教育往往具備不同方案計畫和服務，因此讓幼教老師和特殊幼教老師維持著各自獨立的教育哲學和實務運作（Smith & Bredekamp, 1998）。然而，最近更多特殊需求兒童加入幼兒教育班級（Sexton, 1998; Wolery et al., 1993; Wolery et al., 1994），以致幼教老師必須教導各種兒童，因此，雖然傳統上有針對教育專業人員作劃分，但當愈來愈多特殊需求兒童在普通教育環境中受教育時，幼教老師和特殊幼教老師間的區隔也就愈小了（例如：可參閱最近《個別障礙者教育法案修正案》）。

168 **療育地點**

特殊需求兒童接受服務的地點在過去幾年間已成為一項熱門討論議題。多年來，不同年齡層的特殊需求兒童在隔離場域中接受教育和治療等服務。例如：罹患腦性麻痺的幼童可能在「生理殘障（handicapped）兒童的學齡前班級」接受服務，或在治療師的診所接受物理治療，卻極少有機會與一般發展同儕互動，然而，近年來在一般情境中提供特殊需求兒童服務的情形有增加趨勢。這一連串服務方式的選擇，可從以診所或學校為基礎的自足式班級，到如下述之完全常態化（normalized）的情境。

自足式班級（self-contained settings）：自足式班級是傳統特殊教育服務方式。該安置方式以孩子因障礙問題，無法從標準化課程中受益，而需要深入一對一教學之推論為基礎（Odom & McEvoy, 1990）。該研究的回顧提出，該種課程對於部分學生（特別是如盲人或自閉症者等重度障礙者而言）可能是有幫助的（Heward, 1996）。同樣的，其他治療（如：職能、物理及語言治療等）傳統上皆在醫院或診所等隔離情境中進行。

在自足式安置的情境中，是使用**反回歸主流（reverse mainstreaming）**的方式，來增加障礙兒童與其他一般同儕（指一般兒童）接觸。在該方式中，一般同儕係在不同時段，參與特教班級或治療時段。

常態化情境：聯邦法規要求，療育方案應儘量在最少限制環境下執行。對於嬰兒和學步兒來說，此表示服務應於孩子的家中執行。以家庭為基礎的療育方案包括療育從業人員（如：幼兒特教老師、語言治療師、物理治療師或職能治療師）依據孩子需求及IFSP或IEP 目標，每星期或每兩個星期造訪孩子的家，並對孩子提供直接治療及對照顧者供給諮詢服務。依家庭需求和兒童年齡，療育從業人員可能在一般兒童照護的情境中如：學齡前學校或日間照護中心等提供早期療育服務。在此情況下，療育從業人員可能扮演著不同角色，例如：語言治療師可能在日間照護教室中為一群孩子提供服務，而這群孩子中可能只有一個障礙兒童。語言治療師亦可能成為普通教師或助理教師的諮詢者。該種服務方式已證實有許多好處（McWilliam & Bailey, 1994）；最明顯的是，讓療育方案成為孩子的例行作息，則孩子在日常生活中較可能使用該技能。另一好處為所強調的技能能在自然情境下發揮功能。然而，在決定最適當之提供療育服務的情境時，必須考量許多因素。以家庭為中心的療育服務情境中，必須儘可能地符合家庭偏好，而服務提供方式的相關決定，必須以個別的個案為基礎來下決定。 169

在選擇療育情境上，Bailey 和 McWilliam（1990）提出了兩個主要考量：有效性（effectiveness）和常態化（normalization）。**有效性**表示孩子特質與環境需求的交會（intersection）；也就是，在考量孩子個別特質的前提下，思考達到家庭所欲實現之目標的方法為何？例如：若家庭的優先考量是希望孩子發展社交技能，則最有效的療育方案可能是讓孩子留在普通班。另一方面，若家庭認為學習手語最為迫切，則孩子最好能安置在聽覺損傷兒童的自足式班級中。

常態化表示療育方案的主要目標乃是促進障礙孩子的「常態」經驗。此可透過療育地點和療育策略來達成。如前述，療育方案的地點必須符合最少限制環境；理想上，若孩子沒有特殊需求，最少限制環境則是指孩子所就讀或接受服務的學校、中心或方案計畫。療育策略和活動可透過強調功能性來促進常態化，例如：若療育目標是改善精細動作（如：拼圖、繫鞋帶、著色等）之適齡活動，則其會比非常態化活動（如：手指運動等）為佳。

融合的論辯

少數專業人員、父母或障礙者辯稱，早期療育和特殊教育的目標是促使特殊需求兒童能完全地融入一般孩子喜歡的情境或環境。在聯邦法規中也反應出上述早療與特教之目標。漸漸地，父母及特殊教育和相關領域的專家因而期望所有孩子，包括嚴重特殊需求兒童亦能參與完全融合。縱使完全融合存在不同定義，但倡導者將**融合學校**定義為：「每個人皆為其同儕和其他學校社群成員所接受、支持、並有所歸屬，且能滿足個別教育需求」（Stainback & Stainback, 1992, p. 3）。此外，在該學校中，不論兒童的障礙本質或嚴重程度如何，所有學生一起學習。Stainback 和 Stainback 聲稱，因為特殊需求兒童接受特殊教育從業人員的服務，因此，普通教育從業人員開始將特殊教育視為「不受歡迎」兒童或伴隨問題之兒童的傾倒場（dumping ground）。他們認為導正該觀念的唯一方法為完全地廢除特殊教育。

縱使強烈呼籲在所有情境中支持和接受障礙者的理想境界，但部分專業人員擔心，教育社群中的少數人在該議題上做得太過分了（Fuchs & Fuchs, 1994）。透過對於障礙兒童的完全融合之提議，較極端的融合倡導者提倡廢除一些特殊需求兒童的特殊服務，其他專業人員擔心這種改革不但不切實際，且可能威脅特殊需求兒童所獲得的教育品質。

顯而易見的，這些議題具複雜性和哲學性，且該論辯仍然方
170 興未艾。特殊需求兒童接受教育的學校或方式是否應作根本改革仍待觀察，在此同時，致力於特殊需求兒童教育的主要組織——特殊兒童委員會已發表了保持中立的聲明，特殊兒童委員會支持融合是有意義目標的想法，但其亦提倡從完全融合到特殊情境的不同服務形態（Heward, 1996）。該觀點的論辯認為幼兒和其家庭應由專業人員來提供服務，而這些專業人員應將他們個人立場置於一旁，且在擬定服務計畫時應採取方案計畫式的取向。延續著早期療育以家庭為中心的觀點，兒童接受服務的情境應是以家庭的優先考量和目標為基礎的個別決定。

策略發展

一旦確認資源和選擇了情境，下一個重要議題即是在服務計畫的架構中，如何使用這些資源來促進兒童的最佳發展。教學性、治療性策略是有必要的。數位研究者（Barnett & Carey, 1992; Bricker & Cripe, 1998; Dunst, Hamby, Trivette, Raab, & Bruder, 2000）建議，**自然的、活動基礎取向**是方案執行的最好策略。自然療育方案在服務傳遞中結合了環境變項，且訓練目標深植於日常例行活動。偏好自然、活動基礎的療育服務方案的原因如下。首先，若療育方案能與照顧者的現階段生活情況相聯結，則較容易成功。Bricker（1989）提醒我們：「家庭狀況本身即會指引出在哪裡、什麼時候、如何及從何種領域開始執行療育方案」（p. 165）。再者，自然情境中所要求的技能，較能類化到不同環境。技能的類化最好能透過「在計畫性療育方案中提供最不虛假、最不拖延和最自然正向順序的方式來進行。該計畫必須與自然發生的結果緊密結合」（Stokes & Osnes, 1989, p. 341）。第三，自然療育策略強調照顧者的能力和參與。最後，自然的、以活動為基礎的取向確定計畫目標和結果應是符合功能性的，且讓兒童和家庭認同其價值。對於受過良好訓練的教育從業人員而言，日常的家庭和社區環境，提供了與家庭最相關的真實情境中，不同且豐富的執行療育方案機會（Dunst et al., 2000）。

以活動為基礎的取向是強調使用自然發生活動作為「可教學」（teachable）機會的功能取向教學。

在自然療育方案的結構中，短期、可衡量的目標能促進新技能的習得。Hanson（1987）提倡使用工作分析來教導該目標。在工作分析中，先確認目標行為，然後再將其劃分為一連串為達該目標的小工作細項。例如：對於嬰兒的目標行為可能是讓他學會翻身，這一連串引導完成該目標行為的細項可能為：(1)嬰兒能將手臂伸展到一邊，然後翻動他的肩膀，(2)嬰兒移動腳，使其與肩膀成為一直線，(3)嬰兒轉到正面完成翻身動作。儘管工作分析主要聚焦於目標行為，但該方法亦為孩子和家庭提供學習過程的洞察，此外，強調可衡量目標亦會促進方案的評估。

Bricker（1989）建議結合以家庭和中心為基礎的執行策略。以家庭為基礎的策略通常適用於三歲以下的嬰幼兒。如本章前述，

171

專業人員定期造訪家庭且幫助照顧者執行所選擇的處置和活動。以家庭為基礎的策略，其好處是顯而易見的：父母參與會增加，且療育從業人員有機會觀察親子互動，此外，家庭訪問也會成為訓練父母的時段。

另一方面，以中心為基礎的模式則仰賴結構式的教室活動，且其通常適用於三歲以上兒童。「啟蒙方案」是以中心為基礎之策略的案例之一。以中心為基礎方案可能只包括特殊需求兒童（自足式班級）或伴隨障礙和無伴隨障礙的兒童（融合或回歸主流的情境）。縱使各學齡前學校抱持不同哲學觀，但他們通常強調為達到成功的小學生活，而去習得應具備之發展、認知、社交和自我協助等技能（參閱知識寶盒 4.3 學校準備）。

以中心為基礎的模式和策略，亦提供兒童對於在家所習得之新技能進行練習的情境。兒童在不同情境中的技能類化能力，對於成功地轉換到新的、較少限制環境是非常重要的。對家庭而言，以中心為基礎的模式，亦提供了家庭與其他父母互動的機會及所需之喘息服務。

哲學取向和發展理論

早期療育方案的重要差異之一為不同哲學導向。早期療育依賴豐富的發展理論歷史。縱使學校或理論沒有對與錯，但不同發

知識寶盒 4.3　學校準備

教育從業人員、政策制定者和研究者已證實了幼兒時期對孩子學校的成功具關鍵的重要性。啟蒙方案長期以來提供高品質的教育機會予因經濟不利而造成學校失敗經驗的高風險群兒童。為能服務更多兒童，許多州政府已著手設計，以提供高品質的學前經驗予所有兒童。這些方案計畫的目標大部分由國家教育目標委員會（National Educational Goals Panel）發起——所有進入幼稚園的孩子在認知、情緒、社會或動作等領域上，皆準備好去學習。當花費額外公共資金在早期教育的同時，特殊需求孩子與一般發展同儕（指一般孩子）一起接受療育方案的機會亦增加。

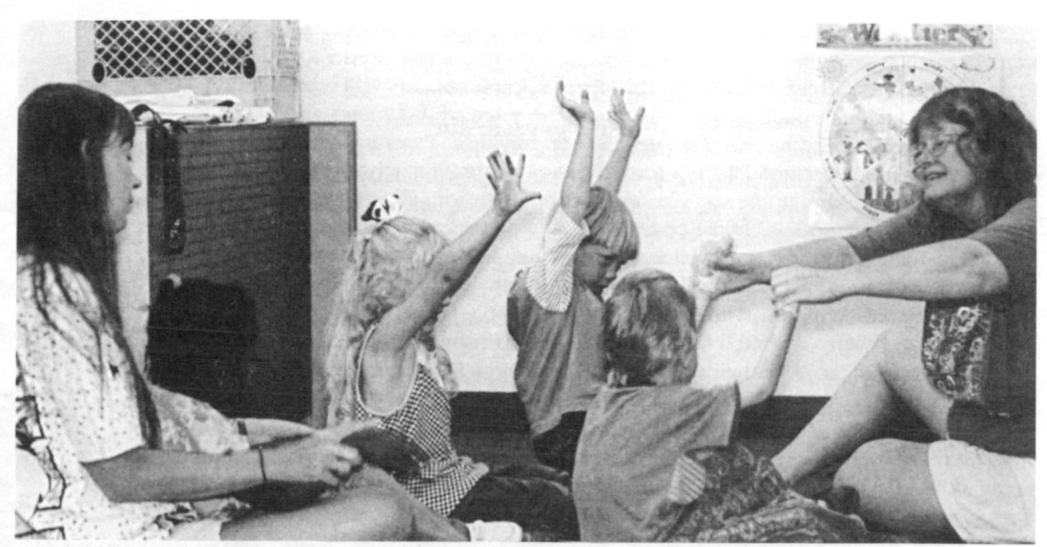

只要有機會，特殊需求的孩子應完全地參與「沒有特殊需求孩子（指一般孩子）」所喜歡的活動情境

展理論支持不同療育模式。此外，不同方案依其所強調的理論，著重於不同的發展領域。

為達有效性，療育必須以基本發展理論為基礎。不只所依據
的理論觀點引導方案執行，且因方案和專業人員皆受個人的理論 172
或哲學觀點所影響，故對於孩子發展的個人信念及其所認為最有
效的改變方式等，皆因個人信念而有所差異。在考量療育方案中
發展理論的重要角色時，以下段落簡短地描述了三個最廣為人知
的理論觀點：這些觀點以發展性、行為性和情境模式為基礎。

發展模式：發展模式強調孩子的生物學狀態（makeup）和成熟度，且主要以皮亞傑、杜威（Dewey）、艾瑞克森的理論為基礎，依此模式為基礎的療育方案假設，發展是順著孩子內在的自然發展時間表。當孩子遇到新的或不同經驗時，孩子即對現階段之問題解決方式產生不滿，且會產生應用新資訊和思考方式的動機。

沿用發展模式的療育從業人員相信，孩子探索和熟悉身旁事物是發自內在動機，例如：皮亞傑描述幼兒就像是透過主動操作來探索周邊事物的小科學家（Bowe, 1995a）。此外，該模式認為孩子最好且有效的學習方法，即為透過親身體驗和與真實世界互

動。然而，療育從業人員的角色是提供經驗和創造環境，以支持和促進孩子個人和自我指導的成長，Jerome Bruner 將該過程稱為「**發現學習**」（**discovery learning**），在該過程中，孩子在鼓勵探索的建構環境中成為自己的教師（Bowe, 1995a）。

173 沿用發展模式的專業人員（例如以皮亞傑的理論作為基礎者），常將他們的哲學觀稱為**適性發展課程**。適性發展由國家幼兒教育協會所定義（Bredekamp & Copple, 1997），其表示適齡（即：由理論家如：皮亞傑和艾瑞克森所描述之可預測的模式和階段）和個別孩子發展狀態（Black & Puckett, 1996）。蒙特梭利課程常被認為是沿用適性發展課程的幼兒課程案例，如同該名稱所示，蒙特梭利課程以二十世紀初期在羅馬工作的瑪麗亞・蒙特梭利（Maria Montessori）女士之著作為基礎。蒙特梭利方式包括沒有分級的教室、滿足每個孩子獨特教育需求的個別化教學、反應發展階段之循序漸進的教材和不執行懲罰（Richmond & Ayoub, 1993）。

行為模式：這些模式以行為心理學的結構性原則為基礎，不像發展模式，行為模式並不強調個人內在動機。取而代之的是，對特定目標行為是以增強、塑形（shaping）和示範（modeling）作為鑑別和教導。在這最簡單的形式中，其仰賴獎酬和懲罰原則：若孩子因某行為而受獎勵，孩子便會重複該行為；而若另一行為出現後，孩子即得到懲罰，則該行為出現機率便降低。與發展理論所引導的方案相較下，行為理論所引導的方案通常較傾向於使用直接的一對一教學。

行為理論的案例之一為**社會學習理論**，其強調孩子透過觀察和模仿來學習，該理論架構認為，行為因接觸到可模仿的榜樣（models）而改變，例如：對於因攻擊行為而無法與其他孩子適當地進行遊戲的個案，對該個案運用社會學習理論的療育方案時，便可能包括讓該個案觀看其他孩子玩在一起且沒有打架或爭吵。

情境模式：情境模式強調形塑幼兒發展中，環境所扮演的角色。在該模式中，會考量家庭和社區，及較廣義社會等所扮演的角色。

Urie Bronfenbrenner（1986）的**生態模型**是被廣為使用的療育架構。Bronfenbrenner建議，孩子、家庭、社區和廣義社會皆被視為影響孩子發展影響的同心圓（concentric circles of influence）。相同的，維高斯基（Vygotsky）的**社會歷史理論**[3]則常適用於障礙學生（Brown, Evans, Weed, & Owen, 1987），該模式有時稱之為功能性模式，因其強調習得促進孩子日常生活中自給自足和獨立之相關家務、職業和溝通技能等社會情境的重要性。如同我們所期待的，以該模式為基礎的療育方案，會尋求促進特定孩子的家庭之有力、支持性、社會性網絡的發展。

在情境模式中，Sameroff和Chandler（1975）發展出檢視個人特質和環境互動之交互作用（intersection）的轉換（transactional）取向。因其對上述二動力（dynamics）[4]的敏感性，該取向提供了 174
與早期療育特別相關的架構。在**轉換模式**中，Sameroff和Chandler建議，發展是由孩子和其所在環境（包括父母和其他照顧者）之持續性、動態和交互作用的循環所形成。透過相互互動概念的引導，轉換模式認為孩子不只受其所處環境影響，同時亦影響環境，例如：一出生即伴隨健康問題的孩子，其因健康問題而常常哭鬧。因母親無法安撫孩子，因此母親開始覺得自己不是個好媽媽。此外，因母親從這哭鬧孩子而得來負面的感覺，母親開始避免與孩子互動。結果因這個母親很少與這個孩子說話或互動，故導致孩子語言發展速度無法趕上一般孩子的發展，且到了學齡前時期，孩子即被鑑定為語言遲緩。顯而易見的，孩子的語言遲緩不是因其母親或孩子本身特質單一因素造成。取而代之的是，該問題實係起源於互動，或孩子特質及母親感受與行為的一連串動態轉換。

除這三大模式的明顯差異外，這些模式皆有獨特、強烈的共通點。貫穿所有模式的療育方案和相關理論為孩子是主動、有能力，和社會性的有機體（organism）。因此，縱然存在許多孩子發展所必然的生物性要素，但孩子和環境的互動亦會影響孩子發展

---

3 譯者註，其強調學習是學習者之文化工具（如社會互動）的內化過程，其中語言是最重要的內化工具。

4 譯者註，二動力應指個人特質與環境。

和廣大的社會情境。基於此，孩子發展結果是由生物性構成要素、環境和上述兩者間的轉換所形成。

發展理論透過幫助我們回答下列兩個基本問題，以引導我們了解孩子和家庭的療育方案：為什麼孩子做出這些行為？孩子如何發展出較成熟的行為？下列案例為一位四歲且伴隨與同儕互動問題的女童潔西卡，該案例展現發展、行為和情境理論的差異。

個案極短篇 4.1

潔西卡

潔西卡最近開始在學齡前學校打其他小朋友，這使得她的父母憂心忡忡。潔西卡父母向三個兒童發展專家尋求諮詢，而每個專家皆以不同理論基礎來解釋潔西卡為何會打其他小朋友，並據此提供改善潔西卡同儕關係的方法。

潔西卡雙親首先諮詢的專家是位發展（認知）理論專家傑克。傑克認為孩子行為的最佳解釋是依其認知成熟程度而定，因此，為解釋潔西卡的行
175 為，傑克想了解更多潔西卡的相關發展資訊；即潔西卡認為自己行為的後果為何？在觀察潔西卡並與其交談一段時間後，傑克和潔西卡的雙親與老師皆認為，潔西卡之所以打小朋友，是因為在她打人時根本不知道那是打人，因此傑克認為可用認知性未成熟（cognitive immaturity），即在發展中環境理解的缺陷，來解釋潔西卡不佳的同儕關係。傑克相信，幫助潔西卡學習與同儕正確互動的方式為，先透過幫助潔西卡瞭解其他同儕的感受以改善潔西卡於環境理解的缺陷。傑克建議潔西卡父母和老師告訴潔西卡她的選擇（打人或不打人）對他人造成的影響。此外，傑克相信孩子從與環境的自然互動中學習，因此，傑克與潔西卡的老師討論教室情形，及建立使潔西卡學習如何能適當地玩耍之環境的方法。

凱倫是行為主義者，她不像傑克，凱倫不認為瞭解潔西卡的內在思考過程對於解釋或改變潔西卡的行為有何重要。凱倫選擇只聚焦於實際問題行為（打人），她相信潔西卡之所以打其他孩子，是因為打其他孩子對潔西卡而言是一種回饋（rewarding）。根據凱倫的說法，瞭解潔西卡行為的重要關
176 鍵，在於找出潔西卡打人的原因及潔西卡打人後所伴隨的情況。為知道引發

潔西卡打人的原因為何，凱倫決定觀察潔西卡在校與同儕的互動。歷經數日觀察與記錄潔西卡打人原因及隨之而來的情況，凱倫認為，當小朋友想要玩而潔西卡也想要玩的玩具時，潔西卡就會打人，因為當潔西卡打了小朋友後，小朋友就會離開，而潔西卡就可以玩她想要的玩具，所以潔西卡從打人中得到回饋。為使潔西卡學習較適當的遊戲技巧，凱倫建議，當潔西卡沒有打人且與他人分享玩具時，就可以得到一張貼紙作為獎勵，而當她打人時，則必須接受隔離處罰。

莎拉是潔西卡雙親拜訪的第三個兒童發展專家，亦是情境理論家。莎拉相信環境塑造了兒童行為，為瞭解潔西卡為何打人，莎拉想瞭解潔西卡的環境及潔西卡的人格特質與其所處環境的交互作用（interactions），莎拉不只要瞭解潔西卡的教室環境，且亦希望瞭解潔西卡的家庭生活，於是莎拉與潔西卡父母和教師會談，並觀察潔西卡在家和學校的情形。莎拉認為，潔西卡之所以打人，是因潔西卡尚未從其所處環境習得社交互動技巧。根據莎拉的觀點，在潔西卡社交網絡中的所有人（如：父母、老師、祖父母和同儕）必須幫助潔西卡習得較合宜之處理衝突的方法。莎拉同時強調，若潔西卡雙親對於親職責任感到焦慮或無力，則可能會讓潔西卡感到不安，而將該種情緒反應於學校生活，因此莎拉認為，潔西卡雙親幫助潔西卡的重要方法為尋求一些社會支持。

方案計畫的種類

除不同理論導向外，以中心為基礎的早期療育方案著重孩子的不同領域發展。部分方案依其理論導向發展焦點，例如：以發展理論為基礎的學齡前學校傾向聚焦於兒童遊戲，因他們相信遊戲是促進孩子適性發展（developmentally appropriate）最有效的媒介。然而，其他方案則聚焦於發展某一領域，因為這些方案是專為伴隨特定問題（如：語言問題）的孩子所設計。最常見的學齡前方案包括：以遊戲為基礎、學業導向、語言為基礎、社交技能為基礎等方案，分述如下：

特別是對伴隨行為問題或其他障礙的孩子而言，與其他同儕互動，亦即安置於社交技巧為基礎的學齡前學校，可能是適當的療育方案

以遊戲為基礎的方案：不論理論導向為何，大部分早期療育從業人員相信適性發展課程（Heward, 1996），因而認同遊戲是每個幼兒方案的重要要素。如同名稱所隱含的，以遊戲為基礎的早期療育方案認為，孩子透過遊戲得到最佳學習。採用該哲學觀的學齡前學校通常強調兒童主導（child-directed），即鼓勵孩子選擇他們自己的活動。利用建立豐富的學習環境，教師以教材操作讓孩子
177 與同儕、成人互動，來促進兒童發展。大部分遊戲為基礎的教室通常是中心式的〔如：家務中心（housekeeping center）、積木中心（block center）和藝術中心〕，且孩子可依自己的步調作活動轉換。

學業導向的方案：相對於遊戲為基礎的模式，仍有一些傳統、學業導向的學齡前學校。學業導向的學齡前學校積極教導讀、寫、算等預備技能（preacademic skills），且讓孩子為就學作準備。不像遊戲為基礎的學齡前學校讓孩子自己選擇活動，在學業導向的學齡前學校兒童，大部分時間皆從事教師主導的活動，通常這些活動包括了在座位上從事的活動（seatwork）或團體時間（circle time），在該時段中全班圍著老師上課，雖然有些學齡前兒童可

能可以符合這種結構式座位的要求，但大部分兒童發展專家皆認為，大團體活動和教師主導的方案計畫無法反映出適性課程，而且也不是促進幼童認知、語言、社會或動作發展的有效方法。

語言為基礎的方案：學齡前階段最重要的發展項目之一即為語言學習。語言缺損是早期療育專業人員最常碰到的發展障礙，因而許多學齡前課程設計特別強調語言缺損。以語言為基礎的學齡前學校採用了一些鼓勵使用語言的方法，這些學校通常利用如玩具種類等環境因素，以鼓勵兒童適當地使用語言，例如：以語言為基礎的學齡前學校傾向採用較多社會性玩具（如：需要交談或輪流的激烈性遊戲教材和遊戲），而較不會有大量鼓勵獨立遊戲的玩具（如：拼圖）。教師也期望建立一個係以鼓勵孩子用語言表達為基礎以尋求協助之教室，例如：大部分孩子喜歡的玩具可能被放在孩子拿不到的架子上，因此孩子才會產生尋求協助的動機。

Heward（1996）指出兩種學齡前學校中系統性促進語言發展的取向：**隨機教學模式（incidental teaching model）**（Hart & Risley, 1975）和**提問模式（mand model）**（Rogers-Warren & Warren, 1980）。在隨機教學模式中，教師利用自然發生的機會來促進兒童使用語言。當孩子想從教師那裡得到些什麼時，教師則試著鼓勵孩子進行對話。例如：若一個孩子在運動場上走向老師，並手指向盪鞦韆，老師可能會說：「你會說盪鞦韆嗎？」而不是猜想孩子想要盪鞦韆。如果孩子說出了「盪鞦韆」，老師則幫助孩子盪鞦韆，且給予稱讚。倘若孩子沒有說出「盪鞦韆」，教師依然協助孩子盪鞦韆，且不責備孩子。在隨機教學模式中，很重要的是，孩子並不會感受到與老師的互動是痛苦或不愉快的。該模式推論，若孩子常常開啟與老師們對話的契機，孩子的語言學習將會最有效。

在提問模式中，互動通常由老師發起。日常活動情境中，老師通常利用問問題，試著引發孩子的回應。以上述想玩盪鞦韆的孩子為例，老師可能會說：「你想做什麼？」若孩子不回答，老
師則透過說一些如「告訴我！」的話來「要求」孩子回應。然後， 178
教師試著利用如：「說出來，想玩盪鞦韆。」來引發孩子較完整的回應。

社交技能為基礎的方案：與語言密切相關的發展技能則為社交技能。對許多孩子而言，學齡前學校是他們與同儕互動機會的開端。特別是對伴隨著行為問題或其他障礙兒童與其他同儕的互動而言，以社交技能為基礎的學齡前學校可能是適當的療育方案。許多該種方案使用兒童學習對象（model children）（亦即擁有良好社交技能的兒童夥伴），來鼓勵孩子適當地遊戲。如同以語言為基礎的學齡前學校，該方案規劃環境，使其能增加孩子互動機會，例如：限制玩具數量，以鼓勵孩子一起遊玩，且教師能適當介入，以鼓勵合宜的分享行為。治療性學齡前學校——即結合教育目標的心理治療方案，應適用於伴隨嚴重情緒或行為問題的幼童。

早期療育中的建議執行方式

為促進方案落實的卓越成效，必須建立執行標準，該建議執行方式提供了測量療育方案品質的標竿。除《個別障礙者教育法案》的 Part B 和 C 規定的法定標準外，並沒有建立其他強而有力的早期療育方案執行標準，然而，一些州立教育機構已提出一些符合適當實務操作的標準。Carta、Schwartz、Atwater 和 McConnell（1991），與 Johnson、Kaufman 和 McGonigel（1989）建議，早期療育中最佳實務操作包括下列要素：

- 以兒童需求為基礎之不同深度範圍的服務。
- 個別化教學計畫，該計畫應包括以分析孩子的優劣勢及未來學校和非學校環境所要求之技能為基礎的長短期目標。
- 定期且適當之監測兒童進步的貫專業評估。
- 有效果、有效率、功能性和標準化的教學取向。
- 讓兒童及其家庭積極參與的教學取向。
- 強化家庭「培養孩子發展和促進常態化社區適應」能力的活動。
- 方案管理者和方案工作者尊重並瞭解每個家庭不同的形態和結構。

Carta 等人和 Johnson 等人亦提供早期療育最佳實務操作之建議如下：

- 家庭必須可選擇本身參與IFSP過程的程度。為幫助家庭作決定，專業人員必須很坦白並誠實地與家庭溝通。在父母參與的架構中，專業人員必須尊重家庭隱私和信任的權利。 179
- 方案管理者必須與兒童家庭建立夥伴和合作關係，該關係需透過調整和採用符合家庭多樣性和結構之服務傳遞策略來培養。專業人員必須了解及回應家庭的問題和需求。
- 早期療育服務必須有彈性、便於取得及回應家庭所認為的需求。為達成這些要求，家庭和療育團隊應建立家庭選擇的功能性和代表性之長短期目標。
- 早期療育服務應依據常態化原則來執行；也就是家庭必須儘可能地取得常態化形式和環境的服務，並促進社區中家庭與兒童整合的服務。
- 計畫和服務傳遞必須結合不同機構和領域，該取向認為，沒有單一機構或領域可以完全滿足特殊需求兒童和其家庭的複雜需求。
- 家庭成員需有機會參與所有決策與決定。

步驟4：評估

當最近聯邦和州政府法令〔如：《沒有落後的孩子》（No Child Left Behind Act）〕強調教育效能，並強制政府資助的學校執行跨年級測驗，評估已逐漸成為教育的重點。Snyder和Sheehan（1993）將評估定義為：「系統性地收集、整合並詮釋以協助作決定為其宗旨之方案計畫的可靠和有效資訊」（p. 269）。在政治性效能要求外，評量的根本意義在於決定方案計畫的價值（Bailey, 2001）。在早期療育中，方案評估有兩個相輔相成（complementary）的目標：檢視方案的有效性，及判定方案計畫對於個別兒童和家庭造成的衝擊。

評估常成為效能的同義字，其可寬鬆地（loosely）定義為：專業人員嘗試對他們的利害關係人證明其行為已達期望結果的系統性活動。早期療育的「利害關係人」（stakeholders）包括在早期療育方案中投注心力的所有人。最顯著的投入類型為財務，如同所有州政府和聯邦資助的計畫方案，早期療育方案具有社會和法定責任，其必須證明它們的有效性，因為行政人員、立法人員和其他決策制定者必須決定哪些方案計畫可以得到資金，故方案評估對此提供了重要資訊。此外，透過評估自己和方案，專業人員可確保儘可能地將最佳療育提供給他們所服務的家庭。

參與早期療育的家庭亦在方案計畫中投注了時間和人力資源，因而被視為評估過程的關係人（audience）（Simeonsson et al., in
180 press）。方案評估試著判定早期療育對於個別兒童和其家庭的衝擊，據此，評估提供下列三項關於服務執行之方案是否成功的指引如下：

1. 服務傳遞的有效性：療育執行是否符合 IEP 或 IFSP 中所陳述的內容？服務提供是否適時和適切？
2. 孩子的大致結果：孩子的行為有何改變，且其改變可證明為療育的結果？這些改變的狀況如何？是否出現非預期或非期望發生的結果？IEP 或 IFSP 所期望的結果達到了多少？
3. 家庭的大致結果：家庭對療育是否滿意？家庭對於療育的看法為何？達到多少家庭的優先考量？（Bailey, 2001; Bricker & Gumerlock, 1988: Peterson, 1987; Snyder & Sheehan, 1993）

家庭在評估中的角色

《個別障礙者教育法案》的 Part C 正式規範了家庭於早期療育服務的重要性。一些研究（如：Able-Boone, Sandall, Loughry, & Frederick, 1990）已證實，家庭希望在早期療育方案中能有較多參與。考量家庭在制定目標和執行服務中的重要性，家庭在方案評估中占有一席之地，是合乎邏輯的。方案評估中，直接與家長有關之顯而易見的要素即為顧客滿意度。方案評估至少應回答下列問題：「家長對於早期療育服務是否滿意？」

通常專業人員利用特殊設計的問卷和評量表評量家庭的滿意度。在方案評估中所使用的評分表之一為《以家庭為中心之方案評量表》（Family-Centered Program Rating Scale；簡稱 FamPRS）（Murphy, Lee, Turnbull, & Turbiville, 1995），其為用來測量家長對於服務遞送的觀感和態度。FamPRS 的題目樣本如下，它們詢問家長同意或不同意這些評估性陳述：

1. 當家庭或孩子的需求改變時，服務亦能迅速改變。
2. 我的家庭參與所有關於我們自己和孩子的會議。
3. 服務人員不會催促家庭改變，直到家庭準備好為止。
4. 服務人員詢問家庭意見，並讓家庭參與評估孩子的過程。

一般而言，在療育方案服務中參與較多的父母會有較高滿意度（Caro & Derevensky, 1991）。在一項未獨立探討父母滿意度的早期療育方案之研究設計中，McWilliam等人（1995）發現，個案管理員（case manager）的行為「常常直接影響家庭對於早期療育服務的正面觀感」（p. 53）。很明顯地，從家庭的觀點看來，個別療育從業人員是家庭滿意度的主要依據。該研究發現到不讓人意外的是：方案管理員（program manager）確實是傳遞不同療育服務的主要管道。方案管理員是家庭最常接觸的專業人員，且其代表了服務傳遞中每個人的具體努力。未來研究必須探討影響家 181
長對於服務滿意度之早期療育從業人員的特定人格和專業性特質。

並非所有研究都支持家庭參與早期療育。Innocenti、Hollinger、Escobar 和 White（1995）以七十六個參與特殊教室的學步兒為主，評估家長參與的影響。研究者發現，家長參與對於學步兒發展較沒有初步影響，且研究者認為家長參與並不會馬上獲得成本效益。然而，這些作者仍認為，經由長時間評估，家長參與可能還是累積著影響力，父母對孩子最大的影響並非在短時間內產生，而是跨越孩子的生命週期。如同 Skeels（1966）早在三十年前即提出，我們必須要有縱貫性研究，以評量早期療育的完整影響。

評估的籌畫：為能正確地回答評估問題，療育從業人員必須事先計畫。因特殊教育法要求 IEP 和 IFSP 需在方案計畫階段中說明評估內容，故評估應為療育計畫的一部分。透過在計畫和執行療育期間持續評估，療育從業人員可使療育過程較省時且具有系統化。

籌劃方案評估的第一步即為確定評估的重要關係人（target audience）。誰將使用這些評估資料呢？不同重要關係人關切著不同評估問題，例如：該資料為內部所使用（亦即在特定區域機構中的服務協調者），則這些問題可能包括：「孩子在方案計畫之目標的表現是否有適度進步？」和「家庭是否滿意個案管理員的行為？」然而，若這些資訊是外部人員所使用（如：州立教育機構），則將會詢問：「服務遞送的成本效益為何？」及「多少比例的孩子被診斷為發展異常？」等問題。重要關係人的期望和需求決定了評估問題，也因此建構了評估內容。

籌劃評估的下一步驟為設計；即回答評估問題的系統性方法。該步驟在評估籌劃中雖屬必要卻常遭忽略。評估早期療育方案有效性的主要問題之一，發生在研究者和機構無法落實系統性方法論（Weatherford, 1986）。一項強而有力的系統性評估設計，不只提供對早期療育一般品質之理解，同時亦幫助我們決定療育方案中哪些特定要素最為有效。該設計必須符合邏輯地遵循所欲解答的問題，有部分問題，例如與父母滿意度相關的問題，可透過簡單評量表和問卷得到最佳答案；至於其他問題，例如與孩子進步相關的問題，則可透過一系列重複性技能測驗得到最佳答案，但有些問題仍太過複雜，以致無法以單一方法論解答，例如：個案工作者可能希望知道父母參與是否與孩子的損傷發生持續性惡化
182 有關。該問題可能需組合不同方法，包括：自然觀察、結構性和非結構性訪談、評量表和檢核表等來取得最佳答案。評估系統必須考量家庭文化特質作進一步調整，例如：專業人員可能考慮以家庭的母語來作一對一訪談和簡短問卷調查。在任何情況下，專業人員都需依據「外在資源對於方案計畫有效性和敏感度的認知」，來尋找外在資源的投入，特別是社區成員、地方倡議團體和其他人力服務機構等。

執行評估：一旦專業人員區隔出重要關係人，建構評估問題，設計了方法，並選擇必要工具後，即可執行評估。該階段包括了在所選擇的設計架構下，收集和分析與評估問題相關的資料。為使評估階段所收集的資料發揮效用，專業人員必須確保資料的即時性、可靠性和有效性。兒童發展速度快，因此過時的資料可能與孩子需求無關。此外，即時性資料略過了科層體制的繁文縟節，

且促進決策決定。為使資料具可靠性，則必須正確無誤，例如：療育從業人員可能希望評估孩子的遊戲行為。收集必要資料的方法之一為詢問母親有關孩子的遊戲行為。此外，療育從業人員可能決定觀察孩子與其他兒童遊戲的情形，及特定時間中孩子表現出正向行為的次數。在考量有效性時，資料必須與評估問題相關，且能合乎邏輯地引導出實務操作的建議。若能取得的資料愈多，則評估可能會愈可靠及有效。

評估結果的報告：方案計畫評估的最後步驟是向重要關係人報告結果。結果報告必須清楚、簡潔及可理解，報告亦必須提供以資料分析結果為基礎的提議和建言，若評估沒有辦法改善療育方案品質，則評估就沒有價值。Hanson（1987）建議提供決策制定者簡要的執行摘要，作為引發他們關切評估之重要發現的方法。當然，評估必須客觀，且不被因相關發現而受影響之療育從業人員的偏見所左右。

了解方案評估是 過程而非產品（product）是很重要的。理想上，評估的執行應貫穿整個療育方案計畫，而非只是針對方案結果（conclusion）。貫穿方案發展和執行的**形成性評估（formative evaluation）**，其目的是觀測家庭與孩子的進展，且定期提供回饋予家庭和療育從業人員。形成性評估對方案執行初期之改良服務傳遞而言尤其重要（Anastasiow, 1981）。另一方面，**總結性評估（summative evaluation）**則指在方案計畫結束時，針對結果所作的測量。總結性評估估計著服務傳遞的品質和成效。精確地評量療育方案必須執行總結性和形成性評估。

摘要 *183*

在本章中討論了貫穿嬰幼兒的療育過程。在歷史的任一時間點，教育和社會服務的提供，在某程度上受當下盛極一時的哲學和思潮所主導，最佳實務操作之組成要素的概念自然會不斷更動，且其對未來優先考量點的預測，則有點像是算命。然而，文獻分析仍建議許多實務趨勢可能影響後續幾年的服務提供。

現今，早期療育已非新興領域，在《99-457公法》通過後，已發展出致力於早期療育從業人員之系統性訓練的培訓方案。論及個別療育從業人員確認療育方案成功與否的重要角色時，維持高品質專業訓練的重要性是不容忽視的。省思從兒童為中心轉變到家庭為中心的服務，許多這類方案計畫嘗試去教導孩子一些家庭認為最有價值的技能。

若現階段潮流持續下去，我們可預見融合將是形塑未來幼兒療育方案的重要動力。如同先前本章所述，融合指讓特殊需求兒童完全融入常態化環境中。若完全落實融合（例如有些州目前已實施），其將不只改變未來提供服務的情境，且亦改變孩子需求的本質和滿足需求的方法，例如：在普通班級與在只有少數特殊需求兒童的自足式班級中，兒童所需技能有很大差異。為迎合這些需求的改變，療育方案必須比從前更具彈
184 性，且療育從業人員將必須具備跨領域合作的精神。

部分專業人員對現階段服務狀況感到不滿，並主張摒除特殊兒童教育。縱使大部分早期療育專家認同融合是所有孩子的目標，但移除服務的決定違背了其他早期療育的理想形態，特別是法令規範和專業人員提供符合家庭目標和優先考量點的承諾。當融合的論辯持續發燒，早期療育從業人員將針對複雜——且常是政治性——之決定最適切服務方式的議題維持著合理取向。

《個別障礙者教育法案》的精神和條文要求提供跨越傳統專業領域界限的服務，漸漸地，專業人員在早期療育中合作，且這股潮流似乎會一直持續，特別是醫療專業人員和其他專業人員間的合作應會增加。醫療環境的改善不只增加身體病弱孩子的存活率和發展結果，同時亦增加了依賴科技（technology-dependent）的幼童人數，在考量這些案例的複雜性時，應改善醫療和非醫療專業人員的合作，以為特殊需求兒童提供更有效且較完整的服務。

當族群和語言的少數民族增加時，在早期療育提供上，文化敏感度的需求亦會增加。對大學和機構而言，從少數民族人口中招募療育從業人員似乎始終是急迫的挑戰。此外，當療育從業人員學習接納和欣賞不同背景的文化和價值觀時，他們也將肩負對己身文化和價值觀的覺察。

逐漸縮減的公共資金已迫使地方和州立療育機構，以具體且確切的方式來證明它們的有效性，因而，在機構努力爭取持續的贊助資金時，以結果為基礎的評估便益顯其重要性。為因應特殊需求兒童的療育本質，這樣的評估結果較無法以有效方式反應療育方案的重要性，因此療育從業人員必須主動著手處理評估，並開始創造性地思考能展現努力結果有效性的有效和確切方法。綜觀現今政治潮流，績效的考量似乎形塑了專業人員提供兒童和家庭服務的方式。

除了不斷改變的國家優先考量點和間斷式的資金外，特殊需求兒童和他們

的家庭亦將持續從早期療育服務中獲益。

問題與討論

1. 一般引導兒童療育的理論和哲學取向為何？這些不同取向的療育籌劃有何不同？
2. IEPs和IFSPs的重要要素為何？它們有何異同？
3. 當為特殊需求兒童發展療育計畫時，教育人員必須考量什麼因素？
4. 在療育計畫中，家庭的角色很重要。請描述專業人員如何讓家庭有意義地參與療育計畫。
5. 描述療育方案的評估計畫。誰應參與評估？如何決定評估焦點？

推薦資源

療育專業團體

改善早期閱讀成就中心（The Center for Improvement of Early Reading Achievement）（www.ciera.org）由五個大學的教育人員所組成，他們致力於幼兒讀寫教育之有效實務操作的最新研究。

特殊兒童委員會（the Council for Exceptional Children）下的幼兒部門唯一從事特殊需求兒童和其家庭服務之專業人員的非營利組織。其網站（www.dec-sped.org）包括了立場宣言和政策說明、實務操作的建議、法案更新、培訓課程時間表、資源細目和會員申請。

啟蒙教育局網址（www.acf.hhs.gov）提供父母和專業人員相關資訊（例如：如何讓你的孩子參與啟蒙教育方案）。網上提供了執行標準、出版、培訓課程、專業資格認可等資訊和其他相關資源。

國家幼兒教育協會為促進卓越早期幼兒教育的非營利組織。其網站（wwww.naeyc.org）包括：有效操作和公共政策、幼兒教育品質指引、網路商店及會員申請。

國家兒童照護資訊中心（The National Child Care Information Center）（www.nccic.org）提供確保所有兒童皆能接受高品質兒童照護和教育 185
的相關資訊和資源。其網站包括：提供父母相關資訊及為從事幼童服務之專業人員提供相關技巧。該網站的相關連結讓瀏覽者能找到更多其他方案計畫、資格認定機會和出版品。

國家幼兒技術性輔助中心由美國教育部贊助成立，其為幼兒服務專業人員提供相關資訊、資源和科技輔助（網址：www.nectac.org）。

家長教育權利倡議中心（The Parent Advocacy Center on Educational Rights; PACER）致力於提供家長和專業人員相關資訊，以確保障礙人士享有適當機會、照護和教育。該網站（www.pacer.org）之幼兒服務的相關連結包括研究更新、培訓機會，和電子報《幼兒聯結》（*Early Childhood Connection*）。

零至三歲網站（Zero to Three）（www.zerotothree.org）提供父母和專業人員有關年紀較小的幼兒、兒童照護和親職教育，及最新研究和法規的簡介等相關資訊。

參考文獻

Able-Boone, H., Sandall, S. R., Loughry, A., & Frederick, L. L. (1990). An informed, family-centered approach to Public Law 99-457: Parental views. *Topics in Early Childhood Special Education 10*(1), 100–111.

Adelman, H., & Taylor, L. (1994). *On understanding intervention in psychology and education.* Westport, CT: Praeger.

Anastasiow, N. J. (1981). *Socioemotional development.* San Francisco: Jossey-Bass.

Bailey, D. B. (1988). Considerations in developing family goals. In D. B. Bailey & R. J. Simeonsson, (Eds.), *Family assessment in early intervention* (pp. 229–249). Upper Saddle River, NJ: Merrill/Prentice Hall.

Bailey, D. B. (2001). Evaluating parent involvement and family support in early intervention and preschool programs. *Journal of Early Intervention, 24,* 1–14.

Bailey, D. B, Buysse, V., Edmondson, R., & Smith, T. M. (1992). Creating family-centered services in early intervention: Perceptions of professionals in four states. *Exceptional Children, 58*(4), 298–309.

Bailey, D. B., & McWilliam, R. A. (1990). Normalizing early intervention. *Topics in Early Childhood Special Education, 10*(2) 33–47.

Barnett, D., & Carey, K. T. (1992). *Designing interventions for preschool learning and behavior problems.* The Jossey-Bass Social and Behavioral Science Series and The Jossey-Bass Educational Series. San Francisco: Jossey-Bass.

Black, J. K., & Puckett, M. B. (1996). *The young child: Development from prebirth through age 8* (2nd ed.). Upper Saddle River, NJ: Merrill/Prentice Hall.

Bowe, F. G. (1995a). *Birth to five: Early childhood special education.* New York: Delmar.

Bowe, F. G. (1995b). Population estimates: Birth to 5: Children with disabilities. *Journal of Special Education 28*(4), 461–471.

Bredekamp, S. (1993). The relationship between early childhood education and early childhood special education: Healthy marriage or family feud? *Topics in Early Childhood Special Education, 13,* 258–273.

Bredekamp, S. & Copple, C. (1997). *Developmentally appropriate practice in early childhood* (Rev. ed.). Washington, DC: National Association for the Education of Young Children.

Bricker, D. (1989). *Early intervention for at-risk and handicapped infants, toddlers, and preschool children* (2nd ed.). Palo Alto, CA: VORT Corporation.

Bricker, D., & Cripe, J. J. (1998). *An activity-based approach to early intervention.* Baltimore: Brookes.

Bricker, D., & Gumerlock, S. (1988). Application of a three-level evaluation plan for monitoring child progress and program effects. *Journal of Special Education 22*(1), 66–81.

Bronfenbrenner, U. (1986). Ecology of the family as a context for human development: Research perspectives. *Developmental Psychologist, 22,* 723–742.

Brown, F., Evans, I. M., Weed, K. A., & Owen, V. (1987). Delineating functional competencies: A component approach. *Journal of the Associa-* 186
tion for Persons with Severe Handicaps, 12(2), 117–124.

Brown, R. W., & Lenneberg, E. (1965). Studies in linguistic relativity. In H. Proshansky & B. Seidenberg (Eds.), *Basic studies in social psychology* (pp. 244–252). New York: Holt, Rinehart and Winston.

Burton, C., Hains, A., Hanline, M., McLean, M., & McCormick, K. (1992). Early childhood intervention and education: The urgency of professional unification. *Topics in Early Childhood Special Education, 11,* 53–69.

Caro, P., & Derevensky, J. L. (1991). Family focused intervention models: Implementation and research findings. *Topics in Early Childhood Special Education, 11*(3), 66–80.

Carta, J. J., Schwartz, I. S., Atwater, J. B., & McConnell, S. R. (1991). Developmentally appropriate practice: Appraising its usefulness for young children with disabilities. *Topics in Early Childhood Special Education, 11*(1), 1–20.

Children's Defense Fund. (1989). *A vision of America's future.* Washington, DC: Author.

Dunst, C. J., Hamby, D., Trivette, C. M., Raab, M., & Bruder, M. B. (2000). Everyday family and community life and children's naturally occurring opportunities. *Journal of Early Intervention, 23,* 151–164.

Frisby, C. L. (1992). Issues and problems in the influence of culture on the psychoeducational needs of African-American children. *School Psychology Review, 21*(4), 532–551.

Fuchs, D., & Fuchs, L. S. (1994). Inclusive schools movement and the radicalization of special education reform. *Exceptional Children, 60,* 294–309.

Green, J. W. (1982). *Cultural awareness in the human services.* Upper Saddle River, NJ: Prentice Hall.

Gutkin, T. B., & Curtis, J. (1990). School-based consultation: Theory, techniques, and research. In T. B. Gutkin & C. R. Reynolds (Eds.), *The handbook of school psychology* (pp. 577–611). New York: Wiley.

Hanson, M. (1987). *Teaching the infant with Down*

syndrome: A guide for parents and professionals. Austin, TX: PRO-ED.

Hanson, M., & Lynch, E. W. (1998). *Early intervention: Implementing child and family services for infants and toddlers who are at risk or disabled* (3rd ed.). Austin, TX: PRO-ED.

Hanson, M. J., Lynch, E. W., & Wayman, K. (1990). Honoring the cultural diversity of families when gathering data. *Teaching of Exceptional Children in Special Education, 10*(1), 112–131.

Hart, B., & Risley, T. R. (1975). Incidental teaching of language in the preschool. *Journal of Applied Behavior Analysis, 8*, 411–420.

Heward, W. L. (1996). *Exceptional children* (5th ed.). Upper Saddle River, NJ: Merrill/Prentice Hall.

Innocenti, M. S., Hollinger, D. D., Escobar, C. M., & White, K. R. (1995). The cost-effectiveness of adding one type of parent involvement to an early intervention program. *Early Education and Development, 4*(4), 306–326.

Johnson, B. H., Kaufman, R. K., & McGonigel, M. J. (1989). *Guidelines and recommended practices for the individualized family service plan.* Bethesda, MD: Association for the Care of Children's Health.

Lynch, E. W., & Hanson, M. J. (1993). *Developing cross-cultural competence: A guide for working with young children and their families.* Baltimore: Brookes.

McWilliam, R. A., & Bailey, D. B. (1994). Predictors of service delivery models in center-based early intervention. *Exceptional Children, 61*(1), 56–71.

McWilliam, R. A., Lang, I., Vandiviere, P., Angell, R., Collins, L., & Underdown, G. (1995). Satisfaction and struggles: Family perceptions of early intervention. *Journal of Early Intervention, 19*(1), 43–60.

Murphy, D. L., Lee, I. M., Turnbull, A., & Turbiville, V. (1995). The Family-Centered Program Rating Scale: An instrument for program evaluation and change. *Journal of Early Intervention, 19*(6), 24–42.

No Child Left Behind Act of 2001, Pub. L. No. 107-110, 115 Stat. 1425 (2002).

Odom, S. L., & McEvoy, M. A. (1990). Mainstreaming at the preschool level: Potential barriers and risks for the field. *Topics in Early Childhood Special Education, 10*(2), 48–61.

Peterson, N. L. (1987). *Early intervention: An introduction to early childhood-special education.* Denver, CO: Love.

Research and Policy Committee of the Committee for Economic Development. (1987). *Children in need: Investment strategies for the educationally disadvantaged.* New York: Author.

Rhodes, W. C., & Tracey, M. C. (1972). *A study of child variance: Intervention, Vol. 2.* Ann Arbor: University of Michigan Press.

Richmond, J., & Ayoub, C. (1993). Evolution of early intervention philosophy. In D. M. Bryant &
187 M. A. Graham (Eds.), *Implementing early intervention: From research to effective practice.* New York: Guilford Press.

Rogers-Warren, A., & Warren, S. (1980). Mands for verbalization: Facilitating the generalization of newly trained language in children. *Behavior Modification, 4*, 220–245.

Sameroff, A., & Chandler, M. J. (1975). Reproductive risk and the continuum of caretaking casuality. In F. D. Horowith, M. Hetherington, S. Scarr-Salapetek, & G. Seigal (Eds.), *Review of child development research* (pp. 187–244). Chicago: University of Chicago Press.

Sattler, J. (1992). *Assessment in children* (3rd ed., Rev.). San Diego, CA: Author.

Sexton, D. (1998, December). *Measuring and comparing the developmentally appropriate beliefs of general and special education practitioners.* Paper presented at the 14th Annual DEC International Early Childhood Conference on Children with Special Needs, Chicago, IL.

Simeonsson, R. J., Huntington, G. S., McMillen, J. S., Dodds, A. H., Halperin, D., Zipper, I. N., et al. (in press). Services for young children and families: Evaluating intervention cycles. *Infants and young children.*

Skeels, H. M. (1966). Adult status of children with contrasting early life experiences: A follow-up study. *Monographs of the Society for Research in Child Development, 31*(3, Serial No. 105).

Smith, B. J. & Bredekamp, S. (1998). Foreword. In L. J. Johnson, M. L. Lamontagne, P. M. Elgas, & A. M. Bauer (Eds.) *Early childhood education: Blending theory, blending practice* (pp. xv–xx). Baltimore: Paul H. Brooks.

Snyder, S., & Sheehan, R. (1993). *Family-centered early intervention with infants and toddlers: Innovative cross-disciplinary approaches.* Baltimore: Brookes.

Stainback, S., & Stainback, W. (1992). *Curriculum considerations in inclusive classrooms: Facilitating learning for all students.* Baltimore: Brookes.

Stokes, T. F., & Osnes, P. G. (1989). An operant pursuit of generalization. *Behavior Therapy, 20*(3), 337–355.

Suran, B. G., & Rizzo, J. V. (1979). *Special children: An integrative approach.* Glenville, IL: Scott Foresman.

Thomas, C., Correa, V. I., & Morsink, C. V. (1995). *Interactive teaming: Consultation and collaboration in special programs* (2nd ed.). Upper Saddle River, NJ: Merrill/Prentice Hall.

Turnbull, A. P., Turnbull, H. R., Shank, M., & Leal, D. (2002). *Exceptional lives: Special education in today's schools* (3rd ed.). Upper Saddle River, NJ: Merrill/Prentice Hall.

Turnbull, S. K., & Turnbull, J. M. (1986). *Families, professionals, and exceptionality: A special partnership.* Upper Saddle River, NJ: Merrill/Prentice Hall.

U.S. Bureau of the Census. (1990). *Characteristics of the population: Vol. 1.* Washington, DC: U.S. Department of Commerce.

Weatherford, D. L. (1986). The challenge of evaluation: Early intervention programs for severely handicapped children and their families. In L. Brickman & D. L. Weatherford (Eds.), *Evaluation: Early intervention programs for severely handicapped children and their families* (pp. 1–17). Austin, TX: PRO-ED.

Wolery, M. (1989). Using assessment information to plan instructional programs. In D. Bailey & M. Wolery (Eds.), *Assessing infants and preschoolers with handicaps.* Upper Saddle River, NJ: Merrill/ Prentice Hall.

Wolery, M., Holcombe-Ligon, A., Brookfield, J., Huffman, K., Schneider, C., Martin, C. G., Venn, M. L., Werts, M. G., & Fleming, L. A. (1993). The extent and nature of preschool mainstreaming: A survey of general early educators. *The Journal of Special Education, 27*, 222–234.

Wolery, M., Werts, M. G., & Holcombe, A. (1994). Current practices with young children who have disabilities: Issues in placement, assessment, and instruction. *Focus on Exceptional Children, 26*, 1–12

Wolery, M., & Wilburs, J. S. (1994). Introduction to the inclusion of young children with special needs in early childhood programs. In M. Wolery & J. S. Wilburs (Eds.) *Including children with special needs in early childhood programs* (pp. 1–22). Washington, D.C.: National Association for the Education of Young Children.

5

評量與療育的科技

Kathryn Wolff Heller

章節大綱

- 科技的種類
- 評量的考量
- 電腦操作
- 遊戲和科技

189 **瑪麗亞**

瑪麗亞是四歲的小女孩，喜歡上學齡前學校。她是大腦性四肢麻痺的腦性麻痺患者。瑪麗亞是因母親難產而提早四週出生的早產兒，她一直到出生後的第五個月，症狀變成較明顯時，亦即她無法達到主要的發展目標，並出現了動作異常的癥狀時，才被診斷為腦性麻痺。現階段，瑪麗亞無法端坐、走路、說話或操弄較小的物品，但她喜歡玩遊戲，且與朋友玩在一起。除肢體語言（gestures）和臉部表情外，她也使用擴大性溝通設備與其他人溝通。在遊戲時間，她則使用附有開關的調整性玩具。另瑪麗亞也學習使用軌跡球（trackball）來操作電腦，並學習一些早期學習技巧。為方便移動，瑪麗亞使用過渡性機動移動設備（transitional motorized mobility device）。雖因嚴重的作嘔反射（gag reflex）[1] 致使瑪麗亞無法用嘴巴進食，但她透過胃造口管（gastrostomy tube）[2] 餵食方式取得足夠營養，在用餐後，她用調整後的牙刷與班上其他同學一起刷牙。透過科技使用，瑪麗亞在許多發展領域已有顯著進步。

190 科技就如同瑪麗亞故事所述，具有為特殊需求嬰幼兒生活創造重大改變之潛能。伴隨發展遲緩或生理、感覺或認知缺損的幼兒，他們的學習、互動和融入（access）環境等能力皆受到威脅。科技使這些幼兒較能與環境完全互動、獲得學習機會和變得更加獨立（Judge & Lahm, 1998）。科技設備的廣大採用能幫助這些孩子更完全地參與家庭、學校和社區環境。

科技能在許多方面幫助障礙幼兒。例如：伴隨嚴重語言缺損的孩子可能利用溝通設備，向他人表達他們的想法、需求、疑問和發現。調整性玩具和電腦遊戲亦提供孩子輪流、同儕互動和獨立遊戲活動的管道（Wershing & Symington, 1998）。輪椅和其他行動器材亦使孩子有機會探索環境。替代性輸入設備將使伴隨嚴重生理和視覺損傷的孩子可使用電腦。精密設計的軟體促進不同障

---

[1] 譯者註，觸碰到舌頭後端會引發嘔吐，若有過強的作嘔反射，在碰到舌頭前端或舌面等即會嘔吐。

[2] 譯者註，穿過胃造口，連接餵食容器與胃部的通道。

礙兒童的學習和認知發展。調整性餵食設備、穿衣器（dressing aids）和其他自我照顧設備，能協助生理障礙兒童獨立地執行上述自我照顧活動。

不久前，許多科技僅為老人、小學和中學生或已達到某些先備（prerequisite）技能的人所使用。現今潮流則將這些科技讓許多較小兒童所使用。事實上，當科技使用愈頻繁，則科技使用者的年齡便愈下降。例如：三個月大嬰兒可與電腦互動、十八個月大的嬰兒能成功地使用簡單的擴大性溝通設備與他人溝通，而十八到二十四個月大的嬰幼兒已能操作動力行動設備自行地四處移動（Behrmann, Jones, & Wilds, 1989; Butler, 1988; Cook & Hussey, 2002; Judge, 1998）。縱使幼兒可能會使用特定科技設備，但科技本身並非終點目標。科技應作為達成特定目標或任務之方法的工具（Judge, 1998）。例如：電腦可能成為學齡前班級延伸性（augment）教材的工具，擴大性溝通設備可讓障礙兒童溝通需求，而附開關的調整性玩具可促進孩子遊戲。若欲使科技成功地達成某些特定目標，謹慎評量和適合幼兒的科技即為必要要件。

科技之使用並非是終點，其應為達成特定任務的工具。

國家幼兒教育協會支持使用科技，且認為其可強化孩子的認知和社交能力。其科技聲明書（position paper）強調，科技是可用來支持兒童學習的許多方案之一。若科技要運用得當，則需與學習環境加以整合，並用科技使課程更為豐富。國家幼兒教育協會亦提醒，專業判斷是由教師所提出來，以檢視科技是否適齡、適合個人與文化（National Association for the Education of Young Children, 1998）。

本章提供障礙幼兒使用不同科技的相關資訊。首先將討論五種主要科技。該內容將置於評量的考量之後，其中亦特別說明輔助科技和教學科技。之後將描述特定活動所使用的科技：擴大溝通、電腦操作、早期學習軟體和遊戲。行動和自我照顧技能的重要部分亦應涵蓋於科技的章節中，但該部分將於粗大動作（第六章）和精細動作（第七章）中討論。因科技領域的快速變遷，不論設備或軟體的改變，每個部分均描述了可適用於障礙幼童的一般概念和原則。 191

科技的種類

縱使許多人聽到科技這字眼時，一開始即會想到電腦或尖端精密的器材，然而事實上確有許多不同種類的科技。障礙幼兒、家長和教師常使用的主要科技通常有五種，它們包括了：醫療科技、科技生產工具、資訊科技、輔助科技和教學科技。

醫療科技

醫療科技的進步為嬰幼兒生活帶來重大衝擊。患有嚴重急慢性疾病和其他醫療狀況的孩子，藉由醫療科技的協助而存活（Rapport & Lasseter, 1998）。若非醫療科技的進步，在十年前過早出生的早產兒，或伴隨某些醫療狀況出生的孩子，則無法存活下來。使用最新醫療設備及以科技為基礎的手術和新治療方式之最先進的新生兒加護病房，已讓許多早產兒和伴隨不同醫療狀況之新生兒的存活率增加許多。部分科技可能只需短時間使用。其他科技（例如沒有合適腎臟捐贈時，需使用腎臟透析機器或施打胰島素，以控制糖尿病等）則需終生使用（Heller, Alberto, Forney, & Schwartzman, 1996）。這些及其他的器材設備皆造福了許多兒童。

由於醫療科技的猛進，醫療設備變小且便於攜帶。如此讓罹患嚴重疾患的孩子更能融合於學校和社區中。例如：以前的呼吸器（ventilators）體積龐大，故使用該設備的孩子通常需待在家裡、醫院或養護中心。由於科技進步，現在的呼吸器變小了，所以可將呼吸器放在輪椅後面，且在孩子回家後、上學或在社區中皆能使用（Jones, Clatterbuck, Marquis, Turnbull, & Moberly, 1996）。

以前在學校中較少看到的醫療程序和設備，伴隨著醫療進步，現皆能在學校中使用。現今，我們不難看到在托兒所、學齡前學校和學校中，幼兒用餵食管吸取營養或利用結腸造口術排泄。其
192 他形態醫療科技亦在學校中使用，例如：有呼吸問題孩子的攜帶式氧氣、糖尿病童的胰島素注射設備，或癲癇患童的迷走神經電激器（vagal nerve stimulators）（McBrien & Bonthius, 2000）。

醫療科技的進展及希望儘可能教導障礙兒童獨立的潮流，已

促使兒童被教導去部分參與或完全獨立地執行自己的健康照護程序，例如五歲大的幼童已學習自己獨立地將導管插入導尿。而僅二歲和三歲的孩子，已透過洗手、自己調整成適當姿勢、抓握設備或協助清理設備等方式，來參與不同健康照護程序（Heller, Forney, Alberto, Schwartzman, & Goeckel, 2000）。讓孩子部分或完全參與他們的程序及醫療設備的適當維護，增加了孩子的獨立和參與。若教育團隊決定鎖定教導孩子在執行程序中提供協助，則教師必須提供有效教學策略，且團隊必須協力合作，以計畫適當的教學目標（Heller et al., 2000）。

教師應選擇最合適的教學策略，教導孩子執行健康照護程序。

醫療科技增加了個體的能力。例如：身體動力（body-powered）或電子動力（electric-powered）的人工手臂，可讓個人執行許多日常生活活動（Heckathorne, 2002）。義肢亦使患者能走路和跑步。幼童可植入人工電子耳（cochlear implants），特別可讓兩歲以上且患有嚴重聽覺損傷的孩子增加聽力（Russell, Coffin, & Kenna, 1999）。伴隨著先天性白內障的嬰兒，最後可能需在眼睛中植入人工鏡片。上述是少數幾個促進兒童參與日常生活之醫療科技種類的案例。

科技生產工具

第二種科技種類是科技生產工具。該類別包括可促進兒童和成人更有效地（effectively）及有效率地（efficiently）工作的工具（Blackhurst & Lahm, 2000）。對幼童而言，其通常指利用電腦協助患童學習和遊戲。隨著電腦變得較平價且廣為使用，愈來愈多年幼的孩子可使用，電腦成為學齡前兒童廣為接受的潛在學習工具（McBride & Austin, 2001）。

幼兒教師可能使用其他種類的科技生產工具。教師可使用資料庫和空白表格記錄班級資料。視訊會議為生產工具的另一形式，其讓相隔遙遠的雙方可舉行會議或進行諮商。文書處理（word processing）方案為另一常用的科技生產工具。若欲使這些工具產生預期結果的功能和能力，則必須謹慎地評估每一項工具。

資訊科技

障礙幼童的父母和老師常使用資訊科技來尋找資料。資訊科
193 技包括所有成為資訊資源的科技資源（Blackhurst & Lahm, 2000），其包括了一些資料庫如：**教育資源資訊中心（Educational Resources Information Center；簡稱 ERIC）**和**醫學文獻資料庫（MedLine）**。資料庫為搜尋許多世界文獻的方式。

網際網路是最常使用的資訊科技。教師可利用網際網路下載課程計畫、資訊和教材。父母亦可使用網際網路學習孩子障礙的相關資訊、醫療處置和教育教材教法。在多年前較難取得的資料，現已可容易地透過網際網路獲得，然而，資訊資源必須謹慎地仔細檢查，以確保其正確性和可靠性。

輔助科技

任何改善障礙兒童功能性能力的設備，皆可視為輔助科技。

輔助科技（assistive technology；簡稱 AT）為障礙兒童提供參與日常活動的方法。《國家科技輔助法》（Technology Assistance to the States Act; 100-4。7 公法）將輔助科技定義為：「不論是商業商品、經修正過或特別訂作之用來增加、維持或改善障礙個體功能性能力的任何項目、設備或生產系統。」該定義的內容包括了從附有直立輔助把手（built-up handle）的鉛筆到電動輪椅等各種科技。

輔助科技通常分為低科技（low-tech）工具和高科技（high-tech）工具。**低科技**〔亦稱為*輕度科技*（lite technology）」指便宜、易使用、易取得的設備。它們通常是非電子（或非動力）的設備。低科技設備包括：圖片溝通板、與鉛筆或蠟筆一起使用的直立抓握器、繪畫用的口杖（mouthstick）、吃飯用的可彎折湯匙（bent spoon）及手套式毛巾（mitt-style washcloth）。**高科技**通常指較複雜、較難創作且較昂貴的設備器材。其通常包括由電子、使用電力、機械或水力驅動等所組成的器材設備（Cook & Hussey, 2002）。例如：電子溝通設備、電動輪椅、調整性電腦操作器材、自動餵食設備和附控制開關的電腦遊戲等，皆為高科技器材設備。更多不同活動所使用之低科技與高科技產品將列於表 5.1。

表 5.1
低科技和高科技輔助科技的例子

活動	低科技	高科技
進食	直立式握把的湯匙 定杓盤（scoop dish）	機械式餵食器 機械式手臂
遊戲	大尺寸的積木 卡片支撐器（card holder）	電腦遊戲 開關控制式玩具
移動	滑輪板	電動輪椅
需求表達	溝通板	電子設備
初始閱讀	用書架支撐書本 用口杖翻頁	辨認視覺特質的軟體 電腦播放故事
畫圖／寫字	附有直立抓握器的鉛筆 描邊紙	繪圖程式 替代性鍵盤
算術	計數器	附有替代性輸入的早期數學軟體

有些人另將高科技與低科技產品間加入**中科技**（**middle technology**）。而**無科技**（**no-technology**）亦指未使用任何工具或器材設備以執行活動的調整性方法，例如：調整爬樓梯方法、利用手勢表達意思或用眨眼方式要求一些事（像是看著他們；King, 1999）。在評估科技使用前，通常會先評估使用無科技或執行活動的調整性方式之可能性。若需使用輔助科技時，如果低科技方式能產生良好效果，則先考慮採用低科技而非高科技方式。在為孩子選擇最佳輔助科技時，必須仔細評量。

輔助科技為障礙幼兒提供促進認知、動作、知覺、社交和溝通等發展經驗（Cook & Hussey, 2002）。輔助科技為生理缺損的孩 194
子提供操弄物品的機會；透過使用行動設備，孩子可進行環境探索、互動和學習；調整性玩具的遊戲；透過替代性操作設備來使用電腦（如：替代性鍵盤）；及參與不同活動。因生理缺損、自閉症或其他發展遲緩而無法發展出功能性語言的孩子，可使用擴大性溝通設備表達想法和需求、交換意見、澄清概念及從事社交活動。視覺損傷的幼童可使用**盲用手杖**，該設備能將物品或圖片放大及增加軟體使電腦更便於操作。聽覺損傷的孩子應可使用對不同聲音會發出閃光或振動的設備（如電話鈴聲）。伴隨著心智遲緩或發展遲緩的兒童，可使用較直接方式操作電腦（如安裝在電腦螢幕上，可使孩子直接碰觸選擇的觸碰式薄膜），或讓孩子學習使用操縱桿控制軟體以促進**因果關係**之學習〔即了解特定動作、行動或回應可形成特定結果（例如推一下控制桿，會使電腦螢幕上的小丑移動）〕。當有效地使用適合兒童發展的科技時，輔助科技潛在地對兒童能力產生巨大影響。

教學科技

教學科技指使用科技來促進學習。其包括了不同種類科技如：透過**電腦輔助教學**之符合發展的軟體〔亦稱之為科技增能教學（technology enabled instruction）〕、多元媒體和超媒體軟體程式、使用網際網路及虛擬實境程式。甚至學齡前班級常使用的影像科技，亦被視為教學科技類型（Higgins, 1993）。過去幾年教學科技已擴展其範圍，並包括許多電子媒體的形式。**e化學習**（e-learning）通常指透過電子媒體包括：網際網路、衛星節目播送、錄音帶和錄影帶、互動式電視和光碟（Meyen et al., 2002）。

195 許多幼兒教師使用電腦輔助教學教導不同技能。電腦輔助教學通常指直接的、適合孩子需求的兒童電腦活動教學（Ray & Warden, 1995）。許多電腦輔助教學軟體教導孩子特定的讀、寫、算等預備技能或學業技能。然而，其亦被用來促進障礙兒童不同發展領域的技能。Lindstrand（2001）的研究發現，超過50%的父母或障礙兒童認為，電腦軟體在語言、遊戲、協調、注意力，及一般發展能力上及顏色與形狀、生字與概念和特定學業（預備）技能等學習上皆很重要。其他數個研究亦贊同，電腦增加幼童特定語言技能（如：文字的相關知識和口語流暢度，Chute & Miksad, 1997）；改善視覺分析的注意力（Cardona, Martinez, & Hinojosa, 2000）；增進社會互動、遊戲和社會情緒成長（Hutinger & Clark, 2000; Speigel-McGill, Zippiroli, & Mistrett, 1989）；和促進特定技能（如：新發展的讀寫能力、因果關係；Hutinger & Johanson, 2000; Mioduser, Tur-Kaspa, & Leitner, 2000）。

謹慎地選擇軟體可增強教師教學，並促進學習與發展。

教材也可用多媒體或超媒體的方式呈現。**多媒體**指整合不同資訊媒體，例如：書、歌曲、動畫、錄音帶、圖表和錄影機。幼兒軟體通常使用多媒體。傳統教學之呈現可透過多媒體方式（教學課程中增加歌曲、錄音帶和圖片）作加強。一般而言，多元媒體以一個接著一個的順序作呈現。

不像一個接著一個的呈現方式、紙本學習產品、傳統多媒體軟體這三種情形，**超媒體軟體**可讓孩子以選擇教材取向或順序的彈性和互動性方式來學習教材。基本上，孩子可選擇他們探索教材的方式（Bitter & Pierson, 1999）。多媒體和超媒體皆具備提供多感官經驗的優點。透過提供孩子學習目標的多樣性教材，多媒體與超媒體可增強重要概念的習得（Langone, Malone, & Kinsley, 1999）。

當以教學為宗旨時，網際網路亦可成為一教學科技形式。例如：學習不同動物的學齡前班級，可使用網站來查看動物圖片和利用該網站從事適性活動。通常網站會利用多媒體方式呈現資訊，如此亦讓孩子進一步地學習特定教材。

虛擬實境是最新教學科技的模式之一，其鼓勵孩子在安全環境中，到不同地點或執行活動。其已被定義為一可以電腦為基礎的科技，可創造出互動式且讓虛幻成真之多重感官的人造環境（Forcier, 1999）。通常會利用頭盔來創造三度空間影像且使用者的反應結合電腦創造出回饋循環（feedback loop），如此依照使用者移動狀況，可持續改變所呈現內容。

虛擬實境的可能性是無限的，從未到過海邊的孩子，在地理課程設計中可讓其體驗在海邊的感覺；不能走路的孩子，亦可體驗在山裡健行。該種教學媒體的範圍和具誘導性的特質，已潛在地強化孩子對不同教材的學習和理解。 *196*

特殊教育已採用虛擬實境，患有腦性麻痺的三歲幼童，在虛擬實境中操作電動輪椅，而其能將該技能成功地類化到真實情境中（Ira, 1997）。虛擬實境已從生理障礙復健、心智遲緩和自閉症患者的訓練活動、行為異常者的社交技能訓練，及聽覺損傷患者的靈活思考訓練等領域中發展出來（Male, 2003; Roblyer & Cass, 1999）。

虛擬實境的教學科技擁有提供不受限的經驗予從沒有該機會之兒童的能力。

透過不同活動和動作呈現方式，虛擬實境計畫具促進理解的能力。例如：虛擬實境不只讓使用者看到事實，同時亦透過體驗來幫助他們學習。對使用輪椅的孩子而言，他可能透過移動肩膀來體驗走路（如：當他移動肩膀時他可看到腳或地板移動，就好像在走路一般），有了移動的感覺，可能可幫助孩子瞭解事物。虛擬實境亦可作為模範和塑形（shaping）。例如：孩子可將手放在虛擬實境中的手上面，並隨著虛擬的手移動，然後慢慢地退去虛擬的手（Fritz, 1991）。我們可以預期，該種教學科技未來在學校中會很普遍（Best, Ollie, Weinroth, Dykes, & Heller, 1998）。

教學科技具促進學習及化解（address）特定學習挑戰的能力，具認知缺損、動作缺損、感官損傷或其他發展障礙的孩子常發生區辨工作相關細節或集中注意的困難。科技具有幫助孩子改善注意力相關刺激的潛能，而該注意力是從事一些方案的必備要素，亦是操作（在許多軟體程式中）所呈現之顏色、尺寸、語音輸出及視覺輸出等的能力。

幼童亦可能出現知覺和資訊處理等問題。提供視聽資訊之電腦為基礎的教學課程，能增加孩子的注意力和促進孩子的知覺理解。若能增加較多及具變化性的刺激，且不斷地重複呈現該刺激，可以幫助孩子發展概念、記取資訊並能使用該資訊（Langone, 1998）。為達到成功效果，必須選擇適當軟體。

評量的考量

通常會有一些人共同為某個孩子決定適當輔助和教學科技形式。不論家長、老師、相關服務人員、科技專家或其他人，皆有可能為評量過程帶來獨特見解，然而不論科技種類為何，必須考慮一些普遍性的考量，這些因素係以跨輔助科技和教學科技作檢視。

197

評量輔助科技的考量

不管輔助科技設備的種類或複雜性為何，皆需謹慎評量以讓孩子能使用適當輔助科技完成特定活動。評量常以強調人（human; H）、活動（activity; A），和輔助科技（AT）的 HAAT 模式為基礎（Cook & Hussey, 2002）。在該模式中，人們的執行狀況與在特定情境的特定活動中使用科技之特定活動有關。為使輔助科技設備能達成功效果，應仔細評量在執行情境中特定活動、人的因素

> 輔助科技的評量考量了活動、兒童，和使用的評量科技與情境。

和輔助科技特質等的狀況。圖 5.1 說明了 HAAT 模式的調整形式，其強調三個主要領域如何影響執行結果。

活動

第一個需檢視的領域是活動和欲鎖定的特定目標，對幼兒而言，這可能是任何事情，例如：在午餐時間使用杯子、要求玩遊戲、開啟最喜歡之使用電池的玩具或移動軌跡球來探索電腦程式。我們需仔細檢視孩子如何執行活動，以判定孩子是否需要一些調整，或現階段的調整（或現階段的輔助科技設備）是否需要改變，根據這些觀察結果，我們可決定是否需要使用輔助科技或使用其他科技輔具。

人的因素

評量過程的第二部分包括和科技相互影響之人的因素，人的因
素之一為孩子的能力。為達最佳執行結果，輔助科技必須與孩子現
階段能力緊密配合。例如：若孩子無法用肢體操作標準滑鼠，則該 198
類科技就無法發揮其作用，因而孩子可能需要不同種類滑鼠或替
代性輸入工具。若孩子的姿勢不適合使用輔助科技設備，則該設
備亦不適用。出於人的另一個因素亦與個人偏好和文化因素有關，
這些因素可能強烈地影響設備的效用，例如：若孩子認為頭杖
（head stick）並不吸引人且不願使用，則該設備便無法發揮效用。

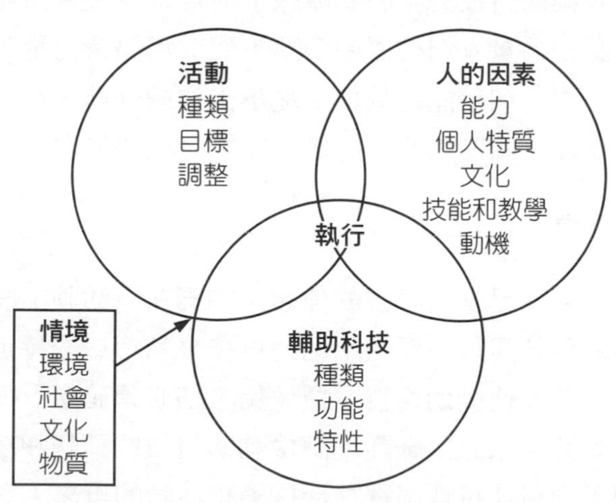

圖 5.1　活動、人的因素和輔助科技的交互作用，在不同情境中影響執行結果

其他重要之關於人的因素則與孩子的技能和所採用的教學取向有關，若孩子沒有取得使用科技的適當技能，或尚未在活動和設備使用中接受適當教學，則孩子使用輔助科技從事某項活動就容易失敗。以最好的教學方法配合孩子的學習特質，對於改善孩子的技能與達到最佳執行效果非常重要。

另一需考量之有關人的因素為動機。動機對輔助科技的衝擊可用Baker（1986）的**基礎人體工學公式**（**basic ergonomic equation**）來說明，而該公式係由 King（1999）加以闡述。在該公式中，科技層面之人的因素表示孩子執行活動的動機和生理力量（effort）、認知力量、語言力量等總和及使用這些器材設備的時間。若某特定輔助科技所需要之生理力量、認知力量、語言力量或時間比孩子執行活動所希望投入的還要多，則輔助科技通常會失敗，該公式通常呈現如下：

$$\frac{\text{輔助科技使用者從事及完成工作的動機}}{\text{生理力量}+\text{認知力量}+\text{語言力量}+\text{投入時間}}$$

$$=\text{成功或不成功的科技輔具使用}$$

根據該公式，若孩子伴隨嚴重動作損傷，則科技輔具設備的使用可能會失敗，故孩子必須花費許多力量和時間來使用該科技，且該力量必須大於孩子執行工作的動機，該案例中，對於特定開關之確實和及時操作有困難之腦性麻痺患者，其可能開始對設備喪失興趣，且需要用不同開關或方法來啟動設備以完成工作。在另一案例中，若輔助科技對發展障礙孩子而言太過複雜而無法使用，則孩子的認知力量（例如需要多項步驟）和語言力量（例如使用複雜符號）之總和可能超越孩子從事工作的動機，在該情況下，孩子可能需要不同形式的輔助科技以完成相同工作。

輔助科技的種類

第三個考量要素是輔助科技的種類。如同在「活動」段落中所述，選擇輔助科技是以需要使用輔助科技來執行一些特定活動或目標為基礎。若欲使輔助科技發揮效用，則必須確定「人」這方面的公式。如此一來必須嚴謹地篩檢輔助科技的種類和功能，且亦必須確認不同科技特性確實符合孩子和活動的需求。

情境

活動、人的因素和輔助科技必須以當下的特定情境作評估， 199
情境必須被視為：⑴周遭環境（如：家庭、學校、社區）；⑵社會情境（如：家庭、熟悉或不熟悉的成人、熟悉或不熟悉的同儕、獨處）；⑶文化情境（如：個人文化情境或不同文化情境）；⑷物質情境（如：燈光、吵鬧程度、溫度；Cook & Hussey, 2002）。例如在有熟悉成人和同儕的學校場所中，使用擴大性溝通設備的效果可能很好，但在不熟悉的人們周邊且燈光不亮，並有許多令人分心事物的社區情境中，其使用效果就可能欠佳。

其他因素

另一評量和執行輔助科技的主要考量為，障礙幼童的家人必須參與評量和療育過程（Judge, 2002; Parette, Brotherson, & Huer, 2000）。教師和其他專業人員必須與家長建立夥伴關係，如此才能賦權予父母以針對輔助科技作決定，為達該目標，父母需要器材設備的相關資訊和親身經驗，以促進他們作決定的舒適性（comfort）和知識。讓家庭參與輔助科技的評量和選擇特別重要，因為家庭成員很可能使用這些器材設備，且在評量過程中，他們扮演積極的角色，亦在療育計畫中分擔決定權（ownership）。當孩子漸漸長大，其通常在決策過程中扮演整合的角色。持續性支持和資源，在考量適當地使用和維持輔助科技設備上將至為重要。

教學科技的評量

我們必須謹慎評估障礙幼兒是否從電腦輔助教學、多媒體或超媒體軟體、網際網路或虛擬實境等課程中受益。特定教學科技的適當性必須以兒童、教學科技和教學目標等為基礎。因電腦軟體是幼兒最常使用的教學科技之一，故以下將討論軟體的評量。

對於欲使用的軟體和對特定兒童具重要性的特性有清楚概念是很重要的。如同表 5.2 所示，我們需檢視數個範疇：內容領域、發展水準、學習水準、教學方法、輸入特性、呈現特性、呈現方式的選擇和對答案的回饋（Bitter & Pierson, 1999; Lewis, 1993; Ray & Warden, 1995）。

必須謹慎地評估軟體，以確認其符合特定兒童的發展程度及適合欲鎖定的概念。

200 表 5.2
軟體評估

範疇	次級範疇的案例
內容領域	數字認知、計算、字母發音
發展程度	嬰兒／學步兒、學前（preschool）、幼稚園階段[3]
學習水準	習得 精熟 維持 類化 應用
教學方式	發現／探索學習 指導（tutorial） 演習和練習 教育（educational）遊戲 模擬操作 問題解決
輸入特性	輸入要求的一致性 適當行動和速度的需求 精確性的需求（如：能按退格鍵或清除輸入） 替代性輸入的介面（如：開關或掃描）
呈現特性	邏輯地、正確地、並有適當重複地呈現 學業性需求（如：閱讀、拼字水準） 沒有刻板模式或偏見 互動程度 一致性地呈現及便於使用 圖畫、錄音機、錄影機、動畫等呈現 視覺和／或聽覺提示及特色
呈現的選擇	控制呈現速度、困難度、課程內容 替代性呈現方式（如：高對比、放大、掃描） 以學生、教師或課程為導向的起始點
對答案的回饋	回饋正確答案的種類（增強） 回饋錯誤答案的種類（一致性） 當答案錯誤時，提供另一個回答機會 當答案錯誤時，提供協助 教師控制錯誤答案的回應 針對答案之遺漏項目，提供說明

3 譯者註，美國的學制與台灣不盡相同，美國的學前階段通常指兩歲到滿五歲的階段，幼稚園則指進入小學的前一年。

內容和發展水準

我們可能教導幼童不同內容領域。有些內容包括：因果關係、語言發展、閱讀水準的技能及初階讀寫技能。確定軟體能切實符合孩子的學習目標及對教師或父母教授的教材提供支持，方能確保教學成功。幼稚園兒童的專屬課程可能不適合學齡前兒童，而當課程不適合孩子時，可能導致孩子無法學習或不瞭解所教授的課程。

學習水準

我們必須評估軟體，以判定其是否符合（targeting）了欲達成的學習水準。如同第三章所述，學習水準以學習階段為基礎，而分為五：習得、精熟（或熟練）、維持（maintenance）、類化（generalization）、應用〔application（或適應 adaptation），Mercer & Mercer, 1998〕。當孩子開始學習新技能（例如字母的名稱或形狀配對），他們處於學習的習得階段，一旦他們達到高頻率的正確度時，便進階到強調正確性和速度的精熟階段，在此階段，技能變成較自動化，在掌握了精熟階段的技能後，兒童會進展到強調即便是過了一段時間後兒童仍理解該技能的維持階段。在類化階段，孩子能在不同時間、情境或配合不同人或事物執行該項技能，本階段中很重要的是孩子能在不同的真實情況，而非只是在 *201*
一開始學習的情境中執行該項技能。在學習的最終階段，也就是適應或應用階段，學習者在新情況或應用中應該能使用該技能。

雖然每個學習階段皆強調事物的真實資訊和理解，但應用階段通常要求問題解決能力，且可能需結合例如分析、綜合和評估等較高層級的思考技能。現已有許多軟體程式可促進這些較高層級的思考技能，其中亦包括為那些被認為無法在該階段中獲致成功之認知缺損兒童所設計的軟體（Taber-Brown, 2000）。

教學方法

軟體程式中所使用的教學方式應符合孩子的學習水準。在習得階段的孩子應使用發現（discovery）或指導（tutorial）軟體。在

發現軟體中，孩子可發掘概念；在**指導軟體**中，教學提供概念（或技能）。當孩子進展到精熟階段，**演習和練習軟體**可促進快速和正確回應。一旦孩子展現精熟，孩子可定期使用演習和練習軟體以幫助保留資訊，或該童可定期以遊戲形式來瞭解課程，若孩子尚未保留該資訊，則可能必須再教導孩子使用指導軟體[4]。在類化階段，使用符合相同內容的其他軟體程式（及其他非電腦教材），以確認孩子可利用不同教材和情境來執行該技能。最後階段，亦即應用階段，應可使用**問題解決軟體**或**模擬操作軟體**（Blackhurst & Lahm, 2000）。問題解決軟體呈現從課程外所習得之概念的問題，而模擬操作軟體則呈現真實生活的情節（Ray & Warden, 1995）。

輸入的特性

軟體程式需依孩子的輸入需求和有效的輸入特性作檢驗，輸入必須保持回應整體程式調動的需求以避免造成混淆，此外，孩子回應的速度和程式所要求的行動能力皆應符合孩子的能力。另一輸入考量則為孩子輸入的確實需求，有些程式較具彈性，其允許孩子在評估回應前能改變先前回答。因有些孩子需要不同鍵盤或附有掃描特性之開關的替代性輸入工具，故必須衡量欲使用的軟體是否支持這些替代性輸入工具的使用。

呈現的特性

下一個需檢視的項目為軟體的呈現情形。軟體的呈現在移轉到下一概念或階段前必須合乎邏輯性、正確性及提供足夠練習和重複呈現資料。只提供少許樣本、太快跳到較複雜教材，或未提供教材足夠練習等軟體之情形，皆應避免。必須謹慎評估使用這些軟體的需求（例如知道如何閱讀的能力），以瞭解該軟體是否適合孩子，同時，因為幼童非常容易受影響，故確認軟體是否能排除任何團體的刻板模式和孩子接觸暴力的機會等，亦非常重要（NAEYC, 1998）。

---

[4] 譯者註，作者雖未明示，但依文意，「一旦孩子展現……指導軟體」之句子應是屬於「維持階段」。

另一軟體程式所呈現的不同特性為軟體所提供的互動。最少互動性程式提供最少選擇，且具備事先決定的規則以讓孩子順利完成該程式。中度互動軟體程式在不同通路中提供多樣化選擇，如此孩子便能作一些控制，該程式的圖畫和情境（若有呈現的話）皆是固定的，且是孩子無法控制的。而最高互動性軟體傾向為超媒體程式，其賦予孩子不同選擇，且在各個通路、回應、情境、聲音、圖畫和內容上皆有完全控制權（Hutinger & Johanson, 2000）。成人應以孩子的能力和使用該軟體所欲達到之結果為考量，來謹慎地選擇最適當的互動程度，在任何情況下，軟體的呈現皆必須提供在整個課程中能便於調整之持續一致的形態。 202

另一呈現特性則是處理圖畫、聲光視覺、動畫等的展現及軟體程式所提供的提示。軟體必須符合孩子的學習風格，包括孩子喜好的感官方式（如：視覺、聽覺、體能；Schunk, 2000; Taber-Brown, 2000），有些孩子對於視覺呈現的學習效果最好，而有些孩子可能對於聽覺呈現會有較好的表現。軟體應支持對每個兒童學習有所助益的感官形態。此外，圖畫、聲音和動畫的品質對於判定其呈現情形是否適當及協助孩子之各種提示的種類，皆很重要。有些軟體對於易因外來視覺或聽覺輸入而分心，或患有視覺損傷及對於使用許多視覺線索（與主題無關的圖畫）有困難的孩子而言，並不恰當。

呈現方式的選擇

許多軟體程式有許多改變程式呈現方式的選擇，而呈現方式的選擇之一為：能控制困難度、呈現速度及呈現內容。例如：一些行動障礙的孩子，其回答問題的時間可能比原定的十秒鐘長。有些程式則可調整呈現速度，以讓孩子有更多時間作回應。只有某些程式具彈性，能增刪教材以改變呈現內容。

呈現形態應可作調整，有些程式本身具有不同掃描選擇，以允許孩子能利用開關來進入程式，其對於一些用開關來作為操作電腦的主要方式的重度生理缺損兒童而言，是特別有用，據此，以視覺強化（視覺掃描）或大聲說出（聽覺掃描）所期待的回應時，則可啟動電腦。有些程式改變前面景緻（foreground）或背景顏色，如此為視覺損傷兒童提供較強對比。其他形式的改變如：字體大小、符號大小或較少圖畫配置等，皆對視覺損傷兒童有所助益。

另一呈現方式為調整起始點，許多程式記錄孩子課程中停頓的地方，如此一來，孩子下一次操作程式時，便可從該處開始。有些程式不論孩子上次停頓的地方為何，皆允許使用者或老師重新選擇起始點。

203 回答的回饋

評估中最關鍵的地方之一為軟體程式如何提供回饋予孩子，當孩子回答正確時，則應有潛在的增強回饋（如：跳舞的動物、正面評價、金色星星）。而對錯誤回應的回饋必須不讓孩子感到困窘（如：製造出讓大家都聽得到的負面聲音、負面評價）或使孩子沮喪。錯誤答案的回饋必須對孩子有所助益，且回饋需持續維持。當孩子回應錯誤時，有些程式提供額外機會，而有些則提供即時協助。老師可操控回饋方式的程式（如：協助螢幕、複習內容），而使更多個別協助能迎合孩子的需求。評估程式是否會記錄孩子答錯的題目很重要，因其協助教師檢視孩子發生的困難，且須提供療育的範圍。

207 電腦操作

有些兒童因為認知、生理或感官缺損而無法使用標準鍵盤或滑鼠操作電腦，有許多方式能讓電腦便於操作，這些方式包括讓行動障礙的兒童能正確地指向方位（positioned）以促進最佳行動的指示輔具（pointing aid）〔如：口杖、手指區隔手套（finger isolation glove）〕，或調整鍵盤或螢幕成為不同高度。其他選擇則包括改裝電腦（如：使用操作性選擇、調整性鍵盤、替代性鍵盤、替代性滑鼠、替代性輸入、處理輔具和替代性輸出）。

操作功能和鍵盤調整 208

有些生理缺損兒童可使用經調整的標準鍵盤。大部分電腦有操作選擇（該資訊通常可透過點選「我的電腦」，選擇「控制台」，再按「操作選擇」而取得）。有數種不同操作選擇如：“filter”鍵可使電腦忽略短暫或重複的按鍵敲擊，或使重複速度變慢（所以孩子的螢幕上會顯現出“p”，而非“ppppppppp”）。另一操作選擇為“Sticky”鍵，其允許孩子一次按一個鍵來達到結合不同按鍵的效果如：Ctrl 和 Shift 鍵或 Ctrl 和 Alt 鍵。有些電腦有替代性鍵盤設計如：Dvorak，其不像一般鍵盤的標準QWERTY編排方式，故可讓單手打字的人使用〔若使用替代性鍵盤作編排，則鍵盤必須重新標記（relabeled），否則按鍵會常常移轉（removed）〕。

簡單設備亦可能使鍵盤便於操作。保護框（keyguard）即為一例，其為鍵盤的每個按鍵皆設計一個套洞的塑膠蓋，對於動作慢並須吃力地將手置於鍵盤上的孩子而言，該設備可以預防不小心按到不想按的鍵。另一調整案例為防水保護框（moisture guard），其覆蓋在鍵盤上以預防液體（或口水）潑灑在鍵盤。為便於視覺損傷的兒童操作，在按鍵上亦應放置標籤，以顯示小寫字體或提供高對比的字母（如：在黑色背景中使用輪廓清楚的字體）。某 209
些按鍵亦應以顏色編碼以協助學習。

替代性鍵盤和替代性輸入

有時鍵盤大小並不適當，或按鍵間的距離太近或太遠，此時可使用替代性鍵盤。有些孩子會使用專為幼童設計的小鍵盤，其可符合兒童較小的手指（如：InfoGrip公司所發行的“Little Fingers Keyboard”）。非常小型的鍵盤如：WinMini（TASH 公司發行）對於使用口杖或頭杖及有限行動能力的兒童而言，使用此鍵盤是頗為便利。

有些孩子可能需要較大或不同排列方式的鍵盤，例如：Intellikeys 鍵盤（IntelliTools 公司發行）較大且可加放數種不同功能板（overlays），功能板的字母順序可能與標準鍵盤所編列的相同，或以字母順序作按鍵編排，如此一來將可輕易地將呈現顏色、形狀和其他概念的滑鼠功能和功能板附著在鍵盤上，以便讓孩子點選功能板作答。大部分軟體使用 IntelliKeys 的鍵盤提供視覺與聽覺回饋（如：當螢幕秀出鴨子正在游泳時，「答對了！那是鴨子。看那鴨子正在水中游泳」）。不同軟體程式為幼童設計了可加裝在 IntelliKeys 鍵盤上的不同功能板，以配合不同故事或活動，功能板亦可由家長和老師依不同活動，用功能板製作（overlay-maker）軟體來設計。IntelliKeys 鍵盤亦設有插槽可插入開關，如此一來使需要利用開關來控制掃描程式的孩子亦可使用它。使用 IntelliKeys 鍵盤的程式通常可支援掃描和開關的通路。

有些軟體程式可能利用滑鼠操控。然而，有些兒童對於使用標準滑鼠可能有困難，且需要較小或不同形狀的滑鼠。部分生理障礙的孩子可能需要如軌跡球或操縱桿（joystick）等設備來替代滑鼠。

只要有可能，直接選擇的選項必須比較緩慢、較困難學習之掃描選項優先使用。

通常非常年幼或伴隨發展遲緩的孩子，在學習將鍵盤（或滑鼠）和顯現在螢幕上的事物作連結有所困難，因應方式之一為使用 TouchWindow（Edmark, Riverdeep）或觸碰式螢幕，TouchWindow 為附著在螢幕上清晰的薄膜，並利用特殊設計之觸碰式螢幕來操作。這些設計使孩子能直接觸碰螢幕選項作選擇。電腦將該觸碰動作詮釋為一選項，而程式會依該選項作回應。亦有程式提供螢幕式（on-screen）鍵盤，其亦能與 TouchWindow 一併使用（另亦可使用滑鼠、軌跡球、操縱桿或用掃描等方式操控）。

伴隨嚴重生理障礙的孩子可使用與電腦連結的開關來掃描選項（以同樣方式，這些選項亦可與某些擴大溝通設備相連結）。開關有不同形狀和尺寸，且幾乎可利用移動不同身體部分作操控，例如：用手或腳來按開關，擠弄眉毛或用管子吸器或吐氣（抿或
210 吹開關）等方式作啟動。不同電腦程式可利用掃描和使用開關作選擇。當欲選擇的項目以燈光（視覺掃描）或聲音輸出（聽覺掃描）等方式作加強時，則孩子能啟動開關。

IntelliKeys 鍵盤利用可拆換式薄膜以迎合個別孩子的需求

電腦輸出的選擇

不同電腦程式可使用不同的輸出選擇。視覺缺損的孩子可能需要放大的螢幕，其可利用大螢幕或提供放大效果的特殊設計軟體來達成（如 Ai Squared 所發行的 ZoomText）。若孩子使用印刷字體，則大部分文字處理程式可作字體（font）和尺寸的改變，並提供重要部分和背景顏色的選擇，使得輸出資料更容易讀取。有些孩子需要高度對比，以區辨電腦螢幕所顯示的資料，而許多軟體程式已提供高對比的選擇。

另一幫助不同障礙兒童的選擇是聲音輸出。聲音輸出提供著指引，告訴兒童顯示在電腦螢幕上的訊息，及依照兒童的選擇提供回饋。部分教育軟體程式除視覺顯示外，亦提供聲音輸出。亦 211
有部分軟體程式設計讀出電腦螢幕的訊息（如：Don Johnston 公司所發行之 Write: OutLoud； Freedom Scientific 公司所發行的 JAWS for Windows Screen Reading Software）。

如同 AbleNet 公司所發行的開關，可讓孩子利用簡單肌肉動作來操作電腦或控制電子產品

印表機可列印出孩子的作品。印表機亦可用來列印符號、圖片和文字，例如**點字印表機**（braille embossers）可列印盲文[5]或為幼童建構前盲文（pre-braille）活動。

評估電腦操作

專業團隊通常會決定適當的電腦操作設備或調整，以讓障礙兒童便於操作電腦。當孩子逐漸長大或發展，必須持續地評估孩子電腦操作的便利性，因孩子行動、感官，或認知等能力的改變，故可能需作一些改變。若孩子有行動或認知功能惡化的情形，可能需要不同的電腦操作方式，相反地，當孩子漸漸成長，則可能需使用較精細的電腦科技（如：聲音辨識軟體或文字預測程式）。

有許多電腦程式可作為教室教學中強化概念和評量孩子是否精熟於目標技能的輔助教材。因應擴大溝通設備的使用，很重要的是，當沒有可靠的（溝通）通路時，不需再評量孩子是否知道在電腦上所呈現的資訊。有些孩子可能對操作技巧不熟練，且因動作或感官問題而遺漏部分項目，而非不瞭解已呈現的概念，為確定上述情況，可將教師確定孩子已瞭解的資訊呈現予孩子，並觀察孩子們操作電腦作選擇的情形。若孩子無法正確回答已知道的資訊，則可推測錯誤的回答並非是學習的問題，而可能是動作或感官通路的問題（例如無法確切地使用附有掃描軟體的開關，或無法使用替代鍵盤上所有按鍵）。當兒童仍學習使用電腦時，必須使用可靠的回應來評量孩子。此外，必須更進一步地評估電腦操作科技，以確保選擇適宜的科技。

216

遊戲和科技

遊戲是兒童的重要活動，從遊戲中可發展認知、社交、溝通和動作技能（Wershing & Symington, 1998）。例如Piaget（1962）曾強調物品操弄遊戲（object play）對認知發展的重要性。在某些情況下，障礙兒童使用的輔助科技可能與非障礙兒童所使用的一樣，

---

5 亦稱點字或凸字。

然而，有些障礙幼兒可能無法操作一般玩具或遊戲，而需要不同類型輔助科技的協助。

調整性玩具

部分動作缺損的兒童無法操作他們所使用的玩具，在某些情況下，使用較大型且易於抓握的玩具應可避免上述情形，然而，部分伴隨嚴重動作問題的兒童無法拿起玩具或將它們置放於理想的位置，解決該問題的策略之一為，障礙兒童告知他人（可能使用擴大性溝通設備）他們希望如何處置玩具，例如：當在娃娃家[6]（dollhouse）玩洋娃娃時，孩子能決定將娃娃放在哪裡及希望娃娃做什麼。

玩具可輕易地作調整，以提供娛樂、社會互動和發展。

孩子亦可能使用已調整為用開關啟動的電池啟動玩具，任何電池啟動的玩具皆能在電池間安裝電池中斷設備（a battery interrupt device），並將其與開關作連結（Bain, 1997a），孩子能利用開關來啟動或關閉玩具。例如：當按下開關後，孩子能使電池啟動的玩具小狗移動並汪汪叫。這些調整性玩具能不用花費很多錢在家自行改造、能從廠商購得，或從服務障礙兒童的租借圖書館借得（如：Lekotec）。

對年幼如三個月大的嬰兒，亦能利用玩具來學習己身對於環境的影響（Male, 2003），除促進遊戲和學習外，當開關以特定方式放置時，以開關啟動的玩具便會有所反應。例如：孩子可能想要伸展到比之前能觸及之距離還要遠的地方，以啟動開關讓喜歡的玩具跳舞。若孩子翻身即可啟動喜歡之玩具的開關，則便可誘發兒童做出如翻身等動作目標。 217

---

6 「娃娃家」一詞對男性可能較陌生，一般意義有二，第一種是指幼托園所內地理上的區塊，其中放置教具，供作扮家家酒類之教學或遊戲使用，例如孩子在娃娃家中玩「扮演到同學家做客」的遊戲或教學，其他與娃娃家呈對比之地理區塊概念，如積木區、益智區、圖書角皆是。第二種是指孩子遊戲的設備器材（玩具），其大小不一，形態亦多樣化，可能是幼兒可實際鑽入其中的小房子，內置蔬菜切割盒等配件，放假的菜刀、切菜板與各種蔬菜；其他如類似芭比娃娃的周邊環境配置模型玩具，均屬之。

遊戲、娛樂設備和軟體

調整許多幼兒遊戲和運動讓障礙兒童能與其他孩子一起遊玩。透過使用替代性旋球、較大遊戲物件和較簡單的遊戲規則等，可調整棋盤遊戲。運動遊戲可透過修改規則（例如允許較多打擊）、調整設備（例如：為視覺損傷兒童使用會發出嗶聲的球，或為肢體障礙兒童使用較大、較輕的球），或讓遊戲廣場更便於障礙兒童使用（如：裝設斜坡道，讓兒童便於進入廣場）等方式作修正。透過許多不同的調整和科技，可讓所有兒童皆能參與活動。

例如像是踏板車和腳踏車等娛樂設施亦可促進遊戲，這些設備能加以調整，以便供生理障礙兒童使用（如：加裝額外輪子或座位，以確保孩子安全）。另一選擇為使用調整性設備，例如使用手臂而非腳來踩踏板的調整型腳踏車。

軟體程式亦可促進遊戲。部分軟體程式複製真實生活中不同遊戲和運動，而部分程式提供遊戲或娛樂設備的模擬操作。許多電腦程式可按娛樂、探索或遊戲等目的作設定，以提供簡單或複雜遊戲，如使用電腦程式著色或繪畫等個人遊戲活動，亦可讓數個兒童一起遊玩。這些軟體程式在遊戲形式下提供額外學習，例如一些鎖定因果關係、語言和早期學習技能的遊戲。

提供遊戲的環境

因孩子本身生理限制或因環境無法配合，導致有些兒童可能無法參與其所置身環境中的活動，**環境控制系統（environmental control units；簡稱 ECUs）**為一種可幫助兒童操控不同電子產品的設備，環境控制系統允許生理障礙兒童開啟和關閉不同設備，例如：孩子可開燈閱讀最喜歡的故事書或開啟錄音機與音樂一起合唱。幼童可在學校活動中利用環境控制系統，例如：在有趣的烹飪活動中啟動電子攪拌器，或啟動電子玩具或遊戲（Bain,, 1997b）。環境控制系統透過將電子設備插入控制器，後再將控制
218 器插在牆上的方式來操作，而孩子則有另一開關的控制器，透過啟動開關，孩子的控制器發出訊號啟動設備，該設計的運作與遙控器相似。

縱使所有環境都應檢視是否便於障礙兒童參與，但必須更謹慎地檢視遊戲場以判定這些場所是否便於兒童參與，及其是否有助兒童一起玩耍。遊戲場可做修改或創造，以利障礙兒童玩耍及與其他一般兒童互動。遊戲場並非一定要採高科技，但其應該是**設計科技（design tech）**，這表示遊戲場以使用者為基礎之設計指引、便於利用的成分和便於利用的外觀來建構。例如：有些遊戲場的外觀可能重新鋪設，以讓使用輪椅的孩子能使用遊戲場中的不同設備；斜坡道能讓孩子在遊戲廣場的玩具船上操控輪椅。將不同困難度的遊戲活動安排在一起，能讓不同能力的孩子一起遊玩和互動（Goltsman, 2002）。謹慎地考量和計畫可使遊戲活動更便於操作，並促進孩子間的互動。

摘要

數種不同科技種類可能對幼兒生活產生衝擊，例如：醫療科技、科技生產工具、資訊科技、輔助科技和教學科技。輔助科技提供兒童利用擴大性溝通設備作溝通、利用修正或替代性電腦操作設備使用電腦、利用移動設備在環境中行動、使用開關控制的玩具執行遊戲及使用調整性設備參與自我照顧技能。教學科技包括：促進學習和發展的軟體程式，提供兒童多種學習機會。若欲使科技使用成功，依人的因素和將使用科技的情境作為考量，謹慎地評量特定科技設備或物品是很重要的。科技設備或軟體應適性及符合學習者需求。其亦應作為完成一些任務的工具，而科技本身並非終點。當使用適當的科技，即具備了使障礙幼兒生活產生重大改變的能力。

問題與討論

1. 家長或教師常使用的五種科技為何？及其如何對障礙幼兒生活產生衝擊？
2. 什麼樣的調整和替代性輸入設備能使電腦更便於操作？
3. 當評估軟體程式是否適合幼兒時，需考量哪些重要領域？
4. 何謂擴大性溝通？而擴大性溝通設備通常使用哪一類型字彙？
5. 你必須為一位兩歲幼兒提供評量和設計療育計畫，孩子完全沒有口語且肢體動作有限，則你如何執行評量和設計計畫？你將嘗試做什麼？

219 推薦資源

專業協會

科技操作聯盟（The Alliance for Technological Access）為促進障礙人士使用科技之全國性輔助科技資源中心、個人、機構和廠商的網絡。關於該機構的相關資訊可上網查詢（http://www.ataccess.org）。

特殊兒童協會的部門（The Technology and Media Division；簡稱 TAM），它是為特殊需求兒童工作人員或代表倡議的非營利組織。該部門強調障礙人士使用科技的需求、有效性及效能（http://www.cec.sped.org）。

Rehabilitation Engineering and Assistive Technology Society of North America（RESNA）為一不同領域之專業人員（如：教師、復健專家）的協會，該會會員在科技和障礙上有共同興趣，該協會宗旨在於改善障礙人士的潛能，並透過科技幫助他們達成目標（http://www.resna.org）。

網址

可查詢的科技專業資料庫

AbleData

http://www.abledata.com

Closing the Gap

http://www.closingthegap.com

樣本的網址

Don Johnston Incorporated
http://www.donjohnston.com

Edmark
http://www.riverdeep.net/edmark

IntelliTools, Inc.
http://www.intellitools.com

Laureate Learning Systems, Inc.
http://www.laureatelearning.com

Lekotek
http://www.lekotek.org

Mayer-Johnson, Inc.
http://www.mayerjohnson.com

TASH, Inc.
http://www.tashinc.com

Trace Research and Development Center
http://trace.wisc.edu

推薦閱讀

Assistive Technology Journal

Journal of Special Education Technology

Judge, S. L., & Parette, H. P. (1998). *Assistive technology for young children with disabilities: A guide to family-centered services.* Cambridge, MA: Brookline Books.

National Association for the Education of Young Children. (1998). *Technology and young children—Ages 3 through 8.* Retrieved November 10, 2002, from **http://www.naeyc.org/resources/position_statements/pstech98.htm**

參考文獻

Bain, B. K. (1997a). Switches, control interfaces, and access methods. In B. K. Bain & D. Leger (Eds.), *Assistive technology: An interdisciplinary approach* (pp. 57–71). New York: Churchill Livingstone.

Bain, B. K. (1997b). *Environmental control systems.* In B. K. Bain & D. Leger (Eds.), *Assistive technology: An interdisciplinary approach* (pp. 119–139). New York: Churchill Livingstone.

Baker, B. (1986). Using images to generate speech. *IEEE Biomedical Conference Proceedings*, Fort Worth, TX.

Behrmann, M. M., Jones, J. K., & Wilds, M. L. (1989). Technology intervention for very young children with disabilities. *Infants and Young Children,*
220 *1*(4) 66–77.

Best, G. A., Ollie, P. A., Weinroth, M. D., Dykes, M. K., & Heller, K. W. (1998). The education of students with physical and health disabilities: Past, present, and future. *Physical Disabilities: Education and Related Services, 16*, 55–76.

Bitter, G. C., & Pierson, M. E. (1999). *Using technology in the classroom.* Boston: Allyn & Bacon.

Blackhurst, A. E., & Lahm, E. A. (2000). Technology and exceptionality foundations. In J. D. Lindsey (Ed.), *Technology & exceptional individuals* (3rd ed., pp. 3–45). Austin, TX: PRO-ED.

Butler, C. (1988). High tech tots: Technology for mobility, manipulation, communication, and learning in early childhood, *Infants and Young Children, 1*, 66–73.

Cardona, M., Martinez, A. L., & Hinojosa, J. (2000). Effectiveness of using a computer to improve attention to visual analysis activities of five preschool children with disabilities. *Occupational Therapy International, 7*, 42–57.

Chute, R., & Miksad, J. (1997). Computer assisted instruction and cognitive development. *Child Study Journal, 27*, 237–254.

Cook, A. M., & Hussey, S. M. (2002). *Assistive technologies: Principles and practice* (2nd ed.). St. Louis: Mosby.

Doster, S., & Politano, P. (1996). Augmentative and alternative communication. In J. Hammel (Ed.), *AOTA Self-Paced Clinical Course: Technology and occupational therapy: A link to function.* Bethesda, MD: American Occupational Therapy Association.

Forcier, R. (1999). *The computer as an education tool: Productivity and problem solving* (2nd ed.). Upper Saddle River, NJ: Merrill/Prentice Hall.

Frea, W. D., Arnold, C. L., Vittimberga, G. L., & Koegel, R. L. (2001). A demonstration of the effects of augmentative communication on the extreme aggressive behavior of a child with autism within an integrated preschool setting. *Journal of Positive Behavior Interventions, 3*, 194–199.

Fritz, M. (1991). The word of virtual reality. *Training, 28*, 45–47.

Gardner, H. (1982). *Frames of mind: The theory of multiple intelligences.* New York: Basic Books.

Gardner, H. (1993). *Multiple intelligences: The theory in practice.* New York: Basic Books.

Glennen, S. (1992). Augmentative and alternative communication. In G. Church & S. Glennen (Eds.), *The handbook of assistive technology* (pp. 93–122). San Diego, CA: Singular.

Glennen, S. L. (1997). Introduction to augmentative and alternative communication. In S. L. Glennen & D. C. DeCoste (Eds.), *Handbook of augmentative and alternative communication* (pp. 3–20). San Diego, CA: Singular.

Glickman, L., Deitz, J., Anson, D., & Stewart, K. (1996). The effect of switch control site on computer skills of infant and toddlers. *American Journal of Occupational Therapy, 50*, 545–553.

Goltsman, S. M. (2002). Recreation and play environments. In D. A. Olson & F. DeRuyter (Eds.), *Clinician's guide to assistive technology* (pp. 451–469). St. Louis: Mosby.

Goosens, C., & Kraat, A. (1985). Technology as a tool for conversation and language learning for the physically handicapped. *Topics in Language Disorders, 6*, 56–70.

Haugland, S. W., & Shade, D. D. (1988). Developmentally appropriate software for young children. *Young Children, 43*(4), 37–43.

Heckathorne, C. W. (2002). Upper-limb prosthetics. In D. A. Olson & F. DeRuyter (Eds.), *Clinician's guide to assistive technology* (pp. 265–280). St. Louis: Mosby.

Heller, K. W., Alberto, P., Forney. P., & Schwartzman, M. (1996). *Understanding physical, sensory, and health impairments: Characteristics and educational implications.* Pacific Grove, CA: Brooks/Cole.

Heller, K. W., & Bigge, J. (2001). Augmentative communication. In J. Bigge, S. Best, & K. W. Heller (Eds.), *Teaching individuals with physical and multiple disabilities* (4th ed., pp. 229–277). Upper Saddle River, NJ: Merrill/Prentice Hall.

Heller, K. W., Forney, P. E., Alberto, P. A., Schwartzman, M. N., & Goeckel, T. (2000). *Meeting physical and health needs of children with disabilities: Teaching student participation and management.* Belmont, CA: Wadsworth.

Hetzroni, O., Rubin, C., & Kondol, O. (2002). The use of assistive technology for symbol identification by children with Rett syndrome. *Journal of Intellec-*

tual & Developmental Disability, 27, 57–71.

Higgins, N. (1993). Preschool teacher uses of video technologies. *Journal of Educational Television, 19*, 153–167.

Hutinger, P., & Clark, L. (2000). TEChPLACEs: An Internet community for young children, their teachers, and their families. *Teaching Exceptional Children, 32*(4), 56–63.

Hutinger, P. L., & Johanson, J. (2000). Implementing and maintaining an effective early childhood comprehensive technology system. *Topics in Early Childhood Special Education, 20*, 159–173.

Ira, V. (1997). Virtual reality and mobility skills. *Exceptional Parent, 27*, 50.

Jones, D. E., Clatterbuck, C. C., Marquis, I. G., Turnbull H. R., III, & Moberly, R. L. (1996). Educational placements for children who are ventilator assisted. *Exceptional Children, 63*, 47–57.

Judge, S. (2002). Family-centered assistive technology assessment and intervention practices for early intervention. *Infants and Young Children, 15*, 60–68.

Judge, S. L. (1998). Providing access to assistive technology for young children and families. In S. L. Judge & H. P. Parette (Eds.), *Assistive technology for young children with disabilities: A guide to family-centered services* (pp. 1–15). Cambridge, MA: Brookline Books.

Judge, S. L., & Lahm, E. A. (1998). Assistive technology applications for play, mobility, communication, and learning for young children with disabilities. In S. L. Judge & H. P. Parette (Eds.), *Assistive technology for young children with disabilities: A guide to family-centered services* (pp. 16–44). Cambridge, MA: Brookline Books.

King, T. W. (1999). *Assistive technology: Essential human factors*. Boston: Allyn & Bacon.

Ko, M. L., McConachie, H., & Jolleff, N. (1998). Outcome of recommendations for augmentative communication in children. *Child: Care, Health, and Development, 24*, 195–205.

Langone, J. (1998). Technology. In W. Umansky & S. R. Hooper (Eds.), *Young children with special needs* (3rd ed., pp. 309–339). Upper Saddle River, NJ: Merrill/Prentice Hall.

Langone, J., Malone, D. M., & Kinsley, T. (1999). Technology solutions for young children with developmental concerns. *Infants and Young Children, 11*, 65–78.

Lewis, R. B. (1993). *Special education technology: Classroom applications*. Pacific Grove: CA: Brooks/Cole.

Lindstrand, P. (2001). Parents of children with disabilities evaluate the importance of the computer in child development. *Journal of Special Education Technology, 16*, 43–52.

Lipner, H. S. (1997). Augmentative and alternative communication. In B. K. Bain & D. Leger (Eds.), *Assistive technology: An interdisciplinary approach* (pp. 99–118). New York: Churchill Livingstone.

Male, M. (2003). *Technology for inclusion: Meeting the special needs of all students*. Boston: Allyn & Bacon.

McBride, K. M., & Austin, A. M. (2001). Computer affect of preschool children and perceived affect of their parents, teachers, and peers. *Journal of Genetic Psychology, 14*, 497–506.

McBrien, D. M., & Bonthius, D. J. (2000). Seizures in
infants and young children. *Infants and Young* 221
Children, 12, 21–31.

Mercer, C. D., & Mercer, A. R. (1998). *Teaching students with learning problems* (5th ed.). Upper Saddle River, NJ: Merrill/Prentice Hall.

Meyen, E. L., Aust, R., Gauch, J. M., Hinton, H. S., Isaacson, R. E., Smith, S .J., et al. (2002). e-Learning: A programmatic research construct for the future. *Journal of Special Education Technology, 17*, 37–46.

Mioduser, D., Tur-Kaspa, H., & Leitner, I. (2000). The learning value of computer-based instruction of early reading skills. *Journal of Computer Assisted Learning, 16*, 54–63.

Miranda, P. (2001). Autism, augmentative communication, and assistive technology: What do we really know? *Focus on Autism & Other Developmental Disabilities, 16*, 141–152.

Murphy, V., & Thuente, K. (1995). Using technology in early learning classrooms. *Learning and Leading with Technology, 22*(8), 8–10.

National Association for the Education of Young Children. (1998). *Technology and young children—Ages 3 through 8*. Retrieved November 10, 2002, from http://www.naeyc.org/resources/position_statements/pstech98.htm

Okolo, C. (2000). Technology for individuals with mild disabilities. In J. D. Lindsey (Ed.), *Technology & exceptional individuals* (3rd ed., pp. 243–301). Austin, TX: PRO-ED.

Parette, H. P., Brotherson, M. J., & Huer, M. B. (2000). Giving families a voice in augmentative and alternative communication decision making. *Education and Training in Mental Retardation and Developmental Disabilities, 35*, 177–190.

Piaget, J. (1962). *Play, dreams and imitation in childhood*. New York: Norton.

Pracek, E. (1994). *Gardner's multiple intelligences and types of software*. Miami, FL: Florida Diagnostic and Learning Resources System. Unpublished document.

Rapport, M. J., & Lasseter, D. J. (1998). Providing
support services to students who are ventilator
dependent. *Physical Disabilities: Education and* 222
Related Services, 16, 77–94.

Ray, J., & Warden, M. K. (1995). *Technology, computers and the special needs learner*. Albany, NY: Delmar.

Roblyer, M., & Cass, M. (1999). Still more potential than performance: Virtual reality research in special education. *Learning and Leading with Technology, 26*, 50–53.

Romski, M. A., & Sevcik, R. A. (1993). Language learning through augmented means: The process and its products. In A. P. Kaiser, & D. B. Gray (Eds.), *Enhancing children's communication: Research foundations for intervention* (pp. 85–104). Baltimore: Brookes.

Russell, K. E., Coffin, C., & Kenna, M. (1999). Cochlear implants and the deaf child: A nursing perspective. *Pediatric Nursing, 25,* 396–401.

Schunk, D. (2000). *Learning theories: An educational perspective.* Upper Saddle River, NJ: Merrill/Prentice Hall.

Speigel-McGill, P., Zippiroli, S. M., & Mistrett, S. G. (1989). Microcomputers as social facilitators in integrating preschools. *Journal of Early Intervention, 13,* 249–260.

Swinth, Y., Anson, D., & Deitz, J. (1993). Single-switch computer access for infants and toddlers. *American Journal of Occupational Therapy, 47,* 1031–1038.

Taber-Brown, F. M. (2000). Software evaluation and development. In J. D. Lindsey (Ed.), *Technology & exceptional individuals* (3rd ed., pp. 133–160). Austin, TX: PRO-ED.

Tanchak, T. L., & Sawyer, C. (1995). Augmentative communication. In K. F. Flippo, K. J. Inge, & J. M. Barcus (Eds.), *Assistive technology: A resource for school, work, and community* (pp. 57–85). Baltimore: Brooks.

Wershing, A., & Symington, L. (1998). Learning and growing with assistive technology. In S. L. Judge & H. P. Parette (Eds.), *Assistive technology for young children with disabilities: A guide to family-centered services* (pp. 45–75). Cambridge, MA: Brookline Books.

第三部分
發展領域

6

粗大動作發展

Carole W. Dennis & Kathleen A. Schlough

章節大綱

- 粗大動作發展理論
- 粗大動作發展階段
- 影響粗大動作發展的因素
- 特殊需求幼兒的粗大動作發展
- 粗大動作發展評量的策略
- 療育策略
- 粗大動作療育的輔助科技

225 ## 愛茉莉

愛茉莉在八個月大時，被診斷為腦性麻痺（四肢麻痺痙攣型）。愛茉莉和雙胞胎弟弟是媽媽懷孕七個月時經緊急剖腹的早產兒。愛茉莉有臍帶脫垂的情形，且出生後即從當地醫院轉到鄰近城市的新生兒加護病房。愛茉莉重四磅三盎司，而她弟弟重三磅十四盎司。她的雙胞胎弟弟並沒有因早產而出現顯著的併發症，他發展一切正常。愛茉莉另還有一個兩歲大的妹妹。

在愛茉莉被診斷為腦性麻痺不久後，就被轉介到早期療育服務，她接受聯合評量（arena assessment），評量中包含了職能治療師、語言治療師、物理治療師和發展心理師來評估其需求。愛茉莉的肌肉張力顯得很高（痙直性），特別是她的小腿、膕繩肌腱、內收肌（聯結腿部的肌肉）和屈髖肌。這使得當她試著做出粗大動作移動或協助性站立時，會出現常見於產生痙攣兒童的剪刀腳。專業人員建議在家執行職能治療、物理治療、語言治療和特殊教育等服務，但若一星期有四個不同領域的專業人員數次進入案主的家，則很容易讓家庭吃不消；因此，團隊決定物理治療和特殊教育的專業人員為「核心」（core）療育從業人員，且建議每週造訪愛茉莉家兩次。職能治療和語言治療則偶爾與團隊和家庭進行諮詢。因愛茉莉的特殊需求，團隊和家庭決定物理治療師和幼兒教師在療育期間共同處置（co-treat）愛茉莉的情況，以減低頻繁家庭造訪所產生的衝擊。因為愛茉莉的物理治療需求最大，故物理治療師在幼兒教師讓愛茉莉從事適齡遊戲和認知技能時，協助她移動及擺位（position）。愛茉莉的父母和手足參與所有訓練時段，治療師也鼓勵他們參與治療活動。

兩歲時，愛茉莉進入特殊需求兒童的私立學齡前學校。愛茉莉在五歲前全天皆在該校上課，之後她進入了學區內的普通班就讀。愛茉莉父母關切她的行動、發音時的呼吸和對擺位器材之需求等方面的困難。在粗大動作領域的療育包括：學習使用助行器走路、推控輪椅、擺位需求和學習自己上下輪椅。

226 在三歲前，愛茉莉已能在監督下使用後拉式助行器走一小段距離，該步行能力融入其每日例行活動中。愛茉莉同時也使用小型輪椅，且能在她的學齡前班級中獨立地推控輪椅，這項能力促使她能獨立地探索環境。愛茉莉坐下的動作良好，且不需要在輪椅上裝設額外的軀幹支持設備，或需要調整在教室和家裡所使用的椅子。愛茉莉雙腳皆穿著足踝護具（ankle-foot orthoses；

簡稱AFOs）。護具從愛茉莉的膝蓋以下一直延伸到腳，且預防愛茉莉踮腳尖的情形（standing on her toes）。足踝護具也讓愛茉莉能站得更穩。特別在教室中，愛茉莉也用站立架，這樣她才能在不同活動中站立，例如：與同儕進行桌上型小水池（water table）的活動。在班級團體時間，愛茉莉使用特殊設計的地板椅座（floor sitter），讓她能坐得更穩。

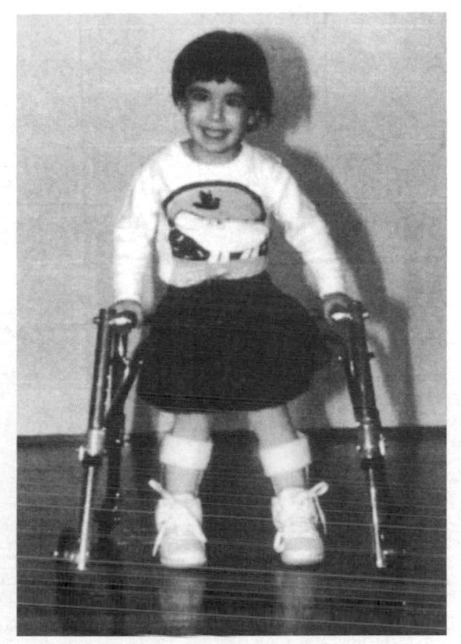

愛茉莉使用後拉式助行器（她當時四歲）

包括職能治療師、物理治療師、語言治療師、帶班老師、輔助性專業人員和適應體育老師的班級團隊定期聚會討論愛茉莉的進展，該團隊每年也與她的家庭正式聚會數次，且每天團隊中至少一位成員都會與愛茉莉的家人聯繫。整個團隊（包括家庭）為其發展出不分領域的長短期目標，也就是，該團隊決定對愛茉莉最重要且需加強的面向，然後制定短期目標來達成這些需求，而不是以不同領域來劃分目標。

粗大動作發展即使用人肌肉控制姿勢和移動的能力，其代表兒童發展適當之感覺刺激和環境需求的移動。透過動作技能發展，孩子獲得自我控制、精熟和自我尊重的感覺。在當下物質環境中控制自己身體的能力是發展自主和動機的首要關鍵。移動能力對參與教育、社交和社區生活很重要。由世界衛生組織（WHO）所發起的「國際功能、障礙與健康分類」（International Classification of Functioning, Disability and Health；簡稱 ICF）」模型將**參與**（participation）定義為，人們能擁有健康身體之生活方式及如何改善健康狀況，而達到具生產力、有實踐力的人生。兒童有效地移動及探索環境的能力是實踐人生角色必備的要素（參閱本章開頭愛茉莉的故事案例）。

此外，粗大動作技能促進典型發展兒童之精細動作發展、認知、溝通、適應性技能、社交和情緒能力等，例如：兒童控制手

臂和手部物品操弄需要穩定的身體姿勢支持。姿勢控制對於說話
227 時的呼吸也很重要。當兒童發展環境中的移動能力時，他們學習
到許多該環境中物體的知覺特質。

動作技能亦促使其他領域技能的表現。大部分年齡較小幼兒的認知、語言發展、自我照顧技能和社交等評量，皆要求孩子能表現出一些動作行為，例如：嬰兒表現出對主要照顧者的依附和分離行為，則是社交和情緒發展的重要里程碑。這些行為皆需要某些動作表現（例如：轉向、注視主要照顧者、對主要照顧者微笑；離開主要照顧者、轉向主要照顧者以尋求慰藉）。

從事「粗大動作控制困難之幼兒」相關工作者面臨數種挑戰。為協助改善這些兒童的動作發展，對早期療育從業人員而言，瞭解孩子展現遲緩的範圍及推測這些遲緩現象的發生原因非常重要，因為唯有如此才能擬定適當療育計畫。因動作缺陷影響其他發展層面，故單純地改善動作技能是不夠的；考量與精熟工作相關之適應和報償（compensation）的衝擊亦是同等重要。應用損傷功能之報償性技巧、環境適應、提供特定適應性設備和修正調整活動等，對於典型兒童發展具有意義深遠的啟示。

粗大動作發展理論

發展中嬰兒所展現的粗大動作技巧是一特別過程。縱使大部分的人認為新生兒需要人照顧，但一般嬰兒與生俱有執行動作所需的所有要素。嬰兒看似先天具有執行動作的內在動機，且縱使嬰兒早期缺乏活動協調能力，但嬰兒似乎具有操控環境的基本能力機制。本章後續將討論及解釋動作發展的理論模型。

反射／等級模型

該模型結合兩個不同模型：反射模型和等級模型。**反射模型**（**reflex model**）由 Gesell 和 Amatruda（1947）及 Sherrington（1947）所提倡，該模型嘗試將動作發展解釋為中樞神經系統成熟的結果。根據該模型，動作是從原始、反射性控制到意志控制（voluntary control）發展（Piper & Darrah, 1995）。**等級模型**（**hi-**

erarchical model）由 Hughlings Jackson（Foerster, 1977）和 Rudolf Magnus（Magnus, 1926）所提倡，該模型透過強調大腦皮質所扮演之角色來解釋反射模型，大腦皮質為中樞神經系統之動作控制的最高層級，其亦控制較低層級的中樞神經系統（Mathiowetz & Haugen, 1994）。

多年來，動作發展概念多遵從 Sherrington（1947）的反射研究。Sherrington 建議一般人類動作是事先籌設（preprogrammed）之反應的總結結果（Piper & Darrah, 1995）。反射（通常稱為原始反射）是自動、格式化的動作形態，而這些動作由知覺刺激如： 228
觸摸、伸展特定肌肉組織、頭部與身體相對位置和頭部與地心引力相對位置等所引發。人們仍相信許多嬰兒早期動作是自然反射動作，且由中樞神經系統的皮質下（subcortical）區域作調解。原始反射在發展中有其特定功能，例如：當觸摸嬰兒臉頰時，嬰兒會以頭轉向被觸摸方向作為根本（rooting）回應，該反應是嬰兒吸吮的必要條件，且藉此才能在哺乳動物中生存。此外，當嬰兒仰躺時，若主要照顧者抓其前臂，然後輕輕地往前拉起，則嬰兒會抬起頭，且手臂會跨過身體中間（成為**彎曲**反應）。這些原始反射在嬰兒四至六個月大時即會整合完成，也就是嬰兒不再對典型反射刺激有所回應。當意識行動凌駕反射動作時，則可能產生自主性（volitional）控制。縱使有些原始反射的痕跡將永生留存，但這些反射對四至六個月大以後的健康孩子而言將不再是**強制性的**。典型原始反射包括：摩洛反射、彎曲回縮反射（flexor withdrawal）、手掌抓握、張力迷路（tonic labyrinthine）和不對稱頸張力反射（asymmetrical tonic neck reflex）（圖 6.1）。**摩洛反射**是當嬰兒很快往後傾斜時，身體失去頭部控制所出現的反應。若嬰兒喪失頭部控制，則會伸直手臂至兩旁，然後背部弓起，最後會哭泣。該反射提醒主要照顧者嬰兒正遭遇危險。**彎曲回縮反射**是腳底所引發的反射，嬰兒會將腳拉開作為回應。在**手掌抓握反射**中，將一隻手指放在嬰兒的手掌時，嬰兒會緊握拳頭。主要照顧者通常將該反射動作詮釋為嬰兒力量的象徵。**張力迷路反射**較易引起爭論，該反射的真實狀況只有在腦傷兒童身上才看得到。然而，對較小嬰兒而言，當嬰兒仰臥（背朝下、躺著）時，則嬰兒整個

原始反射是通常只發生在嬰兒對特定感官刺激的回應，且這些回應是非自主、自動化且制式化的。

彎曲表示在關節處的角度縮減或關節彎曲。

強制性原始反射是回應特定感官刺激所產生（沒有自主性控制）之自動化、制式化的動作。

不對稱頸張力反射是新生兒頭部旋動的正常反應，在該反射中，頭部旋動方向所對應的手臂和腿部會伸展開，而另一邊的肢體則會彎曲。若嬰兒三個月大後仍持續該情況，則即為非典型的發展。

伸展表示關節的角度增加或伸直關節。

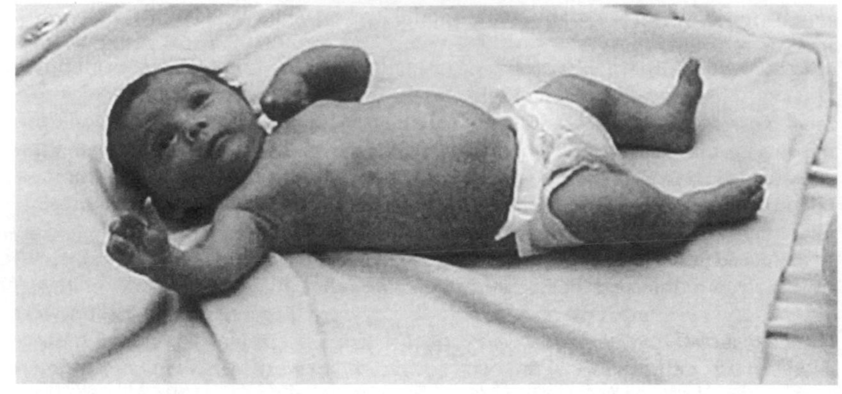

圖 6.1　不對稱頸張力反射（Noah，3.5 週大）。注意看他的臉朝右時，而右手臂也朝右邊伸展，同時他左邊（後腦所面對的那邊）手臂彎曲

資料來源：經 Carole Dennis 同意使用。

摩洛反射是對頭部快速往下甩盪（dropping）或寶寶意識到自己即將摔落所作的反應，在該反射中，嬰兒在擁抱動作後，會迅速地外張和伸展手臂。

張力迷路反射是身體相對於地心引力所擺放的位置，該位置會在嬰兒早期影響肌肉張力。俯臥姿勢可便於彎曲，而仰臥姿勢則可促進頭部、軀幹和肢體伸展。

身體的**伸展**似乎有些傾斜情形，而當嬰兒俯臥時（肚子朝下、趴著），則嬰兒身體的彎曲似乎也有些傾斜。**不對稱頸張力反射（asymmetrical tonic neck reflex；簡稱 ATNR）**在嬰兒頭轉向一邊時會出現。此時「臉部所面對」方向的手臂（有時連腳）會伸展開來，而「後腦所面對」方向的手臂（有時連腳）則會彎曲，這種姿勢
229 亦稱為「擊劍者姿勢」（fencer's position）。

患有特定腦傷（如：罹患腦性麻痺、中樞神經系統腫瘤或創傷性腦傷）的孩子，其較高層次系統並無法及早抑制（override）早期原始反射，且這些孩子可能無法自主地控制移動。理論上，中樞神經系統的較高層次會因受傷而無法正常運作，且會出現較低層次的反射動作。在上述這些孩子身上，原始反射無法整合，且後續動作可能變得不自主（obligatory）及制式化。因腫瘤或創傷而產生腦傷的兒童和成人，先前可自主控制的動作，在腦傷後可能會變回反射性控制動作，對教育從業人員而言，注意這些反射動作的強制性本質很重要，因為這些反射動作可能嚴重影響孩子的移動和學習能力。

當嬰兒發展成熟時，原始反射會被**姿勢反應**（postural reactions）取代，其可幫助個人在地心引力下直立，且保護人避免跌倒。這些反應在孩子六個月大時開始發展（就如同「原始反射開

始整合」及「動作變得較非強制性」），且在後續持續發展，這些反應包括：保護性伸展、端正反應（righting reaction）和平衡反應。當人們快要跌倒時，會伸手扶握物體以防跌倒，此時代表人們正使用保護性伸展，**保護性伸展**可能向前、向旁邊或往後伸展，且若個人意識到馬上將跌倒，則該伸展動作即會自動產生，在該反射中，腳同時以跨步或伸展到不固定方向反應。**端正反應**通常指頭部和軀幹在地心引力下依舊直立的情況，亦即當一個人開始向一邊傾斜時，軀幹會彎曲以配合傾斜，而頭部則會直立。若人向一邊傾斜得太嚴重，則另一邊的手臂和／或腳將伸展出去，以藉由該動作取得平衡，此情況稱為**平衡反應**，且可能會出現軀幹旋轉情形。依照需要，該三種反應可能同時發生或其中之一可能會較顯著。治療師常會嘗試抑制患有頭部損傷幼兒的原始反射，且試著鼓勵孩子使用平衡反應。

保護性伸展是當人們伸手抓握，以保護自己預防跌倒的自動反應。

平衡反應是平衡／共同平衡（counterbalance）反應，其以回應身體動作之肌肉張力和動作當作特色。

縱使現今大部分行動專家並不認為反射模型足以解釋動作控制的所有面向，但早期反射動作確實讓嬰兒不需透過意識控制來執行動作，因此，反射動作提供了未來執行自主性動作的可能性，例如：當嬰兒將頭轉向左邊時，則會引發不對稱頸張力反射，其促使嬰兒左邊手臂伸展到身體左邊的情況。若該動作能使孩子與環境中物品接觸，則會引發其他感官機制。身體的**本體覺系統**記錄肢體位置，觸覺系統記錄物品的感覺，而視覺系統記錄手觸碰物品的視覺影像。當上述動作順序和回饋（feedback）一再重複 230
時，嬰兒漸漸地開始將行動模式與剛經歷的感官回饋相聯結，最後透過利用中樞神經系統中較高層皮質中心（higher cortical centers）來學習自主性地控制行動（Piper & Darrah, 1995）。當嬰兒一再地重複自主性動作形式，神經連接的腦髓鞘包裹過程便會銘記所執行的動作形式，最後成為不需靠意念來執行之快速、自動化的動作。**腦髓鞘包裹**過程為神經纖維被脂質的鞘狀物所包裹（即髓磷脂）的發展過程，且纖維可進行快速、有效的神經傳導。

本體覺系統為一感官系統，其透過關節和肌肉對身體姿勢之感覺的感受體（即本體覺）提供資訊。

除目的性、控制性和自主性動作是原始性、反射性動作所演進而來的概念外，反射／層級模式亦涵蓋數個推論：動作發展是從頭到腳（cephalocaudal）的發展取向，其中動作控制由近到遠（proximal-to-distal）的順序發展（從身體中央到身體末端），且在一般兒童中，動作是以可預測、有順序的形式發展（Piper & Darrah, 1995）。縱使這些推論仍引導著許多現今治療性操作，但也出現許多不符合該模式之重要案例。Touwen（1978）和 Thoman（1987）質疑以反射為基礎之動作的主導地位，Touwen認為，縱使是新生兒也有動作差異，而 Thoman 亦證明了早產的新生兒也會出現早期動作控制。此外，許多研究也質疑由近至遠控制的概念，這些研究指出，動作技能的區辨性習得（differential acquisition）可能因特定文化群體認為該動作有價值而產生（Super, 1976）。另外，Fetters、Fernandes 和 Cermak（1988）已透過運動學紀錄證明當嬰兒學習抓取積木時，嬰兒亦同時發展出近側和遠處的技能。

動態系統模型

動作發展的反射和等級模型有一共通的基本推論：動作發展如同中樞神經系統中改變的功能，且其主要是從低階到高階層級的控制。縱使動作發展的系統模型並未爭論動作發展需要成熟性轉變，但該模型仍認為，神經系統的成熟並不足以解釋動作發展（Thelen & Ulrich, 1990）。動作發展如同許多其他發展領域為開放系統的一部分，而開放系統是對發生於像是：動機、經驗和空間位置等其他範疇事件所作的反應。在該模型中，動作計畫是為回應特定任務的限制性和環境事件，而非全面地依賴事先籌設的行動計畫〔前饋（feed-forward）〕或依賴動作所產生的**回饋**（Mathiowetz & Haugen, 1994; Piper & Darrah, 1995）。在回饋機制中，即將到來的感官刺激是因動作的初始或修正而產生。在前饋機制中，孩子可能會回應感官刺激而作出動作，但只要開始行動後，
231 動作就不會再改變。當孩子學習需要謹慎檢視的新技能時（如利用湯匙挖起布丁），則會使用回饋。**前饋**運用於已學過並練習過的動作，故動作能較自動的做出來。對較年長的孩子而言，用湯匙挖東西可能成為前饋動作。回饋和前饋皆可以產生協調的、目標導向的動作。

回饋指身體從動作所接收的感官刺激，其提供方向、施力、時間和準確性等資訊以執行動作維持或修正。

前饋指事先籌設的動作，而該動作一旦開始後則會以感官回饋為基礎，持續執行到完成，而不會有任何修正。

動態系統模型亦考量了環境限制、任務需求和身體自我組織等的互動。隨著上述三個考量的任何改變，動作亦可能產生改變

（Clark, 1995），例如：正學習走路的學步兒，若地面（環境）非常不平，則孩子可能喪失行走能力。若孩子希望能更快移動（改變任務需求），則行走技能可能不夠，故孩子可能需要從行走轉變到學步兒的跑步，或回復到先前已學會但較快速的技能（如爬行）。當孩子長大並改變身體形態（身形和組織），孩子地心引力的中心會慢慢地降低，如此讓孩子的動作更穩並可執行更需技巧（demanding）的粗大動作技能。肌肉力量的增加和產生更大的力氣、身高體重的改變、反應的改善和更有效能的心肺系統等，亦促進高階技能的出現。

粗大動作發展階段

嬰幼兒粗大動作發展是個令人驚嘆的過程。嬰兒在會走路前必須學習並處理大批資訊。學習走路在父母和孩子的生命中是許多重大發展事件之一。嬰兒期的粗大動作技能發展是造就往後端正姿勢的要件。表 6.1 記載了走路和其他早期**發展之里程碑**。

發展目標（里程碑）是大部分一般發展兒童達到目標動作技能的平均年齡。

出生到六個月

一般足月出生的嬰兒皆以生理機能彎曲（physiological flexion）的姿勢出生，該姿勢與嬰兒出生前占據子宮內狹小空間時的姿勢雷同。嬰兒的頭、腳和手臂似乎被拉到身體中央。該早期姿勢讓嬰兒習得一些自己身體的基本資訊。手緊鄰嘴巴的動作可促進口部探索及讓嬰兒看到手和身體的其他部分，該姿勢可與早產兒的出生姿勢形成對比，早產兒的肢體離身體較遠。這些嬰兒需要特殊擺位，以促使身體探索和理想的動作發展。

伸展

足月生產的嬰兒出生時身體呈彎曲狀。因此，最可能出現的動作是伸展，其頭和肢體會從身體移開。許多原始反射（包括摩洛反射和不對稱頸張力反射）支持動作發展和伸展力量，因此可為嬰兒早期功能性行為發展作準備。當嬰兒被抱著時，嬰兒利用伸展使頭部置於端正位置，當嬰兒俯臥時，會轉動並抬起頭。伸

232 肌（extensor）[1] 控制從頭向下發展，讓嬰兒將重量轉移到骨盆，且在以腹部著地（俯臥）時，能將上軀幹挺起離地。然後，嬰兒能將手臂置於身體下面，並利用手肘支撐身體重量（參看圖6.2）。

表6.1　嬰兒粗大動作技能發展

姿勢	發展年齡*	粗大動作技能
俯臥	一個月前	短暫抬頭、身體姿勢不對稱
	兩個半月	用前臂支撐身體力量（手肘超過肩膀）
	四個半月	以手支撐身體力量、手臂伸展
	六個月	可從俯臥轉身到仰臥，無翻身
	七個半月	靠腹部緩慢爬行（crawl）
	八個半月	交互用手和膝蓋攀爬（creep）
仰臥	一個月	仰臥時能將頭部置於身體中線
	兩個半月	仰臥時能將手置於身體中線
	四個半月	腳彎曲，讓手可搆到腳
	五個半月	可從仰臥轉身到俯臥，無翻身
	六個半月	可翻身從仰臥轉身到俯臥
坐	五個月	短暫地獨立端坐
	六個半月	獨立端坐
	八個月	從坐姿移到跪爬姿（four-point[2]；雙手和膝蓋）
站	八個月	扶著家具站立
	八個半月	從半蹲姿勢調整為站姿
	十個半月	短暫地獨立站立
走	九個月	扶著家具行走，無法連續走動太久（身體無法轉動）
	十一個月	可獨立走五步
	十一個半月	從仰臥轉成跪姿到站立
	滿週歲	維持蹲姿

*註：發展年齡表示50%該年齡的孩子發展出該技能。大部分的技能中，約有90%的受試兒童，在介於平均年齡的二至三個月間發展出該技能。

資料來源：Data from *Motor Assessment of the Developing Infant* by M. C. Piper & J. Darrah, 1995, Philadelphia: W. B. Saunders. Copyright 1995 by W. B. Saunders. Adapted by permission.

---

1 譯者註，使關節伸展開來的肌肉。

2 譯者註，此處的four-point是強調雙手、雙膝呈現四點著地。

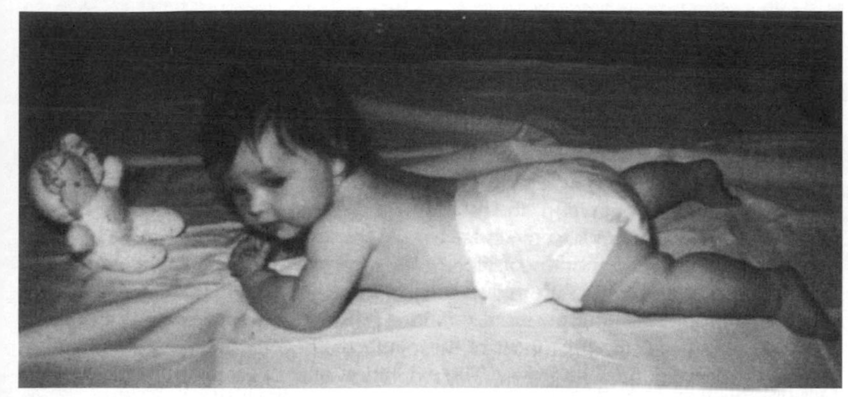

圖 6.2　Lindsey 用手肘支撐的俯臥姿勢（四個半月大）
資料來源：經 Kathleen Schlough 同意使用。

當該伸展持續往下移動時，嬰兒能伸展手臂，利用雙手支撐身體重量，並將重量轉移到骨盆。大約在此發展的同時，嬰兒便能利用軀幹的伸展，以飛機狀的姿勢將頭部、胸部、手臂和腳離地抬起。透過一隻手撐地，另一隻手向外伸出，嬰兒學習抓取原本拿不到的玩具。

彎曲

彎曲（flexion）包括將身體部位移向身體的中央。新生兒本是呈彎曲狀，故在嬰兒獲得部分伸展技能前不會有太多動作。當嬰兒能對抗地心引力伸展頭部時，其可利用彎曲和伸展來將頭部置於端正位置以維持平衡。當嬰兒作背部躺姿（仰臥姿）並能伸展 233
四肢時，則嬰兒學習將手移回身體中間，以促進口腔探索、視覺注視和手部遊戲。該仰姿時彎曲和伸展所促成的遊戲，讓嬰兒得以為趴伏的臥姿控制能力作準備，因而促使嬰兒將身體重量轉移到其他部位，得以讓手在抓取玩具時能維持穩定姿勢。嬰兒先發展將手肘撐地（on-elbows）時的力量轉移，後發展手臂伸展時的力量轉移。

對於身體下半部類似於彎曲的控制，在嬰兒處於仰姿並對抗地心引力地伸腿踢動、將腳拉到手邊、最後將腳放到嘴巴遊戲時，即可發展出來該控制能力。該控制動作和肌肉力量之改善的發展，能為嬰兒從臥姿調整到跪爬姿（position on his hands and knees）[3]的能力作準備。

共同作用和旋動

> 旋動是四大骨骼基本動作之一；其是在身體或肢體的中心軸（central axis）所產生的動作。

一般發展嬰兒隨著持續的伸展控制、彎曲控制、為了穩定姿勢而必須結合上述二者[4]（**共同作用**）的控制、**旋動**（rotation）（與身體其他部位相關之身體轉動），而達到姿勢控制。該發展模式按順序，在每一發展階段皆會自行重複（Bly, 1983），例如：當俯臥的嬰兒提起頭約二十度時，主要是使用伸展。然而，當嬰兒處於仰臥或直立姿勢時，頭部要保持九十度平衡，則必須使用彎曲和伸展控制（共同作用），且為能轉頭注視週遭的物品，嬰兒必須使用身體轉動，身體轉動結合不同彎曲和伸展控制。在孩子六個月大前，嬰兒身體隨著頭部轉動，能從俯臥轉身為仰臥的姿勢，不久後，則能發展出從仰臥翻轉為俯臥的能力。縱使早期翻身以整個身體動作為其特徵，但後來仍會發展成為部分性（segmental），僅在頭部、頸部、軀幹和骨盆部位產生旋動。

234 另一後續發展之持續性控制案例為當把嬰兒置於坐姿時，嬰兒的軀幹會向前傾斜。軀幹主要是透過背部肌肉伸展而得以處於直立端正的位置。透過包括抬頭看身體、將手放在身體中線和將腳彎向手等仰姿時的遊戲，嬰兒在彎曲中發展腹部肌肉的控制，依該方式，嬰兒能漸漸使用伸展和彎曲以形成端正與平衡的坐姿。此外，嬰兒必須發展身體旋動的控制，以便能轉頭和旋轉軀幹以取得環境中的玩具。

在出生的前六個月，嬰兒從具有最少變化動作發展到具翻身、俯臥時能向任何方向伸展及維持穩定坐姿等能力。出生不久之嬰兒的原始反射非常強烈，但在嬰兒四到六個月大時，大部分反射動作進展為整合性動作，且當自主性控制改善時，反射動作則開始退化。嬰兒若在六個月大後仍出現原始反射（對早產兒而言，

---

[3] 譯者註，這個姿勢較難用單一名詞解釋，簡言之，就是雙手、雙膝及雙腳著地，但是身體則是懸空，若借用網路時尚之火星文說明，其實就是“orz”所呈現象形文字的人體形態。

[4] 譯者註，此二者，指伸展控制、彎曲控制兩者。

該時間點應以假設其為足月生產的嬰兒作計算），其可能是粗大動作發展遲緩的徵兆。而一般發展有其特定的範圍，在表 6.1 及表 6.2 所顯示的年齡，係表示取得特定動作技能的平均年齡。

依據養育孩子的情況、環境議題和文化背景，一般粗大動作技能發展範圍的界定可能有所不同，例如：極年幼兒童的睡姿近年來甚受重視。小兒科醫生依照「國家兒童健康與人類發展中心」（National Institute of Child Health and Human Development；簡稱 NICHD）和美國小兒科醫學會（American Academy of Pediatrics）的主張，建議主要照顧者讓孩子仰睡（「睡時仰臥、遊戲時俯臥」），以預防**嬰兒猝死症**（參看知識寶盒 2.3）。縱使該方式已大幅地減低嬰兒猝死症的發生率，但至少有兩個研究已發現，俯睡嬰兒的父母提出，這些孩子達到早期動作里程碑的年齡比非俯睡孩子達到的年齡早很多（Davis, Moon, Sacks, & Otolini, 1998; Dewey, Fleming, Golding, & ALSPAC Study Team, 1998）。該提議已引發許多動作專家的關注，因為俯臥姿勢對於手臂力量與控制、背部和頸部肌肉等發展皆非常重要。嬰兒通常從俯臥姿勢開始學習爬行，後來學著拉扶站立（pull to stand）。許多治療師強烈鼓勵父母在嬰兒醒著時讓嬰兒處於俯臥姿勢，以促使必要動作的發展，然而，此種論述的必要性卻引發爭議。以上研究之發展性差別可能只是暫時性差異；Dewey 及其同僚（1998）即發現，在十八個月大前，俯睡或非俯睡的孩子在習得粗大動作技能上並無太大歧異。

嬰兒猝死症是嬰兒在睡眠中非預期且突然的死亡，在身體檢查或屍體剖驗中並未發現嬰兒的死因。

235

七到十二個月

六到十二個月大的嬰兒的動作發展進展很大。許多父母發現，當好奇的嬰兒開始探索環境時，他們必須在家裝設「幼兒保護裝置」（child proof）。雖然照顧者通常對於嬰兒具備更多能力感到興奮和喜悅，但照顧者也要了解，這些新能力製造了許多安全議題，他們必須將電器用品加蓋、在不同房間或樓梯間加裝一扇門、將電線綑綁起來、將小玩意兒從咖啡桌上移開、櫥櫃加鎖、在家具角落加裝護墊，而使家成為孩子探索的安全區域。

表 6.2
學步期和學齡前兒童的粗大動作技能及發展該動作的期望年齡

發展年齡	粗大動作技能
十五個月	慢慢地臥爬上樓梯
十八至二十三個月	慢慢地臥爬下樓梯
二十四至二十九個月	用雙腳跳兩吋高
二至兩歲半	同時用雙腳上一層樓梯
二至兩歲半	同時用雙腳下一層樓梯
兩歲半至三歲	雙腳交替爬樓梯
三至三歲半	雙腳交替下樓梯
三至五歲	單腳跳
四至五歲	快速奔跑
五至六歲	雙腳交替跳
六至七歲	在四吋高的平衡木上走四步

資料來源：*Bayley Scales of Infant Development*: Second Edition. Copyright © 1993 by The Psychological Corporation. Adapted and reproduced by permission. All rights reserve. "Bayley Scales of Infant Development" is a registered trademark of The Psychological Corporation. Adapted from the *Peabody Developmental Motor Scales*, by M. R. Folio and R. R. Fewell. Copyright by Pro-Ed, Austin, TX. Adapted by permission.

爬行（crawling）是臥姿的發展階段，在該階段中孩子透過手臂向前拉和雙腳向後推來往前移動。

匍匐爬行（creeping）是嬰兒往前移動的動作，嬰兒處於手和膝蓋著地的跪姿，並交互使用手臂和腳移動。在某些文獻和日常口語對話中，該移動也可能會被稱為「爬行」（crawling）。

在七、八個月大時，一般寶寶開始學習獨坐，此時，孩子背部、臀部和腿部肌肉發展出足夠力量，且腹部力量亦增加，故嬰兒不需用手臂支撐即可維持端坐姿勢。該情形使嬰兒雙手能作遊戲，且探索對嬰兒有利的環境。為讓坐姿轉為其他姿勢，嬰兒常向一旁或後面跌倒，因縱使當嬰兒往前抓握時，會出現手臂的保護性伸展，但保護性伸展才剛開始從側邊和後面發展。所以若兒童喪失平衡而向側邊傾斜，就可能摔倒。在該階段，嬰兒的頸部、背部和臀部肌肉非常結實，且當嬰兒俯臥時，常會舉起手臂、腳和頭部作「游泳狀」。在仰臥時，嬰兒透過抬腳和將腳屈向嘴巴來展現腹部和臀部屈肌的力量。在俯臥姿勢時，嬰兒可能開始用腹部匍匐前進或後退。然後嬰兒可能漸漸地成為跪爬的姿勢。

在九、十個月大時，寶寶的行動力增加，且開始以腹部離地的姿勢爬行。連續數月，許多孩子利用這新發現的爬行技能，而有些孩子只有在坐和拉扶站立時短暫地使用該技能。通常這年齡的孩子將開始用「熊走路的姿勢」去走路，即雙手和雙腳著地（但膝蓋沒有著地）的姿勢。使用雙手和膝蓋的姿勢是發展整個身體彎曲和伸展控制的必要條件，如此一來，嬰兒能形成坐姿（嬰兒用雙手往後推，且輕輕地往旁推）、輕輕搖動他的雙手和膝蓋及爬行（用手和膝蓋向前移動）。

當嬰兒用為站立作準備的手和膝蓋爬行進行探索時，嬰兒亦 *236*
發展了額外的彎曲和伸展控制。大部分嬰兒先使用家具來學習從其他姿勢調整為站姿，當嬰兒伸展雙腳時，則利用雙臂將身體向上拉起。然後嬰兒學習一腳往前並向前推，且讓另一腳跟進。該動作建立每隻腳的不同控制，以準備讓孩子扶著家具在家中四處遊走（cruising）或側邊跨步，最後學會走路。該年齡層的嬰兒喜歡扶著物體走路，且在走路時常學習推著家具（餐桌椅或高椅）到處走，以維持身體直立。

在行動力增加但開始獨立行走的這段期間，許多善意（well-meaning）的父母鼓勵孩子使用學步車，然而研究顯示，使用學步車的孩子較晚達到獨立行走的能力（Garrett, McElroy, & Staines, 2002; Siegel & Burton, 1999）。此外，使用學步車可能造成一些嚴重傷害，例如：骨折、挫傷、肌肉裂傷、觸電和燙傷等。而且有時即使在成人監護下，孩子仍會發生上述傷害（Smith, Bowman, Luria, & Shields, 1997）。因該年齡層的嬰兒通常喜歡維持直立姿勢，故可用彈跳、繞圈圈、搖擺等而非滾動的站立設備來替代學步車。

在十一、十二個月大之間，許多寶寶學習獨自站立，然而，有部分之一般發展的寶寶[5]則需要較長時間學習走路，若孩子在十五個月大尚無法獨立站或行走，則該情形可能是粗大動作發展遲緩的徵兆。當嬰兒開始能站，整個身體即產生強烈伸展，以維持端正姿勢。首先，站立時的移動很僵直，孩子微微地左右搖擺〔「搖搖晃晃地走」（toddle）〕，以獲取最初向前移動的能力。從動態系統觀點看來，孩子正使用僵直的身體姿勢（共同作用）努力地控制許多自己的**自由度**（degrees of freedom）；即孩子必須

---

[5] 譯者註，此處「一般發展的寶寶」（或後述其他的「一般寶寶、一般幼兒」等語），皆係指「無身心障礙（或疑似發展遲緩）之兒童」，算是相對於身心障礙兒童的稱謂，書中各處亦皆應作如此解讀。

學習控制所有肌肉、關節、神經通路等等以完成任務。當孩子較有站立經驗時，他可以「放棄」（let go）部分自由度，故行動就顯得較平穩、協調和不費力。

當兒童（或成人）學習新動作，他必須先學著控制許多自由度，故一開始動作看似僵硬且不協調，而經過練習後，兒童學會控制自由度。當跨步時，先將身體力量放在一隻腳上，以使另一隻腳能跨向前，如此交互運用執行走路的動作。接著，當旋動身體的能力逐漸發展出來時，孩子利用同時旋動身體和搖晃手臂來執行成熟的行走。藉由完全的身體旋動，當一隻腳擺向前時，與向前的腳同一邊的手會向後擺。在該期間，保護性伸展以向前、向旁邊、向後面發展，因此孩子較能保護自己，預防跌倒。此外，端正反應和平衡反應的發展促進更複雜的動作形式。

自由度表示由形成動作之許多肌肉、骨骼、關節和神經等之成就動作的可能性。當個人學習執行動作時，必須加以控制上述結構。

十二個月到兩歲

先前已精熟的姿勢技能和孩子所接受的環境經驗，促使學步兒粗大動作技能持續發展，當兒童的力量、平衡感、承受力和協
237 調性增加時，則能配合環境需求增加動作形式，持續發展不同的身體控制，即獨立使用四肢或在不同關節部位同時使用伸展和彎曲，能使孩子獲得像是蹲在地上等更高層級的動作技能。

姿勢反應較趨成熟後，兒童的動作也益顯流暢且更具控制力，如伸展手臂或腳以抓扶物品等保護性技能，只有在快跌倒時才會使用，端正和平衡反應在此時會非常強烈地反應出來，以預防兒童跌倒（dependable）。獨立爬樓梯的技能，約在孩子兩歲前，先透過扶握欄杆和一步步向前的方式進行，然後在孩子兩歲半至三歲時，孩子能交互使用雙腳爬樓梯，而不需扶握欄杆以達到平衡和展現軀幹旋動（rotation）之平穩和對角的（diagonal）重量轉移。獲得較高層級的動作技能與獲得初級動作技能是相似的（Roberton & Halverson, 1984），以丟球當作新技能為例，這本來是軀幹先維持穩定，而手臂再移動的動作，然而當該技能改善時，則會旋動手臂和肩膀移動之連接處的軀幹，以增添該動作的效能、速度和力量。

兩歲到五歲

當孩子精熟了基本動作技能後，透過重複練習，能讓特定動作形式和基本動作形式之組合的執行更順暢。學齡前兒童喜歡練習他們所學的技能、挑戰自己並主導環境，兒童開始在簡單的社交遊戲中使用這些技能，例如玩「國王下山來點名」（Duck, Duck, Goose and Tag）[6]遊戲，在該遊戲中，動作必須符合另一遊戲夥伴的動作速度和姿勢改變。孩子精熟了像是爬樓梯、雙腳跳、單腳跳和跑步（圖 6.3）等較困難的動作技能，而這些動作具備了可預測的發展形式。表 6.2 提供了學步兒和學齡前兒童的粗大動作技能和一般兒童發展該技能的年齡。

約在三歲開始，兒童結合部分動作形式，故兒童能快跑接著能輕快地跳（skipping）。當有順序地學習較複雜動作任務時，必須具備適當的**動作計畫**或**實踐力**（**praxis**），培養實踐力需具備適當感官能力，以便在執行動作計畫期間提出特定動作行為修正的回饋，並針對環境需要作調整。通常在三歲前，在孩子開始玩一些需要預先計畫動作順序的簡單遊戲前，行動實踐力不佳的兒童並不會展現出任何動作困難，但事實上，當兒童無法處理特定任務所需的所有資訊或對這些資訊作出回應時，兒童便可能會顯得笨拙、困惑和不合作。

動作計畫指個人如何計畫和排序動作或技能。

實踐力是計畫和執行技巧性活動的能力（Goodgold-Edwards & Cermak, 1989）。

在學齡前，許多粗大動作技能以核心能力為基礎。單腳站立且維持平衡的能力是執行獨立上下樓梯、跨越障礙物、單腳跳、踢球、攀爬遊戲設備、騎三輪車、走平衡木等活動的必要能力。控制整個身體的伸展和彎曲能力，是執行像是溜滑梯和盪鞦韆等適齡技能之活動的必要要素。

6　譯者註，即所有兒童圍成一個圓圈，臉部皆朝圓圈內部，其中有個人當鬼（亦即國王），當國王的兒童要從圓圈外圍開始繞著圓圈，並同時以「國王下山來點名，點到誰，誰就是我的兵」〔亦即 Duck（鴨子）、Duck、Goose（鵝）〕的哼唱方式，再伸手指去戳某任意一人的背部以示點名，被點名為Goose（亦即為鵝；小兵）的人要馬上起來朝同方向沿著圓圈外圍追逐當國王的人（鬼），若Goose無法在國王還未搶到Goose之前留下的空位前抓到國王（即鬼），則換Goose當國王（即鬼）。這個美國遊戲就類似譯者小時候所玩的「國王下山來點名」的遊戲。

238

圖6.3　Emilio（三歲九個月大）的雙腳抬起，正要邁向跑步的「飛奔」階段。請注意看他手臂上下交互擺動和整個軀幹的旋動。孩子在兩歲到四歲間漸漸地精熟跑步，五、六歲時開始能控制跑步的起跑和煞車急停

資料來源：

經Carole Dennis同意使用。

影響粗大動作發展的因素

早期動作發展的差異

上述發展順序，對於有相似經驗的一般發展嬰兒而言，幾乎是一致並可預期的；然而，當結構性或環境性情況不同時，則可能產生發展差異，例如：曾動過胸部手術的嬰兒，對於俯臥姿勢的遊戲可能感到不舒服，且其腹部控制能力亦較弱。這些孩子可能無法學習從雙手和膝蓋的跪姿轉換為坐姿，或當達到應具備之發展年齡時，兒童卻沒有爬行能力；該童可能仍以坐姿進行移動。這些孩子通常未以一般順序來發展站立姿勢，且可能還不會在地上爬，就已學會走路。因為不平衡的彎曲和伸展發展，故兒童可能無法有效地控制共同作用和身體旋動，這些孩子便可能對於移動產生恐懼。

孩子無法按時達到發展里程碑會引發父母和專業人員的關切，
通常機警的父母或其朋友可能會注意到孩子的動作不對勁，或孩
子的行動看似笨拙或僵硬。除注意到非典型姿勢外，觀察者亦可 239
能注意到孩子無法從一姿勢轉換到另一姿勢，或孩子會以特別方
式來做到特定姿勢。圖 6.4 列舉了可能象徵著動作遲緩和需要額
外動作發展評量的動作形式。

肌肉骨骼發展、姿勢張力和感官處理的不同，及孩子的生理和社會環境的差異皆可能改變動作技能發展。孩子在社會和環境互動受到嚴格限制的情況下成長，孩子可能產生感官剝奪（sensory deprivation），而適當的感官刺激卻是一般發展上的要件。許多嬰兒早期經驗是由大腦神經連結所形成的自然感官；神經元並未與其他即將死亡的神經元形成連結（Vander Zanden, 1997）。近年來，依在羅馬尼亞安置在機構的兒童進行感官剝奪結果觀察，在該機構中，受拘留照護的兒童與他人和玩具的互動被嚴格限制。研究結果已證明這些孩子具感官和動作損傷（Haradon, Bascom, Dragomir, & Scripcaru, 1994; Sweeney & Bascom, 1995）。

種族、族群和文化

不同文化群體因為基因、環境影響、兒童教養情形的差異，故可能產生不同動作發展。McClain、Provost 和 Crowe（2000）調查兩歲美國印地安兒童的動作發展，發現超過三分之一樣本所得的分數竟然低於平均數至少一個標準差。該研究者建議，這些差距可能蘊含部分生物性的差異因素，並認為這些受測兒童大部分都很害羞，且沒有表現出他們的最佳表現。另一研究則調查了華人幼兒的功能性獨立狀況，發現華人兒童在自我照顧和動作技能的表現上，顯著地優於美國兒童（Wong, Wong, Chan, & Wong, 2002），研究者將該差異歸因於華人兒童較早進入促進自我照顧技能的學齡前學校。

兩個分別以巴西和美國、英國兒童比較的研究顯示，巴西兒童在四歲以前的粗大動作發展較快（Victoria, Victoria, & Barros, 1990），但巴西兒童的動作平均分數在第三、第四、第五個月非常低（Santos, Gabbard, & Goncalves, 2001），該研究作出以下結

240

俯臥
- 新生兒的姿勢是相對伸展的，而非像在子宮內彎曲的姿勢。
- 三個月大時，嬰兒仍無法將頭抬起離地。
- 嬰兒維持同樣姿勢；俯臥時沒有姿勢變化或移動。
- 五個月大時，嬰兒仍無法將頭置於身體中線並維持平衡。
- 在嬰兒四個月大時，手臂仍靠近身體呈彎曲狀。
- 在五個月大時，嬰兒無法作出用前手臂撐地的姿勢，或在七個月大時無法做出雙手撐地的姿勢。

仰臥
- 嬰兒四個月大時尚無法將頭平衡地置於身體中線。
- 出生超過六個月，嬰兒仍維持在伸展姿勢，無法將腳從地面抬起。
- 嬰兒一直維持著不對稱的姿勢。

爬行
- 在八個月大時，尚無法用腹部貼地匍匐前進。
- 嬰兒無法爬行，或使用下列方式爬行：
  - 擊隊式爬行：用手肘將自己拉向前，腳伸展開。
  - 兔子式爬行：雙手和雙腳同時移動，而非交互移動。
  - 以頭部過度轉動，而且與轉頭方向在同一邊之手臂亦會過度伸展的姿勢爬行。

坐
- 在六個月大後，頭部、頸部和背部無法端坐。
- 在九個月大時，仍無法獨坐一段時間。
- 在十個月大時，嬰兒會坐，但轉頭或抓取物品時仍會跌倒。
- 嬰兒會坐，但坐姿卻呈現下列情況：
  - 窄支持點（Narrow base of support；背面的骨盆傾斜、軀幹側彎且頭部過度伸展）。
  - 闊支持點（Wide base of support；腳張得很開，或習慣性呈現「W 形」坐姿）。
- 在一歲前，嬰兒無法透過將手臂向前、向旁或向後伸展以避免跌倒。
- 在一歲前，嬰兒仍無法從坐姿調整為其他姿勢，或利用特殊的移動方式改變姿勢。

站和走路
- 在十四個月大前，孩子仍無法獨自站立，或在十五個月大前，仍無法獨立行走。
- 孩子利用腳尖（而非用整個腳板）踩地面來支撐身體重量。
- 超過十五個月大時，孩子仍用膝蓋極度伸展或背部過凹（脊髓前凸）的姿勢站立。

學步兒和學齡前技能
- 孩子達到大部分的早期目標，但走路姿勢仍僵直、不穩或常跌倒。
- 孩子對於（如：爬樓梯、單腳站或單腳跳等）要求維持單一肢體平穩狀態的活動有困難。
- 孩子已精熟大部分基本技能，但在學習後續的新技能時，比其他同儕出現更多困難。
- 與其他一般發展的同儕相較下，孩子顯得有些笨拙。

圖 6.4　姿勢和粗大動作發展遲緩徵兆的動作形式

資料來源：經 Carole W. Dennis 同意使用

論：這些不同情況可能出於教養孩子的差異和生物性因素影響所致。針對墨西哥尤卡坦（Yucatan）寶寶與美國科羅拉多州丹佛市寶寶所作的比較研究發現，縱使墨西哥寶寶的精細動作發展得較好，但在孩子滿週歲時，粗大動作發展卻出現遲緩現象（Solomons, 1982）。Capute、Shapiro、Palmer、Ross和Wachtel（1985）發現，非裔美國人的嬰兒比白人嬰兒更早達到動作里程碑；然而，其並未適度地解釋族群或文化差異。對於不同兒童團體於動作發展的顯著差異，必須以環境、孩子教養和文化差異作考量。

在作出更確切的論述前，我們需要進行更多描述族群或文化差異對不同幼兒群體之動作發展影響的研究；然而，當為特殊需求幼兒和其家庭服務時，仍需考量這些潛在差異。

早產

早產兒指於妊娠第三十七週或更早出生的孩子。在美國約有11%～12%的新生兒在妊娠三十七週前就出生。近年來，醫療進步已大幅地減少早產兒的**病態**（**morbidity**）和死亡率；即使早在妊娠第二十四週出生的嬰兒，現亦能存活。然而這些孩子的粗大動作發展可能會偏離一般發展形態。足月出生的嬰兒（三十七至四十二週）出生時呈現生理性彎曲的姿勢，即表示嬰兒延續在子宮中長時間的彎曲姿勢。早產兒常出現**低張**（肌肉張力低），且沒有呈現生理性彎曲的姿勢。這些孩子典型的姿勢為頭向側邊轉，且手腳呈展開姿勢。其手臂可能呈現W狀，而腳則呈「蛙腳彎曲狀」（frogged）（Hunter, 2001）。若孩子未接受醫療擺位矯正，嬰兒可能會出現終生影響孩子姿勢和動作的畸形。通常職能或物理治療師透過從預產期扣除早產時間，以計算嬰兒的調整性或修正年齡，且以該「調整性年齡」來決定達到發展目標的確切年齡。

病態是指罹患疾病或生病的狀況。

低張指降低肌肉伸展的張力和阻力降低。職能和物理治療師可能使用這些名詞來描述相同的情況：肌肉張力降低、彈性低或鬆弛（floppy）。

姿勢張力異常

伴隨粗大動作發展遲緩的兒童常會出現肌肉張力的差異。肌肉張力是當肌肉處於休息狀態（at rest）時所呈現的緊繃（tension）狀況。**姿勢張力**（**postural tone**）（肌肉張力回應地心引力和動作的需求）的範圍可能介於低於正常值到高於正常值之間，且亦可能產生變動。每種狀況的細節將陸續在本章後續陳述。例如：創傷性腦傷兒童的姿勢張力屬於較「過渡性」、「動態 vs. 靜態」的過程。

孩子的肢體一開始可能是**鬆弛的**（完全缺乏彈性），隨時間流逝，慢慢地成為高張。縱使不是所有動作遲緩的孩子皆出現肌肉張力異常的問題，但這些肌肉異常的孩子仍存在著一些共同特徵（generalizations）。被診斷為腦性麻痺的孩子依其中樞神經系統異常的部位和範圍，可能伴隨著各種形式、程度或部位的肌肉張力問題。唐氏症的孩子通常會出現全身不同程度的低張或低肌肉張力等問題。有些學障和心智遲緩的孩子亦可能會伴隨著輕度低張而顯得笨拙。

高張

高張是指緊繃的肌肉或患有**痙攣**，因而增加姿勢張力。高張以大腦麻痺之痙攣性和僵直性的次類型為其特徵，其張力程度可能涵蓋從輕微到嚴重的異常狀況。不同孩子身體各部分出現高張
242 的情況不同，常見的形式包括：單一肢體肌肉過於緊繃（**單邊麻痺**）、下肢肌肉過於緊繃，而上肢肌肉輕微緊繃（**下肢麻痺**）、四肢肌肉皆過於緊繃（**四肢麻痺**），或造成不對稱的姿勢和動作之單邊身體肌肉過於緊繃或麻痺（**半身麻痺**）。高張降低行動力和移動範圍（關節彈性），潛在地造成如：**攣縮**、脊柱側凸（脊髓彎曲）、或臀部脫臼等畸形。高張通常會造成明顯的姿勢和移動問題，當痙攣發生於下肢時，腿部通常會內彎（肢體會朝向身體中線移動）且形成內旋，其腳踝伸展，而腳掌向內彎。大腿後面的大肌腱通常緊繃，且骨盆向後面旋動（背面骨盆傾斜），故造成軀幹的補償性彎曲（圖 6.5）及呈現頭部和頸部伸展的坐姿。伴隨著高肌肉張力的孩子，其粗大動作的缺陷將於本章後續針對腦性麻痺的討論中再行描述。

抽筋可能隨著痙攣發生。抽筋是過動性伸展（hyperactive stretch）反射，其包括了當肌肉伸展時，常發生在腰部或腳踝之反覆性、顛簸的移動。當一邊過度運動時，身體的另一邊亦將產生連鎖反應（相對肢體的微幅振動）。

鬆弛（flaccid）描述具有缺陷或缺乏肌肉張力之放鬆的肌肉或肢體。

高張指增加肌肉伸展的張力和阻力（即「肌肉張力高」或「緊繃」）。

痙攣指增加肌肉被動性（passive）伸展的阻力，或增加肌肉內的緊繃或張力。

攣縮是因肌肉纖維萎縮和短少，而造成之行動喪失或關節無法彎曲。

孩子必須透過補償性動作（如：孩子在坐著時，其軀幹向一邊傾斜，則其必須將頭偏向另一方以維持平衡），以彌補非典型的肌肉張力、姿勢或動作。

圖6.5　雙邊痲痺痙攣型腦性痲痺學步兒的不良坐姿。注意看孩子後面的骨盆傾斜、駝背、且腿部內收、腳趾呈爪子狀，故形成窄支持點，且需使用一隻手臂撐地來維持平衡

資料來源：經 Jean Patz 同意使用。

低張

如前述，其指對稱地發生於身體各部位的低肌肉張力。低張腦性痲痺、早產兒出生後的第一個月（Hunter, 2001）、脊髓脊膜 243
膨出（脊柱裂的一種形態；Hinderer, Hinderer, & Shurtleff, 2000）及包括下列與心智遲緩相關的症候群：唐氏症、貓哭症候群、X 染色體脆弱症、普瑞德威利症候群和早期雷特氏症候群等皆出現低肌肉張力的特徵（McEwen, 2000）。低張的孩子在對抗地心引力的動作上有其困難。父母可能將這些孩子的肌肉張力特質描述為「鬆弛」、「雙關節」（double-jointed）或「像個易破碎的娃娃（rag-doll）」。範圍過大的動作〔活動過度（hypermobility）〕發生於關節處。當低張的孩子仰臥或俯臥時，下肢產生大幅外張（abduction）和外旋（external rotation），通常我們稱之為青蛙腿的姿勢（圖 6.6）。低肌肉張力的孩子站著時，通常腿部會過度伸展或出現鎖膝現象[7]（locked knees）、骨盆向前旋動（前面的骨盆傾斜）、腰部的脊髓前凸（背部特凹）、胸部脊髓後凸（駝背，圖 6.7）。

7　譯者註，「鎖膝現象」指膝蓋直挺無法彎曲，甚至僅彎曲五至十度就會出現骨折或失去知覺。

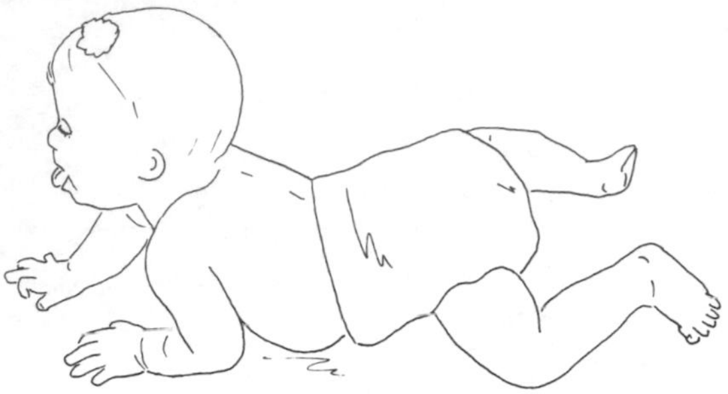

圖 6.6　一歲大伴隨低肌肉張力的唐氏症兒童。請注意看其腿部向外伸展、不良軀幹控制、且不成熟地以雙手支撐身體重量，該姿勢阻礙了孩子遊戲和爬行

資料來源：經 Jean Patz 同意使用。

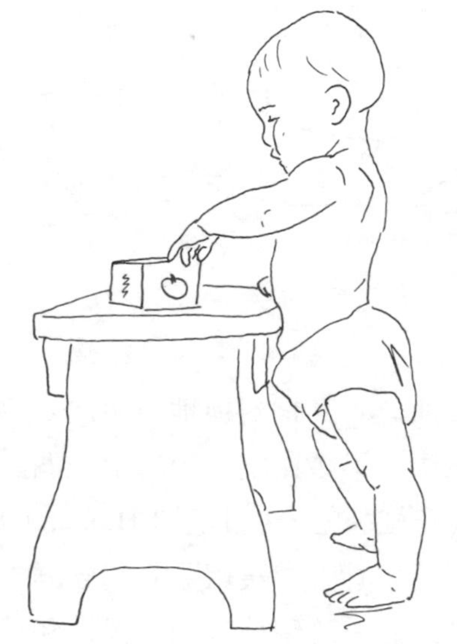

圖 6.7　肌肉張力低之學步兒的支持性站姿。請注意這孩子如何依靠在支持性物體表面上，其會出現鎖膝現象、前方的骨盆傾斜、腰部脊髓前凸、且肩膀不穩

資料來源：經 Jean Patz 同意使用。

感覺接收和處理異常

影響動作技能發展的感官困難，包括：感官刺激的接收、區辨、處理和組織。熟練地執行動作技能需要「感官輸入」，以便「計劃將執行的動作」、「計劃已執行之動作的回饋」、「幫忙判定動作是否成功」。腦性麻痺的孩子特別是半身麻痺的孩子，可能無法精確地注意自己的動作且無法確認患部肢體是否被觸碰，或孩子可能無法描述觸碰的感覺或確認被觸碰的身體部位。該現象呈現了感覺接收和區辨的問題。感官刺激的處理和組織的困難可能造成廣泛性發展疾患兒童（如：自閉症）、部分學障和注意力缺陷過動症（attention-deficit hyperactivity disorder；簡稱 ADHD）孩子，及在缺乏足夠感官刺激環境中成長的孩子等，產生動作不協調的問題。

特殊需求幼兒的粗大動作發展 244

本部分將討論造成非典型粗大動作發展的一般性特殊狀況（common exceptionalities）。本部分將描述診斷兒童動作技能的期望性發展進度。我們必須瞭解，在此呈現的一般性特殊狀況是依本書第一章所述的教育性分類作歸類。例如：唐氏症通常是歸類於心智遲緩，而腦性麻痺可能屬於數種類別中的一種（如：肢體損傷）。

腦性麻痺

腦性麻痺是由傷害不成熟的大腦所引起之非進行式的動作和姿勢異常（Batshaw & Perret, 1992）。這些器官組織損傷可能於出生前或出生前後的期間，或出生後的前三年之大腦快速成長的期間內發生（Bennett, 1984）。這些損害的結果通常造成動作、認知和感官缺陷。動作缺陷可能包括平衡感不良、笨拙的動作和動作變化少。依照特定器官組織的損傷部位，兒童可能展現出痙攣（高張）、低張、**運動困難**、運動失調或上述症狀的結合（Molnar, 1985; Olney & Wright, 2000）。痙攣是腦性麻痺中最常發生的動作 245
異常，患部肢體常呈現僵直或緊繃狀態。運動困難包括**手足徐動型**（肢體扭動的形式）、**肌張力不全**（肌肉張力改變）、**類舞蹈症**（快速、忽動忽停的動作形式）、**芭蕾舞症**（不協調的肢體搖擺和忽動忽停的動作形式）和**顫抖症**（精細的搖晃動作，特別是頭部和手部的晃動）。

運動困難是執行主動性動作能力的損傷。當使用在腦性麻痺上，該名詞則表示整個身體的張力異常。

手足徐動是神經肌肉狀態呈現緩慢、扭動、持續及非自願的四肢動作，其常見於腦性麻痺的部分類型中，特別是手足徐動型的腦性麻痺。

另一較不典型的腦性麻痺為**運動失調型**，該類型中，患者維持寬支持點且伴隨輕微軀幹旋動。因為非典型的姿勢張力，腦性麻痺的孩子沒有正常動作的經驗，且未發展出動作和姿勢的補償性形式，因而可能阻礙孩子的動作進展。繼異常的肌肉拉扯和不良的動作形式後，孩子亦可能發展出肌肉和骨骼異常的情形。

運動失調以協調動作能力損傷為其特色，其通常包括搖晃欲倒的步態和不平衡的姿勢。

伴隨腦性麻痺而來的姿勢問題先前已在本章討論過。四肢麻痺痙攣型的孩子（腦性麻痺中最嚴重的類型），其下肢的伸肌張力增加，而上肢亦出現屈肌張力。持續的原始反射導致孩子被地心引力所影響，因而孩子在仰臥或俯臥時，在對抗地心引力之行動上會有困難，孩子在俯臥時通常無法將頭和軀幹抬起離地。若孩子能熟練地做翻滾動作，則其動作會呈現手臂彎曲、腿部伸展、軀幹的旋動幅度有限（圖 6.8）。

坐在地板時，骨盆會向後傾斜。補償性軀幹彎曲則造成更多的補償性頸部和頭部過度伸直（hyperextension），以維持坐姿平衡（如同圖 6.5 所示）。若孩子能維持坐姿，其腿部通常與膝蓋一起內旋，而腳通常向身體的外側方向延伸，而兩條腿形成「W」狀，孩子應喜歡維持該動作，因該動作改善了穩定性且使手部可靈活運用。然而，因下列原因所以不鼓勵孩子維持該姿勢：其可能造成臀部脫臼、孩子處於坐姿時，其限制了軀幹的旋動、且該姿勢並未要求孩子使用下肢來維持姿勢，但該「W」狀坐姿之腿部動作卻是後續走路的必備要件。當四肢麻痺痙攣型的孩子爬行
246 時，其利用手臂靠近身體，而腿部通常維持伸展和併攏的狀態來前進。有些孩子透過仰臥在地的姿勢且利用腳向下推、並拱起身體作伸展進行移動。

許多一般兒童坐在地上遊戲時，腿呈現W坐姿，因為該姿勢是非常穩定的；然而，不像特殊需求兒童，他們並不會侷限於該姿勢。

雙邊麻痺痙攣型的兒童通常以「兔子跳」的方式爬行，他們用雙邊的手臂和雙腳對稱，非交互使用的方式移動。當這些兒童走路時，下肢的伸肌張力增加，以致於腳內收和形成內旋，用通常稱為「剪刀腳」的方式移動，通常兒童腳踝會被支架撐住，以避免用腳尖走路。上肢雖然只是輕微異常，但常常因連鎖反應或擴展作用（overflow）而被拉到高防禦姿勢（high guard），**高防禦姿勢**是孩子在不穩定地站立或走路時可能出現的姿勢。孩子將手高舉且手肘彎曲遠離身體。一般孩子在學習走路時，通常使用該姿勢以維持平衡；隨著成熟和平衡感改善後，手臂則會放下來移到

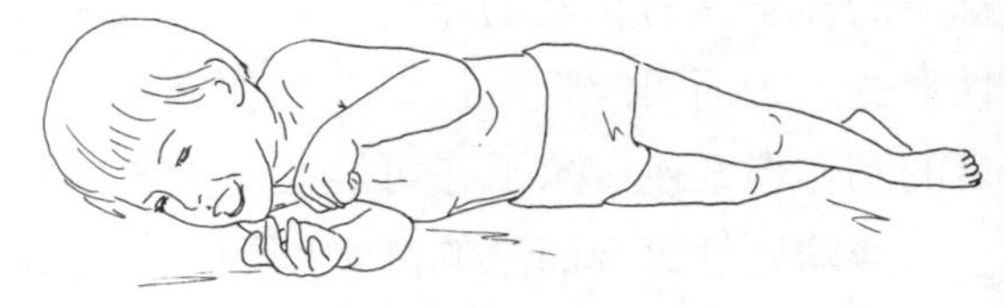

圖 6.8　四歲罹患四肢麻痺痙攣型腦性麻痺兒童之「樹幹」狀的翻滾。請注意看他身體下半部的伸肌張力及上肢的屈肌張力

資料來源：經 Jean Patz 同意使用。

身體側邊。動作損傷的孩子可能因類似原因而使用高防禦姿勢，但其使用該姿勢的時間可能更長。

罹患半身麻痺兒童的一邊身體張力會增加，因而導致不對稱的姿勢和動作。這些孩子通常能精熟早期粗大動作發展的目標且動作靈活（mobile），但他們對高層次的學齡前技能感到困難，不過這些孩子通常仍會嘗試去從事他們同儕所從事的活動。患部腳踝通常裝支架以維持肌肉長度，幫助化解腿部的伸肌張力和促進腳板著地的行走。

手足徐動型孩子的肌肉張力不穩定，且動作能力不一。有些手足徐動型的孩子可學著獨立行走，但也有許多這類型孩子始終是透過在地上爬而前進，他們的姿勢非常不穩定，且因為肌肉張力不穩，使得孩子無法同時控制屈肌和伸肌的共同作用，因此他們的動作不對稱，且亦無法自主控制。對於手足徐動型的孩子而言，因不對稱的動作和不對稱頸張力反射，故欲維持身體端正姿勢（midline position）有其困難，這情況造成孩子在執行任何需要維持身體端正姿勢的活動（例如：吃飯、書寫、閱讀）或任何需要孩子直接注意正前方的活動等，皆有所困難。

運動失調型腦性麻痺的孩子平衡感與協調性通常不佳，且看起來很笨拙，特別是對於直立端正的姿勢（例如站立）尤甚。這些孩子會朝向側邊行走，而非遵循著直行步伐。

創傷性腦傷與腦瘤

創傷性腦傷（traumatic brain injury；簡稱 TBI）是美國兒童死亡和發生障礙的首因。孩子發生創傷性腦傷的最常見原因是車禍、跌倒和虐待。「國家復健資訊中心」（National Rehabilitation Information Center）」報告（1994）指出，美國每年超過一百萬兒童罹患創傷性腦傷，且這些兒童中，超過三萬個兒童因創傷性腦傷產生嚴重障礙。依照腦傷的嚴重程度和範圍，孩子可能出現不同症狀。此外，孩子受傷的年齡亦影響後續損傷情形。

一般言之，孩子可能在下列三個不同領域出現困難：生理、247
認知、行為和情緒。生理損傷可能包括：肌肉張力（痙攣或癱瘓）、平衡感不佳、語言、視力和聽力。認知損傷可能包括：短腦幹是大腦負責動作、感官和反射功能的部分。

期或長期記憶喪失、思考能力差和學習困難。行為和情緒問題可能包括：情緒不穩定（即：極度的情緒起伏）、焦慮、情緒控制不佳和沮喪。特別要提的是焦慮和極度憤怒，其隨時間流逝，當進行治療後，這些症狀可能會減輕。

小腦是大腦後方的部位，其主要協調自主性肌肉動作。

斜頸歪頭是因傾斜方向的頸部肌肉變短所導致之頭向某一邊傾斜的異常情況。

腦瘤為中樞神經系統異常的另一種類型。兒童發生腦瘤的機率為十萬分之2.5～3.5之間（Lannering, Marky, & Nordborg, 1990）。腫瘤可能發生在大腦的任何部位，臨床徵兆和症狀依照腫瘤的部位和類型而有所不同。中樞神經系統的腫瘤可能發生在**小腦**（引發運動失調、顫抖、肌肉張力低及平衡感不佳）、**腦幹**（引發步態的問題、**斜頸歪頭**、四肢輕癱或半身麻痺）或大腦皮質（造成癲癇和痙攣；Kerkering & Phillips, 2000）。

依照腦傷或腫瘤的嚴重性和範圍及孩子罹患該疾患的年齡，嬰幼兒的粗大動作發展將各有歧異。因為嬰幼兒的肌肉骨骼發展非常具「可塑性」（plastic），因此必須避免發生如：攣縮、減少關節的活動範圍、異常的骨骼組織等這些系統的後續相關問題。通常罹患創傷性腦傷的嬰兒或學齡前幼兒，依照腦傷的部位，亦會發生肌肉痙攣（有時亦會產生肌肉鬆弛或肌肉無力）。創傷性腦傷和腦瘤的臨床徵兆和症狀與腦性麻痺的臨床徵兆和症狀相似；職是之故，物理和職能治療師可能會以與腦性麻痺相接近的（comparable）的方式來處置這些孩子。

脊柱裂（脊髓發育不全症）

脊髓脊膜膨出為脊柱裂的一種，其狀況為脊髓的一部分在囊胞中凸出，造成囊胞以下的部分出現神經性、動作和感官缺陷。

脊柱裂在美國是繼唐氏症後第二常見的出生時缺陷，其發生率約為新生兒的千分之一。「國家神經異常組織」（National Institute of Neurological Disorders）將脊柱裂定義為：在早期胎兒發展時，胚胎的脊髓發生不完全閉鎖情形的一種神經管缺陷。該缺陷的嚴重性可能從隱性脊柱裂（脊髓的脊椎不完全閉鎖且沒有神經）到脊髓和腦膜（脊髓的保護膜）完全撕裂成囊胞，該嚴重情形稱為**脊髓脊膜膨出（myelomeningocele）**。在較嚴重的類型中，孩子可能出現腦水腫（大腦中過多的大腦脊髓液體）、大小便失禁、部分或整個下肢麻痺（Botto, 1999）。母親在受精前或在懷孕早期服用葉酸，可以避免包括脊柱裂等某些出生時缺陷（Berry et al., 1999）。

部分或所有的下肢肌肉可能產生麻痺，以致肌肉和骨骼成長不良。罹患脊柱裂的孩子亦可能出現肌肉張力低下及發展遲緩的情況。**腦水腫**為一種導致顱內壓力增加之腦脊髓液體的障礙，其為一種常見於脊髓脊膜膨出兒童的疾患。大腦組織的壓力可能導 248
致其他中樞神經系統問題。罹患腦水腫的孩子通常會接受導管植入手術，該導管可將液體從大腦導流到腹腔。產前手術的近期努力成果已大幅地減輕腦水腫的狀況，同時對於脊柱裂孩子的粗大動作發展亦產生正面影響。胚胎背部的畸形可透過超音波作觀察，在正常狀況下，可執行早期剖腹產。損傷可透過手術作閉合，以挽救部分神經功能，且期望可減低麻痺的嚴重程度（Luthy et al., 1991）。

粗大動作的治療性療育範圍應包括：促進平衡感、協調性、動作範圍、使力、和適當姿勢（圖 6.9）。對於下肢患部的治療性療育應包括：擺位、支架及執行動作的範圍。短暫地雙腳踏地（weight-bearing）的站立對嬰兒可能是適當的，然後當孩子已準備好站立姿勢時，在特殊的站立支架〔疕足（parapodium）[8]，當孩子左右搖擺時可進行走路〕或枴杖和下肢支架的協助下，可能可以開始站立。依照脊柱裂的嚴重程度，需要支架範圍可能從腳踝到小腿，則可使用**足踝輔具**；若所需範圍到臀部，則可使用**髖膝踝足支架（hip-kne-ankle orthosis；簡稱 HKAFO）**；或者到腰部（背部下方）或胸部（背部中間）時，則可使用**胸髖膝踝足支架（thoracic-hip-knee-ankle orthosis；簡稱 THKAFO）**。在部分案例中，可使用從腳延伸到骨盆的**交替式步行矯具（reciprocating gait orthosis；簡稱 RGO）**或疕足作為額外的站立和行動輔具。輪椅或其他可移動的設備則可能是適合胸部嚴重損傷人士的有效行動設備。

足踝輔具為一外在保護性輔具，其可以運用在腳踝，以提供支持和預防畸形。

8 譯者註，「疕足」乃是為了腳部功能異常，但具強壯手臂且能維持姿勢平衡的人士所設計，疕足可幫助障礙人士從輪椅上的坐姿轉換成站姿，並可利用自己的身體做移動。

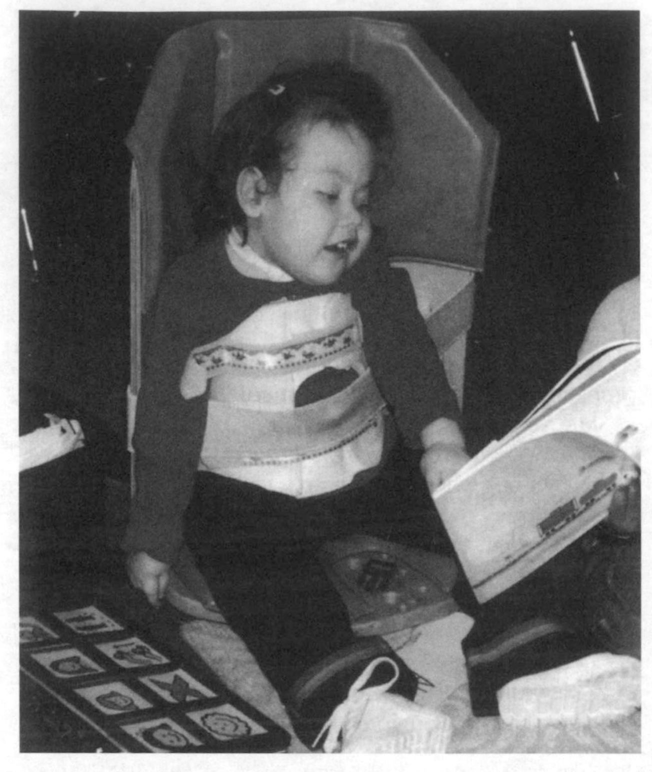

圖 6.9 角椅（corner seat）的擺位讓脊柱裂（且合併 Arnold Chiarri 畸形）的孩子穿著胸部支架以預防脊柱側凸，並能坐在地上遊戲

資料來源：經 Jean Patz 同意使用。

一般而言，我們必須預防腿部畸形和脊柱側凸可能引發的後續問題。腿部缺乏感覺可能造成皮膚潰爛（break-down）；因生理活動困難，故過度肥胖亦是該群體應關切的議題；當孩子慢慢長大，且呈站姿卻無法承擔太多身體的力量時，其可能會發生骨質疏鬆。Stuberg（1992）建議，定期的站立課程有益於包括脊柱裂等發展障礙兒童的骨骼密度發展。專業人員應緊密地與職能和物理治療師合作，以瞭解正確擺位，進而預防畸形、骨質疏鬆和可能發生的骨折。教育從業人員應注意包括：發燒和不安、極度暴躁、病症開始發作或發作次數增加、活動量降低等可能的併發障礙（shunt dysfunction）（Shurtleff, Stuntz, & Hayden, 1986）。

退化情形（神經肌異常）

退化性疾病是引發進行式（progressive）缺陷、肌肉萎縮和漸進式障礙的疾患。不像是腦性麻痺、脊柱裂、唐氏症和脊髓損傷等靜態且非漸進式的疾患，退化性疾病為持續漸進地惡化的疾患，其包括：脊髓性肌肉萎縮（spinal muscular atrophy；簡稱 SMA）和杜顯氏式肌肉萎縮症（Duchenne's muscular dystrophy；簡稱 DMD）等。

杜顯氏肌肉萎縮

杜顯氏肌肉萎縮是最常見的肌肉萎縮症之一。其為遺傳自母 249
親的性聯染色體異常，且大部分患者為男性。該症狀為維持健康肌肉纖維之主要要素的肌縮蛋白（protein dystrophin）基因損傷（Koenig et al., 1987）。杜顯氏肌肉萎縮的發生率可能是出生男嬰的十萬分之十三至三十三間（Dubowitz, 1978）。

照顧者早在孩子三歲（最晚可到六歲），當孩子喪失先前具備的動作技能時，就應會發現孩子罹患杜顯氏肌肉萎縮。照顧者可能注意到孩子無法輕鬆地爬樓梯，無法使用遊戲場的設備，或容易跌倒或感到疲倦。照顧者亦可能發現稱為「高爾現象」（Gowers sign）的典型特色（maneuver），即孩子要從地板站起時，必須先採四肢撐地的跪爬姿（all-fours position）、伸直雙腿，然後使用手臂向臀部拉近站立。通常當肌肉纖維被增加的纖維連結組織所替代時，小腿肌肉變得較大（偽性肥大）。

進行式缺陷具有典型週期，且縱使療育計畫無法預防肌肉力量最後的流失，但其仍可幫助預防例如：攣縮，脊柱側凸和呼吸功能下降等後續問題。大部分罹患杜顯氏肌肉萎縮的男孩在六、七歲時不需協助即可獨立行走，而在九、十歲前可能需要包括：足踝輔具、拐杖或助行器等輔具。在十二歲前，許多兒童需使用電動輪椅來行動（Brooke et al., 1983）。應讓杜顯氏肌肉萎縮的孩子限制自己的活動，特別是當孩子年紀很小時尤然，若孩子在上學期間出現疲倦徵兆，則必須讓他有額外的休息時間，且應重新
評估孩子的上學時間，以便在孩子較有精神時讓時間能發揮最大 250
效用。研究證據顯示，對於杜顯氏肌肉萎縮兒童應參與的活動量和活動類型仍是有所爭議（Brooke et al., 1989; Florence & Hagberg, 1984）；然而，通常依然會幫杜顯氏肌肉萎縮兒童制定伸展課程，以預防攣縮和促進兒童功能。

脊髓性肌肉萎縮

脊髓性肌肉萎縮可能呈現於下列三種情況之一：第一型和第

二型（Werdnig-Hoffmann 疾患）於兒童時期發病，而第三型（Kugelber-Welander 疾患）於青少年時期發病（Stuberg, 2000）。這些類型都遺傳了正染色體隱性疾患，且影響脊髓中輸送衝動（impulses）到肌肉的前角質細胞，當沒有電子衝動（electrical impulses）輸送到肌肉時，肌肉最後就會萎縮。

罹患第一型脊髓性肌肉萎縮的孩子，早在三個月大時，肌肉極度鬆弛且沒有力氣。這些孩子很少活過三歲，且常因呼吸問題的併發症而死亡。這些孩子被視為重症患者（medically fragile），且需要生命支持系統（life support）。第二型的脊髓性肌肉萎縮通常影響非常小的幼兒，但其並未像第一型般嚴重，這些孩子可能可活到兒童期的早期，他們亦非常虛弱且肌肉也很鬆弛。人們從腋窩抱起罹患脊髓性肌肉萎縮的孩子時必須非常小心，因為在腋窩部位肌肉的反射性緊繃非常微弱，故孩子可能會從照顧者的手中「滑落」。通常這些孩子無法學習走路，並使用站立架來促成穩定的站姿，且這些孩子喜歡使用可支持頭部的躺姿站立架（supine stander）。孩子早在十八至二十四個月大間，應該就可以學習使用電動輪椅。人們關切孩子的攣縮、脊柱側凸和**脊柱後凸**（駝背）的情形，且謹慎的擺位和動作活動的範圍通常是粗大動作療育計畫的一部分。縱使感官神經未受影響，但許多孩子仍抱怨觸覺愈發敏感及必須從事被動式活動和操作。脊髓性肌肉萎縮的青少年型（第三型）通常直到兒童期晚期或青少年期時才會被診斷出來（Stuberg, 2000）。

脊柱後凸是正常胸部脊柱呈現過度彎曲。

個案極短篇：6.1

雷盟

雷盟是個聰明、充滿好奇心的四歲男孩，他喜歡學校課程，並樂於和同儕相處。雷盟的動作技能因漸進式的神經肌疾患，即脊髓性肌肉萎縮而嚴重受限，他無法獨立地在地上活動，且無法操作其在兩歲時所使用的手動輪椅。因為雷盟的頸部和背部肌肉虛弱，為維持坐姿，他必須要使用外部支持和可傾斜的背靠（reclined back）來支撐頭和軀幹。當雷盟的前臂支撐在平滑的物體表面時，他可以在遊戲中移動手臂並靈活地使用雙手，然而他沒有足夠力氣可將手臂從桌上抬起。

在雷盟班級服務的學齡前學校專業團隊已謹慎地考量雷盟的能力、興趣和需求，並依此設計其參與所有教室活動的課程。雷盟才收到可利用操縱桿控制的電動輪椅，他乘坐校車穿梭在學校與家庭之間，校車上另裝設電動啟動器，以方便承載輪椅。如同許多學齡前學校課程，雷盟一整天的課程從自由遊戲和如廁時間開始，他可以控制大小便，且可有效地表示其想要上廁所的需求，雷盟亦使用可支持軀幹和頭部的特製便器椅（potty chair），且椅子上附有可支撐手臂的可拆式托盤。在每天學校課程開始前，雷盟在墊子上側躺一段時間，如此他可以抓取到遊戲區中架子最下層的玩具。 251

然後當孩子聚在一起進行團體教學（circle time）時，雷盟則坐在地上的角椅，如此當孩子們坐在地上時，雷盟就可以和他的同儕一般高。該調整性設備提供頭部和軀幹的控制及附有支撐手臂的托盤。雷盟可全程參與團體教學，唯一需要協助的是，當雷盟需要遞東西給其他孩子時。雷盟在後續的活動中仍需使用同樣的椅子進行自由遊戲，他獲得其他同儕的協助以取得他想要的玩具，並與同儕一起玩。點心時間則在半圓形桌子進行，雷盟改用可配合半圓桌使用之完全可調式的教室座椅，除將點心放好在桌上及增添食物外，雷盟可獨立進食，他的食物放在有邊框的盤子，並將盤子放在學校工友製作的木製檯子上。雷盟的右臂放在檯子上，且其可適當地控制自己的手腕和手指並自己吃一口小塊的食物（finger foods）或用湯匙舀取食物，且將湯匙送入嘴中。雷盟的杯子有一根長的塑膠吸管來吸取液體；他可用左手調整杯子，以讓杯子向他的嘴巴傾斜。

當孩子們到戶外遊戲或散步時，雷盟使用電動輪椅在可讓輪椅進出的遊戲設備間穿梭。他可透過求助，以使用大部分的戶外遊戲設備，當孩子在玩水或玩沙時，雷盟在朋友旁邊使用可讓腳、骨盆、軀幹和頭部處於端正姿勢的躺姿站立架從事遊戲。雷盟使用調整性教室座椅參與同儕的電腦遊戲。雷盟使用 WinMini 來操控電腦，WinMini 為可利用手指操作滑鼠和鍵盤功能的小鍵盤，該鍵盤讓雷盟不需抬起手臂及重新擺放手的位置來操作所有必要按鍵。

縱使該設備讓雷盟可從事所有教室活動，但顯然雷盟需要協調良好的團隊，以確認這些設備經正確調整，且若有需要的話，亦可讓雷盟穿梭在不同設備間。團隊計劃每三十分鐘即改變雷盟的姿勢，以確保他感覺舒適，且維持肌膚完整。有為了雷盟所指派的全時制教室助手來協助特教老師。職能治療師和物理治療師每星期的一個時段分別與特教老師合作，在該時段中，治療師為雷盟提供直接服務及為其他團隊成員提供諮詢，團隊每兩個星期開會一次以謹慎地協調團隊活動。雷盟的父母對於兒子的課程感到滿意，出於雷盟之症狀的漸進式本質，所以父母知道雷盟的肌肉將持續地衰弱。他們預期雷盟可能只剩下幾年生命；因此，對雷盟父母而言非常重要的是，雷盟是他們儘可能去擁有的「其中一個孩子」。

252

脊髓損傷和脊髓腫瘤

脊髓損傷為從脊髓到受影響之肌肉、皮膚和其他器官的神經衝動（neural impulses）完全或部分混亂所引發的損害，而導致個人完全或部分癱瘓的情形。在任何年齡層皆然，引發脊髓損傷的首要原因為車禍、跌倒及暴力和虐待所造成的創傷（Shakhazizian, Massagli, & Southard, 2000），依照損傷的部位（level），患者在不同身體部位可能出現癱瘓。頸部脊髓（頸髓）損傷者可能導致四肢麻痺或頸部以下癱瘓。胸髓（背部中央）和腰髓（背部下方）損傷可能造成下身麻痺，或腰部或背部下方一直到整個下肢癱瘓的情形。依照損傷範圍，患者可能出現完全癱瘓或部分癱瘓的情形。類似臨床發現結果亦出現在罹患脊髓腫瘤的幼童身上。

罹患脊髓損傷或脊髓腫瘤的幼童需要特殊照護。學步兒和學齡前的幼兒可能需要特殊設備以學習坐姿。柔軟的背部支架應可協助孩子維持平衡坐姿，所以孩子可以較輕易地使用雙手，且預防脊柱側凸（特別是當損害很嚴重時）。學齡前兒童可使用**膝踝足支架（knee-ankle-foot orthoses；簡稱 KAFOs）**或長腿支架做行走學習，且他們亦需使用助行器或拐杖，該種步行方式耗費很多力氣，故孩子最後可能傾向使用輪椅。對腰部或胸部下方脊髓損傷的孩子而言，應可使用手動輪椅，因為操作輪椅需要手臂的力氣且必須坐姿端正以推動輪子。對於胸部上方或頸部脊髓損傷的孩子而言，電動輪椅應是較好的選擇。許多兒童（和成人）偏好用操縱桿來啟動輪椅，但對於手臂較無法活動的孩子，則可選擇其他啟動輪椅的方式。透過嚴謹控制，甚至十八至二十四個月大的孩子亦可能學習使用輪椅。

因為患部失去感覺，擠壓的疼痛是任何脊髓損傷患者所需面臨的問題，特製的輪椅軟墊可幫助減輕疼痛，但所有照顧者仍必須讓孩子定時更換姿勢，以減輕壓力。站立支架和其他教室擺位設備亦是替代性姿勢的選擇。

唐氏症

唐氏症是因染色體異常所導致的基因疾患，其會導致許多生理和認知異常（Blackman, 1997）。唐氏症兒童通常肌肉張力低、身材短小且伴隨心智遲緩，同時該疾患亦伴隨著如：先天性心臟病、視覺缺陷和抵抗力差等許多健康問題。有少部分的唐氏症兒童出現稱為**寰椎軸椎半脫位**（atlantoaxial subluxation）之第一和二節頸髓不穩定的現象。通常可使用頸部 X 光來排除該情形，因為有少數情況下，頭部和頸部的壓力可能導致脊髓傷害（Blackman, 1977）。

縱使心智遲緩的孩子常伴隨粗大動作遲緩的現象，但「因其 253
他因素影響唐氏症所造成的動作遲緩現象」，通常比「心智遲緩所造成的動作遲緩現象」更嚴重。一般發展兒童從九至十五個月大時即可獨立行走；唐氏症的孩子在十三至四十八個月大時才開始走路（Cunningham, 1982）。一般而言，唐氏症孩子達到發展目標的年齡較晚，而習得技能的年齡範圍可能較大。

唐氏症兒童的動作特色為缺乏軀幹旋動、動作變化性低及平衡感不佳。這些問題似乎是因肌肉張力低且關節周圍的有限共同作用所引發（Lauteslager, 1995），以致肩部和臀部穩定性低，並造成力量轉移能力有所限制。在嬰兒期，對抗地心引力的能力很小，且動作範圍比一般發展兒童更寬廣。唐氏症兒童在靜態姿勢時易出現異常姿態，如果在坐姿時，兒童的腿大幅外張，形成寬支持點且不需作力量轉移。在坐姿時，唐氏症兒童常不利用軀幹旋動來抓取物品；取而代之的是，他們於坐姿時可能以僵直的軀幹或靠著踏板車（scoot）向前傾斜，以靠近想要的物品。

當這些孩子四處移動時則常出現非典型的移動形式。兒童通常利用有限的軀幹旋動做直線的水平移動。例如：一般兒童從坐姿轉換成調整性側坐、再調整為手和膝蓋著地的跪爬姿，而唐氏症兒童傾向用手直接靠近腿部以拱起身體，成為手和膝蓋著地的跪爬姿（Lauteslager, 1995）。走路時，唐氏症兒童的腿部大幅外張，且比一般發展兒童花較長時間利用側面軀幹移動來達到力量轉移。少數唐氏症兒童可發展出一般六歲兒童會發展出之成熟共同旋動（counterrotation）和手臂搖晃的情形。

有假設指出，縱使以其肌肉骨骼特色而言，唐氏症幼兒移動的模式是有效的，但這些兒童所顯現的刻板移動模式，將導致未來更嚴重的遲緩現象，例如：當一般發展兒童從坐姿轉換成手、膝著地的跪爬姿時，他們練習軀幹旋動，並獲得較好的平衡反應、較大力量、較多的動作變化，以替未來發展像是走路等更高層次的技能作準備。唐氏症兒童在學習走路前，通常沒有跟一般兒童相同的坐姿經驗，且未獲得相同程度的控制能力；因此，其走路模式會較具限制。為使兒童能體驗較多的動作變化，療育計畫通常聚焦於「增強肌肉張力和促進共同作用」、「轉移力量」、「身體旋動」等有利於移動活動的項目。

動作協調異常

多年來，兒童發展研究者和專家使用不同名詞來描述出現動作協調困難的兒童，其中包括：**輕微腦功能不全**（minimal brain dysfunction）、**發展性失用症**（developmental apraxia）（或運動障礙）、**感覺統合異常或身體運用失調**（Cermak, Gubbay, & Larkin,
254 2002; David, 2002; Missiuna & Polatajko, 1995; Reeves & Cermak, 2002），該名稱學的問題已造成該領域之研究和療育計畫混淆。在過去十年間，常使用**發展性協調異常（developmental coordination disorder；簡稱DCD）**來描述孩子所展現之動作缺陷非因主要認知、感官或著名神經性損傷所造成之不良協調能力（American Psychiatric Association, 2000）。這些動作缺陷包括：嚴重落後一般動作目標的發展（發展低於認知層次）、動作技能執行笨拙、書寫困難和運動（sports）能力不佳。動作損傷必定嚴重地阻礙功能性自我照顧活動和學業成就。必須注意的是，發展性協調異常通常與學習障礙和注意力缺陷過動症並存（Dewey, 2002）。

發展性協調異常是與主要認知、感官或神經損傷無關的動作協調不佳。

專家們對於發展性協調異常的次團體分類意見大異其趣。杜威建議可根據孩子是否伴隨動作計畫或動作執行困難來描述孩子的狀況（Dewey, 2002）。若孩子伴隨動作計畫困難，則可描述其具有廣為職能治療師、神經心理學家和神經病理學家所稱之「發展性運動障礙」（Cermak et al., 2002）。發展性運動障礙指因計畫非經常性動作之能力的損傷，而出現動作笨拙的情形。動作計畫的問題可能是因身體感官整合的困難或排序動作的困難所致。伴隨發展性運動障礙的兒童使用過度心力（effort）和力氣來計劃如：扣釦子、使用剪刀裁剪、繫鞋帶、騎腳踏車、寫字、雙腳交互跳、單腳跳、使用遊戲場設備等複雜的動作技能。技巧純熟的觀察者通常能在學齡前就發現問題，但一般而言，該疾患通常到孩子進入小一、小二或小三，當掌控時間、組織能力和參與能力的需求增加時，才會被鑑定出來（Cermak, 1991; Levine, 1987）。早期診斷能協助預防這些孩子可能面臨的困難和挫折。治療師可能透過臨床觀察、適當的歷史資料（historical informantion）和標準化測驗等分析，來鑑定這些孩子。

自閉症

縱使自閉症和其他廣泛性發展疾患的鑑定特質主要與溝通和社會互動的品質缺損有關，但感官刺激的非典型反應和刻板動作亦是一般診斷標準。

縱使自閉症幼兒的粗大動作和精細動作是發展中最具成就的範疇（Cox, 1993），但這些能力仍然常出現嚴重遲緩（Watson & Marcus, 1986）。這些孩子可能出現靈活的動作，且通常在如：拼圖、積木排列等活動中表現良好，但對於需要計畫和排序的動作（如：騎三輪車、畫圖和摺紙等）則可能出現困難。透過本體覺以獲得自己身體的正確資訊，和透過視覺認知來獲得他人身體的正確資訊之能力——上述二能力是模仿動作移動的要件，而自閉症童在該兩項能力的執行上有所困難。自閉症幼童在模仿他人行 255
為上有顯著困難，因此，有些人認為該情形是自閉症童之社交和溝通困難的原因（Meltzoff & Gopnik, 1993）。自閉症童伴隨的相關特定動作發展缺陷包括：姿勢張力低、用腳尖走路、流口水、動作笨拙、較晚才會走路（Rapin, 1988）、平衡感差、動作不協調、大拇指外的另外四手指無法碰觸大拇指[9]（Jones & Prior, 1985）。

粗大動作發展評量的策略

評量幼兒粗大動作能力的原因有數點。在早期療育和學齡前學校的相關立法下，是否急需療育計畫的第一步是，確認適齡的表現與兒童真實表現之差異。然而，評量不應只是單純地鑑定出發展差距，評量應該替評估小組提供足夠資訊，以擬訂兒童的功能性長短期目標，並藉此促進兒童動作發展。此外，評量應讓人可推論動作遲緩的原因，並對於其他遲緩領域的相關資訊提供解釋（參閱第三章）。

粗大動作技能評量必須包括動作執行的質化和量化評估，非常年幼的兒童可能達到發展目標，但謹慎地檢視姿勢和移動的品質，應可提供診斷未來發生遲緩可能性的相關資訊，例如：肌肉張力低的兒童可能在期望時間內會翻身和坐，但該童的坐姿品質與一般發展兒童的坐姿則有所差別。有經驗的治療師應幫助父母和教育從業人員瞭解，肌肉張力低的孩子在形成坐姿和轉換坐姿成為其他姿勢、爬行、拉起站立、正常行走等能力的限制情形。此外，治療師可推薦將未來可能發生之動作技能問題降至最低的治療性活動。評量結果應以孩子的認知、溝通、心理社會、自我照顧和精細動作技能發展作詮釋。在與同儕一起執行動作任務上有所困難的孩子，可能會自尊較低，或者會逃避體育活動，又或者會害怕面對需要粗大動作控制的情境。

粗大動作評量應以專業間（interdisciplinary）團隊作為基礎評量的一部分，或作為一個「專業」（specialty）評估。在專業間團

---

9 譯者註，這不是指各手指皆無法碰到拇指，因為當各手指併攏伸直時，起碼食指會和拇指碰到，它真正的意思是指拇指的指甲背面（即通常犯人在按指紋的那一小塊表皮），無法和其他四指的指甲背面碰到。換言之，在做那種動作的時候，亦即當拇指分別與其他四指輪流碰觸的時候，就很像是中國的算命仙在做出掐指神算的動作。

隊的案例中，評估可能透過一群各自負責特定功能領域的專業人員來完成。依據孩子的需要，則會以聯合評估（arena format）（即：通常有許多專業，在同一時間共同對孩子作評估）、核心模式（core format）（即：通常有兩個主要專業領域的人員對孩子作評估），或經個別門診，由個別專業領域人員在家、學校或診所分別進行評估。許多早期療育和學齡前學校方案希望能在孩子的家或其他主要照顧者在場的自然環境中執行測驗，因為當孩子在不熟悉的環境接受評估時，他們可能較不願探索環境和行動。

執行團隊評估的專業人員，常使用可同時評量許多功能領域 256
的測量，這些評估幼兒之廣泛基礎的評量工具包括：《貝萊 II》（the Bayley II）（Bayley, 1993）和《貝萊嬰兒神經發展篩檢》（Aylward, 1995）、《貝特勒發展調查表》（Battelle Developmental Inventory）（Newborg, Stock, Wneck, Guidubaldi, & Svinicki, in press）、《嬰兒—學步期幼兒發展評量》（Infant-Toddler Developmental Assessment）（Provence, Erikson, Vater, & Palermi, 1995）、《早期療育發展剖析圖》（Early Intervention Developmental Profile）（Rogers et al., 1981）、《夏威夷早期學習剖析圖》（Hawaii Early Learning Profile，簡稱 HELP）（Furuno et al., 1984），《夏威夷早期學習剖析圖》專為零至三歲幼兒所設計，而《HELP 學齡前幼兒評量、標準曲線圖和檢核表》（VORT Corporation, 1995）則專為三至六歲幼兒所設計。這些評量提供兒童之自我照顧、粗大動作、精細動作、認知、社交與情緒等發展功能的相關資訊。《年齡與發展階段問卷》（Bricker & Squires, 1995）中所使用的文字、名詞讓照顧者易於了解，且可由父母填答。

《小兒障礙評估調查表》（Pediatric Evaluation of Disability Inventory；簡稱 PEDI）是優良的自我照顧、行動力和社會功能等評量的測量工具，然該工具評量的各項功能標準可能與教育團隊決定兒童是否可接受服務資格的標準不同（Haley, Coster, Ludlow, Haltiwanger, & Andrellos, 1992）。在部分情況下，會使用貫專業（transdisciplinary）取向並擬訂**無特定專業領域的目標**（discipline-free goals），其可能傾向使用如：《貫領域遊戲基礎評量》（Transdisciplinary Play-Based Assessment）等（Linder, 1990；參閱第三章之說

無特定專業領域的目標是聚焦於特定情境中孩子的需求，而非著重於特定服務提供者之專業領域的技能目標。

明）以團隊為基礎之情境評估——該方式現在較受歡迎，特別是在提供早期療育服務或服務多重障礙兒童尤然。當考量粗大動作領域時，團隊的動作專家可能執行較深入的評估。專為測量出生到五歲兒童之粗大動作和精細動作技能所設計的評量包括《畢保德發展性動作量表 II》（Peabody Developmental Motor Scales II）（Folio & Fewell, 2000）、《學步期幼兒和嬰兒動作評估》（Toddler and Infant Motor Evaluation）（Miller & Roid, 2002），和專為四歲半以上兒童設計的《Bruininks-Oseretsky 動作能力測驗》（Bruininks-Oseretsky Test of Motor Proficiency）（Bruininks, 1978）。

除使用測量粗大動作表現的評量外，職能治療師和物理治療師可使用標準化和標準參照評量工具和質性測量工具，以評量動作技能和感官處理的要件。治療師的臨床評估將鑑定出如：反射發展、非典型姿勢張力、降低或增加動作範圍、非典型動作形式和要素、不良的肌肉骨骼整合、不當的功能擺位及感覺接收、區辨和感覺承受（tolerance）等異常對動作功能產生衝擊的影響因素。有許多專為蒐集孩子感官資訊處理能力之相關資訊的測量工具；這些測量提供額外資訊，但不會取代粗大動作表現的評量。《嬰兒／學步兒感官剖析圖》（Infant/Toddler Sensory Profile）（Dunn, 2002）和專為三歲以上兒童設計的《感官剖析圖》（Sensory Profile）（Dunn, 1999）使用問卷方式，以提供孩子感官表現的相關資訊。《DeGangi-Berk感覺統合測驗》（DeGangi-Berk Test of Sensory Integration）（DeGangi & Berk, 1983）是專為測量三至五歲兒童的姿勢控制、雙邊動作整合和反射發展等。《感覺統合暨運動能力測驗》（Sensory Integration and Praxis Test）（Ayres, 1989）測量了四至八歲兒童的視覺、觸覺和動覺認知（kinesthetic perception）、動作表現等。

257 粗大動作評量結果應與孩子在其他發展領域功能的相關資訊及家庭資訊和關懷一併考量，來發展以孩子為整體考量的適切療育計畫。

療育策略

因應粗大動作需求的模式與架構

有許多不同方法可因應粗大動作損傷兒童的需求。每個服務傳遞模式皆有特定優勢，而這些優勢依照兒童的需求、團隊成員的技能和提供服務機構的本質等，每個模式皆可能最適合特定兒童。對三歲以下幼兒，聯邦立法規定採以家庭為中心的療育取向，該取向認為嬰兒和學步兒是整合性家庭系統的一部分，而該系統中每個人皆會影響系統中其他所有人的行為。家庭與在決策過程中提供資訊和支持的早期療育團隊一起擬訂療育計畫，縱使該取向對於三歲以上的兒童並不具強制性，但家庭仍扮演極重要的角色。在評量、療育執行和計畫設計時，療育團隊必須儘可能地讓父母參與並支持他們的期望，在孩子的早期療育計畫中，賦權的父母會期望參與自己孩子在三歲時教育經驗的相關決定。動作療育計畫必須支持父母的角色，且尊重（tailored）父母的興趣和能力。

兒童和家庭的需求必須以社區和機構的資源作考量，以設計出迎合孩子需求的服務計畫。當孩子有特定動作需求時，團隊中適合的專家（如：職能或物理治療師）必須決定服務提供的方式。**職能治療師**關切孩子的生理、社會和文化環境，並檢視環境如何對孩子之自我照顧、遊戲和學校課業等領域的表現產生影響。職能治療師著重於進食、穿衣、擺位、書寫和心理社會需求等相關議題，且於適應性工作和最佳功能的環境上提供協助。職能治療師必須經美國職能治療協會（American Occupational Therapy Association）認證後才能執業；此外，許多州亦要求職能治療師必須有專業執照。職能治療師的培育課程可能屬於學士或碩士階段，而經認證的職能治療生[10]（assistant）則是擁有證照或大學同等學

職能治療師是透過個人技能矯正，或修改任務或環境，以幫助個人參與對個人有意義和有目標之活動（或職業）的專業人員。

[10] 譯者註，assistant 原應譯為「助理」，而在台灣依 2003 年（民國 92 年）最新修訂之職能治療師法第 12 條第 1 項及第 17 條第 1 項分別規範職能治療「師」與職能治療「生」之業務，職能治療生的業務範圍完全被職能治

力證明。

物理治療師關切孩子姿勢和移動的相關功能。物理治療師著重於行動力和習得粗大動作技能的相關議題，且常提供調整性設備以支持上述功能。現今執業之物理治療師之培育課程可能在學
258 士或碩士階段，但未來進入該領域執業將會要求具有碩士或博士學位。物理治療助理[11]（assistant）現在則要求須擁有大學同等學力證明。物理治療師和助理皆必須取得欲執業某州的執照才可在該州執業。

> 物理治療師是透過評估和處置肌肉骨骼及神經動作系統，以聚焦於管理病患之動作系統的專業人員。

必須注意的是，在早期療育的立法下，職能和物理治療師應為孩子和家庭提供「主要的」（primary）服務，事實上，若早期療育團隊認為該治療服務是孩子的唯一需求，則這些治療師將成為孩子唯一接受的服務。然而，當為學齡前和學齡兒童服務時，職能和物理治療師則僅成為「相關」服務的提供者。這些服務被視為讓特定兒童從特殊教育課程中獲益的要素，在此情況下，治療師與特殊教育老師及團隊的其他成員應一起努力，以滿足孩子的教育需求。

特殊體育教育從業人員為「無法從一般體育教育課程受益或安全地參與一般體育教育課程的兒童提供服務」（Jansma & French,

---

療師所涵括，反之則否。而同法第 17 條第 2 項則稱：「職能治療生執行業務，應依醫師開具之診斷及書面指示或『在職能治療師監督指導下為之』。」就此觀之，可見台灣的職能治療生係具備職能治療師的「助理」關係，故assistant該字在台灣與美國意義很相近而可譯為職能治療「生」，為提高譯本閱讀可親近性，故逕譯「職能治療生」。

[11] 譯者註，assistant 原應譯為「助理」，而在台灣依 2002 年（民國 91 年）最新修訂之物理治療師法第 12 條第 1 項及第 17 條第 1 項分別規範物理治療「師」與物理治療「生」之業務，對照後發現兩者各自可負責運動治療、冷、熱、光、電、水的物理治療等。可見兩者工作項目有部分係相同。再依同法第 12 條第 2 項稱：「物理治療師執行業務，應依醫師開具之診斷、照會或醫囑為之。」而同法第 17 條第 2 項則稱：「物理治療生執行業務，應依醫師開具之診斷及書面指示為之。」就此觀之，台灣的物理治療師與物理治療生係各自依醫師指示而從事物理治療，且物理治療生並不具備物理治療師的「助理」關係，故assistant該字在台灣與美國意義並不相近，而不宜譯為物理治療「生」，為求區辨，故譯為「物理治療助理」。

1994, p.3），該課程是體育教育中專為特殊需求兒童所設計的特別領域，這些老師可能參與學生的適應體育活動，或提供促進健康和粗大動作技能、或協助矯正與姿勢和身體移動相關之特定問題的課程，這可能需要不同取向的體育教育課程，以滿足伴隨動作問題之不同兒童的個別需求。

物理或職能治療師可透過直接治療、或監督、或是諮詢、或是結合上述模式等來提供療育計畫（Dunn & Campbell, 1990）。然而，療育計畫應以兒童、家庭和學校情況之嚴謹分析，而非以服務人員的便利性和過去曾執行的計畫為基礎（Palisano, Campbell, & Harris, 1995）。

直接治療

指療育計畫針對個別兒童所設計，且由治療師親自以一對一或一對多方式執行。該方案可在如：孩子的家、教室或自助餐廳等自然情境中落實，或者在如：治療室等隔離場所進行治療。在學校情境中，只有當孩子所需的治療不宜在自然情境下執行時，才使用隔離場所治療。

監督

指動作專家設計滿足兒童需求的服務計畫，但訓練另一個人（如：教室中的助理）來執行計畫活動，而專家仍負責整個計畫的落實。該方案透過監督來完成工作，其中專家與兒童保持聯繫，並依需要調整療育計畫。

諮詢

在諮詢模式中，動作專家提供專業意見予另一人員或該人員所關切的計畫。在該模式中，專家不對療育計畫負責，例如：職能治療師可能專精於為伴隨輕度動作遲緩的孩子擬定書寫課程，但治療師並未針對個別兒童提供直接服務。

兒童擺位 259

不論治療如何執行，姿勢控制是大部分感官動作技能發展的姿勢控制是大部分感覺動作技能之演進的關鍵。

核心，且常成為療育計畫的最初考量點。對伴隨著姿勢張力問題之極年幼兒童而言，簡單的環境修改可促進孩子與環境的成功互動，且可能預防非典型的姿勢和動作發展。例如：肌肉張力低的嬰兒在仰躺時，於頭部和四肢下方放置捲成條狀的毛巾（rolled towels），將促使兒童讓頭部、手和腳往身體中線移動，該情形能支持孩子在自己身體中線的視覺和觸覺探索，同時許多人也認為該動作是孩子的第一個學習姿勢。原始反射通常主導肌肉張力低之孩子的仰臥和俯臥姿勢，這樣亦會造成自主性動作困難。側臥姿勢能將地心引力對姿勢張力的影響減至最低，以減少張力反射（tonic reflexes）的影響，如此能讓孩子在移動上享有更多自主性和控制力。

對於在較高功能層次需要姿勢控制的孩子而言，嬰兒座椅、嬰兒推車、嬰兒高腳椅、教室桌椅、馬桶座、甚至是盪鞦韆等設備的調整，皆可大幅地改善孩子的功能。本章後續將討論使用科技促進姿勢和行動力的考量。

姿勢和粗大動作控制

當姿勢控制嚴重受損時，物理或職能治療師可擬定著重個別兒童特定需求的處置計畫。處置計畫可能包括：促進正常肌肉張力、維持動作範圍、改善功能性活動中使用保護性和平衡反應的能力等活動。因為不同基本機制皆可能引發孩子的姿勢缺陷，故早期療育從業人員在沒有上述專業人員的指導下，不應自行實施動作計畫。

將孩子安置在與他們同儕同樣的高度將促進社會互動，並使孩子更便於在週遭環境中活動。

當幼兒無法獨力地自由活動，專業人員必須盡力地讓孩子儘可能地擁有環境中的控制權。例如：促進及回應伴隨嚴重動作損傷之幼兒的嘗試性溝通，將促使孩子具備引導他人幫助自己在環境中活動的能力，或使得環境更便於兒童使用（to bring the environment to them）。此外，需將伴隨動作損傷的兒童安置在與同儕等高的位置以促進社交互動，並使環境儘可能地便於兒童活動等，這些皆很重要。

對於像是伴隨發展性動作異常之輕度動作損傷的兒童而言，修改活動以降低動作需求可能特別有用。具動作協調困難的兒童會意識到自己的動作困難，且發現自己的動作表現比其他同儕差，因為畏懼失敗，故孩子可能會避免與其他孩子一起活動，因而限制了改善動作技能表現的機會。動作不協調的兒童可能在有提供練習機會、沒有要求跟不斷改變之環境持續互動的活動中，獲得成功經驗。特殊體育教育從業人員，可能在修改動作任務以讓兒童獲得成功的方法上，提供班級老師很大協助。

在替被診斷出罹患如：腦性麻痺、脊柱裂，和幼年型類風濕 260
性關節炎等特定疾患的兒童擬訂療育計畫前，必須先向職能和物理治療師諮詢，因為該計畫仍必須考量許多動作禁忌（contraindications）。

對於輕、中度動作損傷的孩子而言，改善技能的最重要考量為，清楚地瞭解孩子現階段的動作、感官和認知等能力。當活動目標是執行動作時，則應建構該活動，如此才能呈現「**適當的挑戰**」，或者該任務的困難度應能誘使兒童嘗試達到成功，且任務不會太過困難而導致孩子表現不佳或失敗（Koomar & Bundy, 2002）。

粗大動作療育的輔助科技

如第五章所述，當設計支持動作損傷兒童發展的課程時，低科技和高科技的支援能提供兒童很大協助。低科技支援包括：提供較佳姿勢和促使較佳功能的簡易坐姿修正。圖 6.10 提供了一般學齡前兒童簡易坐姿修正的家具，其包括：座椅皮帶、加裝背部靠墊以降低椅子的深度、腳踏墊和特殊剪裁調整桌（cut-out table）。

當家庭自製的調整性設備不敷使用時，可購買特殊調整型設 261
備。市面上有許多支持坐姿的設備器材，其包括：地板椅座、**角椅**（參照圖 6.9）、不同特殊教室座椅。嚴重動作損傷的孩子通常使用輪椅來支撐姿勢，在該情況下，所有輔助科技團隊成員皆必須考量兒童的行動需求、動作轉換能力、溝通需求及進食與精細動作活動的支持要件等。團隊必須先顧及家庭的考量，輕便的輪椅可讓家庭成員裝載上車及帶進家庭，進而使家庭成員受惠。依據可取得的服務和需改善的問題，輔助科技團隊可包括：發展性

角椅或地板椅座是一種綁緊背部以讓身體呈直角狀態，而角椅提供幼兒姿勢支撐，因此幼兒能與其他同儕一起坐在地板上。

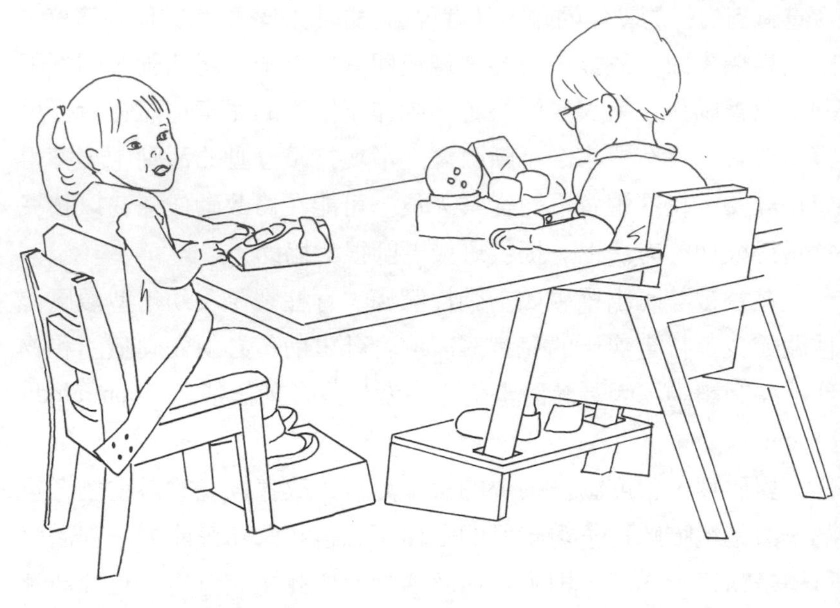

圖 6.10 為強化精細動作功能之一般學齡前兒童座椅的坐姿修改
資料來源：經 Jean Patz 同意使用。

小兒科醫師（developmental pediatrician）、物理與職能治療師、語言治療師、整形醫師、復健科技輔具的供應商、早期療育從業人員和家庭。

療育從業人員必須瞭解如何將孩子安頓在調整性擺位設備上，或讓孩子離開調整性擺位設備，以減低可能發生之非典型張力或原始反射的影響。療育從業人員亦須瞭解如：護胸（anterior chest supports）、腿上型托盤、頭墊等為輪椅設計的坐姿相關器材設備。

若孩子無法獨自站立，則可能需要特殊的站立架，市面上有許多不同種類的站立架：躺姿、臥姿、方型（box）或直立式（floor）站立架。**躺姿站立架**通常是為伴隨最嚴重損傷而需要伸展性擺位的孩子所設計，使用該站立架的孩子仰躺著，站立架平放，然後用固定帶將孩子固定在站立架上，之後站立架就可以轉換成站立的姿勢，該站立架通常適用於伴隨著脊髓性肌肉萎縮、嚴重腦性麻痺、患部較高的（high level）脊柱裂或脊髓損傷等兒童。**臥姿站立架**於使用時可讓兒童的身體向前傾，且該站立架通常不會完全地垂直擺放，兒童必須使用部分頸部和上背的肌肉來維持

早期療育從業人員必須了解兒童的適應性擺位需求和設備，且知道如何讓孩子從一姿勢轉換成另一姿勢。

頭部和肩膀的端正，罹患輕度腦性麻痺或患部較低的（low level）脊柱裂兒童通常會使用該種站立架。**方型站立架**較少被使用，是因常可使用其他種類的站立架來達到較佳擺位之故。**直立式站立架**的支撐點較廣，所以孩子較不容易跌倒，且其附有皮帶和軟墊可輔助孩子成為直立的姿勢（correct alignment），孩子必須具備良好的軀幹和頸部力量才可使用該設備。

其他調整性設備包括助行器和支架。兒童可使用不同種類的助行器，但逐漸較受人青睞的助行器是附有輪子和背後軟墊（bar）的**後拉式（或倒退式）助行器**，該助行器讓孩子可以較端正地站立。足踝護具（AFOs）則已於先前討論過。此外，部分兒童可能或多或少需要具備腿部下方的控制能力。患部非常高的脊柱裂孩子、脊髓損傷或較嚴重之杜顯氏肌肉萎縮症的孩子，應可使用髖膝踝足支架（HKAFO）。開口較低（lower cut）的足踝護具或踝上矯具（supramalleolar orthoses；簡稱 SMOs）可為罹患輕度腦性麻痺、唐氏症或薦骨部位（sacarl-level）的脊柱裂等兒童提供較少的支持。

後拉式助行器為在個人的後方設計一水平軟墊以支持行走的設備。

動力行動設備為嚴重動作損傷的孩子提供高科技的選擇；年幼如十八至二十四個月大的孩子可能也可以安全地操作這些動力設備。類似於兒童玩具的動力行動設備可能更被父母接受，且其可促進嚴重動作損傷兒童與同儕間玩遊戲（Deitz, 1998）。Carlson 和 Ramsey（2000）針對提供電動輪椅予障礙幼兒的發展性助益 262
（developmental benefits），提供言簡意賅的回顧。使用電動輪椅可促進兒童的溝通和同儕互動、增加兒童與環境中物品的互動、增進獨立行動的動機、減低家庭認為孩子是無法自立（helplessness）的觀感。Scull（1996）討論了動力行動設備對年幼如兩歲幼兒的額外利益。輔助科技團隊、兒童和家庭依照兒童的生理和認知準備度（readiness），決定了使用電動輪椅的最佳方式。兒童可利用任何身體部位來啟動輪椅的控制：用手或其他肢體推動的操縱桿、用頭按壓裝設在頭墊上的控制開關、移動護顎（chin cup）、吹一下吹吐控制器、啟動放置在兒童下顎的舌部觸碰式（tongue-touch）控制盤（newAbilities Systems Inc., 1994）。

摘要

本章呈現了包括：習得姿勢和粗大動作技能等的嬰幼兒之一般粗大動作發展。本章亦描述造成非典型粗大動作發展的情境和狀況，並提供早期療育從業人員指引，以判定動作發展是否有按照預期狀況發展。本章亦針對伴隨粗大動作缺陷的孩子提供療育建議，並建議需要動作發展專家協助的時間點。

因為早期療育從業人員常有機會觀察個案與其他同齡孩子的狀況，故他們通常是第一個觀察到兒童出現動作缺陷的人，特別對於伴隨輕、中度損傷的孩子之觀察尤然。當早期療育從業人員懷疑兒童出現粗大動作發展異常時，則必須進行更仔細的觀察以釐清這些疑慮。療育團隊針對這些考量的討論，將可協助早期療育從業人員判斷孩子何時需要進一步評估及誰應執行該評估。

對早期療育從業人員而言，儘可能地蒐集團隊中動作專家的相關資訊極為重要，因為療育從業人員藉此可深入了解兒童的粗大動作需求。同時，早期療育從業人員將孩子在家和教室的功能狀況告知動作專家（治療師或特殊體育教育從業人員）亦非常重要，如此可幫助動作專家瞭解孩子必須精熟的相關技能。只有家庭、早期療育從業人員和動作專家間進行開放且持續的溝通，才能使粗大動作療育計畫達到最大成效。

問題與討論

1. 在論及嬰兒原始反射時，整合（integ-
263 rated）代表什麼意思？
2. 當孩子開始學步時，為何走路會出現左右「搖搖晃晃」？
3. 肌肉張力如何影響幼兒的姿勢和動作？特殊需求兒童的肌張力有何不同？
4. 為何學習單腳站立對孩子很重要？哪些粗大動作技能需要該能力？
5. 使用輪椅或助行器的攣直型腦性麻痺幼兒，如何參與（例如到公園校外教學等）參觀活動？

推薦資源

美國職能治療協會
4720 Montgomery Lane
PO Box 31220
Bethesda, MD 20824-1220
301-652-2682
http://www.aota.org

美國物理治療協會（American Physical Therapy Association）小兒分會
1111 N. Fairfax St.
Alexandria, VA 22314-1488
800-999-2782, ext. 3254
http://www.PediatricAPTA.org

腦傷協會（Brain Injury Association）（the National Head Injury Foundation 前身）
105 N. Alfred St.
Alexandria, VA 22314
Telephone: 800-444-6443；家庭協助專線：703-326-6000
E-mail: FamilyHelpline@biausa.org
http://www.biausa.org

幼兒科技輔助中心（Early Childhood Technical Assistance Center）
Campus Box 8040, UNC-CH
Chapel Hill, NC 27599-8040
919-962-2001
http://www.ectac.org

國家兒童健康與人類發展中心
Bldg.31, Room 2A32, MSC 2425
31 Center Dr.
Bethesda, MD 20892-2425
800-370-2943
http://www.nichd.nih.gov

治療技能建造者心理公司（Therapy Skill Builders Psychological Corporation）
PO Box 839954
San Antonio, TX 78283-3954
http://www.tpcweb.com

參考文獻

American Psychiatric Association. (2000). *Diagnostic and statistical manual of mental disorders* (4th ed.). Washington, DC: Author.

Aylward, G. P. (1995). *Bayley Infant Neurodevelopmental Screener.* San Antonio, TX: Psychological Corporation

Ayres, A. J. (1989). *Sensory Integration and Praxis Tests.* Los Angeles: Western Psychological Services.

Batshaw, M., & Perret, Y. (1992). *Children with disabilities: A medical primer* (3rd ed.). Baltimore: Brookes.

Bayley, N. (1993). *Bayley Scales of Infant Development* (Rev. ed.). New York: Psychological Corporation.

Bennett F. C. (1984). Cerebral Palsy: The how and why of early diagnosis. *Consultant, 24,* 151–173.

Berry, R. J., Li, Z., Erickson, J. D., Li, S., Moore, C. A., Wang, H., et al. (1999). Prevention of neural tube defects with folic acid in China. *New England Journal of Medicine, 341,* 1485–1490.

Blackman, J. A. (1997). *Medical aspects of developmental disabilities in children birth to three* (3rd ed.). Gaithersburg, MD: Aspen.

Bly, L. (1983). *The components of normal movement during the first year of life.* Chicago: Neuro-Developmental Treatment Association, Inc.

Botto, L. D., Moore, C. A., Khoury, M. J., & Erickson, J. D. (1999). Neural tube defects. *New England Journal of Medicine, 341,* 1509–1510.

Bricker, D., & Squires, J. (1995). *Ages & Stages Questionnaires.* Baltimore: Brookes.

264 Brooke, M. H., Fenichel, G. M., Griggs, R. C., Mendell, J. R., Moxley, R., Miller, P., et al. (1983). Clinical investigations in Duchenne dystrophy. Part 2. Determination of the "power" of therapeutic trials based on the natural history. *Muscle & Nerve, 6,* 91–103.

Brooke, M. H., Fenichel, G. M., Griggs, R. C., Mendell, J. R., Moxley, R., Florence, J., et al. (1989). Duchenne muscular dystrophy: Patterns of clinical progression and effects of supportive therapy. *Neurology, 39,* 475–481.

Bruininks, R. (1978). *Bruininks-Oseretsky Test of Motor Proficiency.* Circle Pines, MN: American Guidance Service.

Capute, A. J., Shapiro, B. K., Palmer, F. B., Ross, A., & Wachtel, R. C. (1985). Normal gross motor development: The influences of race, sex and socioeconomic status. *Developmental Medicine and Child Neurology, 27,* 635–643.

Carlson, S. J., & Ramsey, C. (2000). Assistive technology. In S. K. Campbell, D. W. Vander Linden, R. J. Palisano (Eds.), *Physical therapy for children* (2nd ed., pp. 671–708). Philadelphia: W. B. Saunders.

Cermak, S. (1991). Somatodyspraxia. In A. Fisher, E. Murray, & A. Bundy (Eds.), *Sensory integration: Theory and practice.* (pp. 137–168). Philadelphia: Davis.

Cermak, S. A., Gubbay, S. S., & Larkin, D. (2002). What is developmental coordination disorder? In S. A. Cermak & D. Larkin (Eds.), *Developmental coordination disorder* (pp. 2–22). Albany, NY: Delmar.

Clark, J. E. (1995). On becoming skillful: Patterns and constraints. *Rehabiliation Quarterly, 66,* 173–183.

Cox, R. D. (1993). Normal childhood development from birth to five years. In E. Schopler, M. E. VanBourgondien, & M. M. Bristol (Eds.), *Preschool issues in autism* (pp. 39–57). New York: Plenum Press.

Cunningham, C. C. (1982). *Down syndrome: An introduction for parents.* London: Souvenir Press.

David, K. S. (2000). Developmental coordination disorders. In S. K. Campbell, D. W. Vander Linden, A. J. Palisano, (Eds.), *Physical therapy for children* (2nd ed., pp. 471–501). Philadelphia: Saunders.

Davis, R. E., Moon, R. Y., Sachs, I., & Otolini, M. C. (1998). Effects of sleep position on infant motor development. *Pediatrics, 102,* 1135–1140.

DeGangi, G. A., & Berk, R. A. (1983). The DeGangi-Berk Test of Sensory Integration. San Antonio, TX: Psychological Corporation.

Deitz, J. C. (1998). Pediatric augmented mobility. In D. B. Gray, L. A. Quatrano, & M. L. Lieberman (Eds.), *Designing and using assistive technology: The human perspective* (pp. 269–284). Baltimore: Brookes.

Dewey, D. (2002). Subtypes of deevelopmental coordination disorder. In S. Cermak & D. Larkin (Eds.), *Developmental coordination disorder* (pp. 40–53). Albany, NY: Delmar.

Dewey, C., Fleming, P., Golding, J., & ALSPAC Study Team. (1998). Does the supine sleeping position have any adverse effects on the child? II. Development in the first 18 months. *Pediatrics, 101* (1), p. e5. Retrieved from. http://www.pediatrics.org/cgi/content/full/101/1/e5.

Dubowitz, V. (1978). *Muscle disorders in childhood.* London: Saunders.

Dunn, W. (1999). *Sensory Profile: User's manual.* San Antonio, TX: Psychological Corporation.

Dunn, W. (2002). *The Infant/Toddler Sensory Profile manual.* San Antonio, TX: Psychological Corporation.

Dunn, W., & Campbell, P. H. (1990). Designing pediatric service provision. In W. Dunn (Ed.), *Pediatric occupational therapy* (pp. 139–160). Thorofare, NJ: Slack.

Fetters, L., Fernandes, B., & Cermak, S. (1988). The relationship of proximal and distal components in the development of reaching. *Physical Therapy, 68*, 839–845.

Florence, J. M., Hagberg, J. (1984). Effect of training on the exercise responses of neuromuscular disease patients. *Medicine and Science in Sports and Exercise, 16*, 460–465.

Foerster O. (1977). The motor cortex in man in the light of Hughlings Jackson's Doctrines. In O. D. Payton, S. Hirt, & R. Newman (Eds.), *Scientific basis for neurophysiologic approaches to therapeutic exercise* (pp. 13–18). Philadelphia: Davis.

Folio, M. R., & Fewell, R. R. (2000). *Peabody Developmental Motor Scales, Second Edition*. San Antonio, TX: Psychological Corporation.

Garrett, M., McElroy A. M., & Staines, A. (2002). Locomotor milestones and babywalkers: Cross sectional study. *British Medical Journal, 324*, 1494.

Gesell, A., & Amatruda, C. (1947). *Developmental diagnosis* (2nd ed.). New York: Harper & Row.

Goodgold-Edwards, W. A., & Cermak, S. A. (1989). Integrating motor control and motor learning concepts with neuropsychological perspectives on apraxia and developmental dyspraxia. *American Journal of Occupational Therapy, 44*, 431–439.

Haley S. M., Coster, W. J., Ludlow, L. H., Haltiwanger, J. T., & Andrellos P. J. (1992). *Pediatric Evaluation of Disability Inventory*. San Antonio, TX: Psychological Corporation.

Haradon, G., Bascom, B., Dragomir, C., & Scripcaru, V. (1994). Sensory functions of institutionalized Romanian infants. *Occupational Therapy International, 1*, 250–260.

Hinderer, K. A., Hinderer, S. R., & Shurtleff, D. B. (2000). Myelodysplasia. In S. K. Campbell, D. W. Vander Linden, & R. J. Palisano, (Eds.), *Physical therapy for children* (2nd ed, pp. 621–670). Philadelphia: Saunders.

Hunter, J. G. (2001). The neonatal intensive care unit. In J. Case-Smith, (Ed.), *Occupational therapy for children* (4th ed., pp. 636–707). St. Louis: Mosby.

Jansma, P., & French, R. (1994). *Special physical education*. Upper Saddle River, NJ: Merrill/Prentice Hall.

Jones, V., & Prior, M. R. (1985). Motor imitation abilities and neurological signs in autistic children. *Journal of Autism and Developmental Disorders, 15*, 37–46.

Kerkering, G. A., & Phillips, W. E. (2000). Brain injuries: Traumatic brain injuries, near-drowning, and brain tumors. In S. K. Campbell, D. W. Vander Linden, & R. J. Palisano, (Eds.), *Physical therapy for children* (2nd ed., pp. 597–620). Philadelphia: Saunders.

Koenig, N., Hoffman, E. P., Bertelson, C. J., Monaco, A. P., Feener, C., Kunkel, L. M. (1987). Complete cloning of the Duchenne muscular dystrophy (DMD) cDNA and preliminary genomic organization of the DMD gene in normal and afffected individuals. *Cell, 50*, 509–517.

Koomar, J. A., & Bundy, A. C. (2002). The art and science of creating direct intervention from theory. In A. Bundy, S. Lane, & E. Murray (Eds.), *Sensory integration: Theory and practice* (2nd ed., pp. 251–314). Philadelphia: Davis.

Lannering, B., Marky, I., & Nordborg, C. (1990). Brain tumors in childhood and adolescence in West Sweden, 1970–1984: Epidemilogy and survival. *Cancer, 66*, 604–609.

Lauteslager, P. E. M. (1995). Motor development in young children with Down syndrome. In A. Vermeer, & W. E. Davis (Eds.), *Physical and motor development in mental retardation* (pp. 74–98). New York: Karger.

Levine, M. D. (1987). *Developmental variation and learning disorders*. Cambridge, MA: Educators Publishing Service.

Linder, T. W. (1990). *Transdisciplinary play based assessment: A functional approach to working with young children*. Baltimore: Brookes.

Luthy, D. A., Wardinsky, T., Shurtleff, D. B., Hollenbach, K. A., Hickok, D. E., Nyberg, D. A., et al. (1991). Cesarean section before the onset of labor and subsequent motor function in infants with myelomeningocele diagnosed antenatally. *New England Journal of Medicine, 324*, 662–666.

Magnus R. (1926). Some results of studies in the physiology of posture. *Lancet, 2*, 531–585.

Mathiowetz, V., & Haugen, J. B. (1994). Motor behavior 265
research: Implications for therapeutic approaches to central nervous system dysfunction. *American Journal of Occupational Therapy, 48*, 733–745.

McClain, C., Provost, B., & Crowe, T. K. (2000). Motor development of two-year-old typically developing Native American children on the Bayley Scales of Infant Development II Motor Scale. *Pediatric Physical Therapy, 12*, 108–113.

McEwen, I. (2000). Children with cognitive impairments. In S. K. Campbell, D. W. Vander Linden, & R. J. Palisano, (Eds.), *Physical therapy for children* (2nd ed., pp. 502–532). Philadelphia: Saunders.

Meltzoff, A., & Gopnik, A. (1993). The role of imitation in understanding persons and developing a theory of mind. In S. Baron-Cohen, H. Tager-Flusberg, & D. J. Cohen (Eds.), *Understanding other minds: Perspectives from autism* (pp. 335–366). New York: Oxford University Press.

Miller, L. J., & Roid, G. H. (2002). *The T.I.M.E.® Toddler and Infant Motor Evaluation*. San Antonio, TX: Psychological Corporation.

Molnar, G. E. (1985). *Pediatric rehabilitation*. Baltimore: Williams and Wilkins.

National Rehabilitation Information Center. (1994). Traumatic brain injury: A NARIC resource guide for people with TBI and their families. Silver Springs, MD: Author.

newAbilities Systems, Inc. (1994). *newAbilities UCS1000™ with Tongue-Touch Keypad™* [brochure]. Palo Alto, CA: Author.

Newborg, J., Stock, J. R., Wneck, L., Guidubaldi, J., &

Svinicki. (in press). *Battelle Developmental Inventory—Revised.* Chicago: Riverside.

Olney, S. J., & Wright, M. J. (2000). Cerebral palsy. In S. K. Campbell, D. W. Vander Linden, & R. J. Palisano, (Eds.), *Physical therapy for children* (2nd ed., pp. 533–570). Philadelphia: Saunders.

Palisano, R. J., Campbell, S. K., & Harris, S. R. (Eds.), (2000). Clinical decision making in pediatric physical therapy. In S. K. Campbell, D. W. Vander Linden, & R. J. Palisano, (Eds.), *Physical therapy for children* (2nd ed., pp. 198–224). Philadelphia:
266 Saunders.

Piper, M. C., & Darrah, J. (1995). *Motor assessment of the developing infant.* Philadelphia: Saunders.

Provence, S., Erikson, J., Vater, S., & Palmeri, S. (1995). *Infant-Toddler Developmental Assessment.* Itasca, IL: Riverside.

Rapin, I. (1988). Disorders of higher cerebral function in preschool children. Part II: Autistic spectrum disorder. *American Journal of Diseases of Children, 142,* 1178–1182.

Reeves, G. D., & Cermak, S. A. (2002). Disorders of praxis. In A. Bundy, S. Lane, & E. Murray (Eds.), *Sensory integration: Theory and practice* (2nd ed., pp. 71–100). Philadelphia: Davis.

Roberton, M. A., & Halverson, L. D. (1984). *Developing children—Their changing movement. A guide for teachers.* Philadelphia: Lea & Febiger.

Rogers, S. J., Donavan, C. M., D'Eugenio, D. B., Brown, S. L., Lynch, E. W., Moersch, M. S., et al. (1981). *Early Intervention Developmental Profile.* Ann Arbor: University of Michigan Press.

Santos, D. C., Gabbard, C., & Goncalves, V. M. (2001). Motor development during the first year: A comparative study. *Journal of Genetic Psychology,* 162, 143–153.

Scull, S. A. (1996). Mobility and ambulation. In L. A. Kurtz, P. W. Dowrick, S. E. Levy, & M. L. Batshaw (Eds.), *Handbook of developmental disabilities* (pp. 269–326). Gaithersburg, MD: Aspen.

Shakhazizian, K. A., Massagli, T. L., & Southard, T. L. (2000). Spinal cord injury. In S. K. Campbell, D. W. Vander Linden, & R. J. Palisano (Eds.), *Physical therapy for children* (2nd ed., pp. 571–596). Philadelphia: Saunders.

Sherrington, C. S. (1906/1947). *The integrative action of the nervous system.* New Haven, CT: Yale University Press.

Shurtleff, D. B., Stuntz, J. T., & Hayden, P. (1986). Hydrocephalus. In D. B. Shurtleff (Ed.), *Myelodysplasias and exstrophies: Significance, prevention and treatment* (pp. 139–180). Orlando, FL: Grune & Stratton.

Siegel, A., & Burton R. (1999). Effects of babywalkers on early locomotor development in human infants. *Developmental Behavorial Pediatrics, 20,* 355–361.

Smith, G. A., Bowman, M. J., Luria, J. W., & Shields, B. J. (1997). Babywalker—Related injuries continue despite warning labels and public education. *Pediatrics, 100,* (2), p. 1 Retrieved from http://pediatrics.aapublications.org/cgi/content/full/ 100/2/e1.

Solomons, H. C. (1982). Standardization of the Denver Developmental Screening Test on infants from Yucatan, Mexico. *International Journal of Rehabilitation Research, 5,* 179–189.

Stuberg, W. A. (1992). Considerations related to weight-bearing program in children with developmental disabilities. *Physical Therapy, 72,* 35–40.

Stuberg, W. A. (2000). Muscular dystrophy and spinal muscular atrophy. In S. K. Campbell, D. W. Vander Linden, & R. J. Palisano (Eds.), *Physical therapy for children* (2nd ed., pp. 339–368). Philadelphia: Saunders.

Super, C. M. (1976). Environmental effects on motor development: The case of African precocity. *Developmental Medicine and Child Neurology, 18,* 561–567.

Sweeney, J. K., & Bascom, B. B. (1995). Motor development and self-stimulatory movement in institutionalized Romanian children. *Pediatric Physical Therapy, 7,* 124–132.

Thelen, E., & Ulrich, B. D. (1990). Dynamic processes in learning to walk. *Monographs of the Society for Research in Child Development, 56,* 36–46.

Thoman, E. (1987). Self-regulation of stimulation by prematures with a breathing blue bear. In J. J. Gallagher & C. T. Ramey (Eds.), *The malleability of children.* Baltimore: Brookes.

Touwen, B. C. L. (1978). Variability and stereotypy in normal and deviant development. In C. Apley (Ed.), *Care of the handicapped child* (pp. 99–110). Series title: *Clinics in Developmental Medicine,* No. 67. Philadelphia: Lippincott.

Vander Zanden, J. W. (1997). *Human development* (6th ed.). New York: McGraw-Hill.

Victoria, M. D., Victoria, C. G., & Barros, F. C. (1990). Cross-cultural differences in developmental rates: A comparison between British and Brazilian children. *Child Care, Health and Development, 16,* 151–164.

VORT Corporation. (1995). *HELP for preschoolers.* Palo Alto, CA: Author.

Watson, L. R., & Marcus, L. M. (1986). Diagnosis and assessment of preschool children. In E. Schopler & G. Mesibov (Eds.), *Social behavior in autism* (pp. 285–303). New York: Plenum Press.

Wong, V., Wong, S., Chan, K., & Wong, W. (2002). Functional Independence Measure (WeeFIM) for Chinese children: Hong Kong cohort. *Pediatrics, 109,* 317–319.

7

精細動作、口腔動作和自我照顧發展

Jean A. Patz & Carole W. Dennis

章節大綱

- 精細動作發展理論
- 精細動作發展階段
- 學步兒和學齡前幼兒的精細動作發展
- 影響精細動作發展的因素
- 特殊需求幼兒的精細動作發展
- 精細動作評量的策略
- 精細動作評量和療育的科技使用
- 精細動作療育的策略
- 口腔動作發展理論
- 口腔動作發展的一般階段
- 影響口腔動作發展的因素
- 特殊需求幼兒的口腔動作發展
- 口腔動作評量的策略
- 口腔動作療育的策略
- 自我照顧發展的一般階段
- 特殊需求幼兒的自我照顧發展
- 自我照顧評量的策略
- 自我照顧評量和療育的科技使用
- 自我照顧療育的策略

269

莉莉

莉莉是十七個月大的雙胞胎之一，其在母親懷孕三十週時就出生了，莉莉出生時重兩磅三盎司。莉莉的母親提及，在懷孕第二十七週時，莉莉出現了子宮內成長遲緩的現象。一歲大時，莉莉就出現明顯的動作技能遲緩。當莉莉學會翻身和發出基本的母音時，她的雙胞胎妹妹已經會爬行和說話。莉莉一開始被診斷為原因不明的低張（肌肉張力低）。現在莉莉亦出現了高張（肌肉張力高）的徵兆，該情況影響了莉莉玩玩具和物品、咀嚼或用杯子喝水、坐或在環境中移動，及完全參與適齡的自我照顧技能等能力。

縱使莉莉有生理限制，她的父母仍認為莉莉是個快樂、聰明且健康的孩子。當莉莉七個月大時，她開始進行物理治療，在十個月大時，則開始進行職能治療，且在十四個月大時開始接受早期療育教師的服務。職能治療強調精細動作、口腔動作和自我照顧等技能的相關議題。在精細動作領域中，莉莉需要伸手觸碰（reach）、抓取、放開和操作玩具等協助，而莉莉尚未發展出慣用手。莉莉的父母希望幫助她進食，因為在用餐時莉莉會將舌頭吐出來，如此使得她無法吃適齡的食材。莉莉現在只吃像是麵包、小的管狀義大
270 利麵和起司、長條義大利麵、糊狀和煮得很爛的鬆軟食物。此外，因莉莉無法獨立端坐，故在遊戲、進食和交通運輸時需要額外的姿勢支持。本章中將引用莉莉的案例，以說明精細動作、口腔動作及自我照顧等發展上的早期療育取向和考量。

本章檢視了精細動作、口腔動作和自我照顧技能等領域的發展、評量和療育計畫。**精細動作**反應了孩子透過上肢和手部小肌肉的動作來操作和控制物品及玩具的能力。**口腔動作**指在吸吮、吞嚥、大口咀嚼（munching）、咀嚼（chewing）、用湯匙進食及用瓶子或杯子喝水時，舌頭、下顎、嘴唇和臉頰等的動作。**自我照顧技能**指如：穿衣、如廁、沐浴、梳頭髮、自我進食和溝通等基本活動。該技能亦包括功能性行動能力和如：維持健康、就醫和處理緊急狀況等較成熟的技能（Shepherd, 2001）。其他用來描述該領域的名詞包括：自我協助（self-help）、適應性技能（adaptive skills）或日常生活活動（activities of daily living）。

精細動作提供了兒童與週遭環境互動和學習的方式。兒童透過抓握物品、將物品放入嘴巴及操作物品等方式來學習環境中物品的概念性特質，透過上述學習方式，兒童能將對物品的感覺與所看到的東西進行配對。透過手部操作，兒童能體驗如：物體恆存、因果關係、分類和守恆等認知概念。透過精細動作技能發展，兒童學習如何與環境聯繫及對環境產生影響。事實上，兒童可透過雙手展現其所學。大部分認知功能測量皆以孩子手部控制物品的能力來進行。很明顯地，精細動作技能是兒童完全參與幼兒學習環境中許多課程活動的要件。即使在國小二年級的教室中，有50%的課程時間仍是執行精細動作的相關工作（McHale & Cermak, 1992）。

口腔動作、精細動作和自我照顧技能有幾個共通特徵，每種技能皆需要感官處理動作的協調，這些動作協調可能包括**觸覺**、本體覺和視覺等，此外，每種技能在某些程度上仍依賴提供精細動作、口腔動作和自我照顧技能發展的支持協助系統（scaffold）之大動作和姿勢技能。當孩子隨著年齡增長，而增加各領域發展任務時，則孩子控制頭部、軀幹和四肢的能力便益發重要。

觸覺指孩子感受到肌膚被觸碰的能力。

精細動作發展理論

現今精細動作控制發展的觀點反應了第六章所述動作發展的
理論模型。反射／等級模型已影響了大部分極年幼幼兒的動作發
展。新生兒最早的自主性動作看似隨意且欠缺協調性。姿勢和動 271
作反射提供年幼嬰兒與環境互動的方式（Case-Smith, 2001）。如
第六章所述，原始反射是特定感官刺激所引發之制式化、可預測
的動作形式。極年幼幼童的許多原始反射有助於自主性控制動作，
茲舉例如下：(1)當嬰兒的頭轉向一邊時，該轉動方向的手臂將會
因不對稱頸張力反射作用而伸展，該反射動作提供最初的手眼協
調機會予非常年幼兒童；(2)當觸碰嬰兒的手背時，寶寶將會張開
手指，作為**迴避反應**（**avoidance response**）；(3)當在一個月大嬰
兒的手掌上放東西時，則嬰兒出現抓握反射，即手會握拳。

迴避反應是觸碰手背所引發的手部原始反射。

神經發展性處置（NDT）治療是用於伴隨著神經病理學疾患的兒童，以改善兒童之功能性任務相關的姿勢和動作。NDT使用碰觸和地心引力來刺激動作改善。

感覺統合是孩子組織包括：觸覺（觸碰）、本體覺（身體和關節動作的知覺能力）、前庭覺（張力和姿勢）、視覺（視力）、聽覺（聽力）、嗅覺（聞）和味覺（嚐）等基本感覺訊息，以對環境需求作出積極回應的能力。

穩定度指維持一種對抗地心引力之姿勢的能力。

感官處理是孩子接受（感覺接收）、調節（感官調整），及習慣於正發生的感官資訊。

反射動作的結合，為自主性抓握和放開提供了必要要素，這些整體回應在嬰兒逐漸成熟時，才會較具區辨性（differentiated）。在六個月大時，只有接觸到物品的手指才會彎曲，且手部將開始隨觸覺刺激的方向動作，大約在此同時，嬰兒能使用從觸覺和視覺系統的資訊來朝向物品伸展觸碰，且張開手抓握物品，該情況代表了從反射性抓握轉換成有意義、自主性的抓握。從反射性到自主性動作的轉換，代表著從中樞神經系統中較低階中心的動作控制，移轉到較高階、皮質的控制。伸展觸碰和抓握，透過學習引發大腦結構性改變的方式，來形成較平順的動作模式。從反射／等級模型發展出的處置取向包括：**神經發展性處置（neurodevelopmental treatment；簡稱 NDT）**和**感覺統合（sensory integration；簡稱 SI）**；這些療育取向將於本章後續討論。

Thelen、Corbetta、Kamm 和 Spencer（1993）建議：縱使動作是循順序性地發展，但不同動作形式被儲存於大腦中且會因應動作需求作運用的觀點，仍應被質疑。這些研究者相信，動作控制系統無法滿足所有的動作需求。他們亦提出，動作行為會因應環境需求而改變，發展和動作學習透過許多不同系統來形成。

例如：身材的高矮胖瘦（body size）和身體構造（body composition）及物體性質等差異，將產生不同伸展觸碰和抓握的形式。該研究發現支持精細動作的動態系統觀點（Shumway-Cook & Woollacott, 2001），該觀點認為動作控制是回應身體和環境之特性與限制的動態過程。這些動作控制和發展之相關新理論的少數處置取向已被發展出來；然而，感覺統合治療則認為孩子的動機和技能的意義為處置計畫的重要考量因素（Reeves & Cermak, 2002）。

精細動作發展階段

精細動作由手部和手指的精確動作所組成，而這些動作需由驅幹的**穩定度**及肩帶（shoulder girdle）與手臂的控制來支持。孩子若要執行複雜動作，則必須具備偏好使用的單手（**慣用手**）、同時使用雙手的能力，及用每隻手執行不同工作的能力等。除動作控制外，精細動作技能需要適當的認知能力及觸覺、本體覺和視覺等資訊的**感官處理**能力（Mulligan, 2002）。

精細動作控制的定義為兒童功能性地伸手觸碰、抓握和放開物體，而有目的地去操作玩具和工具的能力。這些領域的每項發展皆由兒童於肩帶、前臂和手部等逐漸增進的彎曲、伸展、共同作用等控制來支持。伸手觸碰、抓握和放開等動作的基本要素在兒童兩歲前即達成熟，其因此促進了學步兒和學齡前兒童較高級操作技能的發展。

伸手觸碰

伸手觸碰是手臂向物體移動的動作。仰躺時的伸手觸碰動作之發展要素在兒童約六個月大時達到成熟，而俯臥時的伸手觸碰則要在兒童七個月大時才趨成熟，坐姿的伸手觸碰則要到十二個月大始達成熟（Erhardt, 1994b），伸手觸碰形式的發展整理如表 7.1。

當新生兒呈俯臥狀時，手臂彎曲且靠近身體。兒童的重量大部分集中在頭部和肩膀。當伸展從頭發展到腳趾時，嬰兒學著抬頭和轉頭。然後，嬰兒從由前臂支撐身體力量，轉由手臂向前推並伸展，

表 7.1
伸手觸碰的發展

發展年齡	精細動作技能
兩個月大	手臂舉起至看得到物品的地方
三個月大	敲擊物品
四個月大	手可放到身體的中線 雙手同時伸出 在身體中線接觸物品
五個月大	伸手但未能搆到物品（underreach） 俯臥時，雙手前臂貼地，身體向前（標的物）傾斜
六個月大	伸手超過物品的觸碰（overreach） 坐姿時，單手旋動觸碰物品（circular reach）
七個月大	仰躺時，雙臂伸展觸碰物品
八個月大	坐姿時，單手直接伸出觸碰物品
滿週歲	掌心朝上伸手觸碰物品

資料來源：Adapted from Developmental Hand Dysfunction (2nd ed.): Theory, Assessment, and Treatment by R. Erhardt, 1994a, San Antonio, TX: Therapy Skill Builders. Copyright is held by author. Adapted by permission.

如此一來伸手觸碰時，將能幫助其肩帶穩定度的發展。當嬰兒能穩定骨盆並將重量轉移到一邊時，則嬰兒能伸出一隻手臂觸碰物品。

在仰臥時，新生兒的手臂動作是隨意且無次序的（disorganized），此時新生兒並未發展出注視手部的能力。在兩個月大嬰兒
273 的頭轉向一邊時，與頭部轉動方向同一邊的手臂伸展，而另一邊的手腳會因不對稱頸張力反射影響而彎曲，該動作提供了最初之眼睛和手臂的視覺聯結。當嬰兒能注視令他感興趣的臉和物體時，嬰兒就發展出單手敲擊（swiping）的能力。伸手觸碰的發展從隨意的手部敲擊，成為有目的地伸出雙手觸碰。當嬰兒仰躺時，地板或搖籃的表面為肩帶提供穩定的支撐。當嬰兒漸成熟時，雙手伸出觸碰物體的動作將被單手直接伸出觸碰物體所取代，該動作證實了孩子能控制（differentiate）不同手臂的能力。當嬰兒能掌心朝上作伸手觸碰動作時，則出現了較精細的伸手觸碰動作（Erhardt, 1994）。**掌心朝上**是控制大拇指和其他手指的關鍵要素，其亦為旋動前臂，故大拇指能向上移動，而嬰兒才具有清楚地看到手中物體的能力。

抓握

過渡性抓握表示從不成熟抓握發展到成熟模式的「轉變」。

抓握動作是用手取得物品。通常我們根據物品放在手上的位置來描述抓握；然而，手腕穩定度和前臂的旋動是影響抓握的重要因素。在孩子二至三個月大時，抓握東西是一反射動作；嬰兒並沒有抓握的自主控制能力。早期的擠壓（squeeze）抓握是孩子用手掌抓握較小物品的最初嘗試（Halverson, 1931）；在該抓握動作中並未真正使用到拇指（Erhardt, 1994b）。等孩子再長大幾個月後，小物品的抓握從**手掌抓握（palmar grasp）**發展到放射性或手部的拇指側邊的抓握〔橈側手掌抓握（**radial palmar grasp**）〕，最後則發展成拇指和手指的抓握〔橈側手指抓握（radial digital grasp）〕（Erhardt, 1994b; Gesell & Amatruda, 1947）。針對很小的物品如：小藥丸，非常年幼的幼兒將會試著用手指耙（rake）東西，且將物品放在手掌上。之後，孩子將用食指側邊和拇指來抓握物品〔**剪刀式抓握（scissors grasp）**〕（Gesell & Amatruda, 1947）。**精熟的鉗狀抓握（a fine pincer grasp）**（Erhardt, 1994b）則反應了

內轉（pronation）是前臂朝身體方向的轉動，該動作形成了手掌朝下的情形。

用食指和拇指的指尖形成一開放的空間，並彎曲其他手指，同時讓手腕保持輕微伸展（圖 7.1）的方式，拿起小的、藥丸大小般的物品。成熟的鉗狀抓握表示兒童已發展出積極地使用手部的一邊，而另一邊則維持靜止狀態的能力。抓握形式的發展將整理於表 7.2。

鉛筆抓握的發展順序從不成熟的抓握漸形成**過渡性抓握**（**transitional grasp**），後再發展成一成熟形式（Schneck & Henderson, 1990）。一開始，孩子利用不成熟的手掌抓握來抓握蠟筆。當塗鴉時，整隻手臂一起移動，而肩膀則維持穩定（Erhardt, 1994b）。在抓握工具時，不成熟的抓握包括用手掌握住物品，而其他手指在物品的握桿[1]（shaft）周圍彎曲，且前臂**內轉**[2]（**pronation**）（圖 7.2）或呈手心朝下的姿勢。

內轉式手掌抓握表示由手臂和前手臂主導手部位置（position the hand）的物品抓握，且拇指朝下。

外轉式手掌抓握表示由手臂和前手臂主導手部位置（position the hand），所以手掌和大拇指朝上。

在過渡性抓握中，動作是從手部和前臂開始發展的。**動態三指抓握**（**dynamic tripod grasp**）[3]（圖 7.3）為最常用的成熟抓握動作，在書寫時，結合食指、中指和拇指之動態和精確的交替，而無名指和小指是呈穩定的彎曲（Long, Conrad, Hall, & Furler, 1970;

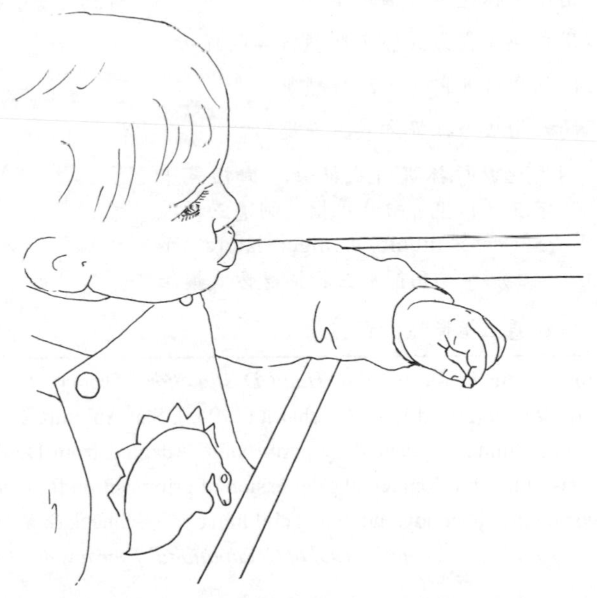

圖 7.1　兩歲孩子的鉗狀抓握。注意看孩子指尖的抓握和敞開式圓弧狀的空隙

資料來源：經 Jean Patz 同意使用。

274

1 譯者註，此握桿指的是欲抓握較長形物體時（例如牙刷），則先扣除刷毛的部分，而去抓住刷柄的周圍即是。

2 譯者註：即手肘固定在檯上，手臂向內轉，形成掌心向下的動作。

3 譯者註：指食指和中指貼近大拇指的抓握方式。

275 表 7.2 抓握的發展

年齡	積木／鉛筆／餐具	小藥丸般的物品
一個月	手部大部分呈握拳狀 抓握反射	
三個月	手部大部分鬆弛地張開著 仰躺時手指彎曲，俯臥時手握拳 抓握反射減少 用尺側手指簡短抓握——若有抓握東西則會持續抓握，不會積極地伸手觸碰	
四個月	原始的擠壓抓握	
五個月	手掌抓握	
六個月	橈側手掌抓握	耙狀抓握
七個月		初階的剪刀式抓握
八個月	橈側手指抓握 手掌主動呈弓狀	剪刀式抓握
九個月		初階的鉗狀抓握
十個月		鉗狀抓握
十二個月	用手掌抓握方式握蠟筆	精熟的鉗狀抓握
十五個月	用內側手指方式穩定地執行鉗狀抓握	
兩歲半至三歲	開始用橈側內彎方式握蠟筆	
三歲至四歲	開始用成人抓握方式握湯匙	
四歲至五歲	利用過渡性抓握方式握筆〔拇指呈十字交叉抓握、四隻手指、側邊三指握姿（cross thumb, 4 finger, lateral tripod）[4]〕；用靜態三指抓握方式握筆	
五歲至六歲	用動態三指抓握方式握筆	

資料來源：Adapted from *Developmental Hand Dysfunction: Theory, Assessment and Treatment* (2nd ed.), by R. Erhardt (1994a), San Antonio, TX; Therapy Skill Builders. Adapted by permission. Adapted from Descriptive analysis of the developmental progression of grip position for pencil and crayon control in nondysfunctional children by C. Schneck & A. Henderson, 1990, *The American Journal of Occupational Therapy, 44,* 893-900.

---

4 譯者註，握筆位置靠近筆桿中段，除大拇指外的四隻手指輕握筆桿，大拇指以與筆桿成「十」字型的方式握住筆桿，大拇指、食指和中指則形成側面三指握姿，即「食指指腹及中指末節內側面靠在筆桿上，大拇指則跨過筆桿並靠在食指的側面」（http://psn.syinlu.org.tw/archives/000669.html）。

圖 7.2　以內轉式手掌抓握方式握蠟筆的兩歲兒童。注意看，當他的左手扶住紙張時，握筆的手臂是整個移動的 276

資料來源：經 Jean Patz 同意使用。

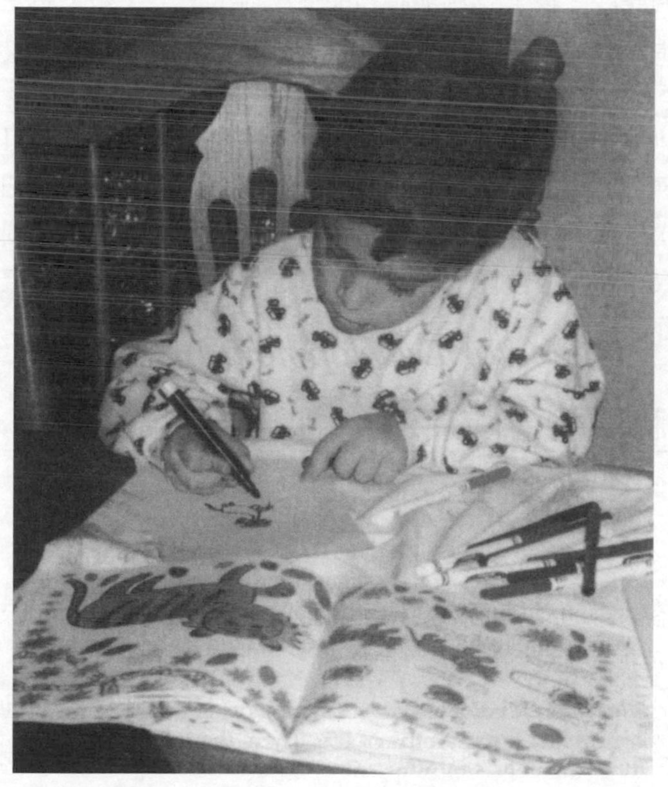

圖 7.3　用三指抓握（tripod grasp）方式握馬克筆，孩子前臂輕微地朝上，手腕伸展，大拇指和其他手指置於相反方向，並形成一敞開式的圓弧

資料來源：經 Jean Patz 同意使用。

Rosenbloom & Horton, 1971）。手腕維持穩定狀態，大拇指和無名指間的空隙呈現敞開式的圓弧狀。幼兒傾向握住筆桿的中間段，而成熟的手指抓握位置應靠近筆尖抓握。

放開

放開是指故意將握在手中的東西放掉。當嬰兒從「啃咬（mouths）物品」開始，而後轉換成「將物品從手中放到嘴裡，又將嘴裡的該物品放回手上時」，嬰兒便開始執行「放開的動作」，在該階段，嬰兒透過將東西穩定地放進嘴巴，然後再用另一隻手將東西從嘴中拿出來或將東西丟到另一物品的表面[5]，以執行將東西放開的動作。大約七個月大時，嬰兒開始會將物品從一隻手放到另一隻手上（Erhardt, 1994b）。在十至十一個月大時，隨著物體恆存概念的發展，孩子有意地將物品從高椅上丟下（如：用手、手腕、手指等的伸展），於是嬰兒開始會主動地放開東西（Case-Smith, 1995）。

Erhardt（1994b）指出，孩子分別在十二個月大和十五個月大時，會發展出將一塊方型積木和小藥丸似的東西放到一個小凹槽（opening）的控制性放開動作。當放開控制持續發展，孩子則可將物品放入小容器中，且能將積木堆疊成塔（圖 7.4），並發展出丟球的動作。自主性放開的發展概述於表 7.3。

學步兒和學齡前幼兒的精細動作發展

操作

本段落探討幼兒如何結合伸手觸碰、抓握和放手等動作來執行（如：遊戲、書寫前活動、使用剪刀等）相關功能性工作。該段落聚焦於特殊需求幼兒較具困難的工作，包括：無法靈活地用雙手操作物品、沒有發展出慣用手、無法將手中的物品移開。

5 譯者註：所稱係依英文直譯之意思，其實際意思則指把東西丟在地上或桌面等物品上。

圖 7.4 控制性放開使孩子能成功地搭建積木塔 277

資料來源：經 Jean Patz 同意使用。

表 7.3 自主性放開的發展

年齡	技能
零至兩個月	無自主性放開；迴避反應反射
一個月	在簡短握住物品後，立即產生不自主的放開
三個月	持續抓握後不自主地放開物品
五個月	開始直接將物品從一隻手換到另一隻手
六個月	一隻手抓握物品先放入嘴巴，再用另一隻手從嘴中拿出東西
七個月	成功地將物品從一隻手轉換到另一隻手；放開物品碰撞到其他物體表面；發展物體恆存概念
八個月	不熟練地將物品放入大容器中
九個月	控制性放開物品，並將物品放入大容器中
十個月	從高椅上將物品丟下
十二個月	精確地放開方形積木；最小的手指伸展 開始將手慢慢放開；開始會疊積木
十五個月	精確地將小藥丸似的物品放入小的容器中
二至三歲	順暢地、慢慢地放開東西

資料來源：Adapted from Developmental Hand Dysfunction: Theory, Assessment and Treatment (2nd ed.), by R. Erhardt, 1994a. San Antonio, TX: Therapy Skill Builders. Copyright is held by author. Adapted by permission.

雙側發展

孩子出生後的頭幾個月，手臂動作會出現不對稱的情形。然後約在三個月大時，當嬰兒雙手開始會放到胸部中間，則雙臂就會一起動作。雙側活動包括：在四、五個月大時，嬰兒雙手伸展觸碰物品；在六到八個月大時，能將物品從一隻手放到另一隻手；在滿週歲時，能用雙手拍手或雙手同時拍打物品。在十二到十八個月大時，孩子能使用一隻手操作物品，而另一隻手則維持穩定狀態（Exner, 2001）（如：一手拿籃子，另一手用鏟子鏟沙倒入
278 籃子中；或一手扶碗，另一手用湯匙舀東西入碗）。約在十八到二十四個月大時，孩子能同時使用雙手進行兩個差異性頗高的活動，而在二到三歲間，該能力到達精熟狀態（Connor, Williamson, & Siepp, 1978; Exner, 2001）。串珠（圖 7.5）和使用剪刀為互補相稱地使用雙手的案例。在孩子三歲半到四歲間，孩子能正確地拿握剪刀，並旋動前臂來控制剪刀；在六歲前，孩子能在使用剪刀

圖7.5　串珠時的雙手並用。當孩子將珠子穿在線上時，孩子使用手部操作（in-hand manipulation）（換位）

資料來源：經 Jean Patz 同意使用。

裁剪時協調地轉動紙張（Lopez, 1986）。**雙手並用技能**（**bilateral hand skills**）為能同時使用雙手執行功能性工作的能力。

慣用手

慣用手的發展可使孩子運用單手成功精確地控制熟悉的技能。孩子約在十八個月大左右即會出現右撇子或左撇子的徵兆（Batshaw, 1997），且在學齡前階段，孩子的慣用手就會變得較明顯（Gesell & Ames, 1947; Harris & Carlson, 1988; McManus et al., 1988; Tan, 1985）。若孩子未滿一歲前即出現持續性且明顯的慣用手情形，該現象可能是動作缺陷的徵兆。

手部操作

抓握形態雖顯示了孩子能穩定地握住物品及在許多日常生活技能中有效地使用物品等能力，但孩子仍必須能移動手中的物品，例如：給孩子幾個銅板，則孩子必須能用指尖將銅板拿起來，並能將銅板一個又一個地放在手掌中（**轉換**）；當串珠時，孩子必
須移動手指中的線頭，使其能安置在正確的位置（**換位**）（參照 279
圖 7.5）；而當使用鑰匙時，孩子可能需要轉動手中的鑰匙，才能讓鑰匙的尖端對準鑰匙孔（**旋動**）。Exner（2001）認為，這些「手部操作技能」代表了比單獨的抓握動作更高階層的精細動作技能。這些技能在孩子十二至十五個月大時開始出現，發展的主要期間是從兩歲到四歲之間，一直到孩子十二歲的這段期間，手部操作技能發展得更快速、有效能及更精細。參閱知識寶盒 7.1，以取得更多精細動作相關體驗活動。

影響精細動作發展的因素

當考量非典型的精細動作發展時，應可從三個不同的面向探討。首先，以身體作為一穩定的底部或基礎以便於手臂執行動作。第二，伸手觸碰、抓握和放開的基本要素發展。第三，在像是遊戲和進食等功能性活動中，結合這些物體操作的要素。

縱使除伸手觸碰、抓握和放開的姿勢控制問題外，可能存在

知識寶盒 7.1　精細動作體驗活動

- 以一次拿一個的方式拿數個銅板，並將銅板放在手掌上。該技能為手指到手掌的穩定轉換。現在假裝你的姿勢張力增加，而將你的大拇指拉向手掌，手腕輕微彎曲，然後再試著做上述同樣動作。想像痙直型腦性麻痺的孩子試著在一定的時間內拿起小物品。
- 用剪刀剪東西。在剪東西時要注意看你前臂的位置和動作。現在你的前臂內轉（大拇指朝下指著地板，就像姿勢張力增加的孩子一樣），在裁剪的時候試著讓前臂維持在上述動作。你感覺如何？
- 握著鉛筆寫下你的名字，並注意看你無名指和小指的位置。現在，讓無名指和小指伸展而不彎曲，再次寫你的名字。你的名字會寫成怎麼樣？該活動指出在著色或書寫時，手部沒有使用到的那一邊必須維持穩定。
- 握著鉛筆，然後寫一句話，注意鉛筆頂端最後所指的方向為何。通常鉛筆會朝你的肩膀傾斜，現在試著用頂端附有橡皮擦的鉛筆，以橡皮擦直直地指向天花板的握筆方式寫同樣的句子。你是否覺得較無法控制鉛筆？

著其他姿勢控制的問題，但精細動作困難通常在孩子出現整合這些技能以進行物體操作後，才會被鑑定出來。父母可能發現很難為孩子選擇玩具，因為孩子無法操作適齡的玩具，當期望孩子能同時使用雙手來操弄玩具或使用物品時，父母可能才會發現孩子的動作問題。

精細動作可能是由非典型姿勢張力、持續的原始反射動作、感官處理缺陷、不良的動作計畫、概念性困難和認知遲緩等因素所造成。精細動作問題的可能徵兆（red flags suggestive）（圖 7.6）能提醒教師發現孩子潛在的姿勢控制、伸手觸碰、抓握、放開和操作等問題。

280 如前述，肌肉張力高的孩子在坐姿時可能出現骨盆後方傾斜，如此會造成軀幹彎曲且抬高手臂的能力有限（參閱本章開頭所述之莉莉的案例），這種孩子因動作範圍較小，故在伸手觸碰物品時，可能利用抬高肩膀且身體往前傾的方式來代替手臂伸展。此外，肩膀回縮和抬高（往後拉且提高肩膀）的動作可能限制了孩

伸手觸碰

- 四個月大後仍無法將手拉到身體的中線。
- 在六個月大時仍無法伸手觸碰或沒有伸手觸碰的動機。
- 伸手觸碰時手會顫抖。
- 在九個月大後仍無法正確地或直接地伸手觸碰物品。

抓握

- 三個月大後仍持續維持大拇指放在手掌中的握拳姿勢；在三個月大前手通常是張開的。
- 無法配合物品的形狀和大小來改變抓握的形式。
- 在十至十二個月大時仍無法獨立使用食指作指認的動作。
- 在十二個月大後仍持續地呈現手掌抓握。
- 前臂無法形成外轉（supination）的姿勢
- 在十五個月大時仍無法發展出鉗狀抓握。
- 書寫或草寫時握筆較不靈活；大拇指整個圈住（wrapped）鉛筆；寫字時用力過猛。
- 在學齡前階段拒絕使用餐具。

放開

- 過度地摔落物品。
- 在六至七個月大後仍無法主動地執行轉換的動作（協調抓握和放開）。
- 在十五至十八個月大後仍無法堆疊幾塊積木。

操作

- 在十二個月大以前出現強烈的慣用手（在十二個月大以前通常不會出現慣用手）。
- 對玩具的視覺注意力不佳。
- 無法或不願意操弄玩具；無法玩弄適齡的玩具。
- 在三至四歲時對於剪刀操作之學習仍感非常困難；在多次教導後仍無法執行協調動作（依據孩子的經驗而定）。
- 在國小一年級時仍未發展出慣用手；在進食或寫字時仍持續地左右手交替使用。
- 常將物品摔落地。
- 手寫技巧不佳。
- 出現抄寫黑板困難。

父母的考量

- 為孩子選擇玩具困難。

圖 7.6　精細動作問題的可能徵兆

資料來源：經 Jean Patz 同意使用。

神經動作異常是異常的肌肉功能、張力或動作所引發的情形。

子將手帶到身體中線的能力。顫抖可能成為特定**神經動作（neuromotor）功能不佳**或一般性缺陷的潛在徵兆。

軀幹肌肉張力低使得孩子無法端坐，該情況限制了孩子向外伸展的範圍。若因不良的近側穩定度（proximal stability）而無法發展出軀幹旋動，則孩子跨越身體中線的伸展能力會受到影響。後續孩子將被迫只能伸展手臂觸碰到離自己最近的物品。孩子可能出現對抗地心引力，並穩定手臂以伸手觸碰物品的困難。

281 在成熟的抓握形式中，輕微伸展時手腕保持穩定是必要的；軀幹、肩膀、手肘和前臂的不良控制影響了手腕的控制和後續的手部抓握。因肌肉張力增高所造成之尺骨偏離正常位置的手腕彎曲（圖 7.7）影響了精細動作控制。伴隨較多神經動作問題的孩子較易出現大拇指內收到手掌中[6]，該情況使得大拇指無法朝反方向執行動作。持續地使用整隻手來執行不成熟的手掌抓握，表示孩子無法區辨手部的正反面。無法單獨使用食指作指認動作（若孩子已具備該技能所需的認知能力），可能成為不良區辨動作的徵兆；孩子可能無法單獨地使用任何一隻手指。缺乏旋動形式發展常見於精細動作發展遲緩的孩子，該情況亦影響成熟的抓握動作。

圖 7.7 四肢痙攣麻痺型的腦性麻痺兒童，因張力增加，兩隻手臂產生類似於非典型的姿勢。注意看他的手肘彎曲、前臂內轉、手腕彎曲，且抓握直立式握把的湯匙和定杓盤時，尺側手指偏離正常位置

資料來源：經 Jean Patz 同意使用。

6 譯者註，所謂「大拇指內收到手掌中」看起來就像「一般人以手勢比出數字四」的情形。

例如：在躺姿時前臂無法旋動，則使得孩子無法自然地（mechanically）使用成熟的抓握，且當手掌朝下時，亦無法查看和學習物品的抓握。此外，在手指，特別是大拇指的部分，近側關節（proximal joints）之旋動的限制，阻礙了抓握小物品或鉛筆所需要之手指觸碰大拇指的動作。

手部功能不佳的孩子在無法有效或精確地抓握時，可能發展出補償性抓握形式。例如：肌肉張力低的孩子因關節的移動性增加，故在精熟的鉗狀抓握時出現了手指維持穩定的困難。此外，肌肉張力低或手部感官能力不佳的孩子，在握筆時可能會使用大拇指整個緊緊地套住筆桿，而不使用大拇指和食指的指尖握住鉛筆。孩子可能會出現該種補償性鉛筆抓握方式的主要徵兆包括：兩個手指間沒有敞開式的圓弧狀、使用鉛筆時沒有執行末端的手指動作、下筆很重且偶爾會戳破紙張。當沒有明顯動作異常的兒童，在重複教學後，仍出現許多非預期之學習抓握工具（如：剪刀、鉛筆或餐具等）困難時，則應懷疑該童可能伴隨著不良動作計畫或運動障礙（dyspraxia）。

持續的原始抓握形式、手部握拳、手腕過度彎曲、有限的大拇指伸展或前臂無法反轉等情形，皆可能會影響控制性放開的動作。常出現於伴隨神經動作功能不佳的孩子之手部握拳的動作， 282
使得孩子無法自主地張開手掌做出放開的動作。無法將手放到身體的中線的情形，阻礙了從一隻手直接將物品轉換到另一隻手的動作，而該動作是手放開物品的第一步。手腕的近側穩定度（proximal stability）不佳和前臂無法反轉，使得無法進行將手部放到身體中線的控制，而該控制為精確放開物品的要素。

在學步期和學齡前階段，孩子可能會持續地拒絕使用（例如：剪刀、鉛筆或湯匙等）適齡工具，且孩子傾向直接用手來代替這些工具，或孩子可能會較喜歡玩適合年紀較小孩子的玩具。無法操作手中物品的孩子將使用補償性形式的動作，而不使用手部操作技能，常見的補償性替代形式包括：用另一隻手、胸部或桌面來支撐物品，以作為物品操作的輔助方式。另外，這些孩子常會把東西摔落地上。

特殊需求幼兒的精細動作發展

本段落將討論部分診斷性領域相關之感官動作特徵。此外，亦探討特殊兒童之動作技能的期望發展進度。我們必須瞭解，在此所呈現的共同考量是以在第一章所描述之教育分類方式作劃分。例如：唐氏症通常屬於心智遲緩的類別，而腦性麻痺可能合乎許多類別之一（如：肢體損傷）。

腦性麻痺

像是腦性麻痺等伴隨神經病理學問題之精細動作功能不佳的孩子，可能會因肌肉張力異常、感官缺陷和存在如：不對稱頸張力反射等原始姿勢反射，而引起該功能不佳的情況。例如：若因為整合性遲緩（delayed integration）而出現不對稱頸張力反射，孩子將頭轉向一邊，則表示張力增加，因而出現了臉部轉動方向之同一邊肢體的伸展，且頭顱對應方向的肢體會呈彎曲狀。原始反射的持續使得孩子無法將雙手放在一起，或在像是拿起杯子靠近嘴巴等要求手肘彎曲的活動中，無法維持手部的視覺注視（Erhardt, 1994）。在伸手觸碰時，肌肉張力過高限制了動作的範圍。另一方面，肌肉張力低可能使得孩子無法對抗地心引力，並將手臂舉起到身體中線或執行伸手觸碰的動作。

如同手足徐動型腦性麻痺的孩子，具變化性或變動性姿勢張力的孩子在伸展觸碰的漸進式（grading）動作上有所困難。孩子可能會試著透過使用補償性穩定形式，如：在伸手觸碰時提高肩膀來穩定頭部位置以保持手眼協調、因**關節過度伸展（hyperextension）**的時候鎖住了（locking）關節，或是以內收和內旋手臂等方式來減低**非自主性動作**。

非自主性動作表示非按個人意願做出的決定或非自主性控制的動作。

過度伸展描述了在伸展方向之過多或非自然的動作。

手臂的屈肌痙攣阻礙了抓握形式（參考圖 7.7 和 7.8）。孩子通常無法看到自己抓握的東西，且無法執行取用小物品或握筆時
283 所需之大拇指與其他手指相碰的動作。肌肉張力降低或肌肉張力不穩定的孩子會使用如手掌抓握等以維持穩定。

在操作時所需的雙邊（雙手）控制可能受肌肉張力異常所影

響。半身麻痺痙攣的孩子因動作和感官異常，而出現了動作不對稱的情形（圖 7.8）。當半身麻痺痙攣的孩子用正常的那隻手操作物品時，麻痺痙攣的那隻手可能出現擴展[7]（overflow）或連鎖反應。一般而言，因為手臂的不良感官意識，孩子不會理會或會忽視痙攣麻痺的上肢。此外，麻痺痙攣一側所產生的限制性主動動作和姿勢，可能因被非麻痺痙攣側的肢體所取代（behind），故使上述情形更易受到忽視。因為過度使用非患部肢體的補償性動作，故非患部肢體最終亦可發展出過度動作（exaggerated movement）（Connor et al., 1978）。半身麻痺的孩子可能無法忍受患部手臂被觸碰，因此將拒絕嘗試利用該手臂執行精細動作活動。

圖 7.8　伴隨左邊半身麻痺痙攣型腦性麻痺的學齡前兒童之非典型姿勢。因右手動作而增加了左邊肢體的肌肉張力，故使得左手手肘彎曲、手腕偏離正常位置、手掌握拳且左手臂拉向身體

資料來源：經 Jean Patz 同意使用。

7 譯者註，此處之「擴展」並非指「痙攣手臂的伸展」。而是指倘若左手是正常的、右手是痙攣的時候，則因為正常的那隻手（左手）的伸展，致使痙攣的另一隻手（右手）出現了連帶反應，重點在於「痙攣的手被引起了連帶反應」。

唐氏症

唐氏症的孩子的骨骼較纖細、短小且鈣化不足，其大拇指較短小（low-set thumb），其餘四指較短且腕部骨骼發展遲緩，故造成手部的初始不穩定狀態（initial instability）（Benda, 1969）。如
284 同大動作技能發展，唐氏症孩子傾向執行上肢雙邊對稱的動作，而非做出區辨性動作，且很少利用軀幹旋動來支持有效的伸展觸碰動作。肌肉張力低造成近側手指（proximal finger）和大拇指的關節出現**活動過度**，進而影響抓握動作。抓握方式可能不成熟，且持續使用手掌抓握來代替使用大拇指和食指的抓握，而手指的區辨使用不佳，且執行抓握時手部的預備動作不佳。認知能力的限制亦影響了精細動作發展。Edwards 和 Lafreniere（1995）提供了優良的唐氏症兒童評量和療育策略的回顧。

活動過度定義為關節過度活動或關節動作範圍過大。

部分研究者提出，唐氏症兒童可能伴隨感官資訊接收的缺陷，Cole、Abbs 和 Turner（1988）發現，唐氏症兒童無法依據物品的特質來調整抓握的力量，且該缺陷情況與肌肉張力低無關。此外，唐氏症兒童的皮膚可能較厚且乾燥，當年紀漸長時，其感官的損傷亦隨之增加（Edwards & Lafreniere, 1995）。

感覺調節異常

感覺調節異常的孩子對感官刺激可能出現過度反應或忽略該刺激的情形。對刺激出現過度反應的孩子可能對光、聲音、觸碰或動作非常敏感，且對手邊的工作會出現過度反應及難以專注的情形。此外，他們可能無法近距離地與成人或同儕互動，他們會認為某些刺激是有害的，且儘量避免接收刺激。例如：伴隨整合觸覺刺激困難的孩子可能會避免某些服飾、玩具和食物，因而限制了孩子的相關經驗。他們可能覺得他人的觸碰會令自己不快，故當不小心被其他孩子觸碰時，他們可能出現攻擊行為，且避免被他們自己的父母擁抱。研究發現，嬰兒期之中度到重度感覺調節異常的孩子，在學齡前階段出現知覺、語言、感覺統合，及行為和情緒等問題的機率很高（DeGangi, Breinbauer, Roosevelt, Porges, & Greenspan, 2000; Gutman, McCreedy, & Heisler, 2002）。

早期鑑定出孩子的感覺調節異常很重要，因父母和專業人員能針對問題執行療育計畫，以預防這些問題惡化，通常可透過父母的訪談和兒童的觀察來取得相關資訊。如同《嬰兒／學步兒感官剖析圖》（Dunn, 2000）、三歲以上兒童的《感官剖析圖》（Sensory Profile for children ages 3 and older）（Dunn, 1999）和《感官處理評估》（Evaluation of Sensory Processing）（Bundy, 2002; Parham & Ecker, 2002）等結合臨床觀察，是職能治療師可用來檢測可能出現之感覺調節問題的方法。

前庭功能與內耳中維持姿勢和平衡的結構相關。

自閉症

伴隨自閉症和其他廣泛性發展異常的兒童，常常出現對於感官刺激做出適度反應的困難。自閉症兒童出現的異常情形包括：
感官刺激的接收、調節和回應。Miller、Reisman、McIntosh和Sim- 285
on（2001）提出少數自閉症童對於感官資訊出現不夠敏感的心理反應，但在觸覺、味覺、嗅覺、動作、視覺和聽覺等回應上則出現過度的行為反應。Volkmar、Cohen 和 Paul（1986）表示，大部分父母描述他們的自閉症孩子對於聲音和疼痛刺激不夠敏感，但對於視覺、觸覺和聽覺等刺激則出現過度反應。對於聽覺刺激反應的明顯矛盾情形，能以下列報告作解釋：自閉症童對於口頭指令可能沒有反應，且可能存在處理聽覺資訊的困難，但他們可能對於特定環境聲音或音量，或非一般聽覺刺激（如：吸塵器、電鈴）等感到非常不安。其他明顯的感官情況是沉迷於一些視覺刺激（如：旋轉的風扇和移動的燈光）、明顯對疼痛無感覺、偏好舔或聞東西及厭惡特定食物（Rapin, 1988）。觸覺處理的差異可能顯現於迴避或依戀（obsession）特定物品的材質或食物，或避免特定身體部位被觸碰。

縱使粗大和精細動作發展是自閉症幼兒發展最佳的領域（Cox, 1993），但亦是常出現嚴重遲緩的領域（Watson & Marcus, 1986）。這些孩子可能動作敏捷，且在如拼圖和堆積木等活動上有優秀表現，但他們對於需要計畫和有順序的動作技能（如：踩三輪車、畫圖、摺紙）可能有所困難。自閉症童對於需透過本體覺和視覺等知覺能力來獲得自己身體確切資訊之能力可能產生困難，而該能力是模仿動作移動的要素。自閉症幼童於模仿他人動作上有明顯困難，而該困難可能成為自閉症童與生俱有（inherent）之社交和溝通問題的主要成因（Meltzoff & Gopnik, 1993）。

自閉症童出現的特定動作發展缺陷包括：姿勢張力低、用腳尖走路、流口水、動作笨拙、較晚開始走路（Rapin, 1988）、平衡感不佳、動作不協調及其餘四隻手指無法觸碰大拇指（Jones & Prior, 1985）。自閉症童常出現刻板的動作模式，這些行為可能包括：手部和手臂的晃動、手指晃動、前後搖擺和身體轉圈。針對這些動作的功能有兩種不同看法，Lovaas、Newsom 和 Hickman（1987）認為，刻板動作表示孩子嘗試達到最佳回應（arousal）的狀態。另一方面，King和Grandin（1990）推測，這些動作為撫平過度反應系統的功能。縱使自閉症童常出現的自傷行為被認為是嘗試溝通或為回應所遭受的挫折（Van Bourgondien, 1993），但該行為亦可能代表著孩子無法處理強烈感官不適的情況。Grandin（1995）在其描述自閉者患者之感官問題的研究中解釋，嚴重感官處理問題可能導致身體嚴重不適。已有研究顯示，強烈的觸壓（deep pressure）刺激可能是處理自閉症兒童和成人過度反應的有效方法（Grandin, 1995; Nelson, 1984）。

自閉症童的嚴重感官問題可能造成身體極度不適。

286 因為自閉症童常出現感官處理困難，改善感官輸入之接收、調節和適應的**感覺統合治療**（Ayres, 1985）已被視為一種療育取向（Grandin, 1995; Mailloux & Roley, 2001; Siegel, 1996; Williamson & Anzalone, 1997）。有效研究已證明感覺統合療育對自閉症童確有療效（Case-Smith & Bryan, 1999; Ray, King, & Grandin, 1988）。Case-Smith和Bryan發現，接受感覺統合療育的自閉症學齡前兒童之無意義（nonengaged）行為會減少，且目標導向的遊戲會增加。

感官處理異常兒童的間接式感覺統合治療，包括向父母和老師解釋行為狀況，因而建立彼此較佳的互動，且調整環境以促進孩子的最佳功能（Williamson & Anzalone, 1997）。療育的直接取向可包括在支持性環境中提供孩子特定的漸進式感官輸入。刺激可能被設計來改善反應和注意力，或安撫孩子。目標則希望透過孩子表現出已改善的情緒反應，或參與目標導向的遊戲或工作經驗，來適當地回應感官輸入。

感官區辨異常 287

有些孩子可能無法正確地意識或區辨感官刺激。如同第六章所述，部分伴隨發展性運動障礙和發展性協調異常的孩子，無法有效地整合由自己身體和環境所發出的感官資訊。**運動障礙**是計畫非習慣性動作技能之能力的損傷，該障礙會造成動作笨拙；其並非動作執行的困難而是動作計畫困難（Reeves & Cermak, 2002）。伴隨發展性運動障礙的孩子可能在整合自己身體的感官資訊和環境資訊上發生困難，他們常常無法調整動作行為來因應不斷改變的環境需求（Goodgold-Edwards & Cermak, 1989; Reeves & Cermak, 2002）。這些孩子在不同發展階段皆會出現複雜的精細動作技能困難。學步兒可能出現動作計畫困難，他們無法堆疊積木成塔、操作不熟悉的玩具，或使用如蠟筆或湯匙等工具。在學齡前階段，不良的動作計畫在一些精細動作技能如：著色、畫圖、用剪刀裁剪、拼圖，操作小型玩具或物品（如串珠和樂高積木®[8]）和操作衣服上的固定裝置等技能上，會變得更明顯。

不幸的是，許多伴隨這些困難的孩子，直到他們在學校趕不上其他同儕時，才會被轉介到職能治療，如此則造成孩子的嚴重自尊問題（Missiuna & Polatajko, 1995）。然而，有經驗的專業人員能在孩子年紀較小時鑑定出動作計畫缺陷，且計劃療育方案，以使孩子達到成功及保持自我滿意（self-adequacy）的感覺。

身體運用失調

身體運用失調（somatodyspraxia）（Ayres, 1989）是因區辨觸覺資訊能力不佳所造成之發展性運動障礙的一種。身體運用失調的孩子在觸覺和本體覺的處理上有所缺陷，且該缺陷干擾孩子學
習新動作技能。一旦學習了技能，孩子能執行該技能，但將該技 288
能類化到其他類似活動中仍有困難（Cermak, 1991）。

---

8 譯者註，此處「樂高積木®」中，最後的「®」是指該名字（樂高積木）業經該所屬公司註冊，係為其專屬名詞。另書中尚有同樣標記散見於數處，亦係相同意旨，併予敘明，爾後不再贅註。

身體運用失調的臨床徵兆包括：動作笨拙、無法區辨觸覺資訊、不良的動作順序和時間掌握、出現如扣釦子等自我照顧技能的學習困難、大動作和精細動作（例如：寫字等）困難及不當的身體概念（Cermak, 1991）。這些孩子有輕度的與進食相關之口腔動作困難；口腔問題與口腔運動障礙較有關聯。不良的動作計畫可能影響自我進食技能，例如造成使用餐具困難。孩子可能持續長時間用手直接進食，以預防因餐具使用而出現的挫折。其他特徵可能包括：草率粗心、注意力時間短，及無法在整個用餐時間中坐定位。

身體運用失調兒童在早期動作目標（如：爬行和走路等發展）皆符合生理年齡，但他們在如操作將物品固定的裝置和使用剪刀等技能上則有所困難。有經驗的觀察者常可以在學齡前階段發現該問題，但該異常情形通常一直到學齡階段的早期，當時間、組織和參與等需求增加時，才會被鑑定出來（Cermak, 1991; Levine, 1987）。早期診斷能預防這些孩子可能出現的困難和挫折。

身體運用失調通常在臨床觀察、相關歷史資料和標準化測驗如：適用於三至五歲兒童的《DeGangi-Berk感覺統合測驗》（Berk & DeGangi, 1983）和適用於四至八歲兒童的《感覺統合暨運動能力測驗》（Ayres, 1989）等之結果分析後，由職能治療師來執行診斷。《感覺統合暨運動能力測驗》是測量感覺統合功能的標準化評量工具。動作協調異常的療育方案通常以該異常情形的病原學（etiology）為基礎，例如：若認為感覺統合問題而引發動作協調不良，則療育方案應包括提供豐富的感官經驗，以提供孩子較多環境和孩子身體的相關資訊。感覺統合治療亦建構了將執行效果最佳化的環境。有別於感覺刺激（sensory stimulation）意味著孩子是「環境所提供之刺激的被動接收者」（Spitzer & Roley, 2001, p. 8），感覺統合取向強調孩子積極地處理感覺資訊。

精細動作評量的策略

敏銳地觀察孩子在環境中執行精細動作技能的情況，再結合父母所提供孩子的相關資訊（input），提供了有關孩子獨立狀況的資訊。由醫療和教育紀錄、從主要照顧者、教育從業人員和孩子等所得到之兒童過去發展及學習歷史、對孩子的直接觀察等方式蒐集而來的資料分析，提供孩子精熟水準的功能性描述。評估者將詢問下列問題：孩子的生活環境中是否有適性發展的玩具和教材？在家、學校或遊戲場上，有何干擾孩子行動能力的結構性阻礙？孩子最喜歡的玩具為何？父母在為孩子選擇玩具上是否出現困難？孩子是否不喜歡觸碰不同材質的物品？ 289

職能角色表示孩子在本身環境脈絡中的日常工作，如：遊戲、更衣、洗澡或寫字等。

家庭的文化背景亦應列入考量。當面對嬰兒和學步兒的個案時，父母的考量則引導整個評估。職能治療師透過嚴謹地分析認知、動作、感官、生理、社會心理、行為、醫療和環境等議題對兒童表現的影響，來詮釋精細動作測驗的結果。若評估只考量了動作範圍、力氣、姿勢張力和注意力等領域，則該評量不夠完整，孩子在家、學校和社區之**職能角色**（**occupational role**）的大致樣貌必須要描述清楚。

精細動作評估常由職能治療師執行，而該評估包括了姿勢張力的程度和分布狀況，對稱、動作範圍、原始反射的存在、端正和平衡反應及動作品質等之臨床觀察。在像是操作玩具、剪刀或電腦等功能性活動中，亦評估了伸手碰觸、抓握、放開、操作、雙側技能和手部操作等動作的精熟與獨立程度。

《學步期幼兒和嬰兒動作評估》（Miller & Roid, 1994）為一鑑定嬰兒和學步兒移動和動作組織之品質的全方位標準化評量。為能適當地分析測驗結果，建議執行神經發展性處置（NDT）訓練。《Erhardt 發展性抓握評量第二版》〔*Erhardt Developmental Prehension Assessment*（EDPA）-Second Edition〕（Erhardt, 1994b）為描述發展障礙或神經損傷兒童之原始反射和抓握之基礎要素的標準參照測驗，這些要素包括：伸手觸碰、抓握、放開、操作和書寫前[9]等技能。《畢保德發展性動作量表 II》（Folio & Fewell,

[9] 譯者註，「書寫前」文義似係「狀態」而非「技能」，但英文文義確係如此，此「書寫前」之實際意思應是「書寫前的準備動作」，例如：紙張要扶正並以手固定紙張位置、筆要握好並放在將要寫字之定位、身體要坐正等等，以便即將進行寫字、畫圖。以下尚有數處「書寫前」文字，亦係採相同意旨解釋，併予敘明，爾後不再贅註。

2000）為一評估出生到五歲兒童之精細動作和粗大動作的標準化、常模和效標參照測驗。

廣泛基礎的發展評量如《夏威夷早期學習剖析圖》、《學齡前兒童的夏威夷早期學習剖析圖》（VORT Corporation, 1995）及《學習成果剖析圖——診斷版》（Learning Accomplishment Profile – Diagnostic Edition；簡稱 LAP-D）（Nehring, Nchring, Bruni, & Randolph, 1992）等，包含了精細動作發展範疇。學習成果剖析圖——診斷版將精細動作分為兩個次測驗：操作和書寫。這些課程本位評量適用於出生到六歲的兒童（夏威夷早期學習剖析圖）及兩歲半到六歲的兒童（學習成果剖析圖——診斷版）。

遊戲是孩子的主要工作，而早期療育專業人員係透過如：《遊樂測驗》（Test of Playfulness）（Bundy, 1997）、《學齡前遊戲量表》（Preschool Play Scale）（Bledsoe & Shepherd, 1982; Knox, 1997）及《貫領域遊戲基礎評量》（Linder, 1993）等遊戲評量工具來評估兒童的遊戲技巧。

精細動作評量和療育的科技使用

科技為嚴重動作損傷的孩子提供原本不可能達成之個人控制遊戲活動的機會。高科技方案一般包括使用電子產品——特別是
290 電腦化的設備。部分提供動作損傷孩子的低科技選擇包括：使用 Dycem ®[10] 以防止玩具滑動、握筆器，以促進書寫進行時的有效抓握或玩具的電池中斷器，以利單一開關的使用。利用身體任一部位移動以啟動單一開關的能力，讓孩子能直接啟動或關閉電池啟動的玩具和電子設備（如：收音機或音響）。結合其他額外設備如：為以電池啟動玩具設計之"Single Switch Latch and Timer"或為電子設備專用的"PowerLink"（皆為 AbleNet 公司所發行），則能以不同形式來操作單一開關。直接模式（direct mode）能在開關打開時讓玩具一直處於啟動狀態。限時模式（timed mode）能讓

[10] 譯者註：岱森防滑墊，是一種塑膠防滑墊，可以鋪在桌上或其他平面上，以便固定放在桌上或其他平面上的物品。

玩具在設定的時間內處於啟動狀態。封鎖模式（latched mode）在玩具啟動打開時則馬上會自動關閉。現有許多開關種類可符合特定動作和感官需求。各種開關的大小和組合皆不同；它們可能是堅硬的、柔軟的或軟墊式的。開關可能以觸壓、擠弄或改變身體姿勢等方式來啟動，一旦啟動，它們可能會振動、發光或發出聲音。

藉由適當的軟體和硬體，單一開關亦能用來控制電腦遊戲、互動式「書籍」和螢幕式鍵盤，故使用者可透過啟動和停止游標執行控制。我們可簡易地使用這些開關來執行休閒活動或治療性活動，並藉由已改善的控制能力、速度和正確度來增加孩子伸手觸碰或抓握的動機。

縱然單一開關可與許多方法並用，但當用在電腦上時，特別是與直接選項（direct-selection options）相較下，這些開關的運作速度就顯得較慢。部分直接選項之替代方案的例子包括：Edmark 公司所發行的"Touch Window™"；使用"Morse Code"寫作；如：軌跡球和 HeadMouse 等滑鼠的替代設備；鍵盤方面如 IntelliTools 公司所發行的"IntelliKeys"或 Tash 公司所發行的"WinMini"。

電腦相關科技包括如：使用頭杖來觸碰螢幕；利用頭部裝置（head array）的開關控制電腦；鍵盤上或小鍵盤上的擴充、放大的鍵盤墊；使用單指或三指打字；可調高度的桌椅；可攜式鍵盤；和膝上型輕便電腦（Struck, 1996）。

大部分州別設有租借館（通常由 United Cerebral Palsy 或 Easter Seals 或地方教育機構所提供），其提供免費科技輔具設備的租借。對於有提供服務予伴隨嚴重動作損傷孩子之經驗的地方性特殊教育部門，或教師和治療師而言，此三者應可提供這些設備資源的相關資訊予有需要的人士。此外，亦可透過網路搜尋來尋求相關資源（搜尋各都市或州別的科技輔具租借館）。在購買這些輔具前應先測試這些設備，因為若使用不當的輔具將需付出很大的代價。

精細動作療育的策略

當考量幼兒之精細動作或感官需求的療育方案時，最有效的方式應是先考量如何讓孩子的功能性表現達到最佳效果，例如：
291 較佳的表現常常可透過單純地改善孩子的姿勢來達成。之後，亦應檢驗執行任務所使用的物品和該任務的本質。使用不同物品或將物品放置在不同位置可能會導致成功的結果，而可用簡易的方式來達成任務。當考量這些選項，但問題仍存在時，療育從業人員必須系統性地計劃如何改善精細動作技能。

孩子的感官需求與動作需求同等重要。伴隨感官處理異常的嬰兒、學步兒和學齡前兒童在家或在教室需要特殊的調整設備。通常孩子出現的行為問題是不當之感官處理的回應結果，瞭解感覺統合的早期療育從業人員，可透過提供替代性方法以強調孩子的感官需求，而藉此支援孩子的感官處理問題。職能治療師能透過鑑定孩子的感官處理問題和提供療育方案的諮商，以協助早期療育從業人員。

調整設備的案例可能包括：在從事精細動作技能前先使用感覺預備（sensory preparatory）活動、在設定孩子在教室中期望達到的功能性表現前，先了解孩子的動作程度（level of arousal）、給予感官處理速度較慢的孩子額外時間以完成工作，或讓渴望能活動的孩子在教室中使用可移動的設備。在教室中可提供或調整設備，以讓孩子能選擇可滿足其感官需求的設備，例如：在執行桌上活動時，孩子能坐在可移動或電動的設備上，以方便孩子起身動作。用力推動玩具可提供孩子本體覺的回饋。不同觸感的玩具可增加對於觸碰有過度或過低反應之孩子的觸覺需求。一旦滿足了這些孩子的感官需求後，在他們的環境中，孩子應較能執行有效的互動。

兒童擺位

在日常生活中考量特定方法來抱著（carry）、移動伴隨非典型姿勢張力的孩子或調整他們的擺位是很重要的，因為上述情況會影響精細動作功能。Finnie（1997）根據腦性痲痺孩子的非典型姿勢張力提出抱著和擺位的方法。例如：父母或老師可積極地使用身體，作為因不良姿勢張力及持續呈現原始反射而無法獨立端坐之幼兒的擺位支撐。以手臂環過孩子身體的中線[11]並讓孩子的臉朝前方，藉以促進孩子頭部和軀幹控制之抱著的方式，可讓孩子更能參與環境活動。當孩子坐在地上時，成人的身體可支撐著孩子的頭、軀幹、手臂和腿，以強化精細動作功能。

調整椅（參閱圖 7.9）包括如：硬且堅固的背部插入墊和堅固的椅墊、**椅座固定帶**、軀幹和骨盆支撐架、前胸支撐架或**膝上型托盤**等設計，可讓較年長且因不良軀幹控制而無法獨立端坐的孩子使用。

同時加強軀幹控制不良孩子的穩定坐姿和手部技能是相對有益的（counter-productive）。依據孩子的障礙程度，執行精細動作任務時的適當擺位可能包括：側躺、俯臥或仰躺、坐或站立等姿 292
勢，例如：在側躺姿勢時執行的治療性擺位，會用自行製造或購買的設備來對抗非典型姿勢張力。

對於年紀較長才剛開始學習書寫前和書寫技能的孩子而言，當孩子能左右對稱且端正地坐著時，理想的擺位包括：椅子的高度能讓孩子將腳穩定地放在地上，且桌子的高度應比手肘在九十度彎曲時的位置約高出兩吋（Benbow, 1995）。若桌面太低的話，

調整椅是自家訂做或商家販售之附有支撐設備的椅子，該椅子為孩子提供最佳擺位。

椅座固定帶是固定骨盆最簡單的方法。拉牽的線應在後方較低的方向（四十五度），且低於前方較高腸骨（iliac）的脊髓（anterior-superior iliac spine；簡稱ASIS）。

膝上型托盤指附著在輪椅上的木製或透明塑膠盤，其提供孩子可工作的檯面和部分軀幹支撐。其配件包括有裝填墊料的表面、黑板架、手榫（hand dowel），和活動桿式的玩具（activity bar）[12]。

---

[11] 譯者註，「身體中線」本係指由孩子最上面的頭到最下面的腳，所連成一條「縱向」的虛擬之線。但此處「以手臂環過孩子身體的中線」應僅是指從胸或腰腹，「橫向」的去抱著孩子。

[12] 譯者註，"activity bar" 在中文句意解讀上可能有許多種解釋，除了此處所引用「活動桿式的玩具」，亦可能是長條型玩具，或者是小型活動板或溝通板（當作溝通或教學的器材），不一而足。至於活動桿式的玩具，形態亦多元，可參見如下類型：

(1)http://ecx.images-amazon.com/images/I/41b5UU1YpUL._SL160_AA160_.jpg

(2)http://www.taggies.com/images/store_images/store_ipi_activitybar_02.jpg

(3)http://www.lafamily.com/HolidayGiftGuide2006/images/products/OnestepTubActivityBar.gif

(4)http://www.comparestoreprices.co.uk/images/ea/early-years-blossom-farm-activity-bar.gif

(5)http://www.growingconnections.com/PuppyPlayActivityBar_Sm.png

圖 7.9　頭部和軀幹控制能力較差的孩子坐在教室中的調整椅上，以強化其精細動作和溝通技能

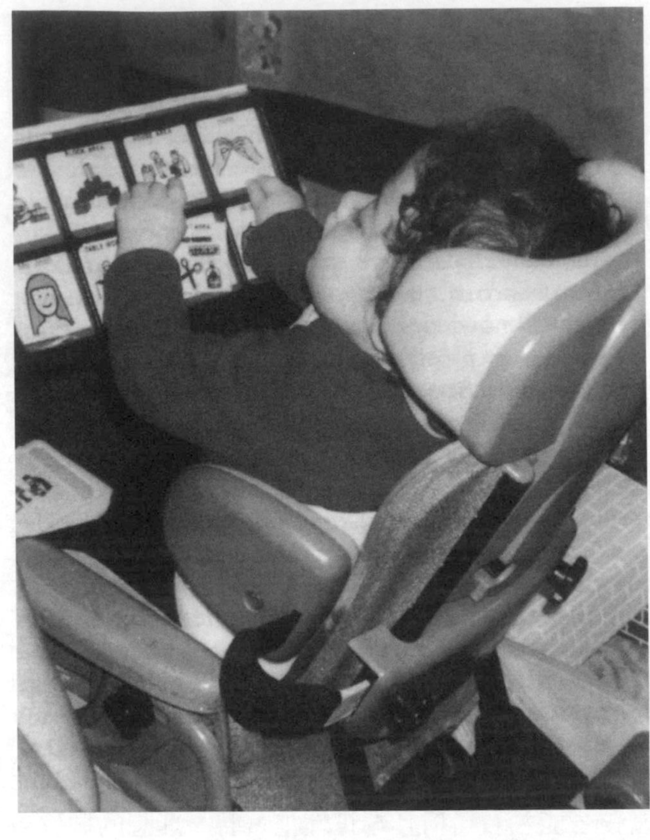

> 下巴伸出是指「頭部異常的擺位」，其中下巴因異常張力向前伸展（若「張力高」，則頭部會出現向後過度伸展的情況；若「張力低」，則頭部會因地心引力的關係而向前低頭之出現過度伸展的情況）。

孩子可能會傾身靠近桌子；若桌子太高，則會形成大拇指朝下、手臂內轉的姿勢，如此造成不良之大拇指和食指的控制和擺位（Exner, 2001）。

物品的位置

物品與孩子的相對位置可能造成姿勢控制的差異，例如：當孩子坐著時出現非典型之頭部過度伸展且**下巴伸出**（**chin jut**）的姿勢（圖 7.10），早期療育從業人員可將物品放在靠近且低於孩子下巴處，以促進主動的頭部彎曲及**下巴內收**（圖 7.11）。莉莉
293 通常會以手臂向內轉（手部內轉）來執行伸手觸碰玩具的動作，如此使得莉莉無法有效地伸展手臂並抓握玩具。將物品放在孩子身體中線的位置很重要，且當孩子伴隨著中樞神經系統異常時尤然，因該動作能將如：不對稱頸張力反射等原始反射的持續狀況減至最低。在書寫工作時，理想的紙張放置位置可透過讓孩子雙

> 下巴內收為正常頭部於靜止時的擺位，其中下巴處於中立的位置，且頸部拉長。

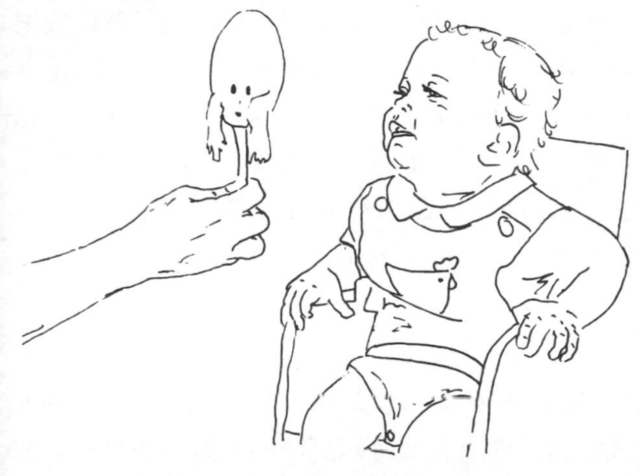

圖 7.10 對於下肢痙攣麻痺之腦性麻痺學步兒而言，不適當的物品呈現造成下巴伸出、肩膀回縮，及頭部與頸部過度伸展

資料來源：經 Jean Patz 同意使用。

圖 7.11 改善後的物體呈現，該物體低於眼睛視線以促進適當的頭部（下巴內收）、軀幹和上肢等控制

資料來源：經 Jean Patz 同意使用。

手放在桌上並在身體中線緊握後[13]，再將紙張放在握筆的那隻手臂下面，如此紙張的對角線會與手臂傾斜平行（slants parallel to that arm）（Benbow, 1990）。

因為現在許多較年幼的兒童會長時間使用電腦，故評估使用電腦時的人體工學是很重要的（National Center for Education Statistics, 2000）。在家和學校使用電腦時，若孩子的姿勢不正確，肌肉骨骼問題和眼睛疲勞會造成更多問題，職能治療師能協助兒童 294

[13] 譯者註，此處「並在身體中線緊握」，若對此文字之理解上改為「『雙手』並在身體中線『前方』緊握」，應較易理解句意。

擺位，以便兒童使用電腦。兒童使用電腦時，預防對兒童造成傷害的擺位包括：讓背部和腳支撐放低，且臀部、膝蓋和腳踝呈九十度角；電腦螢幕直接在距離兒童視線約一個手臂的正前方，以預防頸部疲勞；手臂靠近桌面且手肘角度大於九十度；手肘能放在鍵盤中間的位置（a neutral wrist position）；使用兒童尺寸的鍵盤和滑鼠（Healthy Computing for Kids, n.d.）。

精細動作教材

較大的玩具可協助抓握能力不佳的孩子。大型串珠、容易抓握的釘子和**握把式拼圖**能從商店或特殊訂購的目錄中購得。莉莉的認知能力已足夠，且對於抓握和操作玩具有興趣，但因為動作障礙，莉莉仍持續出現抓握玩具的困難，不過她能完成附有凸出一吋高握把之方便抓握的拼圖（圖 7.12）。不同初學者的拼圖有單一形狀的蔬菜、水果、動物、幾何圖形或花朵等拼圖樣式。開關啟動的玩具特別適用於手臂不靈活的孩子。開關能以如：頭、手臂、腳或膝蓋等身體的任何部位來啟動。

圖 7.12　莉莉使用握把式拼圖以協助抓握。她坐在能支撐坐姿的可調式角椅上，因此莉莉的手能自由地操作玩具

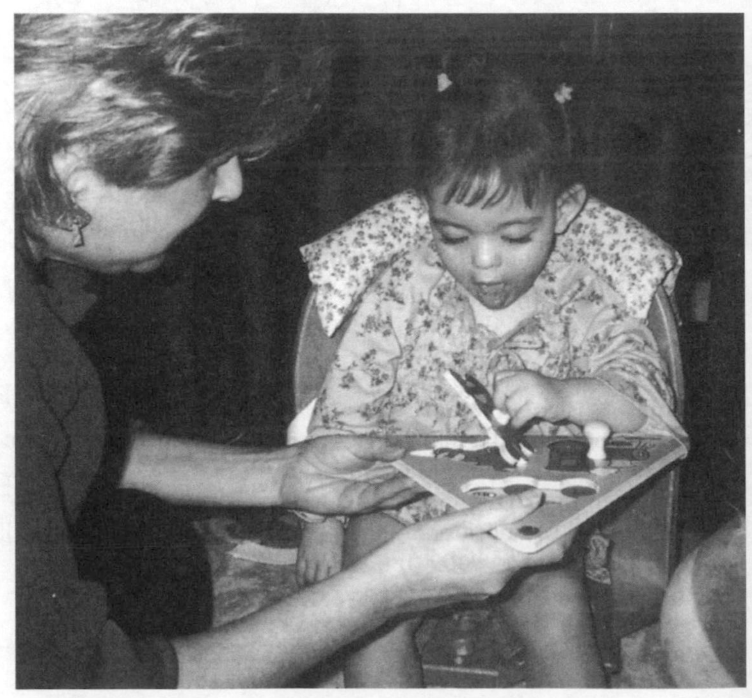

書寫前的調整 295

孩子可能需要一些調整來幫助他們以較成熟的方式握筆。職能治療師可為個別孩子製作夾板（splints），以協助孩子在家和教室中執行精細動作（圖 7.13）。

握筆器有不同形狀、尺寸和材質，例如：梨狀握筆器可引導食指和大拇指的握筆位置，並預防發生痙攣、為直徑半吋之較大鉛筆所設計的 Super-Grips®、三角握筆器、圓形橡皮或軟質泡膠材質的握筆器、直立式燈泡狀（bulb-design built-up）握筆器（圖 7.14），和 Stetro™ 握筆器。握筆器的選擇主要是依據孩子的需求和使用的舒適度。Handi-Writer™（圖 7.14）為協助矯正孩子握筆的角度和握筆時後方手指頭穩定度的器具。孩子在食指和大拇指間握著附著在Handi-Writer™的塑膠飾品以保持穩定，套在筆上的套圈使得鉛筆在套圈中可維持適當的角度，且筆尾（相對於筆尖的另一端）會向肩膀傾斜。可調角度的桌面在孩子執行書寫前或書寫活動時，能幫助孩子維持較端正的姿勢。另亦可使用防滑墊

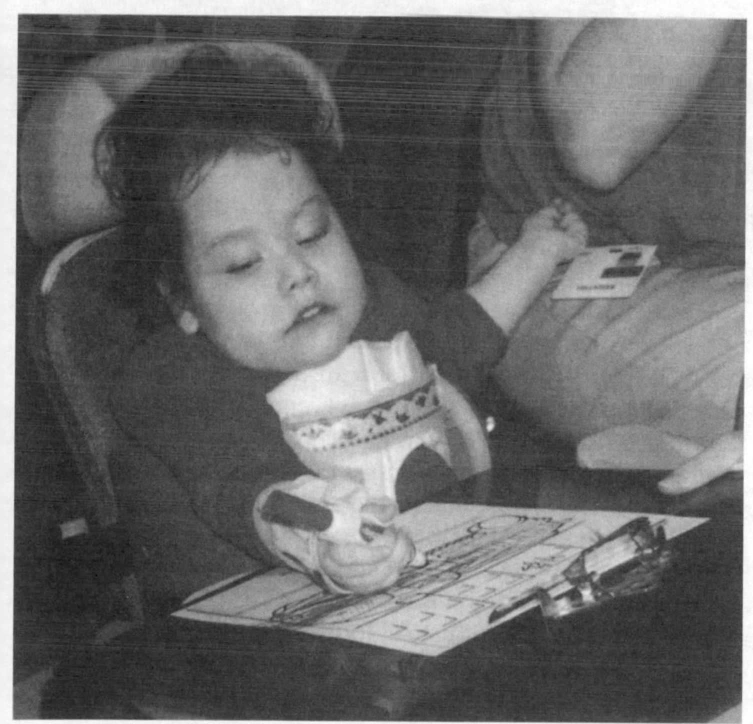

圖 7.13　學齡前兒童坐在調整椅中，使用夾板來握住馬克筆和傾斜板（slant board），來幫助孩子在著色時維持頭部端正的姿勢

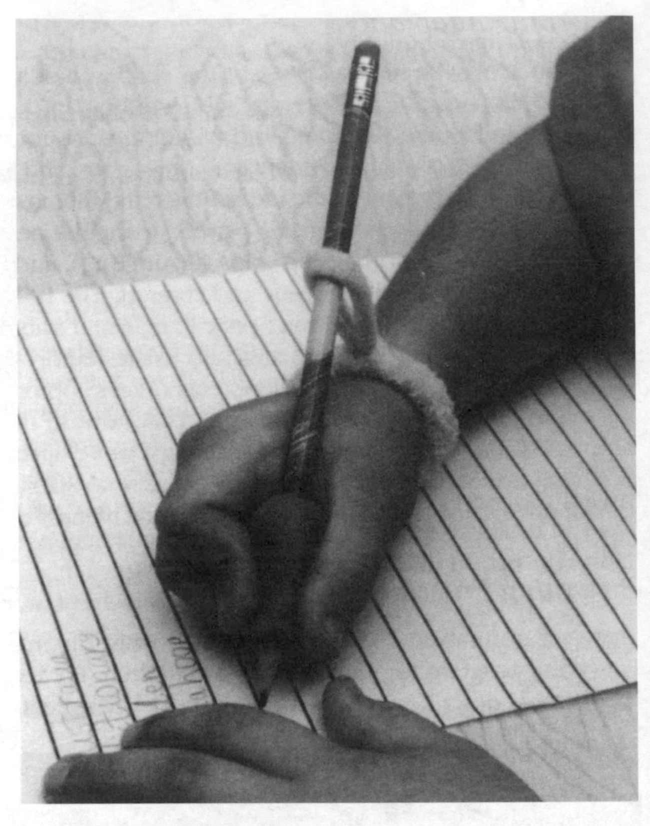

圖 7.14　孩子使用大型燈泡形的握筆器來改善抓握；Handi-Writer™ 可矯正鉛筆和印有線條紙張的角度。握筆器較小的那端靠近筆尖，且在握筆器上印有R和L的字樣[14]，以幫助孩子能正確地擺放大拇指

來固定孩子的書寫紙張，或使用魔鬼氈纏繞餐具或其他工具以方便抓握。

書寫前課程

有許多資源能幫助療育從業人員發展學齡前兒童的書寫前課程。例如：Klein（1990a）的示範式書籍描述了一般書寫前發展、
296 必要的書寫前技能和對療育方案的建議。Witt 和 Klein（1990）已編輯了書寫和學校中必備技能（readiness）之發展所需的動覺和感官意識，而 Levine（1995）已發展了從出生到六歲間，書寫前和使用剪刀技能所需之一般要素的視覺分析。

[14] 譯者註，所謂「印有R和L的字樣」，這是指「Right（右邊）與Left（左邊）」之意思，其印有英文字母之目的係為了防止握筆器的套圈套反在筆上。

使用剪刀的技能

使用剪刀技能的設備

為符合孩子的需求，應選擇適當的剪刀（Klein, 1990b）。沒有發展出慣用手的孩子，會以左右手交替來使用剪刀，以此避免使用剪刀時會出現的挫折感。為學齡前兒童設計的Fiskar®剪刀要求兒童在剪裁時擠壓剪刀，而剪刀會自動彈開，以幫助無法在剪裁時把剪刀拉開的兒童。抓握能力不佳的兒童能輕易地擠壓裝有大型彈簧圈的自動彈開剪刀（loop scissors）。Benbow（1995）已發展出設計型剪刀，其特別針對手掌只有 3.5 吋長的孩子設計了小套圈，以便兒童在剪裁時，可單獨使用食指和大拇指。

在選擇適用的剪刀時必須謹慎；許多市售的標準剪刀並不適合兒童使用。**四套圈訓練剪刀（Four-loop training scissors）**在孩子的手指套圈附近多出一對額外的套圈；療育從業人員能將手放 297
在孩子手部的上方，以提供額外引導。另一種訓練用的剪刀，即**雙套圈剪刀（double-loop scissors）**，其在孩子的手指套圈垂直處有一對額外的套圈。在孩子握住較近的套圈時，療育從業人員能握住較遠的套圈。該過程對於因療育從業人員的手部觸碰而出現觸覺防禦的孩子，或對觸碰感到不舒服的孩子有所益處（Klein, 1990b）。

使用剪刀前的課程

Klein（1990b）已發展學齡前和學齡兒童的示範性練習本，以促進使用剪刀前的技能。Schneck 和 Battaglia（1992）建議為尚未準備好使用剪刀的孩子從事發展手眼協調、手部力量和精細動作技巧等使用剪刀前的活動，這些活動包括：玩黏土及操弄擠壓玩具或玩具水槍，以增進手部開合力量，或如：會發光或不會發光的凹凸串珠（pop beads）[15]、穿洞洞卡片（sewing cards）或穿洞串

[15] 譯者註，"pop beads" 指前凸後凹的珠子所連結組合而成之串珠，後面的珠子可將珠子凸出的部分插入前面珠子的凹洞以形成串珠，它並不需額外的線來作串連，通常小女生會用該種穿珠作為項鍊、手環等裝飾品。

珠（stringing beads）[16] 等訓練手部張握及雙手並用（bilateral）的活動。若孩子因顫抖或肌肉反射而出現協調性不佳的情形，在裁剪時，療育從業人員能提供肩膀、手臂和前臂，或手腕等，協助其保持穩定的輔具或輔助，並應讓該種輔具或輔助逐漸地褪去。Schneck和Battaglia也建議，當孩子開始執行裁剪時，先使用較細長的紙條，等到孩子技能逐漸成熟時，再增加紙條的寬度，從厚的紙作練習，再逐漸降低紙的厚度，其後續並可嘗試裁剪非紙質物品（nonpaper items）。

總之，精細動作領域包括：伸手觸碰、抓握、放開、操作和雙側控制等的動作和感官層面。檢視兒童在日常生活中如何將上述要素結合起來，以執行功能性工作是很重要的。周遭環境議題，如：孩子可獲得的教材或玩具、文化價值，或父母和學校的期望等，在孩子技能的發展上扮演著重要角色。療育方案描述兒童的需求、兒童所參與的技能，及兒童針對環境所做的適應或調整。

口腔動作發展理論

縱然文獻中沒有口腔動作發展的理論取向，但事實上，用來描述粗大動作和精細動作發展的理論亦可適用於口腔動作發展。當然，部分吞嚥和進食異常的治療取向係根據涵蓋動作控制之反射／等級模型的神經發展架構研發而來。新生兒有許多促成進食動作的原始口腔反射動作，例如：當照顧者將手指放在嬰兒的嘴巴裡時，嬰兒會輕輕地用嘴巴含住手指，且出現吸吮動作，此**吸吮反射**讓嬰兒在餵食時能貼近乳頭，且該動作後來會被自主性的吸吮控制所取代。當手指放在嬰兒的牙齦時，嬰兒將重複張開及閉合地吸吮手指以呈現**咬合反射**，咬合和咀嚼對於新生兒沒有用處，但因為咬合和咀嚼是吞嚥固體食物的要素，故該動作可能成為後續動作的基礎（substrate）。Wolf 和 Glass（1992）討論嬰兒
298 的肌肉張力、姿勢、情況和生理如何改變口腔的動作控制，且該

[16] 譯者註，"stringing beads" 指一般頭尾有洞的珠子，其需要利用額外的線來將不同的珠子串連在一起，與前述的 "pop beads" 串珠並不相同。

動作控制包括了一動態系統的取向。傳統口腔動作控制問題的治療取向依據神經發展架構作研發，事實上，當孩子因神經動作異常而出現口腔動作控制損傷時，最被廣為採用的治療模式是神經發展處置。孩子的進食問題若與無法處理感官資訊有關的話，則可使用感覺統合取向作處置。

口腔動作發展的一般階段

口腔動作發展在執行吸吮、吞嚥、大口咀嚼、咀嚼、用湯匙進食和用杯子喝水等動作時，整合了下顎、舌頭、嘴唇和臉頰等的協調動作。除進食所需的動作控制外，考量孩子頭部相對於身體和地心引力等因素的位置；幫孩子餵飯的人與孩子相對的位置；奶瓶、杯子或湯匙的位置；選擇適合孩子發展程度之食物的種類和材質等等，亦是很重要的。如前述，相對於精細和粗大動作技能的發展，感官處理技能亦是進食必要的要素，藉由該技能，孩子才能對於食物的材質、溫度、口感和味道有適當的回應，口腔動作技能之本質的要求非常不同，例如：孩子吃蘋果與吃布丁的感覺並不一樣。質地較粗（higher textured）的食物提供促成口腔動作技能成熟發展的感覺刺激。從出生到兩歲的進食發展里程碑整理於表 7.4。

表 7.4
一般口腔動作發展的階段

年齡	技能
嬰兒期	嬰兒通常由照顧者抱著用奶瓶或吃母奶餵食。
六個月大	嬰兒可能開始接觸新材質的食物（嬰兒麥粉、已過濾的或泥狀的嬰兒食品、入口即化的軟質餅乾），而餐具（杯子或湯匙）因不同文化對孩子的期待和醫療建議等而有所不同。
七至十二個月	當孩子咀嚼技能發展時，孩子可能漸漸地食用質地較粗糙的食物〔糊狀或烹調到很軟的餐桌上食物（table food）〕。
一至二歲	在該發展階段中，孩子從食用剁碎的餐桌上食物進展到食用肉類和未經烹調的蔬菜。同時發展出用吸管和杯子喝水的技能。

用餐時的姿勢

一般而言，嬰兒在進食時喜歡被半傾斜地抱著。在嬰兒七個月大時，大部分嬰兒能獨立地坐在有座椅皮帶或托盤支撐的高椅上，大部分兒童在十八個月大時能坐在小椅子上（Morris & Klein, 2000），這些姿勢與口腔結構和口腔動作技能一併發展。因為口腔結構與姿勢的關係，為能安全地餵食嬰兒，在餵食時大部分嬰
299 兒皆維持向後傾斜（reclined）的姿勢，因該姿勢較不會讓嬰兒出現**嗆入**（aspiration），即讓液體或食物進入肺部（Case-Smith & Humphrey, 1996）。

嗆入為在吞嚥時，液體或食物進入氣管和肺部。

然而，當嬰兒將十二個月大時，其喉嚨拉長且在舌頭底部和會厭間出現額外空間，藉此在吞嚥時能遮蓋住氣管。該成長的改變，因地心引力對食物的作用，使得孩子處於向後傾斜的姿勢時，較容易出現嗆入的情況。因此，在該年齡階段，孩子必須處於能增進安全地處理固體食物、咀嚼，和用杯子喝水等動作的端正姿勢。

吸吮

新生兒從出生到三個月大時所出現的**尋根反射**（**rooting reflex**），讓孩子能找到食物的來源。當觸碰嬰兒口腔附近時，嬰兒頭部會轉向刺激來源，且張開嘴巴。反射性吞嚥與約在二至四個月間減少的**吸吮吞嚥反射**（**suck-swallow reflex**）一起發生（Connor et al., 1978）。健康之足月出生的嬰兒有自動吸吮、利用舌頭的伸縮形式以維持強烈乳頭抓握，及能在二十至三十分鐘內有效地吸進特定分量的液體等能力（Morris & Klein, 2000）。液體從嘴巴流出，可能是因嘴唇側邊在乳頭和周邊之閉合發展不完全，但卻有規律的下巴動作。根據 Morris 和 Klein 所言，成熟的吸吮形式約在孩子六至九個月大時出現。該動作包括：舌頭在乳頭周圍成為杯形狀、舌頭上下動作以製造負面的口腔內部壓力、下巴的輕微動作及嘴唇在乳頭周圍完全地閉合。

約在出生後的二十至三十分鐘內，足月出生的健康寶寶將開始有效地執行吸吮動作。

吞嚥

Morris 和 Klein（2000）討論了口腔吞嚥時舌頭、下顎和嘴唇的動作。一開始，在吞嚥和吸吮時，舌頭會出現伸縮的情形；在每二至三次的吸吮後即會出現吞嚥動作。在孩子六至八個月大時，舌頭動作從稍微伸出轉變到上下動作形式，最後在孩子兩歲時舌尖會提起（Morris & Klein, 2000）。在吞嚥時嘴巴是閉合的，因為許多口腔動作異常的孩子在吞嚥時嘴巴無法閉合，且該情形會影響進食和吞嚥的動作。當食物經咀嚼後而形成的團塊（bolus）從咽喉移動，引發了**吞嚥反射**時，吞嚥的咽部階段就開始了；而吞嚥的最終階段包括了液體或食物經由食道進入胃部的過程（Logemann, 1998）。

預防液體或食物嗆入的機制包括提高軟顎使鼻腔閉合；及會厭向後移動以遮蓋呼吸道。胃部頂端的括約肌預防了**逆流**（即食物重新回流入食道，再進入咽喉）的發生。

大口咀嚼和咀嚼 *300*

大口咀嚼約在孩子五至六個月大，當孩子吃餅乾時，利用舌頭和下顎的上下移動，以顎部將食物粗略地（simply）搗碎時就發展出來了（Morris & Klein, 2000）。在該發展階段，因舌頭往口腔側邊移動（lateral tongue）和轉圈式之下顎移動（circular jaw movements）的動作尚未發展，故食物停留在嘴巴的前方。為了將食物移到嘴巴的一側並咬碎食物以便咀嚼，故而舌頭必須往側邊移動，像是舌頭往側邊移動，和轉圈式之下顎移動或轉動等動作，約在孩子七至八個月大時開始發展，而成熟的咀嚼能力則在孩子兩歲時發展出來（Morris & Klein, 2000）。Morris 和 Klein 製作了開始食用（introduction）固體食物的動作發展大綱。開始食用固體食物的時機，因小兒科醫師的建議，及家庭的文化、信仰和過去經驗等而有所不同。約在四至六個月大時，孩子會開始食用麥粉，和泥漿狀或過濾過的嬰兒食品；通常在八個月大時，孩子開始食用一些磨碎或搗碎的餐桌上食物，稱之為「塊狀固體」（lumpy solids）；而在一歲左右，孩子則可食用剁成大塊的餐桌食物；約在孩子十八個月大左右，才可食用大部分的肉類和一些未經烹調的蔬菜。

用湯匙餵食

就發展而言，兒童看到湯匙接近嘴巴時就能讓舌頭和下顎維持靜止不動的能力，約在六個月大左右發展出來（Morris & Klein, 2000）。該下顎和舌頭的靜止姿勢，對於讓嘴巴準備接受食物而言非常重要。用湯匙餵食期間，另一重要的發展目標為，孩子主動使用上唇把湯匙上的東西移進嘴巴裡，而下唇則維持靜止不動的狀態。該動作能力大約在孩子七至八個月大時發展出來（Morris & Klein, 2000）。

用杯子喝水

用杯子喝水的發展，通常開始於孩子四至六個月大，母親會拿杯子靠近孩子的嘴巴讓孩子喝水時。孩子喝水時，頭部保持一般靜止，但稍微彎曲的姿勢。嬰兒一開始使用吸吮吞嚥的形式，因為下顎的穩定度尚未發展完全，故喝水時水會從嘴巴流出，因此必須在孩子的下顎下面墊圍兜或方巾，父母可使用鴨嘴杯（spouted lids）以防止水灑漏出來，且孩子在使用該種杯子喝水時，亦較會使用該種吸吮形式。漸漸地，下顎穩定度的發展讓嘴唇能在一般杯子的杯緣上閉合，下顎穩定度從上到下，完全張開的下顎動作開始發展，到十五至十八個月大時，孩子能啃咬杯緣，且約在二十四個月大時，孩子能達到成熟的下顎穩定度（Morris & Klein, 2000）。舌頭的移動從吸吮時上下移動的形式，在出生後一年間，成為單純地舌頭伸出的形式，隨後在兩歲時則發展出舌尖成熟地拉高的動作（Morris & Klein, 2000）。一開始孩子能吸一口水；然而，若能持續吞嚥或連續吸幾口水，則表示孩子發展出成熟的吞嚥形式。通常在十二至十五個月大時，孩子能藉由餵食者握著杯子來喝水，且兩歲孩子以上述方式喝水時，亦不會將水灑漏出來。參閱知識寶盒 7.2 習得口腔動作的體驗活動。

對伴隨著口腔動作功能不佳的孩子而言，當吞嚥發生時，頭部會過度伸展，如此會具有潛在的嗆入危機。

知識寶盒 7.2　口腔動作體驗活動

- 喝水，並在吞嚥時注意下顎的動作，你的下顎是完全閉合的嗎？閉合多少？
- 吞嚥時，嘴巴微張（類似口腔動作異常孩子會出現的情況）。在吞嚥時，若嘴巴微張，你舌頭的狀態如何？在該種情況下會出現吞嚥困難嗎？你會咳嗽嗎？
- 頭往上稍微過度伸展（類似常見於動作障礙兒童的姿勢），且小心地吞嚥少量的水，感覺如何呢？你認為若有人以該姿勢餵孩子喝水時，口腔動作異常的孩子感覺如何？
- 喝水，且在你吞嚥時，體驗你呼吸的感覺。該動作對於呼吸困難和口腔動作異常孩子有何影響？
- 咬一口餅乾，如果不將舌頭移到一側來咀嚼餅乾，只能使用舌頭上下移動的方式，您的感覺如何？你能嚐到餅乾嗎？你需要花較長時間來咀嚼餅乾嗎？上述方式即使您正像五至六個月大的孩子般大口咀嚼餅乾。
- 再咬一口餅乾，正常地咀嚼且仔細地留意舌頭的移動。當咀嚼時，舌頭會移到一邊嗎？舌頭會偏好移向某一邊嗎？你正在體驗有效咀嚼所需之成熟的舌頭一側性（lateralization）。
- 咬第三口餅乾，注意下顎的移動，下顎是垂直地上下移動、對角線移動或圓圈式移動？注意另一個人在咀嚼時下顎的移動，並注意磨碎食物時所需的下顎移動。
- 當使用湯匙時，注意將食物從湯匙移開時，較需使用上唇或下唇的動作。兩片嘴唇間的使用量差多少？注意看嘴唇如何有效地將食物從湯匙移開。
- 喝水，並描述當液體進入你的嘴巴裡到水吞嚥下的整個過程中，你的舌頭如何移動。

影響口腔動作發展的因素 301

在先前的章節中已描述了姿勢、吸吮、吞嚥、咀嚼、用湯匙進食和用杯子喝水等口腔動作的要素。仍有許多其他議題會干擾餵食，包括：藥物、結構性、動作、感官、行為、環境和／或神經性等問題。當孩子伴隨著許多姿勢張力問題時，則可能產生非典型的口腔動作發展。對於材質和溫度敏感的孩子，亦可能抗拒胃食道逆流指液體或食物從胃部回流到食道，該情形可能導致孩子嘔吐。

進食或無法食用不同食物。對於一些如早產兒、罹患疾病、**胃食道逆流**（**gastroesophageal reflux；簡稱 GER**），或接受手術治療等兒童，其正常進食過程皆會受影響。對這些兒童而言，因為如**鼻胃管**和**胃造口管餵食**等替代性餵食方法，和缺乏適當的口腔刺激等所引發的不舒服，可能會造成孩子產生與餵食相關的複雜行為問題。此外，父母和療育從業人員需留意，部分健康狀況和藥物可能會降低孩子的食慾。上述這些問題皆會導致孩子吸收不良（poor intake）和體重過輕。下個段落將提供判定兒童是否需要進一步評估的相關資訊。圖 7.15 摘錄了這些資訊。

303 姿勢

非典型的姿勢使孩子處於嗆入的危機。

因非典型姿勢張力所造成的不良姿勢對於所有進食功能具相當大的衝擊，這些問題可能反應在「一直很難抱住嬰兒」、「當被人抱住時，嬰兒顯得極度緊張不安」，或「嬰兒喜歡獨處」。照顧者可能發現孩子的身體軟弱無力或僵硬，且在孩子進食時，照顧者無法給予孩子足夠支持。若孩子在八至十二個月大後，仍需要額外的支持才能端坐，則需特別注意了，因為一般孩子在六至八個月大時，即會發展出端坐的能力。

不良的姿勢擺放（postural alignment）無法引導吞嚥動作，頭部過度伸展使口腔結構無法執行正常吞嚥動作。非典型姿勢機械性地打開呼吸道，讓孩子面臨嗆入的危機。

吸吮

許多因素可能阻礙正常吸吮動作，這些因素包括：結構性畸形；因健康不佳所導致的缺陷；因中樞神經系統功能不佳所造成的口腔動作控制不良；及因不當感官處理所形成的行為問題。口腔反射動作不良或缺乏會阻礙吸吮動作的進行。常見於部分腦性麻痺和唐氏症兒童的**吐舌頭**（**tongue thrust**）動作，是表示舌頭用力伸出的動作，該動作中，舌頭因張力增加形成捲曲狀或因張力低而呈現平伸狀，進而影響孩子的吸吮動作（Morris & Klein, 2000），該情形使得舌頭無法包裹（wrap）乳頭或奶嘴，以協助引導液體進入嘴巴進行吞嚥。簡言之，舌頭吐出的動作可能將奶

302

姿勢
- 孩子進食時，父母無法抱住孩子或讓孩子坐在椅子上。
- 當抱孩子時，孩子顯得極端的緊張不安。
- 孩子因不良姿勢控制而無法在用餐時獨立端坐（獨立端坐能力通常在孩子六至八個月大時會發展出來）。

吸吮
- 當肚子餓和清醒時，一直無法執行吸吮的動作。
- 當肚子餓和清醒時，無法抓握母親的乳頭或吸吮母親的乳頭；吸收不良。
- 當肚子餓和清醒時，總是花很多時間才喝完一瓶牛奶——超過四十至六十分鐘。
- 當用奶瓶喝奶或吸母奶時常常噎到或作嘔。
- 舌頭不自主地將母親的乳頭或奶嘴頭推出嘴巴。
- 持續不自主地啃咬乳頭或奶嘴頭。
- 父母必須要在奶嘴上切個洞，以增加孩子對奶的吸收量。
- 父母很難找到一個孩子能持續使用的奶嘴。

吞嚥
- 在吃東西或喝水時、或之後咳嗽。
- 具嗆入性肺炎之歷史。
- 發出咯咯的聲音。
- 經常嘔吐。
- 在六至十八個月大的長牙期間之外，持續地流口水。
- 張嘴姿勢；液體過度流失。

咀嚼
- 在十二至十五個月大後，仍只吃嬰兒食品（過濾過、泥狀或糊狀的食物）（已過濾或泥狀的食物通常在孩子三至八個月大時食用；糊狀的食物通常在嬰兒八個月大時食用；在十二至十五個月大時食用剁成大塊的一般食物）。
- 對固體食物出現（如：哭泣或把東西吐出等）負面反應；「挑食者」。
- 缺乏舌頭一側性；因此，在滿週歲後，食物仍留在嘴巴前方；食物流失。
- 吃固體食物時，總是噎到或作嘔。
- 在咀嚼、哭泣或微笑時，舌頭、下顎和嘴唇持續產生不對稱的情形。

用湯匙餵食
- 持續且不自主地啃咬或咬住湯匙。
- 舌頭持續地、不自主地且用力地將湯匙推出嘴巴。
- 當用湯匙餵食時，總是噎到或作嘔。
- 在九至十二個月大之後，仍無法將湯匙上濃稠的食物用上唇抹乾淨。

用杯子喝水
- 在一歲後，由照顧者握住杯子餵孩子喝水，仍灑漏出過多的水。
- 用杯子喝稀釋液體時，或之後出現咳嗽。
- 在適合發展用杯子喝水年齡時，仍無法從用奶瓶轉換成用杯子喝水。
- 無法用杯子喝到足夠的水；過去有無脫水狀況。
- 父母表示，讓孩子用杯子喝水很有壓力。
- 一歲以上的孩子，用杯子喝水時，至少有兩個月出現無法連續吸吮的情況。

圖 7.15　口腔動作問題的可能徵兆

資料來源：經 Jean Patz 同意使用

嘴或乳頭推出嘴巴，且非典型的**強直性咬合反射（tonic bite reflex）**造成對於奶嘴或乳頭的咬合vs.吞嚥反應。強直性咬合反射是回應牙齦或牙齒刺激所產生之下顎非典型的鎖緊（clamping）（Morris & Klein, 2000），且其為伴隨著較嚴重神經動作功能不佳的孩子身上常見之異常情形。張力增加會促使上唇縮回，使得嘴唇較無法在奶嘴或乳頭周圍閉合。因張力過高或過低所造成的張嘴姿勢，使得下顎和嘴唇無法接近奶嘴或乳頭周圍，這些因素皆會增加餵食時間和減少孩子液體的吸收。

吞嚥

伴隨著神經動作功能不佳的孩子，在吞嚥的任何階段皆存在危機。因非典型張力所造成的口腔動作控制，使得孩子於集結經咀嚼後而形成的食物團塊和選擇適當的吞嚥時機上出現困難。在咽部和食道部位的吞嚥亦可能出現問題。咳嗽可能是食物或液體直接或間接嗆入呼吸道的徵兆，至於沒有出現咳嗽的嗆入則稱之為**無徵狀的嗆入（silent aspiration）**。經常性的打嗝或嘔吐可能是逆流（reflux）的徵兆。口腔動作控制的遲緩或非典型狀態，可能導致容易流口水的張嘴姿勢。當長牙期過後，仍持續不斷地大量流口水，可能是口腔動作功能不佳的徵兆。

304

咀嚼

當孩子十二至十五個月大在不斷地嘗試固體食物後，仍無法或拒絕從食用泥狀或過濾過的嬰兒食品轉換到質地較粗的食物時，則必須進一步地檢查孩子的狀況。當咀嚼時，孩子用臼齒表面磨碎食物；若食物一直停留在孩子的口腔前方，則孩子可能無法有效率地咀嚼食物。在孩子應發展出食用固體食物的能力後，吃固體食物時若仍持續出現咳嗽的情況，則必須要注意了。不良的口腔動作控制，如腦性麻痺或唐氏症兒童出現的吐舌頭情形（圖7.16），在孩子不自主地作出舌頭伸出動作時，會將食物從嘴巴中吐出，但其動作可能成為有目的地將食物吐出。孩子無法將食物送回嘴巴以進行吞嚥動作，且伴隨著舌頭向前吐出的情形，可能會造成過多食物流失。

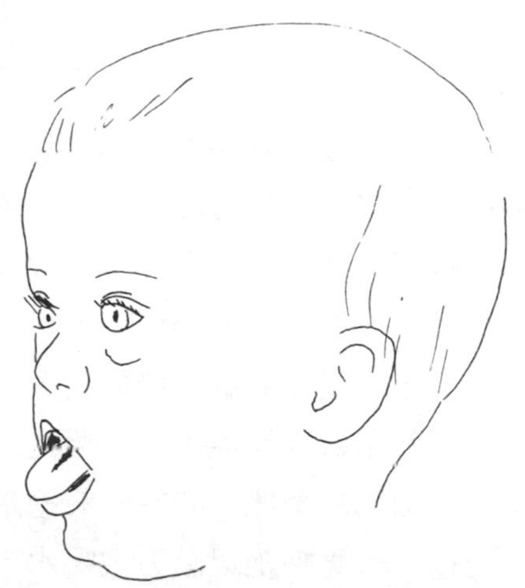

圖 7.16　唐氏症兒童吐舌頭的情況
資料來源：經 Jean Patz 同意使用。

孩子可能沒有將食物移到側邊、並置於臼齒間咀嚼、然後將食物移到口腔後方吞下的能力。持續性作嘔可能表示過度作嘔反射（hyperactive gag reflex），該反射動作常見於中樞神經系統功能不佳的兒童。持續對於含有塊狀或固體食物產生負面反應（如：哭泣、轉頭或將食物吐出），可能表示孩子對於食物的強烈偏好。然而，該拒絕動作可能代表著如：孩子無法忍受食物之觸感的口腔過度敏感問題或口腔動作功能不佳等更嚴重的問題。口腔不對稱地移動，可能是如同半身麻痺痙攣患者，身體一側之動作功能不佳的症狀，其徵兆包括：笑的時候臉部表情不對稱（uneven smile）、哭泣時嘴巴姿勢不對稱、持續地將食物留在嘴巴中的一側。口腔動作問題的另一徵兆為孩子和父母所展現的壓力情況。

用湯匙餵食 305

持續以下顎緊扣的方式咬住湯匙，可能是**強直性咬合反射**的徵兆，該反射為觸覺過度敏感的一種形式（Morris & Klein, 2000），強直性咬合反射是因觸碰到牙齦或牙齒而產生的強烈且難以鬆開的咬合，而該種非典型的反射會干擾餵食進行。父母可能不自覺地因嘗試將湯匙拉出孩子緊閉的嘴巴，而激發了孩子的強直性咬合。因成熟遲緩或神經性損傷所導致之嘴唇無法閉合，會影響孩子利用上唇將湯匙上食物抿走的動作。

用杯子喝水

Morris 和 Klein（2000）討論了造成用杯子喝水困難的不同因素。這些因素包括：引發在杯子上產生原始吸吮形式的口腔動作遲緩；可能導致不良口腔動作控制的非典型張力；和導致口腔過度敏感的感覺處理異常。一般而言，當孩子開始用杯子喝水時，會漏灑一些水。一歲之後，若仍出現過度漏灑液體的情形，可能是下顎穩定度、舌頭控制，或唇部閉合等發展不佳的徵兆。當喝水時總是咳嗽，可能是液體嗆入肺部的徵兆。若在一般適齡的發展階段讓孩子以杯子喝水，而孩子一直拒絕以該方式喝水，且父母亦表示擔憂，則孩子可能伴隨著口腔動作功能不佳、口腔過度敏感、發展遲緩或抗拒行為等問題。職能治療師或語言治療師應進一步地檢查，以評估造成這些問題的原因。

在一歲大後，當用杯子喝水時，灑漏出過多液體，可能表示孩子有口腔動作的問題。

特殊需求幼兒的口腔動作發展

腦性麻痺

腦性麻痺的孩子常出現許多阻礙進食所需之主動和非主動的動作控制。這些特徵包括：非典型的姿勢和口腔張力；非典型的動作；持續的原始姿勢反射（如：不對稱頸張力反射）和口腔反射（如：作嘔、尋根和吸吮反射）；感官損傷（過度不敏感或過度敏感）；咽部疾患（pharyngeal involvement）（其會導致嗆入）；或導致逆流的食道疾患（esophageal involvement）。

口腔內部的低張情況會造成口腔動作的限制（如張嘴困難），且干擾兒童的進食動作。口腔不對稱和非典型口腔動作形式包括：吐舌、**下顎前凸（jaw thrust）**、強直性咬合反射，及嘴唇回縮等情形，如此造成進食時間長且食物攝取量不足。成熟的口腔動作（例如：因咀嚼所需而將舌頭獨立地放在一側等動作）可能尚未發展出來。

下顎前凸為一非典型、用力地將下顎的下半部伸展出來，該動作將干擾食用食物時所需的嘴巴閉合動作。

口腔內部低張的情況可能導致口腔動作遲鈍，張嘴（open-mouth）的姿勢造成嘴唇無法在杯緣、奶嘴或乳頭、或湯匙上閉合，因而導致流口水，及食物和液體漏灑的現象。口腔肌肉張力低的孩子，到達吃質地較粗之食物的年齡範圍後，可能仍停留在只吃質地較細的食物。舌頭伸出（tongue protrusion）和吐舌頭（ton- 306
gue thrust）阻礙了食物的攝取，及引導液體和固體食物後續吞嚥的動作。

如同手足徐動型腦性麻痺的孩子擁有不同或變動的肌肉張力，其可能出現不自主、不受控制、與進行之活動無關的（extraneous）口腔動作。孩子伴隨著維持動作的困難，如：在奶嘴或乳頭，或杯緣上維持嘴唇閉合。因缺乏頭部和軀幹的穩定，所以孩子很難在餵食的時候維持身體靜止和穩定。因不自主的動作，故會產生較頻繁的吐舌或下顎前凸的動作。

唐氏症

唐氏症孩子出現心智遲緩、肌肉張力低和口腔敏感等遲緩現象。不當的姿勢控制可能導致頭部過度伸展，因而影響吞嚥時的安全。因肌肉張力低或如心臟功能異常（associated heart abnormalities）等其他健康狀況所產生的虛弱現象，可能導致嬰兒出現吸吮不佳的狀況。張嘴的姿勢和吐舌的動作，會導致過度流口水和食物攝取不足的情形。當孩子漸漸長大，食用質地較粗食物的咀嚼能力遲緩，及不良的湯匙餵食和用杯子喝水等技能則變得更為明顯。

自閉症

因非典型的觸覺、味覺和嗅覺處理，自閉症童的飲食可能限於食用某些食物和特定材質的食物。自閉症童可能對於溫度、味道、觸碰、口味、聲音和移動等感官出現過度敏感的狀況（Kientz & Dunn, 1997），並造成兒童用餐時的問題。

在餵食時，過度的感官刺激可能造成孩子發脾氣、出現刻板行為或無法集中注意力（withdrawal of attention）。在餵食時的不良溝通可能包括：對照顧者沒有反應、侷限於單純一問一答的對話（limited turn-taking vocalizations）、無法表達需求，及缺乏和照顧者維持互動的能力。動作計畫的缺陷使得這些孩子更難學習使用餐具。**皮卡症**為患者會食用不能食用物品[17]的病症，其可能由於自閉症孩子伴隨著味覺認知損傷，故此症常見於自閉症患者（Van Bourgondien, 1993）。

唇裂或顎裂

唇裂或顎裂的孩子因未閉合裂縫所導致的不良口腔壓力，故產生吸吮困難。在縫合裂縫的手術完成前，孩子可能出現鼻腔逆流（nasal regurgitation）、空氣嚥下症（air swallowing）、噎到和嘔吐等情形。

視力差

視覺損傷的孩子用餐時，當他們覺得自己無法控制週遭環境時（如：他們無法看到照顧者拿著湯匙接近他們），則可能出現行為問題。他們可能拒絕食用他們看不到的新食物。因為無法確定餐具或盤中食物的所在，故自我進食技能可能出現遲緩現象。

307

脊髓脊膜膨出

當脊髓脊膜膨出兒童伴隨著**Arnold-Chiari氏畸形**之大腦異常時，則可能出現口腔控制不佳的情形。該變異狀況源於腦幹疝脫，因而導致「吞嚥遲緩和噎到」（Batshaw, 1997），及「嘔吐」的情形（Morris & Klein, 2000）。

先天性愛滋病

罹患愛滋病（後天免疫系統不全症）的兒童可能出現週期性、長期性腹瀉；發育不良（failure to thrive）；體重輕；類似於在腦性麻痺章節中所描述之神經性問題的漸進式口腔動作控制功能不佳；及鵝口瘡[18]。

---

[17] 譯者註，指食用錢幣、泥土、面速力達母藥膏等。

[18] 譯者註，簡言之即為口腔長黴，成因通常為嬰兒經過產道時感染母親陰道附近的念珠菌所致。

學習障礙

部分學習障礙的兒童在用餐時間會出現輕微的口腔動作問題，特別是口腔運動障礙。不良的動作計畫，使孩子在抓握餐具和協調地使用餐具上出現困難，因而可能影響孩子的自我進食技能，孩子會使用手抓食物進食，以避免使用餐具，父母則可能會認為孩子在用餐時間顯得邋遢且伴隨注意力不佳的問題。

口腔動作評量的策略

口腔動作問題由職能治療師和語言治療師進行評估。

早期療育從業人員可能是第一個發現他們所服務的兒童有口腔動作問題。在這種情況下，他們會轉介兒童去作評估。口腔動作發展由接受過典型和非典型口腔動作發展訓練的職能治療師或語言治療師負責作評估。螢光鏡吞嚥測驗（Video-fluoroscopic swallow）研究藉由放射學釐清如嗆入和胃食道逆流等問題。其他重要之評估吞嚥異常的團隊成員包括：小兒科醫師、腸胃科醫師、神經科醫師、耳鼻喉科醫師、物理治療師、整形外科醫師、胸腔內科醫師和放射科醫師（Arvedson & Lefton-Greif, 1998）。

可經由醫療和營養紀錄收集評量前（preassessment）資訊，亦可再與主要照顧者進行深入訪談，以瞭解他們對於孩子進食能力的關切。在口腔動作評估期間，治療師觀察父母餵食孩子的情形、注意餵食的方法、照顧者和孩子間的溝通、餐具的種類和擺設、兒童食用的食材，及使用的設備。治療師可能後續會再餵食孩子，並評估吸吮、吞嚥、咀嚼、用湯匙餵食和用杯子喝水等典型和非典型的感官和動作層面，同時亦注意用餐時間兒童的行為。不同評估口腔動作技能的評量工具包括：《臨床嬰兒餵食評估》（Clinical Feeding Evaluation of Infants）（Wolf & Glass, 1992）、《用餐時間評量指引和發展性餵食前調查表》（Mealtime Assessment Guide and Developmental Prefeeding Checklist）（Morris & Klein, 2000）、《前語言評量量表》（Pre-Speech Assessment Scale）（Morris, 1982）和《口腔動作／餵食等級量表》（Oral Motor/Feeding Rating Scale）（Jelm, 1990）。當評估完成後，治療師即可與孩子、父

308 母、教育人員，和餵食團隊[19]（feeding team）等一起擬訂處置計畫。該計畫描述了口腔動作技能的品質和孩子於進食環境中的需求。

口腔動作療育的策略

當為伴隨著影響進食之口腔動作控制不佳的孩子提供療育方案時，早期療育團隊包括：父母、醫師、早期療育從業人員、職能治療師或語言治療師、營養師和護理師。口腔動作專家將描述孩子、照顧者和設備等的姿勢與位置；功能性進食工作包括：吸吮、吞嚥、咀嚼、用湯匙餵食和用杯子喝水；飲食食材的調整；和提供適當的設備。從適當的專業人員處獲得有關引起孩子過敏的食物和吞嚥時可能出現的意外狀況（irregularities）等相關諮詢亦是必要的。

兒童的姿勢

若必須抱著孩子才能進行餵食，則必須讓孩子的身體儘量維持端正直立的姿勢，且頭部稍微彎曲。餵食者必須支撐著孩子，讓孩子的手臂能向前伸展，且孩子的臀部維持約九十度的彎曲（圖7.17）。餵食者必須將孩子的頭置於手肘彎曲處，如此才能積極地移動餵食者的手臂，以對抗因痙直型腦性麻痺而引發姿勢張力增加，以致孩子僵直的頭部過度伸展。餵食者亦能作出跨腳姿勢以形成供孩子坐的椅子，如此能讓孩子的臀部成彎曲狀，以抵抗非典型的伸展。

---

[19] 譯者註，此處「餵食團隊」依其上下文，應該並非指真的有個專門負責巡迴餵食之團隊，亦非指像社福機構的專門照護保母，而應是包含小兒科醫師、特教老師、耳鼻喉科醫師、語言治療師、營養師等專家所組成之評量其餵食相關問題的專業團隊。

圖 7.17 一個爺爺抱著他的小孫子餵奶，爺爺用手臂支撐著孫子的頭，且讓孫子的手臂往前放，並支撐著孫子呈現彎曲的臀部。這孩子罹患嚴重的四肢麻痺痙攣型腦性麻痺

資料來源：經 Jean Patz 同意使用。

餵食者的姿勢 309

餵食者的姿勢亦很重要。一般而言，餵食者必須坐在孩子的正前方，而非側面（圖 7.18），且必須在孩子眼神可正視到的地方，以促進平衡及減低非典型原始反射的影響。在餵食時，食物的餐盤則放在餵食者餵食時所用的那隻手的方向，以方便舀取食物，另外餵食者亦必須確認自己舒適地坐在椅子上。

圖 7.18 不當地將湯匙從側面接近孩子，如此引發四肢痙攣型腦性麻痺兒童的不對稱頸張力反射。餵食者應直接坐在兒童前面，且是在孩子眼神注視的位置，以促進較正常的張力和成功餵食的姿勢

資料來源：經 Jean Patz 同意使用。

吸吮

在執行任何嬰兒吸吮問題的相關方案計畫前，必須先釐清醫療議題。療育計畫必須描述所使用的設備種類，以促進孩子能從奶瓶執行較有效的吸吮動作。奶嘴的特質，如：種類、構造、尺寸和液體流動的難易度等皆必須評估。有許多不同的奶瓶可供選擇，例如：市面上販售的彎頭式奶瓶（angled-neck bottles），能讓孩子處於較端正姿勢時進行餵食，因而降低空氣的吸入量及減輕頭部過度伸展的情況。若有特殊姿勢可能表示，是可增進從乳頭或奶瓶吸吮所需之頭部處於身體中間（neutral）或稍微向前彎曲的姿勢。口腔促進技能，如支撐下顎（圖 7.19），應可於吸吮時提供較佳的口腔穩定度。

吞嚥

吞嚥功能不佳者的療育方案應由專精於口腔動作評估和療育的專業人員來設計。對於嗆入液體的孩子而言，療育方案的設計範圍應從增加孩子食物或液體食材的濃稠度，到使用胃造口管餵食均是，不論孩子伴隨著何種問題，早期療育從業人員均應非常熟悉調整方式。Johnson 和 Scott（1993）已發展出控制流口水之評估與療育方案的資源指引。

310 圖 7.19 提供予吸吮能力不佳嬰兒的下顎支撐。當食指和大拇指支撐著嬰兒臉頰時，中指的側面支撐著下顎

資料來源：經 Jean Patz 同意使用。

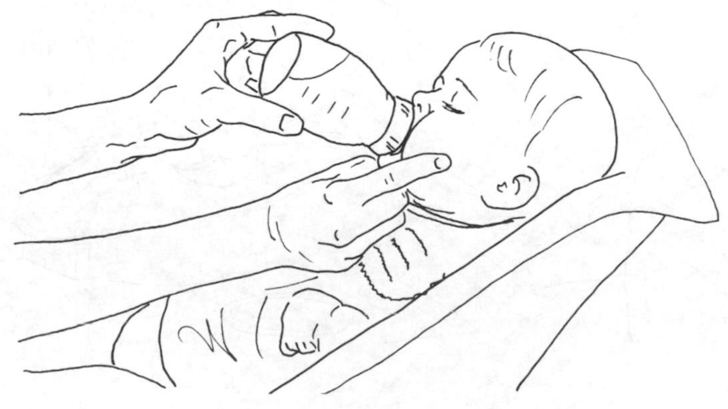

咀嚼

孩子很容易被小塊的食物噎到；因此當給材質較粗的食物予發展中的幼兒時務須謹慎，建議可向接受過口腔動作評量和療育等訓練的專業人員請求諮詢。咀嚼需要舌頭、下顎、嘴唇和臉頰的協調性移動，因咀嚼具有複雜性，使伴隨著嚴重口腔動作問題的孩子可能無法習得該項技能，因此必須調整給予孩子的食物。療育方案描述了阻礙正常咀嚼的因素，如：吐舌、舌內縮（tongue retraction）、下顎推出、強直性咬合反射、唇內縮（lip retraction）、下顎穩定度不足（instability）、口腔過度敏感等（Morris & Klein, 2000）。

材質特殊的食物對於伴隨口腔動作困難的孩子而言，可能是一大挑戰。

改變食物的材質可能會促進咀嚼發展。孩子應先食用材質較細的食物，如不需咀嚼的麥片粥，及過濾過或磨碎的食物，再食用較濃稠的嬰兒麥粉、米粉、脫水水果片和帶有塊狀物質、軟質的食物等（Morris & Klein, 2000）。當孩子已發展到開始使用口腔處理小塊食物的階段時，則可食用如全麥粉薄餅等入口即化的食物。很脆的食物，如穀片（cereal bits），在啃咬食物時便會發出聲音，這可能會讓孩子覺得有趣；然而這些食物根據其大小不一，可能容易讓孩子噎到，因此需要特殊處理技巧，以協助伴隨著口腔動作困難的孩子接受，並利用口腔處理材質較粗的食物，特別是對出現口腔過度敏感的兒童而言，忍受材質較粗的食物將是重大的挑戰。

治療師能幫助訓練療育從業人員和父母習得口腔動作技巧。 311
餵食者必須注意餵食與姿勢的感官和本體覺等要素，在觸碰孩子時，餵食者必須對於觸碰孩子那隻手的溫度很敏感，且必須注意施力的大小，例如：在使用口腔控制技巧時則需注意上述事項。冰冷的手可能嚇到孩子，輕輕的觸碰對於觸覺敏感的孩子仍可能惹來孩子的厭惡（noxious），而強而有力的觸碰可能限制了必要的下顎動作，因此，建議應執行適度的觸碰。

食物的材質

與食物食材有關的主要目標為，孩子能嘗試且接受適合其發展階段的食物材質。對父母而言，最主要的目標是，他們能準備符合孩子口腔動作能力的適當食物。為特殊需求兒童調整食物材質和液體食物的濃度，是執行完整口腔動作和咽喉評估之職能治療師或語言治療師的責任，而治療師在提出建議前，常向小兒科醫師和營養師尋求諮詢。療育從業人員必須知道哪些食材會被建議給孩子食用。

用湯匙餵食

適當地讓湯匙接近孩子的方法，可促進較正常的頭部姿勢和讓孩子更易於執行吞嚥動作。當以湯匙餵食孩子時，餵食者應坐在孩子的前面，且是孩子眼睛可直視的地方，以促使孩子能將頭部置於身體中線的位置，並降低頭部過度伸展的情形。當餵食者拿湯匙從下巴以下的位置靠近孩子時，則孩子會稍微往下看，進而讓下巴向頸部方向縮攏（chin tuck）。此外，將湯匙儘量靠近孩子是很重要的，如此孩子能主動地讓下巴縮攏，而非讓下巴往前伸出，以靠近距離太遠的湯匙。餵食者等待孩子主動地將頭部稍微彎曲（下巴向頸部方向縮攏），以將湯匙上的食物抿乾淨。湯匙要平行地從孩子的嘴巴伸進去和拿出來，以增進嘴唇合閉，而非採湯匙向上傾斜並以孩子的嘴唇抹去湯匙上的食物（wiping the spoon）之方式，該湯匙向上傾斜方式會使孩子嘴唇在湯匙上主動閉合的動作成為不必要。

上述方式對於伴隨著強直性咬合反射的腦性麻痺孩子亦有助益，因為該湯匙接近孩子的方式，預防了湯匙從嘴巴移開時對牙齦或牙齒的刺激。當孩子出現強直性咬合反射時，餵食者應避免將湯匙拉出孩子的嘴巴，因該動作將會更強化孩子的反射動作，相反地，餵食者應等待孩子放輕鬆，為說明該問題，治療師可示範降低一般姿勢張力的有效方法予餵食者參考，因為這些孩子對於感覺刺激會出現過度反應，故平和與安靜的餵食環境會有所助益，建議使用膠面匙（coated spoons）來保護孩子的牙齒和提供較柔軟的咬合表面。醫療器材公司提供許多種類的湯匙，以滿足伴隨著餵食問題孩子的需求，這些包括：膠面匙、淺碗式湯匙（shallow-bowled spoons）、直立式握把湯匙[20]（built-up-handled spoons）、加重型湯匙[21]（weighted spoons）、可彎折湯匙（adjustable-angle spoons）、附旋轉裝置的湯匙[22]（swivel spoons）、便於手掌垂直或平行抓握的湯匙（spoons with horizontal or vertical palm grips）。通用握持套（universal cuff）能作為拿握不同餐具的方法；這是一種環繞在手掌上附有口袋的黏扣帶，以協助患者適當地拿握餐具[23]。 312

用杯子喝水

在正式開始訓練用杯子喝水前，建議先讓孩子在遊戲中使用杯子，如此孩子便看過也握過杯子。可使用一般原則來教導用杯子喝水的技能。適當的擺放杯子，以確保孩子不需等太久即可喝水，如此孩子便能開始執行吐舌的動作。餵食者倒入足夠的水到杯子裡，如此在將杯子靠近孩子嘴巴前，杯中的液體就已靠近杯緣了。通常建議使用**切口杯**以促進較正常的頭部姿勢，莉莉因在喝水時出現頭部過度伸展的傾向，如此使她很容易發生嗆入的危險，故讓她使用切口杯（圖 7.20）。切除部分杯子的杯口部分，如此在杯子傾斜提高時，讓鼻子有開放的空間，以預防頭部過度伸展。

切口杯是治療性設計的杯子，該種杯子杯緣的某部分被裁減掉，以期在喝水而杯子向上傾斜時，讓孩子的鼻子有開放的空間。該設計預防在喝水時的頭部過度伸展。

一開始可使用濃稠的液體，以減緩液體流入嘴中的速度，進而易於吞嚥。適齡的食物，如：過濾過的嬰兒果泥、米粉、泥狀的香蕉和優格等，皆可與液體混合，對於照顧者而言，準備適合孩子濃稠度的液態食物非常重要。

若兒童的問題與本章一開始莉莉的案例一樣，即張嘴姿勢的

---

20 譯者註，外型像是做擔仔麵或是做滷味的那種大瓢，它的柄與一般傳統湯匙不同，它的瓢與柄兩者是呈現垂直。

21 譯者註，即針對手會過度抖動的孩子而設計，採用不同材質而使湯匙變重，導致孩子抓握它時，因形同抓重物而減少抖動。

22 譯者註，指抓握湯匙的柄時，柄不動，卻可使扁圓弧形的湯匙面之方向轉動。

23 譯者註，使用者可將欲使用的湯匙、筆、梳子等用具插入握持套的口袋內，即可像手握著一般，去使用這些用具。

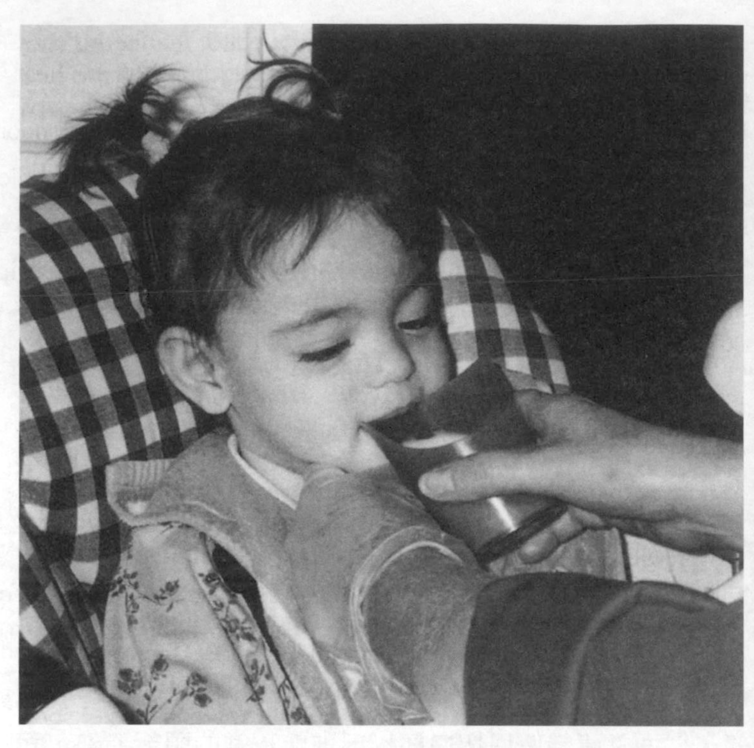

圖 7.20 當提供口腔控制時，將切口杯放在莉莉的下唇

問題時，可使用提供下顎控制的處理技巧。餵食者宜慢慢地將杯
313 子靠近孩子，以避免引發任何原始或非典型的口腔動作。杯口沒有切口的那面，也就是與切口面相對的那面，放在孩子下唇的中央部位而非牙齒的中間，當孩子第一次學習該技能時，慢慢地將水少量地倒入孩子口中，鼓勵孩子一次吸一口水；慢慢地增加倒入孩子嘴中的水量，以促進孩子連續性吞嚥動作。若需使用下顎控制技巧，餵食者需持續著下顎控制動作，直到孩子吞下液體為止，餵食者需持續觀察孩子的反應，以瞭解孩子執行該技能的情況。

希望父母能達到的目標是父母將能：⑴瞭解孩子口腔動作的強處和需求；⑵解決在療育課程外，孩子可能發生的餵食問題；⑶知道在哪裡可以尋求進食技能的資源；⑷教導其他家庭成員如何進行熟練的餵食；⑸以最有效率的方式適當地使用調整性設備；⑹準備符合孩子口腔動作能力的食物材質；⑺將口腔動作療育方案整合到日常生活中；及⑻在餵食過程中確認安全的議題。個案極短篇 7.1 說明了腦性麻痺兒童的口腔動作發展。

個案極短篇：7.1

小安

小安十一個月大時由小兒科醫師看診；在第一次的評估中，她被診斷為痙直型腦性麻痺、心智遲緩和發育不良。小安被轉介到早期療育服務。早期療育從業人員、職能治療師、物理治療師、語言治療師和父母一起執行了聯合評估，來決定小安的強項和缺陷。

小安的父母至為憂心，因為他們很難去餵、去抱，及安撫他們的女兒。小安體重過輕，母親表示小安總是耗費「無止境的時間」（forever）才能喝完一瓶奶——每次餵食皆超過四十五分鐘。當小安的舌頭伸到奶嘴時，她的「舌頭擋著嘴唇」（tongue was in the way），如此造成吸吮困難，小安的父母已嘗試了多種不同形狀、尺寸、材質的奶嘴，而最後採取在奶嘴上剪一個大洞的方式。根據報告，當把小安抱在母親的腿上進行餵食時，小安會週期性地出現「身體僵直」（stiffen up）現象，父母將該行為詮釋為拒絕的表現。對於小安而言，母親是最成功的餵食者；小安無法忍受由其他家庭成員來餵食。轉換到食用固體食物的過程亦非很順暢；對於食用塊狀的食物時，小安會嘔吐和咳嗽。母親還表示很難將湯匙插入小安的嘴中，因為她會咬著湯匙不放，且每湯匙通常會漏灑掉50%的食物。另外，當吞嚥時，小安會出現週期性的咳嗽。

因為小安的身體會倒向一邊，因此在以湯匙餵食時，她坐在彈跳椅（jumper seat）上，且父母將毛巾墊放在椅子上；當坐進彈跳椅時，小安顯得「僵直」，且肌肉張力增加，進而干擾進食。

在伸展觸碰時，小安的手會握拳，因此很難去抓握玩具。小安很難將手 314
放到身體的中線位置，且其中一隻手明顯地比另一隻手更僵硬，這種不對稱的情況在她一歲前即出現了。

在自我照顧領域中所關切的技能是穿衣和洗澡。當母親幫小安換尿布時，小安的腿會因為張力過高而雙腳交叉，且很難把腳拉開。小安也很難獨立地坐在浴缸內，因此替她洗澡亦成為一大挑戰。

職能治療師協助擬定小安於餵食、精細動作和自我照顧等領域的目標，其目標包括：適當的坐姿和被抱握時的姿勢；餵食、洗澡和遊戲的調整性設備；口腔動作處理技能；說明（address）影響功能性技能的姿勢之神經發展處置技能；及家庭教育。物理治療師和職能治療師教導早期療育從業人員有關小安坐在椅子上和父母腿上的調整性姿勢，以減輕非典型姿勢張力的影響。在用餐時不再使用彈跳椅，因為該設備誘發小安的原始姿勢反射，增加對進食有負面影響的一般姿勢張力。

因為小安會出現強直性咬合反射，故建議使用膠面湯匙。團隊建議父母不要使用金屬或塑膠材質的餐具，因這些餐具可能傷害小安的口腔或被小安咬斷。建議使用切口杯裝盛濃稠的液體，以避免喝水時頭部過度伸展。因使用奶瓶喝水會引發小安吐舌的動作，故漸漸地不再用奶瓶喝水，而試著用杯子喝水，在該轉換階段，亦向營養師尋求諮詢，以確保小安獲得適當的液體和卡路里。

治療師示範成功的口腔動作處理技巧給父母參考。父母取得了一些資源及腦性麻痺對於幼兒之影響的說明。其目標是儘可能給予父母足夠的資訊，以促使父母能瞭解為何他們的孩子會對於觸碰、移動和聽覺等出現負面反應。藉此方式，希望父母能瞭解小安出現的「推壓」（push away）動作，實際上是痙攣而非是拒絕親子互動所致。

調整性姿勢，如：側躺時的遊戲使小安更能在身體中線位置執行手部動作，且可減輕不對稱頸張力反射的影響。父母瞭解了他們如何透過輕柔地說話和慢慢地移動，來對小安的張力問題產生影響。

團隊建議使用附加軟墊和背部斜靠板的調整性沐浴椅，以提供小安坐在浴缸中的安全和預防父母施加的背部壓力。家庭方案已配合家庭的日常生活特別設計過，該方案以書面指導並附加插圖，讓父母可以和其他家庭成員分享，故他們可以一起協助小安，並讓小安在週遭環境中可發揮其功能。

調整性姿勢設備或方法是在功能性活動期間，由團隊所設計或建議採用之促進最佳姿勢的設備或方法。

經過了幾次的治療課程和家庭訪視，小安的父母表示用餐時間的狀況已好轉。小安的暴躁狀況已趨緩，且飲食情形亦改善了。父親已能餵小安吃東西，因此給予母親較多的喘息時間，家裡的用餐時間已變得較沒有壓力了。

自我照顧發展的一般階段 315

自我照顧的發展階段整理於表 7.5。

表 7.5　一般自我照顧發展的階段 317

年齡	自我進食	穿衣	如廁	睡覺	洗澡與梳洗
出生至三個月				一天睡十六至十七個小時，每次睡三至四個鐘頭	
六至十二個月	握著自己的奶瓶		包尿布（wears diapers）[24]	一天睡十三至十四個鐘頭	
	用手抓食物進食			一天會小睡幾次	
	開始敲打或玩湯匙 抓握湯匙的控制不佳 能用父母握著的杯子吸幾口水				
十二至十八個月	用湯匙；會灑漏食物 抓握湯匙時可執行內轉的動作	能與照顧者合作——將衣褲從手和腳拉出 會脫帽子、襪子、鞋子、連指手套	會表示尿濕	一天睡十二至十三個小時 一天內可能會小睡一次或兩次（每次一小時）	張嘴刷牙
	不熟練地將湯匙插入盤中舀取食物 用雙手將杯子拿近嘴巴，灑漏一些水 用吸管吸吮	戴帽子 試著穿鞋 解開衣服前面的釦子	一歲時能規律的排便	可能不待在搖籃內	
十八至二十四個月	在湯匙靠近嘴巴前轉動湯匙 舀取食物，灑漏一些食物 握住杯子，灑漏一些液體	脫掉外套、衣服和褲子 會穿鞋子，但也會穿錯腳 拉動較大的拉鍊	表示想上廁所	每天睡十二至十三個小時 一天可能會小睡一次 晚上可能睡十一個鐘頭	試著清洗身體 試著擦鼻子
二至三歲	自己進食；灑漏少許食物	能獨立脫衣；脫掉套頭衣服和洋裝	以口頭表示想上廁所	二至五歲間每天可能睡十一至十三個鐘頭	能執行不夠完整的刷牙活動

（續）

[24] 譯者註，這裡英文原著確係此意思，但實則零到三個月以及十二個月以上小孩仍可能需包尿片。

表 7.5 （續）

318

年齡	自我進食	穿衣	如廁	睡覺	洗澡與梳洗
二至三歲	能自己握湯匙	解開鈕子	在白天時能控制大小便，但仍時有意外，需要他人提醒大小便	可能不需午睡	被告知時能擦鼻子
	用小的容器倒水	能扣一個衣服前面的大鈕子	需要成人協助穿脫褲子		在指導下能自己梳頭
	用一隻手握杯子，放開杯子不會漏灑出液體	協助下會穿短褲、鈕子在前面的襯衫和褲子			
三至四歲	開始像成人般抓握餐具	整理蝴蝶結、解開腰帶、解開衣服前面的拉鍊、解開衣服後面的子母鈕	在晚上能控制小便		能自己洗手和身體
	從大茶壺倒水	扣大顆鈕子	試著自己擦屁股		不需他人提醒即會擦鼻子
	用叉子叉東西；用刀子塗抹食物	正確地穿上外套、洋裝、套頭上衣、靴子和襪子	在如廁時可自己穿脫衣服		
	可獨立進食且漏灑很少食物，甚至不會漏灑食物	在指導下能自行整裝完畢	能自己到浴室		
四至五歲	用刀子切軟質的食物 會點菜	拉下衣服後面的拉鍊	能完全獨立地如廁		刷牙
		扣襯衫或外套的鈕子	能自主地控制小便		
		拉起前面的拉鍊 拉緊鞋帶及黏貼鞋子的黏貼帶、鞋子穿對腳			

（續）

表 7.5　（續）

年齡	自我進食	穿衣	如廁	睡覺	洗澡與梳洗
四至五歲		繫腰帶 知道衣服的前面和後面、衣服是否穿錯面；將衣物的反面拉出來			
五至六歲		繫鞋帶	大部分兒童早晚皆能控制小便	一天睡九至十一個鐘頭	能自己洗臉
		拉起衣服後面的拉鍊	能自行擦屁股		
六至七歲	喜歡用叉子更勝於湯匙	打蝴蝶結			能自己擦鼻子和鼻涕
	不用紙巾	扣衣服後面的鈕子			

資料來源：Adapted from Eisenberg, Murkoff, & Hathaway (1994); Haley, Coster, Ludlow, Haltiwanger, & Andrellos (1992)；Henderson (1995); Hunt, Lewis, Reisel, Waldrup, & Adam-Wooster (2000); Morris & Klein (2000); Shepherd, Procter, & Coley (1996).

自我進食的發展階段

用奶瓶喝水（牛奶）

用奶瓶自我進食包括孩子約四至五個月大時，可獨立用兩手握住奶瓶，並用奶瓶喝水（或牛奶）。孩子會發展出用一隻手抓握奶瓶。根據 Morris 和 Klein（2000）所述，大部分一般發展的孩子，約在兩歲時就不再使用奶瓶。

用手抓取進食

用手抓取進食約於孩子九至十二個月大左右發展出來（Coley, 1978; Haley, Coster, Ludlow, Haltiwanger, & Andrellos, 1992; Parks, 1995）。一開始孩子以**手掌抓握**方式抓取如脆餅等的大物品，然後當孩子發展出**鉗狀抓握**（大拇指和食指）時，孩子則進展到可抓握像是小圈圈穀物（Cherrio）[25] 等的小物品，該情形表示，孩子的其他手指握拳以保持穩定狀態時，食指和大拇指亦能獨立地執行抓握動作。

使用湯匙

對大部分孩子而言，湯匙、叉子和刀子的功能性使用，約從兩歲到八歲間逐漸發展。

一開始孩子將湯匙當作玩具，用來敲打其他物品的表面。當孩子第一次用手掌抓握方式握住湯匙，並讓湯匙伸進食物時，即表示孩子開始適當地使用湯匙。在湯匙接近食物時，前臂會朝地面方向轉動（turned downward）（內轉）。在一歲半到兩歲間，孩子可獨立地舀取黏稠食物放進嘴巴，但會灑漏一些食物（Coley, 1978; Haley et al., 1992; Parks, 1995）。兩歲時，當前臂外轉的能力發展出來，孩子不需轉動湯匙而能將湯匙放入嘴中，且只有少量的食物會漏灑出來（Haley et al., 1992）。伴隨著成熟的抓握姿勢、手腕旋動和前臂外轉，孩子在二十四至三十個月大之間，能發展出較熟練之使用湯匙進食動作（Parks, 1995）。

使用叉子

用叉子叉食物時需要一些推向食物的力氣。在孩子約兩歲到兩歲半間會開始發展該技能；在兩歲半到三歲間能獨立地使用叉子叉食物；約到四歲半時孩子才能純熟地抓握叉子（Coley, 1978）。

使用刀子

用刀子塗抹食物需要雙側協調動作能力，孩子要一手穩定地拿著麵包，另一隻手用刀子執行塗抹食物的動作。為能進行有效的塗抹動作，必須執行前臂和手腕的旋動。對於孩子能執行塗抹食物之動作的發展年齡，Parks（1995）聲稱，孩子約在四歲半至

[25] 譯者註，這是美國常見的早餐食物，常泡在牛奶裡（泡久了會變軟）併食，樣子像縮到極小版的甜甜圈，此外亦可放在冰淇淋或沙拉中一同食用，或是當成零嘴直接抓取食用。

五歲半間會發展出塗抹食物動作；但是Haley 等人（1992）則認為，約在五歲至五歲半間才會發展出該技能；而Coley（1978）卻提出，必須到六歲至七歲間，孩子才能執行該動作。孩子會切割如三明治等軟質食物的能力；約在五歲至五歲半間發展出（Haley et al., 1992），約在五歲半至六歲半間會使用刀叉（Parks, 1995），而在七歲到八歲間即可使用刀子切肉（Coley, 1978）。

316

用杯子喝水

一般而言，約在六個月大時，孩子就有用杯子喝水的經驗。父親或母親握著杯子靠近孩子唇部讓孩子喝水，且通常在孩子下巴下方穿上圍兜，以防水漏出來。約在十二個月大左右，孩子已能握住杯子喝水，但會灑漏一些水。在兩歲時，孩子進展到用單手握杯子喝水，且漏灑出很少的水（Morris & Klein, 2000）。

用吸管喝水

Hunt、Lewis、Reisel、Waldrup和Adam-Wooster（2000）發現，在一小樣本中，大部分兒童能成功地使用吸管喝水的年齡為八至十二個月大之間。Morris和Klein（2000）將該種技能的早期發展，歸功於像是在速食店內用餐等較早接觸到用吸管喝水的經驗。

穿衣的發展階段

穿衣和脫衣是在孩子五歲時才會達到精熟的複雜活動。在孩子會獨立穿衣前，其必須會獨立地站或坐、要能協調地使用雙手、能做排序複雜的工作、有組織衣服的空間概念[26]（to organize clothing spatially）。大部分的穿衣工作中，在孩子能自己穿衣前，孩子學習脫衣，且在他們能扣緊釦子、拉鍊等裝備前，他們先要學會解

穿衣和脫衣通常在五歲後，動作才達到精熟。

26 譯者註，所謂「組織衣服的空間概念」是指孩子拿起衣服時，會正確判斷某一面是正面或背面，或者會知道袖子是要讓手穿進去的，且能知道該由哪一隻手伸進袖子裡穿，這些皆屬之。

開它們。孩子在一歲前，透過通常由照顧者執行之將衣褲從手臂或腳拉開的動作，來協助照顧者執行幫自己（孩子）脫衣的工作。約在十二個月大時，孩子已能將手臂或腳伸進衣褲內進行穿衣動作（Finnie, 1997）。在十八個月大左右，當孩子能有目的地脫掉帽子或襪子時，則開始發展獨立脫衣的動作。在兩歲至三歲間，孩子通常能脫掉沒有需要鬆開裝備（如釦子、子母釦等）的衣物。在三至四歲間，孩子能完成穿著不需扣拉閉合[27]的所有衣物（包括區辨衣服的正反面）。控制衣服扣拉閉合設計（fasteners）的能力，約在孩子兩歲能解開大釦子時開始發展，一直到六歲逐漸趨向精熟（Shepherd, 2001）。一般穿衣發展階段詳列於表 7.5。

如廁的發展階段

孩子能否獨立如廁的發展年齡，依文化和環境期望、孩子之生理和情緒的準備度、父母具備之如廁學習的知識和所採的如廁訓練方式等，而有所不同（Shepherd, 2001）。發展階段列於表 7.5。成功如廁訓練方案的起始應視孩子的準備度而定。準備就緒的徵兆包括：能以某種方式表示自己尿濕了、能持續一至二個小時不尿褲子、能控制排便、希望能保持乾爽及穿內褲、能遵從簡單指令、對如廁感興趣，及瞭解相關如廁概念（例如：濕與乾）（Eisenberg, Murkoff, & Hathaway, 1994）。同時，在孩子進入學校就學和參與社區方案時，孩子和家庭都必須先能讓孩子習得排便和尿尿的控制能力（Shepherd, 2001）。

319 特殊需求幼兒的自我照顧發展

有許多不同因素會對特殊需求幼兒的自我照顧發展產生負面影響。當任一種或多種因素結合出現時，則有許多行為可以顯示出自我照顧發展的問題。圖 7.21 為部分關鍵行為的一覽表。主要的特定功能領域包括：自我進食、穿衣和如廁。

---

27 譯者註：指不需執行拉拉鍊或扣釦子等閉合設計的衣服。

自我進食	影響自我進食的不良姿勢控制。 在十二個月大之後，仍無法執行用手指抓取食物的進食動作。 使用餐具的情形不佳（過度使用不成熟的抓握形式、雙手並用的能力差）。 拒絕使用適齡的餐具。 進食時凌亂或不整潔。 無法安靜端坐地進食。 強烈拒絕以手指抓取某些材質的食物來食用。
穿衣	影響穿衣的不良姿勢控制。 在期望發展的年齡內，未發展出適齡的穿衣技能。 不良的精細動作技巧（在期望發展的年齡時，仍不會扣釦子、拉拉鍊，或扣子母釦）。 無法忍受特定衣服的材質。 父母表示花費許久時間來教導如繫鞋帶等穿衣技能。
洗澡	在八個月大後仍無法獨立地坐在沐浴設備中。 使父母在執行將孩子抱進與抱出浴缸出現困難。 極度強烈地拒絕洗頭。 在期望發展的年齡時，仍無法自行進出浴缸。
如廁	當換尿布時，很難將孩子的腿拉開。 到達期望發展年齡時，仍無法獨立坐在馬桶上。 過了期望發展年齡後，仍無法獨立處理穿著。 大小便控制遲緩。
裝扮修飾	不良的精細動作技能，故無法抓握或使用如梳子、牙刷、毛巾和肥皂等梳洗工具。 「討厭」剪頭髮。
睡覺	持續在睡覺時間大發脾氣。 在嬰兒期過後，仍常常在夜晚醒來。 過度堅持睡眠時間或沒有固定睡眠時間。 在上床後，孩子對父母仍有過度依賴。 睡覺時肌肉沒有放鬆。 因非典型姿勢張力，故孩子躺在床上時，持續地產生不對稱的姿勢。

圖 7.21　可能出現自我照顧問題的徵兆

自我進食

將孩子原本握拳的手打開來執行手指抓取進食的動作，對伴隨著神經運動功能不良的孩子而言，是件困難任務。例如：罹患

320 痙直型腦性麻痺的孩子，因屈肌姿勢張力增加，因而手部握拳，如此使得孩子很難執行手部打開、旋動前臂以形成手心朝下和手心朝上的姿勢，或放開抓握住的東西等動作。

使用湯匙需要動作計畫和靈活的技巧。因腦性麻痺所引起之非典型姿勢張力，而造成抓握能力不佳的孩子，可能產生抓握和維持抓握湯匙等動作的問題，例如：手足徐動型腦性麻痺的孩子，其因非自主動作影響，故可能在維持抓握餐具和將餐具放入嘴巴等動作上發生困難，亦即孩子的身體持續地抖動（in constant motion），如此讓嘴巴成為移動的標的。伴隨著學習障礙和運動障礙的孩子，可能在使用餐具的運動計畫上發生困難，並在過了社會可接受年齡之後，仍使用手抓取食物進食。有些**感覺統合失調**的孩子沒有發展出慣用手，職是之故，當孩子發展出手部技能時，孩子總是左右手交替使用，因而很難發展出精熟的動作技能。心智遲緩的孩子因有限的認知能力，故在瞭解餐具的使用上亦可能出現遲緩現象。

感覺統合失調是因缺乏知覺神經或感覺接收異常，而無法組織或處理感覺訊息。

穿衣

非典型姿勢張力可能影響穿衣的姿勢；孩子可能無法忍受或維持穿衣的姿勢。半身麻痺型孩子身體的一側較為僵硬，如此使得孩子的患部側產生獨立穿衣的困難。不良精細動作控制會影響孩子操作衣服上釦子、拉鍊等扣合配件的能力。姿勢張力增加使得孩子很難將僵直的腳伸入褲管內，或將緊握拳頭的手戴上手套。精細動作計畫能力不佳的孩子可能出現繫鞋帶或區辨前後左右的困難。感官損傷的孩子可能會拒絕穿著特定種類或材質的衣服。

如廁

脊柱裂的孩子可能伴隨著無收縮性膀胱[28]（flaccid bladder）。故可能無法達成如廁學習。如廁「學習」（learning）vs.「訓練」

---

[28] 譯者註，此處“flaccid bladder”在國內有譯為「無收縮性膀胱」，亦有譯為「弛緩性膀胱」，各有相當之採用者，考量2005年（民國94年）第二次專技人員醫師高考之考科：「外科學㈠」第八十七題之題目係採前者之譯名，故本書於此處譯名乃採前者。

（training）強調，任何取向皆應採取以孩子為中心的學習經驗（Eisenberg et al., 1994; Mack, 1978）。若損傷部位在腰部以上，則療育方案可能有所助益（Shepherd, 2001）。**隱性脊柱裂（spina bifida occulta）**為一較不嚴重的脊柱裂類型，其亦會導致膀胱控制遲緩，但該種患者在如廁方案中可達到成功的如廁活動（Maizels, Rosenbaum, & Keating, 1999）。

動作損傷的孩子，因非典型姿勢張力和移動的限制，亦可能產生如廁問題。如前述，因痙直型腦性麻痺而產生腿部肌肉組織異常緊繃的嬰兒，可能在換尿布時無法張開腿部。伴隨著神經性損傷的孩子，因非典型張力而出現姿勢不穩的現象，因而使其無法輕鬆地獨立坐在馬桶上。手臂動作缺陷或動作範圍減少，可能阻礙了孩子在如廁時使用固定裝置輔具（fasteners）。

不當的父母期待，亦造成父母因孩子的如廁意外（accidents）和拒絕如廁學習，而使父母感到沮喪。早期療育從業人員可透過
瞭解父母的沮喪並提供相關資訊，以協助父母調整對孩子的期望 321
等，進而對於上述父母期待的議題產生正面效果。

自我照顧評量的策略

自我照顧評量著重孩子於自我進食（用手指抓取進食、使用餐具、使用奶瓶或杯子）；穿衣〔脫衣、穿衣、解開釦子或拉鍊等扣合設計，和定向性（directionality）[29]〕；如廁（大小便控制）；洗澡（洗手、臉和身體）；裝扮修飾（刷牙、梳頭）；及睡覺等發展項目的程度和獨立性。評估工具，如《夏威夷早期學習剖析圖》（Furuno et al., 1997; Parks, 1995）提供了判定孩子於自我照顧領域之能力的發展架構。

當孩子的姿勢和感官問題影響自我照顧工作且需要使用調整性設備時，早期療育從業人員將與職能治療師合作，例如：一個伴隨著有限動作範圍的孩子，如何在浴室中伸手抓取肥皂以執行

---

[29] 譯者註，此處定向性，指兒童對身體形象與位置的理解，及能辨別衣服前後的能力。

感官缺陷指對於正常的感覺出現過度敏感的狀況（即：孩子對於感覺輸入出現防禦性反應，而非出現區辨性反應）。

獨立洗手的工作？調整性設備（如輪椅等）是否能穿過浴室門及能在教室中移動？孩子需要什麼設備以增進自我照顧技能中的獨立性？感官要素（如：衣服或食物的觸感、環境中聲音的大小、燈光和氣味等），對伴隨**感官缺陷**之兒童在執行自我照顧工作上產生何種影響？

評量在文化脈絡中執行，其可透過回答下列問題來達成：孩子的飲食中通常何時加入固體食物？食物的限制為何？在用餐時間期望孩子有什麼樣的社交互動？各年齡層中應達到什麼樣的獨立程度？孩子穿著何種與評估者期望不同的服飾？在孩子所置身的文化中，如廁學習應何時及如何進行？孩子用什麼餐具用餐；如：湯匙和叉子，或筷子？若孩子通常使用筷子進食，則強調湯匙和叉子使用的療育方案計畫則顯得無意義。評估者在孩子的環境中觀察孩子，並儘可能地讓父母參與評量過程。

評估自我照顧技能的評量工具

《夏威夷早期學習剖析圖》為一課程本位、標準參照、專業間的評量工具（Furuno et al., 1997）。嬰兒和學步兒專用的 HELP 是家庭本位，且其是專為出生到三歲幼兒所設計的評量工具。而四歲至六歲的兒童可使用學齡前兒童專用的夏威夷早期學習剖析圖（Parks, 1995）。該測驗的內容包括：認知、語言、粗大動作、精細動作、社會情緒和自我協助等。自我協助領域著重於口腔動作發展、穿衣、獨立進食、睡眠狀況和行為、裝扮修飾和衛生、如廁，及居家工作的獨立性／責任等。評量結果以發展年齡層作為報告依據。

專為出生到八歲兒童設計的《貝特勒發展調查表》涵蓋了進食、穿衣、如廁和裝扮修飾等日常活動的評估（Newborg, Stock,
322 Wnek, Guidubaldi, & Svinicki, in press）。

由 Haley 和他的同事（1992）所發展的《小兒障礙評估調查表》（PEDI），是專為父母或熟悉孩子的臨床醫師所設計之結構化訪談為判斷基礎（interview-judgment-based）的標準化評估，該評量工具專門測量六個月至七歲間中重度動作損傷之孩子的三項領域能力（自我照顧、行動能力和社交功能），《小兒障礙評估調查表》亦描述了孩子所需之協助和調整的程度。自我照顧領域中包含七十三個項目，其中涵蓋了食物材質；餐具使用；裝水容器的使用；刷牙；梳頭髮；鼻腔照護；手、身體和臉的梳洗；穿脫套頭衣服、扣鈕子和拉拉鍊等扣拉設計、穿脫鞋子和襪子；如廁；及大小便控制等適應能力。

《兒童功能性獨立程度測量》（Functional Independence Measure for Children；簡稱 WeeFIM）為適用於功能程度（functioning）為六個月大至六歲間的生理障礙兒童（Hamilton & Granger, 1991），其中屬於自我照顧領域的測量包括：進食、穿衣、裝扮與修飾。

自我照顧評量和療育的科技使用

如第五章和第六章所述，當孩子伴隨生理損傷時，可能需要使用調整性設備。在採用設備前需考量孩子的生理和發展年齡，及使用設備的情境。在自我照顧領域中，部分調整性設備，如調整性餐具或**調整性馬桶椅**等，將在後續的圖 7.22、7.23、7.24 和 7.25 中描述。

附有周邊設備（如：托盤、固定裝備、靠墊、墊腳板等）的調整性馬桶座椅，在孩子如廁時，提供額外之軀幹和頭部的支撐。

如廁的科技使用

有一部分的一般兒童很快地學會獨立如廁，然而有些孩子則讓父母傷腦筋，他們需要花費較長時間才學會獨立如廁。至於障礙兒童則因其不利狀況，使得如廁學習更加困難。圖 7.25 列出用來增加獨立如廁能力的調整性設備。**遺尿警示器**是診斷孩子**夜尿症**（**nocturnal enuresis**）（亦即因深睡而在夜間尿床）的多種方式之一。此外亦有許多針對特殊需求兒童的診斷方式。執行全面評估可判定尿床是否因如：深睡、膀胱太小、神經性問題、尿量過多、家庭壓力或食物過敏等原因所造成（Maizels et al., 1999）。警示器只有在孩子被診斷為遺尿症時才使用，對於**尿失禁**的孩子則不適用。尿失禁表示孩子的尿道沒有發揮正常功能，當孩子在晚上尿濕時，警示器會發出聲音。該設備包括附著在孩子內褲外的潮濕感應器，及附著在孩子睡衣上靠近肩膀部位的警示器。若持續使用，全方位方案通常在幾個月內就會產生效果（Maizels et al., 1999）。

323 奶瓶	針對伴隨著非典型吞嚥狀況的孩子所使用之彎頭式奶瓶，其可降低頭部過度伸展和空氣吸入的情形。 特殊形狀的奶瓶、附著在奶瓶上的抓握器或調整性環圈，以促使孩子雙手並用。
湯匙	附旋轉裝置的湯匙，以滿足無法形成進食之手臂姿勢和動作的孩子之需求。 加重型湯匙可適用於伴隨著顫抖、手足徐動或感官異常的孩子。 右手或左手專用的彎曲型湯匙。 若孩子有強直性咬合反射或對溫度敏感，則可使用膠面匙以保護牙齒。 可彎式餐具可符合孩子需求的改變而作調整。 不同尺寸和形狀的湯匙（窄、寬、淺、深）可滿足孩子的需求和促進餵食者的舒適感。
杯子	利用切口杯，以防止頭部過度伸展及促進較正常的吞嚥動作。 用便於抓握和雙握把的杯子，以便於兒童抓握與操作。 讓孩子能易於轉換使用一般杯子的鴨嘴杯。若孩子出現吐舌的習慣，則不建議使用鴨嘴杯。 為滿足需要感官回饋的孩子和增加杯子穩定度所設計之加重型杯子。
盤子	有防滑底部的定杓盤，其盤緣較高且呈環型，以利孩子舀取食物。 附有吸盤的盤子，故孩子在舀取食物時，盤子不會移動。
吸管	不同寬度、長度和厚度的吸管，以協助增加孩子口腔的穩定度。
其他	附有把手的餐具以利於抓握。 為抓握能力不佳孩子所設計之附有直立式把手的餐具。 通用握持套，包括附著在套於手上之彈性黏貼帶的握持套設計，以作為無法抓握或抓握能力非常差之孩子的替代性抓握工具。 為伸手觸碰能力有限的孩子設計之握把較長的餐具。 專為無法持續抓握三明治的孩子所設計之三明治抓握器。 專為重度手臂疾患孩子所設計的 Winsford Feeder（餵食器），其可讓孩子藉由下巴控制的開關來啟動湯匙，以執行自我進食的活動。

圖 7.22　自我進食的調整性設備

相關資料取得：Sammons Preston (2003). *Pediatrics Catalog: Special needs products for schools and clinics*. Bolingbrook, IL: An Ability One Corporation.

自我照顧療育的策略

兒童自我照顧技能發展的療育取向包括：(1)發展性；(2)矯正性；(3)補償性；及(4)教育性等取向（Shepherd, 2001），這些取向可單獨或合併使用。在發展性取向中，以孩子的發展順序來教導兒童技能，兒童的生理和發展年齡成為技能發展的指引，該取向

釦子	黏貼式的釦子 324
	專為雙邊控制能力有限的孩子所設計之鈕釦鉤
	容易操作的大型釦子
	領釦延伸套（cuff and collar button extender）
拉鍊	為抓握能力不佳者設計之拉鍊鉤
	兩用鈕釦鉤
鞋帶	為手部靈活度不佳者設計之彈性或環狀鞋帶
	為只有一隻手的孩子所設計的鞋帶釦
	單手操作的綁鞋帶技巧
衣著	套頭上衣以減少釦子、拉鍊等扣合設計
	黏貼式或直接可套脫的鞋子
	用於褲子的彈性腰帶
其他	輕型穿衣輔助器
	為有限行動能力或身體虛弱者設計之褲子吊帶（pant clip）
	襪子和穿襪輔助器

圖 7.23　穿衣的調整性設備和修正

相關資料取得：Sammons Preston (2003). *Pediatrics Catalog: Special needs products for schools and clinics*. Bolingbrook, IL: An Ability One Corporation. (1-800-323-5547)

- 附有可拆式網狀結構之調整性座椅和靠背的躺椅，該躺椅有不同尺寸，且包括胸部、臀部、腿部等部位的固定帶和頭部支撐設計。 325
- 附有固定帶的沐浴支持座，其可調整高度，並適用於障礙程度較輕、且需要額外支撐以確保安全的孩子。該支持座支撐孩子的軀幹，故孩子可端坐在浴室中。
- 選擇性的沐浴柱（shower stands）。
- 長柄蓮蓬頭。
- 浴缸轉位座椅。

圖 7.24　洗澡的調整性設備

相關資料取得：Sammons Preston (2003). *Pediatrics Catalog: Special needs products for schools and clinics*. Bolingbrook, IL: An Ability One Corporation.

最適用於輕度障礙的孩子。矯正性取向聚焦於直接的療育方案，以強調阻礙習得自我照顧技能的欠缺要素。職能治療師或物理治療師將使用**神經發展性處置**來促進功能性技能發展，例如：調整非典型姿勢張力或**感覺統合**來矯正感統失調。如：莉莉想要在脫

- 馬桶椅面縮小環墊。
- 如廁調整性支撐、軀幹的支撐帶或為輕度障礙兒童所設計之附著在馬桶上的背部支撐設備。
- 可調式馬桶座椅，並附有配合兒童患部之可調式輔助配件。
- 如廁與沐浴的二合一座椅。
- 附有可調式的手臂支撐設備的如廁安全框架。
- 附有胸部固定帶之攜帶式小兒專用的便桶箱。
- 馬桶增高器。
- 為非常年幼及活動力強的孩子所設計之馬桶安全鎖。

圖 7.25 如廁的調整性設備

相關資料取得：Sammons Preston (2003). *Pediatrics Catalog: Special needs products for schools and clinics.* Bolingbrook, IL: An Ability One Corporation.

衣服的動作時增加自主性（help with undressing），然而因莉莉無法獨立端坐，且因非典型的姿勢張力，使得莉莉的手無法移到身體中線進行有效的伸手觸碰和抓握等動作，故莉莉無法做到脫衣服。治療師、父母和早期療育從業人員商量有關減低非典型張力和動作的處理技巧，如此莉莉才能參與脫衣服的動作。

補償性取向包括使用調整性設備以補償缺乏的技能。此外，Shepherd（2001）討論如何透過工作分析、個人協助、部分參與、逆向和順項鏈結（chaining）等，及使用口頭、姿勢或身體提示（physical prompts）等來將目標技能劃分為循序漸進的訓練活動。

教育性取向是其他療育方法的要素之一。療育從業人員與家庭、兒童和教育人員合作，以讓大家瞭解每個孩子的最佳學習形態。療育從業人員使用開放性的對話、示範，及清楚、簡明並可能附有插圖的書面資訊。為了要提供延伸閱讀或需求領域的特定協助，亦可建議父母採用額外的資源。

在評估和療育方案中，早期療育服務提供者將家庭的關切點作為首要考量，並與父母一起為孩子擬訂目標，由團隊成員分析養成孩子獨立性的阻礙，此外，亦應考量文化價值和實務操作，還有所擬訂的方案應配合日常的家庭和學校生活。

摘要

早期姿勢控制和粗大動作技能，是讓孩子成為獨立且不依賴照顧者，及最後成為自己的照顧者之必要工具。「自我」概念從為自己執行許多事情開始發展。精細動作和自我照顧能力幫助幼兒建立自尊。

精細動作、口腔動作和自我照顧等領域技能的療育方案，可能由許多專家來執行。在精細動作的發展上，團隊中的職能治療師可能是最具專業的成員。職能治療師或語言治療師應是進行口腔動作技能評量與方案計畫的最佳人選，然而，訓練孩子之精細動作和自我照顧技能的則是早期療育從業人員，且其應緊密地與父母和其他專業人員一起工作。為擁有成功的方案計畫，所有團隊成員間需建立良好溝通和相互尊重。

問題與討論 326

1. 將一張紙劃分為三個欄位，將其分別標上：腦性麻痺、唐氏症、自閉症。列出這些特殊需求兒童之精細動作和口腔動作發展的特質。
2. 列出幾個幼兒可能產生精細動作問題的徵兆。
3. 列出幾個幼兒可能產生口腔動作問題的徵兆。
4. 描述促進精細動作技能發展的五個策略。
5. 描述促進口腔動作技能發展的五個策略。
6. 討論教師在教室中，針對伴隨著感官處理問題之孩子的需求，能作出什麼調整。

推薦資源

推薦閱讀

自閉症

Janzen, J. (1999). *Autism: Facts and strategies for parents.* San Antonio, TX: Therapy Skill Builders.
Janzen, J. (2002). *Understanding the nature of autism: A practical guide* (2nd ed.). San Antonio, TX: Therapy Skill Builders.
Knight, J., & Decker, M. (1994). *Hands at work and play: Developing fine motor skills at school and home.* San Antonio, TX: Therapy Skill Builders.

穿衣

Klein, M. (1983). *Pre-dressing skills.* San Antonio, TX: Therapy Skill Builders.

家庭

Batshaw, M. (Ed.). (2001). *When your child has a disability: The complete sourcebook of daily and medical care.* Baltimore: Brookes.

腦性麻痺

Finnie, N. (1997). *Handling the young child with cerebral palsy at home* (3rd ed.). Woburn, MA: Butterworth-Heinemann.
Geralis, E. (Ed.). (1991). *Children with cerebral palsy: A parents' guide.* Bethesda, MD: Woodbine House.

安全

Miller, J. (1991). *The perfectly safe home.* New York: Simon & Schuster.

感覺統合失調

Arkwright, N. (1998). *An introduction to sensory integration.* San Antonio, TX: Therapy Skill Builders.
Ayres, A. (1979). *Sensory integration and the child.* Los Angeles: Western Psychological Services.
Inamura, K. (1998). *SI for early intervention: A team approach.* San Antonio, TX: Therapy Skill Builders.
Kranowitz, C. (1998). *The out-of-sync child: Recognizing and coping with sensory integration dysfunction.* New York: Berkley.
Roley, S. (2001). *Understanding the nature of sensory integration with diverse populations.* San Antonio, TX: Therapy Skill Builders.
Trott, M., Laurel, M., & Windeck, S. (1993). *SenseAbilities.* San Antonio, TX: Therapy Skill Builders.

如廁

Maizels, M., Rosenbaum, D., & Keating, B. (1999). *Getting to dry: How to help your child overcome bedwetting.* Boston: The Harvard Common Press.

Mack, A. (1978). *Toilet learning: The picture book technique for children and parents.* Boston: Little, Brown.

相關目錄

Pediatric Catalogs for Adapted Equipment

Achievement Products for Children. (2003). *Catalog.* Canton, OH. (**http://www.achievementproducts.org/index.html**).

Mealtime Catalog (2003). A resource for oral-motor, feeding, and mealtime programs. Faber, VA: New Visions (**http://www.new_vis5.com**)

Sammons Preston Rolyan. (2003). *Pediatrics catalog.* Bolingbrook, IL: AbilityOne. (1-800-323-5547)

Southpaw Enterprises. (2003). *Southpaw products catalog.* Dayton, OH: Southpaw Enterprises. (1-800-228-1698; **therapy@southpawenterprises.com**)

Sportime Abilitations. (2003). *Catalog.* Atlanta, GA. (**http://www.abilitations.com.**)

Therapy Skill Builders. (2003). *Assessment and therapy resources catalog.* San Antonio, TX: Psychological Corporation/Harcourt Assessment.

相關網站

人體工學和電腦使用

http://ergo.human.cornell.edu/cuweguideline.htm
http://www.kidstation.com/ergonomics/index.shtml
http://www.healthycomputing.com/kids/computers.html
http://www.askergoworks.com/cart_ergo_kids.asp

科技

AbleNet
http://www.ablenetinc.com
1-800-322-0956

Don Johnston
http://www.donjohnston.com
1-800-999-4660

Enabling Devices
http://www.enablingdevices.com
1-800-832-8697 327

IntelliTools
http://www.intellitools.com
1-800-899-6687

Tash Inc.
http://www.tashinc.com
1-800-463-5685

我們要感謝分享許多好故事的孩子，他們的家庭和老師；及感謝Betsy Cohen對個案研究提供專業意見；並感謝 Amy Fink 提供寶貴的校稿建議。

參考文獻

Arvedson, J., & Lefton-Greif, M. (1998). *Pediatric videofluoroscopic swallow studies.* San Antonio, TX: Communication Skill Builders.

Ayres, A. J. (1985). *Sensory integration and the child.* Los Angeles: Western Psychological Services.

Ayres, A. J. (1989). *Sensory Integration and Praxis Tests.* Los Angeles: Western Psychological Services.

Batshaw, M. (1997). *Children with disabilities* (4th ed.). Baltimore: Brookes.

Benbow, M. (1990). *Loops and other groups: A kinesthetic writing system.* San Antonio, TX: Therapy Skill Builders.

Benbow, M. (1995). Principles and practices of teaching handwriting. In A. Henderson & C. Pehoski (Eds.), *Hand function in the child: Foundations for remediation* (pp. 255–281). St. Louis, MO: Mosby.

Benda, C. D. (1969). *Down syndrome: Mongolism and its management.* New York: Grune & Stratton.

Berk, R., & DeGangi, G. (1983). *DeGangi-Berk Test of Sensory Integration.* Los Angeles: Western Psychological Services.

Bledsoe, N., & Shepherd, J. (1982). A study of reliability and validity of a preschool play scale. *The American Journal of Occupational Therapy, 36,* 783–788.

Bundy, A. C. (1997). Play and playfulness: What to look for. In L. D. Parham & L. S. Fazio (Eds.), *Play in occupational therapy for children.* (pp. 52–66). Baltimore: Mosby.

Bundy, A. (2002). Assessing sensory integrative dysfunction. In A. Bundy, S. Lane, & E. Murray (Eds.), *Sensory integration: Theory and practice* (2nd ed., pp. 194–196). Philadelphia: F. A. Davis.

Case-Smith, J. (1995). Grasp, release, and bimanual skills in the first two years of life. In A. Henderson & C. Pehoski (Eds.), *Hand function in the child: Foundations for remediation* (pp. 113–135). St. Louis, MO: Mosby.

Case-Smith, J. (2001). Development of childhood occupations. In J. Case-Smith (Ed.), *Occupational therapy for children* (4th ed., pp. 71–94). St. Louis MO: Mosby.

Case-Smith, J., & Bryan, T. (1999). The effects of occupational therapy with sensory integration emphasis on preschool-age children with autism. *The American Journal of Occupational Therapy, 53,* 489–497.

Case-Smith, J., & Humphrey, R. (1996). Feeding and oral motor skills. In J. Case-Smith, A. S. Allen, & P. Nuse-Pratt (Eds.), *Occupational therapy for children* (3rd ed., pp. 430–460). St. Louis, MO: Mosby.

Cermak, S. (1991). Somatodyspraxia. In A. Fisher, E. Murray, & A. Bundy (Eds.), *Sensory integration: Theory and practice* (pp. 138–161). Philadelphia: F. A. Davis.

Cole, K., Abbs, J., & Turner, G. (1988). Deficits in the production of grip forces in Down syndrome. *Developmental Medicine and Child Neurology, 30,* 752–758.

Coley, I. L. (1978). *Pediatric assessment of self-care activities.* St. Louis, MO: Mosby.

Connor, F., Williamson, G., & Siepp, J. (1978). *Program guide for infants and toddlers with neuromotor and other developmental disabilities.* New York: Teachers College Press.

Cox, R. D. (1993). Normal childhood development from birth to five years. In E. Schopler, M. E. VanBourgondien, & M. M. Bristol (Eds.), *Preschool issues in autism* (pp. 39–57). New York: Plenum Press.

DeGangi, G. A., Breinbauer, C., Roosevelt, J. D., Porges, S., & Greenspan, S. (2000). Prediction of childhood problems at three years in children experiencing disorders of regulation during infancy. *Infant Mental Health Journal, 21,* 156–176.

Dunn, W. (1999). *Sensory Profile.* San Antonio, TX: Psychological Corporation.

Dunn, W. (2000). *The Infant/Toddler Sensory Profile.* San Antonio, TX: Psychological Corporation.

Edwards, S., & Lafreniere, M. (1995). Hand function in the Down syndrome population. In A. Henderson & C. Pehoski (Eds.), *Hand function in the child: Foundations for remediation* (pp. 299–311). St. Louis, MO: Mosby.

Eisenberg, A., Murkoff, H., & Hathaway, S. (1994). *What to expect the toddler years.* New York: Workman.

Erhardt, R. (1994a). *Developmental hand dysfunction: Theory, assessment and treatment* (2nd ed.). San Antonio, TX: Therapy Skill Builders.

Erhardt, R. (1994b). Erhardt Developmental Prehension Assessment (EDPA), Revised. Tucson, AZ: Therapy Skill Builders.

Exner, C. (2001). Development of hand skills. In J. Case-Smith (Ed.), *Occupational therapy for children* (4th ed., pp. 289–328). St. Louis, MO: Mosby.

Finnie, N. (1997). *Handling the young child with cerebral palsy at home* (3rd ed.). Woburn, MA: Butterworth-Heinemann.

Folio, M. R., & Fewell, R. R. (2000). *Peabody Developmental Motor Scales* (2nd ed.). Chicago: Riverside.

Furuno, S., O'Reilly, K., Hosaka, C. M., Inatsuka, T. T., Allmann, T., & Zeisloft, B., (1997). *Hawaii Early Learning Profile.* Palo Alto, CA: VORT Corporation.

Gesell, A., & Amatruda, C. (1947). Developmental

diagnosis. New York: Harper & Row.

Gesell, A., & Ames, L. E. (1947). The development of handedness. *The Journal of Genetic Psychology, 70,* 155–175.

Goodgold-Edwards, W., & Cermak, S. (1989). Integrating motor control and motor learning concepts with neuropyschological perspectives on apraxia and developmental dyspraxia *American Journal of Occupational Therapy,* 44, pp. 431–439.

Grandin, T. (1995). *Thinking in pictures.* New York: Doubleday.

Gutman, S. A., McCreedy, P., & Heisler, P. (2002). The psychosocial deficits of children with regulatory disorders. *OT Practice, 7,* CE4–CE8.

Haley, S. M., Coster, W. L., Ludlow, L. H., Haltiwanger, J. T., & Andrellos, P. J. (1992). *Pediatric Evaluation of Disability Inventory.* Boston: New England Medical Center Hospital Inc., and PEDI Research Group.

Hamilton, B., & Granger, C. (1991). *Functional Independence Measure for Children (WeeFIM).* Buffalo: Research Foundation of the State University of New York.

Harris, L. J., & Carlson, D. F. (1988). Pathological left-handedness: An analysis of theories and evidence. In D. L. Molfese & S. J. Segalowitz (Eds.), *Brain lateralization in children: Developmental implications.* (pp. 289–372). New York: Guilford Press.

Healthy Computing for Kids (n.d.) Ergonomics for kids: Computers. Retrieved June 6, 2003, from http://healthycomputing.com/kids/computers.html.

Henderson, A. (1995). Self-care and hand skill. In A. Henderson & C. Pehoski (Eds.), *Hand function in the child: Foundations for remediation* (pp. 164–183). St. Louis, MO: Mosby.

Hunt, L., Lewis, D., Reisel, S., Waldrup, L., & Adam-Wooster, D. (2000). Age norms for straw-drinking ability. *The Transdisciplinary Journal, 10,* 1–8.

Jelm, J. (1990). *Oral Motor/Feeding Rating Scale.* Tucson, AZ: Therapy Skill Builders.

Johnson, H., & Scott, A. (1993). *A practical approach to saliva control.* Tucson, AZ: Therapy Skill Builders.

Jones, V., & Prior, M. R. (1985). Motor imitation abilities and neurological signs in autistic children. *Journal of Autism and Developmental Disorders, 15,* 37–46.

Kientz, M., & Dunn, W. (1997). A comparison of the performance of children with and without autism on the Sensory Profile. *American Journal of Occupational Therapy, 51* (7), 530–537.

King, L. J., & Grandin, T. (1990). *Attention deficits in learning disorder and autism: A sensory integrative treatment approach.* Workshop presented at the Conference Proceedings of the Continuing Education Programs of America, Milwaukee, WI.

Klein, M. (1990a). *Pre-writing skills* (Rev. ed.). San Antonio, TX: Therapy Skill Builders.

Klein, M. (1990b). *Pre-scissor skills* (3rd ed.). San Antonio, TX: Therapy Skill Builders.

Knox, S. (1997). Development and current use of the Knox Preschool Play Scale. In L. D. Parham & L. S. Fazio (Eds.), *Play in occupational therapy* (pp. 35–51). St. Louis, MO: Mosby.

Levine, K. (1995). *Development of pre-writing and scissor skills: A visual analysis* [Videocassette]. San Antonio, TX: Therapy Skill Builders.

Levine, M. (1987). *Developmental variation and learning disorders.* Cambridge, MA: Educators Publishing Service.

Linder, T. W. (1993). *Transdisciplinary play-based assessment: A functional approach to working with young children.* Baltimore: Brookes.

Logemann, J. (1998). *Evaluation and treatment of swallowing disorders* (2nd ed.). San Diego, CA: College-Hill Press.

Long, C., Conrad, P., Hall, E., & Furler, S. (1970). Intrinsic-extrinsic muscle control of the hand in power and precision handling. *Journal of Bone and Joint Surgery, 52–A,* 853–867.

Lopez, M. (1986). *Developmental sequence of the skill of cutting with scissors in normal children 2 to 6 years old.* Unpublished master's thesis, Boston University.

Lovaas, O. I., Newsom, C., & Hickman, C. (1987). Self-stimulatory behavior and perceptual reinforcement. *Journal of Applied Behavior Analysis, 20,* 45–68.

Mack, A. (1978). *Toilet learning: The picture book technique for children and parents.* Boston: Little, Brown.

Mailloux, Z., & Roley, S. S. (2001). Sensory integration. In H. M. Miller-Kuhaneck (Ed.), *Autism: A comprehensive occupational therapy approach* (pp. 101–132). Bethesda, MD: American Occupational Therapy Association.

Maizels, M., Rosenbaum, D., & Keating, B. (1999). Getting to dry. How to help your child overcome bedwetting. Boston, MA: Harvard Common Press.

McHale, K., & Cermak, S.A. (1992). Fine motor activities in elementary school: Preliminary findings and provisional implications for children with fine motor problems. *American Journal of Occupational Therapy, 45* (8), 701–706.

McManus, I. C., Ski, G., Cole, D. R., Mellon, A. F., Wong, J., & Kloss, J. (1988). The development of handedness in children. *British Journal of Psychology, 6,* 257–273.

Meltzoff, A., & Gopnik, A. (1993). The role of imitation in understanding persons and developing a theory 329
of mind. In S. Baron-Cohen, H. Tager-Flusberg, & D. J. Cohen (Eds.), *Understanding other minds: Perspectives from autism* (pp. 335–366). New York: Oxford University Press.

Miller, L. J., Reisman, J., McIntosh, D., & Simon, J. (2001). An ecological model of sensory modulation: Performance of children with Fragile X syndrome, autistic disorder, attention-deficit/hyperactivity disorder, and sensory modulation dysfunction. In S. Smith Roley, E. Blanche, & R. Schaaf (Eds.), *Understanding the nature of sensory integration with diverse populations* (pp. 57–79). San Antonio, TX: Therapy Skill Builders.

Miller, L. J., & Roid, G. H. (1994). *Toddler and Infant Motor Evaluation (TIME).* San Antonio, TX: Psychological Corporation.

Missiuna, C., & Polatajko, H. (1995). Developmental dyspraxia by any other name: Are they all just clumsy children? *The American Journal of Occupational Therapy, 49,* 619–627.

Morris, S. (1982). *Pre-speech Assessment Scale: A rating scale for the measurement of pre-speech behavior from birth to 2 years.* New Jersey: J. A. Preston.

Morris, S., & Klein, M. (2000). *Pre-feeding skills: A comprehensive resource for mealtime development.* San Antonio, TX: Therapy Skill Builders.

Mulligan, S. (2002). Advances in sensory integration research. In A. Bundy, S. Lane, & E. Murray (Eds.), *Sensory integration theory and practice* (2nd ed., pp. 400–401). Philadelphia: F. A. Davis.

National Center for Education Statistics. (2000). *Internet access in public schools and classrooms: 1994–99.* Washington, DC: U.S. Department of Education, Office of Educational Research and Improvement.

Nehring, A., Nehring, E., Bruni, J., & Randolph, P. (1992). *Learning Accomplishment Profile-Diagnostic Standardized Assessment.* Lewisville, NC: Kaplan Press.

Nelson, D. L. (1984). *Children with autism.* Thorofare, NJ: Slack.

330 Newborg, J., Stock, J. R., Wnek, L., Guidubaldi, J., & Svinicki, A. (in press). *Battelle Developmental Inventory–Revised.* Chicago: Riverside.

Parham, D., & Ecker, C. (2002). Evaluation of sensory processing. In A. Bundy, S. Lane, and E. Murray (Eds.), *Sensory integration: Theory and practice* (2nd ed.), pp. 194–196). Philadelphia. PA: F. A. Davis.

Parks, S. (1995). *Inside HELP: Administration and reference manual for the Hawaii Early Learning Profile (HELP).* Palo Alto, CA: VORT Corporation.

Rapin, I. (1988). Disorders of higher cerebral function in preschool children. Part II: Autistic spectrum disorder. *American Journal of Diseases of Children, 142,* 1178–1182.

Ray, T., King, L., & Grandin, T. (1988). The effectiveness of self-initiated vestibular stimulation in producing speech sounds in an autistic child. *Occupational Therapy Journal of Research, 8,* 186–190.

Reeves, G. D., & Cermak, S. A. (2002). Disorders of praxis. In A. Bundy, S. Lane, & E. Murray (Eds.), *Sensory integration: Theory and practice* (2nd ed., pp. 71–95). Philadelphia: F. A. Davis.

Rosenbloom, L., & Horton, M. (1971). The maturation of fine prehension in young children. *Developmental Medicine and Child Neurology, 13,* 3–8.

Schneck, C., & Battaglia, C. (1992). Developing scissor skills in young children. In J. Case-Smith & C. Pehoski (Eds.), *Development of hand skills in the child* (pp. 79–89). Rockville, MD: American Occupational Therapy Association.

Schneck, C., & Henderson, A. (1990). Descriptive analysis of the developmental progression of grip position for pencil and crayon control in nondysfunctional children. *The American Journal of Occupational Therapy, 44,* 890–893.

Shepherd, J. (2001). Self-care and adaptations for independent living. In J. Case-Smith (Ed.), *Occupational therapy for children* (4th ed., pp. 489–527). St. Louis, MO: Mosby.

Shepherd, J., Procter, S., & Coley, I. (1996). Self-care and adaptations for independent living. In J. Case-Smith, A. Allen, & P. Pratt (Eds.), *Occupational therapy for children* (pp. 461–501). St. Louis, MO: Mosby.

Shumway-Cook, A., & Woollacott, M. H. (2001). *Motor control.* Philadelphia: Lippincott Williams & Wilkins.

Siegel, B. (1996). *The world of the autistic child.* New York: Oxford University Press.

Spitzer, S., & Roley, S. (2001). Sensory integration revisited: A philosophy of practice. In S. Smith Roley, E. Blanche, & R. Schaaf (Eds.), *Understanding the nature of sensory integration with diverse populations* (pp. 3–27). Tucson, AZ: Therapy Skill Builders.

Struck, M. (1996). *Assistive technology in the schools. AOTA self-paced clinical course.* Rockville, MD: American Occupational Therapy Association.

Tan, L. E. (1985). Laterality and motor skills in four-year-olds. *Child Development, 56,* 119–124.

Thelen, E., Corbetta, D., Kamm, K., & Spencer, J. (1993). The transition to reaching: Mapping intention and intrinsic dynamics. *Child Development, 64,* 1058–1098.

Van Bourgondien, M. E. (1993). Behavior management in the preschool years. In E. Schopler, M. E. Van Bourgondien, and M. M. Bristol (Eds.), *Preschool issues in autism* (pp. 129–145). New York: Plenum Press.

Volkmar, F. R., Cohen, D. J., & Paul, R. (1986). Classification and diagnosis of childhood autism. *Journal of the American Academy of Child & Adolescent Psychiatry, 25,* 190–197.

VORT Corporation. (1995). *HELP for Preschoolers.* Palo Alto, CA: Author.

Watson, L. R., & Marcus, L. M. (1986). Diagnosis and assessment of preschool children. In E. Schopler & G. Mesibov (Eds.), *Social behavior in autism* (pp. 285–303). New York: Plenum Press.

Williamson, G. G., & Anzalone, M. (1997). Sensory integration: A key component of the evaluation and treatment of young children with severe difficulties in relating and communicating. *ZERO TO THREE, 17,* 29–36.

Witt, B., & Klein, M. (1990). *Prepare: An interdisciplinary approach to perceptual-motor readiness.* San Antonio, TX: Therapy Skill Builders.

Wolf, L. S., & Glass, R. P. (1992). *Feeding and swallowing disorders in infancy.* Tucson, AZ: Therapy Skill Builders.

8

認知發展

Warren Umansky

章節大綱

- 認知技能的範圍
- 皮亞傑的認知發展理論
- 皮亞傑的發展階段
- 其他發展理論
- 發展模式與認知處理模式間的關係
- 影響認知發展的因素
- 認知發展和特殊需求兒童
- 促進認知發展

開麗

333 開麗是一個四歲的腦性麻痺兒童，她參與區域性教會所舉辦的學前融合班級。開麗的老師將教室塑造成多重感官的氣氛。孩子透過操作和體驗學習活動的成果來學習。

繪畫中心有不同尺寸且可讓孩子畫畫的紙箱。這些紙箱後來成為每個孩子的個人儲物空間或吊在天花板吊飾。

開麗能使用藍色和金色的顏料享受畫圖時間。在紙箱上的某些地方，藍色和金色的塗料被混在一起形成鮮豔的綠色。老師問開麗：「這是什麼顏色？」開麗回答：「這是綠色。」老師笑著問開麗：「你怎麼會有綠色的顏料？」開麗看著裝著藍色和黃色顏料的容器，且開麗明亮的眼睛反射出他們背後正在進行之規劃細膩的活動。

334 若不經意地觀察四歲孩子遊戲，可能會因孩子行為的差異性和強度而感到困惑。生活中似乎充滿著不同物品、簡單問題激發出有趣的嘗試性解決方案、且新發現的技能以不同方式重複出現和運用。新生兒呈現另一種圖樣——白天嬰兒幾乎都在睡覺，其動作顯得自然又隨機，而其溝通方式只有哭泣和安靜。

一般兒童早期所出現的轉變就像一場精彩的芭蕾舞表演般令人興奮。獲得新技能和使已習得的技能更為精煉，是大腦較高層級建立了控制及孩子已發展成具有認知能力之個人等的證據。

認知比其所涵蓋之許多過程的名詞更難以定義。認知描述心智活動及其他讓我們瞭解及參與周邊事物的行為。認知發展的基礎是個人將物品和事件轉化為可儲存在大腦之符號形式的能力。發展中的思考者（thinker）能儲存逐漸複雜和抽象的資訊，且能以不同方式操作資訊。協助兒童獲得、儲存和處理資訊的能力（facility）亦與語言、社交能力及有目標的動作技能等產生密切關聯。因為該原因，測量認知能力的智力測驗中得分較低的孩子，在其他發展領域亦出現遲緩現象。

本章檢視了幼兒認知發展過程及障礙對認知的衝擊。透過瞭解孩子外顯的行為如何反應出心智過程的真實情況（unfolding），人們較能詮釋孩子的表現，且藉以籌劃適性的方案計畫。本章以提供孩子促進認知發展之經驗的建議和原則作為總結。

認知技能的範圍

我們透過五種感官來接收訊息：視覺、聽覺、味覺、嗅覺和觸覺。將資訊與我們過去所累積的經驗聯結起來稱為**知覺能力**（**perception**），而知覺能力是有意義的感受。在認知發展的較高層級，即**邏輯性思考**（使用有意義資訊作決定和解決問題的能力）出現。邏輯性思考顯示了概念性技能。

知覺能力是我們的感官和經驗的聯結。

縱使是新生兒，認知基礎亦很明顯。在出生時，孩子展現了知覺技能的不同面向（repertoire），該技能在孩子出生後的前幾週和前幾個月快速擴展。出生後不久，嬰兒短暫地專注於視覺刺激（因為被強烈對比的形式所吸引，故嬰兒通常是專注於母親的眼神和臉），且甚至會在短距離內追視移動的物體。嬰兒聞到強烈的味道時，會把頭轉向另一邊、用不同的吸吮方式來吸吮不同味道的液體，及以安靜來回應特定形式的聲音。表 8.1 羅列了兒童早年發展期間，大部分一般兒童所出現的知覺技能。

我們會對於幼兒的能力感到印象深刻，其在九個月中，從兩個細胞（cells）的組合（fusion），進展到複雜且有能力的有機體。在九個多月大時，孩子能區辨環境中的資訊，且記得少部分有意 335
義的經驗。孩子似乎認得照顧者、期待餵食時間，及展現對於特定食物種類和材質的偏好。在孩子第十八個月到滿二十七個月大間（during the third 9 months），孩子記得較多經驗，開始對人和事作記號（attaching labels），且對於相似刺激能作出精確的區辨，並形成口語語言的基礎。例如：十八個月大的孩子無法對顏色命名，但他對於不同顏色保有內在記號（internal labels），如此讓孩子能區辨不同顏色。Vygotsky（1962）描述了該記號系統所呈現的內在語言，其是孩子以逐漸複雜方式來操作資訊的方式。孩子不再被事物的外在特質所主導，因而懷疑看似很堅固之裝冰箱的紙箱可能是空的，且可成為遊戲的好所在。孩子抱持著現實（temporal）的概念，其通常想要現階段出現的東西而不願等待。當太

表 8.1
一般知覺技能

視覺	聽覺	觸覺	嗅覺	味覺
定位	方位	區辨	方位	區辨
追視	聽覺記憶	形態	區辨	
		溫度		
		材質		
		力道		
深度知覺能力	區辨：			
	聲音			
	說話			
區辨：				
形式				
顏色				
形狀				
大小				
視覺記憶				
影像背景[1]				

陽開始下山，天色漸晚時，孩子期待媽媽下班回家。孩子的空間意識和將新舊資訊結合在一起的能力，使其能想出一些可能辦法來取得放在冰箱上面的餅乾罐，並試著利用最可能成功的方式來取得餅乾罐。在嬰兒時期，空間和時間概念對孩子而言太過抽象故無法理解，而在十八個月大後，孩子的狀況與嬰兒期相較下，有很大改變。孩子將所有不同的書貼上「書」的記號，他們知道有許多不同種類的四腳動物，且其能將積木以顏色、形狀或材質來分類，在此時，孩子亦展現了分類概念，反應出孩子的認知技能又向前跨了一步。

當孩子漸漸長大時，知覺技能發展得較精鍊，且整合到更高階層的思考過程。例如：在紙上隨意塗鴉的畫圖發展，反應了與該模式相類似的情形。皮亞傑和Inhelder（1969）描述了孩子出現該概念性發展階段的獨特成果：

1 譯者註，其原文為“figure ground”指圖形或形狀等的背景，藉由該背景能凸顯圖形或形狀的立體感、特定角度或形成其他視覺效果等。

孩子獲得、儲存和操作資訊的能力，與孩子的語言、社交技能和有目的之動作技能等有密切關係

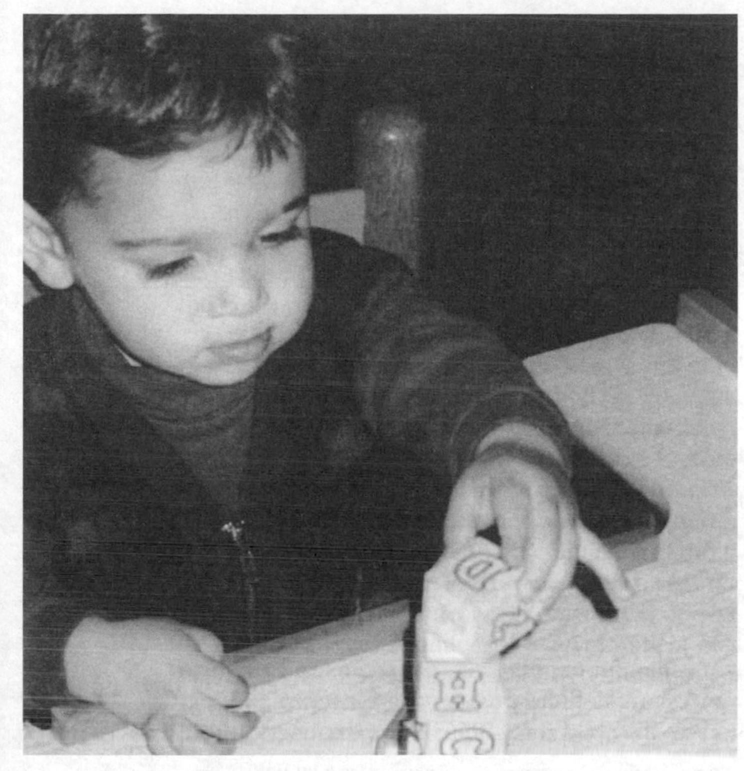

> 在檔案紀錄中所看到的臉將有第二種樣貌（a second eye），因為一個人有兩隻眼睛，或以一個騎馬者而言，除了看得見的那隻腳外，透過馬匹可看到另一隻腳。相同的，如果馬鈴薯種在土裡，人們就會看到它在土裡，否則馬鈴薯是被人吃進肚子裡。（pp. 64～65）

孩子發展中的語言亦反應出認知技能的擴展（expanding range）。孩子先將環境中有意義的聲音加以分類，其亦必須使用聲音的差異來鑑別和儲存文字，以利後續的辨認和語言的生產（Ferguson, 1978）。一開始習得的文字是傾向對人、熟悉物品的命名，及如：這裡、停、不見了和更多等功能性用語，這些字彙成為十二個月至十八個月大兒童的主要口語語言。在一歲半到兩歲間，孩子將字彙串聯起來，其顯示了孩子能呈現物品與事件間關係的能力。有研究認為孩子在單字表達階段所瞭解的句型結構，比其能展現出的口語能力多很多。因短期記憶和口腔動作控制的限制，

在許多領域中，幼兒看似能處理比他們所能展現出之能力更為複雜的資訊。

孩子無法運用知識。

在豐富、多樣性語言的環境中，孩子口語語言的長度和複雜度將增加，孩子在說話中所選用的字彙會成為表達個人想法的方式，皮亞傑用許多他和孩子的談話作為認知發展理論的基礎。

337 皮亞傑的認知發展理論

皮亞傑提出了完整的兒童認知發展如何進展的理論。皮亞傑將發展視為，當孩子修改心智結構，展現處理新經驗時之日趨複雜的技能。

所有兒童皆有相同的發展順序，但發展的速度卻不相同。

發展是一持續過程，且不同孩子有不同發展速度，但發展有一定順序。如同蓋房子，必先打地基，然後進行外部結構工程、接管線、水電及最後處理內部牆面，而認知發展亦遵循著有次序、不變的進展。許多針對障礙兒童的研究已證實，障礙兒童的發展速度比非障礙兒童慢；然而，視覺損傷（Celeste, 2002; Fraiberg, 1975）、心智遲緩（Kahn, 1976; Silverstein, McLain, Brownless, & Hubbey, 1976; Weisz & Zigler, 1979）、聽覺損傷（Best & Roberts, 1976）及腦性麻痺（Tessier, 1969～1970）等兒童的發展順序皆已被證實與一般兒童相同。

皮亞傑使用**基模**這名詞，作為認知結構中，負責維持孩子對於物品和經驗的內在表徵。當兒童體驗了不同事物、接收新的感官輸入，且必須以新的方式回應時，則兒童形成了新的基模或修正舊的基模。當孩子發展時，孩子以更複雜的心智結構來組織新經驗，例如：透過基模的協調，孩子能將行為類化到新的情境。伸手觸碰一個看似有趣的玩具，應可被視為視覺、伸手觸碰和想要一個熟悉物品等基模之協調下所產生的動作。

皮亞傑描述了孩子適應環境中嶄新或獨特之需求的兩個過程。

同化是兒童以現有的基模來詮釋新資訊的過程。

在**同化**（assimilation）中，孩子以本身既有的基模來詮釋新經驗。例如：若孩子的基模中，會飛的事物只有鳥，則他可能將所有會飛的事物誤認為鳥。若有人曾告訴孩子，某一四隻腳的動物為馬，則孩子可能把所有四隻腳的動物都當作「馬」。這些過度類化的情形，反應了兒童如何以已具備的有限經驗和資訊為基礎來看待世界。第二個過程幫助孩子讓他們對事物的觀感（perspective）更趨近現實。透過**調適**（**accommodation**），孩子的基模根據經驗作修正。給孩子看風箏或飛機，或描述風箏、飛機和鳥的差異，孩子擴展本身對於會飛事物的基模，以囊括新資訊。孩子亦可能開始擴展其既有的鳥類相關資訊，其中並包括了不同類別的鳥類。

在適應中，兒童按照新經驗所獲得的資訊來修正現有的基模。

與環境的互動幾乎總會包括同化和調適。在兒童早期，兒童透過將新經驗融入他們的理解中來改變世界。之後，世界透過改變孩子的理解，以符合現實狀況來改變兒童。認知結構或基模的改變，終其一生不斷產生。

幼兒以事物的物質特性來確認環境（the world）的特徵，也就是，孩子無法理解一個大盒子可能是空的或裝滿東西的；孩子僅依照盒子的表面特質來作判斷（perceive）。這些知覺印象常提供孩子錯誤訊息。當孩子與環境有較多互動時，他可能就較不會侷限於事物的物質特性。孩子應會以事物如何被運用及事物的組 338
成要素等為基礎以建構概念，且孩子運用事物和經驗間較明確的差異來解決問題及作出合乎邏輯的決定。

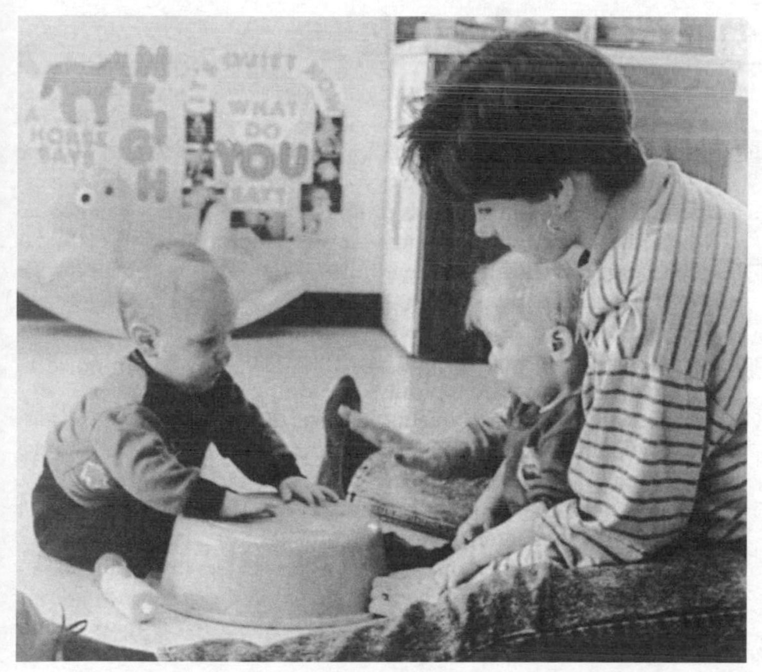

在早期的認知發展中，孩子被事物表面的特質所牽引著。之後，事物以其所呈現和所代表的樣貌而變得有意義

發展的組織系統

透過平衡原則，孩子修正其對世界中經驗的理解，以達到平衡（balance）狀態。

質的改變註記著（mark）兒童認知能力的發展。皮亞傑將**平衡原則**（**principle of equilibrium**）描述為，當孩子尋求與環境互動的平衡時，促進改變的機制之一。藉由同化與調解而得之新經驗的組織和適應，孩子達到穩定或平衡的狀態。

皮亞傑以期間和階段來呈現孩子的重要發展成就。此外，比起改變發生的特定年齡，皮亞傑更強調改變的順序。該情形解釋了為何我們常常發現，障礙兒童的發展處於與較年幼幼兒認知發展相關的期間。對該發展形態的覺察為幼兒認知發展（congnitively young child）的方案計畫提供了有價值的指引方向。

認知發展的前兩個期間：**感覺動作期**和**前運思期**描述了孩子從出生一直到七或八歲之心智年齡的進化。**具體操作期**和**形式操作期**描述了年齡較長兒童的心智過程。後續兩個發展期間超越了本書的範圍；然而，有興趣的讀者可參閱皮亞傑的早期著作（如：Piaget & Inhelder, 1969）。

339 皮亞傑的發展階段

感覺動作期

孩子最早的行為本質上是反射的；孩子憑藉著對所發生事物的少許瞭解，以對於相同刺激做出相同的動作反應。嘈雜的噪音或突然的移動嚇到孩子。在嘴巴周圍的刺激引發了孩子的尋根或吸吮反應。在感覺動作期，心智的運作從明顯和原動性（motoric）轉變成部分內在化的。孩子努力地去瞭解世界。孩子開始思考感官資訊，且從許多的選擇中選出一個回應。孩子能適當地將許多刺激加以分類，經驗透過調適的過程，讓孩子可辨識許多特定刺激的獨特性，然而在該期間，某些人和物品對孩子的生活扮演重要的角色。

孩子也會確認自己促使事情發生的能力。孩子可能故意將湯匙丟向地上，然後看著湯匙往下掉。他可能一再地重複該動作，且為自己具有操作事物的權力及該動作激發父母的反應而感到興奮。

在該期間，最重要的改變之一為**物體恆存概念**（**object permanence**）的發展，即：知道縱使物品不在自己的視線內，但其依舊存在（Baillargeon, 1987; Schutte & Spencer, 2002）。敏銳的觀察者會注意到，當一個年紀很小的幼兒將一個會產生連續聲音的玩具丟出搖籃時，孩子會短暫哭泣，但孩子卻不會想要找回該玩具。然而，約在滿週歲時，孩子會在他認為玩具掉落的地方尋找玩具。當物品不在視線內時，孩子仍記得物品的存在，其情形表示孩子已將物品的象徵性代表（symbolic representation）內在化了。縱使沒有感官影像，孩子仍留存著該象徵性影像，該心智操作過程是孩子認知發展中最重要的里程碑。物體恆存概念在感覺動作期有順序地逐漸展現出來，如同表 8.2 所述。

物體恆存概念要求孩子維持物品之象徵性代表的記憶，因而縱使該物品不在視線內，其影像卻能持續地存在。

反射階段

認知發展在孩子一系列無變化的反射行為中展開。大腦皮質依舊未發展成熟，故讓較低階層的中樞神經系統主導感覺動作的執行。孩子通常沒有受到刺激即會產生幾乎沒有區辨的吸吮、尋根、抓握和驚嚇等反應，例如：縱使沒有奶嘴，孩子仍會吸吮。皮亞傑觀察到，當特定價值的基模產生時，孩子就會傾向去執行
動作，該過程稱之為**功能性同化**，其使兒童的行為更為精煉，並 340
開始將該行為延伸到其他情境中，甚至是孩子吸吮大拇指的動作，該動作於孩子待在子宮內即可看到，此亦是基模延伸的情形之一。

表 8.2　物體恆存概念的習得階段

年齡	行為
零至四個月	不會主動地尋找不在視線內的物品
四至八個月	尋找被部分遮蓋的物品
	猜想從眼前消失物品的去處
八至十二個月	尋找看到被藏起來的物品
十二至十八個月	尋找藏在看得到之不同地方的物品
十八至二十四個月	透過重新編排順序，尋找藏在看不到之不同地方的物品

識別性同化（recognitive assimilation）亦很早出現，當孩子開始區辨物品以決定哪些物品是符合特定基模，而哪些不是時，就出現了認識性同化，例如：當孩子肚子餓時，他會選擇奶嘴，而不選擇其他可吸吮的物品。

嬰兒進入這個世界，準備接收和分辨不同感官資訊。技能的精煉發展得很快，新生兒的探索和與環境的互動反應了原始行為、不成熟的神經系統和確保孩子生存的基模。這些經驗提供建構較複雜認知結構的基礎及準備讓孩子成為自己行動的主導。

原始循環反應（primary circular reactions）

該認知發展階段的特徵為，孩子嘗試著重複反射性或偶然性的動作，我們稱這些動作為**原始**，因為它們侷限於包括孩子身體的基本動作，而**循環**指的是這些動作會一再重複。嬰兒尚不會創造（initiate）新動作，若嬰兒偶然地將大拇指放進嘴巴，他可能會一再地試著重複該活動。透過適當地放置他的手和頭，在多次的失敗經驗（misses）後，嬰兒可以達到該任務。透過調適，孩子修正自己的基模，直到他能更精確地重複特定動作為止。

兒童在該時期亦開始展現預測（anticipatory）行為。縱然當新生兒的嘴唇接觸到奶嘴或乳頭時，其會開始進行有目的的吸吮，但在該階段的兒童只要處於餵食相關的姿勢時，兒童就會開始執行吸吮動作。

在該階段出現了幾個其他重要的跡象，這些跡象皆意味著孩子對週遭刺激的警覺性愈來愈強。將近三個月大時，一般孩子開始會注視聲音來源的方向，其對於不同的視覺刺激亦有不同的回應，新奇和複雜的物品或圖片比孩子較熟悉的事物更能吸引孩子注視的時間和慾望。透過感覺的整體協調而進行環境中新奇刺激的持續探索，促使嬰兒開始發展環境結構的基模（Parker, 1993），該情形成為聯結新資訊與舊有經驗，且進一步修正基模過程的基礎。上述過程是認知運作（functioning）的基礎，且在感覺動作期的第三階段變得更為精煉。

繼發性循環反應

許多父母宣稱，嬰兒期中最令人愉悅的階段約在孩子四至八個月大之間。在該時期，寶寶的注意力集中在物品，而非自己的身體。寶寶會伸手觸碰和抓握物品，因而讓自己有較多操弄和探索物品的自由。孩子的隨意動作，可能使手或腳敲打到搖籃上方的懸掛飾物，且他會開始改進這些動作，直到他能在有意地敲打該掛飾時而該掛飾也會隨之擺動為止。孩子亦開始對於看似相同的物品作出相似回應，該種原始的分類系統透過識別性同化加以發展。孩子將敲打另一掛飾或像掛飾的物品，直到他發現一個更適當之接觸新物品的方式為止。Lucienne觀察自己女兒進行這類活動和她的同一性知覺能力，Lucienne提及皮亞傑的信念（1952）：行動是思考過程的雛形（precursor）。

在繼發性循環反應階段，孩子開始對物品感興趣，且開始與物品互動。

會發出連續聲音的玩具對該階段的孩子而言是有趣的玩具，孩子能伸手觸碰、抓握和搖晃玩具，且覺得玩具發出的聲音令人感到愉悅。特定物品和人的意義，亦表示了皮亞傑非常強調之**物體概念**的發展。在物體概念發展的第一階段，嬰兒以他們自己的用詞來看待物品；即：用來吸吮的東西、用來抓握的東西或用來丟下的東西。然而，在該後續階段，物品開始因著與其他物品發生聯結而產生重要性。物品成為學習空間關係和天地萬物之穩定狀況的主詞（Piaget, 1954）。物體恆存概念與上述論點相關。在**物體恆存**的早期階段，孩子對於找一找（hide-and-seek）的遊戲感到非常有興趣，孩子可以找出被部分遮蔽住的物品，此外，當玩具藏在毯子下面，且有跡可循時，孩子應可預料到物品再次出現的地方。嬰兒尋找隱藏物品的期間可能很短暫，然而該活動可能是嬰兒短期記憶期間和注意力的功能（Bower, 1947）。職是之故，當孩子發展時，在他們當前周遭環境以外的物體影像和經驗成為孩子基模中較長久的形式（residents）（Mareschal, Plunkett, & Harris, 1999）。

在該階段，孩子的獨立端坐能力和長出牙齒提供孩子新的願景。視覺、聲音、嗅覺、味覺和觸覺等資訊的數量和多樣性皆提升，如此使得孩子能進一步地依循環境而使本身的基模更加細緻。

直立端坐的姿勢促進了孩子世界的觀點。

孩子能仔細地區分身邊的人和物品。孩子能區辨出熟悉的人或玩具，且即使處在不同的姿勢時或當他們的影像被部分遮蔽時，孩子依舊能辨識出他們。

繼發性基模的協調

該階段有三個重要的特質：**意圖**、**模仿**和**預測**。孩子在新的情境中運用舊有的基模來達成目標，例如：孩子第一次用碰撞的動作除去眼前的阻礙以取得玩具、孩子將父母的手移到自己打不開的容器上。該有意的行為反應出孩子開始意識到**因果關係**，即身邊的人和事物能引發改變。

孩子對於世界如何運作的理解反應在意圖、模仿和預測等的行為。

在該階段的孩子亦開始出現兩種程度（planes）的模仿：口語和姿勢。在較早的階段，孩子試著去模仿自己發出且被他人重複的聲音。現階段，藉由近似於自己的聲音及之後所聽到的聲音，孩子開始改良本身口語模仿技能。一開始呈現的模仿幾乎與孩子曾經發出的聲音相同。在姿勢技能中亦可見到同樣的模仿進展，孩子首先嘗試著去重複自己曾做過的動作，然後修正自己的動作，以讓動作近似於其他人的動作。在孩子身上最早看到的模仿姿勢之一即是揮手說再見，該動作是孩子伸手觸碰、抓握和放開等基模的修正。

在孩子將近十個月大時，出現了較精細的預測行為。當大人穿上外套時，孩子因預測大人將離開，或當孩子不喜歡的食物放在孩子面前時，則孩子可能開始哭泣。在該階段，父母並不需要測試孩子是否會哭泣而真正地離開或讓孩子嚐嚐食物；孩子會自己預測結果。

此外，對該階段的孩子而言，物品的功能似乎比物品本身的外表更重要。孩子對於能以不同方式進行操弄的物品、能發出聲
342 音，及操弄（explore）時便能出現視覺效果的物品最感興趣。孩子不再單純地以表面的特質來看待物品。孩子能藉由看著事物狀況來假設事情發展，且在遊戲中能有目的地使用物品（Frye & Zelazo, 1996）。

第三等循環反應

原始反應包括孩子自己的身體。繼發性反應包括對物品進行單純的探索。在第三等循環反應階段，孩子抱著好奇的態度來接近物品。孩子將以不同方式重複相同行為。坐在高椅上的孩子可能數次以同樣的方式丟掉餐盤上的湯匙，孩子後來可能從不同高度將湯匙丟下，讓湯匙直線落下或讓它旋轉。約在此時，孩子開始使用湯匙及能用杯子喝水。將牛奶灑在地上或將食物扔過廚房是孩子進行探索的一部分。孩子可能會進行反覆試驗，直到他發現一個特別滿意和有效的策略為止。依同樣方式，孩子以相似的非系統性探索來操弄其他物品，且持續地擴展其對於世界中事物之關係的理解。

在該階段出現一個好的現象（evidence），即孩子在行動階層中逐漸形成**去中心化**（**decentration**），其中孩子學習到世界上發生的事情並非總有自己的參與和控制。孩子仍侷限於詮釋動作的因果關係，且喜歡觀看自己沒有參與的活動。當孩子看著某人藏一個物品，而後將東西移到另一隱蔽的地方，則孩子會在新的隱蔽處尋找物品。之前，孩子會尋找原來藏東西的地方。

去中心化是孩子瞭解自己未參與或沒有控制能力之已發生事件的過程。

因為一般發展的孩子在該階段就會站和走，故孩子探索環境中聲音和影像的能力遽增。除形狀外，他能依照功能和作用（action）來將物品加以分類。Nelson（1973a）發現十五至二十個月大的孩子一開始用形狀和外型來作物品分類。然而，當他們有機會操作物品後，他們可以按照物品的功能和作用來分類。

透過心智結合以創造新方法

將近兩歲時，一般兒童不再受限於本身的行動，且不需付諸行動即能全面地思考出簡單問題的解決方法。象徵性功能的發展註記了從感覺動作期轉變至前運思期。

孩子最早使用的符號可能是從他的知覺動作而來的內部影像。也就是，孩子會以某種符號形式來記取經驗，其促成了皮亞傑所謂之**延遲模仿**。孩子能觀看動作，將動作的影像儲存在記憶中，且後續再重複該動作。因孩子在執行某種動作前能在心中先行演練過，故孩子的模仿能力亦增加。

孩子內在的象徵性代表，亦在他對於所呈現之物品的理解中表現出來。孩子喜歡翻閱故事書和觸碰熟悉物品的照片。孩子的
343 語言亦可能反應出他認為最重要的經驗。當對與動作相結合的物品命名時，**動作的名稱**成為兒童早期主要的語言（Nelson, 1973b）。

在感覺動作期的末期，孩子將物品和經驗的影像內在化，但會出現許多錯誤。

在該階段的末期，孩子將物品視為一直存在和獨立的。他瞭解，若物品不在視線內，則它可能在其他地方，且孩子可能會以較系統性方式來尋找物品。當孩子將形狀正確地放在形狀板上，或手握著一塊薄片並投入罐子上方的小細縫中時，他認識了物品的空間關係。

在孩子出生後的頭兩年，其已學習了環境中的物質特性。一開始，所有的行為是外顯的且與孩子的身體有關。逐漸地，孩子對其他物品和動作更感興趣，且能將這些物品和動作轉化為內在化的符號。較複雜之象徵性代表的操作成為下一認知發展期間的特色。

前運思期

當孩子進入該認知發展期間時，思考過程仍未成熟。孩子常被自己的環境知覺能力所誤導。在感覺動作期間所發生之行動層級的重大改變，與前運思期代表性思考層級的類似改變相符。

皮亞傑藉由與許多不同孩子的對話和觀察許多不同孩子，來建構該期間的相關理論。皮亞傑聚焦於與溝通技能、道德觀和推理等相關的兒童自我中心（egocentrism）。後續，皮亞傑改良方法，且讓孩子針對特定問題想出解決方案。然後皮亞傑以孩子解決問題的方式為基礎，描述孩子的思考過程。皮亞傑將孩子開始嘗試建構想法或概念的過程稱之為**前概念（preconcepts）**，以表明孩子對於世界所形成的概念化仍然是以知覺為主導的。

Flavell（1963）描述在前運思期所發生的一些明顯改變。這些改變將在後續段落中陳述。

自我中心

一個自我中心的孩子無法從另一觀點來看待事物。皮亞傑所使用之三座山的問題（參閱圖 8.1）中，詢問孩子，若娃娃從不同

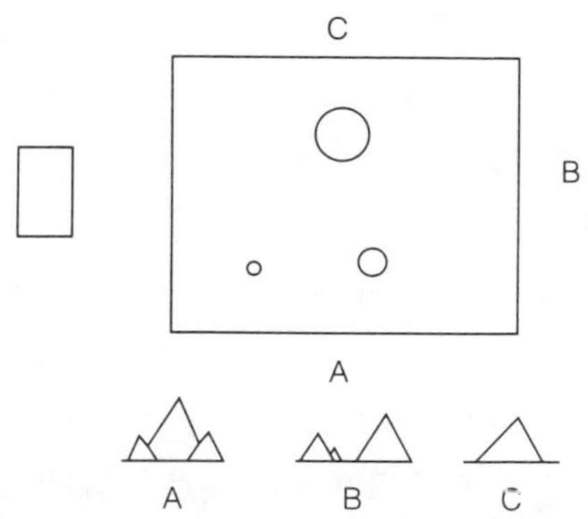

圖 8.1　皮亞傑三座山的問題

的桌子方向看過去，會看到哪一個模型。無法想像其他人會有不同的看法，孩子選擇自己看到的影像。 *344*

孩子的語言亦反應了自我中心。例如：皮亞傑的女兒 Jacqueline，將爸爸定義為「擁有許多 Jacqueline 的男人」（Piaget, 1951）。McClinton 和 Meier（1978）確認了三種自我中心語言（egocentric speech）的形式：**獨白、集體性獨白**和**重複**。在獨白中，孩子在工作或遊戲時不斷說話，很明顯地孩子從事動作、語言和思考的綜合活動。集體性獨白在團體情境中產生，孩子說的話與其他孩子所說的並無明顯相關。縱使社會情境不同，執行集體性獨白的原因卻與執行單純性獨白（simple monologue）相同。重複是自我中心說話的第三種形式。孩子重複其他孩子所說的話，但其語言呈現的方式就好像該說話內容是獨一無二的。

在前運思期的孩子無法預測其他人在遊戲或問題解決情境中將使用的策略，然而孩子會認為其他人知道他在想什麼，例如：在講述故事時，孩子可能會出現內容不連貫或遺漏某些部分，且其相信聽眾能理解他說的內容（Girbau, 2001）。

處於前運思期的孩子仍無法以他人的觀點來看待事物，或無法在同一時間考量一物品的多樣特質。

集中注意

成功的問題解決需要孩子在同一時間能仔細考量物品的許多特質。前運思期的孩子在思考中出現集中注意（centration）的傾向。孩子無法同時考量多種特質，如此將造成問題解決過程的錯誤。若孩子看著黏土球被搓成長條狀（snake），然後再回復成原來的樣子，後來又再次地被搓成長條狀，在該情況下，當孩子說出為何球狀和長條狀不相等時，孩子只會注意到單一面向，一個孩子可能會說球狀比較高；而另一個孩子可能會說長條狀比較長，孩子無法看到形狀上的相互性改變，故影響了孩子的邏輯思考和問題解決。下列的問題提供了另一集中注意的例子。

給孩子一堆大小、形狀相同的紅色和藍色積木，孩子在積木分類上出現一點困難，因為這些積木有兩個以上的不同特質。然而，若給孩子一堆紅色和藍色的積木，及紅色和藍色的圓盤，則孩子亦會感到非常困惑。孩子傾向一次注意一個特質；因此，孩子可能將積木和圓盤分為兩堆，或孩子的注意力可能在分類時轉移到另一特質，因而將這些東西分成許多不同的堆群。

相同地，若給孩子七個藍色和三個白色的木製串珠，孩子將可正確地說出大部分串珠的顏色，但在問到藍色或白色的串珠何者較多時，孩子則會感到困惑，再者，孩子無法注意到所有串珠或部分串珠的多項特質。

非可逆性和聚焦於相繼性狀態

前運思期階段的孩子不認為所有邏輯性操作皆是可逆。該情形在不同問題類型中非常明顯。孩子無法理解，若黏土球被搓成長條狀後，其依舊能輕易地回復到原來的樣子。相同的，當問孩子是否有兄弟時，孩子的回答可能是肯定的，但當問到他的兄弟是否有兄弟時，孩子的回答則是否定的。

345 該過程亦與孩子聚焦於改變的相繼性階段，而非從一狀態平順地轉變到另一狀態相關。皮亞傑將孩子的思考比喻為電影中個別片段（frames）的連續體（sequence）。Flavell（1963）描述孩子編排棒子從垂直落下成為水平狀態之一系列圖片的困難，來說明孩子對於狀態改變的觀點。

在守恆問題中，孩子必須具備辨識一狀態轉換到另一狀態的能力。

守恆問題要求孩子能聚焦於與質量、長度、數量、體積和面積等相關狀態的改變。圖 8.2 呈現了一些守恆的簡單測驗。通常在孩子六歲時才會具備數量守恆的概念。在七歲前，孩子習得質量和長度的守恆概念；在九歲前，習得重量守恆概念及十一歲後習得體積的守恆概念。

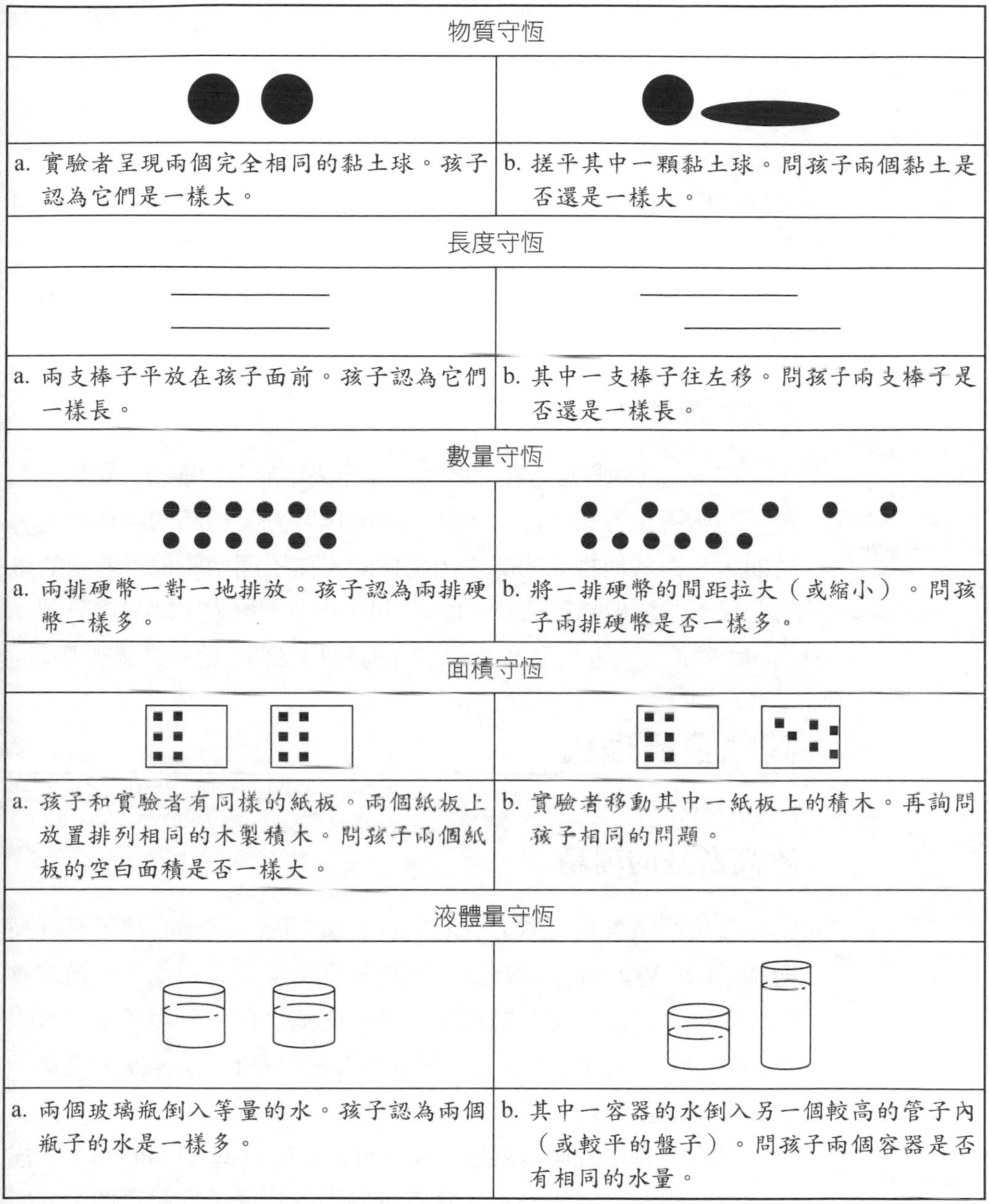

物質守恆	
a. 實驗者呈現兩個完全相同的黏土球。孩子認為它們是一樣大。	b. 搓平其中一顆黏土球。問孩子兩個黏土是否還是一樣大。
長度守恆	
a. 兩支棒子平放在孩子面前。孩子認為它們一樣長。	b. 其中一支棒子往左移。問孩子兩支棒子是否還是一樣長。
數量守恆	
a. 兩排硬幣一對一地排放。孩子認為兩排硬幣一樣多。	b. 將一排硬幣的間距拉大（或縮小）。問孩子兩排硬幣是否一樣多。
面積守恆	
a. 孩子和實驗者有同樣的紙板。兩個紙板上放置排列相同的木製積木。問孩子兩個紙板的空白面積是否一樣大。	b. 實驗者移動其中一紙板上的積木。再詢問孩子相同的問題。
液體量守恆	
a. 兩個玻璃瓶倒入等量的水。孩子認為兩個瓶子的水是一樣多。	b. 其中一容器的水倒入另一個較高的管子內（或較平的盤子）。問孩子兩個容器是否有相同的水量。

圖 8.2　簡單的守恆測驗

變換式推理

346

邏輯推理需要歸納和演繹的能力。在歸納推理中，從一些特定的個案中推論出一個原則。在演繹推理中，人們將一般原則套用在特定的案例中。這些過程要求即使情境改變或在同一情境下出現不同的特性，孩子依舊能辨認出事物特質的穩定性。處於前運思期的孩子無法執行歸納或演繹推理。不論是在天空飛翔或在公園的樹上棲息，鳥依舊是鳥。在這兩個鳥的個案中存在著明顯差異。然而，使用變換式推理的孩子認為，他看到的兩隻鳥長得一樣，且是同一隻鳥。孩子看到知覺層級的關係，但並未考量較高層級之關係的可能性。

開始形成概念

問題解決和作決定的能力表示邏輯性思考的產生。

孩子的邏輯性思考在問題解決和作決定能力中顯得一覽無遺。孩子開始將東西和事件以同樣的規則作區分。物品的物質特性、功能、和與其他物品的關係出現異同。孩子開始將他所看到的事物分成不同種類和次種類。Lavatelli（1973）概述了幼兒之分類、空間與數量，及系列化等邏輯過程的發展。表 8.3 羅列了這些過程。

347

其他發展理論

維高斯基的理論

當皮亞傑著重於智力發展的自然法則時，俄國心理學家**維高斯基**（Lev Vygotsky, 1978）聚焦於語言和文化的角色，其描述教學、遊戲、協助和學習的角色。維高斯基以孩子和照顧者間有效（productive）之互動的社會系統來解釋認知發展。類似於皮亞傑，維高斯基認為回應性環境是智力發展的重要關鍵。

近側發展區描述了孩子現階段自己能達到的成就，和在他人協助或引導下所達成之成就間的差距。

維高斯基以**近側發展區**（**zone of proximal development**）來描述實際和潛在發展的差異。**實際發展**是以孩子獨立解決問題的能力作測量。潛在發展是孩子藉由幫助和引導所達到的成就，且該成就透過**內在化**（**internalization**）的機制成為實際發展。該機制描述了孩子從其他調節（other-regulation）所得的發展，在該調節中另一人（成人或能力較好的孩子）引導孩子的活動，促成自我調節，且在該調節中，孩子開始與其他只提供必要支持的人進行

表 8.3　簡單分類、空間和數量，及系列化等概念的發展

分類	空間和數量	系列化
簡單區分：按單一知覺特性作區分。	一對一對應：在兩組視覺對應的物品間建立相等。	根據一個特質來排列物品。
準確分類：摘要一組物品中的共同特質。找出一組物品中其他物品的一些特質。	在沒有物質對應下的一對一對應：在沒有空間相對下，確認相等。	排列兩個相對的順序：同時以相反的順序，來安排兩個排列。
倍數分類：一次以一種以上的特質作分類。物品在同一時間能歸屬到數種類別。	數量守恆：縱使所占據的空間不同，數量並沒有改變。	系列化和視覺代表：繪製所排列物品的圖樣。然後，在排列前先行繪圖。
所有與部分（all-some）關係：根據所有物品的特質做清楚分類，並根據同類中部分物品的特質作次分類。	整體守恆：當劃分為數個部分時，仍不會影響整體的量。	幾何形狀的系列化：根據面積或該形狀面的多寡作排列。
分類與融入（class-inclusion）關係：形成物品的次分類，並在大分類中融入次分類。	面積守恆：縱使外觀改變但面積依舊一樣。	
	觀點轉變：當物品移動，從不同觀點來看物品。	

資料來源：From *Piaget's Theory Applied to an Early Childhood Curriculum*, by C. S. Lavatelli, 1973, Nashua, NH: Delta Education, Inc. Copyright © 1973 by Delta Education, Inc. Reprinted by permission.

有目的的活動。成功地轉為較獨立和較具控制力的協調過程（negotiation），需要互為主體性（**intersubjectivity**）。

根據Rochat（2001）研究，當雙方對於所賦予工作之目的皆有共識，且一方能認同另一方的目的時，則產生了互為主體性。為促使成人和兒童間有效的互動，則必須有一共通的社會現實（social reality），如此成人與兒童皆能一起處理共同的問題。當沒有共識（shared understanding）時，則雙方必須執行協商，且需要溝通性互動或符號式調解（semiotic mediation）。Trevarthen（1988）提出，在出生時嬰兒和照顧者間即存在著**原始互為主體性**。在孩子七至八個月大間，嬰兒進入了**繼發性互為主體性**階段。在該階段，孩子和照顧者分享較高認知層級的意義。縱使維高斯

基強調調解的語言要素，但例如：相互眼神接觸、追視他人的指引，及使用姿勢和指示來吸引他人注意力等機制，在互為主體性的形成中亦會成功（Rogoff, Malkin, & Gilbride, 1984）。成人可藉由以不同方式來呈現事物，進而激發嬰兒的認知發展，而達到互為主體性的新層級。

維高斯基強調社會支持系統讓障礙兒童達到技能之更高層級的重要性。

維高斯基亦提出了障礙社會文化理論，在該理論中，補償是來自於文化啟發和社會化。維高斯基提供了教育特殊需求兒童之完整和可行的取向。該**非個體發生學理論**（**theory of disontogenesis**）的基礎或變異（distorted）發展是孩子產生的兩種缺陷。器官性損傷（原始缺陷）源於內生和外因性的生物因子。孩子亦因為社會因素的結果，經歷了較高層級之心理功能的變異（繼發性缺陷）。維高斯基認為，障礙兒童的發展是決定於器官損傷的社會性含義，但社會支持系統能克服這些損傷所帶來的阻礙。

348 特殊教育，特別是早期療育的目標，是利用孩子的能力現況和提供意義予新經驗，來應用先前描述之兒童較高心理功能的原則。若照顧者提供口語和非口語支持，及例如在必須完成的工作任務上，與孩子建立共識，則孩子會對於其他具挑戰性的工作較能堅持到底（Hauser-Cram, 1996; Stremmel & Ru, 1993）。因此，早期療育的目標在於找出孩子的優勢，而非障礙（Gindis, 1995）。社會支持系統在孩子逐漸適應環境需求時，能幫助障礙兒童克服阻礙。

行為理論

不是每個人都贊同認知透過心智結構組織中之發展性改變而逐漸形成的理論，或贊同這些改變反應出孩子在學習情境中之行為的論述。有許多關於孩子如何學習，或孩子如何到達成人階段時能具備與他們環境相關之日益精煉的能力等相關理論。從行為學家的觀點看來，認知發展是孩子從環境中獲得之學習方法和成果的結果。縱使大部分發展理論強調的是，與環境互動所形成之可預測和可測量的行為改變，但發展這些理論背後的典型研究是在實驗室中進行的，這些實驗室研究的結果已運用在自然情境中，以用來研究與認知技能學習和發展相關的特定過程。

注意力

認知發展要求孩子能注意其環境中重要的細節。

發展中的孩子在任何特定時間接觸大量和不同的刺激：街上汽車的聲音；隔壁房間乾衣機轉動的聲音；錄音機的聲音；顏色明亮的壁紙；散落在房間的玩具、書和雜誌；廚房內煮的湯和燉的食物；和家人的交談。

非常年幼孩子的注意力極為短暫。當他們維持注意力時，則其標的必須是環境中最吸引人的刺激——鮮明的物品、震耳的嘈雜聲及強烈的味道。當孩子逐漸發展後，他們開始專注於對手邊工作有最大功能價值的刺激（Huang-Pollock, Carr, & Nigg, 2002）。孩子較不會受到不相干或意外的特質影響而分心，且較能聚焦於物品或情境的相關細節。Kagan和Kogan（1970）推論，隨時間流逝，神經性改變會促進注意力的改善。注意力理論被視為知覺、記憶、思考和問題解決等發展性轉變的重要因素。孩子在環境中能聚焦於有意義刺激的能力，在認知發展中扮演著重要的角色（Colombo, 2001）。

知覺

孩子在詮釋感官資訊的情況有所不同。依照孩子主要的感官形式和所偏好的面向，他們可能以不同方式看待相同的情況。新生兒對於不同種類的刺激可能出現相同反應，但當孩子漸發展後，不同刺激引發相同反應的情形變少了。此外，在不同年齡層，孩子出現接收資訊之不同感官形式的偏好。嬰兒對於環境中的觸覺較敏感，當他們漸長大後，孩子則偏向以視覺導向來探索環境。 349

我們亦可預測孩子在問題解決技能中，對刺激特質之偏好的改變，例如：面向（dimension）是包括單一特質之所有變化的範疇。雖然顏色包含許多樣式（qualities），但其仍被認為是單一面向，相同的是，形狀和大小則是視覺形式的另一面向。約在兩歲左右，當孩子透過持續地選擇同一面（左邊或右邊）的刺激，以試著解決選擇的問題時，最早的刺激面向之偏好即產生了。較年長的孩子最先以顏色或大小為基礎來選擇刺激，爾後約在六歲時則以形狀來選擇刺激。

當孩子漸發展後，其亦較能區分不同刺激。Gibson（1969）在她經典的**區辨理論**中提出，藉由孩子對刺激的豐富經驗，其學著去區辨物品和情境的特質，接著再選擇相關的特性。除能注意到不同事物有不同特質外，孩子亦能透過體驗學習到有些特質是不會改變的。孩子的玩具車不論是拿在手上，或跑到房間而看起來體積較小，皆是同一部玩具車。相同地，不管從前面看、從後面看或從側邊看，都是同一部玩具車。

記憶力

概念性思考需有豐富的象徵性標記以儲存在記憶中。

知覺和概念的差別常以儲存在大腦資料庫的資訊量，和孩子能將新資訊與舊知識結合的程度為其特色。當資料庫裝滿了事物的口語標記，且有許多可利用之相關資訊或符號的叢集時，孩子成為較具概念性的思考者。

孩子對資訊的短期和長期留存，隨著不同發展途徑而發展（Carver & Bauer, 2001）。短期記憶的容量（capacity）較小。若我們告訴孩子在速食店中點什麼餐，除非孩子能很快地使用該資訊，否則孩子很容易就會忘記。因此，若字詞太長或該字詞整體而言對孩子沒有太大意義，他將可能很快地忘記。一個三歲孩子能複誦別人念給他聽的三個數字，七歲的孩子能記起五個數字；依此觀點，大部分的成人在**短期記憶**中並沒有這麼大的能力（七個數字）。短期記憶亦促使孩子尋找不在視線中的物品（即：物體恆存），且增進孩子在後續學齡前階段時問題解決的資訊操作（即：**積極工作記憶**）。

長期記憶有較大的儲存能力，且不同年齡的長期記憶能力有很大差異。隨著時間流逝，所增加的記憶能力似乎是大腦資料庫中已有之豐富資訊與新資訊作聯結的結果。較有意義的新資訊會較容易記得。新訊息的留存則與排除（inhibition）一些不相關資訊（Merrill & Taube, 1996）和資訊處理的速度（Kail, 1993）有關。

記憶新資訊的策略與孩子使用口語標記及孩子以較複雜的知
350 覺和概念性特質為基礎來作刺激分類等有關。首先，隨年齡增加，可透過**複誦**來增加記憶（Flavell, 1970），當給孩子看一系列的圖片，且要求回憶測驗者所展現圖片的順序，Flavell 發現，自己複誦圖片相關文字的較年幼孩子的表現較佳。Flavell 發現隨年齡增加，使用口語促進記憶（mediation）的狀況亦增加。此外，當為沒有使用口語複誦的孩子作圖片命名時，孩子的記憶力則有很大改善。事實上，在指出許多已命名的圖片上，非常年幼的孩子具備與成人相同的能力！很明顯的，在無法使用口語促進記憶的情形，可能成為某些記憶工作的阻礙。口語標記的習得需仰賴隨年齡而改變的記憶能力。在前口語期（preverbal）的孩子，積極地給予（manipulation）刺激應可促進記憶能力。

想像力是將新資訊移轉到記憶的第二種策略。其讓一種或一種以上之刺激的心智影像重疊地放在一起，如此一來，彼此間的相互連結可幫助回憶資訊，例如：給孩子看狗、推車、牙刷和鑰匙等圖片，孩子可能會形成一幅狗騎在推車上，且一邊的爪子抓著牙刷，而另一隻爪子抓著鑰匙的圖片。縱使具體刺激能產生較有效的想像力，但若抽象的刺激能與具體物品，如大顆的柳橙等作配對，則該抽象刺激會納入心智影像中。

第三種策略反應出一些發展中較有趣的資訊。進入有意義組群中的刺激**組織**促成組群資訊的取得和回憶；然而，孩子在不同年齡會以不同方式組織資訊。Rossi 和 Wittrock（1971）針對二至五歲的孩子提出了一系列可以不同方式作編排的文字。兩歲的孩子傾向把會押韻的字串連（cluster）在一起；三歲的孩子將有句法意義的字串連在一起（如：吃與蘋果、人與工作）；四歲的孩子依照相似的功能將字串連在一起（如：手和腳、桃子和蘋果）；五歲的孩子大部分以他們所聽到字串的順序來回憶文字。依據愈來愈複雜的要素來串連文字，這與我們已學習的認知過程一致。

假設考驗

六歲以下的兒童較少執行系統性假設考驗（Hypothesis Testing）。試著在「猜猜我在想什麼？」（I'm Thinking of Something）的遊戲中猜出答案，幼童的問題似乎不會反應出策略的使用：「是馬嗎？」「是吃的東西嗎？」「是我喜歡的東西嗎？」然而，當孩子漸漸長大後，孩子使用逐漸聚焦於答案的問題策略：「是會動的東西嗎？」「這東西有輪子嗎？」「需要有人駕駛嗎？」「是汽車嗎？」

複雜的假設考驗技巧可能一直到成人階段才會養成，儘管如此，個人所使用的問題解決策略可能不適合或無法產生正確答案。

351

發展模式與認知處理模式間的關係

我們必須記得，不同認知發展理論間的差異並非很大。皮亞傑為發展取向的代表，其聚焦於認知結構的漸進式組織，且藉由該組織讓孩子能解決問題及執行邏輯性操作。根據皮亞傑的理論，認知透過同化新資訊和修改已存在的認知結構——基模，來提供一適應環境需求的方法，即使是新生兒，亦具備反身性及肌肉運動性（motoric）方式為基礎來與環境互動。

認知提供適應環境需求的方法。

行為模式的倡導者聚焦於接收、儲存和回憶資訊的操作過程。縱使他們並未否認內在過程的識別（recognition），行為主義者仍相信：「因為這些內在過程是無法直接觀察或操控的，故探索這些過程是沒有意義的」（Maccoby & Zellner, 1970, p. 34）。行為主義者相信，行為受刺激所控制，且行為的進化是因刺激需求而修正。

Kamii 和 Ewing（1996）提出，儘管其他理論無法解釋皮亞傑描述的許多現象，但皮亞傑的理論解釋了其他理論家研究的所有現象。例如：在先前關於中心化之段落所描述的藍色與白色木製串珠的案例中，皮亞傑的理論解釋了四歲的孩子無法同時考量部分分類（即只有藍色的串珠）和整體類別（所有木製串珠）的概念。一旦他們考量部分分類，就不會再考量整體類別。然而，在八歲前，孩子能將整體劃分為數個小部分，且將所有部分再整合起來，此即為內在操作過程（internal operation）。行為模式並未解釋這些邏輯操作種類的發展。

此外，發展理論者主張，藉由適合生理年齡的選擇性增強行為來迫使孩子發展，縱然不會造成傷害——可能會無效。該情形則像是，要求孩子去學習閱讀的原因是因為孩子已經五歲大了。若孩子尚未發展出同化新資訊的認知結構，則閱讀對孩子而言是毫無意義的活動。沒有透過理解而死記內容，就像是雖有教學但學生卻沒有學習到。此外，若孩子被迫接受（force-fed）一些其認知觀點認為是錯誤的資訊，該情形會讓孩子對於現實（reality）的觀點產生衝突。

> 行為主義能適切地補足發展理論的某些層面。

行為主義應可視為發展理論之特定面向的補充說明。例如：當已發展單純數字概念的認知結構時，重複練習是學習數數和基本算術技能的最好方法。行為理論中相似的策略對於學習字母和常用字很有效。

縱使在描述上有明顯差別，但教育從業人員很少以世俗的
（secular）觀點來使用發展理論。Robinson和Robinson（1976）強 *352*
調對心智遲緩兒童使用較折衷的取向：

> 其可能是聰明的作法……在考量運用心理發展過程時使用許多不同概念。就如同以病原學、行為社會和教育的觀點來描述心智遲緩兒童的特質是有意義的，若在瞭解行為上有數種理論系統皆證明為有效，則我們未必不能忍受（impatient）。（p. 242）

影響認知發展的因素

根據發展理論，認知如同功能達到成熟般，逐漸地以持續的順序呈現。然而，隨著孩子需要平衡其與環境互動的需求，技能則會進行修正與改良。我們將該過程稱之為**平衡**。

許多因素會干擾兒童的一般認知發展過程。Grossman（1977）將這些因素分為九類：感染和中毒、外傷或物理因子（physical agents）[2]、新陳代謝異常或營養不良、大腦疾病、不明的產前影響、染色體異常、精神疾患、懷孕期間所罹患之疾患，及環境。上述的部分因素對於發展中的大腦有直接影響，且可能干擾資訊的傳遞和處理。其他因素可能會損害孩子接收或回應資訊的能力。上述許多因素已於第二章中討論。本章只討論環境因素。

---

2 譯者註，指聲、電、水、力、光等因子。

認知和環境

在 1961 年，Pasamanick 和 Knobloch 作了以下經典的建議，孩子易因生殖性併發症而遭受損害。該損害範圍可能從輕微和不易察覺的創傷，到影響個人心智、生理和情緒能力等的重大障礙。研究者將該損害稱為**生殖性損傷的連續統一體（continuum of reproductive casualty）**[3]，且鑑別出五個與生殖性損傷相關的疾患：癲癇、行為異常、腦性麻痺、心智遲緩和閱讀障礙（Pasamanick & Knobloch, 1966）。數年後，Sameroff 和 Chandler（1975）提出了**照顧損傷者的連續統一體（continuum of caretaking casualty）**。他們強調不良的照顧環境亦可能會對孩子產生某些程度上的異常發展結果。事實上，環境對孩子的影響和孩子與環境影響力之關係的相互作用本質（Sameroff, 1979），在決定孩子發展狀況上，通常比生物因素更有效力且更廣泛。數個針對數千個孩子所從事之縱向研究的結果（Duncan & Brooks-Gunn, 1997; Duncan, Brooks-Gunn, & Klebanov, 1994; Jordan, 1980）顯示出，對於低社經地位家庭的孩子而言，出生前後的知識地位與身分對孩子的影響較大。社經地位本身並未造成孩子的成就較差，而是與社經地位相關的因素——父母的教育程度較低、單親家庭和家庭收入不穩定之出現的比率較高，及孩子環境中的教育資源較少。

生殖性損傷的統一連續體和照顧損傷者的統一連續體解釋了障礙兒童的後果。

353 大量的研究證明，對孩子較有啟發性的環境，對認知發展有正面影響（Rutter, 1979, 1980）。從不良的機構環境轉到寄養家庭的孩子在智商指數上（IQ）有重大進步（Dennis, 1973）。密爾瓦基市計畫（Milwaukee Project）的結果（Garber & Heber, 1977）顯示，若提供教育療育方案予弱勢的（disadvantaged）非裔美國兒童，其 IQ 可進步多達二十分。其他研究亦出現相似的結果，顯示出支持性環境和認知發展測量上的強烈關係（Baydar & Brooks-Gunn, 1991; Brooks-Gunn, Klebanov, & Liaw, 1995）。

認知能力仰賴與生俱來之能力的展現和環境性限制來發展。

然而，孩子並非被動的學習者，父母的稱讚和培養孩子體驗週遭環境的探索性行為，可促進孩子一般認知發展。孩子的早期

---

3 譯者註，因生產前後的事件，導致孩子的神經性發展異常。

社會環境比出生時的生物性因素，更能預測孩子的發展狀況（Duncan & Brooks-Gunn, 1997）。從第一次與父母的視覺與身體接觸，孩子確定自己對父母的影響力。若孩子出現與父母人格特質極端衝突的性格，則會造成親子間較負面的關係。其他家庭和環境特質易造成家庭的壓力。傳統親子關係的本質（即：孩子和照顧者的影響力和受到其他因素的影響）強化了單一壓力將會形成其他壓力的可能現象（Rutter, 1979）。Sameroff（1979, 1980; Sameroff & Fiese, 1990）統整下列結論，在早期認知能力，並非仰賴與生俱來之能力的展現，而是視環境性限制來發展。

Kearsley（1979）觀察部分兒童經學習而成為認知不足者（learn to be cognitively incompetent）。其使用**醫源性遲緩（iatrogenic retardation）**來描述具有一般發展潛力的孩子——即孩子的心智結構正常，但「其在父母長期性焦慮和不當照顧環境下發展」（p. 155）。在過去數十年間，關切早期療育的專業人員已直接地致力於改良過程和教材，以促進上述醫源性遲緩之孩子和在往後生命階段中可能發生障礙之其他孩子的發展，這些努力已形成了運用許多解釋嬰兒如何發展和學習之理論性和概念性模型的方案計畫。這些已建立之取向其前提是，照顧者（父母或老師）和環境的品質可促進孩子的發展和學習。透過改善嬰兒所接受的照顧，應該思考的是，在孩子的生物性和遺傳性限制下，應使發展達到最佳狀況（maximized），該思考方向形成了該刺激為本（stimulus-based）（或刺激導向）取向之課程過多的情形。

最近，已出現對於發展性障礙幼兒所採用之傳統療育取向的挑戰。隨著大力地強調與幼兒發展相關之**同時發生事件**——即兒童察覺到同時發生或發生時間很相近的兩個事件有關聯，該取向已成為新療育概念的發展架構（Brinker & Lewis, 1982; Gasser & Colunga, 2002）。

同時發生事件指一起發生的事件或緊接發生的事件，且孩子視其為相關的。

Piaget（1952）認為，同時發生事件對孩子有下列四個層面的 354
影響：他們引導孩子接觸環境的層面；他們鼓勵孩子並幫助孩子調整自己的狀況；覺察提供了孩子滿足和自信；且他們運用記憶過程作為發展更複雜心智結構的基礎。這些影響在親子互動中最容易觀察到，且特別是在媽媽對孩子之動作或暗示的回應中尤然。

例如：研究證實嬰兒期到兩歲間，母親的回應與孩子後續發展有重大關聯（Wakschlag & Hans, 1999），且該回應與發展的關聯性，比母親給予孩子刺激與發展的關聯性更大（Jaskir & Lewis, 1981; Landry, Swank, Assel, Smith, & Vellet, 2001; Lewis & Coates, 1980）。此外，回應的品質與嬰兒的發展亦有相關。這些研究將刺激（stimulation）定義為母親對孩子笑、抱孩子和與孩子說話的時間，而回應（responsiveness）則為母親在嬰兒做出行動後，立即執行這些行為的頻率。品質與回應的種類有關。近側（proximal）回應（觸摸、擁抱和搖晃）與極年幼兒童於貝萊測驗中所得分數有正相關。該相關性在孩子長大後逐漸降低，而母親的遠側（distal）回應（對孩子說話、注視和對孩子笑）與貝萊測驗所得分數的關係則增加。

縱使孩子發展和母親回應的關係在本質上尚未呈現因果關係，但偶發性（contingent）環境促進孩子認知發展的重要層面（Lewis & Rosenblum, 1974）。皮亞傑強調，在感覺動作期孩子對環境的探索建立於上述概念上。在一般兒童中，循環反應提供孩子環境中物品之本質及孩子對這些物品之影響的相關資訊。對於伴隨著發展問題的孩子而言，只能短暫地覺察這些簡單和較複雜關係，且較無法達成該任務（Brooks-Gunn & Lewis, 1979; Detterman, 1979）。

因此，沒有回應或充滿壓力的環境，或對孩子期待很低的環境，可能會使孩子的認知發展出現遲緩現象，這些雖沒有詳細數字，但有很多認知損傷的孩子可能符合上述情形。

認知發展和特殊需求兒童

令人驚異之人類誕生始於從卵子和精子的結合，再進化為一成熟、有認知能力的人，這整個過程值得我們思考。依此觀點，我們應更能領會障礙者的困境，他們必須在要求一般人發揮功能的世界中發揮功能。想像先天性盲童試著瞭解什麼是飛機或什麼是顏色。試想因為無法參與遊戲或運動，聾童錯失了多少與世界相關的學習，或生理障礙兒童無法獲得許多社交學習的機會。發展理論家將感官經驗的限制視為發展和改良基模的限制。認知學
355 習倡導者視相同限制為抑制增強、練習、建立適當行為，和類化

該適當行為到其他情境的機會。從任一面向看來，伴隨著接收、處理或回應感官訊息能力損傷的孩子，在認知發展上較易出現遲緩或差距的情況。

相當多的研究已調查了不同障礙對認知發展的影響。然而，當以較廣義的名詞如「遲緩」（retard）或「延遲」（delay）進行描述時，這些研究對我們在瞭解孩子的狀況上貢獻不大。以下將針對我們對於障礙幼兒之特定認知層面的看法作討論。

心智遲緩

如第一章所述，**心智遲緩**表示認知缺陷。與其他一般同儕相較，許多證據指向記憶力和注意力是智能障礙兒童出現非典型表現的原因。此外，障礙兒童的大腦結構可能會引發這些表現上的缺陷（Raz et al., 1995）。

已有數種理論可解釋記憶缺陷。Broadbent（1958）的**有限緩衝理論**（**limited buffer theory**）建議，心智遲緩者的儲存資訊能力較小，且新資訊的增添，需要先清除「舊」資訊。「**瓶頸」理論**（**bottleneck theory**）為Tulving（1968）所提出。Slamecka（1968）在細述該理論時堅稱，記憶力損傷是因孩子無法讀取資訊，而非有限的資訊儲存能力所致。優於我們回憶技能之再認記憶（recognition memory）技能的較高層級支持著該理論，例如：給孩子看一張有八個圖片的卡片，並要求孩子試著記得所有圖片，然後將卡片移開。給孩子機會說出特定圖片是否有出現過（再認記憶），與必須對看過的圖片作命名（回憶記憶）相較，在前者的情況下孩子將記得較多的圖片。比較一般兒童和唐氏症兒童的再認記憶，唐氏症兒童則出現一般發展性衰退（general developmental lag）的嚴重遲緩（Fantz, Fagan, & Miranda, 1975）。McDade 和 Adler（1980）藉由比較學齡前唐氏症兒童的視覺和聽覺記憶技能，進一步地對該問題進行研究。他們的研究發現揭露了唐氏症兒童於聽覺資訊之儲存和讀取的限制，且出現儲存視覺資訊的嚴重損傷。縱使唐氏症受試者和相同心智年齡之控制組的表現，與一般相同生理年齡的受試者差距甚大，但他們的視覺和聽覺資訊之區辨記憶與幼童的相關研究發現相等（Rohwer, 1970）。

心智遲緩兒童的記憶力可能較差，在取得和儲存資訊上可能發生困難，或其讀取已儲存資訊的能力亦可能降低。

Ellis（1970）認為，記憶問題是因缺乏複誦策略和無法儲存資訊所致。Zeaman（1973）贊同複誦策略的假設，但強調問題並不在於資訊儲存而是資訊取得。

如前述，資訊的取得需先具備對相關刺激的注意力。有些伴
356 隨著嚴重損傷的孩子可能不會注意到週遭事物，因而無法從環境中自然而然出現的刺激中獲益。另一方面，低收入家庭孩子的環境可能存在著許多曖昧或過多的刺激（Bernstein, 1960; Wachs, Uzgiris, & Hunt, 1971）。這些孩子無法面對和取得相關刺激，特別對於複雜或需要很多技巧和心力的（demanding）刺激尤然，因而孩子本身的能力限制成為低收入家庭兒童在認知技能上表現不佳的原因（Finkelstein, Gallagher, & Farron, 1980），及接觸到古柯鹼嬰兒發展不良的成因（Mayes, Bornstein, Chawarska, & Granger, 1995）。然而早期療育可能讓這些因素的影響減到最小。

心智遲緩的孩子可能伴隨著類似缺陷。將注意力維持於刺激上需要兩個要素：熟悉狀況或注意到刺激，及將刺激與其他感官輸入或已儲存的資訊作比較或聯結（Laucht, Esser, & Schmidt, 1994; Lewis, 1971）。從皮亞傑理論的觀點，孩子透過激發一種或數種感覺來確認（orients）刺激，然後孩子把該感覺輸入和相似感官訊息的基模作比較，心智遲緩的孩子因無法保留或回憶很多或複雜之已出現過的感官訊息（representations），故限制了對新刺激之有意義的詮釋，最後導致孩子不願對該刺激維持注意力。

視覺損傷

Piaget 和 Inhelder（1969）觀察了一出生即失明兒童之認知發展缺陷的演進狀況（hierarchy）。偏離典型發展最明顯的情形發生於感覺動作期的第三個階段，此時失明的孩子無法伸手抓取物品。視覺感官經驗的限制阻礙了這些孩子形成基本的感覺動作基模，該情況影響孩子對更高層級之認知技能的取得。

很明顯的，失明的孩子和具有殘留視力的孩子無法獲得與一般明眼孩子相同之環境本質的知覺，這些視覺損傷的孩子，無法被可促進注意力之維持，及要求他們改變身體姿勢或判斷空間位置等物品所吸引，因此阻礙了孩子對物品概念的發展。伸手觸碰

和取得會發出聲音之物品的能力，可能須等到滿兩歲前才會發展出來。然後孩子開始發展促進他們對環境之建構的動作（Adelson & Fraiberg, 1976）。此外，在十八個月大前，假扮性遊戲對一般明眼兒童是很平常的活動，但失明的孩子較不會出現假扮性遊戲（Preisler, 1995）。Langley（1980）提出以下見解：

> 對失明的孩子而言，約在十九個月大前，孩子獨立活動的能力仍有限，因此這些孩子無法探索房子裡的不同房間、觸摸有趣的物品及標記這些物品。除非教導失明的孩子系統性檢視和探索策略，否則區辨物品間的相似性和類化能力可能無法發展出來。缺乏聯結觸覺特質和聽覺輸入的視覺刺激機會，常會導致無意義之死記硬背的言語表性。（p. 18）

失明兒童的物體概念大概晚一至三年才發展出來。

視覺讓孩子能更具行動力且能探索環境，因而促進認知發展。

Fraiberg（1968）和 Warren（1984）發現，失明兒童之物體概念的發展比一般明眼兒童約晚一至三年。因此，缺乏空間中物體恆存的知識和重要關係，抑制了這些兒童的認知發展。無法使用 357
視覺來整合聽覺和觸覺線索的孩子，在學習如何與環境維持互動時，學得比一般明眼的孩子慢很多。縱使僅有非常微弱的視力，亦大幅地改變孩子如何看待世界及與世界互動（Preisler, 1991）。

然而，仍有證據指出視覺損傷與非視覺損傷的孩子在某些概念上的發展幾乎相等（Brekke, Williams, & Tait, 1974; Friedman & Pasnak, 1973）。Reynell（1978）指出，約在三至四歲時，當邏輯思考取代了視覺，開始成為主要的學習過程，則視覺損傷的兒童最可能出現與一般明眼兒童相等的發展。當然，某些人的能力，如：海倫凱勒和史蒂夫汪德在兒童早期即出現視覺損傷，且該損傷並不會限制抽象思考的發展。若教導一出生即失明的孩子盡量使用動作學習，則他們可能會發展出複雜的認知技能（Piaget & Inhelder, 1969）。

聽覺損傷

聽覺損傷的兒童通常被認為無法展現出適宜的語言發展里程

碑，卻較不會被認為其感覺動作或前運思期的能力會出現困難，該情形表示，即使沒有聽覺，認知發展仍可正常地進行。

因語言接收和表達（production）的損傷，會造成聽覺損傷兒童與環境嚴重疏離。不幸地，許多智力測驗依賴語言為媒介，因此，聽覺損傷的孩子可能被誤判為心智遲緩，因人們以為他是「心智遲緩」的兒童，而對該童抱持著較低的期望，兒童接收到如此負面的增強效果，可能導致其表現較差。Blank（1974）發現，無法輕易地以手勢傳達的教學，亦可能造成聽覺損傷孩子於執行任務上的重大困難。當孩子漸漸長大，因對較年長兒童之技能要求而進行逐漸複雜的教學，可能是聽覺損傷孩子與一般耳聽孩子之表現落差漸增的一部分原因。Meadow（1975）提出，降低認知刺激所逐漸形成的結果和不良的人際關係，使得聽覺損傷的孩子出現較差的表現。雖然如此，Best 和 Roberts（1976）指出，失聰的孩子與沒有發展出姿勢模仿的孩子一樣。事實上，失聰兒童在學習模仿的速率可能較一般耳聽兒童快。此外，可能因為失聰的幼兒在許多溝通上皆依賴手勢，故他們在手眼協調和精細動作技能的發展上，比大部分耳聽孩子快。

我們能不透過語言而進行思考嗎？Piaget（1952）和 Vygotsky（1962）相信，語言和思考是平行發展，且是各自獨立的過程（courses）。「在某些階段二者會相交，然後思考成為口語和語言的基本原則」（Vygotsky, 1962, p. 44）。為詳述該概念，Furth（1966）提出，孩子不需要語言的符號系統來作思考。Furth 以皮亞傑的理論為基礎所作之研究指出，聽覺損傷的孩子在認知發展早期，會依循著正常過程。除此之外，Furth（1973）作出下列結
358 論，聽覺損傷兒童的（認知）發展與處於貧困環境中的兒童相似。Furth發現，聽覺損傷的孩子和一般耳聽孩子在包括具體物品等之簡單視覺記憶技能上並無差異，但在包括數字（digits）的技能上則出現顯著差異（Furth, 1961）。聽覺損傷的孩子在較具抽象本質的技能上出現困難。他們可以和其他孩子一樣，執行大部分的分類工作，但對於必須結合不同概念的問題解決方式之類推法和較高層級推理的任務，則會出現較多困難。

對聽覺損傷的孩子而言，若環境能對孩子的偶發性行為作出回應，則其認知較能依正常進度發展。

該討論顯示了聽覺損傷對認知發展的影響仍有疑慮。事實上，

使用不良的研究方法無法得到確切答案。Jamieson（1994）運用維高斯基的理論架構來解釋父母和他們失聰孩子的互動。Jamieson發現，父母改變他們的溝通（mediational）策略以符合孩子逐漸展現的溝通需求。父母和孩子能共同瞭解工作的程度，以決定孩子可能出現之學習問題的範圍。我們可做出以下結論，若環境能對偶發性行為作回應（contingently responsive），因而能使孩子建立象徵性代表的替代系統，縱使沒有語言符號系統，聽覺損傷兒童仍有正常發展的潛能。

生理損傷

孩子出生的第一年是其透過行動來形成對世界之概念的期間。一個無法自由活動的孩子則是處於極為不利的狀況，孩子可能錯失觀察自己手腳移動狀況的機會——一開始沒有規則，然後以可預測的主動性方式活動。他可能無法操作物品或體認自己對於世界的影響，他亦可能不會為了從不同角度來觀看週遭環境而改變姿勢。

伴隨著中樞神經系統損傷的孩子，如腦性麻痺和脊柱裂，及罹患慢性疾病和肢體問題的孩子等，因為與週遭環境互動的限制和特殊性，這些孩子可能以不同於一般孩子的方式來看待世界。伴隨生理障礙的學齡前兒童，在問題解決技巧上，展現出比一般無障礙同儕較低的毅力（Jennings, Conners, & Stegman, 1988）。

必須注意的是，不要輕易地斷定一個伴隨著動作和／或語言問題的孩出現認知缺陷。

幾個經典的英國研究（Douglas, 1964; Rutter, Tizard, & Whitmore, 1970）和一個美國研究（Wrightstone, Justman, & Moskovitz, 1953）揭示了，在課業成就上，罹患慢性疾病的兒童比一般兒童落後許多。長期待在醫院、缺乏動機和與環境互動的負面回饋等，皆造成了一些認知缺陷。

估計將近75%腦性麻痺兒童伴隨著認知缺陷；一半罹患脊柱裂和腦水腫的孩子，其IQ低於八十（Young, Nulsen, Martin, & Thomas, 1973）。然而，對於罹患慢性疾病的孩子而言，損傷情況本身並不是造就缺陷的全部原因，因為孩子無法適切地溝通或表現，一些語言問題合併有限的活動能力，形成了我們認為孩子是障礙者的風氣。傳統測驗工具不足，故無法評量沒有發展出適切語言

359 和行動能力兒童的認知功能，因而對孩子作出不正確，且有時是具傷害性的判斷。已有許多研究致力於為重度生理損傷兒童的認知功能作更客觀的判斷。

例如：Zelazo（1979; Zelazo, Hopkins, Jacobson, & Kagan, 1974）和 Lewis（Brooks-Gun & Lewis, 1979; Lewis & Baldini, 1979）使用注意力派典（paradigm）來檢測無法以傳統方式回答測驗題目的孩子。**習慣化**（**habituation**）用來表示個人對於重複呈現的刺激減少反應。當有新穎的或新奇的刺激出現時，個人對於該刺激的注意增加，且心跳加快。在刺激重複出現後，當個人學習去預測事件的發生時，個人的注意力和心跳降低。觀測重複出現相同刺激時孩子的注意力和心跳後，在刺激物的呈現上作些微變化，然後再回到原始刺激，如此可讓施測者估計孩子的認知處理技能（Fagan, 1990）。認知程度是認知速度的功能，藉此，孩子習慣於原來的刺激、辨認出和不習慣改變（有注意力和心跳增加為佐證）、且透過習慣性較快速地養成，當原始刺激呈現時，孩子便能辨認出來（Zelazo, 1979）。

習慣化派典已用來測量幼兒和障礙兒童的認知程度，但其只建立少數的規範性標準。

其他研究亦闡述生理損傷對於不同知覺與認知技能的影響。較少處於端正姿勢的兒童易出現視知覺問題。這類的孩子於形狀板的技能（Berko, 1966）、區辨不同形狀、組織空間環境（Shurtleff, 1966）等活動執行上皆出現困難。腦性麻痺兒童的不良視力和聽力知覺技能，使得這些孩子不會出現能養成視覺和聽覺系統的動作技能。翻滾（rolling）可引發視覺追視、視覺聚焦（fusion），及調整眼球晶體以聚焦於不同距離和遠方的物品。頸部肌肉穩定度不佳可能使孩子無法注視（visual fixation）於某人事物；肩膀和手臂穩定度不佳，可能造成不良的伸手觸碰形式。諸如此類的缺陷影響了脊柱裂兒童的知覺發展（Rosenbaum, Barnett, & Brand, 1975）及後續的讀寫技能（Shurtleff, 1966）。

自閉症

自閉症兒童形成一有趣的知覺和概念性技能發展的謎題。他們出現處理感官輸入的困難，且因而對刺激出現過度或毫無反應的情形。對於強烈的聽覺和視覺刺激他們甚至可能都沒反應，但他們喜歡摩擦一些材質的物品、轉動物品或刮劃物品的表面。自閉症兒童的視覺注視和注意力的維持皆較短，但他們能透過動覺和觸覺方式來接收訊息。Ornitz 和 Rivto（1976）發現，自閉症童之精細動作的操作表現良好。然而，他們以刻板方式處理差異性很大的物品和經驗（Rutter, 1978）的情形，可能限制了認知過程的精煉。對許多自閉症兒童使用較精細的評量工具（如前述的注意力派典），及運用行為性自我調節的測驗、持續工作（task persistence）和不斷重複的趨勢（perseverative tendencies）等（Adrien et al., 1995），可能為認知發展露出一線曙光。

促進認知發展 360

孩子生來就是要學習。從他們第一次精力充沛地哭泣表達開始，孩子正儲存和運用資訊以作出簡單的決定。只有在孩子無法使用新資訊時，其認知發展才會趨於緩慢。因所有孩子的本質皆是可充分利用環境中的學習機會，故孩子的認知發展趨緩可能表示照顧者的疏忽。嬰兒利用手、腳和嘴巴來探索觸覺刺激，且放慢動作來聆聽新的聲音，視覺損傷的孩子被聽覺刺激所吸引，而聽覺損傷的孩子被環境中帶來新資訊的視覺和觸覺線索所吸引。當輸入的資訊是較簡化和清楚易懂時，心智遲緩的孩子則能注意週遭複雜的刺激。在孩子無法獨立參與的所有情境中，教師和照顧者的能力則變得很重要。

許多早期療育方案以下列信念為基礎，即：若孩子很忙，則他正在學習。紙張和蠟筆、拼圖、插孔遊戲板，及形狀盒等皆放在孩子面前以刺激學習。老師定時地來巡視孩子是否完成該任務。當紙張被蠟筆畫滿了、每塊拼圖皆放定位了、每個釘子皆釘在洞孔，或形狀板皆穩定地放在容器中，孩子就會因學習而被稱讚。老師曾錯過難得的機會來促進兒童學習嗎？那是一定的！

對於所有幼兒，特別是障礙幼兒，學習不能只靠隨機的機會。透過處於不利情況兒童的研究，我們知道不期望發生的結果源於不良的照顧策略和組織不善的環境（Brooks-Gunn et al., 1995; Sameroff, Seifer, Baldwin, & Baldwin, 1993）。我們亦瞭解完整家庭環境的好處，孩子家庭生活品質好壞的區別，亦可在教育方案中建立。當父母付諸行動，孩子家庭生活品質亦隨之改善。相同的，若老師願意努力，則孩子教育方案的品質也會隨之提升。精緻的設施和精巧的設備應可促成優良的方案，但這些設施設備卻無法創造方案。孩子執行某件事情的方法，是提供認知刺激環境的基本取向，而這非因孩子做了什麼的導向。

早期療育從業人員必須對（認知）發展具有確切的瞭解。

在考量現今市場上過多的教材教具——其中一些教材教具是特別為障礙幼兒所設計，我們很容易認為設備和課程教材是促進認知的最重要因素，但該論點並不正確。教材教具對於早期療育從業人員而言，並不比完整的引導和對發展的充分瞭解來得重要。

聚焦於過程

縱使在市面上有許多針對特殊需求幼兒設計之教學活動手冊，但它們對於有限的使用者（audience）而言，僅具備有限的價值。這些手冊對於缺乏教學變化（flexibility）的教育技術人員或管理當局修改他們的取向以符合個別孩子需求等，可能有所助益，它
361 們亦可於療育從業人員尋求發展自己的活動時提供意見。然而，要求自己依照手冊進度來教學，可能表示教學的重點在於完成某一活動，而非著重活動進行時孩子如何處理訊息。Fewell 和 Sandall（1983）提供了障礙幼兒課程回顧，該回顧強調孩子如何學習和發展，而非只著重於孩子學了什麼。

教育通常較關注成果，而非學習過程。然而，難道我們不會懷疑孩子在不同的適當情境中，是否出現運用概念和技能的困難？在本章一開始的故事，開麗可能會畫出其之前所使用或保存、或曾經成為天花板掛飾之色彩鮮明的紙箱或紙板。然後，開麗可能從事其他活動。不過在學習過程中，伴隨著最少的教師介入，開麗現在很可能嘗試讓不同顏料混在一起。她可能以不同的比例將顏料調和在一起，且開始嘗試控制顏色濃度和色調。開麗甚至可將顏色概念擴展到混合不同液體或不同顏色的沙子，藉此學習其他事物屬性的原則。

療育從業人員的技能

優良療育從業人員和照顧者對孩子管教的一致性和培育方法值得讚賞（notable）。然而，除此之外，他們在促進認知發展上，亦展現了有效的特定技能。這些技能對所有兒童皆有用，但當運用於障礙兒童時，這些技能的取向可能會有所不同（Hawkins, 1979）。

使用可吸引並維持兒童興趣的教材和活動

如前述，注意力是學習的先備條件。為吸引孩子將注意力留在一特定物品或工作上，我們必須戰勝許多其他環境中同時吸引孩子注意力的刺激。在此，主要考量在於孩子的適當姿勢，必須調整或製造設備，讓孩子能處在可以自由活動且能與環境產生最多互動的位置，並可加以修正刺激，以使孩子的注意達到最大化。

對於非常年幼的幼兒和重度障礙的兒童而言，增加刺激的強度應可吸引他們的注意力。人聲的聲音應可改善聽覺注意力、鮮明的顏色和燈光應可吸引視覺注意力，而不同材質的物品可強化抓握和操弄物品時的注意力。對較年長的兒童或障礙程度較不嚴重的兒童而言，針對熟悉活動作新奇的改變最能引起他們的興趣。一再地使用相同之熟悉活動的風險在於，縱使藉由重複學習，孩子的技能可留存較久，但該學習結果只達到認知層級中非常基本的機械式操作層級。此外，使用新技能完成相同工作的動機和挑戰逐漸減少。當一個活動呈現的順序微幅調整時，其可能加速認知發展及讓兒童將技能類化到不同情境中。當新的測量儀器和容器取代了孩子已熟悉的工具時，沙盤遊戲更令兒童感到興奮且更具啟發性（stimulating）。當有新的聲音和配合聲音的圖片時，視聽中心則能抓住孩子的興趣。一個比舊玩偶更需要精細操作技巧 362
的新玩偶應可加入娃娃家（dress-up area），且可激發兒童的許多新技能和概念。

選擇具備內因性終止點（intrinsic termination points）的活動

有療育從業人員曾因將職前技能整合到學齡前班級課程而感

到驕傲。其每天讓孩子用砂紙磨木頭塊十分鐘，然後再讓孩子在柔軟的皮革上鑽洞五分鐘。若人們看到孩子在執行工作時注意力渙散（meander），則該活動明顯是完全無效，則這位老師犯了兩個重大錯誤，首先她提供了一個對孩子完全無意義的工作。若老師能給孩子看他們的作品最後可能會成為玩具推車或一系列積木，則該工作尚有一些價值。老師第二個錯誤是，沒有建立一個成功的結果。時間是活動中額外的要素，且其不是結束工作的適當理由。當孩子正在努力執行工作時，而老師卻說時間到了，對孩子而言，這是哪門子理由？每個工作應是孩子必須找到解決方案的問題或挑戰，故活動應直到出現了解決方案及孩子能夠注意到該活動時才結束。以磨木頭塊的工作為例，老師能在木頭塊上著色，孩子能磨到看不到木頭塊上的著色痕跡為止。以鑽洞為例，老師能以幾何圖形、數量或字母等形式作為草圖，而孩子能在完成這些圖樣時就停止工作。

在教導孩子控制他們自己的行為時，必須儘量不要讓他們持續依賴老師的指令。縱使提供指引、回饋和增強予每個孩子是好的教學策略，但提供適性的活動，且在該活動中，依照孩子本身的表現給予回饋及提供問題解決必要的知識亦是同等重要的。當然，上述原則最好能配合不同的自我檢視（self-testing）活動執行。據此，兒童知道自己是否正確地執行工作，若沒有，他們能立刻嘗試其他方法。在該階段及完成工作時，教師能探討引導孩子解決問題的認知過程，這是療育從業人員應精熟之困難但卻又必要的技能。

利用語言作為認知的工具

大量文獻支持語言和思考間存在密切關聯。為使孩子意識到概念間的關係，並發展相關概念，孩子必須標記出現的物品、人和感覺。教師必須為孩子提供這些文字標記，直到孩子能使用這些標記整合思考和解決問題為止。療育人員為孩子作新物品的命名、描述兒童和其他兒童的動作行為、為感覺命名，及討論孩子環境中事物的關係等，可促進孩子語言精熟度（competence），因而發展出認知技能。

詢問孩子具挑戰和成就感的問題

當孩子創造了黏土結構或黏貼作品，而老師提出「這是什麼？」的回應，該回應提供孩子清楚的訊息。孩子所認為之實際物品或人的模仿，可能無法相像到可以一眼被老師看出。不論老 363
師是否認出孩子的創作，一較具增強效果和啟發思考的回應是：「我喜歡你做的東西。告訴我關於你的作品。」當讓老師去探尋孩子的技能發展時，該方式給孩子一種值得的感覺。

主要的關鍵在於，好老師對孩子作品的回應是能認同孩子的努力及引發孩子的問題解決策略。視覺損傷的孩子能正確地將圓形模型放入圓形的洞孔，而非放入正方形或三角形的洞孔，是運氣還是孩子運用特定策略呢？老師必須追問：「瓊安做得很好！為什麼把圓形放在這個地方呢？」

有豐富經驗的老師體認孩子的努力且引導孩子的問題解決策略。

對於沒有口語能力的孩子而言，老師所面臨的挑戰更大。在這些案例中，老師可能在問題解決過程中用言語（verbalize）解說，並示範得到正確回應的策略，例如：「很好！這堆圖片是可以吃的東西，而這堆圖片是我們用來吃東西的用具。」或「我們再做一次，這樣一堆圖片就有可以吃的東西，而另一堆就有我們可用來吃東西的用具。我先做第一次，其他的讓你做。」

問題必須沒有批評且具有目的性——不是「為什麼你做成這樣？」而是「你認為這些兜在一起會變成什麼？」讓自己站在孩子的立場，執行一件工作，考量執行該工作所包含的邏輯和不同方式，然後，透過詢問引導孩子解決策略的問題，試著判斷孩子執行該工作的方式。

允許透過發現來學習和讓孩子選擇學習工作

在歐洲的學校中，教材教具很少放在遠方的櫥櫃或很高的架子上。源於義大利的蒙特梭利取向的提倡，教室中的教材教具必須讓孩子方便取得及運用。透過探索和教師的引導，孩子學習何種教材教具是可自由取用及哪些不可以、學習如何使用新的教材教具和學習如何選擇有興趣的教材教具。

在認知技能發展中，發現很重要。透過探索，孩子將週遭環境之規則的相關資訊加以同化。在許多課程中，教師示範如何使用如：分等級的圓柱或矩陣式的拼圖等新的和具挑戰性的設備。教師藉由引導的方式給予孩子機會執行工作，且將設備放在方便取得的位置，如此孩子能在其他時間使用這些設備。該培養兒童獨立的方式能運用於障礙幼兒。然而，當療育從業人員告訴孩子如何去做或要求他們做每件工作，如此便剝奪孩子發現和獨立作決定的良好發展機會。

有些兒童在選擇工作上出現困難。以下的漸進式引導，顯示孩子如何在不同發展階段能擁有具挑戰之選擇活動的機會。

1. 我們來畫畫。（沒有溝通能力的孩子）
364 2. 你想畫畫嗎？（口語或非口語的回應皆可）
3. 你想畫畫或玩沙盤？（口語、模仿的回應、能擴展一系列選項）
4. 讓我知道你現在想做什麼。（非口語、開放式回應）
5. 告訴我你現在想做什麼。（口語、開放式回應）

當使用多重感官取向時，孩子學習得較快且能保留較多學習訊息

在任何發展階段的孩子皆能透過他們自己的主動性（initiative），來執行選擇和發展問題解決策略（scheme）。為使孩子具備主動性，孩子在環境中移動時必須有安全感（可透過物品有固定位置來輔助達成），且教材教具必須便於操作。最後，療育從業人員能幫助孩子發現如何使用教材教具、這些教材教具在哪裡，及他們會從教材教具中得到什麼樂趣。例如：視覺損傷的孩子必須能預期他們的觸覺教具放在特定的架子上，且容易操作的教具放在較低的架子。類似方法亦可運用於伴隨其他障礙的孩子。

確認及運用每個孩子的原始輸入模式

所有學習者在接收和處理資訊上皆有不同偏好；有些人透過聽覺輸入能得到較佳的學習效果；其他人可能是透過觸覺或視覺輸入。障礙兒童亦有同樣的學習特性，但若其偏好之輸入模式的感官發生損傷時，學習可能會變得非常困難。幼兒的適應性使療 365
育從業人員有責任善用兒童能取得正確資訊的輸入管道，並培育及刺激損傷部位的輔助性（secondary）輸入管道。

幼兒和伴隨重度障礙的兒童一開始透過移動來學習。手臂和腳在空間移動的動覺刺激，伴隨著注視手腳的移動及聽著所觸碰或敲打所發出的聲音，提供孩子主動學習的經驗。肢體動作在人的一生中始終是學習的重要方式。

當孩子透過正式的學校教學而提升能力時，教育便愈來愈依靠聽覺了。許多孩子發現，他們從教科書或校外教學學習所得比課堂講解要多。障礙兒童在學習方式中亦出現了相同的差異。職是之故，療育從業人員必須在療育取向的運用上保持彈性。某個孩子能透過口語解說，很快地學習一項技能。而另個孩子可能需要口語解說並配合著示範，或可能需要到實際情境，一邊解說示範一邊執行工作。因此，療育從業人員必須仔細考量孩子如何處理不同形式的資訊輸入，並在教學策略中使用這些資訊。

籌劃課程

成功方案的最重要基準是具備一群知道如何教學的人員。因此，療育從業人員亦必須能編排教育課程，如此該課程可涵蓋對課程的架構和運用對幼兒的認知發展具關鍵性——但最重要的要素是優良的教學！

兒童智力成長最有效益的層面。以前述之Lavatelli（1973）所設計的架構為例，課程必須幫助兒童能從具體事物進步到符號層次的分類、空間和數量，及系列化操作等概念，藉此課程所有的概念皆可被建構出來，這些概念可能成為早期療育方案活動的焦點，教師亦可根據相同的原則來組織教材。拼圖能以困難度來作呈現順序，但該困難度不只是依照拼圖的片數，同時亦需考量拼圖片所在位置的空間複雜度。不同類組的物品和圖片能讓孩子作區別或分類，有些類組可包括差異性較大的物品，而其他類組的圖片或物品的差異性可能較小。可以給孩子抱玩偶，且玩偶的尺寸可逐漸增大，或要求孩子畫另一個較小的娃娃，然後再要求畫比前一個娃娃更小的娃娃。桌上型水池裡的容器可作顏色記號，且讓該記號的顏色與每天水池用顏料調成的顏色相對應。可讓嬰兒使用不同尺寸的奶瓶喝奶。

若活動本身即要求認知或培養認知處理能力時，課程計畫能產生更具個別化及挑戰性的活動。Johnson-Martin、Jens、Attermeirer 和 Hacker（1991），Lavatelli（1973），和 Weikart、Rogers、Adcock 和 McClelland（1971）等人的研究提供使用該取向的確切活動。

366

摘要

對所有兒童而言，理解和使用複雜概念的通路相似。孩子先透過事物的外觀、氣味、聲音、味道，和感覺等來學習他們的世界。透過環境中事物互動的差異，孩子開始以他們意識到的簡單關係做基礎，來建構他們世界的基本架構。當孩子在他們的經驗和觀察中加入文字標記時，他們對世界的理解則大大地增加。

障礙能以四種方式來詮釋認知過程：當障礙是源於神經性或感官損傷時，其會影響孩子專注於刺激的能力；若是聽覺或視覺損傷時，障礙會阻撓具潛在價值刺激的接收；若是與心智遲緩相關的大腦損傷時，則會阻礙資訊的儲存和處理；而若是語言異常和肢體損傷，則會干擾孩子表達其認知的能力。本章強調皮亞傑的架構，因為縱使鑑於上述這些極大差異的觀點，該架構仍能幫助我們詮釋孩子的認知發展。此外，該架構提供療育從業人員根據孩子現階段的表現，而非生理年齡為基礎來籌劃方案計畫。

先前描述的技能是照顧者的技能，且這些技能不能被視為專屬於療育從業人員的範疇。透過家庭訪視，教室中的父母參與，和包括所有照顧者之其他大範圍的策略，孩子將從具備最大化智力發展之潛力的環境中獲益。

問題與討論

1. 討論皮亞傑的發展理論和該理論對於特殊需求幼兒的關係。
2. 每一種類別的障礙如何潛在地影響幼兒發展？
3. 比較本章所討論的三種發展理論與特殊需求幼兒的關係。
4. 在早期療育方案中，影響認知發展的因素為何？

推薦資源

網址

Cognitive Development in Young Children with Down Syndrome: Developmental Strengths, Developmental Weaknesses (Riverbend Down Syndrome Parent Support Group)
http://altonweb.com/cs/downsyndrome/index.html

Cognitive Development Theories
http://www.education.indiana.edu/~p540/webcourse/develop.html

出版品和其他媒體

Bybee, R. W., & Sund, R. B. (1990). *Piaget for educators* (2nd ed.). Prospect Heights, IL: Waveland Press.

High/Scope Educational Research Foundation. *High/Scope Preschool Curriculum.* (600 North River Street, Ypsilanti, MI 48198.)

Johnson-Martin, N. M., Jens, K. G., Attermeier, S. M., & Hacker, B. J. (1991). *The Carolina curriculum for infants and toddlers with special needs* (2nd ed). Baltimore: Brookes.

Kamii, C., & Ewing, J. K. (1996). Basing teaching on Piaget's constructivism. *Childhood Education, 72,* 260–264. 367

Leong, D. J., & Bedrova, E. (1996). *Tools of the mind: A Vygotskian approach to early childhood education.* Upper Saddle River, NJ: Merrill/Prentice Hall.

Singer, D. G., & Ravenson, T. (1996). *A Piaget primer: How a child thinks.* New York: Plume Books.

參考文獻

Adelson, E., & Fraiberg, S. (1976). Sensory deficit and motor development in infants blind from birth. In Z. S. Jastrzembska (Ed.), *The effects of blindness and other impairments on early development*. New York: American Foundation for the Blind.

Adrien, J. L., Matrineau, J., Barthelemy, C., Bruneau, N., Garreau, B., & Sauvage, D. (1995). Disorders of regulation of cognitive activity in autistic children. *Journal of Autism and Developmental Disorders, 24*, 249–263.

Baillargeon, R. (1987). Young infants' reasoning about the physical and spatial characteristics of a hidden object. *Cognitive Development, 3*, 179–200.

Baydar, N., & Brooks-Gunn, J. (1991). Effects of maternal employment and child-care arrangements on preschoolers' cognitive and behavioral outcomes: Evidence from the children of the National Longitudinal Study of Youth. *Developmental Psychology, 27*, 932–945.

Berko, M. J. (1966). Psychological and linguistic implications of brain damage in children. In M. Mecham, F. G. Berko, M. F. Berko, & J. Palmer (Eds.), *Communication training in childhood brain damage*. Springfield, IL: Charles C. Thomas.

Bernstein, B. (1960). Language and social class. *British Journal of Sociology, 2*, 271–276.

Best, B., & Roberts, G. (1976). Early cognitive development in hearing impaired children. *American*
368 *Annals of the Deaf, 121*, 560–564.

Blank, M. (1974). Cognitive functions of language in the preschool years. *Developmental Psychology, 10*, 229–245.

Bower, T. G. R. (1974). *Development in infancy*. San Francisco: Freeman.

Brekke, B., Williams, J. E., & Tait, P. (1974). The acquisition of conservation of weight by visually impaired children. *Journal of Genetic Psychology, 125*, 89–97.

Brinker, R. P., & Lewis, M. (1982). Discovering the competent handicapped infant: A process approach to assessment and intervention. *Topics in Early Childhood Special Education, 2*, 1–16.

Broadbent, D. (1958). *Perception and communication*. London: Pergamon Press.

Brooks-Gunn, J., Klebanov, P. K., & Liaw, F. (1995). The learning, physical, and emotional environment of the home in the context of poverty: The Infant Health and Development Program. *Children and Youth Services Review, 19*, 251–276.

Brooks-Gunn, J., & Lewis, M. (1979, September). *Handicapped infants and their mothers at play*. Paper presented at the annual meeting of the American Psychological Association, New York.

Carver, L. J., & Bauer, P. J. (2001). Memory in infants: The emergence of long and short-term explicit memory in infancy. *Journal of Experimental Psychology (General), 130*, 726–747.

Celeste, M. (2002). A survey of motor dvelopment for infants and young children with visual impairments. *Journal of Visual Impairment & Blindness, 96*, 169–175.

Colombo, J. (2001). The development of visual attention in infancy. *Annual Review of Psychology, 52*, 337–367.

Dennis, W. (1973). *Children of the Creche*. New York: Appleton-Century-Crofts.

Detterman, D. K. (1979). Memory in the mentally retarded. In N. R. Ellis (Ed.), *Handbook of mental deficiency, psychological theory and research*. Hillsdale, NJ: Erlbaum.

Douglas, J. W. B. (1964). *The home and the school*. London: Mackgibbon & Kee.

Duncan, G. L., & Brooks-Gunn, J. (1997). *Consequences of growing up poor*. New York: Russell Sage Foundation.

Duncan, G. L., Brooks-Gunn, J., & Klebanov, P. K. (1994). Economic deprivation and early childhood development. *Child Development, 65*, 296–318.

Ellis, N. R. (1970). Memory processes in retardates and normal infants. *International Review of Research in Mental Retardation, 4*, 1–32.

Fagan, J. F. (1990). The paired-comparison paradigm and infant intelligence. *Annals of the New York Academy of Sciences, 608*, 337–364.

Fantz, R. L., Fagan, J. F., & Miranda, S. B. (1975). Early visual selectivity as a function of pattern variables, previous exposure, age from birth and conception, and expected cognitive deficit. In L. B. Cohen & P. Salapatek (Eds.), *Infant perception: From sensation to cognition*. Vol. 1: *Basic visual processes*. New York: Academic Press.

Ferguson, C. A. (1978). Learning to pronounce: The earliest stages of phonological development in the child. In F. D. Minifie & L. L. Lloyd (Eds.), *Communicative and cognitive abilities: Early behavioral assessment*. Baltimore: University Park Press.

Fewell, R. R., & Sandall, S. R. (1983). Curricula adaptations for young children: Visually impaired, hearing impaired, and physically impaired. *Topics in Early Childhood Special Education, 2*, 51–66.

Finkelstein, N. W., Gallagher, J. J., & Farron, D. C. (1980). Attentiveness and responsiveness to auditory stimuli of children at risk for mental retardation. *American Journal of Mental Deficiency, 85*, 135–144.

Flavell, J. H. (1963). *The developmental psychology of Jean Piaget.* Princeton, NJ: Van Nostrand.

Flavell, J. H. (1970). Developmental studies of mediated memory. In H. W. Reese & L. P. Lipsitt (Eds.), *Advances in child development and behavior,* Vol. 5. New York: Academic Press.

Fraiberg, S. (1968). Parallel and divergent patterns in blind and sighted infants. *Psychoanalytic Study of the Child, 23*, 264–300.

Fraiberg, S. (1975). The development of human attachments in infants blind from birth. *Merrill-Palmer Quarterly, 21*, 315–334.

Friedman, J., & Pasnak, S. (1973). Attainment of classification and seriation concepts by blind children. *Education of the Visually Handicapped, 5*, 55–62.

Frye, D., & Zelazo, P. D. (1996). Inference and action in early causal reasoning. *Developmental Psychology, 32*, 120–131.

Furth, H. G. (1961). Visual paired-associates task with deaf and hearing children. *Journal of Speech and Hearing Research, 4*, 172–177.

Furth, H. G. (1966). *Thinking without language: Psychological implications of deafness.* New York: Free Press.

Furth, H. G. (1973). *Deafness and learning: A psychosocial approach.* Belmont, CA: Wadsworth.

Garber, H., & Heber, F. R. (1977). The Milwaukee Project: Indications of the effectiveness of early intervention in preventing mental retardation. In P. Mittler (Ed.), *Research to practice in mental retardation,* Vol. 1: *Care and intervention.* Baltimore: University Park Press.

Gasser, M., & Colunga, E. (2002). Pattern learning in infants and neural networks. In P. Quinlan (Ed.), *Connectionist models of development.* Brighton, England: Psychology Press.

Gibson, E. J. (1969). *Principles of perceptual learning and development.* New York: Appleton-Century-Crofts.

Gindis, B. (1995). The social/cultural implication of disability: Vygotsky's paradigm for special education. *Educational Psychologist, 30*, 77–81.

Girbau, D. (2001). Children's referential communication failure. *Journal of Language and Social Psychology, 20*, 81–90.

Grossman, H. J. (Ed.). (1977). *Manual on terminology and classification in mental retardation.* Washington, DC: American Association on Mental Deficiency.

Hauser-Cram, P. (1996). Mastering motivation in toddlers with developmental disabilities. *Child Development, 67*, 236–248.

Hawkins, F. P. (1979). The eye of the beholder. In S. Meisels (Ed.), *Special education and development: Perspectives on young children with special needs.* Baltimore: University Park Press.

Huang-Pollock, C. L., Carr, T. H., & Nigg, J. T. (2002). Development of selective attention: Perceptual load influences early versus late attentional selection in children and adults. *Developmental Psychology, 38*, 363–375.

Jamieson, J. R. (1994). Teaching as transaction: Vygotskian perspectives on deafness and mother-child interaction. *Exceptional Children, 60*, 434–449.

Jaskir, J., & Lewis, M. (1981, April). *A factor analytic study of mother-infant interactions at 3, 12, and 24 months.* Paper presented at the annual meeting of the Eastern Psychological Association, New York.

Jennings, K. D., Conners, R. E., & Stegman, C. E. (1988). Does a physical handicap alter the development of mastering motivation during the preschool years? *Journal of the American Academy of Child and Adolescent Psychiatry, 27*, 312–317.

Johnson-Martin, N. M., Jens, K. G., Attermeier, S. M., & 369
Hacker, B. J. (1991). The Carolina curriculum for infants and toddlers with special needs (2nd ed.). Baltimore: Brookes.

Jordan, T. E. (1980). *Development in the preschool years: Birth to age five.* New York: Academic Press.

Kagan, J., & Kogan, N. (1970). Individual variation in cognitive processes. In P. Mussen (Ed.), *Carmichael's manual of child psychology* (Vol. 1). New York: Wiley.

Kahn, J. (1976). Utility of the Uzgiris and Hunt scales of sensorimotor development with severely and profoundly retarded children. *American Journal on Mental Deficiency, 80*, 663–665.

Kail, R. (1993). The role of global mechanisms in developmental change in speed of processing. In M. L. Howe, & R. Pasnak (Eds.), *Emerging themes in cognitive development,* (Vol. 1: pp. 97–116). New York: Springer-Verlag.

Kamii, C., & Ewing, J. K. (1996). Basing teaching on Piaget's constructivism. *Childhood Education, 72*, 260–264.

Kearsley, R. B. (1979). Iatrogenic retardation: A syndrome of learned incompetence. In R. B. Kearsley & I. E. Sigel (Eds.), *Infants at risk: Assessment of cognitive functioning.* Hillsdale, NJ: Erlbaum.

Landry, S. H., Swank, P. R., Assel, M. A., Smith, K. E., & Vellet, S. (2001). Does early responsive parenting have a special importance for children's development or is consistency across early childhood necessary? *Developmental Psychology, 37*, 387–403.

Langley, M. B. (1980). *The teachable moment and the handicapped infant.* Reston, VA: ERIC Clearinghouse on Handicapped and Gifted Children.

Laucht, M., Esser, G., & Schmidt, M. H. (1994). Contrasting infant predictors of later cognitive functioning. *Journal of Child Psychology, Psychiatry, & Allied Disciplines, 35*, 649–662.

Lavatelli, C. S. (1973). *Piaget's theory applied to an*

early childhood curriculum. Nashua, NH: Delta Education,

370 Lewis, M. (1971). Individual differences in the measurement of early cognitive growth. In T. Hellmuth (Ed.), *Exceptional infants: Studies in abnormality* (Vol. 2). New York: Bruner/Mazel.

Lewis, M., & Baldini, N. (1979). Attention processes and individual differences. In G. Hale & M. Lewis (Eds.), *Attention and cognitive development.* New York: Plenum Press.

Lewis, M., & Coates, D. L. (1980). Mother-infant interactions and cognitive development in 12-week-old infants. *Infant Behavior and Development, 3,* 95–105.

Lewis, M., & Rosenblum, L. (Eds.). (1974). *The effect of the infant on its caregiver.* New York: Wiley.

Maccoby, E. E., & Zellner, M. (1970). *Experiments in primary education: Aspects of Project Follow-Through.* New York: Harcourt Brace Jovanovich.

Mareschal, D., Plunkett, K., & Harris, P. (1999). A computational and neuropsychological account of object-oriented behaviors in infancy. *Developmental Science, 2,* 306–317.

Mayes, L. C., Bornstein, M. H., Chawarska, K., & Granger, R. H. (1995). Information processing and developmental assessments in 3-month-old infants exposed prenatally to cocaine. *Pediatrics, 95,* 539–545.

McClinton, B. S., & Meier, B. G. (1978). *Beginnings: Psychology of early childhood.* St. Louis: Mosby.

McDade, H. L., & Adler, S. (1980). Down syndrome and short-term memory impairment: A storage or retrieval deficit? *American Journal on Mental Deficiency, 84,* 561–567.

Meadow, K. P. (1975). The development of deaf children. In E. M. Hetherington (Ed.), *Review of child development research* (Vol. 5). Chicago: University of Chicago Press.

Merrill, E. C., & Taube, M. (1996). Negative priming and mental retardation: The processing of distractor information. *American Journal on Mental Retardation, 101,* 63–71.

Nelson, K. (1973a). Some evidence for the cognitive primacy of categorization and its functional basis. *Merrill-Palmer Quarterly, 19,* 21–39.

Nelson, K. (1973b). Structure and strategy in learning to talk. *Monographs of the Society for Research in Child Development, 38* (Serial No. 149).

Ornitz, E. M., & Rivto, E. R. (1976). Medical assessment. In E. R. Rivto (Ed.), *Autism: Diagnosis, current research and management.* New York: Spectrum.

Parker, S. T. (1993). Imitation and circular reactions as evolved mechanisms for cognitive construction. *Human Development, 36,* 309–323.

Pasamanick, B., & Knobloch, H. (1961). Epidemiologic studies on the complications of pregnancy and the birth process. In G. Caplan (Ed.), *Prevention of mental disorders in children.* New York: Basic Books.

Pasamanick, B., & Knobloch, H. (1966). Retrospective studies on the epidemiology of reproductive casualty: Old and new. *Merrill-Palmer Quarterly, 12,* 7–26.

Piaget, J. (1951). *Play, dreams and imitation in childhood.* New York: Norton.

Piaget, J. (1952). *The origins of intelligence in children.* New York: International Universities Press.

Piaget, J. (1954). *The construction of reality in the child.* New York: Basic Books.

Piaget, J., & Inhelder, B. (1969). *The psychology of the child.* New York: Basic Books.

Preisler, G. M. (1991). Early patterns of interaction between blind infants and their sighted mothers. *Child: Care, Health, and Development, 17,* 65–90.

Preisler, G. M. (1995). The development of communication in blind and deaf infants—similarities and differences. *Child: Care, Health, and Development, 21,* 79–110.

Raz, N., Torres, I. I., Briggs, S. D., Spencer, W. D., Thornton, A. E., Loken, W. J., et al. (1995). Selective neuroanatomic abnormalities in Down's syndrome and their cognitive correlates: Evidence from MRI morphometry. *Neurology, 45,* 356–366.

Reynell, J. (1978). Developmental patterns of visually handicapped children. *Child: Care, Health, and Development, 4,* 291–303.

Robinson, N. M., & Robinson, H. B. (1976). *The mentally retarded child.* New York: McGraw-Hill.

Rochat, P. R. (2001). Social contingency detection and infant development. *Bulletin of the Menninger Clinic, 65,* 347–360.

Rogoff, B., Malkin, C., & Gilbride, K. (1984). Instruction with babies as guidance in development. In B. Rogoff & J. V. Wertsch (Eds.), *Children's learning in the "zone of proximal development".* San Francisco: Jossey-Bass.

Rohwer, W. (1970). Images and pictures in children's learning. *Psychological Bulletin, 73,* 393–403.

Rosenbaum, P., Barnett, R., & Brand, H. L. (1975). A developmental intervention program designed to overcome the effects of impaired movement in spina bifida infants. In K. S. Holt (Ed.), *Movement and child development.* Philadelphia: Lippincott.

Rossi, S., & Wittrock, M. C. (1971). Developmental shifts in verbal recall between mental ages two and five. *Child Development, 42,* 333–338.

Rutter, M. (1978). Language disorder and infantile autism. In M. Rutter & E. Schopler (Eds.), *Autism: A reappraisal of concepts and treatment.* New York: Plenum Press.

Rutter, M. (1979). Maternal deprivation 1972–1978: New findings, new concepts, new approaches. *Child Development, 50,* 283–305.

Rutter, M. (1980). The long-term effects of early experience. *Developmental Medicine and Child Neurology, 22,* 800–815.

Rutter, M., Tizard, J., & Whitmore, K. (1970). *Education, health, and behavior.* London: Longmans, Green.

Sameroff, A. J. (1979). The etiology of cognitive competence: A systems perspective. In R. B. Kearsley & I. E. Sigel (Eds.), *Infants at risk: Assessment of cognitive functioning.* Hillsdale, NJ: Erlbaum.

Sameroff, A. J. (1982). The environmental context of developmental disabilities. In D. D. Bricker (Ed.), *Intervention with at-risk and handicapped infants: From research to application.* Baltimore: University Park Press.

Sameroff, A. J., & Chandler, M. J. (1975). Reproductive risk and the continuum of caretaking casualty. In F. D. Horowitz (Ed.), *Review of child development research* (Vol. 4). Chicago: University of Chicago Press.

Sameroff, A. J., & Fiese, B. H. (1990). Transactional regulation and early intervention. In S. J. Meisels & J. P. Shonkoff (Eds.), *Handbook of early childhood intervention.* New York: Cambridge University Press.

Sameroff, A. J., Seifer, R., Baldwin, A., & Baldwin, C. (1993). Stability of intelligence from preschool to adolescence: The influence of social and family risk factors. *Child Development, 64,* 80–97.

Schutte, A. R., & Spencer, J. P. (2002). Generalizing the dynamic field theory of the A-and-B error beyond infancy: Three-year-olds' delay- and experience-dependent location memory biases. *Child Development, 73,* 377–404.

Shurtleff, D. T. (1966). Timing of learning in meningomyelocele patients. *Journal of the American Physical Therapy Association, 46,* 136–148.

Silverstein, A. B., McLain, R. E., Brownless, L., & Hubbey, M. (1976). Structure of ordinal scales of psychological development in infancy. *Educational and Psychological Measurement, 36,* 355–359.

Slamecka, N. (1968). An examination of trace storage in free recall. *Journal of Experimental Psychology, 76,* 504–513.

Stremmel, A. J., & Ru, V. R. (1993). Teaching in the zone of proximal development: Implications for responsive teaching practice. *Child and Youth Care Forum, 22,* 337–350.

Templin, M. (1950). *The development of reasoning in children with normal and defective hearing.* Minneapolis: University of Minnesota Press.

Tessier, F. (1969–1970). The development of young cerebral palsied children according to Piaget's sensorimotor theory. *Dissertation Abstracts International, 30A,* 4841.

Trevarthen, C. (1988). Infants trying to talk. In R. Söderbergh (Ed.), *Children's creative communication.* Lund, Sweden: Lund University Press.

Tulving, E. (1968). Theoretical issues in free recall. In T. Dixon & D. Horton (Eds.), *Verbal behavior and general behavior theory.* Upper Saddle River, NJ: Prentice Hall.

Vygotsky, L. S. (1962). *Thought and language.* Cambridge, MA: MIT Press.

Vygotsky, L. S. (1978). *Mind in society: The development of higher psychological process.* Cambridge, MA: Harvard University Press.

Wachs, T. D., Uzgiris, I. C., & Hunt, J. McV. (1971). Cognitive development in infants of different age levels and from different environmental backgrounds. *Merrill-Palmer Quarterly, 17,* 282–317.

Wakschlag, L. S., & Hans, S. L. (1999). Relation of maternal responsiveness during infancy to the development of behavior problems in middle childhood. *Developmental Psychology, 35,* 569–579.

Warren, D. H. (1984). *Blindness and early childhood development* (2nd ed.). New York: American Foundation for the Blind.

Weikart, D. P., Rogers, L., Adcock, C., & McClelland, D. (1971). *The cognitively oriented curriculum.* Washington, DC: National Association for the Education of Young Children.

Weisz, J. R., & Zigler, E. (1979). Cognitive development in retarded and nonretarded persons: Piagetian tests of the similar sequence hypotheses. *Psychological Bulletin, 86,* 831–851.

Wrightstone, J. W., Justman, J., & Moskovitz, S. (1953). *Studies of children with physical handicaps: The child with cardiac limitation.* New York: City Board of Education.

Young, H. F., Nulsen, F. E., Martin, H. W., & Thomas, P. (1973). The relationship of intelligence and the cerebral mantle in treated infantile hydrocephalus. *Pediatrics, 52,* 38–44.

Zeaman, D. (1973). One programmatic approach to retardation. In D. K. Routh (Ed.), *The experimental psychology of mental retardation.* Chicago: Aldine.

Zelazo, P. R. (1979). Reactivity to perceptual-cognitive
events: Application for infant assessment. In 371
R. B. Kearsley & I. E. Sigel (Eds.), *Infants at risk: Assessment of cognitive functioning.* Hillsdale, NJ: Erlbaum.

Zelazo, P. R., Hopkins, J. R., Jacobson, S. M., & Kagan, J. (1974). Psychological reactivity to discrepant events: Support for the curvilinear hypothesis. *Cognition, 2,* 385–393.

9

溝通

Susan R. Easterbrooks

章節大綱

- 語言：架構和定義
- 正常語言習得的階段
- 溝通發展理論
- 影響溝通發展的因素
- 特殊需求幼兒的溝通發展
- 輔助科技和擴大性與替代性溝通
- 溝通之療育方案的議題和原則

373 ### 伊恩

伊恩是十二個月大的男孩，在新生兒育兒室時，根據新法令規定的全面性新生兒聽力檢測結果，伊恩被鑑定為聽覺喪失。因為檢測設備有些問題，故檢測結果仍存疑。伊恩必須重新作檢測，然而第二次檢測時，檢測設備仍無法正常運作。該情形導致伊恩的父母推論伊恩並沒有聽覺問題。之後的測驗顯示了伊恩一邊耳朵有重度的聽力喪失，而另一耳則為中度的聽力喪失。進一步的測驗顯示了聽力喪失的原因應是基因問題。

相關專業人員建議執行耳蝸植入術，該手術為在內耳植入聽覺裝置，但因為伊恩有殘存聽力，故伊恩父母不希望執行該手術。伊恩在十個月大時使用先進的科技作為聽覺輔助。伊恩參加每週一次的私立聽語訓練課程，在課程中，母親接受幫助伊恩學習聽和使用口語語言的訓練課程。州立的父母與嬰兒方案（parent-infant program）的父母與嬰兒顧問每個月訪視伊恩兩次。當戴上助聽器時，伊恩持續地牙牙學語，他可以將聲音和物品配對，如：將「ㄅㄨㄣ…ㄅㄨㄣ」的聲音與飛機配對。伊恩正逐漸進步中。

374 瞭解和使用語言的能力是顯著的人類特質。語言讓我們能表達基本需求、提供學習世界的管道、促進社會互動。不論什麼原因所致，出現溝通遲緩的孩子在主要以語言為傳達需求和改變的世界中，成為高危險群。

聆聽一般發展中之學步兒的語言是種令人著迷的經驗，嬰兒和學步兒在語言發展過程中發生的錯誤，對成人而言是歡樂的持續泉源。學齡前階段，孩子語言取得的情況展露無遺。在孩子進入學校前，他們使用所有成人所使用的句型（Owens, 1996）。根據 Chomsky（1957）研究，語言習得的關鍵期是五歲以前。年幼兒童，其父母若能在兒童早期確認孩子的特殊需求，則這些兒童極其幸運，因為在學習開始前的寶貴期間，即可開始執行療育方案。本章回顧了語言發展的理論和階段、影響溝通發展的因素和療育取向。

語言：架構和定義

溝通

溝通表示訊息和意見的交換。該廣義的定義要求我們將溝通視為，透過手語、文字符號，或如使用溝通板等其他任何代表性系統之口語性、非口語性、姿勢、圖畫等方式的展現（occurring）。

> 溝通是資訊和意見的交換。

說話

說話（speech）表示聽覺—發音（auditory-articulatory）的代碼，透過該代碼，我們呈現口語語言。說話包括特定**音素**（字母和字母結合的聲音）的發聲和清晰度。說話異常包括但不限於清楚的發音、不流暢（口吃），且亦不限於如：嘶啞或刺耳聲等聲音異常。然而，說話並非我們表現語言的唯一方式。

> 說話表示與聲音有關的發音的代碼，藉此可傳達說話的語言。

語言

如 Bloom 和 Lahey（1978）的定義，**語言**是一種「代碼，藉此，世界透過溝通信號的世俗系統來呈現」（p. 4）。在口語語言中，我們透過許多世俗系統包括：語音、形態、語法、語意，和語用等方式來呈現該代碼。有些孩子因為出現這些語言相關系統的問題，故在精熟母語（first language）上出現困難。其他孩子則因為在家所說的語言和在學校或較大社群中所說的語言不一樣，因而出現困難。另有一些孩子必須學習手語或代號式的英文（如：Signing Exact English 或 Cued Speech）；然而，其他孩子必須學習 375
與英文手語形式明顯不同的美國手語（American Sign Language）。

> 語言表示用來溝通之以文化為本的變化豐富的符號代碼。

形式、內容和使用

語言令學者既感到困惑又復為其著迷。學者已由許多面向來研究語言。Bloom 和 Lahey（1978）提議，溝通能以三個面向作組織，且語言的精熟是依賴這些面向間的交互關係，他們認為語言的組成有：**形式**、**內容**和**使用**等三項。語言的形式是由語音、形態和語法所組成；語言的內容通常指語意；而語言的使用包括：功能、脈絡或語用。

表 9.1 指出一些幼兒語言形式、內容和使用等要素的基本成分。例如：下列母親和寶寶間的對話顯示出形式、內容和使用等層面：

母親：早安，甜心。該起床嘍！

寶寶：（伸手向母親）起？

母親：這才是我的乖孩子。你餓了嗎？準備好吃早餐了嗎？

寶寶：想吃。

母親：很好。我很高興你餓了，但我要先幫你換尿布。

寶寶：（哭泣）不要！不要！想吃，想吃。想吃！

由形式層面來看，寶寶正處於前語法期，運用結合兩個字的話語。這個寶寶並未顯示出任何形態的要素，例如：傳達時態和數字等文字的結束，但我們仍可瞭解寶寶所傳達的訊息。寶寶可瞭解別人的話語，且能談論日常生活經驗的概念，此表現出內容的層面。寶寶亦有特定的語意領域如：動作（吃）和拒絕（不要）。孩子在溝通中精熟於早期的語用如：相互關係和抗議等，則顯示出語言的使用。

現在回憶本章一開始的故事，失聰的小小朋友伊恩。在形式中，伊恩用前語法階段的單字作溝通，且透過臉部表情和聲音語調來表達敘述性、祈使法，和問題等形式。伊恩運用內容機制（content-wise），其瞭解在受詞（object）和主詞（agent）領域中的一些單字（參閱表 9.1），因為當有人問「媽媽在哪裡？」時，伊恩將找尋玩具或母親。伊恩亦使用拒絕的範疇，即當他不想要某件事物時，就會使用嘀咕聲、哀鳴聲和姿勢讓其他人知道。在語用上，伊恩使用口頭（vocally）溝通來尋求注意力、作要求、反對和打招呼，故雖是口頭溝通，卻並非一定得使用口語。

表 9.1 *376*
幼兒之形式、內容和使用的要素

層面	語言學的領域	組成成分	
形式	形態和語法	敘述句、祈使句和問句形態	
		簡單句法：一個主詞、一個動詞、簡單動詞形式	
		簡單變化：被動語法、否定、連接詞、補語、有（there）作為句子的開端	
		問題形式：什麼、何時、哪裡、如何（Wh－）的問句、疑問句（yes/no）、附加問句、主詞和助動詞相反的問句	
		複雜句：從屬和獨立子句、相關子句、附加子句、需特別考量的動詞、未來式動詞	
內容	語意	主事者	反覆
		存在	消失
		受詞	否定
		接受	拒絕
		動作	特質
		及物動詞	地方／位置
		不及物動詞	態度
		過程	時間
		及物動詞	頻率
		不及物動詞	持續時間
		靜態動詞	主旨
		所有人	強調
		呼格	內含
		實體	問題形式
		不存在的事物	
使用	語用	共用的	
		對無效訊息的修補	結束對話
		儀式化的表示	溝通意向
		相互關係	尋求注意力
		相互作用	要求

（續）

表 9.1 （續）

層面	語言學的領域	組成成分	
		共時性	拒絕
		輪流說話	評論
		低語	招呼語
		提示	回答
		開放式對話	嘲笑、辱罵
		維持主題	脈絡知識
		改變主題	聽眾的知識

資料來源：Bloom & Lahey, 1978; Coggins & Carpenter, 1981; Owens, 1996.

語音

語音表示對說話之聲音單位的研究。

Chomsky 和 Halle（1968）研究語言的語音成分，語音為說話的聲音形式或讓我們表達思考之發音—聲學（articulatory-acoustic）的特質。**語音**是研究說話的聲音。Jakobson（1968）建議，任何語
377 言的音素（即：說話聲音的基本單位）皆可用它們的發音和聲學特質作分類，且這些特質皆是通用的。表 9.2 顯示出大部分兒童習得特定音素使用的年齡。決定適當療育目標時必須參考期望發展之順序的知識。寶寶透過不同階段來發展說話的能力。

形態

形態是關於文字的文法單位。

形態是語言中有意義之最小單位的研究，例如：字尾加上“ed”或“s”和以“un”為字首。在最原始的形態研究之中，Berko（1958）設計了以無意義的句子和圖片來引導文法語素的工作，例如：在一項工作中，研究者給孩子看一張像是鳥的動物圖片，然後是兩隻動物的圖片。施測者說：「這是一隻小鳥。那兒有兩隻＿＿＿＿＿。」施測者要求孩子說出空格中的字，這就是所謂**克漏字**的程序。也有其他以克漏字程序為基礎，研究許多文法語素和繪表記錄發展順序的工作。Brown（1973）增加了幼兒語言形態的基本理解，且提出運用**平均語長**（mean length of utterance；簡稱 MLU），或話語中語素的平均數量，作為量化語

表 9.2
大部分孩子發展出使用特定音素的最大年齡

年齡	一般發展出的音素	
三歲	m（mama）	n（nose）
	p（pat）	t（toy）
	k（kite）	b（baby）
	d（duck）	h（hot）
	w（water）	g（go）
四歲	J（yellow）	
五歲	ξ（jump）	
六歲	r（red）	l（little）
	tf（choo-choo）	n（ring）
七歲	θ（this）	δ（think）
	s（sun）	ʃ（shock）
	v（vase）	z（zipper）

資料來源：Adler & King, 1994; Prather, Hedrick, & Kern, 1972, Templin, 1957.

言的方法（deVilliers & deVilliers, 1978）。平均語長被視為潛在語言問題的良好指標，因為其和語法發展的許多層面有關聯（Brown, 1973; Sharf, 1972）。在五個平均語長層級內，平均語長比年齡更適合做為語言成長指標〔參閱 Owens（1996）以瞭解計算平均語長的規則〕。

語法

語法是句子的文法組織。 378

語法是與句子的組織規則有關的語言層面。語法和形態結合在一起成為所謂的文法，且包括**片語結構規則**（**phrase structure rules**）（如：基本句型）、**變化式**（transformational operations）（如：被動語態和連接詞）和**形態規則**（如：複數和名詞與動詞一致）。

Lenneberg（1967）推論，人擁有**內在語言習得機制**（innate language acquisition device；簡稱 LAD），內在語言習得機制以兩種方式進行資訊解碼：第一，以口語的深度結構（deep structure），其作為傳達訊息。例如：縱使「鮑迪打了比爾」是深度結構，而有人可能會使用表面結構（surface structure）說，「比爾被鮑迪打了」。語言成為從意義（深度結構）逐漸轉換成表達的精細形式（表面結構）。一旦個人將相關的語言規則加以內化，則其就能說許多話了。

語意

語意是文字、片語、句子和語段等之含義的發展和改變。

縱使在 1960 和 1970 年代，語法和形態主導了語言研究，但 1970 年代則開始逐漸將焦點轉向語意的層面（McLean & Snyder, 1977）。**語意**是意義和內容的研究；也就是指「人們在說些什麼」。研究者將事物或與事物的互動稱為**指示對象（referent）**（Bates, Camaioni, & Volterra, 1975; Bloom & Lahey, 1978; Clark & Clark, 1977; Ervin-Tripp, 1978; Lucas, 1980），或者一個字代表的想法或對象，以特定方式與其他想法或對象產生相關。孩子生命中的重要成人在孩子如何標記事物上扮演著重要角色。在一般對話中，成人通常會對事、物和關係作命名，這些命名則變成為孩子的**語彙**或文字（Clark, 1974; Ervin-Tripp, 1978）。對世界上的事物擁有豐富的經驗是語言習得過程中的必要要素，若沒有對事、物及其關係的相關經驗，孩子便沒有東西可以作為標記或語彙的對照（參閱第八章）。語意研究與學齡前發展和特殊教育領域特別有關，因此早期療育從業人員[1]必須熟悉該主題。

語用

我們發展和使用之溝通的社會心理和文化動力是所謂的語用。

語用指我們所學習和使用語言的社會情境（Muma, 1998）。語言於社會情境中發展，且家庭文化和較廣泛的文化對於孩子的學習有重大衝擊。早期研究者（Bates, 1976; Dore, 1974, 1975; Halliday, 1975）提出了鑑別語用要素的語用技能分類。當孩子在促進溝通的社會情境中，語用技能逐漸發展為決定何時和何地使用語言的規則。

言辭動作是具有含義和功能的話語。

379 就如同語素是形態和語法的基本單位，**言辭行為**（speech act）應是語用的基本單位（Austin, 1962; Searle, 1969），學者們已提出了一般言辭行動的大綱。此外，Halliday（1975）將孩子於十八個

1 譯者註：此處的早期療育從業人員，較偏向指持教老師。

月至二十四個大時出現的語言使用劃分為三類：人際間（或語用）、個人內在的〔或理性功能（mathetic）〕，和觀念構成（問題解決）。在兩歲到三歲間，孩子開始使用條件式的問句來釐清他人所說的話（Gallagher, 1977），且他們會執行快速的議題轉換（Shulman, 1985）。三歲的孩子已能熟練地作**語符轉換**（code switching）（Sachs & Devin, 1976）、能發出條件式問句來維持對話（Garvey, 1975）、能馬上透過語言來推論他人的觀點（Selman, 1971）。

縱使主導談話或與他人**論談**（**discourse**）看似容易，但實際上卻需要一系列複雜技巧。第一個技巧是**輪流說話**（**turn taking**）。在進行任何形式的對話前，說話者必須認同某些可形成秩序的互換特質，若違反了這些規則，便沒了秩序，而該結果將使得孩子無法與對話的對象作溝通。每組溝通的輪流順序稱之比鄰原則（adjacency pair）。一般早期比鄰原則包括開放式問答、相互打招呼（greeting-greeting）、給予—接受／拒絕、主張—認同、讚美—接受／拒絕、請求—取得、召喚—回應及相互的結尾辭。

論談包括任何延伸性的說話，其超越單一單位，且包括獨白和對話。

一組溝通的輪流秩序稱為比鄰原則。

正常語言習得的階段

不論什麼語言，孩子透過一系列特別的形式發展使用語言的能力（Brownlee, 1998; Tomasello, 1992），當孩子有豐富的經驗基礎時，這些發展形式將呈現最佳狀態，以語言發展而言，孩子必須體驗世界，以掌握事物的意義。

前語言和呢喃語階段

早在嬰兒說出第一個字之前，透過身體動作，他們已能領會（refer）他們週遭相關的文字（Bates et al., 1975）。嬰兒透過言後行為（perlocutionary）和言內表現行為（illocutionary acts）來表達意見（Bates, 1976）。**言後表現行為**是如：眼神注視、哭泣、觸摸、微笑、大笑、抓握和吸吮等非口語溝通方式。**言內表現行為**是聲音的表達方式像是：發出聲音、語調，及咕噥和包括給予、指向某事物，和展現某事物等非口語動作。根據Bates和Johnston

（1977）所述，孩子出現言內表現行為的多寡，是後續語言能力的預測指標。嬰兒言後表現和言內表現技能（skills）的研究應有益於療育需求的取捨。

典型呢喃語包括重複子音和母音的結合詞。

寶寶經歷數個**典型呢喃語階段（canonical babbling）**，包括：前典型階段、典型階段、後典型階段（Oller, 1980; Stoel-Gammon,
380 1998）。**前典型發聲**階段於出生到六個月大之間發展，且包括像咕噥般的發聲、準共鳴母音（quasiresonated vowels）、用唇舌發出的呸聲、喀嚓聲、哭聲和笑聲等沒有真正音節的聲音。**典型發聲**於孩子六至十個月間發展出來，此時孩子結合母音和子音，使聲音聽起來像真正說話一般。**後典型發聲**於孩子十至十八個月間發展出來，其包括閉合子音（CVC）和開口子音（CV），在此階段寶寶亦能習得良好的發音控制。Spencer（1993）發現，聽覺喪失的孩子發展典型呢喃語過程的速度，是孩子十八個月大時口語發展的預測指標，而該情形表示，典型呢喃語的發展，至少對聽覺喪失的孩子而言，應是有效的對話指標。

混雜語是種包括成人說話之語調的呢喃語。

前語言發展階段的後期稱之為**混雜語階段（jargon stage）**，該階段與呢喃語階段重疊，且早在孩子九個月大時開始發展。在該時期，孩子持續發展整句的話語，而該語句涵蓋（carry）了成人說話時之重音和語調的形式（deBoysson-Bardies, Sagart, & Durand, 1984; Morgan, 1996）。孩子似乎想說話，但無法說出清楚的字詞。混雜語階段與**單字詞（one-word）**階段和**聯結文字階段（combined-words stages）**相重疊，且孩子常發展出包括實際文字之詞尾變化（inflected）之呢喃語的句串。混雜語通常在孩子兩歲前就會消失（Trantham & Pedersen, 1976）。

單字詞階段

全句字是以單一字詞來表示整個句子。

孩子在滿週歲前後可說出清楚的字詞（Owens, 1996; Veneziano, Sinclair, & Berthoud, 1990）。孩子會說單字詞或**全句字（holophrases）**時，就表示孩子處於全句字階段。該階段，孩子利用單一字詞來表示整句話，且若要瞭解孩子真正的意思，則必須瞭解情境脈絡。例如：「球」這字可能表示「我想要這個球」或「我有一個球」或「狗正在追球」。如同每位經歷過孩子叫喊著「球！球！

球！」的父母都知道，語句的內容和語調並非總能讓意思很清楚。

在單字詞階段的字彙必須能協助孩子引導改變（Nelson, 1973）。如同灌木（bush）和桌子（table）等字彙，因為在利用這些字彙時並不會帶來太多改變，所以這些字在孩子的早期字彙中並不是很常見。然而，如同牛奶（milk）、毯子（blanket）和球（ball）等字彙較會引發一些動作。同時，在該階段孩子會產生**過度概化**（overextensions）的情況。當孩子不瞭解特定詞彙所表示的特定意義時，則孩子會使用熟悉的字彙作替代，因而過度概化特定字彙的意思（Clark, 1973）。例如：媽媽（Mama）可能代表著所有女性，特別是女性照顧者。當提及孩子沒有標記的事物時，孩子會使用形狀的概念（Clark & Clark, 1977）。例如：「球」可能代表著玩具、橘子或月亮。其他組成過度概化基礎的其他概念是動作、尺寸、聲音、材質和味道。在孩子會對物體命名後不久，他們便開始使用空間介係詞和形容詞。若孩子的空間位置知覺被擾亂，空間的相關詞彙將會產生極大問題（Lucas, 1980）。

過度概化表示利用該物品的特質或特性（圓形）為基礎的單一字詞（球）來代表一物品，而其標記是未知的（月亮）。

一旦孩子說出第一個字，他的字彙量將急速增加，在孩子十 381
六到十八個月大時，即發展出將近五十個字彙（Dromi, 1999; Fenson et al., 1994）。在此時，孩子進入稱為**快速對應**（**fast-mapping**）的快速字彙發展階段，孩子藉由某字的少數範本，將新的字對應到新的定義（Spencer & Lederberg, 1997）。

約在孩子十八個月大時，孩子將約有五十個表達性字彙。

早期字彙的結合

在幼兒開始將文字結合在一起前，他們利用手指某事物來表達特定字彙（Iverson, Volterra, Pizzuto, & Capirci, 1994）。一開始用手指某事物的動作表示單一字彙的重複，但在結合兩個字前，用手指某事物則代表了另一功用——「明確地表示象徵性要素間關係之表達的認知準備」（Spencer & Lederberg, 1997, p. 222）。在孩子進入快速字彙成長不久後，就會發展出數個文字結合的能力。

當孩子學習將數個文字組合一起時，他們省略動詞時態等無關的語言，但保留名詞和動詞。孩子亦省略動詞的擴展和限定詞系統〔如：一個（*a*）和這個（*the*）〕，且會說如：「寶寶摔倒」（Baby fall）或「狗狗跳」（Puppy jump）等句子。從屬系統在孩子十八個月至三歲間發展。一般早期字彙結合是呈現**語意和語法的組合**（**semantic-syntactic pairs**），如：主詞和動作〔「咪咪跳」（Kitty jump）」〕或提及的對象〔「這裡鞋子」（There shoe）〕。

數個文字的結合

> 過度類化定義為將一般文法特質（在動詞字尾加ed以成為過去式），在不規則形式的字彙中（runned）使用。

從單字詞到成人文法等階段的重疊，是孩子**過度類化**已學會之文法的期間（Ervin-Tripp, 1964）。例如：縱使孩子在非常小的時候開始使用特定不規則的動詞，他們常常以在字尾加“ed”的方式，過度類化一般過去式動詞，因此使用“runned”替代ran（跑的正確過去式），及“hided”替代hid（隱藏的正確過去式），且甚至以字尾加上ed來作為一些不規則的動詞變化的過去式，因此形成以“satted”來代替sat（坐的正確過去式）和“sawed”來代替saw（看的正確過去式）。孩子亦過度類化複數形式，因而形成如：“foots”（腳的正確複數形式應為：“feet”）、“mouses”（老鼠的正確複數形式應為：“mice”）和“mans”（男人的正確複數形式應為：“men”）。

簡單句子結構

在所有語意範疇和動詞與從屬系統等發展之後，孩子進入基本句型的較高層級變換規則。孩子發展出基本的不及物動詞句子〔如：「他哭了」（He cried）〕、及物動詞句子〔如：「他吃了冰淇淋」（He ate the ice cream）〕、使用連接動詞來敘述主格〔如：「他是消防人員」（He is a fireman）〕、使用連接動詞來作述形容〔如：「他感到疲倦」（He is tired）〕，及把動詞與主詞和副詞補語連接的句子〔如：「他在樹屋中」（He is in the treehouse）〕。這些基本形式和後續的變化形式（如：問句、否定句、被動語態等）逐漸發展，直到孩子能使用成人的語言形式。

382 在該簡短階段之一般溝通的快速發展非常明顯。除該階段外，孩子無法在如此短的期間內習得這麼多技能。語言的所有領域緊密糾葛，因此某一領域的缺陷會導致另一領域的缺陷，因此在鑑定孩子的缺陷和計劃適當的矯正方案時，必須仔細地分析每一語言要素。

溝通發展理論

如同所有研究途徑，已有許多不同理論可解釋溝通發展的現象。縱使每個理論有其盛行時期，但事實上，在孩子學習困難的溝通技能時，孩子能從每個理論的不同層面中受益。語言習得的四個主要理論為：行為理論、先天性理論、認知理論和社會互動理論。

行為理論

Skinner（1957）著名的行為理論認為，語言是所學習之行為的次組型（subset），因此語言透過增強的過程來學習。Ogletree 和 Oren（2001）將其他學者的研究（Alberto & Troutman, 1999; Skinner, 1957）總結成一系列語言教導原則，並釋義如下。這些原則包括：

- **刺激控制**——提供某些前事行為，作為其他行為的提示；例如給孩子看一張圖片，作為輔助孩子學習發音的刺激。
- **反應**——孩子接收刺激後的行為；例如：當給孩子看一張有許多貓咪的圖片說「好多貓（cats）」。
- **結果**——孩子對於刺激之反應的直接結果；例如：在正確地辨識出玩具後，就可玩玩具。
- **正增強**——兩件增加行為之事件的功能性關係；例如：孩子作出正確回應時就會得到讚美。
- **褪去**——行為消失，則不再需要增強；例如：孩子不再使用錯誤的起始語。
- **負增強**——當移除刺激後，兩件增加行為之事件的功能性關係；例如：修正具威脅性的情境，如此能促使溝通行為的發生。
- **處罰**——兩件減少行為之事件的功能性關係；例如：在孩子發脾氣後做隔離處分。

應用行為分析原則是對如自閉症或嚴重遲緩等伴隨著嚴重障礙學生常使用的技巧（Durand & Merges, 2001），而該原則包括提示、鏈結、示範和提供行為榜樣（cuing）。

383

先天性理論

有許多不同理論中亦論及先天性理論——心理語言學、語法理論和生物理論。歸功於Chomsky（1957）和Lenneberg（1967），在其他理論中，先天性理論認為語言的習得有一生物基礎，且因為**語言習得機制**的存在，所有人類本與生俱有和語言學習的連結（prewired to learn language）；只是語言技能發展的層面和速度不同而已。語言是依一系列由文化所主導的規則來發展，該規則以發展來安排，且所有的嬰兒儘管有不同發展速度，卻經歷相同的發展順序。所有孩子歷經適合他們文化之語言發展順序的事實，已成為語言習得機制存在的證據。縱使該理論並未考量語言發展之意義和脈絡的重要性，但其提供我們如何發展出（process）句子的重要洞察。

最近，當基因研究持續地讓我們對於**人類句子發展機制（human sentence processing mechanism**；簡稱 HSPM）（Altman & Steedman, 1988; Crago & Gopnik, 1994; Frazier, 1993）有愈來愈多的瞭解時，亦重新激起我們對於語言之生物基礎的興趣（Dale et al., 1998）。該機制可能負責發展句子的能力，且基因可能早已決定該機制的運作。釐清該機制的存在，將提供療育相關啟示。

認知理論

被稱之為心理語言／語意理論、個案文法理論和資訊處理理論，認知理論認為語言發展是以意義或語意，而非語法為基礎的。Bloom（1970）提出，有一組優於真實語法的前語法、語意關係。這些關係的發展順序反應出認知結構發展的順序（Bloom, 1973; Brown, 1973）。例如：孩子在談論物品出現或消失前，即已發展出物體恆存的認知技能。

語意／認知理論讓我們對幼兒談論之內容、時間和原因更能有所了解。該理論在孩子發展的一般脈絡下解釋語言，且形成強調主動讓孩子與其環境互動的療育模式基礎。

社會互動理論

社會互動理論聚焦於我們使用語言的社會和個人宗旨。社會互動理論家（Bruner, 1981; Dore, 1974; Halliday, 1975; Prutting, 1979）視語言為文化所主導，且以人類溝通之需求為基礎。孩子藉由重要之成人照顧者的引導，在環境脈絡中學習溝通。溝通需求從人類互動的需求快速湧現。社會互動理論家認為自然情境是 384
早期療育的關鍵要素（Noonan & McCormick, 1993）。以遊戲為基礎的療育方案、多專業團隊和父母參與皆是在自然情境教學的組成要素。

影響溝通發展的因素

語言習得的過程極為複雜，且完整的人需要在完整情境中才能習得。某些不可或缺的系統包括一般發展幼兒的功能，且當這些系統出現遲緩、缺陷或損傷時，則會對該習得過程產生重大衝擊。沒有效能的神經生理系統、受損的感官系統、有限的智力潛能和高危險的醫療和社會環境，嚴重影響溝通發展。本段落討論聽覺、視覺、智力、記憶和注意力對語言發展的關係。

聽覺

聽力喪失是抑制口語語言發展的最嚴重因素之一。我們能說話是因為我們能聽得到。幼兒被成人持續地命名、描述和定義的世界所圍繞。伴隨著正常聽覺孩子的父母無意識地修正他們的語言，以符合孩子的需求（Snow, 1972）。父母會自然地發出呢喃語，且重複能讓幼兒理解的說話語調。當聽覺出現缺陷，成人與孩子間的自然互動則瓦解，且一般發展順序亦受干擾。在孩子三歲前，許多語言相關能力皆會發展出來，而縱使輕微或暫時性的聽力喪失皆會影響這些能力的發展。

在孩子三歲大前，縱使是輕微或暫時性聽覺喪失，仍會阻礙孩子語言發展。

若孩子沒有正常聽覺，其在學習每個發音、每個概念、每個字彙和每個口語語言的結構等皆倍感艱難。當幼兒因感冒和耳朵感染而出現輕度波動性聽力喪失時，則該情況對語言的影響是不可逆的（Ling, 1972）。將罹患長期性感冒、過敏和耳朵感染的孩子轉介予耳鼻喉科醫師，將應可解決孩子於學齡前階段的發展性語言和學習核心學業技能等之不必要的問題。對於正在學習語言的孩子而言，輕度**傳導性喪失**（即：因外耳和中耳問題而引發聽力喪失），將讓孩子承受很大壓力。Sarff（1981）提及，有很高比例被鑑定為學習障礙且有正常聽覺的學生有耳朵問題和波動性聽力喪失[2]的疾病史。

《全面性新生兒聽力檢測和療育》是在嬰兒離開醫院和必要的機構服務前，檢測所有嬰兒聽覺的過程。

「全面性新生兒聽力檢測和療育」（**universal newborn hearing screening and intervention**；簡稱 UNHSI）是潛在地舒緩聽力喪失之衝擊的創新設計。在美國，每天有三十三個寶寶（或每年 12,000 個寶寶）出生時即伴隨著永久性聽力喪失。每千個新生兒即有三個伴隨著聽力喪失，且其是寶寶最常見的出生缺陷（National Center for Hearing Assessment & Management, 2002）。在 1993 年，國家健康學會建議開始執行「全面性新生兒聽力檢測和療育」。在這之前，約只有 30%～50%出生時伴隨嚴重聽力喪失的孩子在早期
385 被鑑定出來，而其他孩子則在三歲前會被鑑定出來。檢測技術，如：**聽性腦幹反應**和**短暫耳聲傳射**（**Transient Otoacoustic Emissions**；簡稱 OAE）[3]是快速、可靠、敏感且容易操控的技術（National Institutes of Health, 1993）。然而，因為 20%～30%的孩子在幼兒時期罹患聽力喪失，所以在孩子發展期間，「全面性新生兒聽力檢測和療育」並不是檢測的替代工具。

縱使「全面性新生兒聽力檢測和療育」是必要的檢測，但其必須結合早期療育。Yoshinaga-Itano 和 Apuzzo（1998）發現，聽力喪失的孩子若在六個月大以前就開始接受早期療育方案，則在語言習得上，這些孩子會比在六個月大後才接受早期療育方案的孩子有更重大的進展。有愈來愈多可用的嶄新資源和工具能快速地協助州政府為失聰和聽力喪失的嬰兒和學步兒提供適當服務。然而，若沒有發展出適合所有父母之服務的具體方案，則這些服務可能無法落實。

---

2 譯者註：聽覺極易受外在因素而變差。

3 譯者註：以短暫音刺激耳蝸，藉由檢視外毛細胞的功能以瞭解耳蝸的聽覺功能，其為經濟且非侵入性檢查。

視覺

在語言學習中，視覺的角色通常以讀寫的高階語言功能來作討論。視知覺、視覺區辨、視覺記憶等異常皆與無法讀寫的能力相關聯；然而，視覺損傷的衝擊，對檢視嬰兒的語言發展階段漸趨重要。

重要的語言發展之一是**相互式注意**（**joint attending**）。在相互式注意中，照顧者和孩子注視相同物品，且照顧者提供物品的名稱，因而幫助孩子組織自己的世界。相互式注意對伴隨著視覺問題的孩子而言，則需要有較詳盡的動作；照顧者必須引發孩子對物品的觸覺和聽覺覺察。約在九至十二個月大時，嬰兒發展手勢系統並藉此與成人溝通。該情況應表示，成人將看到孩子的手勢或眼神注視、回應眼神注視或手勢的指示，和看孩子希望與成人分享的事物。從來無法看或沒有語言技能的孩子並不會察覺成人是能看的，因此，這些孩子不會像明眼的孩子般執行溝通性注視和手勢。因此，對於失明的孩子而言，語言習得過程與明眼孩子不同（Stremel & Wilson, 1998）。

即使是輕微的視覺缺陷亦對語言學習產生衝擊。能看見事物並不代表孩子能注視（look at）或能瞭解他們所看到的事物。深度知覺、色盲、無法修正遠近、眼球震顫和散光等問題，干擾了孩子對所看事物的知覺和詮釋。聽覺主要用來偵測短暫的事物層面和改變，而視覺主要是用來偵測事物的空間層面和改變（Ling, 1972）。觸覺在處理空間資訊時並比不上視覺的效果。空間的形容詞和介係詞對視覺損傷的孩子是一大挑戰。

智力

386

在語言中，智力的角色已有多年的研究（Luria, 1961; Piaget, 1952; Vygotsky, 1962），但兩者間的關係仍未能被完全瞭解。語言和思考並非同義詞。智力和語言間存在著複雜關係，且它們可能朝兩個方向產生影響。環境因素、社會壓力、感官經驗不足或認知問題等，皆可能會減少幼兒的經驗，且造成較差的測驗結果，因為不論是測量智力、性向或成就，所有測驗皆是測量孩子已學過的事物（Sattler, 2001）。資訊接收困難並不代表智商低。此外，孩子在某些智力領域可發展出接近正常的能力，但在其他領域亦出現嚴重損傷的狀況。

當所有其他領域發展情形皆相似（equal），心智年齡與生理年齡的差距愈來愈大時，語言遲緩的情形則更為明顯（Dunn, 1973），且能力損傷的孩子比一般孩子之語言發展更慢（Mervis & Bertrand, 1997）。然而，不同的因素和因素間的關係緊密且複雜，因此人們不可論斷智力和語言間一對一的對應關係。

記憶力

記憶力在語言習得上扮演著重要角色。孩子必須在記憶力中形成並保留視覺影像，藉此孩子用來表示所見事物的聽覺符號將會有相對應的事物。**分類**過程對一般學習而言極為重要，且對語言學習更是重要（Bruner, Goodnow, & Austin, 1956）。孩子在區辨自己週遭世界的相似與相異上需要協助，以組織自己的世界。有效地組織經驗對於記憶力和取用資訊的過程等有所助益。

正在發展語言的幼兒複誦口說和在他們大腦中的語言。語言**複誦**在記憶中扮演著重要角色。伴隨著語言問題的孩子常有語言複誦的問題（Montgomery, 2000）。此外，若資訊以錯誤的感官系統輸入，或以錯誤的認知系統來詮釋，則該資訊會以所經歷的經驗作編碼。不正確的、不足的複誦，或不完整的概念和語言等，則會以上述方式儲存，且當引用該資訊時，這些資訊也無法以正確和完整的方式作應用。

注意力

注意力異常高危險群的孩子常在語言發展上出現困難（Warner-Rogers, Taylor, Taylor, & Sandberg, 2000）。注意力是神經生物過程，且注意力缺陷確實存在（real）。這些缺陷並非不良的親職教育、缺乏動機或粗心大意所造成的；然而，對學齡前兒童而言，很難診斷出這些缺陷。

注意力表示能主動聚焦於某一刺激的能力。有時我們必須選
387 擇去聚焦於某事物。為了讓孩子能維持注意力，在抑制（inhibit-

ing）一系列完整訊息時，孩子必須意識性地吸收特定資訊。選擇和抑制某些資訊依賴孩子的判斷，以找出特定值得注意的資訊。伴隨選擇性注意力問題的孩子常具有語言問題，且其亦會衝擊人際間的關係（Ratner & Harris, 1994）。對於沒有成熟的神經性能力以抑制不相干（competing）刺激的孩子，或伴隨著特定神經化學性功能異常的孩子，療育從業人員必須使資訊更能被吸收，以協助孩子執行選擇和抑制的過程。如：音調、聲音品質、音量、空間位置，和開始時間等因素，皆會影響注意的能力。此外，在協助孩子的判斷過程中，療育從業人員必須使學習對孩子而言是有意義和有價值的。為達此目標，療育從業人員必須瞭解不同心智年齡的幼兒所感興趣的事物，及如何讓語言資訊成為更易於孩子以聽覺和視覺接收。

為便於討論，將視覺、聽覺、注意力、記憶力和智力分開討論可能是適當的，但將這些能力視為個別的磚塊，緊密協調地堆疊在一起，則是對學習過程的錯誤觀感。這些面向皆是相互依賴的，因此亦是相互影響的。

特殊需求幼兒的溝通發展

當孩子的感官、認知、動作或社會情感系統相互牽制時（compromised），語言發展可能出現損傷的情形。以下段落將描述不同能力對於孩子溝通發展的衝擊。

心智遲緩

心智遲緩對語言學習產生衝擊，而心智遲緩較嚴重者則產生較大的溝通問題（Facon, Facon-Bollengier, & Grubar, 2002; Mar & Sall, 1999）。文法和字彙的異常對語言接收和表達有顯著影響。此外，心智遲緩的孩子通常會出現語言遲緩的情況。Yoder和Miller（1972）估計 70%～90%中度和重度心智遲緩的孩子會出現構音錯誤。Dunn（1973）指出IQ低於二十五的孩子可能無法習得說話。

心智遲緩孩子的語言形態特色之研究（Dever, 1972; Facon et al., 2002）提出，心智遲緩兒童能學習所有語言的形態要素，但其學習的速度較慢。Kamhi和Johnston（1982）及Krivcher-Winestone（1980）檢閱語法技能並發現，類似於形態技能，心智遲緩兒童語法技能雖出現遲緩，但與一般兒童並無不同。

現今，隨著讓障礙兒童在普通學校的班級中上課，對於語用語言技能的相關研究隨之增加。Baum、Odom和Boatman（1975）
388 發現，對於高功能性目的而言，心智遲緩兒童的語言發展是較快速的。Abbeduto和Rosenberg（1980）發現，較年長的心智遲緩兒童在輪流說話和言內表現行為上幾近正常，而Cuningham、Reuler、Blackwell和Deck（1981）的研究卻發現，學齡前心智遲緩兒童在上述兩方面的能力落後一般兒童很多。Abbeduto 和 Rosenberg（1992）發現，心智遲緩的兒童在說話時沒有聚焦主題、在說話行為的所有層面表現上皆出現遲緩、且無法自我調整溝通的技巧（repair communication）。學齡前兒童方案應特別重視語用議題。強調融合兒童自然溝通模式的環境取向，在強化兒童語言發展上似乎最有效（Owens, 1996）。

學習障礙

學齡前兒童很難鑑定出學習障礙，且也很少學齡前兒童被鑑定為學習障礙；然而，追溯較年長學障兒童的發展史發現，許多兒童在學齡前即出現語言問題。學習障礙是神經學的疾患，且若孩子的家庭有學習障礙病史，則孩子常會出現語言學習問題（Lyytinen, Poikkeus, Laaks, Eklund, & Lyytinen, 2001）。縱使學障的孩子可能有正常的視覺和聽覺，但他們的大腦對詮釋他們的所見所聞仍出現困難。這些資訊處理缺陷可能造成空間方向、排序、區辨和記憶等問題。學習障礙兒童常出現字彙取用（retrieval）的問題（Wiig & Semel, 1984）。為持續一段對話，個人必須能從記憶庫中讀取必要的字彙。在該領域中無法發揮功能干擾了語言學習過程中必要的溝通互動，且造成個人於社會情境中的挫折。

學習障礙兒童可能有效能不彰或不成熟的神經生理系統（Arehole, 1995）。為能注意別人所說的話和正視個人本身的想法，身體各部位必須合作。學習障礙兒童的身體各部位並未能合作，故兒童可能出現不佳的傾聽技巧、過動或過於沒反應、分心、反覆固定的行為、沒有自制力和其他狀況，而這些情況將逐漸形成後續的行為問題。在孩子準備好面對幼稚園的課程前，許多學習障礙兒童需要額外時間來精熟口說語言的基本技能。許多兒童總是出現語言基礎的問題，且這些問題將會造成孩子後續於閱讀、數學、寫作及社會行為等功能的問題，特別是語言的語意和語用的層面最易受影響。

行為異常

兒童發生行為異常的原因有很多。例如：當孩子的神經系統尚未發展成熟，並足以克制對刺激的反應時，孩子就會付諸行動。無法克制語言回應的情形可能造成孩子在不當的時間將訊息脫口而出。許多兒童沒有察覺到聽覺或視覺的問題，而這些問題會導 389
致行為表現和其他隨之而來的問題。通常，學習障礙的孩子，若沒有可和週遭環境互動之認知、動作、說話或語言等能力，則這些孩子因其對於語言和非語言事件有不當反應，故出現行為異常。沒有接受管控（supervision）或沒有適當楷模對象（role models）的孩子，可能會說出或做出不恰當的事。這些孩子需要高度結構化、有組織的環境，在該環境中，對孩子的期望是清楚的，且隨之而來的行為後果是很果決，但公平的。此外，提供具結構化的語言環境亦是必要的，在該環境中字彙對孩子是有意義的，且可持續地與經驗連結。

特定說話異常

說話異常的種類有很多。每種障礙以特定方式影響語言發展。然而在兒童語言異常中有三種常見的類型。其包括語暢異常（disorders of fluency）、構音（articulation）異常和聲音異常。此外，亦可能出現生理障礙，例如顎裂和其他異常現象等。

語暢

語暢包括說話流暢度（forward flow）。以前若孩子說話不流暢（即：比一般學齡前兒童差很多），則被認為是口吃。男性出現說話不流暢的情況比女性多，且說話不流暢的情形通常在三至

語暢為在說話時呼吸和用字的自然性流暢。

五歲間開始出現。說話不流暢不能透過模仿另一孩子的說話形式來加以改善。該問題通常是遺傳，且可能會併發其他問題。其會影響孩子的社交和情緒狀況（Adler & King, 1994）。語暢問題需要實際的協助以矯正問題，且語言病理學家和父母必須以團隊的方式進行療育。

構音

> 構音指在說話時能將發音器官（牙齒、舌頭、嘴唇、下顎等）擺放在正確的位置。

幼兒通常會出現成人覺得很可愛的構音錯誤（如：將 lap 念成 yap），但當寶寶的說話能力一直沒有增加，則父母便覺得憂心。釐清哪些構音錯誤是正常的，而哪些是遲緩所造成之結果很重要。表 9.2 列出了習得音素的平均速度和提供可判斷構音發展的標準。當構音發展出現嚴重遲緩時，則需要專業協助。

聲音異常

> 聲音異常包括聲音的持續、強度、高低和音質等。

聲音異常包括，如聲音的聲區過高或過低的音質問題，和孩子無法意識到自己聲音大小的音量問題。說話異常的幼兒可能會出現聲音品質的問題包括，如尖銳、沙啞、呼吸音、鼻音過高或鼻音過低、共鳴等問題。這些問題皆需要專業人員的療育方案。

顎裂和其他顱顏畸形

唇顎裂和其他顱顏畸形為需求特殊照護的醫療狀況。通常，需要作手術，且甚至會影響許多新生兒的吸吮動作。顎裂的孩子因為發音能力差（delayed production），故可能在說話上會較遲
390 疑。伴隨著嚴重損傷的兒童，因疾病加重或住院治療時間增加，或擔心被同儕或父母拒絕，故出現有限的社交互動。教師、父母和醫療專業人員必須緊密地合作，擬定並執行療育方案，以迎合孩子全面性的需求。

特定語言損傷

> 特定語言損傷不是因智力、社交、情緒或經驗性等因素所造成之語言理解和產生的問題。

語言損傷可能會因聽力喪失、心智遲緩、自閉症、情緒衝突（emotional conflict）、學習障礙、生理障礙和缺乏英文的家庭環境等而隨之產生。然而，排除所有上述因素後，仍然有一些孩子

發生語言問題的成因是未知的。這些情況我們稱之為**特定語言損傷（specific language impairment；簡稱 SLI）**。Fey 和 Leonard（1983）將特定語言損傷定義為：「語文表達和／或理解的嚴重缺陷，但在其他相關的發展領域上卻沒有出現損傷的問題」（p. 65）。伴隨著特定語言損傷的兒童在字彙習得和初始的文法技能上落後同儕許多（Rice, Buhr, & Nemeth, 1990）。有證據顯示出，伴隨特定語言損傷的幼兒有該家庭疾病史，而特定語言損傷亦對後續的閱讀和學業成就產生衝擊，且損傷的情形可能一直持續到成人階段（Crago & Gopnik,1994）。當評量學齡前兒童的特定語言損傷狀況時，考量是否有其家族病史是有用的方式。特定語言損傷個案的明顯特徵之一為語言要素的養成很不一樣，個案通常在「如：詞彙等數種語言領域出現中度困難，且伴隨著嚴重和長期之文法形態的問題」（Watkins, 1997, p.173）。兒童對於不同語言要素間之精熟度的差異是特定語言損傷的特點。

聽力喪失

在與兒童和父母皆聽得到聲音，及兒童與父母皆失聰的孩子相較下，大部分失聰但父母能聽見聲音的孩子，在生活中會出現重大的溝通遲緩現象（Johnson, Liddell, & Erting, 1989; Spencer, 1993）。語言發展，不論是口說或眼看的語言皆仰賴孩子能取得語言學習的機會（Lederberg & Spencer, 2001）。許多失聰和幾乎聽不見的孩子，若其父母能聽得見聲音，在他們的成長過程中，語言是貧乏的。Spencer 和 Lederberg（1997）及 Lederberg 和 Prezbindowski（2000）針對能聽見聲音的母親和失聰的寶寶間互動之相關文獻作整理，發現這些媽媽忽略了她們孩子所發出的信號或暗示。當媽媽忽略了這些信號或暗示，其亦錯過了提供語言刺激的主要機會。縱使擁有正常聽覺的媽媽在視覺溝通上較缺乏自然性（natural）技能，但失聰的媽媽知道如何維持他們孩子的注意力。溝通發展是以分享式注意力（shared attention）為基礎，其也就是仰賴孩子經常與之互動之成人照顧者的回應（Sass-Lehrer, 1999）。Reilly和Bellugi（1996）發現，失聰的媽媽為了她們失聰且願意說出不合乎文法的句子（即：寶寶的說話方式）的學齡前 391

孩子，努力地達到與孩子作清楚溝通。

在聽力喪失兒童的教學上，必須儘早提供清楚且一致的自然語言模型。然而，這樣的期望很難達到，因為家庭通常不斷地改變溝通形式（Lederberg & Spencer, 2001）。一般而言，家庭先採取口頭的方式，過一段時間後，則換成手語的方式（Stredler-Brown, 1998）。在手語技能上，聽得見聲音之父親的能力通常比聽得見聲音之母親的能力要差（Gregory, 1995），因而限制了家庭溝通的有效性。在溝通的效果上，如何及何時開始執行療育方案，比父母選擇使用口語或手語作溝通來得重要。縱使較少針對一群聽覺損傷之兒童作手語和口語字彙發展的比較研究，但個案和小團體研究持續地顯示出手語字彙發展的正面效益（Daniels, 1993; Notoya, Suzuki, & Furukawa, 1994; Preisler & Ahlstroem, 1997）。不論輕度或極重度聽力喪失，其對於語言學習過程皆有很大衝擊。

何時開始及如何執行療育方案，比父母使用口語或手語，對聽覺喪失兒童之溝通能力而言更為重要。

視力喪失

針對視力喪失兒童的研究顯示出，在使語言結構化上，與明眼兒童並沒有太大差異（Matsuda, 1984）。然而，在語言習得的方式上卻存在差異。視覺損傷導致早期母親與嬰兒間的手勢語言（gestural language）無法形成。此外，視覺損傷的孩子缺乏移動力，如此造成環境中的經驗較少。缺乏直接體驗的結果使得孩子只能依賴不足夠或不完全的知覺線索來形成概念，如此造成孩子對於經驗的事物只存有部分理解（Warren, 1984）。根據 Santin 和 Simmons（1977）的研究，「失明孩子的早期語言似乎未反應出其對世界所發展出的知識，而是反應出他人語言的知識」（p. 427）。

學齡前教師必須承擔與視覺損傷兒童之語言發展相關的許多不同角色。特別是教師必須非常留心地去幫助孩子克服**冗詞問題**（**verbalisms**）。首先，教師必須讓文字儘可能地對孩子有意義，如此孩子可儘可能地掌握正確的語意。再者，教師必須讓孩子與環境保持互動。因為許多溝通以手勢為主，故許多失明的孩子失去了獲得許多日常作息的學習機會。例如：明眼的孩子看到老師放下教材，就會知道這是音樂課的時間。他們看到果汁托盤被推進教室，就知道點心時間到了。視覺損傷的孩子必須被告知、他

冗詞問題是說話者使用沒有經驗基礎的字彙。

們週遭正在發生的事情。教師必須與失明的孩子維持持續性對話，同時描述在教室中正在發生的事件，以讓孩子能與環境更自然地互動。維持不斷的實況報導會讓人很累，但其確實必要。若有家長或助理在教室中，當報導者休息時，就有人可輪流與孩子對話。 392

腦性麻痺

腦性麻痺幼兒的語言可能受到許多因素的限制。有多達 50% 腦性麻痺的寶寶，因腦性麻痺或腦性麻痺而出現之次障礙而伴隨著說話和語言問題（Wilson, 1973）。為學齡前腦性麻痺且伴隨著語言缺陷的幼兒提供服務存在著許多挑戰。Olswang 和 Pinder（1995）發現，當腦性麻痺孩子之協調性注視（coordinated looking）或相互性注意等能力改善時，若與成人一起操弄一物品，孩子遊戲時會出現較多精煉複雜的（sophistication）行為。有限的行動力可能限制了孩子與環境互動，因而造成了孩子理解和使用較少的語言。在語用上，孩子較無法以一般沒有行動能力問題之同儕與環境互動的方式來與週遭環境互動；因此，孩子可能會過度使用部分語言功能，而其他語言功能層面亦可能產生遲緩現象。腦性麻痺的孩子必須學會彌補結構性差異（structural differences）。

其他健康損傷和神經性問題

其他健康損傷和神經性問題的範圍很廣泛，故在本章中無法完整地描述。本章中簡述數種較常見的問題。

有毒物質濫用

母體攝入一些如酒精、菸草、鎮定劑、古柯鹼和大麻等化學物質，會造成新生兒障礙。通常媽媽知道自己懷孕前，就已攝入許多化學物質（Sparks, 1993），且在吸毒者的文化中，吸毒者較不會去看醫生（Kronstadt, 1991）。如同本書第二章所述，罹患胎兒酒精症候群的嬰兒會出現一些明顯的生理特徵和行為表現，其包括了：注意力缺陷疾患、記憶力問題和語言發展遲緩等。因為胎兒酒精症候群的兒童對口頭訓誡較沒有反應，故較難以管教（Olson, Burgess, & Streissguth,1992），其控制衝動的能力較差、較無法將行為與後果作連結、短期記憶能力差、缺乏協調一致的知識基礎、出現抽象概念理解的困難、無法控制憤怒及判斷能力差（McCreight, 1997）。上述這些問題皆影響語言習得和社會互動發展。

愛滋病[4]／人類免疫不全病毒

將近 75%感染人類免疫不全病毒的孩子是因其母親為毒品注射的使用者或母親因性行為而感染（Crites, Fischer, McNeish-Stengel,
393 & Seigel, 1992）。罹患先天性人類免疫不全病毒／後天免疫系統不全症的兒童承受許多屈辱（insults），這些屈辱不只與疾病有關，同時與吸毒有關；吸毒者通常營養不良，且所生的嬰兒通常是早產兒。早產和營養不良影響孩子發展的各個範疇，其中亦包括溝通發展。

泛自閉症疾患[5]

> 溝通問題是泛自閉症疾患診斷的關鍵要素。

最難管教的學齡前兒童是泛自閉症疾患者（autism spectrum disorder；簡稱 ASD），其發生率為 1/500（Maugh, 2000）。該範疇的疾患包括：自閉症、亞斯伯格症、廣泛性發展疾患、兒童期崩解症和雷特氏症（American Psychiatric Association, 1995）。說話和語言能力的缺乏或遲緩是伴隨著自閉症疾患兒童的常見特徵，

---

4 譯者註，愛滋病的學名為後天免疫系統不全症。

5 譯者註，第九章中論及“Autism Spectrum Disorder”一詞，學者譯名眾說紛紜，包括「自閉症候群」或「自閉症光譜」或「自閉症光譜疾患」的譯法皆有。因考量該名詞除包括自閉症（或自閉症候群）本身，另亦涵蓋亞斯伯格症、雷特氏症以及其它之自閉症的亞型（即子類型、次類型），此仍與單純指涉「自閉症（或自閉症候群）」有所不同，為利區劃，故譯名著實不宜採「自閉症候群」。

另一方面，譯者認為「自閉症光譜」一詞因未提及所顯示的意涵，易讓人誤認為係自閉症所呈現的現象。至於「自閉症光譜疾患」的所稱「光譜」，一般係具有按程度強弱、依序排列的意思，但考量自閉症所牽涉的相關亞型其症狀各自不一，細微差異仍頗多的情況下，譯為「自閉症光譜疾患」亦未見妥。考量 Autism Spectrum Disorder 所強調的是在較大範圍下所面臨的各種自閉症的亞型，故採取較易使人了解其意涵的「泛自閉症疾患」作為譯名。

且該特徵亦是診斷泛自閉症疾患的標準（Autism Society of America, 1996）。因泛自閉症疾患是長期存在的，故溝通療育必須高度個別化（Schreibman, Koegel, Charlop, & Egel, 1990）。Moore-Brown 和 Montgomery（2001）提議，溝通療育的各種方式和在抉擇欲使用之方法時（Greenspan & Wieder, 1999），最好是由包含父母在內的團隊來決定。

與泛自閉症疾患有關的語言面向是泛自閉症疾患者無法達到的互為主體性（intersubjectivity）（Kasari, Sigman, Yirmiya, & Mundy, 1993），在互為主體性中，個人需具備能與溝通夥伴聚焦於同一事件的能力。因為互為主體性是語言發展的關鍵要素，故泛自閉症疾患者可能發生語言發展損傷的情形。

Bernard-Opitz（1982）發現，研究個案的語用行為隨溝通情境和對話的對象而有所不同，但面對相同情境和對象時，卻呈現穩定的狀況。自閉症童的溝通意圖很難理解。縱使非常瞭解某個孩子的人，其亦可能無法理解該童之不同行為所代表的意義（Donovan, 1993）；然而，語用研究在解釋自閉症童的溝通需求上應有所助益。該訊息建議，應有相關從業人員從事自閉症兒童相關工作的能力基礎。

注意力缺陷過動症

伴隨著**中樞聽覺處理異常**（CAPD）孩子的許多特徵——即非因聽力喪失、智力或特定語言損傷等情形而引發語言知覺和理解困難——在本質上與注意力缺陷過動症兒童的特徵類似，即使該兩種疾患的評量和療育方法不同亦然（Tillery & Smoski, 1994）。其部分共同特徵包括：不適當的口頭回應、若身旁出現其他聲音則會分心、注意力無法長時間維持於口頭指導教學、不專心，和對於完成多項步驟的工作有所困難。對注意力缺陷過動症兒童的評估應包括其聽覺處理技能的相關資訊。該評估包括孩子能仔細 394
區辨聲音的能力、保留及回憶聲音順序，和能在易分散注意力的情況下，依然專注於特定聲響。

396

輔助科技和擴大性與替代性溝通

輔助科技指協助障礙者的不同科技。

《個別障礙者教育法案》將**輔助科技**定義為：「任何購得、修改或量身訂作等，用來增加、維持或改善障礙兒童功能之儀器、設備或產品系統」（34 C.F.D. Sec. 300.5），且其包括，如助聽器、其他輔助聽覺設備、錄音機、閉路電視，和電腦軟體等設備。**擴大與替代性溝通**裝置為特別於溝通領域中幫助學生的輔助科技工具。對伴隨著重度心智遲緩和動作損傷的孩子而言，口語溝通可能不是個實際的目標；然而，若輔以適當的工具設備，這些孩子應能執行需求和願望的溝通。

擴大性溝通是透過高科技或低科技設備來協助人們溝通。

McCormick 和 Shane（1990）將**擴大性溝通**定義為：「補充和增強個人溝通能力的所有安排。這些安排包括⑴溝通設備或技術⑵代表性符號系列或系統⑶有效使用該系統之必要技能」（p. 429）。其包括了，如溝通板、圖片交換溝通系統、通話轉譯（speech-to-speech）電話周邊設備[6]、語言輸出擴大設備和聽覺輔助設備（Moore-Brown & Montgomery, 2001）。

當決定使用何種輔助科技或擴大與替代性溝通時，團隊成員應考量下列各項因素。首先，必須評估兒童的溝通技能和需求。再者，必須確保輔助設備的訓練和技術協助。第三，必須執行輔助設備的取得和使用程序。第四，必須建立維護設備和解決設備使用之相關問題的程序。此外，必須有適當程序以協調設備之使用者和管理者的訓練活動（Moore-Brown & Montgomery, 2001）。使用輔助科技和擴大與替代性溝通設備是一動態而非靜態的過程，且必須持續地觀察與記錄孩子的技能發展。最後，縱然輔助科技和擴大與替代性溝通設備很有價值，但當設備發生故障時，若沒人知道如何維修或不知如何尋求協助，則該設備即成為沒用的。

另一廣被伴隨著不同溝通問題之患者成功地使用的替代性溝通系統是**手語**。許多障礙，如自閉症（Bondy & Frost, 2002）、心

6 譯者註，透過轉接台，將語言障礙者欲表達的訊息傳達予通話者，以協助語言障礙者能利用電話順利達到溝通。

智遲緩（Grove & Dockrell, 2000）和多重障礙等皆會使用手語（Creedon, 1975）。因即使是心智年齡非常低的人亦可使用手語，故其是一適當的工具。Schlesinger 和 Meadow（1972）提出，一個八個月大伴隨著聽覺損傷的兒童個案，其溝通環境和方式皆充滿了手語（signs）。事實上，在一般發展過程中，九個月至十三個月大的孩子極度依賴溝通性手勢（Bates et al., 1975），且其發展出偽手語（pseudosign）系統來表達他們的願望和需求。該工具使孩子早在他們能說出第一個字以前即能進行溝通。因此，直到障礙兒童能開始說話時，使用手語就如同一般發展兒童的溝通性手勢般，可能成為瞭解溝通和口語溝通間的橋梁。

溝通之療育方案的議題和原則 397

如同本書第一章和第五章所述，早期療育方案的效能不容忽視。接二連三的研究報告皆指出，早期方案對兒童發展有正面影響（Calderon & Naidu, 2000; Guralnik, 1997; Talay-Ongan, 2001; Yoshinaga-Itano, 1999）。兒童開始接受療育方案的年齡對其發展具重大影響，故《個別障礙者教育法案》要求州政府對所有障礙兒童提供學齡前服務。早期療育鼓勵家庭成員將適當的互動融入日常生活中，並發展支持性的溝通環境，否則孩子的溝通發展可能會出現永久性遲緩。缺乏早期療育，會嚴重地限制後續教育的效果。

療育取向和實務操作隨時間流逝而變遷，以呼應本章先前所述之語言理論的改變。後續將討論療育方案的一般性理論和其主要原則。

合作

早期療育從業人員必須瞭解橫跨不同服務選擇的療育程序，以達到不同群體的需求。為能成為最好的專家，通常必須要相互**合作**。「合作是一種形式，在該形式中，當兩個對等（co-equal）當事者為同一目標努力時，二者自願性地分享決定。其包括分享參與、資源所有權、效能和報酬」（Secord, 1999, p.7）。分享問題、資源和解決方案以強化孩子療育效果是該取向的關鍵（West

合作需要召集不同領域的專家來瞭解個別兒童及為其需求服務。

& Idol, 1990）。從鑑定和評量，經由長短期目標的擬定，到提供服務等每個療育面向皆應以合作方式來執行。

對幼兒而言，早期療育從業人員、父母和相關人員皆成為合作成員。因為父母在資訊的提供上扮演著首要（central）角色，故他們必須成為團隊的焦點（focal point）。父母的專業必須得到認可。他們比任何人皆瞭解他們的孩子及家庭的生活方式。相互尊重能促進信任，而信任則是參與團隊（involvement）的關鍵。在家庭情境中，促使孩子生活產生真正正面衝擊的唯一方法是，讓家庭參與療育方案。開放的精神、資訊分享和相互努力以引發正面的改變和效益（growth），是合作性諮詢的特點。

教導性和兒童引導取向

教導性（didactic）取向為直接以高度結構化方式來教導溝通目標（McCormick & Schiefelbusch, 1990）。該取向使用如：增強、塑形、鏈結、消褪，和提示等技巧，及提供楷模、模仿和擴展等（Yoder & Warren, 1993）。

398

照顧者與兒童的互動和自然環境

自然環境是孩子日常生活中與重要成人或照顧者互動的環境。

父母是孩子的第一個語言教師。當孩子伴隨著明顯的障礙或當孩子沒有發展語言，有些父母開始懷疑自己透過溝通環境來引導孩子的效果，但父母可以學習發展孩子溝通能力的策略（Alpert & Kaiser, 1992）。為父母在家中，或主要照顧者在家以外之兒童照護環境所設計的教學，可為父母或照顧者和兒童建立信心（Kaiser, Hemmeter, Ostrosky, Alpert, & Hancock, 1995）。

融合指在一般且障礙者可融入的環境中，對伴隨障礙的學習者實施教育，其中亦包括能將障礙者經驗擴展至最大化的必要行動。

學齡前融合對語言療育的影響

兒童早期的教學教室可成為協助孩子發展溝通技能的優良環境。甚至對伴隨著最嚴重障礙的孩子而言，學齡前學校的社會環境，能提供孩子學習新溝通方式和練習正在發展之技能的機會。互動是溝通發展的關鍵要素，且大部分兒童常有很多可很容易地與其他同儕分享的新點子和慾望。

療育方案的原則

幫助幼兒學習溝通是具有回饋性的挑戰。當設計溝通療育方案時，考量下列原則和操作。

1. **使用全面性評量結果**：療育從業人員必須以孩子現階段和獨特之狀況的完整評量作為擬定長短期目標的基礎。以充分地瞭解語言形式、內容和使用等發展順序為基礎的評量是必要的。生理和心智年齡只能大略地估計孩子的需求和能力。
2. **發展聚焦於社會情境中互動的活動**：其指語言必須在與他人溝通的情境下發揮作用。電腦輔助教學、圖卡和句卡是有用的增強，但當出現新的語言形式和用法時，這些東西無法取代人類的互動。
3. **讓活動變得有目的性（purposeful）**：若欲使孩子能達到最大效益，則語言必須有意義和有目的性，而非死記硬背和得不到效果。讓老師、同學、父母、手足和所有可能的療育人員參與互動過程非常重要。創造溝通的需求。
4. **使用自然情境**：語言教學必須自然。要求孩子重複「湯匙在盒子裡」是不切實際的，因為在真實生活中，人們很少將湯匙放進鞋盒中。然而，鼓勵使用在自然情境中的語言，並不表示在溝通性談話時才教導所擬定的教學技能。應擬定特定語言目標的大綱及促成該目標發展的適當情境。
5. **促使不同領域的發展**：語言發展並非是線性的。有些過程 400
發展得快而其他則發展較慢；某個領域的成長亦會影響其他領域的情形。孩子語言學習進展得很快。早期療育從業
人員必須正視該情況且讓療育計畫能配合孩子的學習，而 401
非配合特定的檢核表或一般慣例（convention dictates）。
6. **善用自然機會教學**：縱使計畫性決定必須以發展過程的嚴謹知識為基礎，但其並不妨礙善用所感受到、非預期內和自然的學習經驗。
7. **在舊資訊的脈絡中發掘新資訊**：孩子需要一個能將其所學加以釐清與分類的方法。當療育從業人員將新資訊建立在舊資訊上時，則孩子最容易達成資訊的釐清和分類。新語

法結構必須在孩子已知的經驗和字彙脈絡中學習。新字彙必須在孩子已知的語法脈絡下學習。孩子的聽覺環境必須有組織性且有條理，如此孩子才能瞭解環境中的事物。

8. **深入地教導字彙**：教導孩子文字所涵蓋的所有情境脈絡和意思。在單一文字的所有情境脈絡和功能下使用該文字，比在有限制的情境脈絡下使用許多文字的效果更佳，且前者更能貼近孩子的自然語言發展。一開始，孩子花費所有力氣來對物品和動作命名，但他們很快地會在新的情境中使用這些新字彙，該情形就好像孩子在測驗他們對於語言的假設是否正確一般。若療育從業人員過度地強調擴展孩子的字彙，則孩子可能停留在命名階段的時間會比一般兒童要長。如此，並不會讓孩子有機會去檢驗和擴展他們已習得的語言技能。相反的，一個有五十個字彙的主要詞彙（lexicon）必須能快速地瀏覽（fast-mapping），其是進入到多元文字使用的途徑。
9. **讓語言的經驗變得很有趣**：常常成人和孩子認為有趣的事物完全不同。知道不同年齡層孩子喜歡的事物是很重要的。
10. **留意適合孩子發展狀況的療育方案**：嬰兒和學步兒的學習方式差異性很大。療育方案必須是適合孩子的發展狀況（參閱表 9.3）。

表 9.3　鼓勵不同年齡層兒童作溝通的有效建議

399

年齡	你可執行的活動
出生到三個月	唱歌。 說話、說話、說話。 聽音樂。 當寶寶發出咕咕聲時，模仿寶寶的咕咕聲。
三到六個月	眼神注視，然後說話、微笑和唱歌。 當寶寶發出前典型呢喃語時，模仿寶寶的前典型呢喃語。 撫摸寶寶，並依照像唱歌般的聲音節奏擺動寶寶的手腳。 說話、說話、說話。

（續）

表 9.3　（續）

年齡	你可執行的活動
六到九個月	擺動寶寶的手玩躲貓貓。 作一些好笑的聲音遊戲。 給寶寶玩不同玩具和其熟悉的物品。描述這些物品玩具。使用許多資訊和詞尾變化作描述。 玩「＿＿＿＿在哪裡？＿＿＿＿在這裡。」的遊戲。 指出正在討論之東西的所在。 以寶寶的名字作遊戲。四處尋找然後說：「＿＿＿＿在哪裡？你在這裡。我看到＿＿＿＿！」在鏡子前面玩這個遊戲。 看著寶寶正在看的東西，然後對該東西作命名。 說話、說話、說話。 給寶寶看可以咬和觸摸的圖畫書。 描述物品。
九到十二個月	唱歌。 說話、說話、說話。 當某人離開時，搖動寶寶的手「bye － bye。」開始其他的文字活動。 玩「你的鼻子在哪裡？這是你的鼻子。媽媽的鼻子在哪裡？這是媽媽的鼻子。」的遊戲。 在一系列物品後加上熟悉的聲音，如：在玩具車後面加上「噗－噗－噗」、在玩具火車後加上「嗚－嗚－嗚」、在玩具牛後面加上「哞－哞－哞」。 前後滾球，並說：「滾球。」 執行你會重複說一個字的重複性活動，如：「滾、滾、滾」或「洗、洗、洗。」 模仿孩子的呢喃語。 給孩子看他能動手操作的圖畫書。 看著孩子正在指的事物，並針對該事物作描述評論。
十二至十五個月	對環境中的物品命名並作描述。 說故事給孩子聽並作圖片說明。要求孩子對圖片中熟悉的物品作命名。 玩手指遊戲。 唱歌。 文字互動，如：「說：『請！』說：『謝謝！』說：『爸爸晚安！』」 對孩子唱兒歌。 當孩子說話時，表現出很大的熱忱。 重複執行活動。該年齡層的孩子喜歡重複和熟悉的事物。

（續）

表 9.3 （續）

400

年齡	你可執行的活動
十五至十八個月	當孩子拿東西給你時，你可描述該物品。 對日常生活相關之物品和活動作命名。 讓孩子有機會做表達。 當孩子拉著你去一個地方，跟著他走並描述他所引導的事物。 問與日常生活物品和活動相關的問題，如：「你今天想用哪個杯子？藍色的或紅色的杯子？」 製造「破壞」（sabotage），在該計畫中你將物品放在平常不會放的地方。如：將孩子的襪子放在你的頭上，然後說：「襪子！襪子！你在哪裡？」或給孩子一個大湯匙，然後說：「哦！這湯匙太大了。你需要更小的湯匙。」 用洋娃娃、車子和填充動物等作假扮性遊戲。 將文字擴展到社交常規慣例，如：「說：『不要打我！』」或「說：『我想要一些！』」 擴展孩子的語言。重複孩子所說的，然後添加一點文法或一點訊息。 說有事情發生之前後順序的故事。重複閱讀。
十八至二十四個月	鼓勵孩子按指令從事活動，如：拿自己的鞋子或將紙巾丟入垃圾桶。 閱讀、閱讀、閱讀。 教孩子唱兒歌。 擴展假扮性遊戲的項目，將家庭外發生的事件融入遊戲中。 擴展社區日常生活的文字，如：「告訴郵差先生：『信在這裡。』」或「和商店的服務員說：『再見！』」
二至三歲	語言快速成長。持續地提供良好文法、良好口語和良好態度的典範。 持續地形塑和擴展孩子的語言。 廣泛地執行想像性遊戲。 教導孩子他的姓名。 利用描述性形容詞，以擴展你對環境中物品和動作的描述。 閱讀和重複閱讀喜歡的書籍。參加社區圖書館的說故事時間。 爸爸也應讀書本給孩子聽。 持續地發展兒歌和手指遊戲的重複性。 問許多不同事物的相關問題。回答孩子的所有問題。 與孩子有安靜的獨處時間，期間你們可以唱歌、閱讀、說話或只是安靜地坐在一起。

資料來源：Adapted from Estabrooks, 1994; Hulit & Howard, 2001; Morrisset-Huebner & Lines, 1994.

摘要

溝通系統的習得是了不起的成就；然而，良好的溝通對我們的生活非常重要，而我們卻很少注意到它。只有在溝通出現遲緩時，其複雜的本質才更為明顯。本章討論了溝通的發展、評量、異常和療育。現行溝通理論指出，療育從業人員需要瞭解溝通的複雜本質。溝通是多面向的，且其以一般的順序發展；然而，溝通並非以線性方式發展。不同過程，在不同發展階段，發展出不同技能。某一發展領域出現遲緩或成長，將影響其他領域的發展狀況。在孩子四歲前，一般幼兒已能精熟基本的成人語言。若在學齡前階段，伴隨著溝通問題兒童沒有得到適當的補救方案，則這些孩子的遲緩技能可能永遠無法完全地趕上正常能力。

補救方案的第一步是兒童的溝通評量。依照缺陷原因，應有不同的療育策 402
略。在某些情況下，可建議兒童使用替代性溝通設備。專業人員和照顧者間的合作永遠是重要的要素。在我們社會中，溝通的重要性必須是，對於特殊需求幼兒而言，溝通發展應是療育方案中優先考量的領域。

問題與討論

1. 在單字詞階段，什麼是引導孩子習得文字結合的重要發展特徵？
2. 為何新生兒聽力檢測如此重要？
3. 描述下列情況對語言的影響：聽力喪失；視力喪失；智力降低；語言與文化多樣性。
4. 再讀一次本章一開始的故事，你如何將伊恩的情況與自然環境作連結？
5. 請解釋「在文化情境中的語言發展」的意義。

推薦資源

推薦閱讀

Journal of Early Intervention

Young Exceptional Children

Hemmeter, M. L., Joseph, G. E., Smith, B. J., & Sandall, S. (Eds.). (2001). *DEC recommended practices program assessment: Improving practices for young children with special needs and their families.* Denver, CO: Division for Early Childhood. Order online at **http://www.sopriswest.com**

Sandall, S., McLean, M., Smith, B. (Eds.). (2000). *DEC recommended practices in early intervention/early childhood special education.* Denver, CO: Division for Early Childhood. Order online at **http://sopriswest.com**

專業協會

美國早期療育從業人員在家教育協會（American Association of Homebased Early Interventionists；簡稱AAHBEI）：美國早期療育從業人員在家教育協會為父母與從事特殊需求嬰兒、學步兒和學齡前兒童早期家庭療育的人員提供服務（www.aahbei.org）。

溝通障礙和失聰部門（Division for Communicative Disabilities and Deafness；簡稱DCDD）：溝通障礙和失聰部門為特殊兒童委員會中聚焦於溝通的部門。其嬰兒、學步兒和學齡前兒童等組織委員會致力於早期療育相關事務。

幼兒部門：幼兒部門為非營利組織，該組織是為從出生到八歲之兒童和其家庭提供服務或上述兒童及家庭之代表等人員提供支持。幼兒部門設立於 1973 年，其致力於倡導家庭支持和強化兒童最佳發展的政策和實務。特殊需求兒童包括伴隨著障礙或發展遲緩、資優或具特殊才能和可能發生後續發展問題的高危險群兒童（www.dec-sped.org）。

網址

American Speech-Language-Hearing Association
http://www.asha.org

Boystown National Research Hospital
http://www.babyhearing.org

403 Head Start Bureau
http://www.acf.dhhs.gov/programs/hsb/

National Center for Hearing Assessment Management
http://www.infanthearing.org

National Childcare Information Center
http://ericps.crc.uiuc.edu/nccic/

National Association for the Education of Young Children (NAEYC)
http://www.naeyc.org.

Zero to Three National Training Institute
http://www.zerotothree.org/

參考文獻

Abbeduto, L., & Rosenberg, S. (1980). The communicative competence of mildly retarded adults. *Applied Psycholinguistics, 1*, 405–426.

Abbeduto, L., & Rosenberg, S. (1992). Linguistic communication in persons with mental retardation. In S. Warren & J. Reichle (Eds.), *Causes and effects in communication and language intervention* (p. 131). Baltimore: Brookes.

Adler, D. A., & King, D. A. (1994). *Oral communication problems in children and adolescents* (2nd ed.). Boston: Allyn & Bacon.

Alberto, P. A., & Troutman, A. C. (1999). *Applied behavior analysis for teachers* (5th ed.). Upper Saddle River, NJ: Merrill/Prentice Hall.

Alpert, C. L., & Kaiser, A. P. (1992). Training parents as milieu language teachers. *Journal of Early Intervention, 16*, 31–52.

Altman, G., & Steedman, M. (1988). Interaction with context during human sentence processing. *Cognition, 30*, 191–238.

American Psychiatric Association. (1995). *Diagnostic and statistical manual of mental disorders* (4th ed.). Washington, DC: Author.

American Speech-Language-Hearing Association. (1998). *Survey of speech-language pathology services in school-based settings* [Final report]. Rockville, MD: Author.

Arehole, S. (1995). Middle latency response in children with learning disabilities: Preliminary findings. *Journal of Communication Disorders, 28*, 21–38.

Austin, J. L. (1962). *How to do things with words*. London: Oxford University Press.

Autism Society of America. (1996). Definition of autism. *Advocate, 3*, 1.

Bates, E. (1976). *Language and context: The acquisition of pragmatics*. New York: Academic Press.

Bates, E., Camaioni, L., & Volterra, V. (1975). The acquisition of performatives prior to speech. *Merrill-Palmer Quarterly, 21*, 205–226.

Bates, E., & Johnston (1977). *Pragmatics in normal and deficient child language*. Paper presented at the annual meeting of the American Speech-Language-Hearing Association, Chicago, IL.

Baum, D. D., Odom, M., & Boatman, R. (1975). Environment-based language training with mentally retarded children. *Education and Training of the Mentally Retarded, 10*, 68–73.

Berko, J. (1958). The child's learning of English morphology. *Word, 14*, 150–177.

Bernard-Opitz, V. (1982). Pragmatic analysis of the communicative behavior of an autistic child. *Journal of Speech and Hearing Disorders, 47*, 96–99.

Bloom, L. (1970). *Language development: Form and function in emerging grammars*. Cambridge, MA: MIT Press.

Bloom, L. (1973). *One word at a time: The use of single-word utterances before syntax*. The Hague, Netherlands: Mouton.

Bloom, L., & Lahey, M. (1978). *Language development and language disorders*. New York: Wiley.

Boehm, A. (2001). *Boehm Test of Basic Concepts–Preschool Version*. New York: Psychological Corporation.

Bondy, A., & Frost, L. (2002). *A picture's worth: PECS and other visual communication strategies in autism. Topics in autism*. Bethesda, MD: Woodbine House.

Brown, R. (1973). *A first language: The early stages*. Cambridge, MA: Harvard University Press.

Brownlee, S. (1998, June 15). Baby talk. *U.S. News & World Report, 124*(23), 48–50.

Bruner, J. (1981). The social context of language acquisition. *Language and Communication, 1*, 155–178.

Bruner, J., Goodnow, J., & Austin, G. (1956). *A study of thinking*. New York: Wiley.

Bzoch, K., & League, R. (1991). *Receptive-Expressive Emergent Language Test* (2nd ed.). Austin, TX: PRO-ED.

Calderon, R., & Naidu, S. (2000). Further support of the 404
benefits of early identification and intervention with children with hearing loss. *The Volta Review, 100*, 53–84.

Chomsky, N. (1957). *Syntactic structures*. The Hague, Netherlands: Mouton.

Chomsky, N., & Halle, M. (1968). *The sound pattern of English*. New York: Harper and Row.

Clark, E. V. (1974). Some aspects of the conceptual bases for first language acquisition. In R. L. Schiefelbusch & L. L. Lloyd (Eds.), *Language perspectives, acquisition, and retardation*. Baltimore: University Park Press.

Clark, E. V. (2001). Emergent categories in first language acquisition. In M. Bowerman & S. Levinson (Eds.), *Language acquisition and conceptual development* (pp. 379–405). Cambridge, UK: Cambridge University Press.

Clark, H., & Clark, E. (1977). *Psychology and language*. New York: Harcourt Brace Jovanovich.

Clark, H. H. (1973). Space, time, semantics and the child. In T. E. Moore (Ed.), *Cognitive development and the acquisition of language*. New York: Academic Press.

Coggins, R., & Carpenter, R. (1981). The Communicative Intention Inventory: A system for coding children's early intentional communication. *Applied Psycholinguistics, 2,* 235–252.

Crago, M. B., & Gopnik, M. (1994). From families to phenotypes: Theoretical and clinical implications of research into the genetic basis of specific language impairment. In R. Watkins & M. Rice (Eds.), *Specific language impairment in children.* Baltimore: Brookes.

Craig, H. K. (1991) Pragmatic character of the child with SLI: an interactionist perspective. In T. Gallagher (Ed.), *Pragmaties of language: Clinical practice issues* (pp. 163–198). San Diego, CA: Singular

Creedon, M. P. (Ed.). (1975). *Appropriate behavior through communication: A new program in simultaneous language.* Chicago: Dysfunctioning Child Center.

Crites, L., Fischer, K., McNeish-Stengel, M., & Seigel, C. (1992). Working with families of drug-exposed
405 children: Three model programs. In L. Rosetti (Ed.), *Developmental problems of drug-exposed infants.* San Diego, CA: Singular.

Cunningham, C. E., Reuler, E., Blackwell, J., & Deck, J. (1981). Behavioral and linguistic developments in the interaction of normal and retarded children with their mothers. *Child Development, 52,* 62–70.

Dale, P., Simonoff, E., Bishop, D., Eley, T., Oliver, B., Price, T., Purcell, S., Stevenson, J., et al. (1998). Genetic influence on language delay in two-year-old children. *Nature Neuroscience, 1,* 324–328.

Daniels, M. (1993). ASL as a factor in acquiring English. *Sign Language Studies, 78,* 23–29.

deBoysson-Bardies, B., Sagart, L., & Durand, C. (1984). Discernible differences in the babbling of infants according to target language. *Journal of Child Language, 11,* 1–15.

Dever, R. B. (1972). A comparison of the results of a revised version of Berko's Test of Morphology with the free speech of mentally retarded children. *Journal of Speech and Hearing Research, 15,* 169–178.

deVilliers, J., & deVilliers, P. (1978). *Language acquisition.* Cambridge, MA: Harvard University Press.

Donovan, E. (1993). "I NO I NOT EASY TO HELP BUT KEEP HELPING ME." Facilitated communication and behavior management. In D. Smukler (Ed.), *First words: Facilitated communication and the inclusion of young children* (2nd ed.). Syracuse, NY: Jowonio School.

Dore, J. (1974). A pragmatic description of early development. *Journal of Psycholinguistic Research, 3,* 343–350.

Dore, J. (1975). Holophrases, speech acts, and language universals. *Journal of Child Language, 2,* 21–40.

Dromi, E. (1999). Early lexical development. In M. Barrett (Ed.), *The development of language: Studies in developmental psychology* (pp. 99–131). Philadelphia: Psychology Press.

Dunn, L. M. (Ed.). (1973). *Exceptional children in the schools.* New York: Holt, Rinehart & Winston.

Durand, V. M., & Merges, E. (2001). Functional communication training: A contemporary behavior analytic intervention for problem behaviors. *Focus on Autism and Other Developmental Disabilities, 16,* 110–119.

Ervin-Tripp, S. (1964). Imitation and structural change in children's language. In E. H. Lennenberg (Ed.), *New directions in the study of language* (pp. 163–189). Cambridge, MA: MIT Press.

Ervin-Tripp, S. (1978). Some features of early child-adult dialogues. *Language in Society, 7,* 357–373.

Estabrooks, W. (1994). *Auditory-verbal therapy for parents and professionals.* Washington, DC: AG Bell Association.

Facon, B., Facon-Bollengier, T., & Grubar, J. (2002). Chronological age, receptive vocabulary, and syntax comprehension in children and adolescents with mental retardation. *American Journal on Mental Retardation, 107,* 91–98.

Fenson, L., Dale, P. S., Reznick, J. S., Bates, E., Thal, D. J., & Pethick, S. J. (1994). Variability in early communicative development. *Monographs of the Society for Research in Child Development, 59* (5, Serial No. 242), 1–189.

Fey, M. E., & Leonard, L. G. (1983). Pragmatic skills of children with specific language impairment. In T. M. Gallagher & C. A. Prutting (Eds.), *Pragmatic assessment and intervention issues in language.* San Diego, CA: College-Hill Press.

Flexor, C. (1995). Auditory disorders in school children. In R. J. Roeser & M. P. Downs (Eds.), *Auditory disorders in school children: The law, identification and remediation* (pp. 235–257). New York: Thiene Medical Publications.

Frazier, L. (1993). Processing Dutch sentence structure. *Journal of Psycholinguistic Research, 22,* 85–108.

Gallagher, T. (1977). Revision behavior in the speech of normal children developing language. *Journal of Speech and Hearing Research, 20,* 303–318.

Garvey, C. (1975). *Contingent queries.* Unpublished master's thesis, Johns Hopkins University, Baltimore.

Greenspan, S. I., & Wieder, S. (1999). A functional developmental approach to autism spectrum disorders. *Journal of the Association of Persons with Severe Handicaps, 24,* 147–161.

Gregory, S. (1995). Deaf children and their families. Cambridge, England: Cambridge University Press.

Grove, N., & Dockrell, J. (2000). Multisign combinations by children with intellectual impairments: An analysis of language skills. *Journal of Speech, Language, and Hearing Research, 43,* 309–323.

Guralnik, M. J. (Ed.). (1997). *The effectiveness of early intervention.* Baltimore: Brookes.

Halliday, M. (1975). *Learning how to mean: Explorations in the development of language.* London: Edward Arnold.

Hendrick, D., Prather, E., & Tobin, A. (1984).

Sequenced Inventory of Communication Development (Rev. ed.). Austin, TX: PRO-ED.

Hodson, B.W. (2001). Assessment of Phonological Processes (APP-R). New York: Psychological Corporation.

Hresko, W., Reid, D. K., & Hammill, D. (1999). *Test of Early Language Development* (3rd ed.). Austin, TX: PRO-ED.

Hulit, L. M., & Howard, M. R. (2001). *Born to talk* (3rd ed.). Upper Saddle River, NJ: Merrill/Prentice Hall.

Iverson, J., Volterra, V., Pizzuto, E., & Capirci, O. (1994, June). *The role of communicative gestures in the transition to the two-word stage.* Poster presented at International Conference of Infant Development, Paris, France.

Jakobson, R. (1968). *Child language, aphasia, and phonological universals.* The Hague, Netherlands: Mouton.

Johnson, R., Liddell, S., & Erting, C. (1989). *Unlocking the Curriculum: Principles for achieving access in deaf education.* Gallaudet Research Institute Working Paper 89-3. Washington, DC: Gallaudet University Press.

Kaiser, A. P., Hemmeter, M. L., Ostrosky, M. M., Alpert, C. L., & Hancock, T. B. (1995). The effects of group training and individual feedback on parent use of milieu teaching. *Journal of Childhood Communication Disorders, 16*, 39–48.

Kamhi, A. G., & Johnston, J. R. (1982). Towards an understanding of retarded children's linguistic deficiency. *Journal of Speech and Hearing Research, 25*(3), 435–445.

Kasari, C., Sigman, M., Yirmiya, N., & Mundy, P. (1993). Affective development and communication in young children with autism. In A. Kaiser & D. Gray (Eds.), *Enhancing children's communication.* Baltimore: Brookes.

Krivcher-Winestone, J. (1980). Limits of syntactical development of educable mentally retarded children (Doctoral dissertation, Yeshiva University, 1979). *Dissertation Abstracts International*, 40, 6230A. (University Microfilms No. 8012676)

Kronstadt, D. (1991). Complex developmental issues of prenatal drug exposure. *The Future of Children, 1*, 36–49.

Lederberg, A. R., & Prezbindowski, A. K. (2000). Impact of child deafness on mother-toddler interaction: Strengths and weaknesses. In P. Spencer, C., Erting, and M. Marschark (Eds.), *The deaf child in the family and at school: Essays in honor of Kathryn P. Meadow-Orlans* (pp. 73–92). Mahwah, NJ: Lawrence Erlbaum Associates.

Lederberg, A. R., & Spencer, P. E. (2001). Vocabulary development of young deaf and hard of hearing children. In M. D. Clark, M. Marschark, & M. Karchmer (Eds). *Context, cognition, and deafness* (pp. 88–112) Washington, D.C.: Gallaudet University Press.

Lenneberg, E. (1967). *Biological foundations of language.* New York: Wiley.

Ling, D. (1972). Rehabilitation of cases with deafness 406
secondary to otitis media. In A. Glorig & I. K. Gerwin (Eds.), *Otitis Media Proceedings of the National Conference, Collier Hearing and Speech Center Dallas.* Springfield, IL: Charles C. Thomas.

Lucas, E. V. (1980). *Semantic and pragmatic language: Assessment and remediation.* Rockville, MD: Aspen.

Luria, A. R. (1961). *Speech and the regulation of behavior.* New York: Liveright.

Lyytinen, P., Poikkeus, A., Laaks, M., Eklund, K., & Lyytinen, H. (2001). Language development and symbolic play in children with and without familial risk for dyslexia. *Journal of Speech, Language, and Hearing Research, 44*, 873–885.

Maugh, T. H. (2000, May 4). Test identifies newborns likely to have autism. *Los Angeles Times*, p. 4.

Mar, H. H., & Sall, N. (1999). Profiles of the expressive communication skills of children and adolescents with severe cognitive disabilities. *Education and Training in Mental Retardation and Developmental Disabilities, 34*, 77–89.

Matsuda, M. M. (1984). Comparative analysis of blind and sighted children's communication skills. *Journal of Visual Impairment and Blindness, 78*, 1–5.

McCormick, L., & Schiefelbusch, R. L. (1990). *Early language intervention: An introduction* (2nd ed.). Upper Saddle River, NJ: Merrill/Prentice Hall.

McCormick, L., & Shane, H. (1990). Communication system options for students who are nonspeaking. In L. McCormick & R. Schiefelbusch (Eds.), *Early language intervention.* Upper Saddle River, NJ: Merrill/Prentice Hall.

McCreight, B. (1997). *Recognizing and managing children with fetal alcohol syndrome/fetal alcohol effects: A guidebook.* Washington, DC: Child Welfare League of America, Inc.

McLean, J., & Snyder, L. K. (1977). *A transactional approach to early language training: Derivation of model system. Final report.* Washington, DC: U.S. Department of Health, Education, and Welfare.

Mervis, C. B., & Bertrand, J. (1997). Developmental relations between cognition and language. In L. B. Adamson & M. A. Romski (Eds.), *Communication and language acquisition: Discoveries from atypical development* (pp. 75–106). Baltimore: Brookes.

Montgomery, J. (2000). Verbal working memory and sentence comprehension in children with specific language impairment. *Journal of Speech, Language, and Hearing Research, 43*, 293–308.

Moore-Brown, B. J., & Montgomery, J. (2001). *Making a difference for America's children: Speech-language pathologists in public schools.* Eau Claire, WI: Thinking Publications.

Morgan, J. L. (1996). Prosody and the roots of parsing. *Language and Cognitive Processes, 11*, 69–106.

Morrisset-Huebner, C. E., & Lines, P. (1994). *Learning link: Helping your baby learn to talk.* Washington, DC: U.S. Department of Education, Office of Educational Research and Improvement.

Muma, J. R. (1998). *Effective speech-language pathology: A cognitive socialization approach.* Mahwah, NJ: Erlbaum.

National Center for Hearing Assessment & Management. (2002). *Early hearing detection and intervention information & resource center.* Retrieved September 1, 2002, from http://www.infanthearing.org/ehdi.html

National Institutes of Health. (1993). Early identification of hearing impairment in infants and young children. *NIH Consensus Statement, 11*, 1–24.

Nelson, I. (1973). Structure and strategy in learning to talk. *Monographs of the Society for Research in Child Development, 38*, (Serial No. 149).

Noonan, M. J., & McCormack, L. (1993). *Early intervention in natural environments: Methods and procedures.* Florence, KY: Wadsworth.

Notoya, M., Suzuk, S. & Furukawa, M. (1994). Effects of early manual instruction on the oral-language development of two deaf children. *American Annals of the Deaf, 139* (3), 348–351.

Ogletree, B. T., & Oren, T. (2001). Application of ABA principles to general communication instruction. *Focus on Autism and Other Developmental Disabilities, 16*, 102–109.

Oller, K. D. (1980). The emergence of the sounds of speech in infancy. In G. Yeni-Komshian, J. Kavanaugh, & C. Ferguson (Eds.), *Child phonology* (pp. 93–112). New York: Academic Press.

Olson, H., Burgess, D., & Streissguth, A. (1992). Fetal alcohol syndrome (FAS) and fetal alcohol effects (FAE): A lifespan view, with implications for early intervention. *Zero to Three, 13*, 29–33.

Olswang, L. B., & Pinder, G. L. (1995). Preverbal functional communication and the role of object play in children with cerebral palsy. *Infant-Toddler Intervention: The Transdisciplinary Journal, 5*, 277–299.

Owens, R. (1996). *Language development: An introduction* (4th ed.). Boston: Allyn & Bacon.

407 Piaget, J. (1952). *The origins of intelligence in children* (M. Cook, Trans.). New York: International University Press.

Prather, E. M., Hedrick, D., & Kern, A. (1972). Articulation development in children aged two to four years. *Journal of Speech and Hearing Disorders, 37*, 55–63.

Preisler, G. M., & Ahlstroem, M. (1997). Sign language for hard of hearing children: A hidrance or a benefit for their development? *European Journal of Psychology and Education, 12* (4), 465–477.

Prizant, B., & Bailey, D. (1992). Facilitating acquisition and use of communication skills. In D. B. Bailey & M. Wolery (Eds.), *Teaching infants and preschoolers with disabilities* (pp. 299–361). Upper Saddle River, NJ: Merrill/Prentice Hall.

Prutting, C. (1979). Process: The action of moving forward progressively from one point to another on the way to completion. *Journal of Speech and Hearing Disorders, 44*, 1–20.

Ratner, V., & Harris, L. (1994). *Understanding language disorders.* Eau Claire, WI: Thinking Publications.

Reichle, J., Mirenda, P., Locke, P., Piche, L., & Johnson, S. (1992). Beginning augmentative communication systems. In S. Wairer & J. Reichle (Eds.), *Causes and effects in communication and language* (pp. 132–156). Baltimore: Brookes.

Reilly, J. S., & Bellugi, U. (1996). Competition on the face: Affect and language in ASL motherese. *Journal of Child Language, 23*(1), 219–39.

Rice, M. L., Buhr, J. C., & Nemeth, M. (1990). Fast mapping word learning abilities of language-delayed preschoolers. *Journal of Speech and Hearing Research, 55*, 33–42.

Sachs, J., & Devin, J. (1976). Young children's use of age-appropriate speech styles. *Journal of Child Language, 3*, 81–98.

Santin, S., & Simmons, J. N. (1977). Problems in the construction of reality in congenitally blind children. *Journal of Visual Impairment or Blindness, 71*, 425–429.

Sarff, L. S. (1981). An innovative use of free field amplification in regular classrooms. In R. Roeser & M. Downs (Eds.), *Auditory disorders in school children* (pp. 263–272). New York: Thieme-Stratton.

Sass-Lehrer, M. (1999). Techniques for infants and toddlers who are deaf or hard of hearing. In S. Raver (Ed.), *Strategies for infants and toddlers with special needs: A team approach.* (2nd ed., pp. 259–297). New York: Prentice Hall.

Sattler, J. (2001). *Assessment of children: Cognitive applications* (4th ed.). San Diego: Author.

Schlesinger, H., & Meadow, K. (1972). *Sound and sign.* Los Angeles: University of California Press.

Schreibman, L., Koegel, R. L., Charlop, M. H., & Egel, A. L. (1990). Infantile autism. In A. S. Bellack, M. Hersen, & A. E. Kaxdin (Eds.), *International handbook of behavior modification and therapy* (pp. 763–789). New York: Plenum Press.

Searle, J. R. (1969). *Speech acts: An essay in the philosophy of language.* Cambridge, England: Cambridge University Press.

Secord, W. A. (1999). *School consultation: Concepts, models, and procedures.* Flagstaff: Northern Arizona University.

Selman, R. (1971). The relation of role-taking to the development of moral judgment in children. *Child Development, 42*, 79–92.

Sharf, D. (1972). Some relationships between measures of early language development. *Journal of*

Speech and Hearing Disorders, 37, 64–74.

Shulman, B. (1985). *Using play behavior to describe young children's conversational abilities.* Paper presented at the Annual Meeting of the National Association for the Education of Young Children, Los Angeles, CA.

Skinner, B. (1957). *Verbal behavior.* New York: Appleton-Century-Croft.

Snow, C. (1972). Mother's speech to children learning language. *Child Development, 43*, 549–565.

Sparks, S. (1993). *Children of prenatal substance abuse.* San Diego, CA: Singular.

Spencer, P. (1993). Communication behaviors of infants with hearing loss and their hearing mothers. *Journal of Speech and Hearing Research, 36*, 311–321.

Spencer, P., & Lederberg, A. (1997). Different modes, different models: Communication and language of young deaf children and their mothers. In L. B. Adamson & M. A. Romski (Eds.), *Communication and language acquisition: Discoveries from atypical development* (pp. 203–230). Baltimore: Brookes.

Stoel-Gammon, C. (1998). Role of babbling and phonology in early linguistic development. In A. M. Wetherby, S. F. Warren, & J. Reichle (Eds.), *Transitions in prelinguistic communication.* (pp. 87–110). Baltimore: Brookes.

Stredler-Brown, A. (1998). Early intervention for infants and toddlers who are deaf and hard of hearing: New perspectives. *Journal of Educational Audiology, 6*, 45–49.

Stremel, K., & Wilson, R. M. (1998). Communication interactions: It takes two; Receptive communication: How children understand your messages to them; Expressive communication: How children send their messages to you. *DB-Link Fact Sheets (Revised)* (The National Information Clearinghouse on Children Who Are Deaf-Blind). Washington, DC: Office of Special Education and Rehabilitative Services. (ED 395 445).

Talay-Ongan, A. (2001). Early intervention: Critical roles of early childhood service providers. *International Journal of Early Years Education, 9*, 221–228.

Tallal, P., Hirsch, L. S., Realpe-Bonilla, T., Miller, S., Brzustowicz, L. M., Bartlett, C., et al. (2001). Familial aggregation in specific language impairment. *Journal of Speech, Language, and Hearing Research, 44*, 1172–1182.

Templin, M. (1957). *Certain language skills in children.* Minneapolis: University of Minnesota Press.

Tillery, K. L., & Smosky, W. J. (1994). Clinical implications of the auditory processing abilities of children with attention deficit-hyperactivity disorder. *Central Auditory Processing: Consensus Development Conference.* Rockville, MD: American Speech-Language-Hearing Association.

Tomasello, M. (1992). *First verbs: A case study of early grammatical development.* New York: Cambridge University Press.

Trantham, C. R., & Pedersen, J. K. (1976). *Normal language development.* Baltimore: Williams & Wilkins.

Veneziano, E., Sinclair, H., & Berthoud, I. (1990). From one to two words: Repetition patterns on the way to structured speech. *Journal of Child Language, 17*, 633–650.

Vygotsky, L. (1962). *Thought and language.* Cambridge, MA: MIT Press.

Warner-Rogers, J., Taylor, A., Taylor, E., & Sandberg, S. (2000). Inattentive behavior in childhood: Epidemiology and implications for development. *Journal of Learning Disabilities, 33*, 520–536.

Warren, D. H. (1984). *Blindness and early childhood development* (2nd ed.). New York: American Foundation for the Blind.

Watkins, R. (1997). The linguistic profile of SLI. In L. B. Adamson & M. A. Romski (Eds.), *Communication and language acquisition: Discoveries from atypical development* (pp. 161–185). Baltimore: Brookes.

West, J. T., & Idol, L. (1990). Collaborative consultation in the education of mentally retarded and at-risk students. *Remedial and Special Education, 11*, 22–31.

Wiig, E. H., & Semel, E. M. (1984). *Language assessment and intervention for the learning disabled* (2nd ed.). Upper Saddle River, NJ: Merrill/Prentice Hall.

Wiig, E. H., Secord, W. & Semel, E. M., (1992). *Clinical evaluation of language fundementals–Preschool (CELF–Preschool).* New York: Psychological Corporation. 408

Wilson, M. I. (1973). Children with crippling and health disabilities. In L. M. Dunn (Ed.), *Exceptional children in the schools.* New York: Holt, Rinehart & Winston.

Yoder, D. W., & Miller, J. F. (1972). What we know and what we can do: Input toward a system. In J. E. McLean, D. E. Yoder, & R. L. Schiefelbusch (Eds.), *Language intervention with the retarded* (pp. 89–110). Baltimore: University Park Press.

Yoder, P. J., & Warren, S. F. (1993). Can developmentally delayed children's language development be enhanced through prelinguistic intervention? In A. Kaiser & D. Gray (Eds.), *Enhancing children's communication: Research foundations for intervention* (pp. 35–62). Baltimore: Brookes.

Yoshinaga-Itano, C. (1999). Development of audition and speech: Implications for early intervention with infants who are deaf or hard of hearing. *Volta Review, 100*(5), 213–34.

Yoshinaga-Itano, C., & Apuzzo, M. L. (1998). Identification of hearing loss after 18 months is not early enough. *American Annals of the Deaf, 143*(5), 380–87.

Zimmerman, I., Steiner, V., & Pond, R. (2002). *Preschool Language Scale–4.* New York: Psychological Corporation.

10

社交和情緒發展

Joan Lieber & Warren Umansky

章節大綱

- 一般社交和情緒發展的階段
- 社交和情緒發展理論
- 影響社交與情緒發展的因素
- 特殊需求兒童的社交和情緒發展
- 社交和情緒評量的策略
- 社交和情緒之評量及療育的科技
- 促進社交和情緒發展的療育策略

亞當

411 葛蘭小姐是布魯克菲爾兒童照護融合方案的老師。她的班上有十五位三歲至五歲的小朋友。約一個月前，新同學亞當進入該班級。亞當是唐氏症患者，且其較無法習慣於班上的作息活動，特別是無法與其他孩子互動。當媽媽帶亞當到班上的第一天，亞當無法和媽媽分開。亞當黏著媽媽，且開始流眼淚。但葛蘭小姐知道亞當非常喜歡火車，所以葛蘭小姐請媽媽確認亞當帶了他最喜歡的火車頭到班上。當亞當注意到在積木區的地上有火車軌道時，亞當拿著他的火車頭，並將它裝在軌道上的火車上。在此時，亞當的媽媽便可以離開教室。

亞當來到布魯克菲爾的這一個月，葛蘭小姐花了些時間觀察亞當參與日常活動的情形。縱使亞當現已能參與大部分由老師引導的活動，但葛蘭小姐亦注意到，亞當不太注意其他小朋友。在白天，孩子有很多機會可以互動：團體教學、自選活動時間（choice time）、點心時間和戶外活動時間。四十五分鐘的自選活動時間給孩子機會執行自己喜歡的活動，亦給予機會和其他小朋友在一起。但葛蘭小姐觀察到，亞當在該時段中只是在教室閒逛、把玩具從架上拿下來，及看著其他孩子執行活動。若有孩子接近亞當，亞當可能會微笑，但他不會參與其他孩子的遊戲。葛蘭小姐知道亞當到布魯克菲爾迄今才一個月，但她也擔心亞當連一個朋友都沒有。葛蘭小姐關心亞當的社交和情緒發展。

412 孩子的社交和情緒發展是特別豐富且複雜的議題。該領域不但包括個人內在能力的發展，同時亦包括個人如何使用這些能力和他人進行互動。情緒從單純的生理反應漸漸演化到較複雜的反應。上述過程包括理解自己和他人情緒的必要認知要素。社交行為從可能是很直接地對他人微笑的友好簡單行為開始。很快地，社交回應變得較複雜，且兒童亦能贏得友誼。

當我們研究社交和情緒行為時，研究個案的互動對象（partner）和情境是很重要的考量。孩子與不同對象如：父母、教師和同儕等之互動情形不一樣。孩子在如：家裡、學校和遊樂場等不同情境下亦會出現不同行為。

我們對於社交和情緒行為的理解受到許多研究者和研究傳統所影響。每個研究者或傳統在這些重要技能如何發展的觀點上，皆有些微差異。

一般社交和情緒發展的階段

情緒發展

情緒包括伴隨著特定生理反應之感覺、需求和慾望的表達。因為情緒是生物性基礎，故其為「最古老和最持續的人類功能特色之一」（Shonkoff & Phillips, 2000, pp. 106-107）。新生兒的情形是侷限在狀態性（states）的表達，如餓了和想睡覺。他們表達感覺的能力亦有其侷限性，且包括了發出聲音或哭泣。然而，在簡短如兩年的時間內，孩子可發展出幾乎所有各式各樣的（complete repertoire）情緒表達。

情緒的定義為感覺、需求和慾望的表達，且情緒包括了將有機體（organism）視為一整體。

當孩子長大後，他們發展出**情緒能力**（**emotional competence**）。根據Denham（1998）所述，情緒能力有三大要素：表達、理解和調節。

引導情緒能力的三個成長領域包括：表達、理解和調節。

情緒表達

根據 Denham 的觀點，在孩子兩歲以前，快樂、悲傷、生氣和害怕等基本情緒很明顯。當孩子漸漸長大後，他們學會依照自己的情緒來調整行為。例如：若孩子面對著一隻正露出牙齒狂吠的狗，他們會感到害怕，且往後亦會避開呲牙裂嘴的狗。

在幼兒時期，孩子表現情緒的方式改變了，變得「較靈活（flexible）、複雜和具區辨性」（Denham, 1998, p. 28）。例如：根據所在情境，在分享故事經驗時，孩子可能藉由對朋友微笑，或在戶外活動時，透過跑、跳和大笑來展現他的愉悅。

孩子各式各樣的情緒表達在學齡前階段大大地擴展。當孩子較有自我意識時，驕傲、羞愧和罪惡等情緒便出現了（Denham, 1998, p. 30）。孩子亦發展出包括他人觀點的情緒如：同理心。

413

情緒理解

情緒理解在學齡前階段結束時才開始發展。

當孩子進入學齡前階段時，他們的認知和語言能力變得成熟，且他們較能瞭解自己和他人的情緒。Denham（1998）列出了九個幼兒情緒理解的成長範圍。這些範圍透過對如：感到驕傲和羞愧等部分複雜情緒之理解，從單純的用文字來表示情緒，發展到具備可瞭解自己與別人感覺有所差異的基本知識。對情緒理解所需之相關技能的複雜性而言，需在學齡前階段結束時，這些理解才剛開始發展。

情緒調節

我們很難將孩子的情緒發展和調節情緒的能力分開，如此孩子才能在社會互動中適當地展現自己的能力（Shonkoff & Phillips, 2000）。當「情緒經驗和表達對孩子和／或他們的社交對象而言，變得太過強烈或太過持久時」（Denham, 1998, p. 149），就必須執行情緒調節。例如：在學齡前學校的戶外時間中，孩子花了十五分鐘在遊戲場上互相追逐。孩子愈來愈興奮，但老師突然告訴他們必須準備進教室進行故事時間。為了他們自己和教師，孩子必須使用情緒調節來將他們興奮和歡呼的感受轉換為平靜。在學齡前學校中另一案例為，孩子學習調節自己對於把其辛苦堆疊的積木建築弄倒之同儕的憤怒。孩子透過文字而非打人或發一大頓脾氣來表達自己的憤怒。

孩子透過意識情緒，並考量情緒如何對他們產生影響，而後才作出回應。

Denham（1998）建議，當孩子需作情緒調節時，其可透過下列三步驟來進行。首先，孩子注意到自己的情緒狀況。再者，孩子可思考這些情緒代表著什麼意義。最後，孩子可選擇特定的回應：「考量對於該種情緒，我能做什麼處理？」（Denham, 1998, p. 154）回應不一定是明顯的動作。孩子能情緒性地、認知性地或行為性地作回應。以下為一些回應的案例：

- **情緒性處理：**因為有人將他所堆的積木建築物弄倒而生氣的孩子可能怒視著，而非毆打弄倒積木的同儕。孩子調整自己的反應來作處理。

- **認知性處理**：媽媽不帶他去看電影的孩子可能會以告訴自己：「我根本不想出去。」來作處理。
- **行為性處理**：孩子面對露齒狂吠的狗時，可能會尋求媽媽的保護來作處理。

因此，對幼兒而言，情緒發展開始於嬰兒時期的單純感覺，隨著幼兒時期認知和語言逐漸成長，情緒則變得更為細緻且複雜（sophisticated）。

與同儕的社交發展

因為我們觀察孩子的生理變化，故我們知道兒童在出生後沒多久就對其他兒童感興趣。當看到其他嬰兒時，三個月大的嬰兒心跳會加快（Field, 1979）。在與看到鏡子內自己的影像相較下，嬰兒看到其他嬰兒時，則較會微笑、伸手觸碰和發出聲音。根據Rubin、Bukowski和Parker（1998）的研究，在嬰兒時期，當孩子： 414
(1)率直地微笑、皺眉和對一起遊戲的對象手舞足蹈；(2)藉由很仔細地觀察同儕，來顯現出對同儕的興趣；(3)回應同儕的友好表示，則表示孩子展現出重要的社交行為。

學步兒的社會互動複雜度增加。在滿週歲到滿兩歲間，兒童與他人輪流的行為持續增加，且學步兒協調社交行為的主要策略是模仿，並依該模仿行為來執行成為他人夥伴的行為。此外，學步兒透過共享式注意力或物品操弄，開始將進行物品融入社會性交換（exchange）中（Eckerman, Davis, & Didow, 1989）。

當學步兒漸漸長大後，他們的社交技能增加，且變得更錯縱複雜。

社交性協調的另一要素即：**互補性遊戲（complementary play）**，在孩子二十至二十四個月大間出現。在該遊戲中雙方參與者皆扮演特定角色（Howes, 1987）。若其中一兒童開始執行社會性交流（interchange），則其夥伴必須以可符合開始執行交流兒童的行為作回應。例如：在一學步兒可能創造的遊戲中，其中一個孩子跑到房間裡，並邀約式地回頭看著他的玩伴；結果，該玩伴則會跑到房間裡來加入之前跑到房間的兒童。該遊戲包括了一領導者和一追隨者，且該遊戲可能會進行好幾回。這個遊戲看似簡單，但卻要求至少在遊戲突然結束前，兒童需能理解（attuned to）自己的夥伴。

學齡前階段的兒童開始建立同儕關係。

在學齡前階段，孩子與同儕的互動較為頻繁且複雜。超過七十年前之一具影響力的研究中，Parten（1932）提出學齡前階段兒童社交參與範疇的變化。其所提出的範疇包括：

- 空閒時間的行為（unoccupied behavior）
- 獨自遊戲
- 成為旁觀者
- 平行遊戲，其中，孩子一個接著一個作遊戲，但彼此沒有互動
- 聯合遊戲，其中，孩子一起遊戲並彼此分享
- 協同遊戲，其中，孩子協調大家的責任與努力

以四十個兒童的有限樣本，Parten作出以下結論，二至五歲的兒童出現較多的聯合遊戲和協同遊戲，而較少的空閒時間、獨自遊戲和成為旁觀者的情形。

然而，Rubin 等人（1998）認為，Parten 的理論太過簡化而予以駁斥。Rubin等人認為，因為這些行為可適用於不同情境，故當孩子長大後，早期所發展的行為並不會消失，但 Parten 所觀察的所有行為是孩子在整個學齡前階段所展現的行為。例如：五歲大的兒童可能持續地成為遊戲的旁觀者和執行平行遊戲，作為參與其他兒童遊戲的有效方法。

學齡前兒童亦能將社會性遊戲與假扮性遊戲結合（Howes, 1987）。孩子可能在教室中的「家務」（housekeeping）區一起玩，其中一個孩子扮演媽媽，而另一個扮演爸爸的角色。與另一個孩子共同進行假扮性遊戲的協調能力較困難，且會比個人獨自的假扮性遊戲更晚出現。**社會性假扮遊戲**是比其他社會性遊戲更複雜的形式，因為在該遊戲中，孩子不只必須能從事假裝及與其他人互動，且必須亦能協調該二動作。

擁有社會性能力的學齡前兒童亦能組織他們自己的和他人的遊戲。Goncu（1987）描述社會性遊戲的四個階段，及孩子在不同階段中維持遊戲活動的方式。

415

- **進入遊戲團體**：學齡前兒童間接地嘗試進入遊戲團體如：站

在旁邊看其他人遊戲，及較**直接地**嘗試進入遊戲團體如：詢問自己是否能參與遊戲。間接嘗試通常比直接嘗試有效（Lieber, 1993）。

- **自己開始作遊戲**：孩子可能透過單純地開始玩遊戲，或先討論遊戲的相關細節包括：哪個人要扮演哪個角色等方式，來開始一新遊戲。
- **維持和擴展遊戲**：為使遊戲能流暢地進行，一同遊戲的夥伴們必須表達意見，並協調共同計畫。該合作情況在孩子三至五歲間較為顯著，但通常只有較年長的孩子才能以其他同儕的期望為基礎，來擬定折衷計畫。
- **結束遊戲**：對學齡前兒童而言，結束遊戲的方式通常是離開遊戲場所。

對幼兒而言，他們的社交和情緒發展是藉由許多遊戲活動而漸漸形成。

總言之，從嬰兒期到學齡前階段結束，兒童與同儕之社會互動的複雜性（complex）和世故性（sophistication）產生很大改變。該進展從對同儕的覺察和興趣到單純的行動與反應的交流，到遊戲情節，而該情節包括進入兒童遊戲團體開始、與他們一起遊戲、透過溝通協調來擴展和延伸遊戲，及最後的結束遊戲。孩子的社交和情緒發展藉由幼兒時期遊戲的情緒脈絡而成形。

友誼

友誼是特殊的社交關係。

友誼是特別的社交關係。孩子能在沒有朋友的情況下進行正面與反面的社會互動（Rubin et al., 1998）。

首先，友誼是**相互性的**。雙方必須分享感覺。再者，一方會對另一方產生**情感**（affection）。他們尋找彼此的原因並非是他們會為對方做些什麼，而是他們彼此有感情（feel for each other）。第三，友誼是**自願性的**；友誼不可強迫。

孩子早在兩歲大時即會建立友誼。這些幼兒與他們特定尋求正面社會互動的對象產生友誼（Vandell & Mueller, 1980）。因此，縱使學步兒的友誼形式與年長兒童的友誼形式有很大差異，但在非常年幼的孩子中依然可見友誼的根基。

孩子偏好與某些特定兒童互動的情形會一直持續到學齡前階

段。孩子選擇年齡、性別或行為與自己相近的兒童作朋友。一旦他們選擇了這些朋友，他們與朋友互動的方式與非朋友（nonfriends）互動的方式不一樣。孩子與朋友互動的方式較正面且複雜。朋友間亦會有較多衝突，不過，一旦衝突解決後，會使他們更能玩在一起，且持續產生互動（Rubin et al., 1998）。

社交和情緒發展理論

許多理論幫助我們對孩子在滿五歲前的情緒和社交發展有更多瞭解。有些理論強調兒童先天特質（nature）的重要，並認為孩
416 子與生俱有特定的情緒和社交傾向，而其他理論則強調教養（nurture）的重要。在這些理論中，環境在孩子的社交和情緒發展中扮演著重要角色。以下將討論部分源於這些觀點之理論和研究傳統。

依附理論

照顧者和孩子間的聯結關係（connection）影響孩子與同儕間的關係。

依附理論是解釋孩子與照顧者間關係之最著名、且研究嚴謹的理論之一。孩子對照顧者的依附關係不但解釋了該原始（primary）關係，同時亦影響孩子與同儕間的關係。

依附理論最早由 John Bowlby 在 1940 和 1950 年代時提出。Bowlby 的同事，Mary Ainsworth 是該理論的主要貢獻者（Cassidy, 1999）。根據Bowlby的說法，**依附**是一漸進式發展過程，嬰兒與主要照顧者形成緊密關係（bonds），故孩子得到安全感，進而可探索環境（Weinfield, Sroufe, Egeland, & Carlson, 1999）。當嬰兒希望得到慰藉和安全感時，則表現如接近他人、哭泣和尋求互動等依附行為。依照嬰兒認為照顧者如何回應自己的行為，而形成依附行為。該種關係分為兩類：**安全感**及**焦慮或不安全感**。在安全感的關係中，照顧者以溫暖、貼心和回應嬰兒需求等來回應嬰兒的依附行為。一個有依附安全感的嬰兒，在新的且有許多不同互動對象的社會情境中，會感到較有信心。相反的，在不安全感的關係中，照顧者沒有回應嬰兒的友好表現。故嬰兒在未來關係中亦學會預期無法建立依附關係或可能得不到回應（Rubin et al., 1998）。

Ainsworth建構了「**陌生情境**」（**Strange Situation**）**過程**以評量嬰兒和其照顧者的依附關係品質。Solomon和George（1999）解釋，在該二十分鐘的評量中，父（母）親和嬰兒（十二個月至二十個月大）共處一室。等給嬰兒幾分鐘的探索行為後，一陌生人進入房間，且試著與嬰兒玩。然後父（母）親和陌生人皆離開房間。父（母）親再回到房間，然後又離開。後來陌生人進入房間。最後，父（母）親回到房間，而陌生人離開房間。在這來來回回的過程中，研究者觀察嬰兒的反應。根據嬰兒的反應，其對照顧者的依附可分為以下三類：

- **安全感**：這些孩子將媽媽視為探索環境的安全基礎。當母親離開時，孩子會感到不安，而當母親回到房間時，孩子顯得很高興。當孩子感到不安時，他們求助於母親以尋求慰藉，然後繼續探索環境。
- **避開**：這些孩子已探索過環境，且在母親離開時，他們似乎不會在意。若媽媽試著要安撫孩子，孩子則會避開母親。
- **矛盾情結或拒絕**：這些孩子不會探索新環境。當母親離開時，孩子顯得非常不安。當母親回來時，孩子則顯得很憤怒或順從。媽媽並不是這些孩子感到安心的來源。

嬰兒和主要照顧者的關係可分為：安全感、避開，或矛盾情結或拒絕等三種。

該理論已衍生出數百種聚焦於從嬰兒期經由成人期間；到屬於避開或矛盾情結的孩子，長大後如何產生具敵意、具攻擊性和反社會的人格；到跨文化的依附行為等依附行為如何改變的實證研究。 417

同時亦有許多關於障礙兒童的依附行為研究包括：唐氏症（Atkinson et al., 1999）、腦性麻痺和自閉症（Pipp-Siegel, Siegel, & Dean, 1999）。這些研究揭露出，伴隨嚴重障礙的孩子可能出現非典型的依附形式。在詮釋這些研究發現中，Barnett、Butler和Vondra（1999）推論，唐氏症兒童在表現與依附相關的行為上（即微笑、與人接近、發出聲音等）可能出現遲緩現象，且他們的母親可能會不知道如何詮釋孩子所發出的訊息。另一方面，腦性麻痺兒童亦可能出現依附行為困難，因為他們於「構成動作系統的基礎上有所損傷」（Barnett et al., 1999, p. 176）。Barnett 等人認為，障礙兒童在「陌生情境」過程的表現可能與一般發展兒童有所差異，但該差異應只是一種形式（form），而非功能的差異。

情緒智商

情緒智商高的人對自己和他人的感覺能有所體認。

因對情緒生理機能的新關注，情緒智商的概念隨之而起。該模式首先由Salovey和Mayer（1990）提出。在Salovey和Mayer的觀點中，智商不只包括由標準化 IQ 測驗所測量的認知和語言要素。他們建議，智商包括成為社會智商之一部分的情緒要素。情緒要素是「檢視自己和他人的感覺和情緒、區辨這些感覺和情緒，及利用這些資訊來引導個人思考和行動等的能力」（Salovey & Mayer, 1990, p. 189）。情緒智商使人們能與他人和睦地生活和工作。根據 Salovey 和 Mayer 建議，情緒智商有數種不同的要素：

- 理解和表達情緒
- 調節情緒
- 體認他人的情緒，並以同理心的方式作回應
- 以適當方式來使用情緒

心理學理論

艾瑞克森的發展里程碑包括了情緒的相對結果，而個體必須解決這些相對結果以促進社會化。

Erikson（1950）以情緒的相對結果（emotional conflict）來描述發展里程碑，而孩子必須解決該相對結果，以成為社會化的個體。艾瑞克森認為孩子滿五歲前的三項相對結果如下：信任vs.不信任、自主 vs.羞愧與懷疑、積極 vs.罪惡。

信任 vs.不信任

嬰兒和照顧者間身體的親密關係促進強烈的緊密關係。持續地給予照顧和生理慰藉，使孩子對照顧者產生信任。上述過程使孩子能有信心去處理環境中所經歷的事物。態度反覆無常（inconsistent）的照顧者使孩子感到挫折和不舒服，如此可能會影響孩子的正常發展。在該情況中，孩子可能會對新的經驗和關係產生不信任感。對大部分兒童而言，該相對結果約在孩子十八個月大前就會解決。縱使艾瑞克森的理論和依附理論的論述基礎不同，但

兩者皆強調孩子與照顧者間安全感的重要性。

自主 VS.羞愧和懷疑

社會對於學步兒有特定期望。現階段的孩子能自由行動，但亦必須遵守某些社會規範。若讓孩子自由地去探索環境及與人互動，則孩子必須準備去面對新環境（White, 1975）。該情形促使孩子發展出自我控制及獨立與自主的感受。另一方面，不良的照顧，導致孩子懷疑自我行為控制的能力，且在對某事感到無能為力時（bcing so powerless）會覺得羞愧。大部分孩子在三歲前解決了該相對結果後，則會達到自我調節。

主動 VS.罪惡

當孩子漸漸發展時，其意識到自己的力量能引發動作。當孩子對於自己身體更瞭解時，則其更能控制環境。孩子瞭解人們有不同動機和知覺，且因自己能解決問題而感到喜悅。然而，部分展現主動的動作讓孩子感到罪惡。例如：孩子可能會登上很高的立體方格鐵架，然後摔下來，並跌斷了手臂。若孩子因不顧媽媽的警告，而爬上鐵架，其會對摔落和跌斷手的事感到罪惡。該罪惡感會成為一種阻礙，使得孩子缺乏動機。通常在孩子六歲前，孩子解決該相對結果後，其認為自己是與父母分開的獨立個體，且可自由地去探索世界。

社會學習理論

學習理論強調環境在人格和特定行為發展上所扮演的角色。Bijou和Baer（1979）非常強調以孩子與環境互動的發展史，來詮釋孩子現階段行為。然而，**社會化（socialization）**被視為孩子發展其人格和學習適當行為的經驗範圍。

> 孩子透過社會化過程獲得自我認同。

班度拉（Bandura, 1977）提供了解釋社會學習理論和區別該理論與行為理論等的基礎。縱使行為理論強調增強在維持或停止某些行為上的角色，但班度拉提出，大部分的學習是當孩子觀察、仿效和模仿他們環境中的人物時所產生。職是之故，有組織且結構化的環境幫助孩子達到欲達成的目標。當適用於社交和情緒技能發展時，鼓勵展現利社會（prosocial）行為之完整模式和情境，最能促進一般發展。

影響社交與情緒發展的因素

幼兒通常在與他人互動中，或當他們面對無法承受的（overwhelming）情緒時，常會展現獨特的行為。然而，一般行為的範
419 疇很寬廣。孩子的行為和互動會受其本身內在或外在的因素所影響。

氣質

在發展中強調本質之角色的理論家和研究者相信，每個孩子與生俱有一系列Thomas和Chess（1977）稱之為**氣質**的人格特質。這些特質在形塑（shaping）照顧者的回應上，及最後在塑造（molding）孩子未來的人格上，扮演著重要角色。從 1920 年代研究者進行氣質研究開始，即對該議題產生重大興趣。因有這些早期研究，氣質的概念才能漸漸發展。例如：Thomas 和 Chess 一開始找出九個氣質的面向。因為這些面向不是獨立的，其他研究者將這些面向整合成較少數的面向。負面影響的面向包括：害怕的痛苦與急躁的痛苦。在害怕的痛苦中，孩子在新環境調適上出現困難；而在急躁的痛苦中，孩子對於安撫（soothe）感到緊張不安或不易滿足。另一面向為正面影響，其以常常微笑和大笑的兒童為特色。其他面向為活動量（activity level）和注意力範圍（span）／持續度（persistence）。同時亦需評定孩子的規律性（rhythmicity）。規律性與是否能預測孩子的飢餓、想睡覺和痛苦等狀況有關（Rothbart & Bates, 1998）。

氣質特色對孩子發展和與照顧者互動的方式具重大影響。

結合這些氣質的特色，可凸顯孩子和孩子如何回應照顧者間的差異。例如：**易教養型孩子（easy child）**適應能力非常好、具正向情緒本質（playful）且對成人有所回應。這類孩子，因與之互動的關係愉悅，且具增強效果（reinforcing），故其在兒童早期受到成人很大關注。另一方面，**磨娘精型孩子（difficult child）**給予成人較少的正面回饋。這類孩子緊張不安、很難安撫，且伴隨著睡眠和飲食問題，其亦較少得到成人的正面注意（van den Boom

& Hoeksma, 1994）。最後，**慢吞吞型孩子（slow-to-warm-up child）**之特色為適應力較差。與這類孩子維持互動的成人，通常從易教養型孩子之正向行為中獲得回饋，但對慢吞吞型孩子則需花較多時間來引發他們的正向行為。例如：急躁和有憂傷（distress）傾向的孩子，當他們長大後也較易出現慢吞吞型的人格特質（Rothbart & Bates, 1998）。然而，很重要的是，縱使氣質的某些層面相當穩定，但氣質影響孩子的經驗，且這些經驗亦影響孩子的氣質。

性別

在學齡前階段，男孩比女孩較易出現口頭或身體的攻擊行為。

在社交和情緒發展中最常見之性別差異的研究結果之一為，男孩比女孩較具攻擊性（aggression）。縱使在嬰兒時期，男女展現攻擊性的情況並沒有很大差異，但當孩子進入學齡前階段時，男孩較容易捲入衝突中，且比女孩有較多口頭和身體的攻擊行為。根據 Coie 和 Dodge（1998）的研究，該性別差異在不同社經地位和文化中亦存在。

男性通常比女性較無法承受家庭和生活壓力（Walker, Cudeck, 420
Mednick, & Schulsinger, 1981; Wolkind & Rutter, 1973）。然而，男性的攻擊和競爭性（competitive）行為可能受到家庭成員或同儕的增強，如此，促使成長過程中男女社會模式（social patterns）的差異（Block, 1982; Serbin, O'Leary, Kent, & Tonick, 1973）。

縱使男孩出現外顯的（overt）攻擊行為的比率比女孩高很多，但女孩出現**關係性攻擊（relational aggression）**行為的比率卻比男孩高。關係性攻擊指「透過破壞同儕關係來傷害其他人」（Crick, Casas, & Mosher, 1997）。Crick 和她的同事設計了教師與同儕評量表來測量學齡前兒童的關係性攻擊行為。反應出關係性攻擊的行為包括：孩子不邀請朋友參加他的生日會、孩子不讓某人參與團體遊戲，及當孩子對某人生氣時，孩子不願聽其說話。這些行為和孩子推撞及當有人擋了孩子的去路，孩子會拿東西丟他們等，反應出公開攻擊行為之舉動有顯著差異。Crick 等人發現教師特別會將女孩評定為比男孩具有較多關係性攻擊行為，但較少的公開攻擊行為。他們亦發現，孩子不論出現哪種形式的攻擊行為，皆比那些不會出現攻擊行為的孩子較易受到同儕的拒絕。

出現攻擊行為的孩子通常會比較沒有攻擊行為的孩子容易受到同儕拒絕。

壓力

孩子人格的養成，與其早期承受的壓力類型及其如何處理壓力等具重大相關性。貧窮的孩子、需常住院的孩子或家庭功能不彰的孩子，是罹患長期性社會心理疾患的高危險群。不過，有些孩子比其他孩子較會處理壓力，且許多孩子依舊能在負面的早期環境中正常地發展（Quinton & Rutter, 1976）。有些孩子較能應付後續壓力，而有些孩子則無法承受壓力（Rutter, 1980）。Rutter（1971, 1978）指出，在充滿壓力的兒童早期，父（母）親的安全感依附應可預防孩子後續罹患社會心理疾患的機會。

父（母）親的安全感依附能預防孩子後續的社會心理問題。

手足關係

許多研究者推測，兒童與同儕的社會互動受其與手足間關係的影響。該推測形成之原因如下。首先，孩子有許多時間會和手足在一起——這些時間比和父母在一起的時間，或當孩子年紀小時與同儕在一起的時間還要長。第二，手足給孩子練習社會技能的機會。他們有機會從事正面的社會性交流，及可與不像父母、但有相似能力（level of sophistication）的同伴一起解決衝突。因此，縱使研究者推測孩子與手足的互動，和其與同儕的互動有所關聯，但似乎並沒有許多證據證明該關聯性。根據 Parke 和 Buriel（1998）所述：「孩子間的關係似乎並沒有一直接可套用的互動類型」（p. 485）。

緊密的手足關係應可彌補兒童之同儕社交技能的不足。

在社交關係中的一環，手足確有重大的影響力。當孩子在建
421 立同儕關係上出現困難時，手足可能可彌補該缺陷。Parke 和 Buriel（1998）提及，社會性孤立（socially isolated）的孩子若有一最喜愛的手足，應可為其舒緩適應問題。

父母管教類型

Baumrind（1973）推測，父母與孩子互動的風格對孩子後續發展有所影響。她將父母分為：威信型、專制型、寬容型。

手足會影響兒童與同儕間的關係

威信型父母（authoritative parent）是堅決且會規定限制，但卻不會有侵略性。威信型父母鼓勵孩子探索環境，且習得人際能力。相對的，**專制型父母（authoritarian parent）**是嚴厲的，對孩子較沒有回應，且管教較嚴格。第三種類型是**寬容型父母（permissive parent）**，溫柔親切地對待孩子，但對於規範則較放縱且沒有一致性。因此，孩子較沒有控制能力，且可能出現衝動行為（Parke & Buriel, 1998）。

Parke 和 Buriel（1998）發現了一些 Baumrind 之父母管教類型的概念化問題。首先，在父母的風格（父母態度）和父母實際管教孩子的情況間，可能有明顯差異。再者，如 Sameroff 和他的同 *422*
事的研究發現（Sameroff & Chandler, 1975; Sameroff & Fiese, 1990），孩子與父母管教方式的影響可能成相反狀況，即可能是孩子影響父母的管教方式。最後，這些組合可能不總是完全可適用（universal）；也就是，其可能無法適用於不同社經地位或文化背景的父母。

根據Parke和Buriel的研究，父母確實可透過以下三種不同管道來影響孩子的社交和情緒發展：⑴父母可直接地與孩子互動；⑵父母教導孩子，指導孩子組成社交行為的重要要素；及⑶父母提供孩子體驗社交活動的機會。

父母能增加孩子社會互動的機會。

Parke和Buriel引用Bronfenbrenner的生態理論（1979）提及，孩子的社交關係擴展到現階段生活的家庭（immediate family）之外，延伸到大家庭（extended family）、鄰近地區和學校，及敬神場所。因為孩子有許多機會與他人互動及建立關係，故父母可透過積極地籌劃這些機會，來強化孩子的社交關係。例如：父母可指導孩子選擇活動和朋友、可為孩子設立和安排活動時間，及可讓孩子參加如主日學等有組織性的活動。

父親與母親以不同的方式來影響孩子的社交和情緒發展。

父母親皆會影響孩子的社交和情緒發展，但他們顯然有不同之與孩子互動的方式。父親通常比母親花較少的時間與孩子互動，他們通常花較多的時間在與孩子玩遊戲。父親與孩子進行較多體能性遊戲，而母親與孩子的遊戲通常包括一些物品的操弄。研究顯示出，不論父母的性別，對孩子較有回應、讓孩子感到溫暖及與孩子較多互動的父母，他們孩子的社交能力較佳；對孩子較有敵意及控制力較強的父母，他們的孩子較會出現與同儕相處的困難（Parke & Buriel, 1998）。

特殊需求兒童的社交和情緒發展

許多兒童，特別是特殊需求兒童，很難建立友誼。

有許多不同障礙皆會影響兒童情緒和情緒調節、社交技能、社交能力和友誼建立等領域的發展。與同儕建立成功的社交關係是一複雜過程，且該過程對許多孩子而言很困難。Asher（1990）提出，多達 10%的小學學童被其同儕所拒絕。該數據在某些兒童群體中可能更高，而障礙兒童尤然。

自閉症童

自閉症童在不適當的時間，以不適當的方式表達情緒。例如：

自閉症童可能對著玩具，而非其他孩子微笑。此外，當完成一特別困難的任務時，一般發展的兒童可能藉由對成人微笑以尋求認同的方式來表現自豪，而自閉症童則缺乏該自覺意識（self-consciousness）（Denham, 1998）。該人際間的分享（interpersonal sharing）依賴相互注意協調能力，而其亦是自閉症童特別易出現缺陷的領域（Sigman & Ruskin, 1999）。根據Sigman和Ruskin的見解，自閉症童「無法執行相互注意協調能力、將物品拿給他人看、指認物品和人，及追視他人指向的事物與他人的眼神」（p. 49）。

自閉症童較自我中心（self-focused），且會不當地表達他們的情緒。

423

大部分自閉症童亦出現情緒理解的困難。Sigman和她的同事（Sigman, Kasari, Kwon, & Yirmiya, 1992; Sigman & Ruskin, 1999）發現，自閉症童對於假裝要自傷的成人較沒反應。自閉症童較不會花時間去注視受傷的成人，且自閉症童被認為比一般發展兒童或唐氏症兒童較沒有同理心。Sigman 和 Ruskin（1999）推斷，自閉症童通常缺乏社會注意力（social attention），且通常避免直視他人的臉。

自閉症童在與同儕的社交關係中特別有困難。Sigman和Ruskin（1999）發現，自閉症童與發展遲緩兒童相較下，自閉症童獨自遊戲的時間比發展遲緩兒童多很多。在休息時間，自閉症童多半從事自我刺激活動，而非與他人遊戲。縱使有時他們試著與其他兒童互動，自閉症童與其他障礙兒童相較下，自閉症童開始和回應互動的情況皆較少。當自閉症童參與其他孩子的社交活動，且提出社交邀請（social bids）時，這些社交邀請的接受度會與其他兒童所提出的邀請相同。一旦自閉症童開始執行社會性交流時，其持續時間與一般兒童相同。

發展遲緩兒童

Sigman 和 Ruskin（1999）主導了一系列檢視唐氏症童和其他發展遲緩兒童之情緒發展的研究。不同於自閉症童，當面對著表現出痛苦模樣的實驗者時，發展遲緩兒童頻繁地注視著實驗者的臉。這些孩子被評定為比自閉症童有更多同理心，且該同理心的情況與研究樣本中的一般發展兒童相似。

大量研究已證實了發展遲緩幼兒的社會互動和社交能力。Guralnick 和其同僚發現，與一般發展同儕相較下，這些孩子漸漸地出現較多獨自遊戲，在遊戲期間與夥伴的關係較負面，且在向同儕提出社交邀請時較無法成功（Guralnick, 2001）。Hestenes 和 Carroll（2000）發現相似的結果；他們所研究之障礙學齡前兒童從事獨自遊戲和作為旁觀者的時間比他們的同儕要多（參閱本章開頭亞當的故事）。然而，這些兒童確實花費約 30%的遊戲時間從事協同遊戲。

溝通障礙兒童

如同第九章所述，伴隨著溝通障礙的兒童在與同儕發展成功關係上有所困難。這些孩子可能在許多溝通面向上出現困難包括：
424 構音，及語法、語意或語用等發展。這些障礙應會影響兒童的表達能力，如此可能會影響同儕瞭解患童所表達的意思及後續同儕參與社會性交流的意願。

Guralnick、Connor、Hammond、Gottman 和 Kinnish（1996）利用由溝通障礙兒童和一般發展兒童所組成的遊戲團體，來評估這兩組兒童的社會互動和社交能力。研究者評估兒童從事獨自遊戲、平行遊戲和團體遊戲的比例，及兒童花費於空閒時間、成為遊戲的旁觀者和從事如：閱讀和與成人互動等其他活動的時間。他們亦觀察於其他範疇中，兒童從事同儕相關（peer-related）的行為如：以同儕為資源、表達情感、模仿同儕的行為、參與同儕的遊戲和表達敵意等。最後，每個兒童皆評定出其非常喜歡的玩伴、「有些」喜歡的玩伴或不喜歡的玩伴——作為受歡迎程度的測量。

溝通異常影響兒童與同儕對話和社會互動的能力。

罹患溝通異常的兒童，在許多領域的發展狀況與一般發展的同儕相似。罹患溝通異常的兒童與一般發展兒童皆未花費太多時間於空閒時間，且在接受度上亦沒有差別。然而，仍存在某些差異。伴隨溝通異常的孩子較少與人對話，且較少出現正面的社交行為，及當他們做出社交性示好行為時，較不會成功。

感官損傷的兒童

視覺損傷

只有少數聚焦於視覺受限幼兒如何與同儕互動的研究。有許多原因說明為何這類研究量較少。視覺損傷兒童的異質性高。有些兒童全盲，而有些具有功能性視力（functional vision）。此外，視覺損傷兒童常伴隨著其他障礙，因而很難將所有缺陷結果歸咎於視覺損傷。最後，視覺損傷是發生率非常低的障礙；受該損傷所影響的人口屬於少數（Crocker & Orr, 1996）。縱使存在著這些限制，我們仍瞭解一些失明兒童社交發展的相關狀況。

邏輯上，視覺損傷兒童的社交發展受其視覺喪失所影響。在我們的社會性交流中視覺很重要，因為這些交流的主要部分包括了對他人的觀察。失明兒童的情緒理解亦受影響。兒童透過臉部表情來確認他人的情緒。因此，對失明兒童而言，所有有關他人的學習，皆依賴其他感官系統（Farrenkopf, Howze, & Sowell, 1995）。

在發展社交能力上，視覺扮演著重要的角色。

Farrenkopf和她的同事（1995）描述，當失明兒童從事於社會性交流時所面對的其他限制。部分限制包括：維持眼神接觸、注意到手勢和其他情境脈絡的線索、開始和維持社會互動。視覺損傷兒童可能會展現出阻礙其他同儕與之互動意願的行為。這些行為稱為「**失明者行為**」（**blindisms**）或「**癖性**」（**mannerisms**），其為「通常包括如：揉眼睛、轉頭、作手勢、晃動手指（finger flicking）、身體前後搖晃或擺動等重複性行為」（Farrenkopf et al., 425 1995, p. 15）。對理解他人行為有所限制的兒童來說，這些差異行為可能會影響其與他人的互動。

一般發展兒童亦對失明兒童造成挑戰。幼兒，特別是很少用語言從事遊戲的幼兒，可能在失明兒童附近出現非預期的動作（Zanandra, 1998）。兒童可能期待他們的社交性示好能很快地得到回應，且能從一個活動很快地轉移到另一個活動。很快得到回應的期望和遊戲間的轉換是失明兒童所產生的問題（Zanandra, 1998）。

Crocker 和 Orr（1996）比較伴隨著視覺損傷的學齡前幼兒和

一般明眼幼兒在不同學齡前教室中的情況。他們發現，視覺損傷兒童在教室中的參與狀況有所差異，且這些差異是兒童視覺狀況和他們行動能力所致。Crocker 和 Orr 亦發現，這些視覺損傷兒童傾向在明眼兒童附近獨自遊戲。他們亦重複地探索玩具。當幾個明眼兒童示好地要求加入視覺損傷兒童的遊戲時，這些示好的行為通常被忽略。他們發現，視覺損傷兒童確實會主動開始從事社會互動；然而，這些主動開始的行為通常是向教室中的教師而非同儕提出邀請。

聽覺損傷

伴隨著感官損傷的所有兒童，在社會互動中遭受挫折。

聽力有限的兒童在社會互動上亦體驗了其他感官損傷兒童所出現的問題和挫折。該障礙限制兒童的社會經驗和社交能力（Brown, Remine, Prescott, & Rickards, 2000）。另一方面，Vandell 和 George（1981）提出，聽覺損傷兒童具備與耳聽兒童持續互動之社交能力的案例。聽覺損傷兒童持續地起始互動，且在缺乏語言的情況下，他們發展出替代性溝通策略。耳聽兒童亦並未修正他們的溝通策略（即：他們仍使用口語溝通），但他們的社會互動是正面的。這些研究發現意味著，在年幼時期，聽覺損傷兒童能從獨立和與環境互動的機會中受益。

其他研究者亦研究了失聰或幾乎失聰的兒童如何進入及維持與同儕的遊戲（Brown et al., 2000; MEssenheimer-Young & Krestschmer, 1994; Roberts, Brown, & Rickards, 1996）。這些研究者的發現有所差異。利用一個兒童作為個案研究，Messenheimer-Young 和 Krestschmer（1994）提及，聽覺損傷兒童利用不同行為以加入遊戲團體；然而最常使用的策略則是直接要求加入遊戲。直接要求的策略比間接方式較不易成功（Lieber, 1993）。Roberts 等人（1996）發現，他們所觀察之聽覺損傷兒童之進入遊戲團體的行為，與擁有正常聽力兒童的行為相似。

Brown 和她的同事（2000）比較了極重度聽力喪失和擁有正常聽力之幼稚園兒童加入戲劇性遊戲和非遊戲性活動的策略。他

426 們發現了這兩組受試者的差異和相似行為。這兩組受試者皆使用與團體活動有關的語言表達（utterances）或動作來加入社會戲劇

（sociodramatic）遊戲和非遊戲性活動。該兩組受試者有相同的成功結果。然而，擁有正常聽力的兒童出現了許多加入遊戲或活動的行為。例如：這些兒童比伴隨著聽力喪失兒童較可能去探尋正在進行的遊戲活動，且後來選擇與遊戲相關的方式來加入遊戲。擁有正常聽力的兒童亦使用吸引夥伴注意自己的行為來加入遊戲，且該方式提供他們自己的相關資訊予其他遊戲夥伴。

伴隨著問題行為的兒童

許多不同名詞皆被用來描述和分類出現問題行為的兒童。然而，有效的幼兒分類系統依舊未明，特別是考量一般發展的差異時尤然。例如：目前沒有統一標準來判定學齡前階段的活動程度、耐性時間或注意力持續度為何。此外，無法用文字表達自我的兒童可能會嘗試用肢體動作來解決衝突。然而，我們皆認同：「行為本身並非『正常』和『異常』的差別，而是以行為出現的頻率、強度、行為出線迄今的時間（chronicity）、相關人事物（constellation）和社會情境來判定」（Campbell, 1988, p. 60）。

學齡前兒童之標準行為的要素依舊未明。

縱使缺乏適用於學齡前兒童的相關資訊，但已有許多分類系統可用來診斷和描述兒童的特定情緒和行為問題。從事特殊需求幼兒工作的專業人員必須熟悉這些分類系統，特別是因為部分系統已有測量工具，教師可使用這些工具，以作為診斷評估過程的一部分。

在精神病理學中，最被廣為認可的兒童分類之一為美國心理學會所發行的《診斷與統計手冊》（DSM）（1994）。現已發行第四版，該診斷系統提供了概念化問題行為的多重面向架構。現今的診斷與統計手冊版本比先前版本對兒童診斷有更仔細的分類，且第四版要求專業人員在診斷的分類上應更加仔細。診斷與統計手冊是大部分美國心智健康專業人員所使用的診斷系統。

不管所採用的分類系統為何，有很高比例幼兒的父母和教師認為兒童出現問題行為。根據 Webster-Stratton（1997）所述，在美國約有 7%～25%的學齡前兒童符合**對立性反抗疾患**（oppositional defiant disorder；簡稱 ODD）的臨床診斷標準。這些兒童所表現的行為包括：不服從、自我控制不佳、過動、攻擊行為和破壞行為。

對立性反抗疾患這名詞最常用於幼兒。對於較年長的兒童和成人則使用**行為異常（conduct disorder）**（Coie & Dodge, 1998）。

問題行為分類的方法之一為以內在化vs.外在化行為來考量這些出現問題的兒童。出現**外在化行為**的兒童會有高頻率的過動、衝動、攻擊、對抗和不服從等行為。這些兒童出現**自我控制能力**
427 **不佳**（undercontrol）；他們的行為讓成人感到困擾，且會傷害其他人（Campbell, 1990）。外在化行為是對外在的人或物直接表現出的行為。

問題行為可分類為外在化或內在化行為。

相反的，出現**內在化行為**的兒童則產生恐懼、沮喪和退縮等行為（Webster-Stratton, 1997）。內在化行為由兒童內心所引導出來。父母和教師皆對於處理兒童的外在化行為感到困難，且長期下來，這些行為是非常穩定地出現。Campbell（1991）發現，超過一半以上伴隨著中重度外在行為問題的學齡前兒童，在進入小學後仍會出現這些問題行為，且在九歲時，67%的這些兒童，被診斷出罹患注意力缺陷過動症、對立性反抗疾患或行為異常。

歷經認知、社交和溝通等發展遲緩的兒童，及缺乏健康環境的兒童，是出現行為問題的高危險群。

孩子為何在如此年幼時出現這些行為問題的原因仍未明，但研究者認為，機能性和環境因素皆可能會使孩子成為出現行為問題的高危險群。例如：在社交、溝通或認知發展等層面出現遲緩的孩子，及家庭和學校環境不佳的孩子，就可能出現問題行為（Conroy & Davis, 2000）。

注意力缺陷過動症兒童

注意力缺陷過動症指孩子會出現明顯之注意力不佳、分心、衝動等神經性問題，且亦可能伴隨著過動。事實上，常常只有過動的情況使幼兒的早期問題被診斷出來。若沒有出現過動徵狀的孩子，行為問題通常會拖延到學齡後才會被診斷出來。

注意力缺陷過動症兒童的行為常會導致與同儕疏離、沒有完成學校課業、自尊低和家庭衝突等負面結果。幼兒的衝動和無法意識社交暗示亦導致同儕相處問題。低自尊可能源於持續性之成人的負面回饋、無法達成他人期望，及未能完成工作或與其他兒童和平相處等。面對很少安靜地坐著、在公共場所中四處奔跑、從事危險活動、晚上不睡覺及需要成人持續地緊迫盯人等不服從幼兒之不當行為所形成的壓力，使得家庭衝突不斷。不幸的，孩子對於這些不當行為並沒有太多自主控制能力（Umansky & Smalley, 2003）。

在大部分情形下，這些問題可透過結合行為管理和藥物治療來減緩。藉由早期處置，可達成正面的社交和學業成果。然而 ADHD 通常伴隨其他損傷情形，如此使得有效的處置方式更無法執行（Ingersoll, 1995）。教師常常是團隊成員之一，而該團隊由醫師、治療師、兒童父母和其他專業人員所組成，以協助擬定出處置和療育的最佳方案。

大部分因 ADHD 而引發的行為問題，可透過行為治療和藥物來處置。

生理損傷的兒童

一個行動有限制、動作控制不佳，及具非典型生理特徵或其他生理損傷的孩子，與伴隨著其他障礙之兒童承受相同的社交和情緒危機。例如：他們比沒有障礙的兒童具備較差的問題解決技能（Jennings, Conners, & Stegman, 1988）。此外，Graham 和 Rutter（1968）提出，大腦損傷的兒童有 37.5%罹患精神病理學疾患，但並未罹患癲癇，而 58.3%的孩子罹患癲癇。在該研究樣本中，超過十分之一伴隨生理障礙且沒有中樞神經系統損傷的兒童罹患情緒疾患。這些研究結果認同，環境因素如：照顧者對孩子的期望和接受孩子的程度等，會造成孩子社交和情緒發展的問題。例如：母親與孩子互動時，母親必須調整之範圍可作為腦性麻痺嬰兒之主動性遊戲狀況的預測（Blasco, Hrncir, & Blasco, 1990）。 428

在英國針對大量生理障礙兒童所進行的研究亦有相似結果（Seidel, Chadwick, & Rutter, 1975）。其顯示出，環境對於生理損傷兒童的影響程度，至少與損傷本身所產生的影響相同。該結果與其他損傷對孩子造成影響的情況相吻合。

社會性接受和拒絕

縱使大家皆贊同，沒有伴隨障礙的兒童與沒有障礙同儕的互動，比與伴隨障礙同儕的互動更為頻繁（Guralnick, 1999; Hestenes & Carroll, 2000），但很清楚的，障礙兒童仍會與其他兒童建立成功的社交關係。Odom 等人（2002）聲稱，若我們只著重於障礙兒

障礙兒童能與一般發展同儕建立令人滿意的關係。

童互動的頻率，則我們並沒有看到孩子社交關係的完整面貌。他們建議，我們必須擴展我們的著眼點，且採用多元取向。在他們的研究中，Odom 等學者結合孩子與同儕互動的觀察、同儕評定他們在教室中喜歡與其他人遊戲的狀況，及教師與父母對友誼的描述等資料，以擬定孩子的社會性接受及社會性拒絕情況之指標（index）。縱使障礙兒童比一般發展同儕更易被人拒絕，但在八十個障礙兒童的研究樣本中，約有三分之一的兒童能被同儕接受。這些被同儕接受的障礙兒童有許多共通的特質和能力。這些孩子具備有效的社交技能、至少有一個朋友、對於同儕互動感興趣且可對別人表達情感、能從事假扮性遊戲，及喜歡與同儕互動。受拒絕的孩子亦有許多共通特質。這些兒童缺乏有效的溝通和社交技巧、他們製造混亂、捲入與他人的衝突，及常常出現肢體攻擊。

友誼和障礙兒童

友誼幫助兒童發展認知和語言技能，及社交和情緒技能。

縱使障礙幼兒的社交行為和社會互動已廣受研究，但只有少數研究者仔細地檢視這些幼兒的交友狀況。有很多原因可說明為何障礙兒童必須至少有一個朋友。根據 Buysse（2002）的研究，
429 友誼提供兒童強化認知與語言發展的潛能，及增加社交與情緒的益處。這些益處包括：「提升瞭解他人觀點的能力、調節個人情緒的能力，及感到幸福與快樂」（Buysse, 2002, p. 18）。

Buysse、Goldman 和 Skinner（2002）研究了一百二十個障礙兒童的交友狀況，這些兒童皆參與大部分參與者皆是一般發展兒童的兒童融合照護方案（inclusive child-care programs），或大部分參與者是障礙兒童的特殊方案。一百二十個兒童伴隨著各式各樣的障礙；其中約有 40%的孩子為重度障礙。研究者發現，在這障礙團體中，根據教師所述，28%的障礙兒童沒有朋友。然而，在兒童融合照護方案中的兒童，至少有一個朋友的人數幾乎是在特殊方案中兒童的兩倍。此外，研究者亦發現，在兒童照護的方案中，障礙兒童較能交到一般發展兒童的朋友。

社交和情緒評量的策略

社交技巧和情緒可能是人類發展領域中最難以理解的一環。該範疇在本質上本就是依情境而會出現不同狀況（situational）；孩子在一情境中可能顯得具攻擊性，而在另一情境中則又顯得被動。當面對某些陌生人時，孩子可能會哭，而面對其他陌生人時，又可能會表現得很友善。孩子可能會在褓姆家裡玩複雜的想像性遊戲，但在自己家裡卻不會玩。然而，人們如何瞭解這些行為的複雜性呢？孩子的系統性評量應可提供些答案。

評量的議題

多元方法評量

幼兒隨著情境、不同時間、週遭的人及其他因素等而出現迥然不同的行為。故而，使用單一工具或觀察方式來理解（document）孩子之行為的取向已產生重大改變（shift away）。因此，跨時間及在不同情境中評估兒童的行為變得很重要。多元方法取向利用結合不同策略來收集資訊，其中亦可能包括在不同情境中的系統性觀察、面談和評量表等（參閱第四章）。

有效的評量必須使用多元方法取向。

在不同情境中直接觀察兒童應是評估發展特質最合適的方法，因為若愈無法直接測量兒童的行為，則其測量結果愈不可靠。然而若考量幼兒的行為，則父母和教師皆可使觀察結果更具效果。

當採用成人的觀察報告時，對於兒童行為研究有加分，亦有減分效果。例如：Yarrow（1963）檢視了訪談作為評量技術的價值時發現，從訪談父母收集而來的資料傾向依循著理想期望的形式和文化的刻板印象。除了模糊的回憶外，父母可能會將個案與其他手足混淆了，或覺得被迫回答問題。

然而，其他研究者發現父母的意見非常有用。Rothbart和Bates（1998）注意到，研究者已藉由父母評比和其他獨立評量之相關性，來判斷父母意見的真實性。當相關性較低時，人們會認為父母意見的真實性比獨立評量低。相反的，事實上亦可能是獨立評量的真實性較低。這些評量可能對孩子不熟悉，且亦可能不會看到父母所見之孩子的所有行為。此外，父母較會注意到孩子較不常出現、但具有重大影響力的行為。

訪談技巧亦影響父母的回答。父母可能不瞭解訪談者真正想要的資訊為何。當要求父母回憶最近發生的事、當父母可清楚地回憶、當所回憶的行為有清楚的定義時，及所回憶的行為和可選擇的答案是詳細而精確，且容易量化時，以訪談方式所收集之資訊的效度應會改善。

訪談兒童——皮亞傑用來發掘孩子如何處理資訊的技巧。該方式受限於兒童的口語技能；然而，該技能確實提供評估者與孩子建立關係的機會，且該關係的建立則有助於整個評量過程。對於較年長和一般發展的兒童而言，訪談確實能提供有價值之社交和情緒發展資訊。

什麼是正常或一般（typical）？

在社交和情緒發展評量的議題上產生了基本問題。縱使我們已討論了該領域中正常或一般發展的特色，但仍很難設定其重要之社交和情緒發展里程碑的預期發展年齡。對於異常行為的定義已有些共識，如此，觀察者能鑑定出表現不當行為的兒童。相較之下，要確切地指出孩子在不同情境及不同年齡應表現出的行為則非常困難。較新的評量工具已增進我們比較不同孩子及一個孩子在不同情境中的能力。

評量工具的種類

系統性觀察

可透過在熟悉情境中觀察孩子，來收集孩子相關的最可靠資訊。對大部分兒童而言，該情境是家庭或教室。該種評量由數個原則來引導。跨許多情境的觀察，對於收集兒童如何與他人互動、如何與物品互動，及兒童如何應付挑戰或衝突等完整樣貌之相關資訊，可能是必要的。此外，若兒童知道自己被觀察，則行為應會改變。該種現象已在成人身上得到證實（Moustakas, Sigel, &

Schalock, 1956; Zegoib, Arnold, & Forehand, 1975），但對兒童的印證研究則較少。然而，我們可預期兒童在不熟悉的情境中，其表現亦不會像平常一樣。此外，若兒童對觀察者不熟悉，則觀察者必須在觀察前與兒童建立和諧關係。

最後，評量者必須明確定義觀察行為，且利用客觀方式記錄觀察。已有許多電子編碼工具可記錄時間和頻率的資料，但要記錄反應孩子能力的資料，則需更精緻的技術（sophistication）。 431

兒童的社交行為可透過直接觀察來評量。

為取得個人社交行為出現的頻率和兒童在團體中的社交互動等相關資訊，直接觀察是有價值的方式。當觀察孩子的社交行為時，評量者通常關心特定行為出現的頻率，及這些行為是正面或負面的。瞭解孩子是否會作出社交性示好或對社交性示好有所回應亦很重要（Odom & Munson, 1996）。一可使用的觀察系統是由Guralnick等人（1996）所設計的《個人社交行為量表》（Individual Social Behavior Scale）。利用該量表可記錄兒童直接對同儕表現出之十九種不同行為的出現頻率。這些行為包括：尋求注意力、以同儕作為資源、主導同儕活動、模仿同儕、觀察同儕、參與同儕的活動、展現驕傲、與同儕相互爭取成人的注意力、表達情感、表現同理心、表現敵意、拿不該拿的東西、保護自己的物品及尋求認同等。其為一複雜系統，且需要大量練習，才能確切地觀察所有行為。然而，當精熟該系統後，則可獲得許多兒童與同儕之社交行為的相關資訊。

其他觀察測量工具不只測量了個別兒童的社交行為，且亦包含了孩子參與團體活動的情形。被廣為使用的測量一開始由Parten（1932）所描述，而後續由 Rubin 和他的同事共同修訂。觀察者判定所觀察的兒童是否從事獨自遊戲、平行遊戲或團體遊戲，並確認兒童是否進行功能性、建構性或社會性戲劇遊戲。Rubin、Coplan、Fox和Calkins（1995）將該評量系統加以延伸，以瞭解極度退縮或極度具攻擊性兒童的行為。

這些觀察系統提供教師有價值的資訊，以幫助教師篩檢兒童是否符合接受特殊教育的資格、計劃療育方案及評估孩子的進步情形。然而，該系統亦有其缺點，即必須花費許多時間來執行。

仍有其他一般發展評量，其包括社交和情緒發展的測量及依賴觀察或結合觀察與父母的訪談。《AEPS 測驗——從出生至三歲》與《AEPS 測驗——從三歲至六歲》（Bricker, Capt, & Pretti-Frontczak, 2002）在測量其他發展領域中亦包括社交領域的測量。評量者結合觀察、父母訪談資料和直接測驗，來測量兒童與他人、與環境的互動，及自我和對他人的認識。

另一適合出生至六歲兒童且廣為採用的評量是《貫領域遊戲基礎評量》（Linder, 1993）。孩子的社交情緒發展主要透過觀察來評量。該評量是獨一無二的，評量中，系統性地觀察兒童與包括：父（母）親、老師及同儕等不同對象的互動情形。此外，觀察者評定孩子的氣質、駕馭動機（mastery motivation）、幽默感和遵從社會慣例的情況。

訪談和問卷

大部分評量現已包括訪談或問卷形式之社交和家庭史的調查。例如：《學習評量的發展性指標[1]——第三版》（The DIAL3）（Mardell-Czudnowski & Goldenberg, 1998）為一發展性篩檢，該篩檢在檢測孩子的動作、概念和語言能力前，應先由父母完成一份問卷。該問卷內容包括兒童的社交發展和行為等相關問題。

432 父母和教師皆可使用問卷來評量兒童的交友狀況。在《幼兒交友狀況調查》（Early Childhood Friendship Survey）（Buysse, 1991）中，父母和教師列出孩子互相交往的（reciprocal）朋友、這些友誼如何開始，及朋友們喜歡一起從事的活動為何。

Squires、Bricker 和 Twombly（2002）擬定了《年齡與發展階段問卷：社會情緒領域》（Ages and Stages Questionaires: Social-Emotional），其特別聚焦於鑑定出需接受進一步評量和療育服務的幼兒，以協助其改善社會情緒問題。問卷使用父母填答方式（parent-report），以確認孩子的社會情緒能力和問題行為。父母

---

[1] 譯者註，本評量工具的完整原文名稱為“Developmental Indicators for the Assessment of Learning”，該工具適用於三至未滿七歲的學齡前兒童，其利用父母填答問卷的方式來評量兒童的「動作」、「概念」、「語言」、「自我協助」和「社交」等五種領域之各領域發展狀況，及以該五項領域為基礎之兒童的整體發展狀況，該工具的施測時間約二十至三十分鐘。

回答孩子於自我調節、服從、溝通、適應行為、自主、情感和與人互動等方面的行為。部分父母回答的問題包括：「當孩子生氣時，其可在十五分鐘內平靜下來嗎？」及「你的孩子會去傷害其他兒童、成人或動物嗎？」該問卷適用於三至六十三個月大的兒童。

評量表

O'Leary 和 Johnson（1979）指出，評量表是頗受歡迎的社交發展評量工具。他們建議了四個將評量表的信效度最大化的策略：評量者對孩子非常熟悉、儘可能使用較多的評量者、評量等級有清楚地劃分與定義，及使用有數種回答選項的評量表。例如：是非題在評量兒童的攻擊行為上只能提供少許資訊，而五至七點量表能使評量結果更具意義。Lorr 和 McNair（1965）建議，評量單一特質的量表其範圍應從「沒出現該行為」至「最高的出現頻率」。

有許多父母和教師可用來評估孩子情緒和社交發展的評量表。有些評量表涵蓋了所有發展領域，而有些只聚焦於社交和情緒發展。

特別聚焦於社交和情緒發展的評量表之一為《Devereux 幼兒評量》（Devereux Early Childhood Assessment）（LeBuffe & Naglieri, 1998）。該評量表是少數著重於社交和情緒發展的常模參照工具之一。其可供父母和教師使用，且該量表評量孩子過去幾個月的行為。已有三種量表可評量兒童的自發性（initiative）、自我控制和依附行為。那些量表後續被用來評估行為考量（behavioral concerns）和防護性因素（protective factors）。

另一廣為使用的測量是《兒童行為檢核表》（Child Behavior Checklist；簡稱 CBC）（Achenbach, 2000），該檢核表以孩子的外在化和內在化行為來瞭解兒童。CBC 有許多其他評量表以幫助評量者鑑定出情緒化（emotionally reactive）、焦慮或憂鬱、退縮的孩子，及鑑定出伴隨著身體症狀（somatic complaints）、攻擊行為、注意力問題的孩子。這些量表適用於一歲半至五歲的兒童。

社會計量測量判斷兒童受同儕歡迎及被同儕接受的程度。

433

社會計量測量

社會計量測量可測量兒童的受歡迎程度及他們為同儕所接受

的程度。該種測量的範例之一為由Asher、Singleton、Tinsley和Hymel（1979）所設計的同儕評量測量。該測量給孩子看班上每個同學的照片，然後將每張照片放進盒子內。其中一個盒子是放孩子很喜歡之玩伴的照片，一個是放孩子有點喜歡之玩伴的照片，而第三個盒子則是孩子不喜歡的玩伴。計算每個孩子同儕評量的平均數。獲得之平均分數接近三分（「很喜歡的玩伴」）的孩子是很能被同儕接受的；獲得之平均分數接近一分（「不喜歡的玩伴」），則被歸為被同儕所拒絕的。這些測量已能很可靠地使用於已接受以玩具和食物圖片作分類訓練的學齡前兒童。

總之，社交和情緒發展評量的藝術強調系統性地觀察可量化的行為。單純地說「這孩子非常好動！」並不足夠。我們必須能清楚地說明好動的相對程度。此外，從父母和其他合宜的意見提供者所得的資訊，必須與觀察資料加以整合，以鑑定出孩子與他人互動的困難，及其回應不同之嶄新和困難情境的需求。

社交和情緒之評量及療育的科技

早在 1980 年代，電腦已被用來促進障礙幼兒的社會互動。Spiegel-McGill、Zippiroli 和 Mistrett（1989）觀察了在三個不同的情境中，四個障礙幼兒和四個一般幼兒兩兩配對的狀況：典型的自由遊戲情境、成對的幼兒有機會可一起操作不同電腦程式的情境、孩子可用遙控機啟動機器人的情境。他們發現障礙兒童，特別是伴隨著嚴重損傷的兒童，在操作電腦時出現較多的社交性引導行為。

利用較大的兒童樣本，Howard、Greyrose、Kehr、Espinosa和Beckwith（1996）發現類似結果。比較兩三個伴隨著障礙之學步兒和學齡前兒童所組成的團體參與電腦活動及玩玩具的情況。參與電腦活動的學步兒和學齡前兒童出現較正面的效果（如：大笑和正面言語），及較會從事平行遊戲，在遊戲中，他們比非參與電腦活動的幼兒更會注意到其他兒童的遊戲。

縱使一些幼兒教育從業人員關心使用科技對兒童社交技能的影響，但這些關心似乎沒有根據。Hutinger和Johanson（2000）注意到，與適性課程作整合的科技促進兒童於溝通、分享、輪流和正面社會互動等不同領域的發展。當 Hutinger 和 Johanson 評估他們的《幼兒全方位科技系統》（Early Childhood Comprehensive Technology System；簡稱 ECCTS）時，他們發現兒童在所有發展領域皆有所進步，且社會情緒領域的進步更是顯著。孩子在該領域的成長速度，是在教室安置科技系統前的兩倍以上。

科技能強化兒童的社交技能如：溝通、分享和輪流等。

促進社交和情緒發展的療育策略

434

外在控制的需求對於維持個人生活和社會秩序很重要。這也就是會有法律和規範來管理社會和組織的基本原因。但外在控制並未排除個人控制衝動和為自己行為獨立作決定的需求。特殊需求兒童對於承擔這些責任感到困難。然而，不論兒童伴隨著限制問題解決和作決定技能的認知缺陷，或影響他們與環境互動品質的感官或生理損傷，兒童可以學習成為具社交和情緒能力的個體。

McEvoy 和 Odom（1996）提出了促進特殊需求幼兒與其家庭社交互動及情緒發展的方法。他們建議，嬰兒和學步兒的療育方案應著重於支持孩子與主要照顧者的正向互動及建立穩固關係。對於學齡前兒童的療育方案則應著重於與同儕互動、建立穩固的同儕關係及特定社交技能。

嬰兒或學步兒與照顧者的正向關係，對於兒童的社會情緒發展具關鍵性。

以家庭為中心的療育

《個別障礙者教育法案》規定障礙嬰兒和學步兒的療育方案需在兒童的自然環境中進行。此外，對於這些最年幼兒童的療育方案，應以家庭而非以兒童為中心。根據 Bailey 等人（1998）所言，以家庭為中心會使效果最佳化的原因有數個。首先，兒童的療育效果受其與父母互動的品質所影響。第二，因為嬰兒和學步兒與父母在一起的時間，比與其他成人在一起的時間長，故父母對於幼兒發展有最大影響。最後，作為障礙兒童的照顧者，父母常面對特殊挑戰。若療育從業人員能幫助父母解決這些挑戰，則孩子將蒙受其益。

照顧者的技能

照顧的持續性

當非常年幼兒童的需求達到滿足時，其會發展出信任關係。接著，他開始產生足夠安全感，且願意去探索環境及嘗試新經驗。持續地去滿足孩子之生物需求（如：餵食、換尿布和處理擦傷）與後續進行探索的需求（如：透過建立信任感的擁抱和正面讚美）的照顧者會發現，孩子對自己的能力較有信心且較願意與不熟悉的人建立關係。

面對障礙兒童，照顧者在確認孩子的需求及如何滿足這些需求上，可能需要他人協助。療育從業人員可能發現，提升照顧者的信心和觀察技巧是最重要的任務。部分照顧者對於兒童的暗示
435 出現過度反應，因而從未提供孩子回應的機會，或導致孩子得到過多刺激（overstimulated）或變得退縮（Marfo, 1991）。兒童可能很直接地表達個人需求，但照顧者可能對特殊需求兒童懷抱著不同期待。當孩子與照顧者間的互動顯得無趣或沒有增強的動機時，照顧者可能對孩子的互動較沒有反應。療育從業人員，至少在療育方案初期，應對於照顧者花費較多時間，觀察孩子並協助照顧者詮釋孩子表達需求和感覺的不同方法。

提供高品質互動

照顧者和兒童互動已是延伸性（extensive）研究的議題（Haney & Klein, 1993; Wasserman, Lennon, Allen, & Shilansky, 1987），且介於口語及非口語溝通的重要性已是公認的。面對面互動幫助建立幼兒的眼神接觸及注意力技能。當孩子常接收到照顧者的正向語言表達時（如：「多麼可愛的微笑！」及「讓我親一下！」），則會鼓勵孩子體驗聲音遊戲。然後，照顧者提供兒童環境中有關感覺和重要物品的文字。兒童則較能溝通自己的想法和感覺，且毋須完全依賴成人的詮釋。療育從業人員應示範與兒童互動的適當方式，觀察照顧者與兒童互動的情形，並提供回饋。對障礙兒童而言，可能需協助確認兒童的暗示系統（signal system）或幫助

兒童發展持續溝通的方法（Hussey-Gardner, 1992; 1996）。行為理論的原則（如：逐步養成、提示、增強）應可用來培養重度障礙兒童的回應，如此，照顧者較易詮釋兒童所傳達的訊息。

提供多樣化的學習經驗

如同 Dunst 和他的同事提及：「兒童的日常生活包括許多不同類別的學習經驗和機會」（Dunst, Bruder, Trivette, Raab, & McLean, 2001, p.19）。

療育從業人員應能幫助照顧者計劃出可帶障礙兒童到食品雜貨店的方式，而非讓孩子與較年長的兒童留在家裡。障礙兒童的家庭可能從未去過社區公園，但療育從業人員應指導照顧者如何讓障礙兒童和家人皆能享受定期外出的樂趣和益處。療育從業人員亦可定期帶領著一群照顧者和障礙兒童的遊戲團體。療育從業人員並不需總是陪著該遊戲團體，事實上，他們可適度地缺席，以讓照顧者能有自然的分享機會。

療育從業人員可協助家庭勘察附近地區和較大的社區，以作為幼兒能學習與不同對象進行社會互動的場所。

Dunst等人（2001）建議療育從業人員透過思考下列問題，以幫助孩子的父母確認社區中適宜的學習環境。

- 什麼會讓孩子感到興奮？
- 什麼會使孩子高興及開懷大笑？
- 什麼使孩子在做事時會特別努力認真？ 436
- 孩子喜歡從事什麼活動？
- 什麼能引起孩子的注意力，且能使其注意力持續？

對喜歡玩水的孩子而言，良好的學習環境可能是社區游泳池；對一個喜歡摸沙的孩子而言，當地學校的操場可能有沙坑（sandbox）及其他一同玩沙的學步兒。Dunst 等人（1998）列出了許多可讓父母和孩子活動的不同場所，其包括：購物中心、圖書館的說故事時間、教會的主日學、海灘、當地的娛樂中心，甚至是郵局。

療育從業人員的技能

有能力的療育從業人員採用以家庭為中心的療育取向。

自從1986年《99-457公法》通過後，早期療育已有許多改變。該領域從「一開始強調父母應參與專業人員認為重要之活動的父母參與概念」（McWilliam, Tocci, & Harbin, 1998, p.206）至今走過漫長的旅程。現今，療育從業人員尋求與家庭建立合作關係（Dinnebeil, Hale, & Rule, 1999）。

在家庭情境下工作，療育從業人員必須能很快地修改策略、對於家庭動力很敏感且觀察入微，及當照顧者承擔與兒童互動的責任時，應知道如何給予建議和示範。若療育從業人員無法確定在從業人員未出現的情境中，照顧者和兒童皆能從療育方案中的學習獲益，則療育從業人員在家庭情境中的工作效果則非常有限。

McWilliam等人（1998）發現，在以家庭為中心取向的療育方案中，服務提供者應具備下列額外特質。

- 家庭導向
- 考量家庭的最大強項
- 敏感
- 有同情心
- 友善
- 具備與兒童相關的技能（having child-level skills）

以兒童為中心的療育

教室本身即是特殊需求幼兒教師的挑戰。教師不只在團體情境中試著滿足兒童的個別需求。教室亦提供教師引導兒童在小型社會中互動的機會。縱使在教室中的生活不似外面的生活，但教室生活確實提供兒童學習和練習能轉換到真實生活情境之技能的機會，且這些技能與達到成功的後續學校和後續生活經驗息息相關（Chandler, Lubek, & Fowler, 1992）。

教室情境

讓障礙幼兒與一般發展同儕一起學習的**融合教室**，已成為改善障礙兒童社交成果的建議方式之一。教師和父母相信，透過障礙兒童觀察、模仿能力較佳的同儕及與他們互動，則可改善障礙 437 兒童的認知、語言和社交技巧（Lieber et al., 1998; Paul-Brown & Caperton, 2001）。然而研究者已發現，單純地提供融合班級的通路，並不總是能改善兒童的表現成果（Odom, 2000），故教師必須熟悉不同療育方案，以促進兒童的社交和情緒發展。單純地讓兒童進入融合班級就讀，未必能使孩子的表現更好。

> 除融合班級外，教師必須提供兒童不同選擇，以滿足障礙幼兒的需求。

改善社交關係的策略

Brown、Odom 和 Conroy（2001）整理了教師可用來培育兒童之社交關係和交友的療育等級制度（參閱圖 10.1）。在該等級制度中，療育方案的價值在於教師很容易執行，且研究者已證實這些方案能有效地改善兒童的社交表現。等級制度的基本部分包括兩個能適用於所有兒童的基礎取向。若該二基礎取向無法改善障礙兒童的社交成果，則 Brown 等人提供了兩種自然情境（naturalistic）的療育方案。然而，教師應準備在等級制度中往上移動，以引導個別兒童的療育方案。

基礎一：具備高品質的學齡前課程

高品質課程採適性發展課程取向。在該課程中的教師，設計有趣且讓兒童參與的活動，並給予兒童生理性和情緒性安全感（Sandall & Schwartz, 2002）。在高品質課程中，教師確保兒童有許多社交機會。例如：教師能提供鼓勵一個以上兒童參與的活動——如：球類遊戲、戶外設備，及如：家務中心和積木區等學習中心。教師能提供額外時間，讓兒童可與其他兒童從事複雜的假扮性遊戲（Dickinson, 1994）。此外，教師能鼓勵兒童、形塑（model）遊戲和社交行為的榜樣，及給予回饋。

基礎二：促進正向態度

教師可在教室中提供可促進對障礙兒童抱持著正向態度的不同活動。Favazza 和 Odom（1997）推薦了下列教師可使用的活動：

圖 10.1　促進兒童社交關係的療育等級制度

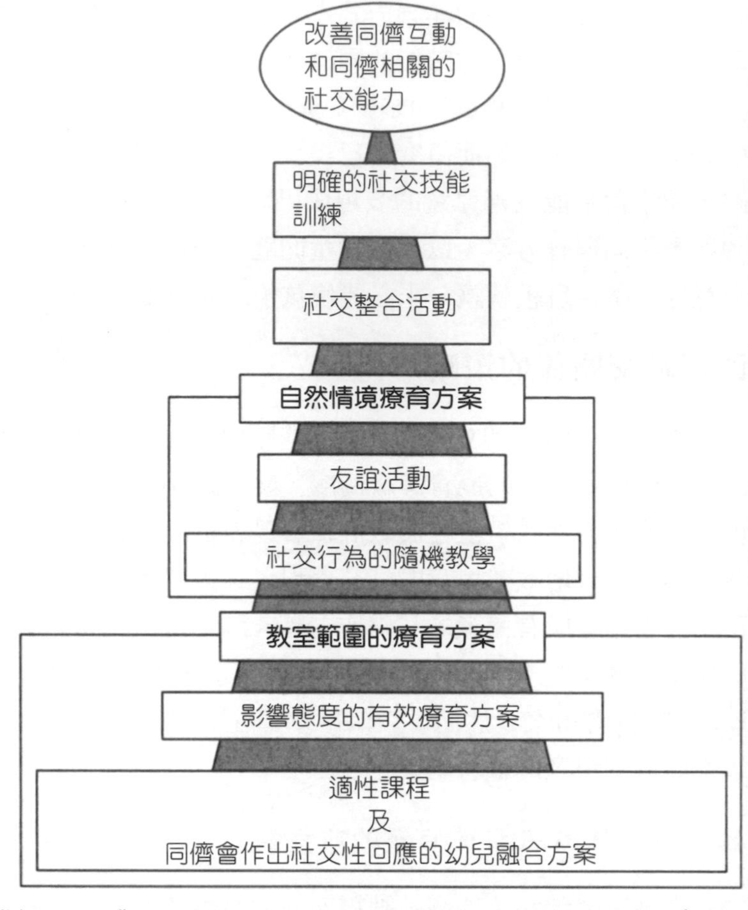

資料來源：From "An Intervention Hierarchy for Promoting Young Children's Peer Interactions in Natural Environments," by W. H. Brown, S. L. Odom, and M. A. Conroy, 2001, *Topic in Early Childhood Special Education: Enhancing Professional Development for Providers of Early Care and Intervention,* 21, p. 164. Reprinted with permission by PRO-ED, Inc.

- 閱讀與障礙兒童相關之正面且真實的故事。
- 談論障礙人士的相關事宜。
- 提供包括障礙人士圖片的教材。
- 活動分組中，各組員皆有不同特質（heterogeneously）。

根據 Favazza 和 Odom 的建議，家長亦可在家裡執行上述前三個活動。

自然情境取向一：隨機教導社交行為

當孩子參與活動，且教師利用該情境作為強化孩子之學習目標的機會時，則形成了隨機教學。例如：孩子在其他兒童旁玩沙坑時，教師可能故意給較少的工具，然後協助個案兒童向其他同儕借用鏟子或傾卸車，如此則協助兒童啟動了社會性交流。在該 438
案例中，持續性活動開啟了強化兒童社交技能的機會。

自然情境取向二：設計友誼活動

另一系列常被廣為使用且教師易於執行的活動為友誼活動（McEvoy et al., 1988）。教師進行幼兒童謠、遊戲和其他活動，且將這些活動轉換成正向、支持性經驗。這些活動可以像是在團體時間結束前「相互擊掌」（exchange high fives）般的簡單（Sandall & Schwartz, 2002）。

個別療育方案一：社交整合活動

在等級制度的下一階段中，教師需提供兒童較直接的機會去學習社交技能和建立成功的社會互動。Brown 等人（2001）描述落實這些活動的方法：

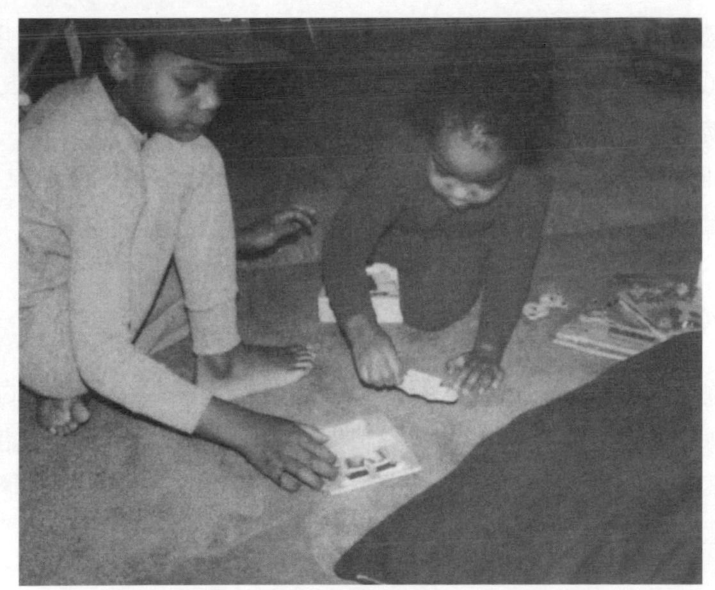

有些教材教具是專為讓孩子能玩在一起所設計的

- 439 教師篩選具有社會互動問題的兒童和會對他人表達有所回應的同儕。
- 教師選擇教室的一個區塊執行活動。可能今天使用「積木角」，改天使用「家務區」。
- 孩子待在活動區遊戲約五至十五分鐘。
- 教師設計促進如：分享、交談和互助等特定社交行為的活動。
- 教師組織且介紹該活動，之後確認孩子們確實進行互動。若孩子們沒有互動，教師必須對遊戲提出想法和意見，或直接提示孩子作互動。

Chandler（1998）建議教師透過在教室中設立**同儕互動遊戲中心**，以落實該取向。同儕互動遊戲中心則成為孩子於自由時間的選項之一。

個別療育方案二：明確的社交技能教學

有些兒童需要明確的社交技巧教學，以學習如何成功地與同儕互動。研究者已發掘了許多協助這些兒童的取向。其中一例為好朋友技能（buddy-skills）訓練方案（English, Goldstein, Shafer, & Kaczmarek, 1997）。在該方案中：

- 透過模仿、引導練習和給予回饋的獨立操作，教師指導好朋友（buddies）「和朋友在一起、與朋友一起遊戲，及和朋友交談」。
- 440 教師安排自由遊戲、點心時間和大團體活動。
- 教導伴隨著互動問題的兒童一起從事活動和遊戲。

情緒發展的療育

有些兒童的問題在於無法瞭解他人的情緒狀況和調解自己的情緒。Denham 和 Burton（1996）為日間托育人員擬訂了社會情緒預防方案，以照顧發展性行為異常和具退縮行為之高危險群的學齡前兒童。該方案有四個部分：

- **建立關係**——教師利用「地毯時間」（floor time）[2]來與兒童建立支持性關係。在該時段中，教師觀察兒童，且由兒童來引導遊戲。
- **情緒理解**——日間托育者教導兒童文字，以讓兒童能理解個人的情緒並用文字來說明自己的感覺。
- **情緒調節**——孩子學習「烏龜技巧」（turtle technique），當他們感到受傷或生氣時，可縮回自己的「龜殼」。
- **解決社交問題**——孩子學習擬定不同方式來進行和評估自己抉擇的結果來處理衝突（Denham, 1998, pp. 216-218）。

問題行為的療育

有許多長期療育方案可改善兒童的情緒，和與成人及同儕的社交關係。然而，有時兒童表現出干擾學習、危險或家庭非常關切的行為。已被父母和教師成功地運用之**正向行為支持**，對於這些問題行為常常有很好的處置效果（respond well）（Boulware, Schwartz, & McBride, 1999）。

正向行為支持取向的重點在於，假設兒童所表現的行為皆存在著溝通功能；即這些行為是兒童為取得注意力、為逃避不悅的情境、為取得或保留物品，或為擁有感官體驗而表現出的。鑑定這些行為的功能是行為支持計畫的一部分，而該計畫有五個步驟。其包括：

- **確認問題**——孩子到底做了什麼？
- **腦力激盪**——該行為的功能為何？
- **擬定計畫**——我們能用什麼適當的方式來滿足孩子的需求？
- **執行計畫**——我們如何在不同情境中持續地進行計畫？
- **評估結果**——我們的計畫有效嗎？每個人對結果都滿意嗎？接下來的計畫為何？（Boulware et al., 1999, p. 31）

---

2 譯者註，指兒童圍坐在地上，進行團體活動。

441

摘要

在兒童生活中發生的事件，皆不斷地形塑兒童的自我概念和對週遭世界的概念。對所有兒童而言，透過與照顧者建立愛和安全穩定的關係，及透過與家庭成員外之不同成人和同儕互動及建立關係的機會，兒童的社交和情緒得以穩定地發展。

障礙兒童建立令人滿意之社交和情緒關係的能力可能受其損傷的層面所影響。父母和療育從業人員、教師合作，能舒緩這些障礙所造成的不便。

社交技巧和情緒可能是人類發展中最難以理解和捉摸的領域。適應不良的行為隨著時間流逝，逐漸形成，然而，這些行為不斷隨時間和情境而改變。這些行為可能促成生活中的成就，或造成痛苦與沮喪。本章中，大量證據已引導出特殊需求幼兒之社交和情緒發展的關鍵要素。療育從業人員對於許多造就兒童成就之因素受其所採用的療育取向所影響，可感到樂觀。透過讓兒童和照顧者參與正向教育過程，幼兒能發展適當的社交能力和成熟的情緒。

問題與討論

1. 花些時間觀察一對嬰兒、學步兒和學齡前兒童。當他們互動時，你看到哪些行為差異？
2. 找出四種幼兒出現的情緒。描述這些兒童從嬰兒期到學齡前階段如何表達這些情緒。
3. 障礙如何影響幼兒的社交能力？是否有些特定的障礙所造成的影響會較大？
4. 你是一個日間托育的老師，且憂心班上其中一位孩子的行為。你能使用何種評量方法來評估該行為？這些方法的優缺點為何？
5. 訪談一位學齡前融合班級的老師。詢問老師用來鼓勵教室中障礙和非障礙兒童建立社交關係的策略為何。

推薦資源

療育意見相關議題

好朋友技能訓練方案

English, K., Goldstein, H., Shafer, K., & Kaczmarek, L. (1997). Promoting interactions among preschoolers with and without disabilities: Effects of a buddy-skills training program. *Exceptional Children, 63*, 229–243.

認知社會學習課程

Mize, J. (1995). Coaching preschool children in social skills: A cognitive-social learning curriculum. In G. Cartledge & J. F. Milburn (Eds.), *Teaching social skills to children and youth: Innovative approaches* (3rd ed., pp. 237–261). Boston: Allyn & Bacon.

同儕互動遊戲中心

Chandler, L. (1998). Promoting positive interaction between preschool age children during free play: The PALS center. *Young Exceptional Children, 1*, 14–19.

地毯時間

Greenspan, S. I. (1992). *Infancy and early child-* 442
hood: The practice of clinical assessment and intervention with emotional and developmental challenges. Madison, CT: International Universities Press.

依附行為

Honig, A. S. (2002). *Secure relationships: Nurturing infant/toddler attachment in early care settings.* Washington, DC: National Association for the Education of Young Children.

網址

Child Trends DataBank
http://www.childtrendsdatabank.org/

Children and Adults with Attention-Deficit/Hyperactivity Disorder
http://chadd.org

Early Childhood Technical Assistance Center
http://www.ectac.org

National Information Center for Children and Youth with Disabilities
http://nichcy.org

參考文獻

Achenbach, T. M. (2000). *The Child Behavior Checklist.* Burlington, VT: Achenbach System of Empirically Based Assessment.

American Psychiatric Association. (1994). *Diagnostic and statistical manual of mental disorders* (4th ed.). Washington, DC: Author.

Asher, S. R. (1990). Recent advances in the study of peer rejection. In S. R. Asher & J. D. Coie (Eds.), *Peer rejection in childhood* (pp. 3–14). New York: Cambridge University Press.

443 Asher, S. R., Singleton, L. C., Tinsley, B. R., & Hymel, S. (1979). A reliable sociometric measure for preschool children. *Developmental Psychology, 15,* 443–444.

Atkinson, L., Chisolm, V. C., Scott, B., Goldberg, S., Vaughn, B. E., Blackwell, J., et al. (1999). Maternal sensitivity, child functional level, and attachment in Down syndrome. In J. I. Vondra & D. Barnett (Eds.), *Atypical attachment in infancy and early childhood among children at developmental risk* (pp. 45–66). *Monographs of the Society for Research in Child Development, 64* (3, Serial No. 258).

Bailey, D. B., McWilliam, R. A., Darkes, L. A., Hebbeler, K., Simeonsson, R. J., Spiker, D., et al. (1998). Family outcomes in early intervention: A framework for program evaluation and efficacy research. *Exceptional Children, 64,* 313–328.

Bandura, A. (1977). *Social learning theory.* Upper Saddle River, NJ: Prentice Hall.

Barnett, D., Butler, C. M., & Vondra, J. I. (1999). Atypical patterns of early attachment: Discussion and future directions. In J. I. Vondra & D. Barnett (Eds.), *Atypical attachment in infancy and early childhood among children at developmental risk* (pp. 172–192). *Monographs of the Society for Research in Child Development, 64* (3, Serial No. 258).

Baumrind, D. (1973). The development of instrumental competence through socialization. In A. D. Pick (Ed.), *Minnesota Symposium on Child Psychology* (Vol. 7, pp. 3–46). Minneapolis: University of Minnesota Press.

Bijou, W. W., & Baer, D. M, (1979). Child development I: A systematic and empirical theory. In B. G. Suran & V. Rizzo (Eds.), *Special children: An integrative approach.* Glenview, IL: Scott Foresman.

Blasco, P. M., Hrncir, E. J., & Blasco, P. A. (1990). The contribution of maternal involvement to mastery performance in infants with cerebral palsy. *Journal of Early Intervention, 14,* 161–174.

Block, J. H. (1982). Gender differences in the nature of premises developed about the world. In E. K. Shapiro & E. Weber (Eds.), *Cognitive and affective growth: Developmental interaction.* Hillsdale, NJ: Erlbaum.

Boulware, G., Schwartz, I., & McBride, B. (1999). Addressing challenging behaviors at home: Working with families to find solutions. *Young exceptional children monograph series: Practical ideas for addressing challenging behaviors.* Washington, DC: Division for Early Childhood.

Bricker, D., Capt, B., & Pretti-Frontczak, K. (2002). *AEPS test birth to three years and three to six years* (2nd ed.). Baltimore: Brookes.

Bronfenbrenner, U. (1979). *The ecology of human development: Experiments by nature and design.* Cambridge, MA: Harvard University Press.

Brown, P. M., Remine, M. D., Prescott, S. J., & Rickards, F. W. (2000). Social interactions of preschoolers with and without impaired hearing in integrated kindergarten. *Journal of Early Intervention, 23,* 200–211.

Brown, W. H., Odom, S. L., & Conroy, M. A. (2001). An intervention hierarchy for promoting young children's peer interactions in natural environments. *Topics in Early Childhood Special Education, 21,* 162–175.

Buysse, V. (1991). *Early Childhood Friendship Survey.* Chapel Hill: Frank Porter Graham Center, University of North Carolina.

Buysse, V. (2002, Winter). Friendship formation. *Early Developments, 6,* 18–19.

Buysse, V., Goldman, B. D., & Skinner, M. L. (2002). Setting effects on friendship formation among young children with and without disabilities. *Exceptional Children, 68,* 503–517.

Campbell, S. B. (1988). Longitudinal studies of active and aggressive preschoolers: Individual differences in early behavior and outcome. In D. Cicchetti & S. L. Toth (Eds.), *Internalizing and externalizing expressions of dysfunction: Rochester symposium on developmental psychopathology* (Vol. 2, pp. 57–89). Hillsdale, NJ: Erlbaum.

Campbell, S. B. (1990). *Behavior problems in preschool children.* New York: Guilford Press.

Campbell, S. B. (1991). Longitudinal studies of active and aggressive preschoolers: Individual differences in early behavior in early behavior and outcome. In D. Cicchetti & S. L. Toth (Eds.), *Rochester symposium on developmental psychopathology.* Vol. 2: *Internalizing and externalizing expressions of dysfunction* (pp. 57–90). Hillsdale, NJ: Erlbaum.

Cassidy, J. (1999). The nature of the child's ties. In J. Cassidy & P. R. Shaver (Eds.), *Handbook of attachment* (pp. 3–20). New York: Guilford Press.

Chandler, L. (1998). Promoting positive interaction

between preschool-age children during free play: The PALS center. *Young Exceptional Children, 1,* 14–19.

Chandler, L. K., Lubek, R. C., & Fowler, S. A. (1992). Generalization and maintenance of preschool children's social skills: A critical review and analysis. *Journal of Applied Behavior Analysis, 25,* 415–428.

Coie, J. D., & Dodge, K. A. (1998). Aggression and antisocial behavior. In W. Damon (Series Ed.) & N. Eisenberg (Vol. Ed.), *Handbook of child psychology.* Vol. 3: *Social, emotional and personality development* (5th ed., pp. 779–862). New York: Wiley.

Conroy, M. A., & Davis, C. A. (2000). Early elementary-aged children with challenging behaviors: Legal and educational issues related to IDEA and assessment. *Preventing School Failure, 44,* 163–171.

Crick, N. R., Casas, J. F., & Mosher, M. (1997). Relational and overt aggression in preschool. *Developmental Psychology, 33,* 579–588.

Crocker, A. D., & Orr, R. R. (1996). Social behaviors of children with visual impairments enrolled in preschool programs. *Exceptional Children, 62,* 451–462.

Denham, S. A. (1998). *Emotional development in young children.* New York: Guilford Press.

Denham, S. A., & Burton, R. (1996). A social-emotional intervention program for at risk four-year-olds. *Journal of School Psychology, 34,* 225–245.

Dickinson, D. K. (1994). Features of early childhood classroom environments that support development of language and literacy. In J. F. Duchan, L. E. Hewitt, & R. M. Sonnenmeier (Eds.), *Pragmatics: From theory to practice* (pp. 185–201). Upper Saddle River, NJ: Prentice Hall.

Dinnebeil, L. A., Hale, L., & Rule, S. (1999). Early intervention program practices that support collaboration. *Topics in Early Childhood Special Education, 19,* 225–235.

Dunst, C. J., Bruder, M. B., Trivette, C. M., Raab, M., & McLean, M. (2001). Natural learning opportunities for infants, toddlers, and preschoolers. *Young Exceptional Children, 4,* 18–25.

Eckerman, C. O., Davis, C. C., & Didow, S. M. (1989). Toddlers' emerging ways of achieving social coordination with a peer. *Child Development, 60,* 440–453.

English, K., Goldstein, H., Shafer, K., & Kaczmarek, L. (1997). Promoting interactions among preschoolers with and without disabilities: Effects of a buddy-skills training program. *Exceptional Children, 63,* 229–243.

Erikson, E. (1950). *Childhood and society.* New York: Norton.

Farrenkopf, C., Howze, Y., & Sowell, V. (1995, April). Social skills development for preschool children with visual impairments. Paper presented at the Annual International Convention of the Council for Exceptional Children, Indianapolis, IN.

Favazza, P. C., & Odom, S. L. (1997). Promoting positive attitudes of kindergarten-age children toward people with disabilities. *Exceptional Children, 63,* 405–418.

Field, T. (1979). Differential behavior and cardiac 444
responses of three-month-old infants to a mirror and to a peer. *Infant Behavior and Development, 2,* 179–184.

Goncu, A. (1987). Toward an interactional model of developmental changes in social pretend play. In L. G. Katz (Ed.), *Current topics in early childhood education* (Vol. 7, pp. 108–125). Norwood, NJ: Ablex.

Graham, P., & Rutter, M. (1968). Organic brain dysfunction and child psychiatric disorder. *British Medical Journal, 2,* 695–700.

Guralnick, M. J. (1999). The nature and meaning of social integration for young children with mild developmental delays in inclusive settings. *Journal of Early Intervention, 22,* 70–86.

Guralnick, M. J. (2001). Social competence with peers and early childhood inclusion. In M. J. Guralnick (Ed.), *Early childhood inclusion: Focus on change* (pp. 481–502). Baltimore: Brookes.

Guralnick, M. J., Connor, R. T., Hammond, M. A., Gottman, J. M., & Kinnish, K. (1996). The peer relations of preschool children with communication disorders. *Child Development, 67,* 471–489.

Haney, M., & Klein, D. M. (1993). Impact of a program to facilitate mother-infant communication in high-risk families of high-risk infants. *Journal of Communication Disorders, 15,* 15–22.

Hestenes, L. L., & Carroll, D. E. (2000). The play interactions of young children with and without disabilities: Individual and environmental influences. *Early Childhood Research Quarterly, 15,* 229–246.

Howard, J., Greyrose, E., Kehr, K. Espinosa, M., & Beckwith, L. (1996). Teacher-facilitated microcomputer activities: Enhancing social play and affect in young children with disabilities. *Journal of Special Education Technology, 13,* 36–47.

Howes, C. (1987). Social competence with peers in young children: Developmental sequences. *Developmental Review, 7,* 252–272.

Hussey-Gardner, B. (1992). *Parenting to make a difference: one to four years.* Palo Alto, CA: VORT Corporation.

Hussey-Gardner, B. (1996). *Understanding my signals: Help for parents of premature infants* (2nd ed.). Palo Alto, CA: VORT Corporation.

Hutinger, P. L., & Johanson, J. (2000). Implementing and maintaining an effective early childhood comprehensive technology system. *Topics in Early Childhood Special Education, 20,* 159–173.

Ingersoll, B. (1995). ADD: Not just another fad. *Attention, 2,* 17–19.

Jennings, K. D., Conners, R. E., & Stegman, C. E. (1988). Does a physical handicap alter the development of mastery motivation during the preschool years? *Journal of the American Academy of*

Child & Adolescent Psychiatry, 27, 312–317.

LeBuffe, P. A., & Naglieri, J. A. (1998). *The Devereux Early Childhood Assessment.* Villanova, PA: Devereux Foundation.

Lieber, J. (1993). A comparison of social pretend play in young children with and without disabilities. *Early Education and Development, 4,* 148–161.

Lieber, J., Capell, K., Sandall, S. R., Wolfberg, P., Horn, E., Beckman, P. (1998). Inclusive preschool programs: Teachers' beliefs and practices. *Early Childhood Research Quarterly, 13,* 87–105.

Linder, T. W. (1993). *The transdisciplinary play-based assessment* (Rev. ed.). Baltimore: Brookes.

Lorr, M., & McNair, D. M. (1965). Expansion of the interpersonal behavior circle. *Journal of Personality and Social Psychology, 2,* 823–830.

Mardell-Czudnowski, C., & Goldenberg, D. S. (1998). *DIAL3: Developmental Indicators for the Assessment of Learning* (3rd ed.). Circle Pines, MN: American Guidance Service.

Marfo, K. (1991). The maternal directiveness theme in mother-child interaction research: Implication for early intervention. In K. Marfo (Ed.), *Early intervention in transition: Current perspectives on programs for handicapped infants* (pp. 177–203). New York: Praeger.

McEvoy, M. A., Nordquist, V. M., Twardosz, S., Heckaman, K., Wehby, J. H., & Denny, R. K. (1988). Promoting autistic children's peer interaction in an integrated early childhood setting using affection activities. *Journal of Applied Behavior Analysis, 21,* 193–200.

McEvoy, M. A., & Odom, S. L. (1996). Strategies for promoting social interaction and emotional development of infants and young children with disabilities and their families, In S. L. Odom & M. E. McLean (Eds.), *Early intervention/early childhood special education: Recommended practices.* Austin, TX: PRO-ED.

McWilliam, R. A., Tocci, L., & Harbin, G. (1998). Family-centered services: Service providers' discourse and behavior. *Topics in Early Childhood Special Education, 18,* 206–221.

445 Messenheimer-Young, T., & Kretschmer, R. R. (1994). Can I play? A hearing impaired preschooler's requests to access maintained social interaction. *The Volta Review, 96,* 5–18.

Moustakas, C. E., Sigel, I. E., & Schalock, N. D. (1956). An objective method for the measurement and analysis of child-adult interaction. *Child Development, 27,* 109–134.

Odom, S. L. (2000). Preschool inclusion: What we know and where we go from here. *Topics in Early Childhood Special Education, 20,* 20–27.

Odom, S. L., & Munson, L. J. (1996). Assessing social performance. In M. McLean, D. B. Bailey, & M. Wolery (Eds.), *Assessing infants and preschoolers with special needs* (2nd ed., pp. 398–434). Upper Saddle River, NJ: Merrill/Prentice Hall.

Odom, S. L., Zercher, C., Marquart, J., Li, S., Sandall, S. R., & Wolfberg, P. (2002). Social relationships of children with disabilities and their peers in inclusive preschool classrooms. In S. L. Odom (Ed.), *Widening the circle: Including children with disabilities in preschool programs* (pp. 61–80). New York: Teachers College Press.

O'Leary, K. D., & Johnson, S. B. (1979). Psychological assessment. In H. C. Quay & J. S. Werry (Eds.), *Psychopathological disorders of childhood* (pp. 210–246). New York: Wiley.

Parke, R. D., & Buriel, R. (1998) Socialization in the family: Ethnic and ecological perspectives. In W. Damon (Series Ed.) & N. Eisenberg (Vol. Ed.), *Handbook of child psychology.* Vol. 3: *Social, emotional and personality development* (5th ed., pp. 463–552). New York: Wiley.

Parten, M. (1932). Social participation among preschool children. *Journal of Abnormal and Social Psychology, 27,* 243–269.

Paul-Brown, D., & Caperton, C. J. (2001). Inclusive practices for preschool-age children with specific language impairments. In M. J. Guralnick (Ed.), *Early childhood inclusion: Focus on change* (pp. 433–463). Baltimore: Brookes.

Pipp-Siegel, S., Siegel, C. H., & Dean, J. (1999). Neurological aspects of the disorganized/disoriented attachment classification system: Differentiating quality of the attachment relationship from neurological impairment. In J. I. Vondra & D. Barnett (Eds.), *Atypical attachment in infancy and early childhood among children at developmental risk* (pp. 25–44). *Monographs of the Society for Research in Child Development, 64* (3, Serial No. 258).

Quinton, D., & Rutter, M. (1976). Early hospital admissions and later disturbances of behavior: An attempted replication of Douglas's findings. *Developmental Medicine and Child Neurology, 18,* 447–459.

Roberts, S. B., Brown, P. M., & Rickards, F. W. (1996). Social pretend play entry behavior of preschoolers with and without impaired hearing. *Journal of Early Intervention, 20,* 52–83.

Rothbart, M. K., & Bates, J. E. (1998). Temperament. In W. Damon (Series Ed.) & N. Eisenberg (Vol. Ed.), *Handbook of child psychology.* Vol. 3: *Social, emotional and personality development* (5th ed., pp. 105–176). New York: Wiley.

Rubin, K. H., Bukowski, W., & Parker, J. G. (1998). Peer interactions, relationships, and groups. In W. Damon (Series Ed.) & N. Eisenberg (Vol. Ed.), *Handbook of child psychology.* Vol. 3: *Social, emotional and personality development* (5th ed., pp. 619–700). New York: Wiley.

Rubin, K. H., Coplan, R. J., Fox, N. A., & Calkins, S. (1995). Emotionality, emotion regulation, and preschoolers' social adaptation. *Development and*

Psychopathology, 7, 49–62.

Rutter, M. (1971). Parent-child separation: Psychological effects on children. *Journal of Psychology and Psychiatry, 12,* 233–260.

Rutter, M. (1978). Early sources of security and competence. In J. S. Bruner & A. Garton (Eds.), *Human growth and development.* London: Oxford University Press.

Rutter, M. (1980). The long-term effects of early experience. *Developmental Medicine and Child Neurology, 22,* 800–813.

Salovey, P., & Mayer, J. D. (1990). Emotional intelligence. *Imagination, Cognition, and Personality, 9,* 185–211.

Sameroff, A. J., & Chandler, M. J. (1975). Reproductive risk and the continuum of caretaking casualty. In F. D. Horowitz, E. M. Hetherington, S. Scarr-Salapatek, & G. W. Siegel (Eds.), *Review of child development research* (Vol. 4), Chicago: University of Chicago Press.

Sameroff, A. J., & Fiese, B. H. (1990). Transactional regulation and early intervention. In S. J. Meisels & J. P. Shonkoff (Eds.), *Handbook of early childhood intervention* (pp. 119–149). New York: Cambridge University Press.

Sandall, S. R., & Schwartz, I. S. (2002). *Building blocks for teaching preschoolers with special needs.* Baltimore: Brookes.

Seidel, V. P., Chadwick, O., & Rutter, M. (1975). Psychological disorder in crippled children. *Developmental Medicine and Child Neurology, 27,* 563–573.

Serbin, L. A., O'Leary, D. K., Kent, R. N., & Tonick, I. J. (1973). A comparison of teacher response to preacademic and problem behavior of boys and girls. *Child Development, 44,* 796–804.

Shonkoff, J. P., & Phillips, D. A. (Eds.). (2000). *From neurons to neighborhoods: The science of early childhood development.* Washington, DC: National Academy Press.

Sigman, M. D., Kasari, C., Kwon, J. H., & Yirmiya, N. (1992). Responses to the negative emotions of others by autistic, mentally retarded, and normal children. *Child Development, 63,* 796–807.

Sigman, M. D., & Ruskin, E. (1999). Continuity and change in the social competence of children with autism, Down syndrome, and developmental delays. *Monographs of the Society for Research in Child Development, 64* (1, Serial No. 256).

Solomon, J., & George, C. (1999). The measurement of attachment security in infancy and childhood. In J. Cassidy & P. R. Shaver (Eds.), *Handbook of attachment* (pp. 287–316). New York: Guilford Press.

Spiegel-McGill, P., Zippiroli, S. M., & Mistrett, S. G. (1989). Microcomputers as social facilitators in integrated preschools. *Journal of Early Intervention, 13,* 249–260.

Squires, J., Bricker, D., & Twombly, E. (2002). *Ages and Stages Questionnaires: Social-Emotional.* Baltimore: Brookes.

Thomas, A., & Chess, S. (1977). *Temperament and development.* New York: Bruner/Mazel.

Thomas, E. B., Liederman, P. H., & Olson, J. P. (1972). Neonate-mother interaction during breast feeding. *Developmental Psychology, 6,* 110–118.

Umansky. W., & Smalley, B. S. (2003). *ADHD: Helping your child: A comprehensive program to treat attention-deficit/hyperactivity disorder at home and in school.* New York: Warner Books.

Vandell, D. L., & George. L. B. (1981). Social interactions in hearing and deaf preschoolers. Successes and failures in initiations. *Child Development, 52,* 627–635.

Vandell, D. L., & Mueller, E. (1980). Peer play and friends during the first two years. In H. Foot, A. Chapman, & J. Smith (Eds.), *Friendship and social relations in children* (pp. 181–208). New York: Wiley.

van den Boom, D. C., & Hoeksma, J. B. (1994). The effects of infant irritability on mother-infant interaction: A growth curve analysis. *Developmental Psychology, 30,* 581–590.

Walker, E. F., Cudeck, R., Mednick, S. A., & Schulsinger, F. (1981). Effects of parental absence and institutionalization on the development *of* clinical symptoms in high-risk children. *Acta Psychiatrica Scandanavica, 63,* 65–109. 446

Wasserman, G. A., Lennon, M. C., Allen, R., & Shilansky, M. (1987). Contributors to attachment in normal and physically handicapped infants. *Journal of the American Academy of Child & Adolescent Psychiatry, 26,* 9–15.

Webster-Stratton, C. (1997). Early intervention for families of preschool children with conduct problems. In M. J. Guralnick (Ed.), *The effectiveness of early intervention* (pp. 429–453). Baltimore: Brookes.

Weinfield, N. S., Sroufe, L. A., Egeland, B., & Carlson, E. A. (1999). The nature of individual differences in infant-caregiver attachment. In J. Cassidy & P. R. Shaver (Eds.), *Handbook of attachment* (pp. 68–88). New York: Guilford Press.

White, B. (1975). *The first three years of life.* Upper Saddle River, NJ: Prentice Hall.

Wolkind, S., & Rutter, M. (1973). Children who have been "in care": An epidemiological study. *Journal of Child Psychology and Psychiatry, 14,* 97–105.

Yarrow, M. R. (1963). Problems of methods in parent-child research. *Child Development, 34,* 215–226.

Zanandra, M. (1998). Play, social interaction, and motor development: Practical activities for preschoolers with visual impairments. *Journal of Visual Impairment & Blindness, 92,* 176–188.

Zegoib, L. H., Arnold, S., & Forehand, R. (1975). An examination of observer effects in parent-child interactions. *Child Development, 27,* 109–134.

第四部分
後記

第十一章
相關議題和未來方向

11

相關議題和未來方向

Stephen R. Hooper & Warren Umansky

章節大綱

- 專業術語
- 融合
- 家庭
- 多元文化
- 訓練
- 科技
- 公共政策
- 掌握新知
- 未來展望

449

亞力士和瑪姬

亞力士和瑪姬（本書第一章開頭的故事）正在往婦產科診所的路上，瑪姬在懷孕十六週時要做羊膜穿刺。對於將成為父母，亞力士和瑪姬皆感到心裡發毛又忐忑不安。縱使他們彼此已充分討論對孩子的期待和夢想（例如上大學）及一些憂慮（例如：他們會是好父母嗎？他們會與孩子關係良好嗎？），但他們仍將恐懼和擔憂埋在心中。因亞力士和瑪姬的家庭皆有發展遲緩的家族史，所以他們知道他們的寶寶產生發展問題的機率非常高——更甭提他們直到三十五、六歲才有孩子，但在此，我們將不討論這些議題。

大致上瑪姬的妊娠期還算平靜順利，懷孕初期瑪姬並沒有太多不適；在剛知道懷孕後，也沒有出現嚴重的晨間孕吐，而在定期產檢時，瑪姬體重的增加亦在控制範圍中。考量瑪姬的年齡，其為高齡產婦，且她知道自己將接受許多產前篩檢。約懷孕十週時，瑪姬接受絨毛採樣檢查，數星期後，醫生邀請亞力士夫婦參加討論會，檢查報告指出瑪姬懷的寶寶是唐氏症。雖然一開始亞力士夫婦極為震驚，但他們知道瑪姬哥哥之青年生活過得著實不錯，且以他們外甥的經驗看來，早療服務品質的進步已不可同日而語。懷一個唐寶寶真有這麼糟嗎？產科醫生亦告知亞力士夫婦產前篩檢過程出現偽陽性的機率通常很高，而瑪姬打算在懷孕十六週時接受更可靠的產前羊膜穿刺檢查。

當他們開車赴約時，亞力士夫婦彼此加油打氣，且試著儘可能樂觀以對。再者，亞力士夫婦彼此仍有許多其他未知的問題需要承擔——許多問題是與孩子和家庭之未來有關。若他們有個唐氏症的孩子，孩子是否會出現心智遲緩？要以什麼標記（label）或術語來認定孩子的鑑定結果呢？這些標記會產生潛在的傷害嗎？或其僅單純開啟了接受相關服務之門？抑或傷害和服
450 務二者會連袂而來呢？他們的孩子能與一般兒童一同就學和遊戲嗎？或者他們的小孩必須與其他障礙兒童一起受教育呢？哪個方案較好呢？暫且不論教育安置，孩子會快樂且能被他人接受嗎？還是其總因障礙而受人訕笑呢？擁有一個特殊需求的孩子，會對他們的家庭，特別是婚姻及擁有另一個孩子的渴望等，又會造成什麼樣的衝擊呢？

亞力士夫婦過往曾討論過他們想要生幾個孩子，但現在又該如何呢？若醫療和特殊服務的費用超過他們的經濟來源，那他們該如何處理？是否有任何醫療處置或技術可舒緩可能出現之障礙的嚴重程度？從家族經驗看起來，他們知道社區中有學有所長的專家，但誰是這些專家呢？且他們該到哪裡取

得服務呢？他們如何得知某人是訓練有素的專業人員？或其是對兒童和家庭需求有深入瞭解的專家呢？他們要如何做才可獲得孩子需求之相關必要服務和資源呢？擁有一般發展兒童的父母需要考量這些問題嗎？這些父母是否經歷過這樣子的擔憂與顧慮呢？他們跟我們可能的生活會有何不同呢？當亞力士夫婦到達診所時，這些問題一股腦兒地竄進他們的腦袋，當他們下車時都深深地吸了一口氣，然而亞力士夫婦瞭解，他們的生活將產生永久性震盪——不論羊膜穿刺檢查的結果如何皆然。

本書中，我們嘗試提供包括特殊發展需求嬰兒、學步兒和學齡前兒童之幼兒相關議題的簡介。從本書第一版出版迄今（編按：本書為原文書第四版），幼兒特殊教育的相關資訊已迅速發展。縱使在大部分研究領域中，新資訊通常在**最佳實務操作**和**實證為本**的策略（亦即研究發現所實際支持的觀點）之後，才會被直接套用，但我們試著以能讓這些資訊可快速地讓兒童或家庭所採用的方式來呈現新知。我們期望學生和從事幼兒特殊教育工作的專業人員致力於實證為本的最佳實務操作，且本書所呈現的資訊亦將為該工作貢獻綿力。當本書進入尾聲時，尚有許多該領域專業人員必須面對的疑問、議題和發展趨勢。以下將簡短討論一些最重要的問題。

致力於最佳實務操作，特別是以實證為本的操作，將使專業人員、兒童和其家庭蒙受其惠。

專業術語

我們嘗試將本書每個章節的專業術語標準化；這是語意學和原則的相互妥協（compromise）。例如：在將地位（status）和重要性依附在頭銜上的世界裡，何種頭銜最能顯現我們所作所為的特色？什麼頭銜是最適當且令人滿意的？我們決定在大部分情況下使用早期療育從業人員（early interventionist）或療育從業人員，而不使用幼兒特殊教育從業人員、教師、教育從業人員或治療師。縱使上述各頭銜皆是從事與嬰兒、學步兒和學齡兒童相關工作的專業人員，但不是每個人員都接受過特殊教育訓練、擁有大學文憑，或接受過特定療育面向的訓練（如：餵食、遊戲和擺位等）。

我們選擇一個看似可涵蓋所有提供早期療育方案服務之專業人員的頭銜。

障礙兒童和特殊需求兒童等名詞是現階段對該族群人口最適宜的稱呼。

451 我們在選擇描述特殊需求兒童的名詞上亦甚感掙扎。**殘障兒童**（handicapped children）、**心智遲緩兒童**和其他類似名詞已行之有年。我們亦避免使用**發展性遲緩**（developmentally delayed），因為縱使聯邦和州立法已允許使用該名詞，但遲緩的概念表示這些孩子將會「趕上」（catch up）發展。事實上，如本書許多章節所述，大部分孩子終其一生將持續地出現一些發展問題。我們決定使用**障礙兒童**（children with disabilities）和**特殊需求兒童**（children with special needs）來釐清相關概念及符合實際狀況（consistency）；然而，其他名詞是否對該群體能有如此清楚或更為清楚的定義呢？在特殊服務的評量外，是否有單一標記能確切地描述所有特殊需求幼兒的特質呢？

在如何作特殊需求兒童分類上，亦承襲著許多相關議題。縱使《個別障礙者教育法案》中所使用的專業術語似乎將持續地被用來作為鑑定需要特殊教育服務之兒童的標準，但當特定領域發展超越所定義之標準時，則又該如何處理呢？例如：若以美國心智遲緩協會（AAMR, 2002）對於**心智遲緩**的定義為標準，則許多現今臨床和研究規則（convention）皆需修改或調整。該修改或調整不只包括對早期療育從業人員之新知識基礎的訓練，且亦涵蓋他們於新測量、評估與處置的聯結，及方案或系統等議題的改變。定義和相關術語的改變，亦使該特殊教育分類的研究基礎隨之改變。對臨床服務，及為使家庭與社區服務提供者瞭解什麼是「政治性正確」等，能掌握現行專業術語很重要。

融合

尋找能讓特殊需求兒童持續參與的「一般方案」，對專業人員和家庭而言是一大挑戰。

有些為保障障礙兒童權益的倡議者相信，所有特殊需求兒童必須與一般同儕在整合的環境下接受教育。該議題在本書的許多章節中得到迴響。然而該取向的邏輯存在著兩難狀況；各有利弊。將所有學齡兒童整合到同一學校的班級中相當容易；然而，幼兒方案很少在「學校」中進行，且其通常是在以社區為基礎的情境下（即：家庭）執行，特別是針對四歲以下兒童尤然，故覓得一個特殊需求幼兒能參與的「典型」（typical）方案便更顯困難。

另一考量為特殊需求幼兒之方案工作員的訓練，在兒童最需要支持時，特定服務人員是否有能力及時提供所需支持。此外，所有特殊需求幼兒，不論其障礙類別或嚴重程度為何，是否皆可編入普通班？我們是否亦該考量這些兒童的融合安置，對非障礙兒童學習所產生的影響？研究結果是否支持融合策略？是否有特定障礙類別或嚴重程度的兒童，比其他障礙兒童更能在融合方案中受益？研究者已提出許多這些議題和問題的答案，期待會有更多的指引，以協助父母和早期療育從業人員做出周全的決定。

家庭 452

與融合概念息息相關的議題是家庭參與，事實上，我們建議將**融合**的定義擴展到涵蓋父母參與整個幼兒特殊教育的過程，本書實際上幾乎每個章節皆討論了家庭事務和議題。雖然父母在該過程的參與已被討論多年，但直到近年來才發展出嘗試將家庭觀點納入療育計畫的方案模式。家庭的想法、感覺、意見和觀察對於評量非常重要；且其於擬定療育計畫、發展監測和最後增加正向發展效果的機會等面向，亦扮演關鍵的角色。新近研究提及，父母對孩子的回應已成為孩子之正向發展效果的最佳預測指標之一！

然而家庭參與不是許多該領域之專業人員感受到安全感和舒坦的要素之一。實際上，大部分早期療育從業人員並未準備好與母親、父親或其他家庭成員合作，職是之故，對於從事特殊需求幼兒相關工作的專業人員而言，以**同理心（sensitive）及合宜的方式**讓家庭成員適度地參與療育方案，仍是一大挑戰，例如：父母在孩子的療育方案中應扮演什麼角色？現已進入早療領域的專業人員，在分析家庭需求及與展現出迥然不同特質的家庭成員之有效合作上，準備得如何呢？

所有幼兒訓練課程應結合家庭的急迫需求。

延伸性家庭的參與對孩子的持續發展居於關鍵角色

453

多元文化

多元化幾乎對幼兒教育的每個面向皆有所衝擊。

與家庭相關之重要考量為多元性的廣泛概念。如第四章所述，多元性以不同風貌呈現，且對於相同的名詞有著許多相異的概念。在考量美國人口改變的情況下，為從事特殊需求兒童和其家庭的相關工作，專業人員必須增進個人對不同文化之瞭解。過去二十年來，美國家庭多元化的情形顯著增加，像西班牙裔的家庭、經濟不利的家庭和無處安身的家庭即為適例。研究報告指出，42%無處安身的孩子是五歲以下兒童。該多元化幾乎將衝擊每個幼兒教育的面向，包括：評量、處置、社區為基礎的方案、學校參與、訓練、服務如何傳遞。為因應社區、州或區域中日益增加的多元化，您準備好了嗎？我們如何著手處理我們社區、我們家庭的多元文化議題呢？對您而言，多元文化的意義何在？而您如何從事來自不同文化背景之兒童和家庭的相關工作呢？對於所有早期療育從業人員和其他從事特殊需求幼兒相關工作的人員而言，是否都需接受該廣泛領域的特定訓練呢？

訓練

本書主要著重於瞭解兒童發展，和將該相關資訊應用於兒童和家庭之個別需求的情境中。我們堅信，該領域中合格的專業人員必須擁有豐厚的（兒童）發展概念，且我們肯定「特殊兒童委員會」的幼兒部門所推薦之早療和幼兒特殊教育的執行方式，且該方式於本書的評量章節（第三章）和療育章節（第四章）中皆有所描述。

對（兒童）發展具有堅強基礎的專業人員，在從事特殊需求兒童和其家庭相關工作時，將更得心應手。

此外，觀察自己的孩子或年幼的手足長大的人可以抱持著兒童發展的豐富化觀點（enriched perspective），來執行兒童的訓練活動。最佳實務操作和實證為本的執行模式以促進兒童成長茁壯之完整觀點為基礎，且我們不可誇大上述操作和執行模式的重要性。在此同時，訓練方案需引領早期療育從業人員形成團隊取向，以執行評量和療育方案，且最好能依循專業間或貫專業的團隊取向，在這些取向中，許多時間和關注亦皆需聚焦於家庭文化和多元化等議題（如：社經地位）。

但仍存在許多問題。幼兒特殊教育之訓練方案是否該反應單一哲學導向，或其在方案規劃（makeup）上應較有彈性？我們如何將多樣化的訓練需求（例如：如何在差異性頗高的生態環境中執行工作，或學習不同科技輔具等），整合到時間有限的大學教育之訓練課程？我們需要哪些其他訓練課程？州政府所頒發的證書該如何做，才能確保其認證程序標準達到最低之訓練合格能力的需求？可確定的是：從事特殊需求兒童相關工作的人員必須熟 454
悉許多不同專業領域的知識。早期療育從業人員的訓練課程必須強調專業間和貫專業的評量和處置層面。該訓練課程改善了專業人員提供予特殊需求兒童和其家庭的服務品質。

科技

生活變得更美好了。電腦、微波爐、CD音響和電腦操控的玩具等，讓我們的生活更便利，然而該便利性建立在我們知道哪些想要的東西，及我們購買哪些可以買的東西。當科技輔具使特殊需求幼兒受益時，孩子的照顧者必須理解，並欣賞體認（appreciate）輔具的重要性、知道如何使用輔具、瞭解何時應使用輔具，及讓孩子持續地使用或支持孩子使用輔具。此外，必須定期評估科技輔具的需求，以判斷該取向是否發揮效用及孩子是否有進步，或孩子是否出現退化現象，及是否需採用新取向或不同科技輔具。電腦改善了特殊需求兒童的評量和療育的某些面向（如：提供其他遊戲通路），且電腦使資訊傳播更快更透徹。「資訊的超高速公路」（information superhighway）現已成為切實可行，且幾乎任何人皆可使用。

醫療科技已有長足進步，且其亦持續對幼兒特殊教育產生撼動人心的衝擊。例如：更多伴隨著出生時創傷（birth trauma）和出生時體重過輕的新生兒得以存活，該現象亦使需要接受早期療育服務的兒童人口增加。另一方面，產前手術能在嬰兒出生前矯治孩子的問題。從本書上一版出版後，這些期待被擴展得更深邃、更無遠弗屆。此外，新穎的醫療技術和手術能治療、矯正或減緩原本會導致嚴重終身損傷的問題。

早期療育從業人員必須對不同科技抱持敏感度，或他們必須知道如何尋求支援。

如第五章所述，科技無庸置疑的將不斷地擴展，且能使用的科技種類將持續暴增。教科書內容不可能趕上一日千里的科技進步，且科技不會停滯不前，科技將成為幼兒領域中不斷成長的要件，而療育從業人員的知能必須緊跟上科技發展的步伐。然而，直接將科技相關資訊填鴨予照顧者，卻缺乏協助科技發揮效用的必要支持，這種作法將會徒勞無功。科技解決困難同時亦製造問題：若方案無法提供持續的必要支持，則是否應抑制兒童或家庭使用科技呢？是否應不考量成本效益，而致力發展與兒童相關之最精深的科技取向呢？如何提供持續性訓練課程予教師，以使他們能瞭解並使用最新的科技？方案如何克服過度依賴教學科技（instructional technology），以降低對於一對一教學的需求？

455

公共政策

縱使大部分早療從業人員將時間和精力花費於兒童或其家庭

的相關事物，或方案中系統性或行政議題上，但對他們而言，公共政策將會影響他們對於時間和精力之運用，而他們必須對其影響保持敏銳覺察，這也是非常重要的事。早期療育從業人員必須對瞬息萬變之臨床研究結果和科學新知等相關資訊維持敏感度，且這些研究發現將對立法活動產生影響。事實上，法規將改變早期療育從業人員執行服務的方式。如第一章所述，明確的研究基礎及強烈的兒童倡議目標（child advocacy mission）形塑了現今早療執行模式。縱使這些努力成果建構了強而有力的基礎，且藉由該基礎，幼兒發展領域將向前邁進，但公共觀點仍會受非實證為本的推測和強調其他重要議題的政治風潮等所影響。因而，該領域的從業人員必須知道該支持系統的不穩定性，及理解如何不斷地努力以迎合特殊需求兒童和其家庭逐漸產生的需求。

但是早期療育從業人員有哪些可用的資源，以幫助他們趕上該領域中科學、立法和其他相關面向的進展呢？療育從業人員可利用何種管道影響他們社區和州的決策？在顧及所有政府層級的財政壓力下，早療服務的資金可主導該領域進展的狀況。具備邏輯、理性、知識及經驗廣博的專業人員能以方案的必要支持為基礎，來衡量（tilt）立法和財政制度，繼而影響他們社區中的公共政策。為使幼兒領域發展持續向前，必須將公共政策議題和相關政治事務視為與幼兒發展領域同等重要，例如：母職和兒童健康局（Maternal and Child Health Bureau；網址：http://www.mchb.gov）、發展障礙管理局（Administration on Developmental Disabilities；網址：http://www.aucd.org）和Title V的州立機構等，能自由地將州和聯邦資源運用於幼兒領域中的機構，皆必須持續不斷地強化幼兒和幼兒特殊教育領域之相關公共政策的重要性。

將公共政策議題納入幼兒領域中，對幼兒領域的正向發展和進步有其必要。

透過州和聯邦機構學習許多有用的資源，將增加幼兒相關之廣泛領域的重要性，和促進對該領域相關公共政策的覺察。

掌握新知

本書要旨之一為掌握該領域的新知。服務之提供方式和構成要素等相關立法已有巨幅改變。此外，如前述，支持早療服務之研究的基礎很堅強，且該研究發展日新月異，這是個好現象，藉此有更多零至五歲的幼兒能接受相關服務，縱使如同每章開頭之

故事所示，這些個案的狀況日趨複雜，且確實需要幼兒服務的協
助。該領域在評量和療育上已有新的進展，且其與新科學知識的
關係也日益增加（如：受虐和受忽略之兒童的大腦差異）。隨著
456 將這些研究發現更快速地落實到公共政策和臨床操作中，我們對
於出生前、出生時和出生後等因素對發展的衝擊能具備更深的理解。

未來展望

我們期望本書能清楚地將該領域現況介紹予對早療有興趣的專業人員和學生。如同這一版（第四版）反應出從本書前三版出版後之幼兒特殊教育發展的明顯改變，我們期待在下一版本中能記載未來的重要變化——讀者們可能在該變化中占有一席之地。能見到未來五年內該領域的改變，是件令人興奮的事！

我們從事特殊需求兒童相關工作的方式，對我們的未來確實有衝擊

索引

（條目後的頁碼係原文書頁碼，檢索時請查正文側邊的頁碼）

B

C

D

E

N

Q

R

S

國家圖書館出版品預行編目資料

幼兒特殊教育／Stephen R. Hooper, Warren Umansky 主編；楊碧珠譯. --初版.
-- 臺北市：心理，2009.04
面； 公分--（幼兒教育系列；51123）
含索引
譯自：Young children with special needs
ISBN 978-986-191-237-0（平裝）

1.特殊教育 2.幼兒教育 3.兒童教育

529.5 98001042

幼兒教育系列 51123

幼兒特殊教育

主　　編：Stephen R. Hooper & Warren Umansky
譯　　者：楊碧珠
執行編輯：高碧嶸
總 編 輯：林敬堯
發 行 人：洪有義
出 版 者：心理出版社股份有限公司
地　　址：231026 新北市新店區光明街 288 號 7 樓
電　　話：(02) 29150566
傳　　真：(02) 29152928
郵撥帳號：19293172 心理出版社股份有限公司
網　　址：https://www.psy.com.tw
電子信箱：psychoco@ms15.hinet.net
排 版 者：鄭珮瑩
印 刷 者：竹陞印刷企業有限公司
初版一刷：2009 年 4 月
初版四刷：2021 年 8 月
I S B N：978-986-191-237-0
定　　價：新台幣 500 元